Fr. Rohrmoser

*Landesarbeitsgericht München - Bücherei - Arbeitsgericht München*

BU-Nr. 269/05

Ausgesondert siehe
Beleg-Nr. 4/2024

BECK'SCHE KOMMENTARE ZUM ARBEITSRECHT

HERAUSGEGEBEN VON
GÖTZ HUECK UND DIRK NEUMANN

BAND XXVI

# Altersteilzeit

KOMMENTAR

von

STEPHAN RITTWEGER
Richter am Bayerischen Landessozialgericht


Assessor ULRICH PETRI
IG Metall Bezirksleitung, Stuttgart


FRANZ-JOSEF SCHWEIKERT
Dipl.-Verwaltungswirt, Rheinland-pfälzisches Ministerium
für Wirtschaft, Verkehr, Landwirtschaft und Weinbau

C. H. BECK'SCHE VERLAGSBUCHHANDLUNG
MÜNCHEN 2002

ISBN 3 406 48638 X

© 2002 Verlag C. H. Beck oHG
Wilhelmstraße 9, 80801 München
Druck: fgb · freiburger graphische betriebe
Bebelstraße 11, 79108 Freiburg

Satz: Druckerei C. H. Beck Nördlingen
(Adresse wie Verlag)

Gedruckt auf säurefreiem, alterungsbeständigem Papier
(hergestellt aus chlorfrei gebleichtem Zellstoff)

# Vorwort zur zweiten Auflage

Die Altersteilzeit hat sich seit 1996 für die Beschäftigten zu einem bevorzugten Weg in den Ruhestand und zu einem gängigen Instrument des Personalmanagements entwickelt. Viele Gesetzesänderungen haben die Praktikabilität der Altersteilzeit erhöht, häufig ist die Verwaltungspraxis unbürokratisch und von Anwenderfreundlichkeit geprägt. Dennoch wirft die Altersteilzeit täglich neue Fragen auf, die einer Lösung zugeführt werden müssen. Dabei hilft dieses Buch, das sich nicht in einer reinen Kommentierung des Gesetzes erschöpft, sondern den Anwendern konkrete Handlungsalternativen aufzeigt.

Zu großem Dank verpflichtet bin ich Ulrich Petri und Franz-Josef Schweikert, die gegenüber der Vorauflage als Mitautoren gewonnen werden konnten und ihre großen praktischen Fachkenntnisse in den wichtigen Tarifbereichen Metall- und Elektro sowie Öffentlicher Dienst eingebracht haben.

Wie schon die Erstauflage wäre auch dieses Buch nicht möglich gewesen ohne die Geduld meiner Frau und meiner Kinder. Dafür danke ich Ihnen von Herzen.

München, im Frühjahr 2002                                     Stephan Rittweger

# Inhaltsverzeichnis

Abkürzungsverzeichnis .................................................................. XI
Literaturverzeichnis ....................................................................... XV

## A. Altersteilzeitgesetz

I. Einleitung: Altersteilzeit und Rente ............................................ 1
  1. Stufenweise Anhebung der Altersgrenzen für vorgezogene Altersrenten .... 3
  2. Leerlaufen tariflicher Ansprüche auf Altersteilzeit ............................... 15
  3. Geringere Rente durch früheren Renteneintritt .................................. 15
  4. Faustformeln zur Rentenhöhe nach Altersteilzeit ............................... 16
  5. Rentenreform und Frühverrentung .................................................. 17
  6. Überblick über die wichtigsten altersteilbezogenen Rentenreformen ....... 19
II. Kommentar Altersteilzeitgesetz ................................................. 21
  Vorbemerkung vor § 1 ................................................................... 21
  § 1 Grundsatz ............................................................................. 34
  § 2 Begünstigter Personenkreis ...................................................... 39
  § 3 Anspruchsvoraussetzungen ...................................................... 58
  § 4 Leistungen ............................................................................ 91
  § 5 Erlöschen und Ruhen des Anspruchs ......................................... 94
  § 6 Begriffsbestimmungen ............................................................. 102
  § 7 Berechnungsvorschrift ............................................................. 106
  § 8 Arbeitsrechtliche Regelungen ................................................... 108
  § 9 Ausgleichskassen, gemeinsame Einrichtungen ............................. 113
  § 10 Soziale Sicherung des Arbeitnehmers ........................................ 114
  § 11 Mitwirkungspflichten des Arbeitnehmers ................................... 122
  § 12 Verfahren ............................................................................. 125
  § 13 Auskünfte und Prüfung .......................................................... 131
  § 14 Bußgeldvorschriften ............................................................... 134
  § 15 Verordnungsermächtigung ...................................................... 136
  § 15a Übergangsregelung nach dem Gesetz zur Reform der Arbeitsförderung .... 137
  § 15b Übergangsregelung nach dem Gesetz zur Reform der gesetzlichen Rentenversicherung .... 138
  § 15c Übergangsregelung nach dem Gesetz zur Fortentwicklung der Altersteilzeit .... 138
  § 15d Übergangsregelung zum 2. Gesetz zur Fortentwicklung der Altersteilzeit .... 139
  § 15e Übergangsregelung nach dem Gesetz zur Reform der Renten wegen verminderter Erwerbsfähigkeit .... 139
  § 16 Befristung der Förderungsfähigkeit ........................................... 140

## B. Betriebliche Altersteilzeit
## – Mitbestimmung, Wertguthaben, Störfälle und Insolvenz –

I. Mitbestimmung des Betriebsrats ................................................ 141
II. Kollektivrechtlicher Status der Altersteilzeit-Arbeitnehmer ............ 144

# Inhalt

III. Beteiligung der Schwerbehindertenvertretung .................. 145
IV. Wertguthaben .................................................. 146
V. Störfallbehandlung ............................................. 148
VI. Insolvenz ..................................................... 151
VII. Tod des Arbeitnehmers ........................................ 154

### C. Betriebsvereinbarungen, Muster- und Checklisten zur Altersteilzeit

I. Muster Betriebsvereinbarung zur Altersteilzeit ................ 155
II. Mustervertrag: Altersteilzeit im Blockmodell ................. 170
III. Checkliste-Altersteilzeit .................................... 175
IV. Checkliste-Rentenversicherung ................................ 177

### D. Altersteilzeit in der Metall- und Elektroindustrie

I. Einleitung .................................................... 179
II. Übersicht zu den Altersteilzeitregelungen im Tarifsystem der Metall- und Elektroindustrie für Tarifgebiete Nord-Württemberg/Nord-Baden (NW/NB), Süd-Württemberg-Hohenzollern und Süd-Baden (SW-HZm SB) ........................................................ 181
III. Tarifvertrag zur Altersteilzeit; Tarifgebiet SW-HZ, SB ....... 183
  § 1 Geltungsbereich .......................................... 183
  § 2 Definition der Altersteilzeit ............................ 184
  § 3 Einführung von Altersteilzeit ............................ 185
  § 4 Dauer der Altersteilzeit ................................. 190
  § 5 Arbeitszeit während der Altersteilzeit ................... 190
  § 6 Altersteilzeitentgelt .................................... 191
      Exkurs: Tarifvertrag Altersteilzeit im Tarifgebiet Nordrhein-Westfalen; Auszug Altersteilzeit-Entgelt ............ 196
  § 7 Aufstockungsbetrag ....................................... 199
  § 8 Beiträge zur Rentenversicherung .......................... 202
  § 9 Abfindung ................................................ 203
  § 10 Sonderregelungen ........................................ 204
  § 11 Arbeitsteilzeit nach Vollendung des 61. Lebensjahres .... 206
  § 12 Langzeitkonto ........................................... 207
  § 13 Abweichende Regelung .................................... 208
  § 14 Ende des Altersteilzeitarbeitsverhältnisses ............. 208
  § 15 Entgeltfortzahlung bei Krankheit in der Arbeitsphase .... 209
  § 16 Insolvenzsicherung ...................................... 211
  § 17 Nebentätigkeiten ........................................ 212
  § 18 Benachteiligungsverbot .................................. 213
  § 19 Mitteilungs- und Mitwirkungspflichten ................... 213
  § 20 Verhandlungsverpflichtung ............................... 214
  § 21 Inkrafttreten, Außerkrafttreten, Kündigung des Tarifvertrages ... 215

### E. Altersteilzeitarbeit im Öffentlichen Dienst

I. Kommentar Tarifvertrag zur Regelung der Altersteilzeitarbeit im öffentlichen Dienst .................................................. 217
  § 1 Geltungsbereich .......................................... 218
  § 2 Voraussetzungen der Altersteilzeitarbeit ................. 219
  § 3 Reduzierung und Verteilung der Arbeitszeit ............... 224

Inhaltsverzeichnis

# Inhalt

§ 4 Höhe der Bezüge ..... 227
§ 5 Aufstockungsleistungen ..... 227
§ 6 Nebentätigkeit ..... 243
§ 7 Urlaub ..... 244
§ 8 Nichtbestehen und Ruhen der Aufstockungsleistung ..... 246
§ 9 Ende des Arbeitsverhältnisses ..... 251
§ 10 Mitwirkungspflichten ..... 255
II. Sonderfragen zur Kranken- und Pflegeversicherung ..... 256
III. Zusatzversorgung im öffentlichen Dienst ..... 258

## F. Gemeinsames Schreiben der Spitzenverbände der Sozialversicherung

I. Vorbemerkung ..... 265
II. Das gemeinsame Schreiben der Spitzenverbände der Sozialversicherung vom 6. September 2001 – Auszug – ..... 266

**Sachverzeichnis** ..... 317

# Abkürzungsverzeichnis

| | |
|---|---|
| aA | anderer Ansicht |
| aaO | am angegebenen Ort |
| Abl | Amtsblatt |
| Abs. | Absatz |
| aF | alte Fassung |
| AFG | Arbeitsförderungsgesetz |
| AFRG | Arbeitsförderungs-Reformgesetz |
| AktG | Aktiengesetz |
| Alt | Alternative |
| ANBA | Amtliche Nachrichten der Bundesanstalt für Arbeit |
| Anm | Anmerkung |
| AO | Abgabenordnung |
| AOK | Allgemeine Ortskrankenkasse |
| Arbeitgeber | Arbeitgeber (Zeitschrift) |
| Art | Artikel |
| ATG | Altersteilzeitgesetz |
| BA | Bundesanstalt für Arbeit |
| BAG | Bundesarbeitsgericht |
| BAGE | Sammlung der Entscheidungen des BAG |
| BB | Der Betriebsberater (Zeitschrift) |
| Bd | Band |
| Bek | Bekanntmachung |
| BeschFG | Beschäftigungsförderungsgesetz |
| betr | betrifft, betreffend |
| BfA | Bundesversicherungsanstalt für Angestellte |
| BGBl | Bundesgesetzblatt |
| BGH | Bundesgerichtshof |
| Bl | Blatt |
| BR | Bundesrat |
| BR-Drs. | Bundesratsdrucksache |
| BSG | Bundessozialgericht |
| BSGE | Sammlung der Entscheidungen des Bundessozialgerichts |
| BStBl | Bundessteuerblatt |
| BT-Drs. | Bundestagsdrucksache |
| BVG | Bundesvertriebenengesetz |
| bzw | beziehungsweise |
| DA | Durchführungsanweisung |
| DAngVers | Die Angestelltenversicherung (Zeitschrift) |
| DB | Der Betrieb (Zeitschrift) |
| DBl | Dienstblatt |
| dh | das heißt |
| DRV | Deutsche Rentenversicherung (Zeitschrift) herausgegeben vom Verband Deutscher Rentenversicherungsträger |
| DStR | Deutsches Steuerrecht (Zeitschrift) |

# Abkürzungen

Abkürzungsverzeichnis

| | |
|---|---|
| EG | Europäische Gemeinschaften |
| einschl | einschließlich |
| Erl | Erläuterung(en) |
| ESt | Einkommensteuer |
| EStG | Einkommensteuergesetz |
| EStR | Einkommensteuerrichtlinien |
| f | folgend(e, r, s) |
| ff | folgende |
| Flexi-Gesetz | Gesetz zur sozialrechtlichen Absicherung flexibler Arbeitszeitregelungen vom 6. 4. 1998 (BGBl I S 688) |
| Fn | Fußnote |
| G | Gesetz |
| GdB | Grad der Behinderung |
| gem | gemäß |
| GG | Grundgesetz |
| ggf | gegebenenfalls |
| GmbH | Gesellschaft mit beschränkter Haftung |
| GVBl | Gesetzes- und Verordnungsblatt |
| hM | herrschende Meinung |
| HS | Halbsatz |
| idF | in der Fassung |
| idR | in der Regel |
| info also | Informationen zum Arbeitslosen- und Sozialhilferecht (Zeitschrift) |
| InsO | Insolvenzordnung |
| iS | im Sinne |
| iSv | im Sinne von |
| iVm | in Verbindung mit |
| Kap | Kapitel |
| Komm | Kommentar |
| Kompaß | Der Kompaß (Zeitschrift) |
| KrG | Krankengeld |
| KSchG | Kündigungsschutzgesetz |
| KVdR | Krankenversicherung der Rentner |
| LFZG | Lohnfortzahlungsgesetz |
| LVA | Landesversicherungsanstalt |
| mwN | mit weiteren Nachweisen |
| mWv | mit Wirkung vom |
| nF | neue Fassung |
| NJW | Neue Juristische Wochenschrift |
| Nr. | Nummer |
| NZA | Neue Zeitschrift für Arbeitsrecht |
| NZS | Neue Zeitschrift für Sozialrecht |
| oa | oben angegeben |
| RdNr. | Randnummer(n) |
| RegE | Regierungsentwurf |

# Abkürzungen

| | |
|---|---|
| Rentenversicherung .. | Die Rentenversicherung (Zeitschrift) |
| RRG ................. | Rentenreformgesetz |
| | |
| s ..................... | siehe |
| S ..................... | Satz oder Seite |
| SchwbG ............. | Schwerbehindertengesetz |
| SG ................... | Sozialgericht |
| SGB ................. | Sozialgesetzbuch (mit römischen Zahlen für die einzelnen Bücher) |
| Sozialversicherung ..... | Die Sozialversicherung (Zeitschrift) |
| SozSich .............. | Soziale Sicherheit (Zeitschrift) |
| SozR ................. | Sozialrecht, Entscheidungssammlung, bearbeitet von Richtern des BSG |
| StGB ................. | Strafgesetzbuch |
| st Rspr .............. | ständige Rechtsprechung |
| | |
| TVG ................. | Tarifvertragsgesetz |
| | |
| ua ................... | unter anderem oder und andere |
| Urt .................. | Urteil |
| | |
| v ..................... | von, vom |
| VBL ................. | Versorgungsanstalt des Bundes und der Länder |
| VDR ................. | Verband Deutscher Rentenversicherungsträger |
| VersR ............... | Versicherungsrecht (Zeitschrift) |
| vgl. .................. | vergleiche |
| vH ................... | vom Hundert (Prozent) |
| VO .................. | Verordnung |
| Vog .................. | Vorruhestandsgeld |
| Vorbem ............. | Vorbemerkung |
| VRG ................. | Vorruhestandsgesetz |
| | |
| WFG ................. | Wachstums- und Beschäftigungsförderungsgesetz vom 25. 9. 1996 (BGBl I S 1461) |
| | |
| z.B. .................. | zum Beispiel |
| zT ................... | zum Teil |

# Literaturverzeichnis

*Adamy, Wilhelm:* Gleitender Übergang in den Ruhestand – Zur Ausgestaltung des neuen Altersteilzeitgesetzes, AiB 1996, Seite 518–521

*Albrecht, Günter/Müller, Horst-Wolf:* Die neue Altersrente wegen Arbeitslosigkeit oder nach Altersteilzeit, DRV 1996, Seite 121–144

*Allary, Stefan/Birgel, Karl J./Olschewski, Dietmar/Waldhorst, Heinrich:* Die neue Altersteilzeit, 2. Auflage Freiburg 2001

*Andresen, Boy-Jürgen:* Frühpensionierung und Altersteilzeit, München 1998, 2. Auflage

*Arwanitidis, Georgios:* Altersteilzeit. Das Modell der IG Metall bei Volkswagen, IG Metall, Bezirksleitung Hannover, Hannover 1997

*Bauer, Jobst-Hubertus:* Rechtliche und taktische Probleme der Altersteilzeit, NZA 1997, Seite 401

*Beckschulze, Martin:* Auswirkung des § 2 SGB III auf das Arbeitsrecht, BB 1998, Seite 791–794

*Bernig, Klaus:* Gesetz zur Altersteilzeit änderungsbedürftig?, AuA 1997, Seite 216–217

*Boecken, Winfried:* Das Altersteilzeitgesetz 1996, NJW 1996, Seite 3386

*Buczko:* Zur sozialrechtlichen Absicherung flexibler Arbeitszeitregelungen, DAngVers 1999, Seite 73

Bundesvereinigung der Deutschen Arbeitgeberverbände (Hrsg.): Altersteilzeit – Neuer Weg in den Ruhestand, Dokumentation Fachtagung 1. Juli 1996, Köln 1996

*Buschmann, Rudolf/Dieball, Heike/Stevens-Bartol, Eckart:* Das Recht der Teilzeitarbeit, Kommentar für die Praxis, Köln 1997

*Debler, Christiane:* Altersteilzeit – „Störfälle" und andere unvorhergesehene Ereignisse, NZA 2001, 1285

*Diel, Udo:* Neuregelungen zur Frühverrentung – Das Gesetz zur Förderung eines gleitenden Übergangs in den Ruhestand, DB 1996, Seite 1518

*Diller, Martin:* Das neue Altersteilzeitgesetz sowie die begleitenden Änderungen im Rentenrecht, NZA 1996, Seite 847

ders.: Das neue Gesetz zur Absicherung flexibler Arbeitszeitregelungen („Flexi-Gesetz"), NZA 1998, Seite 792

*Doleczik, Günter/Oser, Peter/Schaefer, Ulrich:* Altersteilzeit, Stuttgart 1998

*Einem von, Hans Jörg:* Das Gesetz zur Förderung eines gleitenden Übergangs in den Ruhestand, BB 1996, Seite 1883

*Engelen-Kefer, Ursula:* Altersteilzeit als Alternative zur Frühverrentung, SozSich 1995, Seite 176

*Gagel:* Sanierungsvereinbarungen mit Zugeständnissen der Arbeitnehmer, BB 2000, Seite 718

*Gaul, Björn/Cepl, Philipp:* Wichtige Änderungen im Altersteilzeit-Gesetz, BB 2000, Seite 1727

*Glos, Brigitte:* Frühverrentung als Entlastung des Arbeitsmarktes, Mitteilungen der LVA Oberfranken und Mittelfranken 1999, Seite 196

*Goergens, Dorothea:* Altersteilzeit mehr Wert als Teilzeitarbeit, AiB 1999, Seite 485

*Görgens, Norbert:* Altersteilzeit für Angestellte und Arbeiter im öffentlichen Dienst, München 2000

*Gussone, Max/Voelzke, Thomas:* Altersteilzeitrecht, Frankfurter Kommentare, Frankfurt 2000

*Hanau, Peter/Peters-Lange, Susanne:* Schnittstellen von Arbeits- und Sozialrecht, NZA 1998, Seite 785

# Literatur

*Heinze, Meinhard:* Flexible Arbeitszeitmodelle, NZA 1997, Seite 681
*Heller, Bernd:* Gesetz zur Förderung eines gleitenden Übergangs in den Ruhestand, DangVers 1996, Seite 381
*Hentschel, Bernd (Hrsg):* Wertguthabenführung und Summenfelderverfahren, Frechen, 2001
*Höfer, Reinhold:* Rückstellungen für Altersteilzeitverpflichtungen in der Handelsbilanz, DStR 1998, Seite 1
*Hölscher, Garsten:* Frühpensionierung und Altersteilzeit nach der gesetzlichen Neugliederung – Rechtsgrundlagen und konzeptionelle Überlegungen, Personalführung 1996, Seite 778
*Kerschbaumer, Judith/Tiefenbacher, Torsten:* Altersteilzeit in Blockmodellen, ArbuR 1998, Seite 58
*Kerschbaumer, Judith/Rubbert, Hans-Heinrich/Tiefenbacher, Torsten:* Neuer bundesweiter Altersteilzeittarifvertrag im Einzelhandel, ArbuR 1999, Seite 93
*Kerschbaumer, Judith:* Altersteilzeit im Betrieb, Köln 2001
*Kittner, Michael/Reinhard, Hans-Joachim:* Allgemeiner Teil, Gemeinsame Vorschriften, Verwaltungsverfahren, Sozialgesetzbuch I, IV und X, Basiskommentar zum Sozialgesetzbuch, Köln 1997
*Kittner, Michael/Zwanziger, Bertram (Hrsg):* Arbeitsrecht Handbuch für die Praxis, Frankfurt 2001
*Koch, Ronald:* Altersteilzeitgesetz in der Praxis, Fachhochschulverlag Frankfurt, 2001
*Litzka, Peter/Langenbrinck, Bernhard:* Altersteilzeit im öffentlichen Dienst für Angestellte und Arbeiter, München 2000
*Leisbrock, Thorsten:* Altersteilzeitarbeit, Köln 2001
*Meyer, Conrad:* Altersteilzeit – wie geregelt?, AuA 1998, Seite 294–299
*Moderegger, Hermann A.:* Zweites Gesetz zur Fortentwicklung der Altersteilzeit, DB 2000, Seite 1225
*Nimscholz, Bernhard/Oppermann, Klaus/Ostrowicz, Alexander:* Altersteilzeit, Frechen 2001
*Pahde, Klaus:* Altersteilzeit, Eckpunkte einer Betriebsvereinbarung, AiB 1998, Seite 195
*Pieper, Wolfgang/Rothländer, Christian:* Praxiswissen Altersteilzeit im öffentlichen Dienst, Die tarif- und beamtenrechtlichen Regelungen, Frankfurt 2000
*Pulte, Peter:* Altersteilzeitvertrag, Heidelberg 2001
*Preis, Ulrich/Rolfs, Christian:* Das Altersteilzeitgesetz, SGb 1998, Seite 147
*Recht, Georg:* Das Ende der Frühverrentung?, NZS 1996, Seite 552
*Reichlling, Robert/Wolf, Roland:* Mustervertrag zum Altersteilzeit-Gesetz, NZS 1997, Seite 164
*Rieble, Volke/Gutzeit, Martin:* Das Altersteilzeitgesetz (AtG) 1996 und seine betriebsverfassungsrechtlichen Implikationen, BB 1998, Seite 638
*Rittweger, Stephan:* Altersteilzeit, Kommentar, München 1999
*ders.:* Altersteilzeit, Wege in den vorgezogenen Ruhestand, München 2001
*ders.:* Sonderfragen zur tariflichen Altersteilzeit, NZS 1999, Seite 123
*ders.:* Altersteilzeit und Rentenhöhe, NZA 1999, Seite 921
*ders.:* Gesetz zur Fortentwicklung der Altersteilzeit, NZS 2000, Seite 240
*ders.:* Das Zweite Gesetz zur Fortentwicklung der Altersteilzeit, NZS 2000, Seite 393
*ders.:* Die Novelle des Altersteilzeitgesetzes, DStR 2000, Seite 161
*ders.:* Altersteilzeit – Die Neuregelungen zum 1. 7. 2000, DStR 2000, Seite 1097
*ders.:* Aktuelle Anpassungserfordernisse bei Altersteilzeit-Verträgen, DStR 2001, Seite 1394
*Rode, Ruth/Adamy, Wilhelm:* Altersteilzeit statt Frühverrentung oder was bringt das neue Altersteilzeitgesetz?, SozSi 1996, Seite 376
*Rothländer:* Rechtsprechungsübersicht zu Fragen der Altersteilzeit, PersR 2000, Seite 329

Literaturverzeichnis # Literatur

*Rust, Ursula:* Subventionierte Arbeitszeitreduzierung nur für Vollzeitkräfte?, BB 1999, Seite 954
*Schaefer, Ulrich:* Aufwands- und Kostenprognosen für Altersteilzeit-Arbeitsverhältnisse, BB 1997, Seite 1887
*Schoden, Michael:* Neue Regelungen für Vorruhestand und Frührente, AiB 1996, Seite 202
*Schmalor:* Altersteilzeit und Sozialversicherung, ZfS 2001, Seite 65
*Schmidt, Marlene:* Die neue EG-Richtlinie zur Teilzeitarbeit, NZA 1998, Seite 576
*Schmidbauer, Wilhelm/Schmidbauer, Bernhard:* Das neue Altersteilzeitgesetz, Berg 2000
*dies.:* ABC der Altersteilzeit, Stuttgart 1997
*Schmidtke, Elisabeth/Spissinger, Susanne:* Altersteilzeit für Arbeiter und Angestellte, Neuwied 1999
*Schroth:* Arbeitszeitguthaben und Insolvenz, Die Mitbestimmung 2000, Seite 63
*Schweres: Manfred:* Frühverrentung (Altersozialpläne) oder Altersteilzeit – Die ältere Arbeitskraft aus arbeitswissenschaftlicher Sicht, AiB 1997, Seite 452
*Steffen, Johannes:* Altersteilzeit und Rentenabschläge, Die Debatte um die Abschaffung des Arbeitslosen-Altersruhegeldes, Sozialer Fortschritt 1996, Seite 1
*Stief, Volker:* Die neue Altersteilzeit in der Praxis, Wie Unternehmen die gesetzlichen Verbesserungen ab 1. 7. 2000 nutzen können, München 2001
*Stück:* Arbeitgeberkündigung im Altersteilzeitverhältnis, NZA 2000, Seite 749
*Voß-Gundlach, Christiane:* Das Gesetz zur Förderung eines gleitenden Überganges in den Ruhestand, Kompaß 1996, Seite 450
*Weber, Ulrich/Kes, Katharina:* Altersteilzeit, Köln 2001
*Winter:* Weniger Rentenabschläge durch Altersteilzeitarbeit, Mitteilungsblatt LVA Baden 2000, Seite 59
*Wolf, Roland:* Bessere Bedingungen für Altersteilzeit, Arbeitgeber 1998, Seite 211
*ders.:* Was sich bei der Altersteilzeit ändert, Arbeitgeber 2000, Seite 16
*ders.:* Die beiden Gesetze zur Fortentwicklung der Altersteilzeit, NZA 2000, Seite 637
*Wonneberger, Wolfgang:* Das Gesetz zur sozialrechtlichen Absicherung flexibler Arbeitszeitregelungen, DB 1998, Seite 982

# A. Altersteilzeitgesetz

## I. Einleitung: Altersteilzeit und Rente

**Übersicht**

|  | RdNr. |
|---|---|
| 1. Stufenweise Anhebung der Altersgrenzen für vorgezogene Altersrenten | 12 |
| a) Rente nach Arbeitslosigkeit | 12 |
| b) Rente nach Altersteilzeit | 20 |
| c) Altersrente für Frauen | 23 |
| d) Langjährige Versicherte | 29 |
| e) Schwerbehinderte Menschen, Berufs- oder Erwerbsunfähige | 36 |
| aa) Altersrente für schwerbehinderte Menschen | 37 |
| bb) Altersrente für Berufs- oder Erwerbsunfähige | 42 |
| 2. Leerlaufen tariflicher Ansprüche auf Altersteilzeit | 43 |
| 3. Geringe Rente durch früheren Renteneintritt | 44 |
| 4. Faustformeln zur Rentenhöhe nach Altersteilzeit | 46 |
| 5. Rentenreform und Frühverrentung | 50 |
| 6. Überblick über die wichtigsten altersteilzeitbezogenen Rentenreformen | 58 |
| a) Rentenreformgesetz 1992 | 58 |
| b) Gesetz zur Förderung eines gleitenden Überganges in den Ruhestand | 59 |
| c) Wachstums- und Beschäftigungsförderungsgesetz | 60 |
| d) Rentenreformgesetz 1999 | 61 |
| e) Rentenkorrekturgesetz 1998 | 62 |
| f) Erwerbsminderungsrentengesetz | 63 |

Das Rentenrecht ist der Schlüssel zur Altersteilzeit. Sie wurde eingeführt, um die noch bis Ende der 90er Jahre gängige Praxis der Frühverrentung als sozialverträgliches Ende eines Arbeitsverhältnisses abzulösen[1]. Jede Altersteilzeit-Vereinbarung muss zeitlich so ausgestaltet sein, dass der Altersteilzeit-Arbeitnehmer nahtlos in die Rente wechselt[2]. Die gesetzliche Altersteilzeit endet zwangsläufig mit der Zahlung einer Altersrente, sei sie auch mit Abschlag, sie endet sogar allein mit dem Anspruch auf eine Altersrente ohne Abschlag, selbst wenn sie weder beantragt noch bezogen wird[3]. Für jeden älteren Beschäftigten und für jeden an einer verträglichen Lösung interessierten Arbeitgeber entscheidet sich die Frage, zu welchem Zeitpunkt das Arbeitsverhältnis beendet werden soll mit der Höhe der dann fälligen Altersrente. Die Höhe der Altersrente hängt wiederum ab vom Umfang des Rentenabschlags, der umso höher ausfällt, je weiter der Rentenbeginn von der Regelaltersrente mit 65 entfernt ist. Gerade hier zeigt sich der wesentliche Vorteil der Altersteilzeit in ihrem Hauptanwendungsfall, dem Blockmodell[4]. Die Arbeitnehmer beenden das aktive Erwerbsleben vorzeitig mit dem Wechsel in die Freizeitphase. Weil aber

1

---

[1] Entwurf eines Gesetzes zur Förderung eines gleitenden Übergangs in den Ruhestand vom 22. 3. 1996, BR-Drs. 208/96 – Vorblatt.
[2] § 2 Abs. 1 Nr. 2 AtzG.
[3] § 5 Abs. 1 Nr. 2 und 3 AtzG.
[4] Zum Begriff Blockmodell s. § 2 RdNr. 37 ff.

die Arbeitnehmer erst nach der Freizeitphase effektiv in die Altersrente eintreten, tritt ein doppelt-positiver rentenrechtlicher Effekt ein: bis dorthin werden Rentenanwartschaften erarbeitet, die wegen der Beitragsaufstockung kaum hinter der Anwartschaftshöhe aus einer vollen Beschäftigung zurückbleiben und zusätzlich fallen wegen des späteren Rentenbeginns wesentlich geringere oder sogar keine Abschläge an. Die wichtigsten Regelungen zum Rentenbeginn und zur Rentenhöhe[5] werden deshalb im Nachfolgenden dargestellt. Als vorzeitige Renten werden dabei solche mit Rentenabschlag bezeichnet.

2   Entgegen weit verbreiteter Ansicht ist es nicht ohne weiteres möglich, vor dem Regelalter von 65 Jahren in Rente zu gehen. Eine vorgezogene Altersrente kann nur beziehen, wer einen der Sondertatbestände erfüllt, die in §§ 36, 37, 236, 237, 237a sowie 238 SGB VI geregelt sind. Vorgezogen in Rente gehen können nach derzeit geltendem Recht

3   **Langjährig Versicherte** §§ 36, 236 SGB VI – mit mindestens 35 Jahren versicherungsrechtlicher Zeiten

4   **Schwerbehinderte Menschen** § 37 SGB VI, sowie noch übergangsweise **Berufs-** oder **Erwerbsunfähige** § 236a SGB VI

5   **Arbeitslose** § 237 SGB VI – nach mindestens 1 Jahr Arbeitslosigkeit

6   **Altersteilzeitarbeitnehmer** § 237 SGB VI – nach mindestens 2 Jahren Altersteilzeit

7   **Frauen** § 237a SGB VI

8   **Bergleute** § 40 SGB VI.

9   Von diesen Sondertatbeständen werden für die Jahrgänge ab 1952 nur noch übrig bleiben die Altersrente für Bergleute und für

**Langjährig Versicherte** – ab 62 Jahren, allerdings nur mit zusätzlichem Rentenabschlag von 10,8%

**Schwerbehinderte Menschen** – ab 63 Jahren ohne Abschlag oder wahlweise bereits ab 60 Jahren mit Rentenabschlag von 10,8%.

10  Der Gesetzgeber hat mit der Anhebung der Altersgrenzen Schritt für Schritt die Frühverrentung eingedämmt. 1989 hatte er die stufenweise Anhebung der Lebensaltersgrenzen beschlossen, im Sommer 1996 wurde die Altersgrenze für Arbeitslose, im Herbst 1996 für Frauen beschleunigt angehoben. Die dann zu befürchtenden Ausweichbewegungen auf die Renten wegen gesundheitlicher Einschränkungen wurden Ende 1997 durch das RRG 1999 abgefangen und die vorgezogenen Altersrenten für Arbeitslose, Frauen ab Jahrgang 1.1.1952 endgültig abgeschafft. Das Gesetz zur Reform der Renten wegen verminderter Erwerbsfähigkeit[6] hat auch die Altersrenten für erwerbs- sowie berufsunfähige Personen ab Jahrgang 1951 gestrichen und für Schwerbehinderte Menschen die Altersgrenze angehoben.

11  Das Ergebnis ab dem Jahr 2012 ist eindeutig: abschlagsfreie Renten vor 65 sind nur noch für schwerbehinderte Menschen möglich – und zwar erst ab 63 Jahren. Die Frühverrentung soll dann auf ein Minimum reduziert sein.

---

[5] Einzelheiten zur Anhebung der Altersgrenzen nach dem Rentenreformgesetz 1999 erläutert Michaelis DangVers 1998, 41, die Anhebung der Altersgrenzen für Schwerbehinderte sowie Erwerbsgeminderte einschließlich Vertrauensschutz erläutern RdNr. 39 ff.

[6] Die Entwicklung vom Rentenreformgesetz 1999 über das Rentenkorrekturgesetz vom 19.12.1998 zum Gesetz zur Reform der Erwerbsminderungsrenten beschreiben Dünn/Fasshauer DRV 2001, 276.

I. Einleitung: Altersteilzeit und Rente

## 1. Stufenweise Anhebung der Altersgrenzen für vorgezogene Altersrenten

### a) Rente nach Arbeitslosigkeit

Eine Rente nach Arbeitslosigkeit setzt im Wesentlichen voraus:
- 52 Wochen Arbeitslosigkeit vor Rentenbeginn
- 15 Jahre versicherungsrechtliche Zeiten (Wartezeit)
- 8 Pflichtbeitragsjahre in den letzten 10 Jahren vor Rentenbeginn; der 10-Jahresrahmen verlängert sich z. B. um Zeiten der Arbeitslosigkeit.

Die näheren Voraussetzungen regelt seit 1. 1. 2000 § 237 SGB VI jeweils iVm Anlage 19 zum SGB VI. Diese Rentenart können nur noch bis 31. 12. 1951 Geborene in Anspruch nehmen, ab Jahrgang 1. 1. 1952 ist eine Frühverrentung wegen Arbeitslosigkeit nicht mehr möglich.

Ab 1. 1. 1997 hatte die Anhebung der Altersgrenze 60 begonnen, sie wurde zum Ende 2001 abgeschlossen. Für 1942 bis 1951 Geborene ist diese Rente ab 60 zwar noch möglich, aber nur mit einem Abschlag von 18%. Einzelheiten ergeben sich aus der nachfolgend abgedruckten Tabelle 1.

**Tabelle 1: Stufenweise Anhebung der Altersgrenze 60**
**Altersrente wegen Arbeitslosigkeit oder nach Altersteilzeit – ohne Vertrauensschutz**

| Monat und Jahr der Geburt | Verschiebung des Rentenbeginns um ... Monate | Rentenbeginn nach Anhebung der Altersgrenze am 1. d. Monats | Alter des Versicherten bei Rentenbeginn Jahre/Monate | Vorzeitige ab Monat/Jahr | Inanspruchnahme im Alter Jahre/Monate | möglich Kürzung der Rente um ...% |
|---|---|---|---|---|---|---|
| 1 | 2 | 3 | 4 | 5 | 6 | 7 |
| Jan. 1937 | 1 | März 1997 | 60  1 | Feb. 1997 | 60  0 | 0,3 |
| Feb. 1937 | 2 | Mai 1997 | 60  2 | März 1997 | 60  0 | 0,6 |
| März 1937 | 3 | Juli 1997 | 60  3 | Apr. 1997 | 60  0 | 0,9 |
| Apr. 1937 | 4 | Sept. 1997 | 60  4 | Mai 1997 | 60  0 | 1,2 |
| Mai 1937 | 5 | Nov. 1997 | 60  5 | Juni 1997 | 60  0 | 1,5 |
| Juni 1937 | 6 | Jan. 1998 | 60  6 | Juli 1997 | 60  0 | 1,8 |
| Juli 1937 | 7 | März 1998 | 60  7 | Aug. 1997 | 60  0 | 2,1 |
| Aug. 1937 | 8 | Mai 1998 | 60  8 | Sept. 1997 | 60  0 | 2,4 |
| Sept. 1937 | 9 | Juli 1998 | 60  9 | Okt. 1997 | 60  0 | 2,7 |
| Okt. 1937 | 10 | Sept. 1998 | 60  10 | Nov. 1997 | 60  0 | 3,0 |
| Nov. 1937 | 11 | Nov. 1998 | 60  11 | Dez. 1997 | 60  0 | 3,3 |
| Dez. 1937 | 12 | Jan. 1999 | 61  0 | Jan. 1998 | 60  0 | 3,6 |
| Jan. 1938 | 13 | März 1999 | 61  1 | Feb. 1998 | 60  0 | 3,9 |
| Feb. 1938 | 14 | Mai 1999 | 61  2 | März 1998 | 60  0 | 4,2 |
| März 1938 | 15 | Juli 1999 | 61  3 | Apr. 1998 | 60  0 | 4,5 |
| Apr. 1938 | 16 | Sept. 1999 | 61  4 | Mai 1998 | 60  0 | 4,8 |
| Mai 1938 | 17 | Nov. 1999 | 61  5 | Juni 1998 | 60  0 | 5,1 |
| Juni 1938 | 18 | Jan. 2000 | 61  6 | Juli 1998 | 60  0 | 5,4 |
| Juli 1938 | 19 | März 2000 | 61  7 | Aug. 1998 | 60  0 | 5,7 |
| Aug. 1938 | 20 | Mai 2000 | 61  8 | Sept. 1998 | 60  0 | 6,0 |

# ATG 14

A. Altersteilzeitgesetz

| Monat und Jahr der Geburt | Verschiebung des Rentenbeginns um ... Monate | Rentenbeginn nach Anhebung der Altersgrenze am 1. d. Monats | Alter des Versicherten bei Rentenbeginn Jahre/ Monate | | Vorzeitige Inanspruchnahme ab Monat/ Jahr | Inanspruchnahme im Alter Jahre/ Monate | | möglich Kürzung der Rente um ...% |
|---|---|---|---|---|---|---|---|---|
| 1 | 2 | 3 | 4 | | 5 | 6 | | 7 |
| Sept. 1938 | 21 | Juli 2000 | 61 | 9 | Okt. 1998 | 60 | 0 | 6,3 |
| Okt. 1938 | 22 | Sept. 2000 | 61 | 10 | Nov. 1998 | 60 | 0 | 6,6 |
| Nov. 1938 | 23 | Nov. 2000 | 61 | 11 | Dez. 1998 | 60 | 0 | 6,9 |
| Dez. 1938 | 24 | Jan. 2001 | 62 | 0 | Jan. 1999 | 60 | 0 | 7,2 |
| Jan. 1939 | 25 | März 2001 | 62 | 1 | Feb. 1999 | 60 | 0 | 7,5 |
| Feb. 1939 | 26 | Mai 2001 | 62 | 2 | März 1999 | 60 | 0 | 7,8 |
| März 1939 | 27 | Juli 2001 | 62 | 3 | Apr. 1999 | 60 | 0 | 8,1 |
| Apr. 1939 | 28 | Sept. 2001 | 62 | 4 | Mai 1999 | 60 | 0 | 8,4 |
| Mai 1939 | 29 | Nov. 2001 | 62 | 5 | Juni 1999 | 60 | 0 | 8,7 |
| Juni 1939 | 30 | Jan. 2002 | 62 | 6 | Juli 1999 | 60 | 0 | 9,0 |
| Juli 1939 | 31 | März 2002 | 62 | 7 | Aug. 1999 | 60 | 0 | 9,3 |
| Aug. 1939 | 32 | Mai 2002 | 62 | 8 | Sept. 1999 | 60 | 0 | 9,6 |
| Sept. 1939 | 33 | Juli 2002 | 62 | 9 | Okt. 1999 | 60 | 0 | 9,9 |
| Okt. 1939 | 34 | Sept. 2002 | 62 | 10 | Nov. 1999 | 60 | 0 | 10,2 |
| Nov. 1939 | 35 | Nov. 2002 | 62 | 11 | Dez. 1999 | 60 | 0 | 10,5 |
| Dez. 1939 | 36 | Jan. 2003 | 63 | 0 | Jan. 2000 | 60 | 0 | 10,8 |
| Jan. 1940 | 37 | März 2003 | 63 | 1 | Feb. 2000 | 60 | 0 | 11,1 |
| Feb. 1940 | 38 | Mai 2003 | 63 | 2 | März 2000 | 60 | 0 | 11,4 |
| März 1940 | 39 | Juli 2003 | 63 | 3 | Apr. 2000 | 60 | 0 | 11,7 |
| Apr. 1940 | 40 | Sept. 2003 | 63 | 4 | Mai 2000 | 60 | 0 | 12,0 |
| Mai 1940 | 41 | Nov. 2003 | 63 | 5 | Juni 2000 | 60 | 0 | 12,3 |
| Juni 1940 | 42 | Jan. 2004 | 63 | 6 | Juli 2000 | 60 | 0 | 12,6 |
| Juli 1940 | 43 | März 2004 | 63 | 7 | Aug. 2000 | 60 | 0 | 12,9 |
| Aug 1940 | 44 | Mai 2004 | 63 | 8 | Sept. 2000 | 60 | 0 | 13,2 |
| Sept. 1940 | 45 | Juli 2004 | 63 | 9 | Okt. 2000 | 60 | 0 | 13,5 |
| Okt. 1940 | 46 | Sept. 2004 | 63 | 10 | Nov. 2000 | 60 | 0 | 13,8 |
| Nov. 1940 | 47 | Nov. 2004 | 63 | 11 | Dez. 2000 | 60 | 0 | 14,1 |
| Dez. 1940 | 48 | Jan. 2005 | 64 | 0 | Jan. 2001 | 60 | 0 | 14,4 |
| Jan. 1941 | 49 | März 2005 | 64 | 1 | Feb. 2001 | 60 | 0 | 14,7 |
| Feb. 1941 | 50 | Mai 2005 | 64 | 2 | März 2001 | 60 | 0 | 15,0 |
| März 1941 | 51 | Juli 2005 | 64 | 3 | Apr. 2001 | 60 | 0 | 15,3 |
| Apr. 1941 | 52 | Sept. 2005 | 64 | 4 | Mai 2001 | 60 | 0 | 15,6 |
| Mai 1941 | 53 | Nov. 2005 | 64 | 5 | Juni 2001 | 60 | 0 | 15,9 |
| Juni 1941 | 54 | Jan. 2006 | 64 | 6 | Juli 2001 | 60 | 0 | 16,2 |
| Juli 1941 | 55 | März 2006 | 64 | 7 | Aug. 2001 | 60 | 0 | 16,5 |
| Aug. 1941 | 56 | Mai 2006 | 64 | 8 | Sept. 2001 | 60 | 0 | 16,8 |
| Sept. 1941 | 57 | Juli 2006 | 64 | 9 | Okt. 2001 | 60 | 0 | 17,1 |
| Okt. 1941 | 58 | Sept. 2006 | 64 | 10 | Nov. 2001 | 60 | 0 | 17,4 |
| Nov. 1941 | 59 | Nov. 2006 | 64 | 11 | Dez. 2001 | 60 | 0 | 17,7 |
| Dez. 1941 | 60 | Jan. 2007 | 65 | 0 | Jan. 2002 | 60 | 0 | 18,0 |
| 1942 bis 1951 | 60 | | 65 | 0 | | 60 | 0 | 18,0 |

I. Einleitung: Altersteilzeit und Rente

**Beispiel:** Arbeitnehmer A, geb. 31. 5. 1942, ist seit April 2000 arbeitslos. Er kann zum Juni 2002 in vorzeitige Rente gehen bei 18% Abschlag. A kann auch unter Ausnutzung von max. 32 Monaten Arbeitslosengeld ab Oktober 2002 mit 16,8% Abschlag in Rente. Kann er die Zeit z. B. bis Juni 2004 überbrücken, beträgt der Abschlag 10,8%. Eine ungekürzte Rente steht ihm erst mit 65 Jahren, also ab Juni 2007 zu.

Eigenen Vertrauenschutz genießen bis 14. 2. 1941 Geborene, die zum Stichtag 14. 2. 1996 weitere besondere Voraussetzungen erfüllt hatten – § 237 Abs. 4 SGB VI[7].

Der Vertrauenschutz ist durch das RRG 1999 erweitert worden und zwar sogar für Bestandsrenten. Wer 45 Pflichtbeitragsjahre (ohne Arbeitslosigkeit – aber z. B. mit Babyjahren) zurückgelegt hat und bis 1940 geboren ist, hat keinen Abschlag, wer bis 1941 geboren ist maximal 0,9% Abschlag hinzunehmen. Einzelheiten ergeben sich aus der nachfolgenden Tabelle 2:

**Tabelle 2: Vertrauenschutz für vorgezogene Altersrenten bei 45 Pflichtbeitragsjahren (ohne Jahre der Arbeitslosigkeit)**

| Monat und Jahr der Geburt | Verschiebung des Rentenbeginns um ... Monate | Rentenbeginn nach Anhebung der Altersgrenze am 1. d. Monats | Alter des Versicherten bei Rentenbeginn Jahre/ Monate | Vorzeitige Inanspruchnahme ab Monat/Jahr | Inanspruchnahme im Alter Jahre/Monate | möglich Kürzung der Rente um ...% |
|---|---|---|---|---|---|---|
| 1 | 2 | 3 | 4 | 5 | 6 | 7 |
| vor 1941 | 0 | 60 | 0 | | 60 | 0 | 0 |
| Jan. 1941 | 1 | März 2001 | 60 | 1 | Feb. 2001 | 60 | 0 | 0,3 |
| Feb. 1941 | 1 | April 2001 | 60 | 1 | März 2001 | 60 | 0 | 0,3 |
| März 1941 | 1 | Mai 2001 | 60 | 1 | April 2001 | 60 | 0 | 0,3 |
| Apr. 1941 | 1 | Juni 2001 | 60 | 1 | Mai 2001 | 60 | 0 | 0,3 |
| Mai 1941 | 2 | Aug. 2001 | 60 | 2 | Juni 2001 | 60 | 0 | 0,6 |
| Juni 1941 | 2 | Sept. 2001 | 60 | 2 | Juli 2001 | 60 | 0 | 0,6 |
| Juli 1941 | 2 | Okt. 2001 | 60 | 2 | Aug. 2001 | 60 | 0 | 0,6 |
| Aug. 1941 | 2 | Nov. 2001 | 60 | 2 | Sept. 2001 | 60 | 0 | 0,6 |
| Sept. 1941 | 3 | Jan. 2002 | 60 | 3 | Okt. 2001 | 60 | 0 | 0,9 |
| Okt. 1941 | 3 | Feb. 2002 | 60 | 3 | Nov. 2001 | 60 | 0 | 0,9 |
| Nov. 1941 | 3 | März 2002 | 60 | 3 | Dez. 2001 | 60 | 0 | 0,9 |
| Dez. 1941 | 3 | April 2002 | 60 | 3 | Jan. 2002 | 60 | 0 | 0,9 |

**Beispiel:** Arbeitnehmer B, geb. 2. 5. 1941, war seit Beginn seiner Lehre durchgehend beschäftigt gewesen. Er könnte ohne Abschlag mit 60 Jahren und 2 Monaten ab August 2001 in Rente oder mit 60 Jahren ab Juni 2001 bei einem Abschlag von 0,6%.
Alternativ war auch ein Rentenbeginn möglich ab Juli 2001 mit 0,3% Abschlag.
Dieser Vertrauensschutz setzt nicht zwingend den Rentenbeginn mit 60 voraus, wer also die 45 Versicherungsjahre erst nach dem 60. Geburtstag erreicht, kann dann mit dem reduzierten oder ganz ohne Abschlag in die Rente wechseln.

---

[7] Einzelheiten erläutert z. B. Kramer DAngVers 1998, 158 (166).

### b) Rente nach Altersteilzeit

**20**  Zugleich mit dem Altersteilzeitgesetz wurde eine neue Art der vorgezogenen Rente geschaffen, nämlich nach 2 Jahren Altersteilzeit. Sie wurde zur Rente nach 1 Jahr Arbeitslosigkeit eingefügt, ist ebenso in § 237 SGB VI iVm Anlage 19 zum SGB VI geregelt und steht im Übrigen unter den gleichen Voraussetzungen. Auf die obigen Erläuterungen kann also Bezug genommen werden – mit der einzigen Maßgabe, dass nicht ein Jahr Arbeitslosigkeit, sondern zwei Jahre Altersteilzeit erforderlich sind. Durch das Gesetz zur Fortentwicklung der Altersteilzeit vom 20. 12. 1999[8] wurde der Wortlaut zur Klarstellung neugefasst. § 237 Abs. 1 Nr. 3b SGB VI setzt nicht voraus, dass die Altersteilzeit gefördert wurde. Entscheidend ist eine Halbierung der Arbeitszeit für mindestens 24 Monate und die Aufstockung von Entgelt sowie Rentenbeitrag in dieser Zeit. Endet in einem Störfall die Altersteilzeit vor Erreichen des Freizeitblocks ist eine vorzeitige Rente nach § 237 SGB VI nicht möglich[9].

**21**  Für die Anhebung der Altersgrenzen einschließlich Rentenabschläge sowie Vertrauensschutz bei 45 Pflichtbeitragsjahren gelten die oben abgedruckten Tabellen 1 und 2.

**22**  **Beispiel:** Arbeitnehmer B, geb. 21. März 1940, setzt seinen tariflichen Anspruch auf Altersteilzeit ab 61 durch und beginnt ab 1. 4. 2001 mit unverblockter Altersteilzeit.
Nach zwei Jahren Altersteilzeit (!) erfüllt er die Voraussetzungen der vorgezogenen Altersrente. Die Grenze einer ungekürzten Altersrente liegt für ihn auf dem Juli 2003, ab da endet für ihn die geförderte Altersteilzeit wegen § 5 Abs. 1 Nr. 2 AtzG und wegen gleich lautender Tarifvorschrift auch die tarifliche Altersteilzeit.

### c) Altersrente für Frauen

**23**  Frauen der Jahrgänge bis 31. 12. 1939 konnten ohne Rentenabschlag mit 60 Jahren in Rente gehen unter folgenden Voraussetzungen:
- 15 Jahre versicherungsrechtliche Zeiten (z. B. auch Babyjahre, Zeiten aus Versorgungsausgleich)
- über 10 Jahre Pflichtbeiträge nach dem 40. Geburtstag.

**24**  Ab dem 1. 1. 1940 geborene Frauen müssen die stufenweise Anhebung dieser Altersrente oder Abschläge in der Rente hinnehmen. Für Frauen, die ab 1. 1. 1952 geboren sind, gibt es diese besondere Altersrente nicht mehr. Die Einzelheiten regelt § 237a SGB VI iVm Anlage 20 zum SGB VI. Die Anhebung der Altersgrenze ergibt sich aus der nachfolgenden Tabelle 3:

---

[8] BGBl I Seite 2494.
[9] Begründung zum Entwurf eines Gesetzes zur Fortentwicklung der Altersteilzeit vom 3. 9. 1999 BR-Drs. 495/99 Seite 15.

I. Einleitung: Altersteilzeit und Rente

**Tabelle 3: Stufenweise Anhebung der Altersgrenze 60
Altersrente für Frauen – ohne Vertrauensschutz**

| Monat und Jahr der Geburt | Verschiebung des Rentenbeginns um ... Monate | Rentenbeginn nach Anhebung der Altersgrenze am 1. d. Monats | Alter des Versicherten bei Rentenbeginn Jahre/ Monate | Vorzeitige Inanspruchnahme ab Monat/ Jahr | möglich im Alter Jahre/ Monate | Kürzung der Rente um ...% |
|---|---|---|---|---|---|---|
| 1 | 2 | 3 | 4 | 5 | 6 | 7 |
| Jan. 1940 | 1 | März 2000 | 60  1 | Feb. 2000 | 60  0 | 0,3 |
| Feb. 1940 | 2 | Mai 2000 | 60  2 | März 2000 | 60  0 | 0,6 |
| März 1940 | 3 | Juli 2000 | 60  3 | Apr. 2000 | 60  0 | 0,9 |
| Apr. 1940 | 4 | Sept. 2000 | 60  4 | Mai 2000 | 60  0 | 1,2 |
| Mai 1940 | 5 | Nov. 2000 | 60  5 | Juni 2000 | 60  0 | 1,5 |
| Juni 1940 | 6 | Jan. 2001 | 60  6 | Juli 2000 | 60  0 | 1,8 |
| Juli 1940 | 7 | März 2001 | 60  7 | Aug. 2000 | 60  0 | 2,1 |
| Aug. 1940 | 8 | Mai 2001 | 60  8 | Sept. 2000 | 60  0 | 2,4 |
| Sept. 1940 | 9 | Juli 2001 | 60  9 | Okt. 2000 | 60  0 | 2,7 |
| Okt. 1940 | 10 | Sept. 2001 | 60  10 | Nov. 2000 | 60  0 | 3,0 |
| Nov. 1940 | 11 | Nov. 2001 | 60  11 | Dez. 2000 | 60  0 | 3,3 |
| Dez. 1940 | 12 | Jan. 2002 | 61  0 | Jan. 2001 | 60  0 | 3,6 |
| Jan. 1941 | 13 | März 2002 | 61  1 | Feb. 2001 | 60  0 | 3,9 |
| Feb. 1941 | 14 | Mai 2002 | 61  2 | März 2001 | 60  0 | 4,2 |
| März 1941 | 15 | Juli 2002 | 61  3 | Apr. 2001 | 60  0 | 4,5 |
| Apr. 1941 | 16 | Sept. 2002 | 61  4 | Mai 2001 | 60  0 | 4,8 |
| Mai 1941 | 17 | Nov. 2002 | 61  5 | Juni 2001 | 60  0 | 5,1 |
| Juni 1941 | 18 | Jan. 2003 | 61  6 | Juli 2001 | 60  0 | 5,4 |
| Juli 1941 | 19 | März 2003 | 61  7 | Aug. 2001 | 60  0 | 5,7 |
| Aug. 1941 | 20 | Mai 2003 | 61  8 | Sept. 2001 | 60  0 | 6,0 |
| Sept. 1941 | 21 | Juli 2003 | 61  9 | Okt. 2001 | 60  0 | 6,3 |
| Okt. 1941 | 22 | Sept. 2003 | 61  10 | Nov. 2001 | 60  0 | 6,6 |
| Nov. 1941 | 23 | Nov. 2003 | 61  11 | Dez. 2001 | 60  0 | 6,9 |
| Dez. 1941 | 24 | Jan. 2004 | 62  0 | Jan. 2002 | 60  0 | 7,2 |
| Jan. 1942 | 25 | März 2004 | 62  1 | Feb. 2002 | 60  0 | 7,5 |
| Feb. 1942 | 26 | Mai 2004 | 62  2 | März 2002 | 60  0 | 7,8 |
| März 1942 | 27 | Juli 2004 | 62  3 | Apr. 2002 | 60  0 | 8,1 |
| Apr. 1942 | 28 | Sept. 2004 | 62  4 | Mai 2002 | 60  0 | 8,4 |
| Mai 1942 | 29 | Nov. 2004 | 62  5 | Juni 2002 | 60  0 | 8,7 |
| Juni 1942 | 30 | Jan. 2005 | 62  6 | Juli 2002 | 60  0 | 9,0 |
| Juli 1942 | 31 | März 2005 | 62  7 | Aug. 2002 | 60  0 | 9,3 |
| Aug. 1942 | 32 | Mai 2005 | 62  8 | Sept. 2002 | 60  0 | 9,6 |
| Sept. 1942 | 33 | Juli 2005 | 62  9 | Okt. 2002 | 60  0 | 9,9 |
| Okt. 1942 | 34 | Sept. 2005 | 62  10 | Nov. 2002 | 60  0 | 10,2 |
| Nov. 1942 | 35 | Nov. 2005 | 62  11 | Dez. 2002 | 60  0 | 10,5 |
| Dez. 1942 | 36 | Jan. 2006 | 63  0 | Jan. 2003 | 60  0 | 10,8 |
| Jan. 1943 | 37 | März 2006 | 63  1 | Feb. 2003 | 60  0 | 11,1 |
| Feb. 1943 | 38 | Mai 2006 | 63  2 | März 2003 | 60  0 | 11,4 |
| März 1943 | 39 | Juli 2006 | 63  3 | Apr. 2003 | 60  0 | 11,7 |
| Apr. 1943 | 40 | Sept. 2006 | 63  4 | Mai 2003 | 60  0 | 12,0 |
| Mai 1943 | 41 | Nov. 2006 | 63  5 | Juni 2003 | 60  0 | 12,3 |
| Juni 1943 | 42 | Jan. 2007 | 63  6 | Juli 2003 | 60  0 | 12,6 |
| Juli 1943 | 43 | März 2007 | 63  7 | Aug. 2003 | 60  0 | 12,9 |
| Aug 1943 | 44 | Mai 2007 | 63  8 | Sept. 2003 | 60  0 | 13,2 |

| Monat und Jahr der Geburt | Verschiebung des Rentenbeginns um... Monate | Rentenbeginn nach Anhebung der Altersgrenze am 1. d. Monats | Alter des Versicherten bei Rentenbeginn Jahre/ Monate | | Vorzeitige Inanspruchnahme ab Monat/Jahr | Inanspruchnahme im Alter Jahre/ Monate | möglich Kürzung der Rente um...% |
|---|---|---|---|---|---|---|---|
| 1 | 2 | 3 | 4 | | 5 | 6 | 7 |
| Sept. 1943 | 45 | Juli 2007 | 63 | 9 | Okt. 2003 | 60  0 | 13,5 |
| Okt. 1943 | 46 | Sept. 2007 | 63 | 10 | Nov. 2003 | 60  0 | 13,8 |
| Nov. 1943 | 47 | Nov. 2007 | 63 | 11 | Dez. 2003 | 60  0 | 14,1 |
| Dez. 1943 | 48 | Jan. 2008 | 64 | 0 | Jan. 2004 | 60  0 | 14,4 |
| Jan. 1944 | 49 | März 2008 | 64 | 1 | Feb. 2004 | 60  0 | 14,7 |
| Feb. 1944 | 50 | Mai 2008 | 64 | 2 | März 2004 | 60  0 | 15,0 |
| März 1944 | 51 | Juli 2008 | 64 | 3 | Apr. 2004 | 60  0 | 15,3 |
| Apr. 1944 | 52 | Sept. 2008 | 64 | 4 | Mai 2004 | 60  0 | 15,6 |
| Mai 1944 | 53 | Nov. 2008 | 64 | 5 | Juni 2004 | 60  0 | 15,9 |
| Juni 1944 | 54 | Jan. 2009 | 64 | 6 | Juli 2004 | 60  0 | 16,2 |
| Juli 1944 | 55 | März 2009 | 64 | 7 | Aug. 2004 | 60  0 | 16,5 |
| Aug. 1944 | 56 | Mai 2009 | 64 | 8 | Sept. 2004 | 60  0 | 16,8 |
| Sept. 1944 | 57 | Juli 2009 | 64 | 9 | Okt. 2004 | 60  0 | 17,1 |
| Okt. 1944 | 58 | Sept. 2009 | 64 | 10 | Nov. 2004 | 60  0 | 17,4 |
| Nov. 1944 | 59 | Nov. 2009 | 64 | 11 | Dez. 2004 | 60  0 | 17,7 |
| Dez. 1944 | 60 | Jan. 2010 | 65 | 0 | Jan. 2005 | 60  0 | 18,0 |
| 1945 bis 1951 | 60 | | 65 | 0 | | 60  0 | 18,0 |

**26** **Beispiel:** Frau F ist am 17. 9. 1941 geboren und erfüllt die Voraussetzungen nach §§ 39, 237a SGB VI. Sie kann – unabhängig von Arbeitslosigkeit oder Altersteilzeit – mit 61 Jahren und 9 Monaten ab Juli 2003 eine ungekürzte Rente beziehen oder aber bereits mit 60 Jahren ab Oktober 2001 eine um 6,3% geringere Rente erhalten.

**27** Für langjährig versicherte Frauen mit 45 Pflichtbeitragsjahren (ohne Zeiten der Arbeitslosigkeit, einschl. z. B. Babyjahre) gilt besonderer Vertrauensschutz entsprechend der oben abgedruckten Tabelle 2 (RdNr. 18).

**28** Besonderen Vertrauensschutz genießen außerdem bis 7. 5. 1941 Geborene bei Stichtagsregelung 7. 5. 1996 unter weiteren Voraussetzungen sowie einzelne Sondergruppen nach § 237a SGB VI[10].

### d) Langjährig Versicherte

**29** Eine vorgezogene Rente wegen langjähriger Versicherung kann beanspruchen, wer
– 63 Jahre alt ist
– 35 Jahre rentenrechtlicher Zeiten zurückgelegt hat.

**30** Dies galt für die Jahrgänge bis 31. 12. 1936. Ab dem 1. 1. 2000 wurde auch hier das Renteneintrittsalter stufenweise auf 65 angehoben. Ohne Abschlag können ab Dezember 1938 Geborene die Langjährigenrente überhaupt nicht mehr in Anspruch nehmen. Wollen sie mit 63 in den Ruhestand, gilt ein Abschlag von 7,2%. Dies bleibt so bis zum Jahrgang 31. 12. 1947. Danach wird die Grenze von 63 Jahren stufenweise auf 62 Jahre gesenkt, wobei monatlich 0,3% Abschlag hinzukommen. Einzelheiten regeln

---

[10] Einzelheiten vgl Kramer DAngVers 1998, 158 (168).

I. Einleitung: Altersteilzeit und Rente **31 ATG**

§§ 36, 236 SGB VI iVm Anlage 21 zum SGB VI und sind der nachfolgenden Tabelle 4 zu entnehmen:

**Tabelle 4: Anhebung der Altersgrenze 63 für Langjährig Versicherte** 31

| Monat und Jahr der Geburt | Verschiebung des Rentenbeginns um ... Monate | Rentenbeginn nach Anhebung der Altersgrenze am 1. d. Monats | Alter des Versicherten bei Rentenbeginn/ Jahre Monate | | Vorzeitige Inanspruchnahme ab Monat/ Jahr | im Alter Jahre/ Monate | | möglich Kürzung der Rente um ...% |
|---|---|---|---|---|---|---|---|---|
| 1 | 2 | 3 | 4 | | 5 | 6 | | 7 |
| vor 1937 | 0 | | 63 | 0 | | 63 | 0 | 0 |
| Jan. 1937 | 1 | März 2000 | 63 | 1 | Feb. 2000 | 63 | 0 | 0,3 |
| Feb. 1937 | 2 | Mai 2000 | 63 | 2 | März 2000 | 63 | 0 | 0,6 |
| März 1937 | 3 | Juli 2000 | 63 | 3 | Apr. 2000 | 63 | 0 | 0,9 |
| Apr. 1937 | 4 | Sept. 2000 | 63 | 4 | Mai 2000 | 63 | 0 | 1,2 |
| Mai 1937 | 5 | Nov. 2000 | 63 | 5 | Juni 2000 | 63 | 0 | 1,5 |
| Juni 1937 | 6 | Jan. 2001 | 63 | 6 | Juli 2000 | 63 | 0 | 1,8 |
| Juli 1937 | 7 | März 2001 | 63 | 7 | Aug. 2000 | 63 | 0 | 2,1 |
| Aug. 1937 | 8 | Mai 2001 | 63 | 8 | Sept. 2000 | 63 | 0 | 2,4 |
| Sept. 1937 | 9 | Juli 2001 | 63 | 9 | Okt. 2000 | 63 | 0 | 2,7 |
| Okt. 1937 | 10 | Sept. 2001 | 63 | 10 | Nov. 2000 | 63 | 0 | 3,0 |
| Nov. 1937 | 11 | Nov. 2001 | 63 | 11 | Dez. 2000 | 63 | 0 | 3,3 |
| Dez. 1937 | 12 | Jan. 2002 | 64 | 0 | Jan. 2001 | 63 | 0 | 3,6 |
| Jan. 1938 | 13 | März 2002 | 64 | 1 | Feb. 2001 | 63 | 0 | 3,9 |
| Feb. 1938 | 14 | Mai 2002 | 64 | 2 | März 2001 | 63 | 0 | 4,2 |
| März 1938 | 15 | Juli 2002 | 64 | 3 | Apr. 2001 | 63 | 0 | 4,5 |
| Apr. 1938 | 16 | Sept. 2002 | 64 | 4 | Mai 2001 | 63 | 0 | 4,8 |
| Mai 1938 | 17 | Nov. 2002 | 64 | 5 | Juni 2001 | 63 | 0 | 5,1 |
| Juni 1938 | 18 | Jan. 2003 | 64 | 6 | Juli 2001 | 63 | 0 | 5,4 |
| Juli 1938 | 19 | März 2003 | 64 | 7 | Aug. 2001 | 63 | 0 | 5,7 |
| Aug. 1938 | 20 | Mai 2000 | 64 | 8 | Sept. 2001 | 63 | 0 | 6,0 |
| Sept. 1938 | 21 | Juli 2003 | 64 | 9 | Okt. 2001 | 63 | 0 | 6,3 |
| Okt. 1938 | 22 | Sept. 2003 | 64 | 10 | Nov. 2001 | 63 | 0 | 6,6 |
| Nov. 1938 | 23 | Nov. 2003 | 64 | 11 | Dez. 2001 | 63 | 0 | 6,9 |
| Dez. 1938 | 24 | Jan. 2004 | 65 | 0 | Jan. 2002 | 63 | 0 | 7,2 |
| Jan 1939 bis Dez 1947 | 24 | | 65 | 0 | | 63 | 0 | 7,2 |
| Jan. – Feb. 1948 | 24 | | 65 | 0 | | 62 | 11 | 7,5 |
| Mrz. – Apr. 1948 | 24 | | 65 | 0 | | 62 | 10 | 7,8 |
| Mai – Jun. 1948 | 24 | | 65 | 0 | | 62 | 9 | 8,1 |
| Jul. – Aug. 1948 | 24 | | 65 | 0 | | 62 | 8 | 8,4 |
| Sep. – Okt. 1948 | 24 | | 65 | 0 | | 62 | 7 | 8,7 |
| Nov. – Dez. 1948 | 24 | | 65 | 0 | | 62 | 6 | 9,0 |

**ATG** 32–35                                                                 A. Altersteilzeitgesetz

| Monat und Jahr der Geburt | Verschiebung des Rentenbeginns um ... Monate | Rentenbeginn nach Anhebung der Altersgrenze am 1. d. Monats | Alter des Versicherten bei Rentenbeginn/ Jahre Monate | Vorzeitige ab Monat/ Jahr | Inanspruchnahme im Alter Jahre/ Monate | möglich Kürzung der Rente um ...% |
|---|---|---|---|---|---|---|
| 1 | 2 | 3 | 4 | 5 | 6 | 7 |
| Jan. – Feb. 1949 | 24 | | 65  0 | | 62  5 | 9,3 |
| Mrz. – Apr. 1949 | 24 | | 65  0 | | 62  4 | 9,6 |
| Mai – Jun. 1949 | 24 | | 65  0 | | 62  3 | 9,9 |
| Jul. – Aug. 1949 | 24 | | 65  0 | | 62  2 | 10,2 |
| Sep. – Okt. 1949 | 24 | | 65  0 | | 62  1 | 10,5 |
| Nov. – Dez. 1949 | 24 | | 65  0 | | 62  0 | 10,8 |
| 1950 und später | 24 | | 65  0 | | 62  0 | 10,8 |

**32** **Beispiel 1:** Arbeitnehmer L, geb. 4. 7. 1938, mit 35 Versicherungsjahren kann ohne Abschlag erst im März 2003 in Rente gehen.
Alternativ ist eine Rente ab August 2001 möglich bei 5,7% Abschlag.

**33** **Beispiel 2:** Arbeitnehmer M, geb. 15. 4. 1949 kann abschlagsfrei trotz 35 Versicherungsjahren erst mit 65 in Rente, bei 9,6% Abschlag jedoch schon mit 62 Jahren und 4 Monaten, also zum September 2011.

**34** Vertrauensschutz genießen auch hier Versicherte mit 45 Pflichtversicherungsjahren – hier wird allerdings nach obiger Tabelle 2 bei Erfüllung eines Sondertatbestandes ein früherer Rentenbeginn möglich sein – sowie wer zum 14. 2. 1996 Vorruhestandsgeld oder Überbrückungsgeld der Seemannskasse bezogen hatte. In diesen speziellen Fällen gilt die nachfolgende Tabelle 5:

**35** **Tabelle 5: Stufenweise Anhebung der Altersgrenze 63 – Altersrente für langjährig Versicherte – Vertrauensschutz**

| Monat und Jahr der Geburt | Verschiebung des Rentenbeginns um ... Monate | Rentenbeginn nach Anhebung der Altersgrenze am 1. d. Monats | Alter des Versicherten bei Rentenbeginn Jahre/ Monate | Vorzeitige ab Monat/ Jahr | Inanspruchnahme im Alter Jahre/ Monate | möglich Kürzung der Rente um ...% |
|---|---|---|---|---|---|---|
| 1 | 2 | 3 | 4 | 5 | 6 | 7 |
| Jan. 1938 | 1 | März 2001 | 63  1 | Feb. 2001 | 63  0 | 0,3 |
| Feb. 1938 | 1 | Apr. 2001 | 63  1 | März 2001 | 63  0 | 0,3 |
| März 1938 | 1 | Mai 2001 | 63  1 | Apr. 2001 | 63  0 | 0,3 |
| Apr. 1938 | 1 | Juni 2001 | 63  1 | Mai 2001 | 63  0 | 0,3 |

I. Einleitung: Altersteilzeit und Rente     **35 ATG**

| Monat und Jahr der Geburt | Verschiebung des Rentenbeginns um ... Monate | Rentenbeginn nach Anhebung der Altersgrenze am 1. d. Monats | Alter des Versicherten bei Rentenbeginn Jahre/ Monate | Vorzeitige ab Monat/ Jahr | Inanspruchnahme im Alter Jahre/ Monate | möglich Kürzung der Rente um ...% |
|---|---|---|---|---|---|---|
| 1 | 2 | 3 | 4 | 5 | 6 | 7 |
| Mai 1938 | 2 | Aug. 2001 | 63  2 | Juni 2001 | 63  0 | 0,6 |
| Juni 1938 | 2 | Sept. 2001 | 63  2 | Juli 2001 | 63  0 | 0,6 |
| Juli 1938 | 2 | Okt. 2001 | 63  2 | Aug. 2001 | 63  0 | 0,6 |
| Aug. 1938 | 2 | Nov. 2001 | 63  2 | Sept. 2001 | 63  0 | 0,6 |
| Sept. 1938 | 3 | Jan. 2002 | 63  3 | Okt. 2001 | 63  0 | 0,9 |
| Okt. 1938 | 3 | Feb. 2002 | 63  3 | Nov. 2001 | 63  0 | 0,9 |
| Nov. 1938 | 3 | März 2002 | 63  3 | Dez. 2001 | 63  0 | 0,9 |
| Dez. 1938 | 3 | Apr. 2002 | 63  3 | Jan. 2002 | 63  0 | 0,9 |
| Jan. 1939 | 4 | Juni 2002 | 63  4 | Feb. 2002 | 63  0 | 1,2 |
| Feb. 1939 | 4 | Juli 2002 | 63  4 | März 2002 | 63  0 | 1,2 |
| März 1939 | 4 | Aug. 2002 | 63  4 | Apr. 2002 | 63  0 | 1,2 |
| Apr. 1939 | 4 | Sept. 2002 | 63  4 | Mai 2002 | 63  0 | 1,2 |
| Mai 1939 | 5 | Nov. 2002 | 63  5 | Juni 2002 | 63  0 | 1,5 |
| Juni 1939 | 5 | Dez. 2002 | 63  5 | Juli 2002 | 63  0 | 1,5 |
| Juli 1939 | 5 | Jan. 2003 | 63  5 | Aug. 2002 | 63  0 | 1,5 |
| Aug. 1939 | 5 | Feb. 2003 | 63  5 | Sept. 2002 | 63  0 | 1,5 |
| Sept. 1939 | 6 | Apr. 2003 | 63  6 | Okt. 2002 | 63  0 | 1,8 |
| Okt. 1939 | 6 | Mai. 2003 | 63  6 | Nov. 2002 | 63  0 | 1,8 |
| Nov. 1939 | 6 | Juni 2003 | 63  6 | Dez. 2002 | 63  0 | 1,8 |
| Dez. 1939 | 6 | Juli 2003 | 63  6 | Jan. 2003 | 63  0 | 1,8 |
| Jan. 1940 | 7 | Sept. 2003 | 63  7 | Feb. 2003 | 63  0 | 2,1 |
| Feb. 1940 | 7 | Okt 2003 | 63  7 | März 2003 | 63  0 | 2,1 |
| März 1940 | 7 | Nov. 2003 | 63  7 | Apr. 2003 | 63  0 | 2,1 |
| Apr. 1940 | 7 | Dez. 2003 | 63  7 | Mai 2003 | 63  0 | 2,1 |
| Mai 1940 | 8 | Feb. 2004 | 63  8 | Juni 2003 | 63  0 | 2,4 |
| Juni 1940 | 8 | März 2004 | 63  8 | Juli 2003 | 63  0 | 2,4 |
| Juli 1940 | 8 | Apr. 2004 | 63  8 | Aug. 2003 | 63  0 | 2,4 |
| Aug. 1940 | 8 | Mai 2004 | 63  8 | Sept. 2003 | 63  0 | 2,4 |
| Sept. 1940 | 9 | Juli 2004 | 63  9 | Okt. 2003 | 63  0 | 2,7 |
| Okt. 1940 | 9 | Aug. 2004 | 63  9 | Nov. 2003 | 63  0 | 2,7 |
| Nov. 1940 | 9 | Sept. 2004 | 63  9 | Dez. 2003 | 63  0 | 2,7 |
| Dez. 1940 | 9 | Okt. 2004 | 63  9 | Jan. 2004 | 63  0 | 2,7 |
| Jan. 1941 | 10 | Dez. 2004 | 63  10 | Feb. 2004 | 63  0 | 3,0 |
| Feb. 1941 | 10 | Jan. 2005 | 63  10 | März 2004 | 63  0 | 3,0 |
| März 1941 | 10 | Feb. 2005 | 63  10 | Apr. 2004 | 63  0 | 3,0 |
| Apr. 1941 | 10 | März 2005 | 63  10 | Mai 2004 | 63  0 | 3,0 |
| Mai 1941 | 11 | Mai 2005 | 63  11 | Juni 2004 | 63  0 | 3,3 |
| Juni 1941 | 11 | Juni 2005 | 63  11 | Juli 2004 | 63  0 | 3,3 |
| Juli 1941 | 11 | Juli 2005 | 63  11 | Aug. 2004 | 63  0 | 3,3 |
| Aug. 1941 | 11 | Aug. 2005 | 63  11 | Sept. 2004 | 63  0 | 3,3 |
| Sept. 1941 | 12 | Okt. 2005 | 64  0 | Okt. 2004 | 63  0 | 3,6 |
| Okt. 1941 | 12 | Nov. 2005 | 64  0 | Nov. 2004 | 63  0 | 3,6 |
| Nov. 1941 | 12 | Dez. 2005 | 64  0 | Dez. 2004 | 63  0 | 3,6 |
| Dez. 1941 | 12 | Jan. 2006 | 64  0 | Jan. 2005 | 63  0 | 3,6 |

### e) Schwerbehinderte Menschen, Berufs- oder Erwerbsunfähige

**36** Schwerbehinderte Menschen mit einem Grad der Behinderung ab 50 sowie Berufs- oder Erwerbsunfähige konnten noch bis zum 31. 12. 2000 mit 60 Jahren ohne Abschlag vorgezogen in den Ruhestand. Ab dem Jahrgang 1. 1. 1941 haben sich gravierende Änderungen ergeben, für Betroffene ergeben sich aus den Vertrauensschutzregelungen interessante Besonderheiten.

#### aa) Altersrente für schwerbehinderte Menschen

**37** Als schwerbehinderte Menschen anerkannte Personen, also mit einem festgestellten Grad der Behinderung von 50 und mehr, die 35 Jahre versicherungsrechtlicher Zeiten zurückgelegt haben, können nach § 37 SGB VI vorgezogen in die Rente mit 60 gehen. Allerdings ist ab dem 1. 1. 2001 ein ansteigender Rentenabschlag hinzunehmen, wie er sich aus der nachfolgenden Tabelle 6 ergibt.

**38** Tabelle 6: Stufenweise Anhebung der Altersgrenze 60 für Schwerbehinderte Menschen

| Monat und Jahr der Geburt | Verschiebung des Rentenbeginns um ... Monate | Rentenbeginn nach Anhebung der Altersgrenze am 1. d. Monats | Alter des Versicherten bei Rentenbeginn Jahre/Monate | Vorzeitige Inanspruchnahme ab Monat/Jahr | möglich im Alter Jahre/Monate | Kürzung der Rente um ...% |
|---|---|---|---|---|---|---|
| 1 | 2 | 3 | 4 | 5 | 6 | 7 |
| vor 1941 | 0 | | 60  0 | | 60  0 | 0 |
| Jan. 1941 | 1 | März 2001 | 60  1 | Feb. 2001 | 60  0 | 0,3 |
| Feb. 1941 | 2 | Mai 2001 | 60  2 | März 2001 | 60  0 | 0,6 |
| März 1941 | 3 | Juli 2001 | 60  3 | Apr. 2001 | 60  0 | 0,9 |
| Apr. 1941 | 4 | Sept. 2001 | 60  4 | Mai 2001 | 60  0 | 1,2 |
| Mai 1941 | 5 | Nov. 2001 | 60  5 | Juni 2001 | 60  0 | 1,5 |
| Juni 1941 | 6 | Jan. 2002 | 60  6 | Juli 2001 | 60  0 | 1,8 |
| Juli 1941 | 7 | März 2002 | 60  7 | Aug. 2001 | 60  0 | 2,1 |
| Aug. 1941 | 8 | Mai 2002 | 60  8 | Sept. 2001 | 60  0 | 2,4 |
| Sept. 1941 | 9 | Juli 2002 | 60  9 | Okt. 2001 | 60  0 | 2,7 |
| Okt. 1941 | 10 | Sept. 2002 | 60  10 | Nov. 2001 | 60  0 | 3,0 |
| Nov. 1941 | 11 | Nov. 2002 | 60  11 | Dez. 2001 | 60  0 | 3,3 |
| Dez. 1941 | 12 | Jan. 2003 | 61  0 | Jan. 2002 | 60  0 | 3,6 |
| Jan. 1942 | 13 | März 2003 | 61  1 | Feb. 2002 | 60  0 | 3,9 |
| Feb. 1942 | 14 | Mai 2003 | 61  2 | März 2002 | 60  0 | 4,2 |
| März 1942 | 15 | Juli 2003 | 61  3 | Apr. 2002 | 60  0 | 4,5 |
| Apr. 1942 | 16 | Sept. 2003 | 61  4 | Mai 2002 | 60  0 | 4,8 |
| Mai 1942 | 17 | Nov. 2003 | 61  5 | Juni 2002 | 60  0 | 5,1 |
| Juni 1942 | 18 | Jan. 2004 | 61  6 | Juli 2002 | 60  0 | 5,4 |
| Juli 1942 | 19 | März 2004 | 61  7 | Aug. 2002 | 60  0 | 5,7 |
| Aug. 1942 | 20 | Mai 2004 | 61  8 | Sept. 2002 | 60  0 | 6,0 |

I. Einleitung: Altersteilzeit und Rente 39, 40 **ATG**

| Monat und Jahr der Geburt | Verschiebung des Rentenbeginns um... Monate | Rentenbeginn nach Anhebung der Altersgrenze am 1. d. Monats | Alter des Versicherten bei Rentenbeginn Jahre/ Monate | | Vorzeitige ab Monat/ Jahr | Inanspruchnahme im Alter Jahre/ Monate | | möglich Kürzung der Rente um...% |
|---|---|---|---|---|---|---|---|---|
| 1 | 2 | 3 | 4 | | 5 | 6 | | 7 |
| Sept. 1942 | 21 | Juli 2004 | 61 | 9 | Okt. 2002 | 60 | 0 | 6,3 |
| Okt. 1942 | 22 | Sept. 2004 | 61 | 10 | Nov. 2002 | 60 | 0 | 6,6 |
| Nov. 1942 | 23 | Nov. 2004 | 61 | 11 | Dez. 2002 | 60 | 0 | 6,9 |
| Dez. 1942 | 24 | Jan. 2005 | 62 | 0 | Jan. 2003 | 60 | 0 | 7,2 |
| Jan. 1943 | 25 | März 2005 | 62 | 1 | Feb. 2003 | 60 | 0 | 7,5 |
| Feb. 1943 | 26 | Mai 2005 | 62 | 2 | März 2003 | 60 | 0 | 7,8 |
| März 1943 | 27 | Juli 2005 | 62 | 3 | Apr. 2003 | 60 | 0 | 8,1 |
| Apr. 1943 | 28 | Sept. 2005 | 62 | 4 | Mai 2003 | 60 | 0 | 8,4 |
| Mai 1943 | 29 | Nov. 2005 | 62 | 5 | Juni 2003 | 60 | 0 | 8,7 |
| Juni 1943 | 30 | Jan. 2006 | 62 | 6 | Juli 2003 | 60 | 0 | 9,0 |
| Juli 1943 | 31 | März 2006 | 62 | 7 | Aug. 2003 | 60 | 0 | 9,3 |
| Aug. 1943 | 32 | Mai 2006 | 62 | 8 | Sept. 2003 | 60 | 0 | 9,6 |
| Sept. 1943 | 33 | Juli 2006 | 62 | 9 | Okt. 2003 | 60 | 0 | 9,9 |
| Okt. 1943 | 34 | Sept. 2006 | 62 | 10 | Nov. 2003 | 60 | 0 | 10,2 |
| Nov. 1943 | 35 | Nov. 2006 | 62 | 11 | Dez. 2003 | 60 | 0 | 10,5 |
| Dez. 1943 | 36 | Jan. 2007 | 63 | 0 | Jan. 2004 | 60 | 0 | 10,8 |
| 1944 und später | 36 | | 63 | 0 | | 60 | 0 | 10,8 |

Besonderen Vertrauensschutz bietet § 236a Satz 5 SGB VI. Die Altersgrenzen werden nicht angehoben für schwerbehinderte Menschen, die bis zum 31. 12. 1941 geboren sind und die 45 Pflichtbeitragsjahre – allerdings ohne Jahre der Arbeitslosigkeit – haben. Die Rente mit 60 ohne Abschlag können außerdem bis 16. 11. 1950 Geborene erhalten, wenn sie am Stichtag 16. 11. 2000 schwerbehindert waren. Das ungewöhnliche Stichtagsdatum entspricht dem Tag der Dritten Lesung des Gesetzentwurfes im Deutschen Bundestag[11]. Die Besonderheit der Stichtagsregelung ergibt sich aus einem Vergleich mit § 37 SGB VI[12]. Dort wird verlangt, dass die Betroffenen bei Rentenbeginn als schwerbehinderte Menschen *anerkannt* sind. § 236a dagegen fordert, dass Betroffene am 16. 11. 2000 schwerbehindert *waren*. Es muss also am Stichtag die Schwerbehinderung nicht anerkannt gewesen sein, es ist noch nicht einmal ein Anerkennungsantrag an diesem Tag erforderlich, allein das Bestehen der Schwerbehinderung reicht aus.

**Beispiel:** Ein Arbeitnehmer, geboren 1. 10. 1950, ist in der Telefonzentrale beschäftigt. Er leidet seit 1997 unter einer Versteifung der Hals- und der Lendenwirbelsäule, hatte aber aus persönlichen Gründen zunächst keinen Schwerbehindertenausweis beantragt. Im Sommer 2010 entschließt er sich zur Altersrente mit 60, erhält auf Antrag einen Schwerbehinderten-Ausweis und legt dem Rententräger Röntgenaufnahmen aus dem Jahr 1997 vor, die das Bestehen der Schwerbehinderung seit damals und damit auch zum Stichtag beweisen.

---

[11] Plenarprotokoll 14/133.
[12] In der Fassung durch das Sozialgesetzbuch IX vom 19. 6. 2001, BGBl I S 1046, 1103.

**41** Erforderlich ist die Anerkennung als schwerbehinderte Menschen zum Beginn der Altersrente, also regelmäßig zum 60. Geburtstag. Für Personen, deren Behinderungsgrad vorher herabgesetzt wurde, z. B. wegen Heilungsbewährung einer Krebserkrankung, bietet § 116 Abs. 1 Halbsatz 2 SGB IX[13] einen weiteren besonderen Schutz. Erst wenn der Bescheid, der den Grad der Behinderung herabsetzt, bestandskräftig ist und weitere drei Monate vergangen sind, entfällt der Schwerbehinderteneigenschaft. Bestandskraft tritt allerdings erst ein, wenn sämtliche Rechtsmittel ausgeschöpft sind. Als Rechtsmittel stehen Widerspruch, Klage, Berufung sowie Revision oder Nichtzulassungsbeschwerde (§§ 77, 78 ff, 87 ff, 143 ff, 160 ff SGG) zu Gebote. Wird das gerichtliche Verfahren, das von Amtsermittlungsgrundsatz § 106 SGG und Kostenfreiheit § 183 ff SGG geprägt ist, voll ausgeschöpft ergibt sich ein faktisch mehrere Jahre fortbestehender Schwerbehindertenschutz. Er wird damit den Rentenzugang mit 60 ohne Abschlag regelmäßig auch in Herabsetzungsfällen garantieren.

### bb) Altersrente für Berufs- oder Erwerbsunfähige

**42** Durch das Gesetz zur Reform der Renten wegen verminderter Erwerbsfähigkeit[14] wurden die Renten wegen Berufs- sowie Erwerbsunfähigkeit abgeschafft. Ab dem 1. 1. 2001 gibt es nur noch Renten wegen teilweiser oder voller Erwerbsminderung. Diese Renten allein berechtigen nicht mehr zu einer vorgezogenen Altersrente. Betroffene Personen können versuchen, als schwerbehinderte Menschen vom zuständigen Amt anerkannt zu werden. Dies ist möglich, aber nicht zwingend, denn Erwerbsminderung und Schwerbehinderung hängen nicht von identischen Voraussetzungen ab. Gelingt es nicht, die Anerkennung als Schwerbehinderte zu erlangen, bleibt voll oder teilweise Erwerbsgeminderten die vorgezogene Altersrente verschlossen.

Allerdings gelten für die Betroffenen komfortable Übergangsregelungen in § 236 a SGB VI. Wer bis 31. 12. 1950 geboren ist, kann bei Wartezeiterfüllung von 35 Jahren mit 60 in Rente gehen, wenn bei Rentenbeginn Berufs- oder Erwerbsunfähigkeit vorliegt. Für die Beurteilung der Berufs- oder Erwerbsunfähigkeit sind dann §§ 43 und 44 SGB VI anzuwenden, obgleich sie mit dem 1. 1. 2001 entfallen sind. Im Extremfall wird der Rententräger also im Jahr 2010 nach dem nur bis 31. 12. 2000 gültigen Recht prüfen müssen, ob die betroffene Person bei Rentenbeginn 2010 berufs- oder erwerbsunfähig ist.

Die Altersgrenze 60 für vertrauensgeschützte Personen wird angehoben nach der oben abgedruckten Tabelle 6, so dass ab 1942 Geborene grundsätzlich mit Abschlägen rechnen müssen. Aber auch hier werden die Altersgrenzen nicht angehoben für Berufs- sowie Erwerbsunfähige, die bis zum 31. 12. 1941 geboren sind und die 45 Pflichtbeitragsjahre – allerdings ohne Jahre der Arbeitslosigkeit – haben. Die Rente mit 60 ohne Abschlag können außerdem bis 16. 11. 1950 geborene Berufs- oder Erwerbsunfähige erhalten,

---

[13] Bis 30. 6. 2001: § 38 SchwbG.
[14] Die wesentlichen Neuregelungen erläutern Wollschläger DRV 2001, 276 sowie Stichnoth/Wiechmann DangVers 2001, 53.

wenn sie es am Stichtag 16. 11. 2000 waren. Erforderlich ist kein Antrag oder laufendes Anerkennungsverfahren zu diesem Datum, es reicht vielmehr aus, dass der Rententräger feststellt, es habe zum 16. 11. 2000 Berufs- oder Erwerbsunfähigkeit nach §§ 43, 44 SGB VI alte Fassung vorgelegen. Auch hier wird es im Extremfall im Jahre 2010 zur Anwendung des alten Rechtes kommen und zwar in einer Beurteilung, die rund 10 Jahre zurückreicht.

## 2. Leerlaufen tariflicher Ansprüche auf Altersteilzeit

Viele Tarifverträge sowie Betriebsvereinbarungen bestimmen, dass das Altersteilzeitarbeitsverhältnis endet, sobald eine Altersrente ohne Abschlag *beansprucht* werden kann (vgl. auch § 5 Abs. 1 Ziff 2 ATG). Konnten betroffene Arbeitnehmer die Altersteilzeit erst mit 60 oder 61 beanspruchen, führte dies zumindest in den Jahren 1999 und 2000 zum Leerlaufen dieser Ansprüche auf Altersteilzeit. Die entsprechende Problematik wurde in der Vorauflage (Vorbemerkung RdNr. 34–36) dargestellt. Inzwischen hat sich die Situation durch Zeitablauf entschärft. Die Anhebung der Altersgrenze ist für die Renten nach Arbeitslosigkeit und Altersteilzeit sowie für langjährig Versicherte seit Dezember 2001 abgeschlossen, die Anhebung der Frauenaltersrente wird Ende 2004 beendet sein. Verblieben sind abschlagsfreie Renten nur für den Personenkreis, der nach den dargestellten Übergangsregelungen in § 236 a SGB VI für Schwerbehinderte, Berufs- oder Erwerbsunfähige keine oder nur eine geringe Anhebungen der Altersgrenze 60 hinzunehmen hat. Für sie werden wegen der Behinderung oder Leistungsminderung im Rahmen der Altersteilzeit in der Regel Vereinbarungen geschlossen werden, die die Besonderheiten berücksichtigen. **43**

## 3. Geringere Rente durch früheren Renteneintritt

Nicht nur bei vorzeitigen Renten, also solchen mit Abschlag, sondern auch bei vorgezogenen Renten ergibt sich wegen der geringeren Beitragsjahre eine geringere Höhe, weil im Vergleich zur Regelaltersrente ab 65 weniger Beiträge entrichtet werden. Dies ist bei der Überlegung zu beachten, zu welchem Zeitpunkt ggf. nach Altersteilzeit in den Ruhestand gewechselt werden soll. Nach einer Faustregel[15] resultiert aus einem Jahr früheren Rentenbeginn ca. 1,1% des Bruttomonatsverdienstes weniger Bruttorente im Monat. Die nachfolgenden gerundeten Beispielsdaten geben dazu einen Anhalt, exakte Auskünfte erteilen die Rentenversicherungsträger auf Basis des individuellen Versicherungsverlaufes. **44**

**Beispiel:** Arbeitnehmerin L verdient monatlich brutto € 3000,–. Aus einem Jahr Beschäftigung resultiert für L ein monatlicher Rentenanspruch von ca. € 33,–. **45**

---

[15] Pelikan Seite 119.

## 4. Faustformeln zur Rentenhöhe nach Altersteilzeit

**46** Zur Rentenhöhe nach Altersteilzeit gibt es Faustformeln, die vor allem in Beratungsgesprächen gute Dienste leisten. Nach der ersten Rittweger-Formel ergibt ein Jahr Altersteilzeit einen Rentenanspruch, der rund 1% des bisherigen Monatsbrutto entspricht.

**47** **Beispiel:** Herr Keller verdient € 3.000,– Brutto im Monat. Mit 59 Jahren hat er eine Rentenanwartschaft von € 1.000,– monatlich aufgebaut. Herr Keller wechselt mit 59 in eine 6-jährige Altersteilzeit.
Für jedes Jahr Altersteilzeit erhöht sich Herrn Kellers Rente um rund 3.000,– € × 1% = ca. 30,– €. Aus 6 Jahren Altersteilzeit ergeben sich somit rund € 180,– mehr an monatlicher Rente. Herr Keller wird also mit 65 eine Rente von rund € 1.180,– beziehen.

**48** Mit ihrer Hilfe der zweiten Rittweger-Formel kann bestimmt werden, um wie viel niedriger die Rentenanwartschaft aus Altersteilzeitarbeit im Vergleich zu einer Vollzeitbeschäftigung ausfällt. Danach bleibt die Erhöhung der Rente durch Altersteilzeit gegenüber der bisherigen Beschäftigung um 0,1% des Vollzeitmonatsbrutto zurück. Es ergibt sich folgende Tabelle, mit deren Hilfe grob abgeschätzt werden kann, um wie viel die Monatsrente im Vergleich zur Weiterarbeit wie bisher geringer ausfallen wird.[16]

**49**

| Vollzeit-brutto € | Um ... € geringere Rente für ... Jahre Altersteilzeit | | | | |
|---|---|---|---|---|---|
| | 2 Jahre | 3 Jahre | 4 Jahre | 5 Jahre | 6 Jahre |
| 1.500 | 3.– € | 4,50 € | 6.– € | 7,50 € | 9.– € |
| 2.000 | 4.– € | 6.– € | 8.– € | 10.– € | 12.– € |
| 3.000 | 6.– € | 9.– € | 12.– € | 15.– € | 18.– € |
| 4.000 | 8.– € | 12.– € | 16.– € | 20.– € | 24.– € |

---

[16] Ein ausführliches Berechnungsbeispiel mit gleichem Ergebnis zeigt Winter, Nachrichtenblatt der LVA Baden 2/00, 59, 63.

## 5. Rentenreform und Frühverrentung

Die Auswirkungen der Rentenreformen auf die Frühverrentung zeigt das nachfolgende Beispiel einer „58er Regelung":

**Beispiel:** Arbeitnehmer T, geb. 16. 3. 1944, netto mtl. € 2.500,– erhält nach 30 Jahren Betriebszugehörigkeit einen Aufhebungsvertrag zum 31. 3. 2002 mit € 60.000,– Abfindung.

Nach altem Recht konnte T mit 60 in Rente gehen und musste die Zeit bis dahin mit einem monatlichen Arbeitslosengeld von ca. € 900,– überbrücken. Um seinen Standart zu halten, musste er von der Abfindung monatlich € 1.600,– verwenden, um das bisherige Nettoeinkommen von € 2.500,– zu erreichen. Es ergab sich somit ein Gesamtaufstockungsbedarf von rund € 38.400,–. Von der Abfindung war deshalb noch ein großer Teil verblieben.

Nach neuem Recht ist eine Altersrente ohne Abschlag erst im April 2009 möglich. T müsste also mit der Abfindung rund 7 Jahre überbrücken. Dafür reicht die Abfindung kaum aus.

Alternativ könnte sich der Arbeitnehmer im Beispielsfall überlegen, bereits mit 60 in Rente zugehen – bei einem Abschlag von 18%. Bei einer monatlichen Rente von angenommen € 1.000,– erhielte er also nur € 820,– brutto.

Schließlich könnte im Beispielsfall noch ein Ausgleich dieses Rentenabschlags durch Arbeitgeberzahlung nach § 187a SGB VI in Betracht gezogen werden. Allerdings sind die notwendigen Beträge extrem hoch[17].

**Beispiel:** Für T müssten zum Ausgleich des Abschlages gerundet € 47.000,– aufgewandt werden.

Dieser Betrag ergäbe bei anderweitiger Anlage mit einer Verzinsung von 5% einen monatlichen Zinsertrag von € 195,83 – zusätzlich verblieben T das Kapital.

Das vereinfachte Beispiel verdeutlicht: Der bisherige Weg der Frühverrentung ist nach den Gesetzesreformen nicht mehr gangbar, weil die Rentenaltersgrenzen weit angehoben wurden. Die Rentenabschläge bei vorzeitigem Rentenbeginn sind allzu hoch und ein Ausgleich der Rentenabschläge unrentabel. Dies verdeutlicht auch die nachfolgende von der LVA-Oberbayern erstellte Tabelle[18].

---

[17] Beispiele bei Recht NZS 96, 552 (558).
[18] Die jeweils halbjährlich aktualisierte Tabelle kann abgerufen werden unter www.lva-oberbayern.de.

# ATG 57   A. Altersteilzeitgesetz

## 57

| monatliche Brutto-Rente | Minderungsbetrag (M) und Ausgleichsbetrag (A) bei vorzeitiger Inanspruchnahme in EURO ||||||
|---|---|---|---|---|---|---|
| | 1 Mt = 0,3 % | 12 Mte = 3,6 % | 24 Mte = 7,2 % | 36 Mte = 10,8 % | 48 Mte = 14,4 % | 60 Mte = 18,0 % |
| 200 € | M = 0,60<br>A = 129,48 | M = 7,20<br>A = 1.606,96 | M = 14,40<br>A = 3.339,18 | M = 21,60<br>A = 5.210,62 | M = 28,80<br>A = 7.239,46 | M = 36,00<br>A = 9.446,45 |
| 250 € | M = 0,75<br>A = 161,72 | M = 9,00<br>A = 2.008,70 | M = 18,00<br>A = 4.173,84 | M = 27,00<br>A = 6.513,12 | M = 36,00<br>A = 9.049,17 | M = 45,00<br>A = 11.808,56 |
| 300 € | M = 0,90<br>A = 194,49 | M = 10,80<br>A = 2.410,44 | M = 21,60<br>A = 5.008,48 | M = 32,40<br>A = 7.815,63 | M = 43,20<br>A = 10.859,51 | M = 54,00<br>A = 14.170,01 |
| 350 € | M = 1,05<br>A = 226,73 | M = 12,60<br>A = 2.812,18 | M = 25,20<br>A = 5.843,14 | M = 37,80<br>A = 9.118,13 | M = 50,40<br>A = 12.669,22 | M = 63,00<br>A = 16.531,45 |
| 400 € | M = 1,20<br>A = 258,96 | M = 14,40<br>A = 3.214,48 | M = 28,80<br>A = 6.677,78 | M = 43,20<br>A = 10.421,23 | M = 57,60<br>A = 14.478,93 | M = 72,00<br>A = 18.893,57 |
| 450 € | M = 1,35<br>A = 291,19 | M = 16,20<br>A = 3.616,22 | M = 32,40<br>A = 7.512,44 | M = 48,60<br>A = 11.723,74 | M = 64,80<br>A = 16.288,63 | M = 81,00<br>A = 21.255,01 |
| 500 € | M = 1,50<br>A = 323,97 | M = 18,00<br>A = 4.017,97 | M = 36,00<br>A = 8.347,08 | M = 54,00<br>A = 13.026,24 | M = 72,00<br>A = 18.098,98 | M = 90,00<br>A = 23.616,46 |
| 550 € | M = 1,65<br>A = 356,21 | M = 19,80<br>A = 4.419,70 | M = 39,60<br>A = 9.182,32 | M = 59,40<br>A = 14.328,74 | M = 79,20<br>A = 19.908,68 | M = 99,00<br>A = 25.978,57 |
| 600 € | M = 1,80<br>A = 388,45 | M = 21,60<br>A = 4.821,44 | M = 43,20<br>A = 10.016,96 | M = 64,80<br>A = 15.631,24 | M = 86,40<br>A = 21.718,39 | M = 108,00<br>A = 28.340,02 |
| 650 € | M = 1,95<br>A = 420,67 | M = 23,40<br>A = 5.223,18 | M = 46,80<br>A = 10.851,62 | M = 70,20<br>A = 16.934,36 | M = 93,60<br>A = 23.528,10 | M = 117,00<br>A = 30.701,46 |
| 700 € | M = 2,10<br>A = 453,46 | M = 25,20<br>A = 5.624,93 | M = 50,40<br>A = 11.686,26 | M = 75,60<br>A = 18.236,86 | M = 100,80<br>A = 25.338,45 | M = 126,00<br>A = 33.063,57 |
| 750 € | M = 2,25<br>A = 485,69 | M = 27,00<br>A = 6.026,66 | M = 54,00<br>A = 12.520,92 | M = 81,00<br>A = 19.539,36 | M = 108,00<br>A = 27.148,15 | M = 135,00<br>A = 35.425,02 |
| 800 € | M = 2,40<br>A = 517,92 | M = 28,80<br>A = 6.428,40 | M = 57,60<br>A = 13.355,56 | M = 86,40<br>A = 20.841,86 | M = 115,20<br>A = 28.957,86 | M = 144,00<br>A = 37.786,48 |
| 850 € | M = 2,55<br>A = 550,16 | M = 30,60<br>A = 6.830,15 | M = 61,20<br>A = 14.190,22 | M = 91,80<br>A = 22.144,37 | M = 122,40<br>A = 30.768,20 | M = 153,00<br>A = 40.148,59 |
| 900 € | M = 2,70<br>A = 582,94 | M = 32,40<br>A = 7.231,89 | M = 64,80<br>A = 15.024,86 | M = 97,20<br>A = 23.447,48 | M = 129,60<br>A = 32.577,91 | M = 162,00<br>A = 42.510,02 |
| 950 € | M = 2,85<br>A = 615,18 | M = 34,20<br>A = 7.633,62 | M = 68,40<br>A = 15.860,10 | M = 102,60<br>A = 24.749,98 | M = 136,80<br>A = 34.387,62 | M = 171,00<br>A = 44.871,48 |
| 1.000 € | M = 3,00<br>A = 647,40 | M = 36,00<br>A = 8.035,36 | M = 72,00<br>A = 16.694,75 | M = 108,00<br>A = 26.052,49 | M = 144,00<br>A = 36.197,32 | M = 180,00<br>A = 47.233,59 |
| 1.050 € | M = 3,15<br>A = 679,64 | M = 37,80<br>A = 8.437,11 | M = 75,60<br>A = 17.529,40 | M = 113,40<br>A = 27.354,99 | M = 151,20<br>A = 38.007,66 | M = 189,00<br>A = 49.595,04 |
| 1.100 € | M = 3,30<br>A = 712,42 | M = 39,60<br>A = 8.838,85 | M = 79,20<br>A = 18.364,04 | M = 118,80<br>A = 28.657,49 | M = 158,40<br>A = 39.817,37 | M = 198,00<br>A = 51.956,48 |
| 1.200 € | M = 3,60<br>A = 776,88 | M = 43,20<br>A = 9.642,88 | M = 86,40<br>A = 20.033,34 | M = 129,60<br>A = 31.263,11 | M = 172,80<br>A = 43.436,79 | M = 216,00<br>A = 56.680,04 |
| 1.300 € | M = 3,90<br>A = 841,90 | M = 46,80<br>A = 10.446,37 | M = 93,60<br>A = 21.703,23 | M = 140,40<br>A = 33.868,11 | M = 187,20<br>A = 47.056,83 | M = 234,00<br>A = 61.403,60 |
| 1.400 € | M = 4,20<br>A = 906,37 | M = 50,40<br>A = 11.249,84 | M = 100,80<br>A = 23.372,53 | M = 151,20<br>A = 36.473,72 | M = 201,60<br>A = 50.676,25 | M = 252,00<br>A = 66.126,49 |
| 1.500 € | M = 4,50<br>A = 971,38 | M = 54,00<br>A = 12.053,33 | M = 108,00<br>A = 25.041,83 | M = 162,00<br>A = 39.078,72 | M = 216,00<br>A = 54.296,30 | M = 270,00<br>A = 70.850,05 |

Berechnungsbeispiele (Rundungsdifferenzen möglich)
Ausgleich der Rentenabschläge bei Altersrenten
in der Zeit vom 1. Januar bis 30. Juni 2002

I. Einleitung: Altersteilzeit und Rente 58–61 **ATG**

## 6. Überblick über die wichtigsten altersteilzeitbezogenen Rentenreformen

### a) Rentenreformgesetz 1992

Gesetz zur Reform der gesetzlichen Rentenversicherung – Rentenreformgesetz 1992 (RRG 1992) vom 18. 12. 1989, BGBl I Seite 2261:
- Neukodifikation des Rentenrechts im SGB VI zum 1. 1. 1992, einheitliches – Rentenrecht in der gesamten Bundesrepublik.
- Anhebung der Altersgrenzen für vorgezogene Renten, Abschläge zum Ausgleich verlängerter Rentenzahlung bei vorzeitiger Inanspruchnahme, Anhebungsphasen 2001–2006.
- Außerkrafttreten des Altersteilzeitgesetz 1988 zum 31. 12. 1991.

### b) Gesetz zur Förderung eines gleitenden Überganges in den Ruhestand

vom 23. 7. 1996, BGBl I Seite 1088:
- Artikel 1: Altersteilzeitgesetz
- Artikel 2: Änderungen des SGB VI:
  Anhebung der Altersgrenze 60 für Rente nach Arbeitslosigkeit bereits ab 1997, Abschläge bei vorzeitiger Inanspruchnahme
  Anhebung der Altersgrenze 60 für langjährig Versicherte bereits ab 2000, Verkürzung der Anhebungsphase auf zwei Jahre
- Stichtag Vertrauenschutz: 14. 2. 1996
- Neue vorgezogene Altersrente: nach zwei Jahren Altersteilzeit.

### c) Wachstums- und Beschäftigungsförderungsgesetz

Gesetz zur Umsetzung des Programms für mehr Wachstum und Beschäftigung in den Bereichen der Rentenversicherung und Arbeitsförderung – Wachstums- und Beschäftigungsförderungsgesetz (WFG) vom 25. 9. 1996, BGBl I Seite 1461:
- Anhebung der Altergrenze 60 für Frauen, Beginn bereits ab 2000, beschleunigter Anhebungsrhythmus
- Stichtag Vertrauenschutz: 7. 5. 1996.

### d) Rentenreformgesetz 1999

Gesetz zur Reform der gesetzlichen Rentenversicherung – Rentenreformgesetz 1999 (RRG 1999) vom 16. 12. 1997, BGBl I Seite 2998:
- Streichung der vorzeitigen Altersrente für Berufs-/Erwerbsunfähige ab Jahrgang 1. 1. 1943
- Anhebung Altersgrenze 60 für Schwerbehinderte, Einführung Rentenabschläge
- Ersatz der Berufs-/Erwerbsunfähigkeitsrente durch Erwerbsminderungsrenten
- Vertrauenschutz für alle vorgezogenen Altersrenten der Geburtsjahrgänge bis 1941 soweit 45 Pflichtbeitragsjahre
- Reduktion der vorgezogenen Altersrenten auf nur noch drei Tatbestände (Schwerbehinderte, langjährig Versicherte und Bergleute).

### e) Rentenkorrekturgesetz 1998

**62** Rentenkorrekturgesetz vom 19. Dezember 1998, BGBl I Seite 3843:
– Aussetzen von Kernregelungen des Rentenreformgesetzes durch die neue Bundesregierung
– Aussetzung des demografischen Faktors
– Aussetzen der Erwerbsminderungsrenten.

### f) Erwerbsminderungsrentengesetz

**63** Gesetz zur Reform der Renten wegen verminderter Erwerbsfähigkeit vom 20. Dezember 2000 BGBl I Seite 1827:
– Neuregelung von ganzer und teilweiser Erwerbsminderungsrente
– Anhebung der Altersgrenze 60 für die Altersrente von Schwerbehinderten, Berufs- und Erwerbsunfähigen
– Streichung der Altersrente für Berufs- und Erwerbsunfähige ab Jahrgang 1951
– Vertrauenschutzregelungen, Stichtag 16. 11. 2000.

Die Übersicht fasst den Weg zusammen, auf dem der Gesetzgeber Schritt für Schritt die Frühverrentung eingedämmt hat. 1989 beschloss er die stufenweise Anhebung der Lebensaltersgrenzen, im Sommer 1996 wurde die Altersgrenze für Arbeitslose, im Herbst 1996 für Frauen beschleunigt angehoben. Die dann zu befürchtenden Ausweichbewegungen auf die Renten wegen gesundheitlicher Einschränkungen wurden Ende 1997 durch das RRG 1999 abgefangen, wobei das Korrekturgesetz der neuen SPD/GRÜNE-Regierung diesen Reformteil nur aufgeschoben und dann zum 1. 1. 2001 in Kraft gesetzt hat. Die vorgezogenen Altersrenten für Arbeitslose, Frauen, Berufs- und Erwerbsunfähige sind spätestens ab Jahrgang 1. 1. 1952 endgültig abgeschafft. An dieser Entwicklung hatten das Altersvermögens- und Altersvermögens-Ergänzungsgesetz vom Frühjahr 2001 nichts mehr geändert.

Das Ergebnis ab dem Jahr 2012 ist eindeutig: abschlagsfreie Renten vor 65 sind nur noch für schwerbehinderte Menschen möglich – und zwar erst ab 63 Jahren. Die Frühverrentung ist dann von dieser Seite her auf ein Minimum reduziert.

## II. Kommentar Altersteilzeitgesetz

### Vorbemerkung Vor § 1

#### Übersicht

| | RdNr. |
|---|---|
| 1. Altersteilzeit und Personalmanagement | 1 |
| 2. Grundstrukturen des Gesetzes | 4 |
| 3. Historische Entwicklung | 7 |
| 4. Ursprüngliche Einwendungen und Entwicklung des Gesetzes | 26 |
| 5. Attraktivität für Arbeitnehmer | 30 |
|    a) Zentral-Modell 57 | 31 |
|    b) Modell 55 | 37 |
|    c) Modell 59 | 40 |
|    d) Weitere Modelle | 44 |
| 6. Attraktivität für Arbeitgeber | 45 |
|    a) Vorteile aus Wiederbesetzung durch Auszubildende | 46 |
|    b) Vorteile aus befristeter Wiederbesetzung | 47 |
|    c) Kostenvorteile | 48 |
|    d) Vorteile aus Wiederbesetzung mit reduzierter Stundenzahl | 49 |
|    e) Zusätzliche Förderung der Altersteilzeit | 50 |
|    f) Fehlende Alternativen | 51 |
| 7. Tabellarische Übersicht der Änderungsgesetze | 53 |

### 1. Altersteilzeit und Personalmanagement

Seit Inkrafttreten des Altersteilzeit-Gesetzes zum 1. 8. 1996 hat die Altersteilzeit ihren festen Platz im Personalmanagement erobert. Sie hat in einem geänderten und sich weiter ändernden Umfeld die gängige Frühverrentung der 80er und 90er Jahre weitgehend ersetzt und ist durch das Blockmodell ein für Arbeitnehmer attraktiver Weg geworden, um aus dem Erwerbsleben vorzeitig auszuscheiden. 1

Die Grundideen der Altersteilzeit gehen davon aus, dass ein Arbeitnehmer ab 55 Jahren seine Arbeitszeit halbiert, dafür aber nicht nur das hälftige Entgelt, sondern wenigstens 70% der bisherigen Netto-Bezüge erhält. Die Beiträge zur Rentenkasse werden fast auf die gleiche Höhe wie bisher aufgestockt, nämlich auf 90%. Als Regelfall hat sich das Blockmodell etabliert, bei dem die Halbierung der Arbeitszeit nicht in klassischer Teilzeit geschieht, sondern durch Bildung zweier gleichlanger Blöcke. Im ersten Block bleibt es bei 100% Arbeit, im zweiten wird die Arbeit auf Null reduziert, so dass sich über die gesamte Laufzeit eine Halbierung ergibt – bei kontinuierlich gezahltem Entgelt von wenigstens 70% und Rentenbeitrag von 90%. Der Arbeitgeber erhält die Mehrkosten, die Aufstockung von Entgelt und Rentenbeitrag erstattet, wenn die Altersteilzeit als soziale anerkennenswerte Form des Überganges in die Rente ausgestaltet ist und der freiwerdende Arbeitsplatz des Altersteilzeit-Arbeitnehmers wiederbesetzt wird. 2

3   Das Verständnis des Altersteilzeit-Gesetzes ergibt sich aus seinen Grundzügen, seiner Entstehungsgeschichte und aus der Entwicklung seines Umfeldes, was im Folgenden dargestellt wird. Anschließend werden die zentralen Vorteile zusammengefasst, warum die Altersteilzeit für Arbeitnehmer und Arbeitgeber attraktiv erscheint.

## 2. Grundstrukturen des Gesetzes

4   Das Altersteilzeitgesetz ist ein sozialrechtliches Leistungsgesetz für Arbeitgeber. Subventioniert wird ab Lebensalter 55 ein „job-sharing" im Teilzeitmodell und das Freimachen von Arbeitsplätzen im Blockmodell, wenn zusätzlich eine Neueinstellung auf dem – wenigstens teilweise – freigemachten Arbeitsplatz erfolgt. Dann übernimmt das Arbeitsamt die Aufstockung des Bruttoteilzeitlohnes um 20% und des Rentenbeitrages um 40%. Es wird also das sozialpolitische Ziel verfolgt, die Frühverrentung durch die Altersteilzeit abzulösen. Über den Weg der Wiederbesetzung des freigewordenen Arbeitsplatzes soll die Einstellung vor allem Arbeitsloser oder Ausgebildeter gefördert werden in der Hoffnung auf positive Arbeitsmarkteffekte.

5   Ein Anspruch auf Altersteilzeit oder ein Weg, Arbeitnehmer zur Altersteilzeit zu verpflichten, findet sich nicht im Gesetz. Es enthält neben den Vorschriften zu Förderungsvoraussetzungen, -dauer und -umfang nur noch flankierende Regelungen sozial- und arbeitsrechtlicher Natur. Die Altersteilzeit kann sich damit erst richtig entfalten, wenn sie durch Tarif, Betriebsvereinbarung sowie Einzelvertrag umgesetzt wird.

6   Das Altersteilzeit-Gesetz enthält nicht nur förderrechtliche Normen. Die Regelungen in § 2 und in § 3 Abs. 1 Nr. 1 müssen eingehalten sein, wenn der Arbeitnehmer eine vorgezogene Altersrente nach § 237 SGB VI in Anspruch nehmen will. § 3 Abs. 1 Nr. 1 sowie die Legaldefinition in § 2 Abs. 1 Nrn. 1 und 2 müssen erfüllt sein, wenn die Aufstockungen auf Entgelt und Rentenbeitrag steuerfrei sein sollen. Und schließlich ist das Altersteilzeit-Gesetz Ausgangspunkt für die handels- und steuerrechtlichen Bilanzierungsvorschriften.

## 3. Historische Entwicklung

7   Der Gedanke, auf eine Sondersituation des Arbeitsmarktes mit Frühverrentung zu reagieren, entspringt nicht erst heutiger Zeit. Schon kurz vor der ersten Weltwirtschaftskrise hatte der Gesetzgeber durch Artikel 1 des Gesetzes zur Änderung des Angestelltenversicherungsgesetzes vom 7. März 1929[19] die Möglichkeit geschaffen, nach Arbeitslosigkeit von einem Jahr bereits mit 60 Jahren in Rente zu gehen[20] und so den Arbeitsmarkt von dieser Personengruppe zu entlasten. Diese Regelung sollte zunächst nur befristet gelten bis 31. 12. 1933, erwies sich aber als ein so dauerhaftes Provisorium, dass es immer wieder verlängert und schließlich sogar erweitert wurde. Die Rentenreform 1957 führte eine echte Altersrente wegen Arbeitslosigkeit ein und

---

[19] RGBl 1929 Teil I Seite 23.
[20] § 397 Angestelltenversicherungsgesetz – allerdings wurde nur eine Berufsunfähigkeitsrente gewährt.

1972 wurden weitere Sondertatbestände zur Flexibilisierung der Altersgrenzen geschaffen. Wegen des wirtschaftlichen Aufschwungs und in den Zeiten der Vollbeschäftigung kam den vorgezogenen Altersrenten keine herausragende Bedeutung zu. 1965 zum Beispiel lag ihr Anteil am gesamten Zugang an Versichertenrenten unter 1%[21].

Als die Zeiten der Vollbeschäftigung vorüber waren und die Arbeitslosigkeit anstieg, nahm auch die Frühverrentung zu. In den Achtziger Jahren schlug der Umbruch der Wirtschaft und der Arbeitsprozesse auf die Beschäftigung durch, es begann ein Personalabbau besonders von älteren Arbeitnehmern. Artikel 1 des Gesetzes zur Erleichterung des Übergangs vom Arbeitsleben in den Ruhestand – das Gesetz zur Förderung von Vorruhestandsleistungen (Vorruhestandsgesetz – VRG)[22] – sollte die Frühverrentung älterer Arbeitnehmer gerade begünstigen, sofern der freiwerdende Platz wiederbesetzt würde. Das VRG verfolgte das arbeitsmarktpolitische Ziel, den geburtenstarken Jahrgängen Beschäftigungsmöglichkeiten dadurch zu eröffnen, dass ältere Arbeitnehmer in eine staatlich subventionierte Sonderphase vor der Rente, aber nach dem Erwerbsleben überwechselten. Die dadurch freigemachten Arbeitsplätze sollten jüngeren Arbeitnehmern zur Verfügung stehen. Während der Geltungsdauer von 1984 bis 1988 nutzten diese Möglichkeit allerdings nur rund 165 000 Personen – bei einem Potential von 1,8 Mio. Personen[23]. Ein effektiver Rückgang der Arbeitslosigkeit war nicht zu verzeichnen, die Arbeitslosenzahlen stiegen vielmehr weiter an[24].

An dieser Entwicklung änderte auch das erste Altersteilzeitgesetz vom 20. 12. 1988[25] nichts, das das Gleiche beschäftigungspolitische Ziel verfolgte. Während seiner Geltungsdauer wurden in der gesamten Bundesrepublik noch nicht einmal 1000 Altersteilzeitfälle registriert[26].

Parallel dazu wuchs der „Vorruhestand" ohne Wiederbesetzung, also die Frühverrentung zu Lasten der Sozialversicherung. Durch Aufhebungsverträge gingen die Betroffenen 58-, 57- sogar unter 55-jährigen in die Arbeitslosigkeit. Mit Hilfe des Arbeitslosengeldes, das rund 2 Jahre und 8 Monate bezogen werden konnte, wurde die Zeit bis zur Rente ab 60 ganz oder weitgehend überbrückt. Die Arbeitgeber garantierten je nach Betrieb 70 bis 100% des bisherigen Verdienstes und stockten die Zahlungen des Arbeitsamtes entsprechend auf. Die Beiträge für die Krankenversicherung leistete während dieser Zeit die Bundesanstalt für Arbeit, ebenso die Absicherung der gesetzlichen Rente[27].

Bewusst wurde also die Arbeitslosigkeit herbeigeführt und ausgenutzt, um einen Sondertatbestand zu erfüllen, der einen vorgezogen Ruhestand ermöglicht. Das ursprüngliche Ziel der Regelung aus dem Jahr 1929 wurde damit ins Gegenteil verkehrt: damals wurde die Frührente geschaffen, um

---

[21] Albrecht/Müller, DRV 1996, 126.
[22] Gesetz vom 13. April 1984, BGBl I Seite 601.
[23] Pröbsting, DB 1989, 724.
[24] Zur Entwicklung des VRG vgl. Brennenstuhl in Andresen, Frühpensionierung und Altersteilzeit.
[25] BGBl I Seite 2343.
[26] Recht, NZS 1996, 552 (553).
[27] Zum Verlauf der Frühverrentung vgl. Marburger, BB 1996, 586.

**ATG Vor § 1** 12–16

den Arbeitsmarkt zu entlasten, jetzt führte man die Arbeitslosigkeit herbei, um eine Rente erhalten zu können. Der Arbeitsmarkt wurde also belastet durch ein Instrumentarium, das zu seiner Entlastung geschaffen worden war.

12 Dieses Vorgehen vor allem der Großbetriebe ließ zusammen mit der Praxis des Altersübergangsgeldes nach Art. 30 Abs. 2 Einigungsvertrag, § 249 e AFG den Zugangsanteil der Altersrenten wegen Arbeitslosigkeit in nie gekannte Dimensionen ansteigen von 2,6% im Jahr 1975 über 6,8% 1985[28], 7,8% 1990 auf über 23% im Jahr 1995. Die absolute Zahl dieser Rentenzugänge entwickelte sich wie folgt:
    1985      41 779
    1990      57 562
    1995     294 133

13 Die ohnehin schwierige finanzielle Situation der Deutschen Sozialversicherung wurde dadurch zusätzlich belastet. Die Mehrausgaben der Rentenversicherungsträger durch die Frühverrentung bezifferte die BfA für 1995 mit rund 15 Mrd. DM[29].

14 Als Konsequenz hieraus die Rentenbeiträge zu erhöhen wurde wegen des hohen Abgabenniveaus allgemein abgelehnt. Die Regressregelung in § 128 AFG, mit der die Arbeitsämter Leistungen an eine frühverrentete Person vom Arbeitgeber zurückverlangen können, erwies sich zunächst als wenig praktikabel und ohne Durchschlagskraft. 1995 betrugen die entsprechenden Einnahmen DM 500 Mio., 1996 DM 430 Mio. Die Mehrzahl der Regressbescheide wurden im – kostenfreien – Klageverfahren vor den Sozialgerichten angegriffen und waren damit für die Arbeitsverwaltung mit einem Prozessrisiko behaftet[30].

15 Diese Entwicklungen, die nicht zuletzt über eine Erhöhung der Sozialausgaben zur Erhöhung der Lohnnebenkosten führen mussten, waren Anlass für die Regierungsfraktionen, in der Koalitionsvereinbarung für die 13. Legislaturperiode Ende 1994 festzulegen, dass dem Trend zur Frühverrentung entgegengewirkt werden solle. Im Laufe des Jahres 1995 gab es mehrfach Überlegungen, die Altersteilzeit als Alternative zur Frühverrentung[31] wiederzubeleben[32]. Seit Herbst 1995 wurde dies auch von den Sozialpartnern in den „Gesprächen zur Zukunftssicherung des Standortes Deutschland und für mehr Beschäftigung", den Kanzlerrunden, überlegt und diskutiert. Selbst der Bundesrechnungshof rügte die Entwicklung unter dem 5. 1. 1996 in einer Mitteilung an das Bundesministerium für Arbeit und Sozialordnung.

16 Am 23. 1. 1996 verständigte sich die Kanzlerrunde im siebenten Gespräch auf ein Bündnis für Arbeit und zur Standortsicherung. Unter anderem wurde

---

[28] Albrecht/Müller DRV 1996, 126.
[29] Voß-Gundlach, Kompaß 1996, 450.
[30] Aus heutiger Sicht dürften sich außerdem als Folge der Urteile des BSG vom 17. 12. 1997 – 11 RAr 103/96 und 11 RAr 61/97 viele bis dahin erlassene Zahlungsbescheide als nicht haltbar erwiesen haben.
[31] So der Titel des Beitrages von Engelen-Kefer in SozSich 1995, 176.
[32] Das Altersteilzeitgesetz vom 20. Dezember 1988 (BGBl I Seite 2343) war mit dem 31. 12. 1992 außer Kraft getreten.

II. Kommentar Altersteilzeitgesetz    17–21 **Vor § 1 ATG**

dabei Übereinstimmung erzielt zur Ablösung der Frühverrentung durch Altersteilzeitarbeit[33].
In der achten Kanzlerrunde am 12. 2. 1996 einigten sich die Teilnehmer in   17
den Grundzügen auf ein Aktionsprogramm. Die entsprechenden Eckpunkte verabschiedete das Bundeskabinett am 14. 2. 1996[34]. Dort ist unter Ziffer 13 erklärt, die Bundesregierung werde in Kürze einen Gesetzentwurf zur Korrektur von Fehlentwicklungen bei der Frühverrentung und zur Verbesserung der Rahmenbedingungen für einen gleitenden Übergang in den Ruhestand vorlegen. Der entsprechende Entwurf datierte vom 22. 3. 1996 und war eine besonders eilbedürftige Vorlage gem. Art. 76 Abs. 2 Satz 4 GG[35].

Dieser Gesetzentwurf übernahm weitgehend das Altersteilzeitgesetz von   18
1988[36] – obgleich während dessen dreijähriger Geltungsdauer weit weniger als 1000 Arbeitnehmer von seinen Möglichkeiten Gebrauch gemacht hatten[37]. Neben diesem Vorbild konnte sich der Gesetzgeber insbesondere auch orientieren am „Solidarpakt für Standortsicherung und Beschäftigungsförderung in der Chemischen Industrie" vom 29. 3. 1996 und dem Tarifvertrag zur Förderung der Altersteilzeit der Chemischen Industrie vom gleichen Tag.

Das Zusammentreffen dieser beiden Vorbilder so ungleicher Herkunft ist   19
wichtig für das Verständnis z. B. der beim ersten Lesen nicht durchschaubaren Regelung in § 2 Abs. 2. Entsprechend dem Altersteilzeitgesetz 1988, das der Vorstellungswelt der 80er Jahre entsprungen war, ging der Gesetzgeber zunächst vom Leitbild einer klassischen Teilzeitbeschäftigung mit Halbtagsarbeit aus oder allenfalls einem Wechsel zwischen Arbeits- und Freistellungsphase in einem halbjährlichen Turnus. Der Chemietarifvertrag hingegen sah in § 5 Ziff. 4 die Möglichkeit vor, bis zu 2,5 Jahre zu arbeiten und dann 2,5 Jahre Freistellungsphase zu genießen (Altersteilzeitmodell II). Dieses Blockmodell wurde dann in allerdings sprachlich missglückter Form während des Verfahrens in das Gesetz aufgenommen[38].

Mit der Verkündung im Bundesgesetzblatt vom 23. 7. 1996[39] und dem   20
Inkrafttreten zum 1. 8. 1996 kann das nur rund viermonatige Gesetzgebungsverfahren unter die rekordverdächtigen Kodifikationen des Sozialrechts eingereiht werden.

In der Folgezeit ist das Gesetz mehrfach geändert worden[40], die Grund-   21
strukturen blieben allerdings unangetastet. Zu erwähnen sind zunächst die Angleichungen an die Neuregelungen des Rechts der Arbeitsförderung im Arbeitsförderungs-Reformgesetz und im SGB III, die zum 1. 4. 1997 bzw. zum 1. 1. 1998 in Kraft getreten sind sowie die Änderungen durch das Flexi-Gesetz vom 6. 4. 1998[41]. Durch sie wurde das Blockmodell zeitlich ausge-

---

[33] Kompaß 1996, 65 (66).
[34] Dieses Datum wurde wesentlicher Stichtag für Vertrauens- und Bestandschutzregelungen der späteren Gesetze.
[35] BR-Drs. 208/96.
[36] Vom 20. 12. 1988, BGBl I Seite 2343.
[37] Recht NZS 1996, 552 (553).
[38] Beschlussempfehlung und Bericht des Ausschusses für Arbeit und Sozialordnung BT-Drs. 13/4877 vom 12. 6. 1996 Seite 29.
[39] Teil I Seite 1078.
[40] Einen Abriss der Entwicklungen bis Mitte 2000 gibt Wolf, NZA 2000, 637.
[41] BGBl I Seite 688.

weitet auf bis zu 3 Jahren ohne tarifliche Grundlage und auf bis zu 10 Jahren bei Tarifregelung, die Wiederbesetzung durch Azubis in Kleinunternehmen bis 20 Arbeitnehmer zugelassen, § 10 Abs. 1 an § 134 Abs. 2 Nr. 4 SGB III angeglichen sowie der Förderanspruch bei vorzeitiger Beendigung im Blockmodell gesichert (§ 12 Abs. 3 Satz 2).

22 Wesentliche Fortschritte brachte das Jahr 2000, in dem die beiden Gesetze zur Fortentwicklung der Altersteilzeit in Kraft getreten sind. Mit dem Gesetz zur Fortentwicklung der Altersteilzeit vom 20. 12. 1999[42], das auf die Einigungen der Sozialpartner und der Bundesregierung im wiederbelebten Bündnis für Arbeit zurückging[43], sollte mehr Arbeitnehmern und Arbeitgebern die Nutzung der Altersteilzeit ermöglicht werden. Dazu wurde die Altersteilzeit auch für bisher Teilzeitbeschäftigte geöffnet und die Wiederbesetzung wesentlich erleichtert, indem der Schwellenwert für Klein-Arbeitgeber von 20 auf 50 angehoben und im Übrigen an Stelle der Umsetzungskette die funktionsbereichsbezogene Betrachtungsweise eingeführt wurde. Das Zweite Gesetz zur Fortentwicklung der Altersteilzeit vom 27. 6. 2000[44] basierte auf der Einigung im Bündnis für Arbeit vom 9. 1. 2000[45] und verlängerte das Altersteilzeit-Gesetz bis zum 31. 12. 2009 und erweiterte die Förderhöchstdauer auf 6 Jahre.

23 Für die Praxis der Lohnabrechnung und -buchhaltung bedeutsame Änderungen wurden im 4. Euro-Einführungsgesetz versteckt, die Führung nach dem „Vier-Lohnsummenfelder-Modell" eingeführt und im Rahmen der Störfall-Regelungen in flexiblen Beschäftigungsverhältnissen insbesondere die Verwendung von Wertguthaben für die Betriebliche Altersversorgung ermöglicht.

24 Nur marginale Änderungen brachten das Erwerbsminderungsrenten-Reformgesetz[46], das Altersvermögens-Ergänzungsgesetz[47] sowie das Sozialgesetzbuch – Neuntes Buch[48].

25 Trotz dieser Änderungen sind der Praxis mehrere Problemfelder geblieben. An vorderster Stelle stehen die Behandlung von variablen Entgeltbestandteilen sowie von variablen nichtgeldlichen Bezügen, die Behandlung der Wertguthaben in Störfällen sowie der Schutz der Guthaben bei Insolvenz des Arbeitgebers. Hier geeignete Lösungen zu finden bleibt wohl Aufgabe der Personalpraxis.

Eine tabellarische Übersicht über die Gesetzesänderungen findet sich unter RdNr. 53.

### 4. Ursprüngliche Einwendungen und Entwicklung des Gesetzes

26 Schon im Gesetzgebungsverfahren waren gegen das Altersteilzeitgesetz vielfache Einwände erhoben. Der Bundesverband der Arbeitgeber hatte in

---

[42] BGBl I Seite 2494.
[43] Entwurf eines Gesetzes zur Fortentwicklung der Altersteilzeit, BR-Drs. 495/99 vom 3. 9. 1999 – Seite 8.
[44] BGBl I Seite 910.
[45] BR-Drs. 160/00 vom 17. 3. 2000 Seite 5.
[46] Vom 20. 12. 2000, BGBl I Seite 1827.
[47] Vom 21. 3. 2001, BGBl I Seite 403.
[48] Vom 19. 6. 2001, BGBl I Seite 1046.

der Wiederbesetzungspflicht ein Umsetzungshindernis[49] gesehen, er hatte wohl die Fortsetzung der Frühverrentung im Sinne. Der Zentralverband des Deutschen Handwerks hatte das Gesetz abgelehnt[50], offenbar war es ihm zu verwaltungsintensiv und zu sehr auf Großbetriebe zugeschnitten. Die Bundesanstalt für Arbeit tat sich schwer, den Effekt für den Arbeitsmarkt zu quantifizieren[51]. Schließlich wurde eingewandt, Frauen würden indirekt benachteiligt, weil sie häufig bereits teilzeitbeschäftigt seien und damit nicht in den Genuss der Aufstockungsleistungen für einen Wechsel in die Teilzeit kommen könnten.

Die Übernahme des Altersteilzeitgesetzes von 1998 überging die Einwendungen und Vorbehalte, die schon gegen diese Regelung vorgebracht wurden[52]. Dies waren auf Seiten der Arbeitnehmer insbesondere: **27**
– Einkommensverlust bei unveränderten Fixkosten
– Gefahr des betrieblichen und sozialen Abstiegs und Ansehensverlusts.
Auf Seiten der Arbeitgeber wurde z. B. eingewandt:
– Unteilbarkeit der Arbeitsplätze
– Probleme des pairing
– zu hohe Verwaltungsintensität[53].

Einigen dieser Kritikpunkte wurde zwischenzeitlich Rechnung getragen, **28** so dass sich die Altersteilzeit nach Anfangsschwierigkeiten etablieren konnte, wie ein Blick auf die offiziellen Daten der Bundesanstalt für Arbeit zur geförderten Altersteilzeit zeigt:

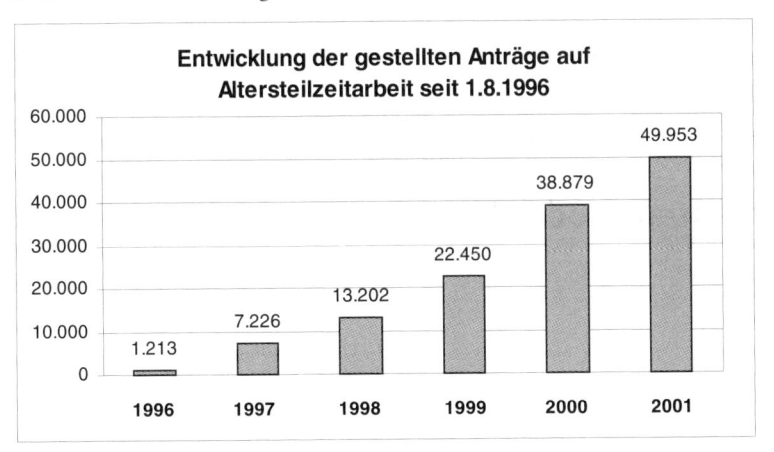

**29**

**Entwicklung der gestellten Anträge auf Altersteilzeitarbeit seit 1.8.1996**

| Jahr | Anträge |
|------|---------|
| 1996 | 1.213 |
| 1997 | 7.226 |
| 1998 | 13.202 |
| 1999 | 22.450 |
| 2000 | 38.879 |
| 2001 | 49.953 |

### 5. Attraktivität für Arbeitnehmer

Die Attraktivität der Altersteilzeit ist inzwischen von vielen Seiten erkannt **30** worden. Für Arbeitnehmer ergibt sie sich hauptsächlich aus der Möglichkeit

---

[49] BT-Drs. 13/4877 Seite 26.
[50] S. o. Fußn. 49.
[51] S. o. Fußn. 49.
[52] Pröbsting, DB 1989, 724 (726).
[53] Neise in Andresen, RdNr. 505.

des Blockmodells, ohne allzu harte Einbußen im Nettoeinkommen vorzeitig in die Freizeitphase zu wechseln und damit aus dem Erwerbsleben finanziell gesichert auszuscheiden und gleichzeitig Rentenabschläge zu vermeiden. Dies zeigt ein Blick auf das Rentenrecht nach folgenden Modellen der Altersteilzeit.

### a) Zentral-Modell 57

31 Beim häufig gebrauchten Modell 57 beginnt die Arbeitsphase des Blockmodells mit 57 Jahren, der Wechsel in die Freizeitphase findet mit 60 statt, der effektive Zugang zur Altersrente liegt bei 63 Jahren.

32 **Beispiel:** Eine Arbeitnehmerin, geboren im Dezember 1944, will mit 60 aus dem Erwerbsleben ausscheiden. Sie verdient zuletzt € 2.500,– Brutto/mtl. Bei Vollzeitarbeit hätte sie mit 60 eine Anwartschaft einer Brutto-Monatsrente von € 1.000,–. Bei hergebrachtem Wechsel in die Frauenaltersrente mit 60 müsste sie einen Abschlag von 18% hinnehmen, ihr verblieben also nur € 820,– Bruttomonatsrente.

33 Wählt die Arbeitnehmerin hingegen das Altersteilzeit-Modell 57 ergibt sich folgendes Bild:

34 Die Arbeitnehmerin erwirbt wegen der geringeren Rentenbeiträge in den drei Jahren Altersteilzeit (nach Aufstockung auf 90%) bis 60 Anwartschaften nur in Höhe von rund € 992,50. In der Freizeitphase erhöhen sich ihre Anwartschaften um rund € 25,–/Jahr, so dass sie mit 63 beim Wechsel in die Rente rund € 1.067,50 im Monat beanspruchen kann. Hiervon ist ein Abschlag von 7,2% für 2 Jahre vorgezogene Rente abzuziehen, so dass ihr rund € 990,64 Rente monatlich verbleiben.

Gegenüberstellung

| Rente bei Ruhestand 60 | Rente bei Altersteilzeit |
| --- | --- |
| € 820,–. | € 990,– |

Grafisch dargestellt zeigt sich das Modell 57 wie folgt:

35 **Zentral-Modell 57** (Rentenabschlag max. 7,2%)

55    56    **57**    58    59    **60**    61    62    **63**    64    65

Wiederbesetzung (mind. 2 Jahre)

Drei Jahre Arbeitsblock    Drei Jahre Freizeitblock

**Altersteilzeit** mit 57    **Ruhestand** mit 60    **Rente** mit 63

36 Im Beispielsfall kommt es zu Abschlägen wegen des vorgezogenen Beginns, in manchen Fällen kommt es aber auch nicht dazu. Dies hängt von der Rentenart ab und von dem Geburtsjahr der Betroffenen. Bei Renten wegen Schwerbehinderung tritt kein Abschlag ein, bei der Frauenrente oder der Rente nach Altersteilzeit können Abschläge bis maximal 7,2% entstehen. Die Entscheidung für oder gegen dieses Modell wird deshalb nur unter Beachtung der Checkliste *Teil C RdNr. 72 ff fallen.*

## b) Modell 55

Wer bei maximaler Förderung möglichst bald aus dem Erwerbsleben ausscheiden will, wird das Modell 55 wählen. Hier beginnt der Arbeitsblock mit 55, der Freizeitblock und damit der Ruhestand mit 58.

**Modell 55** (Rentenabschlag bis zu 14,4%)

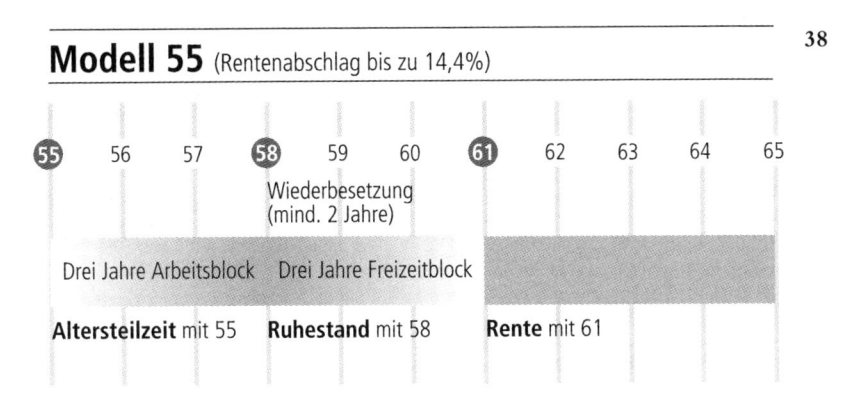

| ⑤⑤ | 56 | 57 | ⑤⑧ | 59 | 60 | ⑥① | 62 | 63 | 64 | 65 |
|---|---|---|---|---|---|---|---|---|---|---|
| | | | | Wiederbesetzung (mind. 2 Jahre) | | | | | | |
| Drei Jahre Arbeitsblock | | | Drei Jahre Freizeitblock | | | | | | | |
| **Altersteilzeit** mit 55 | | | **Ruhestand** mit 58 | | | **Rente** mit 61 | | | | |

Der Wechsel in die Rente mit 61 kann allerdings Rentenabschläge bis zu 14,4% nach sich ziehen, zu viel für einen Durchschnittsrentner, denn der Abschlag bleibt nach der Formel „Einmal Abschlag, immer Abschlag" für den gesamten Rentenbezug, ja er setzt sich darüber hinaus sogar bei einer Rente für die Hinterbliebenen fort.

Als schwerbehinderte Menschen Anerkannte müssen nur mit höchstens 7,2% Abschlag rechnen, so dass sich als Faustformel das Modell 55 gerade für diesen Personenkreis anbieten wird.

## c) Modell 59

Für Arbeitnehmer, die Rentenabschläge gänzlich vermeiden und dennoch vorzeitig aus dem Erwerbsleben ausscheiden wollen, bietet sich das Modell 59 an.

**Modell 59** (Rentenabschlag 0% mit 65)

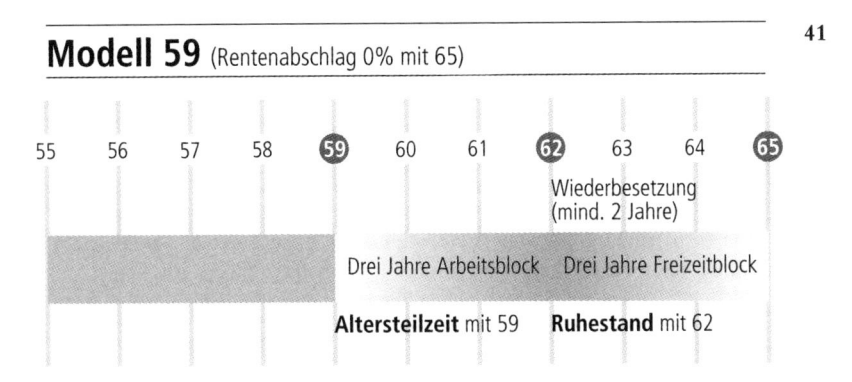

| 55 | 56 | 57 | 58 | ⑤⑨ | 60 | 61 | ⑥② | 63 | 64 | ⑥⑤ |
|---|---|---|---|---|---|---|---|---|---|---|
| | | | | | | | Wiederbesetzung (mind. 2 Jahre) | | | |
| | | | | Drei Jahre Arbeitsblock | | | Drei Jahre Freizeitblock | | | |
| | | | | **Altersteilzeit** mit 59 | | | **Ruhestand** mit 62 | | | |

**42** Hier beginnt der Arbeitsblock mit 59, der Ruhestand beginnt mit 62. Der tatsächliche Rentenbezug liegt erst bei 65, Rentenabschläge ergeben sich nicht. Dieses Modell ist zu empfehlen, falls die erarbeiteten Rentenansprüche so niedrig sind, dass weitere Anwartschaften durch eine Beschäftigung bis 65 aufgebaut und jegliche Abschläge vermieden werden müssen. Dieses Modell wird im Wesentlichen für Personen geeignet sein, die nur auf eine kleine Rente als einzige Einkunftsquelle im Alter zurückgreifen können.

**43** **Beispiel:** Eine Arbeitnehmerin, geb. 20. 6. 1944 ist alleinstehend und hat weder Vermögen noch anderweitige Einkünfte, eine Betriebsrente oder andere Versorgung wird sie nicht erhalten. Ihre Rentenanwartschaft beträgt im Juni 2003 € 900,– netto. Die Arbeitnehmerin kann eine Rente ohne Abschlag nach der Tabelle Teil A. I. RdNr. 25 erst mit 65 erhalten. Bei Altersteilzeit ab 59 und einem bisherigen Monatsbrutto vor Altersteilzeit von € 2.000,– wird sie bis 65 zusätzliche Anwartschaften in Höhe von rund € 120,– aufbauen. Die mit 65 fällige Rente wird rund € 1.020,– betragen, Abschläge sind nicht hinzunehmen.

### d) Weitere Modelle

**44** Die dargestellten Modelle sind nicht als unflexible Vorgaben zu verstehen, sondern als Erleichterung, um die Altersteilzeit zu erläutern und erste Lösungsmöglichkeiten zu entwickeln. Variationen der Modelle sind in allen Richtungen denkbar, z.B. Laufzeiten zwischen 2 und 6 Jahren, Beginn- und Endverschiebungen um wenige oder mehrere Monate. Eine Verkürzung der Laufzeit unter 2 Jahren wird aber wegen des Zusammenhanges mit § 237a SGB VI, der einen vorzeitigen Rentenzugang erst nach 2 Jahren Altersteilzeit vorsieht, nur dann sinnvoll sein, wenn eine andere vorgezogene Altersrente bezogen werden kann. Bei Laufzeiten von über 6 und bis zu 10 Jahren darf nicht vergessen werden, dass die Förderdauer maximal 6 Jahre beträgt.

### 6. Attraktivität für Arbeitgeber

**45** Für Arbeitgeber zeigt die Altersteilzeit ihre Vorzüge vor allem bei einer Kombination der tatsächlichen, förderungsrechtlichen und rechtlichen Möglichkeiten, wie sie nachfolgend skizziert werden.

### a) Vorteile aus Wiederbesetzung durch Auszubildende

**46** Ein Blick auf die obigen Grafiken der Altersteilzeit-Modelle zeigt einen weiteren wesentlichen Vorteil, der aus der seit Juli 2001 gültigen Verlängerung der Förderdauer auf 6 Jahre ergibt. Bildet ein Arbeitgeber aus, wird er nach dem Ende der regelmäßig 3-jährigen Lehrzeit einen Ausgebildeten als Wiederbesetzer zur Verfügung haben. Dabei ist wegen der seit 1. 1. 2000 geltenden funktionsbereichsbezogenen Betrachtungsweise (s. unten § 3 RdNr. 98 ff) nicht exakt der freiwerdende Platz zu besetzen. In Betrieben, die ohnehin ausbilden kann sich somit ein Mitnahmeeffekt einstellen.

### b) Vorteile aus befristeter Wiederbesetzung

**47** Die Wiederbesetzung muss nicht zwingend über die volle Laufzeit bestehen. Im Blockmodell genügt sogar eine nur 2 jährige Wiederbesetzung, um die volle Förderdauer in Anspruch nehmen zu können. Dadurch ist auch in der geförderten Altersteilzeit ein Personalabbau möglich. Einzelheiten sind unter § 3 RdNr. 126 erläutert.

### c) Kostenvorteile

Wirkliche Personalkostenvorteile können sich ergeben, wenn die Entlohnung des Wiederbesetzers/Ersatzeingestellten klar unter 50% der Vollzeitvergütung für den Altersteilzeitarbeitnehmer liegt. Bei der geförderten Altersteilzeit gehen 50% der Altersteilzeitentlohnung zu Lasten des Arbeitgebers, hinzuzurechnen sind nicht nur der Lohn für den Wiederbesetzer, sondern die doppelten Personalkosten sowie der zusätzliche Verwaltungs- und Abrechnungsaufwand für die Altersteilzeit. Ein echter Kostenvorteil ergibt sich also, falls für jüngere Arbeitnehmer geringere Ausfallzeiten wegen Krankheit zu erwarten sind und ein erweitertes Einsatzspektrum möglich ist. **48**

### d) Vorteile aus Wiederbesetzung mit reduzierter Stundenzahl

Die wiederbesetzende Person braucht nicht die gleiche Stundenzahl wie der Altersteilzeitarbeitnehmer zu erfüllen, Einzelheiten unter § 3 RdNr. 113. **49**

### e) Zusätzliche Förderung der Altersteilzeit

Die Einstellung eines Wiederbesetzers kann unter bestimmten Voraussetzungen mit Mitteln der Arbeitsförderung nach dem SGB III zusätzlich gefördert werden. Einzelheiten unter § 3 RdNr. 130. **50**

Werden diese Möglichkeiten kombiniert, stellt sich die Altersteilzeit unter dem Strich für beide Seiten, Arbeitgeber und Arbeitnehmer, als oftmals attraktives Angebot dar.

### f) Fehlende Alternativen

Es kommt hinzu, dass sich das Umfeld für die hergebrachte Frühverrentung wesentlich verschlechtert hat. Zu nennen sind die Anhebung der Altersgrenzen für die vorgezogene Rente (vgl. oben Einleitung RdNr. 12ff), die ab 1. 1. 1999 reduzierten Freibeträge für Abfindungen nach § 3 Nr. 9 EStG und die Versteuerung nach der Fünftelungsregelung in § 34 EStG, die Feststellung von Sperrzeiten nach Aufhebungsverträgen[54], die Gefahr einer zweiten und damit anspruchsvernichtenden Sperrzeit wegen der herabgesetzten Zumutbarkeitsregel in § 121 Abs. 3 SGB III sowie schließlich die inzwischen häufiger von den Arbeitsämtern durchgesetzte Regressregelung in § 147a SGB III[55]. **51**

Selbst bei ungeförderter Altersteilzeit kann ein Vergleich mit einer alternativen Beendigungsform die Altersteilzeit vorteilhaft erscheinen lassen. Legt man aufbauend auf §§ 9, 10 KSchG eine Abfindungsformel von einem halben Monatsgehalt pro Beschäftigungsjahr zu Grunde, ergäbe sich bei einem Monatsbrutto von € 3.000,– und einer Betriebszugehörigkeit von 20 Jahren ein Abfindungsbetrag von € 30.000,–. Dem stehen bei Altersteilzeit Entgelt **52**

---

[54] Vgl. Niesel § 144 RdNr. 28ff.
[55] Vgl. Gagel § 147a RdNr. 142ff.

**ATG Vor § 1** 53     A. Altersteilzeitgesetz

und Rentenaufstockungen von zusammen ca. € 530,– monatlich bzw. € 25.400,– bei einer 4-jährigen Laufzeit gegenüber[56]. So gesehen wäre die Altersteilzeit stets für den Arbeitgeber der vorteilhaftere Weg.

### 7. Tabellarische Übersicht der Änderungsgesetze

53    Altersteilzeitgesetz vom 23. Juli 1996 (BGBl. I S. 1078)

BGBl. III/FNA 810-36

**Änderungsübersicht**

| Lfd. Nr. | Name des Änderungsgesetzes | Datum | Fundstelle | Geänderte Norm | Art der Änderung |
|---|---|---|---|---|---|
| 1. | Gesetz zur Reform der Arbeitsförderung (Arbeitsförderungs-Reformgesetz – AFRG) | 24. 3. 1997 | BGBl. I S. 594 | § 2 Abs. 1 Nr. 2, 3 und Abs. 2 Nr. 1, § 3 Abs. 1 Nr. 1 und Nr. 2, § 6 Abs. 1 Sätze 1 und 2, § 13, § 14 Abs. 1 Nr. 1 bis 5, § 15 Satz 2 | geänd. |
|  |  |  |  | § 15 a | eingef. |
|  |  |  |  | § 14 Abs. 1 Nr. 6 | aufgeh. |
| 2. | Erstes Gesetz zur Änderung des Dritten Buches Sozialgesetzbuch und anderer Gesetze (Erstes SGB III-Änderungsgesetz – 1. SGB III-ÄndG) | 16. 12. 1997 | BGBl. I S. 2970 | § 2 Abs. 1 Nr. 2 und Abs. 2 Nr. 1, § 13, § 14 Abs. 2 | geänd. |
|  |  |  |  | § 12 Abs. 4 | eingef. |
| 3. | Gesetz zur Reform der gesetzlichen Rentenversicherung (Rentenreformgesetz 1999 – RRG 1999) | 16. 12. 1997 | BGBl. I S. 2998 | § 15 b | eingef. |
| 4. | Gesetz zur sozialrechtlichen Absicherung flexibler Arbeitszeitregelungen | 6. 4. 1998 | BGBl. I S. 688 | § 1 Abs. 2, § 2 Abs. 2, § 3 Abs. 1 Nr. 2, § 3 Abs. 3, § 8 Abs. 1, § 10 Abs. 1, § 12 Abs. 3 Satz 1, § 16 | geänd. |

---

[56] Vgl. Stief, Personalprofi 7/2001, Seite 8.

## II. Kommentar Altersteilzeitgesetz     53 Vor § 1 ATG

| Lfd. Nr. | Name des Änderungsgesetzes | Datum | Fundstelle | Geänderte Norm | Art der Änderung |
|---|---|---|---|---|---|
| | | | | § 2 Abs. 3, § 3 Abs. 1 a, § 10 Abs. 5 | eingef. |
| 5. | Gesetz zur Neuregelung der geringfügigen Beschäftigungsverhältnisse | 24. 3. 1999 | BGBl. I S. 388 | § 5 Abs. 3 Sätze 1 und 2, § 5 Abs. 4 Satz 2 | geänd. |
| 6. | Zweites Gesetz zur Änderung des Dritten Buches Sozialgesetzbuch und anderer Gesetze (Zweites SGB III-Änderungsgesetz – 2. SGB III-ÄndG) | 21. 7. 1999 | BGBl. I S. 1648 | § 2 Abs. 1 Nr. 1 | geänd. |
| 7. | Gesetz zur Fortentwicklung der Altersteilzeit | 20. 12. 1999 | BGBl. I S. 2494 | § 2 Abs. 1 Nr. 2 und 3, § 2 Abs. 1, § 6 Abs. 1 Satz 1, § 7, § 8 Abs. 1 Halbsatz 2, § 10 Abs. 2 Satz 1 und Abs. 5, § 12 Abs. 1 Satz 5 und Abs. 3 Satz 2, § 15 Satz 2, § 15 b | geänd. |
| | | | | § 6 Abs. 2, § 12 Abs. 1 Satz 6, § 15 c | eingef. |
| | | | | § 6 bish. Abs. 2 wird Abs. 3 | |
| 8. | Zweites Gesetz zur Fortentwicklung der Altersteilzeit | 27. 6. 2000 | BGBl. I S. 910 | § 1 Abs. 2, § 2 Abs. 2 Nr. 1 und Abs. 3, § 4 Abs. 1, § 5 Abs. 2, § 6 Abs. 2 Satz 2, § 15, § 16 | geänd. |
| | | | | § 15 d | eingef. |
| 9. | Artikel 43 Gesetz zur Einführung des Euro im Sozial- und Arbeitsrecht sowie zur Änderung anderer Vorschriften (4. Euro-Einführungsgesetz) | 21. 12. 2000 | BGBl. I S. 1983 | § 10 Abs. 5 | geänd. |

# ATG § 1 1

A. Altersteilzeitgesetz

| Lfd. Nr. | Name des Änderungsgesetzes | Datum | Fundstelle | Geänderte Norm | Art der Änderung |
|---|---|---|---|---|---|
| 10. | Artikel 8 Gesetz zur Ergänzung des Gesetzes zur Reform der gesetzlichen Rentenversicherung und zur Förderung eines kapitalgedeckten Altersvorsorgevermögens (Altersvermögensergänzungsgesetz)- | 21. 3. 2001 | BGBl I S. 403 | § 15 e | eingef |
| 11. | Artikel 43 Sozialgesetzbuch – Neuntes Buch – (SGB IX) Rehabilitation und Teilhabe behinderter Menschen | 19. 6. 2001 | BGBl I S. 1046 | § 7 Abs. 3 | geänd. |

## § 1 Grundsatz

(1) **Durch Altersteilzeitarbeit soll älteren Arbeitnehmern ein gleitender Übergang vom Erwerbsleben in die Altersrente ermöglicht werden.**

(2) **Die Bundesanstalt für Arbeit (Bundesanstalt) fördert durch Leistungen nach diesem Gesetz die Teilzeitarbeit älterer Arbeitnehmer, die ihre Arbeitszeit ab Vollendung des 55. Lebensjahres spätestens ab 31. Dezember 2009 vermindern, und damit die Einstellung eines sonst arbeitslosen Arbeitnehmers ermöglichen.**

### Übersicht

| | RdNr. |
|---|---|
| 1. Inhalt | 1 |
| 2. Regelungscharakter | 2 |
| 3. Hauptziele des Gesetzes | 4 |
|    a) Zurückdrängen der Frühverrentung | 4 |
|    b) Wiederbesetzung | 11 |
| 4. Wesentliche Regelungen des Gesetzes (Überblick) | 12 |
|    a) Betroffene Arbeitnehmer | 12 |
|    b) Aufstockung durch Arbeitgeber | 13 |
|    c) Wiederbesetzung/Ersatzeinstellung | 17 |
|    d) Zeitliche Befristung | 18 |
|    e) Übersicht in 3 Stichworten | 19 |
| 5. Gemeinsamkeiten mit und Unterschiede zu Altersteilzeitgesetz 1989 und Vorruhestandsgesetz 1984 | 20 |

### 1. Inhalt

1 Die Einweisungsvorschrift des Altersteilzeitgesetzes nennt in Absatz 1 das Ziel und in Absatz 2 den grundsätzlichen Inhalt des Gesetzes. Nach Absatz 1 soll das Altersteilzeitgesetz beitragen zu einem gleitenden Übergang älterer Arbeitnehmer von der Arbeits- in die Ruhestandsphase. Mit der Altersteilzeit

im Blockmodell ist dieser Grundsatz allerdings nicht vereinbar, dort geht es um einen kurzfristigen vorzeitigen Ausstieg aus dem Erwerbsleben[57]. Absatz 2 beschreibt den Weg und das Mittel, das Gesetzesziel zu erreichen, nämlich die Förderung der Altersteilzeit, wenn eine Wiederbesetzung stattgefunden hat. Anders als im Altersteilzeitgesetz 1988 sind nicht mehr die beiden Ziele Gleiten in den Ruhestand und Nachbesetzung mit Arbeitslosen in einem Zuge genannt. Die Unterscheidung zwischen Gesetzesziel in Abs. 1 und den Weg zur Erreichung dieses Zieles in Abs. 2 ist für die Auslegung des Gesetzes von Bedeutung, z.B. wenn zu entscheiden ist, ob die Altersteilzeit auch bei Personalabbau zum Einsatz kommen kann (vgl. § 3 RdNr. 126 ff).

Die ursprüngliche Befristung zum 31. 7. 2001 wurde verlängert zum 31. 7. 2004 durch Artikel 7 des Flexi-Gesetzes[58] und zum 31. 12. 2009 durch das Zweite Gesetz zur Fortentwicklung der Altersteilzeit vom 27. 6. 2000[59].

## 2. Regelungscharakter

Das Altersteilzeitgesetz ist in erster Linie ein Subventionsgesetz für Arbeitgeber. Es normiert fast ausschließlich, unter welchen Voraussetzungen und in welchem Umfang Arbeitgeber Förderleistungen von der Bundesanstalt für Arbeit erhalten. Sein Inhalt ist, vor allem den Anspruch des Arbeitgebers auf Zuschuss zu seinen Aufstockungsleistungen zu regeln, nicht aber einen privatrechtlichen Anspruch des Arbeitnehmers gegen den Arbeitgeber auf Altersteilzeitleistungen. Diesen Anspruch zu begründen und auszugestalten ist den Tarifvertragsparteien, den Arbeitnehmer- und Arbeitgebervertretern auf betrieblicher Ebene sowie den Arbeitsvertragsparteien überlassen. Nur flankierende Vorschriften zum Schutz der Arbeitnehmer sowie förderrechtliche Nebenbestimmungen hat der Gesetzgeber selbst geregelt.

Neben den Förderanreiz, durch Aufstockungsleistungen die Altersteilzeit attraktiver zu gestalten, tritt eine weitere wesentliche Funktion des Gesetzes. Es legt fest, unter welchen Voraussetzungen die vorgezogene Altersrente nach § 237 Satz 1 Ziff 3b SGB VI in Anspruch genommen werden kann. Dies ist eine mindestens 24 Monate dauernde Reduktion der tariflichen Vollzeitarbeit auf die Hälfte nach dem 55. Geburtstag des Arbeitnehmers. Eine Förderung der Altersteilzeit durch die Bundesanstalt für Arbeit wird nicht vorausgesetzt[60]. Die Arbeitnehmer, die ihre Lebensplanung auf eine Rente vor 65 ausrichten, hätten auch keine Möglichkeit, auf die Fördervoraussetzungen Einfluss zu nehmen, z.B. auf die Person des Wiederbesetzers.

## 3. Hauptziele des Gesetzes

### a) Zurückdrängen der Frühverrentung

Die jahrelange Frühverrentungspraxis vor allem der Großunternehmen hatte regelmäßig folgendes Grundmuster[61]:

---

[57] Bauer NZA 1997, 401, 403.
[58] Vom 6. 4. 1998, BGBl I Seite 688.
[59] BGBl I Seite 910.
[60] Vgl. Begründung zum Gesetzentwurf der Bundesregierung BR-Drs. 208/96 Seite 27.
[61] S. auch Marburger BB 1996, 586; Andresen, Frühverrentung und Altersteilzeit.

Arbeitgeber und Arbeitnehmer beenden ein oftmals langjähriges und unter tariflichem Kündigungsschutz stehendes Arbeitsverhältnis durch Aufhebungsvertrag. Der Arbeitnehmer erhält eine Abfindung, die häufig sogar in für diese Fälle geschaffenen Betriebsvereinbarungen oder Sozialplänen verankert ist. Geläufig ist auch eine Garantie des Arbeitgebers von 70% bis 100% des letzten Einkommens bis zum Rentenalter. Auf dieses Garantieeinkommen muss sich der Arbeitnehmer anrechnen lassen, was er nach Arbeitslosmeldung vom Arbeitsamt an Leistungszahlungen erhält. Damit entlastet das Arbeitsamt den Arbeitgeber zu einem beträchtlichen Teil von seiner Zahlungsverpflichtung. Hinzukommt, dass das Arbeitsamt die Kranken- sowie Pflegeversicherung trägt, wenn Arbeitslosengeld oder Arbeitslosenhilfe gezahlt wird[62].

5   Darüber hinaus hat die Arbeitslosmeldung noch weitere wichtige Funktionen:

6   – Als eine Ausnahme vom regelmäßigen Rentenalter 65 kann bereits mit 60 Jahren in Rente gehen, wer mindestens ein Jahr Arbeitslosengeld bezogen hat – § 237 SGB VI.

7   – Das Arbeitslosengeld berechnet sich nach dem letzten Einkommen der betroffenen Person und kann in vielen Fällen über der gesetzlichen Rente liegen. Deren Höhe richtet sich vor allem nach den im Laufe des gesamten Versicherungslebens erzielten Arbeitsentgelten. Weil die Einkommen in jüngeren Jahren allgemein geringer sind, resultiert die Rente nicht aus dem aktuellen Verdienst. Damit kann sich für ältere Arbeitnehmer bis zu 2 Jahre und 8 Monaten Dauer[63] ein höheres Einkommen ergeben als in der Rente, so dass teilweise von der „ersten Rente vom Arbeitsamt" gesprochen wurde.

8   – Der Bezug von Arbeitslosengeld begründet eine echte Pflichtbeitragszeit und wirkt dadurch rentensteigernd. Die Bundesanstalt entrichtet Beiträge an den Rententräger mit einer Beitragsbasis von 80% des Bemessungsentgeltes[64]. Entsprechend steigt die Anzahl der erwirtschafteten Entgeltpunkte, die maßgeblich für die Rentenhöhe sind.

9   Aus diesen Fakten ergibt sich, wie stark die Frühverrentung die Sozialversicherung belastet wird durch einen Sondertatbestand, der nach seinen ursprünglichen Zielen die Arbeitslosigkeit gerade verringern sollte (zur Systemwidrigkeit der Frühverrentung vgl. Vor § 1 RdNr. 7 ff).

10  Außerdem ergibt sich eine zusätzliche Belastung für die Rentenversicherung, die ihre Leistungen mehrere Jahre länger erbringen muss, während im gleichen Rahmen Beitragszahlungen ausfallen.

### b) Wiederbesetzung

11  Über die Zurückdrängung der Frühverrentung hinaus sollen andernfalls arbeitslose Personen eine neue Beschäftigung auf einem durch Altersteilzeit freigemachten Arbeitsplatz finden können. Die Altersteilzeit in ihrer gesetzlichen Ausgestaltung sollte sich damit nicht eignen für Unternehmen, die Per-

---

[62] § 5 Abs. 1 Nr. 2 SGB V, § 20 Abs. 1 Satz 1 Nr. 2 SGB XI.
[63] § 127 SGB III.
[64] §§ 54, 55, 3 Satz 1 Ziff 3 SGB VI; § 166 Satz 1 Ziff 2 SGB VI.

sonal in großem Umfang reduzieren müssen[65]. Dass aber auch mit der geförderten Altersteilzeit Personalabbau in einem gewissen zeitlichen Rahmen möglich ist, wird unter § 3 RdNr. 126 ff erläutert.

## 4. Wesentliche Regelungen des Gesetzes (Überblick)

### a) Betroffene Arbeitnehmer

Mit dem Begriff in § 2 „Begünstigter Personenkreis" bezeichnet das Gesetz, wer in die geförderte Altersteilzeit wechseln kann. Es sind dies Personen ab 55 Jahren, die eine $^3/_5$ Belegung aufweisen können, die also innerhalb der letzten 5 Jahre vor der Altersteilzeit mindestens 3 Jahre (1080 Tage) versicherungspflichtige Beschäftigung oder gleichgestellte Zeiten aufweisen können. Sie müssen ihre Arbeitszeit auf die Hälfte reduzieren, was auch in verblockter Form geschehen kann. **12**

### b) Aufstockung durch Arbeitgeber

Um eine Förderung des Arbeitsamtes in gleicher Höhe erhalten zu können, muss der Arbeitgeber das Altersteilzeitentgelt, also das halbe Vollzeitbruttoentgelt, um wenigstens 20% erhöhen. Es findet keine Aufstockung von 50% auf 70% des Vollzeitentgeltes statt, sondern nur auf 60%. **13**

**Beispiel:**
Vollzeitbrutto   € 3.000,–
Teilzeitbrutto   € 1.500,–
Aufstockung     €  300,–

Um dabei zu vermeiden, dass im Vergleich zum bisherigen Lohn ein zu geringes reales Einkommen verbleibt, hat der Gesetzgeber ein Mindestnettoeinkommen festgelegt. Dem Arbeitnehmer muss nach der Aufstockung mindestens 70% des Nettoeinkommens der Vollzeit zur Verfügung stehen. Diese 70% werden pauschal errechnet und die entsprechenden Beträge jährlich durch Rechtsverordnung festgelegt. **14**

Außerdem sind die Beiträge in die gesetzliche Rentenversicherung nicht aus 50% des Vollzeitentgeltes zu errechnen, sondern aus der Beitragsbasis 90%. **15**

**Beispiel:**
Bisheriges Monats-Brutto         € 3.000,–
Rentenbeitrag Vollzeit
19,1% aus € 3.000,–              €  573,–
Rentenbeitrag Altersteilzeit
19,1% aus Beitragsbasis 90% € 2.700,–   € 515,70

Dem Arbeitgeber bleibt es unbenommen, über die gesetzlichen Mindestaufstockungen hinaus höhere Leistungen zu erbringen, wie es die meisten Tarifverträge zur Altersteilzeit bestimmen. Dadurch erhöht sich aber die Förderleistung der Bundesanstalt für Arbeit nicht. Gleiches gilt für die maximale Förderdauer von 6 Jahren, auch sie wird durch eine längere Laufzeit der Altersteilzeit nicht erweitert. **16**

---

[65] Recht NZS 1996, 552 (559).

## c) Wiederbesetzung/Ersatzeinstellung

17 Reduzieren zwei Arbeitnehmer ihre Arbeit jeweils um 50%, so fehlen 100% Arbeitsleitung. Die soll ein Wiederbesetzer erbringen, er füllt die Lücke aus, die durch Altersteilzeit entstanden ist. Wiederbesetzer kann eine arbeitslose oder eine fertig ausgebildete Person sein. Bei Kleinarbeitgebern mit bis zu 50 Beschäftigten genügt die Ersatzeinstellung einer auszubildenden Person aus Anlass der Altersteilzeit.

## d) Zeitliche Befristung

18 Das Altersteilzeitgesetz gilt bis 31. 12. 2009. Wird ein Altersteilzeitarbeitsverhältnis erst nach diesem Tag begonnen, kann es nicht mehr gefördert werden[66], § 16. Letzter Geburtstag eines Altersteilzeit-Arbeitnehmers ist damit der 31. 12. 1954.

## e) Übersicht in 3 Stichworten

19 In Stichworten zusammengefasst sind wesentliche Regelungen:
Ende 31. 12. 2009
Arbeitnehmerseite: bis 31. 12. 1954 Geborene, halbierte Arbeitszeit ab 55
Arbeitgeberseite: Aufstockung von Lohn und Rentenbeitrag sowie Wiederbesetzung/Ersatzeinstellung.

### 5. Gemeinsamkeiten mit und Unterschiede zu Altersteilzeitgesetz 1989 und Vorruhestandsgesetz 1984

20 Das Altersteilzeitgesetz hat inhaltlich fast gänzlich an das Altersteilzeitgesetz 1988[67] angeknüpft und weist im Wesentlichen nur drei Unterschiede zu seinem Vorläufer auf:
– Wiederbesetzende Ausgebildete können auch aus einem fremden Betrieb stammen/Ersatzeinstellung Azubi bei Kleinunternehmen.
– Mindestnettobeträge lt. Verordnung § 3 Abs. 1 Nr. 1 Buchst. a), § 15.
– Verblockte Altersteilzeit.

21 Das Altersteilzeitgesetz 1988 hatte seine Wurzeln wiederum im Vorruhestandsgesetz von 1984[68]. Bei Auslegungsfragen kann es deshalb sinnvoll sein, einen Vergleich zur Vorgängerregelung, den dort verfolgten Zielen und der dazu ergangenen Rechtsprechung[69] anzustellen. Dies zu erleichtern dient die nachfolgende Aufstellung der Gemeinsamkeiten von Altersteilzeitgesetz und Vorruhestandsgesetz 1984 (VRG):

22 – Grundkonzeption
– Subventionsgesetz zu Gunsten der Arbeitgeber; kein Anspruch des Arbeitnehmers auf Altersteilzeit

---

[66] Vgl. auch zur Vorgängerregelung im Vorruhestandsgesetz BSG SozR 3-7825 § 14 VRG Nr. 3.
[67] BGBl 1988 I Seite 2343.
[68] Art. 1 des Gesetzes zur Erleichterung des Überganges vom Arbeitsleben in den Ruhestand vom 19. 4. 1984 BGBl I Seite 601.
[69] Z. B. BSG SozR 3-7825 § 14 Nr. 3 (Fußn. 66).

II. Kommentar Altersteilzeitgesetz                                   § 2 ATG

- Höchstzuschuss der Bundesanstalt für Arbeit – § 3 VRG
- Wiederbesetzungspflicht des Arbeitgebers – § 2 Abs. 1 Ziff 5 VRG
- Nachbesetzungskette – § 2 Abs. 1 Ziff 5 VRG
- Überforderungschutz für den Arbeitgeber – § 2 Abs. 1 Ziff 4 VRG
- Akzessorietätsschutz für den Arbeitnehmer, also Förderung durch die   23
  Bundesanstalt für Arbeit darf nicht Bedingung für die Zahlungen des Arbeitgebers aus dem Altersteilzeitvertrag sein – § 7 Abs. 2 VRG
- Vorbeschäftigungszeiten und gleichgestellte Zeiten – § 2 Abs. 1 Ziff 2 VRG
- Nebenverdienstgrenze und Bestandschutz – § 6 VRG
- Ruhens- und Erlöschensregelungen – §§ 5, 6 VRG
- Arbeitsrechtliche Flankierung – § 7 VRG
- Mitteilungs-, Mitwirkungs- und Erstattungspflichten – § 10 VRG
- Befristung § 14 VRG.

## § 2 Begünstigter Personenkreis

(1) Leistungen werden für Arbeitnehmer gewährt, die
1. das 55. Lebensjahr vollendet haben,
2. nach dem 14. Februar 1996 auf Grund einer Vereinbarung mit ihrem Arbeitgeber, die sich zumindest auf die Zeit erstrecken muß, bis eine Rente wegen Alters beansprucht werden kann, ihre Arbeitszeit auf die Hälfte der bisherigen wöchentlichen Arbeitszeit vermindert haben, und versicherungspflichtig beschäftigt im Sinne des Dritten Buches Sozialgesetzbuch sind (Altersteilzeitarbeit) und
3. innerhalb der letzten fünf Jahre vor Beginn der Altersteilzeitarbeit mindestens 1080 Kalendertage in einer versicherungspflichtigen Beschäftigung nach dem Dritten Buch Sozialgesetzbuch gestanden haben. Zeiten mit Anspruch auf Arbeitslosengeld oder Arbeitslosenhilfe sowie Zeiten, in denen Versicherungspflicht nach § 26 Abs. 2 des Dritten Buches Sozialgesetzbuch bestand, stehen der versicherungspflichtigen Beschäftigung gleich. § 427 Abs. 3 des Dritten Buches Sozialgesetzbuch gilt entsprechend.

(2) ¹Sieht die Vereinbarung über die Altersteilzeitarbeit unterschiedliche wöchentliche Arbeitszeiten oder eine unterschiedliche Verteilung der wöchentlichen Arbeitszeit vor, ist die Voraussetzung nach Absatz 1 Nr. 2 auch erfüllt, wenn
1. die wöchentliche Arbeitszeit im Durchschnitt eines Zeitraums von bis zu drei Jahren oder bei Regelung in einem Tarifvertrag, auf Grund eines Tarifvertrages in einer Betriebsvereinbarung oder in einer Regelung der Kirchen und der öffentlich-rechtlichen Religionsgesellschaften im Durchschnitt eines Zeitraums von bis zu sechs Jahren die Hälfte der bisherigen wöchentlichen Arbeitszeit nicht überschreitet und der Arbeitnehmer versicherungspflichtig beschäftigt im Sinne des Dritten Buches Sozialgesetzbuch ist und
2. das Arbeitsentgelt für die Altersteilzeitarbeit sowie der Aufstockungsbetrag nach § 3 Abs. 1 Nr. 1 Buchstabe a fortlaufend gezahlt werden.
²Im Geltungsbereich eines Tarifvertrages nach Satz 1 Nr. 1 kann die tarifvertragliche Regelung im Betrieb eines nicht tarifgebundenen Ar-

beitgebers durch Betriebsvereinbarung oder, wenn ein Betriebsrat nicht besteht, durch schriftliche Vereinbarung zwischen dem Arbeitgeber und dem Arbeitnehmer übernommen werden. [3]Können auf Grund eines solchen Tarifvertrages abweichende Regelungen in einer Betriebsvereinbarung getroffen werden, kann auch in Betrieben eines nicht tarifgebundenen Arbeitgebers davon Gebrauch gemacht werden. [4]Satz 1 Nr. 1, 2. Alternative gilt entsprechend. [5]In einem Bereich, in dem tarifvertragliche Regelungen zur Verteilung der Arbeitszeit nicht getroffen sind oder üblicherweise nicht getroffen werden, kann eine Regelung im Sinne des Satzes 1 Nr. 1, 2. Alternative auch durch Betriebsvereinbarung oder, wenn ein Betriebsrat nicht besteht, durch schriftliche Vereinbarung zwischen Arbeitgeber und Arbeitnehmer getroffen werden.

(3) [1]Sieht die Vereinbarung über die Altersteilzeitarbeit unterschiedliche wöchentliche Arbeitszeiten oder eine unterschiedliche Verteilung der wöchentlichen Arbeitszeit über einen Zeitraum von mehr als sechs Jahren vor, ist die Voraussetzung nach Absatz 1 Nr. 2 auch erfüllt, wenn die wöchentliche Arbeitszeit im Durchschnitt eines Zeitraums von sechs Jahren, der innerhalb des Gesamtzeitraums der vereinbarten Altersteilzeitarbeit liegt, die Hälfte der bisherigen wöchentlichen Arbeitszeit nicht überschreitet, der Arbeitnehmer versicherungspflichtig beschäftigt im Sinne des Dritten Buches Sozialgesetzbuch ist und die weiteren Voraussetzungen des Absatzes 2 vorliegen. [2]Die Leistungen nach § 3 Abs. 1 Nr. 1 sind nur in dem in Satz 1 genannten Zeitraum von sechs Jahren zu erbringen.

## Übersicht

| | RdNr. |
|---|---|
| 1. Allgemeines | 1 |
| 2. Beginn ab 15. 2. 1996 | 8 |
| 3. Personenbezogene Voraussetzungen | 10 |
|    a) Versicherungspflichtig beschäftigte Arbeitnehmer | 10 |
|    b) Altersgrenze 55 | 15 |
|    c) Vorbeschäftigung (Abs. 1 Ziff 3) | 17 |
| 4. Abschluss einer Altersteilzeitvereinbarung | 21 |
|    a) Zeitpunkt | 22 |
|    b) Formvorschriften | 23 |
|    c) Abschlussfreiheit – Anspruch auf Altersteilzeit | 24 |
| 5. Inhalt der Vereinbarung | 29 |
|    a) Mindestinhalt | 30 |
|    b) Halbierung der Arbeitszeit | 32 |
|    c) Verteilung der Altersteilzeit (Abs. 2) | 41 |
|       aa) Klassische Teilzeit | 41 |
|       bb) Teilzeit in verblockter Form (Blockmodell) | 42 |
|       cc) Besonderheiten des Blockmodells | 43 |
|    d) Tarifvorbehalt | 46 |
|    e) Altersteilzeit für mehr als 6 Jahre (Abs. 3) | 57 |
|    f) Laufzeit | 58 |
|       aa) Eckdaten | 58 |
|       bb) Kombination mit Wertguthaben | 61 |
| 6. Abschluss der Vereinbarung: Hinweis- und Aufklärungspflichten des Arbeitgebers | 65 |
| 7. Beteiligung des Betriebsrates | 71 |
| 8. Beteiligung der Schwerbehindertenvertretung | 72 |

## 1. Allgemeines

Unter der Überschrift „Begünstigter Personenkreis" regelt § 2, welche 1
Voraussetzungen auf Arbeitnehmerseite für die Altersteilzeit erfüllt sein müssen[70], während § 3 die arbeitgeberbezogenen Bedingungen umfasst.
§ 2 Abs. 1 Nr. 1, 2 iVm Abs. 2 Satz 1 enthält die arbeitnehmerbezogene 2
Legaldefinition der Altersteilzeit. Ihre Voraussetzungen müssen nicht nur für
die Förderung durch die Bundesanstalt für Arbeit erfüllt sein, sondern insbesondere auch wenn der Altersteilzeit-Arbeitnehmer über § 237 Abs. 1
Nr. 3b SGB VI in die vorgezogene Altersrente wechseln will. Für die Steuerfreiheit der Entgelt- und Rentenaufstockung nach § 3 Nr. 28 EStG enthält
§ 2 ebenfalls notwendige Voraussetzungen, selbst wenn § 3 Nr. 28 EStG
ausdrücklich nur auf § 3 Abs. 1 Nr. 1 verweist. Dieser verwendet nämlich
den Begriff „Altersteilzeitarbeit", der in § 2 legal definiert ist. Dem Normcharakter als Legaldefinition entspricht es, dass die Regelung in nahezu allen
tariflichen, betrieblichen oder individuellen Vereinbarungen zur Altersteilzeit
wiederholt oder zumindest vorausgesetzt wird.
§ 2 ist mehrfach geändert worden. Neben Anpassungen u. a. an die Neu- 3
regelungen des SGB III oder sind folgende Änderungen hervor zu heben:
– Erweiterung der Verblockungszeit ohne tarifliche Regelung von einem 4
auf drei Jahre und mit tariflicher Regelung auf 10 Jahre durch das Flexi-Gesetz vom 6. 4. 1998 BGBl I Seite 688, 690.
– Ausschluss einer Kombination von Frühverrentung und Altersteilzeit ver- 5
mieden durch Einfügen der Worte ... Vereinbarung", die sich zumindest auf
die Zeit erstrecken muss, bis eine Rente wegen Alters beansprucht werden
kann," durch das 2. SGB III-ÄndG vom 21. 7. 1999 BGBl I Seite 1648,
1654.
– Öffnung der Altersteilzeit auch für Teilzeitkräfte durch Streichen der 6
Worte ..." und denen vereinbarte Arbeitszeit der tariflichen regelmäßigen
wöchentlichen Arbeitszeit entsprach" durch das Gesetz zur Fortentwicklung der Altersteilzeit vom 20. 12. 1999 BGBl I Seite 2494.
– Erweiterung des maximalen Förderzeitraums von 5 auf 6 Jahre durch das 7
2. Gesetz zur Fortentwicklung der Altersteilzeit vom 27. 6. 2000 BGBl I
Seite 910.

## 2. Beginn ab 15. 2. 1996

Am 14. 2. 1996 hatte das Bundeskabinett als einen von 50 Eckpunkten 8
beschlossen, einen Gesetzentwurf zur Altersteilzeit zu erarbeiten (vgl. Vor § 1
RdNr. 17). Teilzeitarbeitsverhältnisse, die bis zu diesem Tag vereinbart wurden, sind nicht förderfähig nach dem Altersteilzeitgesetz. Eine nachträgliche
Umdatierung, um gleichwohl eine Förderung zu erhalten, erfüllte den Tatbestand des Betruges zu Lasten der Bundesanstalt für Arbeit – § 263 StGB.
Weil das Altersteilzeitgesetz erst zum 1. 8. 1996 in Kraft getreten ist[71], er- 9
gibt sich eine Rückwirkung auf Vereinbarungen, die vor diesem Datum ab-

---
[70] Boecken NJW 1996, 3386 (3387).
[71] Art. 10 des Gesetzes Förderung eines gleitenden Überganges in den Ruhestand.

geschlossen wurden. Sie sind grundsätzlich förderfähig, allerdings können die Leistungen erst ab dem 30. 4. 1996 gezahlt werden[72].

### 3. Personenbezogene Voraussetzungen

#### a) Versicherungspflichtig beschäftigte Arbeitnehmer

10  Das Altersteilzeitgesetz verwendet den arbeitsrechtlichen Arbeitnehmerbegriff. Arbeitnehmer ist also, wer in persönlicher Abhängigkeit bei einem Arbeitgeber eine Erwerbstätigkeit ausübt. Maßgeblich sind dabei Eingliederung in einen Betrieb und Weisungsunterworfenheit hinsichtlich Ort, Zeit, Dauer und Art der Tätigkeit[73]. Das Gesetz setzt eine versicherungspflichtige Beschäftigung nach dem SGB III sowie unter Abs. 1 Ziff 3 zusätzlich eine sozialversicherungsrechtliche Vorbeschäftigung gemäß §§ 24–28 SGB III voraus, so dass die Unterscheidung zwischen den arbeitsrechtlichen und den sozialversicherungsrechtlichen Begrifflichkeiten der Arbeitnehmereigenschaft praktisch nicht relevant wird.
11  Keine Arbeitnehmer sind:
– Arbeitgeber.
– Selbständig tätige Freiberufler, wie Rechtsanwälte, Steuerberater, Makler.
– die in § 27 SGB III genannten Personen, z. B. Vorstandsmitglieder einer Aktiengesellschaft.
Grenzfälle der Arbeitnehmereigenschaft wie z. B. GmbH-Gesellschafter/Geschäftsführer, Ehegattenarbeitsverhältnisse müssen unter Berücksichtigung aller Umstände des Einzelfalles anhand der von der Rechtsprechung entwickelten Kriterien[74] entschieden werden.
Außertariflich entlohnte Angestellte sind Arbeitnehmer.
Arbeitnehmerähnliche Personen i. S. v. § 12a TVG sind nach den Zielen des Gesetzes, nämlich Zurückdrängen der für die Sozialversicherung kostspieligen Frühverrentung und Förderung von Neueinstellungen, Arbeitnehmer. Gleiches gilt für Leitende Angestellte iSd § 5 Abs. 3 BetrVG, § 14 Abs. 2 KSchG, es sei denn, ihnen käme Arbeitgeberfunktion zu.
12  Besonderheiten wegen der versicherungspflichtigen Beschäftigung nach §§ 24 ff SGB III ergeben sich in folgenden Fällen:
13  – Auslandsbeschäftigte sind dann von der Bundesanstalt für Arbeit als Arbeitnehmer anerkannt, wenn sie im Rahmen der Entsendung nach § 4 SGB IV versicherungspflichtig beschäftigt sind. Reine Ortskräfte, die nach dem ausländischen Recht des Einsatzortes beschäftigt wurden und damit nicht der Versicherungspflicht nach dem SGB III unterlegen hatten, können damit nicht in Altersteilzeit beschäftigt werden.

---

[72] Voß-Gundlach Kompaß 1996, 450 (453); Grüner-Dalichau Anm. II 2 zu § 2.
[73] Zum Arbeitnehmerbegriff im Sozial- und Arbeitsrecht Hanau/Peters-Lange NZA 1998/785; vgl. z. B. BSGE 24, 29, 30; 51, 164, 168; BSG SozR 2200 § 1227 RVO Nrn. 4, 8, 17, 19; USK 7705, 79221, 80242; Seewald in Kassler Kommentar § 7 Abs. 1 SGB IV RdNr. 2; Schulin S. 45 RdNr. 84; vgl. z. B. BAG EzA § 611 Nr 51 m. w. N.
[74] Z. B. BVerfG v. 7. 11. 1995 2 BvR 802/90; BSG B 11 AL 71/71 R vom 5. 2. 1998; Zusammenstellung bei Erdmann ZfS 1996, 101; Schmidt NZS 1998, 231.

## b) Altersgrenze 55

Die Altersgrenze 55 muss am ersten Tag erreicht sein, an dem das Altersteilzeitverhältnis mit der Halbierung der Arbeitszeit in Kraft gesetzt wird. Das Alter von 55 Jahren muss erreicht sein, bevor die Geltungsdauer des Gesetzes abgelaufen ist. Die Altersteilzeitarbeitnehmer müssen also spätestens am 31. 12. 1954 geboren sein und spätestens am 31. 12. 2009 ihre Arbeitszeit auf die Hälfte reduzieren, § 16. 15

Eine Vereinbarung zur Altersteilzeit kann ohne weiteres vor Erreichen des 55. Geburtstages abgeschlossen werden. Dies ist insbesondere sinnvoll, wenn Wertguthaben nach § 7 Abs. 1a SGB IV vor Beginn der Altersteilzeit angespart oder bereits bestehende Wertguthaben in die Altersteilzeit eingebracht werden sollen, um dadurch die Arbeitsphase im Blockmodell zu verkürzen. 16

## c) Vorbeschäftigung (Abs. 1 Ziff. 3)

Der Altersteilzeitarbeitnehmer muss innerhalb der letzten 5 Jahre vor Beginn der Altersteilzeit mindestens 1080 Kalendertage, also knapp 3 Jahre versicherungspflichtig beschäftigt gewesen sein nach §§ 24–28 SGB III. Man spricht von der 3/5 Belegung. Seit der Änderung durch das Gesetz zur Fortentwicklung der Altersteilzeit vom 20. 12. 1999 (BGBl I Seite 2494) ist eine Vollzeitvorbeschäftigung nicht mehr erforderlich, so dass auch Teilzeitkräften der Wechsel in Altersteilzeit offen steht. Die in der Vorauflage vertretene Auffassung, der Ausschluss von Teilzeitkräften sei eine mittelbare Diskriminierung von Frauen[75], hat damit durch Zeitablauf an Bedeutung verloren[76]. 17

Die 3-jährige Vorbeschäftigung kann beliebig im gesamten 5-Jahreszeitraum verteilt liegen und kann sogar bei verschiedenen Arbeitgebern zurückgelegt sein. Die Bundesanstalt für Arbeit lässt auch einen „nahtlosen" Arbeitgeberwechsel zu[77]. Die Vorbeschäftigung muss nicht zwingend der Altersteilzeit unmittelbar vorausgehen. Die gegenteilige wohl h. M. fordert hingegen eine absolute zeitliche Nahtlosigkeit der Altersteilzeit zur vorangegangenen Arbeit[78]. Auch der Gesetzentwurf stützt diese Auffassung, nach der dortigen Begründung sollte nur eine Verminderung auf Teilzeit mit Inkrafttreten oder danach förderfähig sein[79]. Allerdings findet die enge h. M. im Wortlaut des Gesetzes keine Stütze. Die Vollzeitbeschäftigung ist im Zusammenhang der 3/5 Belegung geregelt, das Wort „unmittelbar vorausgehend" ist hier nicht verwendet. Die 3/5 Belegung, die inhaltsgleich auch schon im Altersteilzeit- 18

---

[75] Vgl. Rust, BB 1999, 954; Schmidt/Borowski NZA 1999, 411.
[76] Zeitlich überholt ist auch das Urteil des BSG vom 29. 1. 2001 B 7 AL 98/99, das eine mittelbare Diskriminierung verneint hatte, ebenso wie der Vorlagebeschluss des Arbeitsgerichts Hamburg zum EuGH vom 3. 5. 2000, 11 Ca 355/99 wonach der Ausschluss Teilzeitbeschäftigter (Frauen) gegen das Recht der EU verstoße.
[77] DA der Bundesanstalt für Arbeit zu § 2, 2.2 Abs. 1.
[78] Diller NZA 1996, 847; Bauer NZA 1997, 401.
[79] BR-Drs. 208/96 Seiten 25, 30.

gesetz 1988 zu finden war, soll verhindern, dass nur kurzfristig bestehende oder geschaffene Arbeitsplätze subventioniert werden[80]. Dieses Ziel wird aber auch durch die 3/5 Belegung allein erreicht, zumal Zeiten der Arbeitslosigkeit ausdrücklich Beschäftigungszeiten gleichgestellt sind. In der Praxis wird sich dieser Streit allerdings kaum auswirken, denn eine Halbierung der Arbeitszeit, wie sie § 2 fordert, setzt voraus, dass eine halbierbare Arbeitszeit vorhanden war, also eine Beschäftigung vorbestanden hatte. Ausgeschlossen ist ein Wechsel von Arbeitslosigkeit in Altersteilzeit. Dies wäre nichts anderes als eine Arbeitsaufnahme in Gestalt von Teilzeitarbeit. Fälle dieser Art zu subventionieren ist allenfalls Aufgabe der Arbeitsförderung nach dem SGB III, nicht aber des Altersteilzeitgesetzes[81].

19  Mit einer versicherungspflichtigen Vorbeschäftigung gleichgestellt sind Zeiten, in denen die Betroffenen ohne ihr Zutun einer Beschäftigung nicht nachgehen konnten, also Krankheitszeiten und Zeiten der Arbeitslosigkeit. Erforderlich ist
– ein *Anspruch* auf Arbeitslosengeld sowie Arbeitslosenhilfe, oder
– nach § 26 Abs. 2 SGB III der *Bezug* von
   – Krankengeld aus der gesetzlichen Krankenversicherung,
   – Krankentagegeld eines privaten Krankenversicherungsunternehmens,
   – Versorgungskrankengeld nach dem Bundesversorgungsrecht,
   – Verletztengeld aus der gesetzlichen Unfallversicherung oder
   – Übergangsgeld für Maßnahmen der medizinischen Rehabilitation.
Unmittelbar vor diesen Bezugszeiten müssen die betroffenen Personen allerdings versicherungspflichtig beschäftigt gewesen sein oder eine Entgeltersatzleistung nach dem SGB III, in der Regel Arbeitslosengeld oder Arbeitslosenhilfe, bezogen haben.

20  Hatte im Rahmen der 3-jährigen Vorbeschäftigungszeit ein Beschäftigungsverhältnis ohne Anspruch auf Arbeitsentgelt bestanden, zählt die entsprechende Zeit nicht mit, sobald ein Monat überschritten wird, § 7 Abs. 3 Satz 1 SGB IV.

### 4. Abschluss einer Altersteilzeitvereinbarung

21  Arbeitnehmer und Arbeitgeber müssen eine einzelvertragliche Vereinbarung zur Altersteilzeit abgeschlossen haben. Eine Einführung der Altersteilzeit durch (Haus)tarifvertrag oder Betriebsvereinbarung ist nicht ausreichend und kann den individuellen Änderungsvertrag[82] nicht ersetzen.

### a) Zeitpunkt

22  Der Wortlaut des § 2 verlangt nicht, dass die Altersteilzeit-Vereinbarung vorab geschlossen wird. Eine rückwirkende oder rückdatierende Vereinbarung allerdings akzeptieren die Sozialversicherungsträger nicht[83]. Winkelmann hält

---

[80] BSG SozR 3-7825 § 2 Nr. 1 mwN aus dem Gesetzgebungsverfahren zum Altersteilzeitgesetz 1988.
[81] BSG SozR 3-4170 § 2 Nr. 1.
[82] Bauer NZA 1997, 401.
[83] DA der Bundesanstalt für Arbeit zu § 2, 2.1 Abs. 5; Gemeinsames Schreiben der Spitzenverbände vom 6. September 2001, abgedruckt im Teil F.

eine rückwirkende Vereinbarung wohl für zulässig, sofern keine Förderung beansprucht wird[84]. Zutreffend wird eine nachträgliche Umwandlung einer Normal- in eine Altersteilzeit-Beschäftigung wegen der Auswirkungen auf sozialrechtliche Schutzvorschriften nicht möglich sein. Aus den Berechnungsbeispielen § 3 RdNr. 7 sowie 9 ist ersichtlich, dass in der Altersteilzeit das Entgelt halbiert ist und dadurch auch Sozialversicherungsbeiträge nur in reduziertem Umfang abgeführt werden. Insbesondere halbiert sich dadurch die Bemessungsgrundlage für das Krankengeld (§ 47 SGB V), Rentenanwartschaften werden in geringerem Umfang erworben (§§ 162 Nr. 1, 163 Abs. 5 SGB VI) oder es verringert sich im Falle der Arbeitgeber-Insolvenz die Höhe des Insolvenzgeldes (§§ 183, 185 SGB III). Außerdem kann auch über § 237 Abs. 1 Nr. 3b SGB VI ein vorgezogener Rentenzugang erreicht werden, der nach den Grundüberlegungen nicht mit einer rückwirkenden Altersteilzeit vereinbar ist. Schließlich dürfte wegen der enormen Schwierigkeiten bei der Neuberechnung der Sozialversicherungsbeiträge und der Steuern für die Vergangenheit eine rückwirkende Vereinbarung faktisch zum Scheitern verurteilt sein. Im Übrigen erhielten die Sozialversicherungsträger von einer solchen Vereinbarung sofort Kenntnis, denn nach § 2 Abs. 1 Nr. 4a BÜV sind Beginn und Ende der Altersteilzeit in die Lohnunterlagen aufzunehmen sowie die Rentenaufstockung nach § 2 Abs. 1 Nr. 8a iVm Nr. 3a BÜV festzuhalten. Im Blockmodell betrifft diese Pflicht nach § 2 Abs. 1 Nr. 4b BÜV auch alle Zugänge von Wertguthaben. Wegen der Fälligkeitsregel § 23 Abs. 1 SGB IV für den Folgemonat wird in der Praxis eine Rückdatierung an den Sozialversicherungsträgern scheitern.

### b) Formvorschriften

Die Altersteilzeit-Vereinbarung muss zwingend nahtlos in die Rente füh- 23 ren, § 2 Abs. 1 Nr. 2. De facto liegt somit eine gesetzlich zulässige (§ 8 Abs. 3) Befristung und gleichzeitig eine Vereinbarung vor, die das Arbeitsverhältnis beendet. Damit ist Schriftform nach § 623 BGB zwingend, andernfalls wäre die Vereinbarung unwirksam.

### c) Abschlussfreiheit – Anspruch auf Altersteilzeit

Aus dem Charakter des Gesetzes als Subventionsgrundlage zu Gunsten 24 von Arbeitgebern ergibt sich, dass es keinen Anspruch auf Altersteilzeit einräumt. Das Altersteilzeitgesetz begründet für Arbeitnehmer keinen Anspruch gegen den Arbeitgeber auf Abschluss einer entsprechenden Vereinbarung. Umgekehrt kann kein Arbeitnehmer in die Altersteilzeit gezwungen werden, § 8 Abs. 1.

Ein gesetzlicher Anspruch, wenigstens Verhandlungen zur Altersteilzeit auf- 25 zunehmen, ist ebenfalls nicht vorgesehen. Die betroffen Arbeitnehmer können allenfalls nach § 42 Abs. 3 SGB VI vom Arbeitgeber verlangen, dass die Möglichkeiten einer Teilzeitarbeit mit Teilrente erörtert werden und man in diesem Rahmen indirekt auf das Thema Altersteilzeit zu sprechen kommen wird. Mehr gesteht das Gesetz nicht zu. Dies ist eine der Konsequenzen aus

---

[84] Winkelmann in Kittner, Arbeitsrecht 2001, § 130 RdNr. 19.

der Grundkonzeption als Subventionsgesetz für Arbeitgeber und aus der Übernahme des Altersteilzeitgesetz 1988, das die Regelung § 42 SGB VI aus dem Rentenreformgesetz 1992[85] noch nicht kannte.

26 Auch das Gesetz über Teilzeitarbeit und befristete Arbeitsverträge und zur Änderung und Aufhebung arbeitsrechtlicher Bestimmungen vom 21. 12. 2000[86] (TzBefG) hat keinen Anspruch auf Altersteilzeit begründet. Die dortige Pflicht des Arbeitgebers in §§ 6 ff TzBefG, Teilzeitarbeit zu ermöglichen, erfasst die Altersteilzeit nicht. Nach § 23 TzBefG sind besondere Regelungen über Teilzeitarbeit unberührt geblieben und das Altersteilzeit-Gesetz ist eine besondere Regelung, zumal durch § 3 Abs. 1 Nr. 3 ein Teilbereich, nämlich der Überforderungsschutz eines in Anspruch genommenen Arbeitgebers, ausdrücklich geregelt ist.

27 Ein privatrechtlicher Individualanspruch der Arbeitnehmer ergibt sich aber häufig aus Tarifverträgen (z. B. Chemische Industrie), die aber in vielen Fällen die näheren Bedingungen des Anspruchs regeln (z. B. Lebensalter – Metallindustrie, öffentlicher Dienst), oder – soweit gem. § 77 Abs. 3 BetrVG möglich – aus Betriebsvereinbarungen. Fast alle tariflichen und betrieblichen Regelungen, die einen Anspruch auf Altersteilzeit vorsehen, haben den dem Förderrecht zuzurechnenden Überforderungsschutz des Arbeitgebers nach § 3 Abs. 1 Ziff. 3 (s. § 3 RdNr. 133) in der gesetzlichen oder in einer verschärften Form übernommen. Dies hat wegen der gehäuften Inanspruchnahme der Altersteilzeit zur Folge, dass das Anspruchskontingent regelmäßig erschöpft ist. Begehren weitere Arbeitnehmer die Altersteilzeit und ist der Arbeitgeber bereit, weitere Verträge abzuschließen, wird er eine Auswahl nach billigem Ermessen gem. § 315 BGB treffen müssen. Zulässige Auswahlkriterien sind soziale Gesichtspunkte analog § 1 Abs. 3 KSchG[87] oder z. B. Alter oder Betriebszugehörigkeit[88].

28 Allerdings besteht auch ohne Tarifvertrag ein Anspruch, dass der Arbeitgeber über ein Altersteilzeit-Begehren nach billigem Ermessen und sachgerechten Kriterien analog § 315 BGB entscheidet[89]. Denn Altersteilzeittarifverträge und auch das Altersteilzeitgesetz machen keinen Sinn, wenn eine Vereinbarung in das Belieben des Arbeitgebers gestellt wäre[90]. Der Arbeitgeber muss sich deshalb sachlich mit dem Altersteilzeit-Begehren auseinandersetzen und eine sachlich begründete Entscheidung treffen[91]. Auf Schwierigkeiten mit der Wiederbesetzung dürfte er sich in Anbetracht der hohen Arbeitslosenzahlen, der Situation der Ausgebildeten sowie im Hinblick auf die zusätzlichen Fördermöglichkeiten der Arbeitsämter (s. RdNr. 130 ff) nur in besonders zu begründenden Ausnahmefällen berufen können.

---

[85] Gesetz vom 18. 12. 1989, BGBl I Seite 2261.
[86] BGBl I Seite 1966.
[87] Erfurter Kommentar Rolfs RdNr. 29 zu § 3.
[88] Vgl. BAG AP Nrn 46 und 47 zu Art. 9 GG.
[89] AA Winkelmann in Kittner, Arbeitsrecht, 2001, § 130 RdNr. 13.
[90] BAG NZA 1989, 684 zum Vorruhestandstarifvertrag für das Private Bankgewerbe sowie zu §§ 1, 2 Abs. 1 Nr. 4 VRG.
[91] Nimscholz/Oppermann/Ostrowicz Seite 26.

## 5. Inhalt der Vereinbarung

Die Arbeitszeit muss durch Vereinbarung auf die Hälfte der bisherigen 29
Arbeitszeit reduziert werden. In § 2 Abs. 1 Ziff. 1 und 2 ist damit eine Legaldefinition der Altersteilzeit enthalten, die in Kurzfassung aus zwei Begriffen besteht: Halbierte Arbeitszeit ab 55.

### a) Mindestinhalt

Als Mindestinhalt eines Altersteilzeit-Vertrages wird angeführt[92]: 30
- Halbierung der Arbeitszeit durch Festlegen von
  - Beginn Altersteilzeit und Ende des Arbeitsverhältnisses
  - Verteilung der Arbeitszeit
- Altersteilzeit-Entgelt
- Besondere Entgeltbestandteile, z. B. Firmengeschäft, Dienstwagen, Sonderzahlungen
- Aufstockung von Entgelt und Rentenbeitrag
- Krankheit und andere Fehlzeiten
- Nebenbeschäftigung
- Vorzeitige Beendigung
- Sonstige vertragliche Absprachen.

Allein der Mindestinhalt zeigt, dass jede Altersteilzeit-Vereinbarung ein 31
komplexes Vertragswerk darstellt, dessen Inhalt auf Nicht-Fachleute abschreckend wirken wird. Deshalb empfiehlt sich häufig eine Betriebsvereinbarung, auf die der individuelle Vertrag Bezug nimmt. Die Regelung durch Betriebsvereinbarung bietet den zusätzlichen Vorteil, dass auf sie die Inhaltskontrolle für allgemeine Geschäftsbedingungen, die ab 1. 1. 2002 in §§ 305–310 BGB geregelt ist und auch arbeitsrechtliche Verträge erfasst, keine Anwendung findet. Muster finden sich im Teil C.

### b) Halbierung der Arbeitszeit

Damit die Legaldefinition Altersteilzeitarbeit erfüllt ist, muss die bisherige 32
Arbeitszeit halbiert werden. Die bisherige Arbeitszeit ist in § 6 Abs. 2 und 3 definiert (vgl. § 6 RdNr. 8 ff).

Maßgeblich ist die tarifliche regelmäßige Arbeitszeit. Wird sie überschritten 33
bleiben die entsprechenden Zeiten außer Betracht. Dadurch soll vermieden werden, dass Mehrarbeit subventioniert wird sowie dass Arbeitsmarkteffekte der Altersteilzeit verfehlt werden (vgl. § 5 Abs. 4[93]).

Einen Sonderfall bilden Tarifbereiche, in denen eine 35-Stunden-Woche 34
gilt, aber mit einzelnen Beschäftigten eine 40-Stunden-Woche vereinbart werden kann bei einer betrieblichen Obergrenze von 18% der Beschäftigten[94]. Hier vertritt die Bundesanstalt für Arbeit die Auffassung, dass bei Überschreiten der 18%-Quote die 35-Stunden-Woche maßgeblich sei. Vermindere also ein Beschäftigter, mit dem die 40-Stunden-Woche vereinbart

---

[92] Vgl. Stief, Personalprofi 2001 Heft 7, Seite 13.
[93] S. auch die Begründung zum Gesetzentwurf der Bundesregierung eines Gesetzes zur Förderung eines gleitenden Überganges in den Ruhestand BR-Drs. 208/96 Seite 35.
[94] Z. B. § 7 Manteltarifvertrag für Beschäftigte der Metallindustrie Nordwürttemberg/Nordbaden, § 3 MTV Eisen-Metall-Elektro-Zentralheizungsindustrie Nordrhein-Westfalen.

**ATG § 2**  35–37                                                                                                    A. Altersteilzeitgesetz

war, seine Arbeitszeit in Altersteilzeit auf 20 Stunden/Woche und war die 18%-Quote überschritten, liege keine Halbierung vor[95]. Die Folgen wären äußerst weitreichend, denn für die Betroffenen lägen die Voraussetzungen weder für die Förderung, noch für die Steuer- und Abgabenfreiheit noch für die vorgezogene Rente vor. Die Auffassung der Bundesanstalt für Arbeit ist allerdings nicht vertretbar. Sie beruft sich auf ein Urteil des BSG, in dem das BSG allerdings aus Verfahrensgründen an die Rechtsauffassung des Vordergerichts zum Rechtscharakter der Tarifnorm gebunden war[96]. Damit ist in diesem Urteil nicht bindend darüber entschieden, welchen Charakter die 18%-Quote besitzt und welcher Schutzzweck ihr zuzuordnen ist. Hierzu hat das BAG entschieden, dass die Quotenregelung eine betriebliche Norm gem. § 3 Abs. 2 TVG darstellt sowie dass insbesondere ein Verstoß gegen sie einzelnen personellen Maßnahmen nicht zugeordnet werden kann[97]. Daraus folgt, dass nur die Betriebsparteien über das Ausschöpfen und Überschreiten der Quote sowie über mögliche Konsequenzen daraus bestimmen dürfen, eine behördliche Berufung darauf ist nicht möglich, dies läge außerhalb des Schutzbereichs der Norm. Im Übrigen wäre ein Nachweis, dass ausgerechnet der Altersteilzeit-Arbeitnehmer die Person ist, mit der die 18%-Grenze überschritten ist, erforderlich, aber nicht zu führen. Als tarifliche regelmäßige Arbeitszeit ist also die tariflich zulässig vereinbarte 40-Stunden-Woche zu Grunde zu legen, auch wenn sie mit mehr als 18% der Beschäftigten vereinbart war. Für Praktiker werden sich Lösungen empfehlen, die an der Stichtagsbetrachtung der Bundesanstalt für Arbeit resultieren.

35  Bei geänderten oder schwankenden Arbeitszeiten besteht eine Limitierung nach oben, der Durchschnitt der letzten 24 Monate vor der Altersteilzeit bildet die Obergrenze. Diese Obergrenze wirkt sich nicht erhöhend aus, falls der 24-monatige Durchschnitt über der zuletzt vereinbarten Arbeitszeit liegt, ist sie maßgeblich.

36  Voraussetzung ist, dass eine tarifliche Regelung zur *wöchentlichen* Arbeitszeit existiert. Existiert sie nicht oder sind tariflich nur Ober- und Untergrenzen vorgesehen, wird aus dem Jahresdurchschnitt die wöchentliche Arbeitszeit ermittelt. Gibt es überhaupt keine Tarifregelung zur Arbeitszeit, wird die für gleiche oder ähnliche Beschäftigungen vorgesehene Arbeitszeit zu Grunde gelegt. Besteht überhaupt keine tarifliche Regelung, z. B. für Berufsbilder, die keinem Bereich zugeordnet werden können, bestimmt sich die Arbeitszeit nach der sonst für gleiche oder ähnliche Arbeitsverhältnisse üblichen.

37  Bei bisher in Teilzeit Beschäftigten darf nach Halbierung der Arbeitszeit keine nur geringfügige Beschäftigung entstehen. Die maßgebliche Grenze ist die Grenze von weniger als 15 Wochenstunden gem. § 27 Abs. 2 SGB III iVm § 8 SGB IV sowie die Entgeltgrenze der Geringfügigen Beschäftigung von € 325,–. Die Prüfung erfolgt dabei am einfachsten nach folgendem Schema:

---

[95] Runderlass vom 20. 3. 2002 Gz.: IIa2-7317(10)A; Schreiben vom 11. 10. 2001 Gz.: IIa2-7317(10); vgl. Rundschreiben des VdR v. 27. 3. 2002.
[96] BSG NZA 1997, 1015 = NZA 1997, 332.
[97] BAG NZA 1998, 213; zur fehlenden normativen Qualität einer Arbeitszeit-Tarifbestimmung s. auch BAG vom 1. 8. 2001–4 AZR 388/99.

## Geringfügige Beschäftigung Prüfungsschema

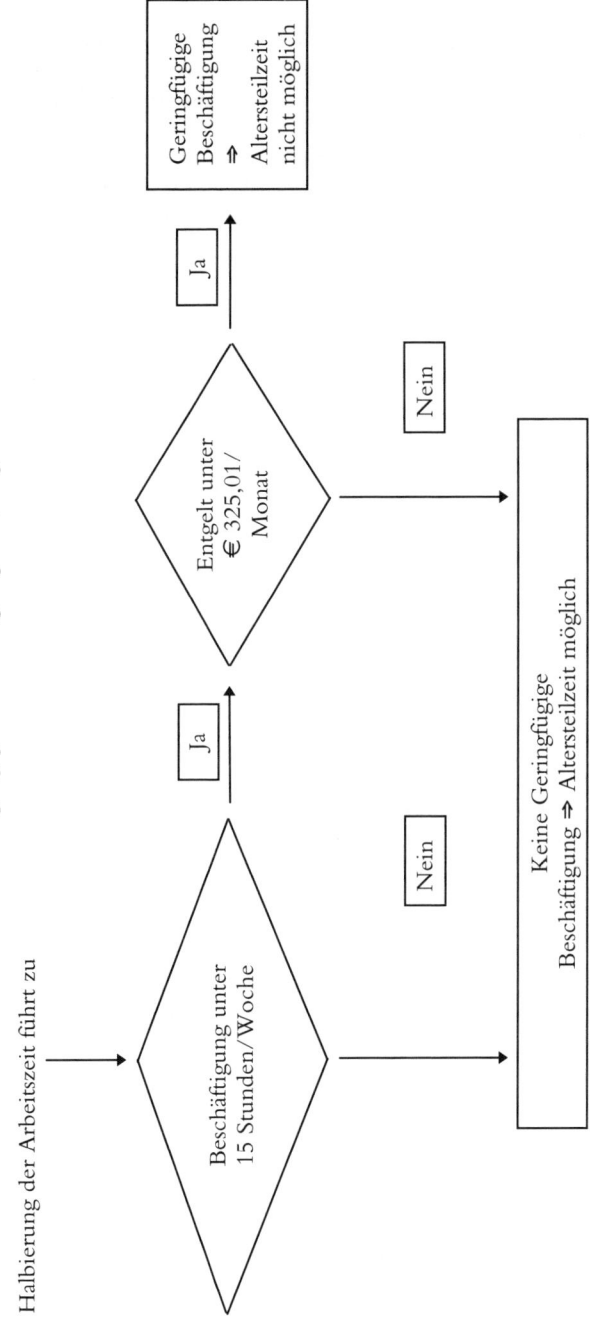

Halbierung der Arbeitszeit führt zu → Beschäftigung unter 15 Stunden/Woche?

- Ja → Entgelt unter € 325,01/Monat?
  - Ja → Geringfügige Beschäftigung ⇑ Altersteilzeit nicht möglich
  - Nein → Keine Geringfügige Beschäftigung ⇒ Altersteilzeit möglich
- Nein → Keine Geringfügige Beschäftigung ⇒ Altersteilzeit möglich

**ATG § 2** 39–41 A. Altersteilzeitgesetz

**39** Sinkt also die Arbeitszeit im klassischen oder im verblockten Altersteilzeitmodell unter 15 Wochenstunden, liegt nur dann keine beitragspflichtige weil nur noch geringfügige Beschäftigung vor, wenn zusätzlich weniger als € 325,–/Monat gezahlt werden. Ist dies der Fall, bleibt der betroffenen Person der Wechsel in die Altersteilzeit verwehrt, weil de facto eine Halbierung der Arbeitszeit unter Beibehaltung einer beitragspflichtigen Beschäftigung nicht möglich ist. Dies wird bei dem derzeitigen Lohnniveau allerdings selten der Fall sein, denn die Entgeltgrenze, die nicht unterschritten werden darf, liegt bei rund € 5,–/Stunde.

**40** Eine Besonderheit kann sich bei Teilzeitkräften ergeben, falls die Entgeltgrenze von € 325,– nach der Halbierung der Arbeitszeit nicht unterschritten wird, die wöchentliche Arbeitszeit aber unter 15 Stunden liegt. Dann liegt zwar keine geringfügige Beschäftigung vor, aber die betroffenen Personen dürfen Arbeitslosengeld oder Arbeitslosenhilfe beziehen nach §§ 118 Abs. 2, 190, 198 SGB III. Stellen sie trotz laufender Altersteilzeit insbesondere in der Freizeitphase des Blockmodells Antrag auf Arbeitslosengeld oder -hilfe, entfällt gem. § 27 Abs. 5 SGB III wegen des Leistungsbezuges die Versicherungspflicht. Als Konsequenz verliert der Arbeitgeber einen Anspruch auf Förderung nach dem Altersteilzeit-Gesetz, der ja eine versicherungspflichtige Beschäftigung des Altersteilzeit-Arbeitnehmers erfordert. Die nur in der Begründung zum Gesetzentwurf zur Fortentwicklung der Altersteilzeit[98] enthaltene Voraussetzung, die Altersteilzeit-Arbeitnehmer „dürfen nicht arbeitslos gemeldet sein" ist in das Gesetz nicht aufgenommen worden[99]. Es wird für die Praxis empfohlen, in den entsprechenden Fällen die Arbeitnehmer besonders aufzuklären, weil ein Verzicht auf einen Leistungsantrag nach § 32 Abs. 1 SGB I nicht möglich ist, der Arbeitnehmer nicht verpflichtet werden kann, keinen Antrag auf Arbeitslosengeld zu stellen[100]. Als Konsequenz sollen für den Fall der Antragstellung ein Ende des Altersteilzeit-Vertrages bestimmt sowie Schadensersatzansprüche vorbehalten werden[101]. Entsprechende Regelungen finden sich in Teil C I RdNr. 22.

### c) Verteilung der Altersteilzeit (Abs. 2)

### aa) Klassische Teilzeit

**41** Die arbeitsvertragliche Altersteilzeitarbeit soll entsprechend dem ursprünglichen Leitbild des Gesetzgebers in einer klassischen Teilzeit bestehen, also in der Halbtagsbeschäftigung. So können die älteren Arbeitnehmer aus der Last der Vollbeschäftigung in den Ruhestand gleiten und im selben Zug durch ihr teilweises Ausscheiden einen Arbeitsplatz anteilig freimachen. Diese klassische Teilzeit erweiterte das Gesetz auf halbwöchentliche, halbmonatliche bis hin zur halbjährigen Teilzeit. Bereits durch das Flexi-Gesetz[102] war die Möglichkeit eingeführt worden, durch Einzelvereinbarung

---

[98] Gesetzentwurf der Bundesregierung eines Gesetzes zur Fortentwicklung der Altersteilzeit vom 3. 9. 1999, BR-Drs. 495/99 Seite 10.
[99] Wolf NZA 2000, 637, 639.
[100] BAG vom 22. 6. 1989 – 8 AZR 761/87.
[101] Nimscholz/Oppermann/Ostrowicz Ziffer 2.2.9.
[102] Vom 6. 4. 1998, BGBl I Seite 688.

einen 1,5-jährlichen Turnus und somit ein 3-jähriges Blockmodell zu verabreden.

**bb) Teilzeit in verblockter Form (Blockmodell)**

Um insbesondere dem Altersteilzeit-Tarifvertrag der Chemischen Industrie vom 29. 3. 1996 zu entsprechen[103], wurde im Gesetzgebungsverfahren 1996 nach den Empfehlungen des Ausschusses für Arbeit und Sozialordnung[104] die bis zu 5jährige Verteilung der Altersteilzeit zugelassen und zwar auch in verblockter Form. Hier ergibt sich die Halbierung der Arbeitszeit über die gesamte Dauer der Altersteilzeit aus einer Arbeitsphase und einer gleich langen Freistellungsphase[105]. Seit Inkrafttreten des Flexi-Gesetzes vom 6. 4. 1998 ist die 5-Jahresgrenze für das tarifvertraglich geregelte Blockmodell gänzlich entfallen (Abs. 3). Wegen des Beginns frühestens ab 55 und der Regelaltersgrenze 65 gilt de facto eine maximale Verblockung von 10 Jahren. Die maximale Förderdauer beträgt allerdings[106] nur 6 Jahre, § 4 Abs. 1.

**cc) Besonderheiten des Blockmodells**

Während der gesamten Blockarbeitszeit muss der Arbeitgeber die gesamte Altersteilzeit-Vergütung aus Entgelt und Aufstockungsleistungen kontinuierlich erbringen, also selbstverständlich auch während der Freizeitphase. Über die gesamte Dauer hinweg besteht ein sozialversicherungsrechtliches Beschäftigungsverhältnis.

Die Sozialversicherungsbeiträge sind entsprechend § 7 Abs. 1a SGB IV während Arbeit und Freistellung gleichermaßen fällig und zu entrichten, trotz fehlender Arbeitsleistung auch in der Freistellungsphase. Berechnungsbasis für die Beiträge ist dabei in beiden Phasen nur das hälftige Entgelt. Aufzustocken ist nur der Beitrag zur Rentenversicherung nach § 3 Abs. 1 Nr. 1 Buchstabe a. Entgegen Rolfs[107] und dem Gesetzeswortlaut in § 2 Abs. 2 Satz 1 Nr. 2 sind die Rentenaufstockungen in beiden Phasen zu zahlen. Durch ein Redaktionsversehen wurde vergessen, den Zwang zur kontinuierlichen Zahlung der Rentenaufstockung zu bestimmen, denn in der Begründung zum Gesetzentwurf wurde ausdrücklich ausgeführt, ... die „gesetzliche Regelung verlangt lediglich, dass ... das Arbeitsentgelt sowie der Aufstockungsbetrag fortlaufend gezahlt werden."[108]

Gegen das Blockmodell ist eingewandt worden, es laufe dem Gesetzesziel zuwider, einen gleitenden Übergang in den Ruhestand zu fördern[109]. Dieser Einwand trifft zu. Weil der Gesetzgeber gleichwohl die Blockvariante anerkannt hat, lässt dies erkennen, dass ihm vorrangig am Zurückdrängen der Belastungen durch die Frühverrentung gelegen war. Dieses Ziel kann auch im Blockmodell erreicht werden. Hieraus ergeben sich Rückschlüsse für die

---

[103] Zur historischen Entwicklung s. Vor § 1.
[104] BT-Drs. 13/4877.
[105] Zum Blockmodell ausführlich Kerschbaumer/Tiefenbacher AuR 1998, 58.
[106] Seit dem 2. G zur Fortentwicklung der Altersteilzeit vom 27. 6. 2000, BGBl I Seite 910.
[107] Erfurter Kommentar Rolfs RdNr. 13 zu § 2 Altersteilzeit-Gesetz.
[108] BR-Drs. 208/96 Seite 31.
[109] Bauer aaO.

Auslegung des gesamten Altersteilzeitgesetzes, z.B. für die Frage, ob der Altersteilzeit eine Vollbeschäftigung unmittelbar vorausgehen muss (vgl. oben RdNr. 17) oder ob die gesetzlichen Ziele anders ebenso erreicht werden können. Auslegungsvarianten, die dem Ziel entsprechen, sind jedenfalls zutreffend.

### d) Tarifvorbehalt

**46** Das Blockmodell birgt allerdings besondere Risiken für die Arbeitnehmer, die in der Arbeitsphase voll arbeiten bei lediglich reduzierter Entlohnung und damit erhebliche Vorleistungen erbringen. Endet das Arbeitsverhältnis vorzeitig insbesondere durch Kündigung z. B. nach Insolvenz des Arbeitgebers, können beim Arbeitnehmer erhebliche Einbußen entstehen, hat er doch für die Restlaufzeit – insbesondere für die Freistellungsphase – keinen realisierbaren Anspruch mehr. Der Gesetzgeber ging davon aus, dass einzelne Arbeitnehmer in einer Individualverhandlung mit dem Arbeitgeber nicht in der Lage sein werden, eine adäquate Absicherung dieser Risiken zu erreichen. Zugetraut wurde dies aber den Tarifparteien und aus diesem Grund die verblockte Altersteilzeitarbeit unter Tarifvorbehalt gestellt[110].

**47** Der Tarifvorbehalt für das Blockmodell ist einer der Gründe, warum die Altersteilzeit in den Jahren 1996 und 1997 nur wenig angenommen wurde. An einem echten gleitenden Übergang in den Ruhestand bestand nur wenig Interesse, überwiegend wurde das Blockmodell favorisiert. Lange Zeit war aber der Tarifvertrag der Chemischen Industrie mit dem „Arbeitszeitmodell II"[111] der einzige Flächentarif, der eine verblockte Altersteilzeit zuließ. Nach mehr als 5 Jahren seit Inkrafttreten des Altersteilzeit-Gesetzes sind über 500 Tarifverträge zur Altersteilzeit bei der Bundesanstalt für Arbeit registriert und fast alle werden wohl das Blockmodell regeln.

Der Tarifvorbehalt für längere als 3-jährige Verblockungen erfordert folgende Lösungen, die am besten durch Fallgruppen zu unterscheiden sind.

**Fallgruppe 1: Altersteilzeit-Tarifvertrag existiert nicht**

**48** Existiert kein Tarifvertrag oder eine entsprechende kirchenrechtliche Regelung, kann die Altersteilzeit grundsätzlich nur in einem Gesamtzeitraum von maximal 3 Jahren (bis 31. 12. 1997: 1 Jahr) verblockt werden. Möglich ist also nur, einen Wechsel von $1^1/_2$ Jahren Arbeitsphase und $1^1/_2$ Jahren Freizeitphase einzelvertraglich zu vereinbaren und für die gesamten 3 Jahre die Fördermittel der Bundesanstalt für Arbeit zu erhalten.

**Fallgruppe 2: Altersteilzeit-Tarifvertrag existiert, Arbeitgeber tarifgebunden**

**49** Soll eine Verblockung von mehr als 3 Jahren gefördert werden, muss grundsätzlich ein Tarifvertrag oder eine entsprechende kirchenrechtliche Regelung zur Arbeitszeit vorliegen. Dann kann – soweit es tariflich vorgesehen ist – die Altersteilzeit für 6 Jahre und sogar für länger verblockt werden. Das Gesetz

---

[110] Beschlussempfehlung und Bericht des Ausschusses für Arbeit und Sozialordnung vom 12. 6. 1996, BT-Drs. 13/4877, Seite 29.
[111] § 6 Ziff. 4 des Tarifvertrages.

enthält in Abs. 3 keine ausdrückliche Obergrenze; weil aber § 2 erfüllt sein muss, Altersteilzeit also erst ab 55 Jahren beginnen kann und der Förderanspruch nach § 5 Abs. 1 Nr. 1 mit 65 Jahren erlischt, ergibt sich eine faktische Obergrenze von 10 Jahren (davon sind nur 6 Jahre förderfähig, § 4 Abs. 1, § 2 Abs. 3 Satz 2).

Unter Geltung eines Tarifvertrages sind dessen Bestimmungen bindend. Es wäre z.B. nicht möglich, auf die gesetzlichen Bestimmungen zurückzugreifen und geringere als die tariflichen, nämlich nur die gesetzlichen Aufstockungen zu erbringen. Der Arbeitgeber hätte dann keinen, auch keinen anteiligen Förderanspruch.

**Fallgruppe 3: Altersteilzeit-Tarifvertrag existiert, Arbeitgeber nicht tarifgebunden**

Nicht tarifgebundene Arbeitgeber, die im Übrigen dem örtlichen, zeitlichen, persönlichen und fachlichen Geltungsbereich eines Altersteilzeit-Tarifvertrages unterliegen, können diesen Tarif durch Betriebsvereinbarung oder falls kein Betriebsrat besteht durch Einzelvereinbarung übernehmen. Ausgeschlossen ist aber die Übernahme branchenfremder Tarifvereinbarungen. Die Tarifübernahme muss alle Regelungen zur Altersteilzeit umfassen, alle altersteilzeitbezogenen Regelungen sind zur Gänze zu übernehmen[112].

Sind in dem übernommenen Tarif Öffnungsklauseln für Regelungen auf Betriebsebene vorhanden, können die entsprechenden Bereiche auch im übernehmenden Betrieb per Betriebsvereinbarung oder falls kein Betriebsrat existiert durch Individualvereinbarung frei geregelt werden. Hierdurch ergibt sich folgende Übersicht[113]:

Zusammengefasst müssen nicht tarifgebundene Arbeitgeber als Fördervoraussetzung
– im fachlichen, räumlichen, zeitlichen und persönlichen Geltungsbereich eines Altersteilzeit-Tarifvertrages *ohne* Öffnungsklausel übernehmen
  – die gesamte Tarifregelung
  – durch Betriebsvereinbarung bei vorhandenem Betriebsrat
  – durch Individualvertrag mit dem Arbeitnehmer, falls kein Betriebsrat existiert.
– im fachlichen, räumlichen, zeitlichen und persönlichen Geltungsbereich eines Altersteilzeit-Tarifvertrages *mit* Öffnungsklausel regeln
  – durch Betriebsvereinbarung
  – die tariflichen Rahmenregelungen übernehmen und
  – die Gegenstände der tariflichen Öffnungsklausel regeln.

**Fallgruppen 4 und 5: Tarifvertrag zur Altersteilzeit und Tarifvertrag zur Arbeitszeit existieren nicht; Außertarifliche Angestellte**

Gibt es in einem Bereich weder einen Tarifvertrag zur Altersteilzeit noch zur Arbeitszeit oder wird in einem Bereich üblicherweise keine Regelung zur Arbeitszeit getroffen, kann eine Betriebsvereinbarung oder falls kein

---

[112] DA der Bundesanstalt für Arbeit, § 2, 2.3 Abs. 4.
[113] Vgl. DA der Bundesanstalt für Arbeit zu § 2, Abs. 7.

Betriebsrat existiert eine individuelle Vereinbarung die Verblockung über 6 Jahre hinaus bestimmen.

**54** Damit wird z.B. die Tarifübernahme auch möglich für leitende Angestellte oder Personen nach § 5 Abs. 3, 4 BetrVGG (soweit sie keine Arbeitgeberfunktion haben)[114].

**55** Ebenso kann z.B. in den Branchen verfahren werden, in denen noch nie ein Tarifvertrag zur Arbeitszeit vereinbart wurde. Hierzu zählen z.B.

- Rechtsanwaltskanzleien,
- Notariate,
- Steuerberatungs-, Unternehmensberatungs- oder Wirtschaftsprüfungskanzleien,
- in der Mehrzahl: politische Parteien,
- Arbeitgeber- sowie Unternehmerverbände,
- häufig Gewerkschaften,
- Industrie- und Handwerkskammern,
- Makler, Handelsvertreter, Werbeagenturen
- meistens Privatschulen, Sportvereine,
- Schausteller,
- Software-Entwicklung,
- nicht exakt zuordenbare Management-Holdings in Konzernen.

### Keine Übernahme nach Ende Altersteilzeit-Tarif

**56** Die Übernahme eines Tarifs ist hingegen nach der Begründung zum Gesetzentwurf nicht zulässig, wenn ein Tarifvertrag ausgelaufen ist[115] oder beendet wurde.

### e) Altersteilzeit für mehr als 6 Jahre (Abs. 3)

**57** Auch Altersteilzeit, die nach einer tarifvertraglichen Bestimmung über mehr als 6 Jahre Laufzeit vereinbart wird, kann gefördert werden[116]. Dann müssen die gesetzlichen Voraussetzungen wenigstens in einem 6-jährigen Zeitraum, der irgendwo innerhalb der 10 Jahre liegen kann, erfüllt sein. Die Fördermittel werden allerdings maximal für 6 Jahre erbracht, die weitere Altersteilzeit geht voll zu Lasten des Arbeitgebers.

### f) Laufzeit

#### aa) Eckdaten

**58** Die Laufzeit eines Altersteilzeit-Vertrages kann variieren, wobei folgende Eckdaten gelten:

| Maximale Laufzeit: | 10 Jahre (Beginn mit 55, Ende mit 65) |
| --- | --- |
| Maximaler Förderzeitraum | 6 Jahre (§ 4 Abs. 1) |
| Maximale Verblockung ohne Tarif | 3 Jahre (§ 2 Abs. 2) |
| Mindestlaufzeit für vorgezogene Altersrente nach Altersteilzeit | 2 Jahre (§ 237 SGB VI) |

---

[114] Vgl. Diller NZA 1998, 792 (796); Wonneberger DB 1998, 982 (986).
[115] BR-Drs. 1000/97 Seite 26.
[116] Seit der Änderung durch Art. 7 des Flexi-Gesetzes vom 6. 4. 1998 BGBl I Seite 688.

Unter Beachtung dieser Eckpunkte können alle Laufzeiten variabel vereinbart werden. Sogar Altersteilzeit-Verträge unter 2 Jahren sind denkbar, wenn der Arbeitnehmer nicht nach § 237 Abs. 1 Ziff. 3 b SGB VI in eine vorgezogene Altersrente wechseln will, sondern einen anderen Sondertatbestand erfüllt wie z. B. die Altersrente für schwerbehinderte Menschen nach § 37 SGB VI. 59

Das Timing der Altersteilzeit-Vereinbarung wird sich in fast allen Fällen danach richten, wann die betroffenen Arbeitnehmer eine Rente ohne Abschlag oder aber mit für sie vertretbaren Abschlägen beanspruchen können. Die Kenntnis der Rententabellen (vgl. Teil A I RdNr. 14 ff) und eine Auskunft des Rententrägers gem. § 109 SGB VI hierzu sind deshalb vor Vertragsunterzeichnung unverzichtbar. 60

### bb) Kombination mit Wertguthaben

Einer der Gründe für die Attraktivität des Blockmodells ist die Möglichkeit einer zusätzlichen Kombination mit angesparten Wertguthaben iSv § 7 Abs. 1a SGB IV. Können wegen flexibler Arbeitszeitregelungen die Arbeitnehmer vor Beginn der Altersteilzeit z. B. infolge langer Betriebszugehörigkeit, angesparter Urlaubsansprüche oder vorgeleisteter Arbeit Wertguthaben als Geld- oder Zeitguthaben erwirtschaften, dürfen sie in die Arbeitsphase mit eingebracht werden. Dadurch verlängert sich die Freistellungsphase. Diese Vorgehensweise wird auch von der Bundesanstalt für Arbeit anerkannt[117]. 61

Die Guthaben werden regelmäßig *vor* Beginn der Altersteilzeit angespart werden. Eine Erarbeitung von Guthaben *während* der Altersteilzeit ist im klassischen Modell nicht möglich, dann läge nämlich regelmäßig Mehrarbeit vor, die gem. § 5 Abs. 4, 3 zu Ruhen und sogar zum gänzlichen Erlöschen des Förderanspruches führen kann. 62

Etwas anderes gilt im Blockmodell. Dort können Wertguthaben auch *während* der Arbeitsphase angespart und zur Verkürzung der Freizeitphase verwendet werden. Dies lässt auch die Bundesanstalt für Arbeit zu[118]. Der Grund liegt in Sinn und Zweck des Verbotes von Mehrarbeit, nämlich zu vermeiden, dass die Arbeitsmarkteffekte der Altersteilzeit verpuffen[119]. Im Blockmodell realisiert sich der Arbeitsmarkteffekt mit dem Wechsel in die Freizeitphase und der Wiederbesetzung auf dem freigemachten Arbeitsplatz. Tritt dieser Effekt wegen der Verwendung eines Guthabens zeitlich vorgezogen ein, wird der gewollte Arbeitsmarkteffekt nicht zerstört, sondern er tritt eher ein. 63

### Empfehlung

Die Kombination von angesparter Arbeitszeit und verblockter Altersteilzeit ist häufig attraktiv. Sie erfordert aber einen vorausschauenden Personalumgang. Arbeitnehmer der Jahrgänge bis 31. 12. 1954 sollten deshalb über diese Möglichkeit und ihre Voraussetzungen eingehend informiert werden. 64

---

[117] DA der Bundesanstalt für Arbeit zu § 2, 2.2 Abs. 6.
[118] DA der Bundesanstalt für Arbeit zu § 2, 2.2 Abs. 10.
[119] Vgl. Begründung zum Entwurf der Bundesregierung eines Gesetzes zur Förderung eines gleitenden Übergangs in den Ruhestand BR-Drs. 208/96 Seite 34.

## 6. Abschluss der Vereinbarung:
### Hinweis- und Aufklärungspflichten des Arbeitgebers

**65** Der Abschluss eines Altersteilzeit-Vertrages hat für die Arbeitnehmer weitreichende Bedeutung. Regelmäßig wird wegen § 2 Abs. 1 Nr. 2 das Arbeitsverhältnis beendet, nachdem die gem. § 8 Abs. 3 zulässige Befristung abgelaufen ist. Die Altersteilzeit-Vereinbarung als letzter Arbeitsvertrag reduziert das Entgelt, wirkt sich direkt auf die Rente aus und unterliegt wegen der Guthabensbildung speziellen Insolvenzrisiken. Hinzukommen die steuerlichen Besonderheiten des Progressionsvorbehalts. Hinweis-, Beratungs- und Aufklärungspflichten des Arbeitgebers liegen deshalb auf der Hand. Außerdem werden Altersteilzeit-Arbeitnehmer langjährige Mitarbeiter sein, zu denen ein besonderes Näheverhältnis entstanden sein kann und die Arbeitgeberseite wird interessiert sein, die Vorteile der Altersteilzeit nicht nur in wenigen Fällen mit unruhestiftenden Folgen zu nutzen, sondern die Personalstrukturen verträglich und nachhaltig zu gestalten.

**66** In einer Reihe von Entscheidungen zur Hinweispflicht der Arbeitgeber bei Aufhebungsverträgen und drohendem Versorgungsschaden[120] hat das BAG festgestellt, dass bei Beendigungsvereinbarungen in Rentennähe eine besondere aus Treu und Glauben resultierende Aufklärungs- und Beratungspflicht resultieren kann. Die letzten Entscheidungen in dieser Reihe[121] lassen sich zusammenfassen wie folgt.

**67** Verletzt ein Arbeitgeber bei Abschluss eines Aufhebungsvertrages schuldhaft arbeitsvertragliche Nebenpflichten, so hat der Arbeitnehmer Anspruch aus Vertragsverletzung – bzw. seit 1. 1. 2002 aus § 280 BGB – auf Ersatz des entstandenen Schadens. Die Nebenpflichten resultieren aus Treu und Glauben, der jeder Partei zuzubilligende Eigennutz findet seinen Grenzen an dem schutzbedürftigen Lebensbereich des Vertragspartners. Für die Hinweispflicht sprach:

**68**
- Der Aufhebungsvertrag war auf ein Angebot des Arbeitgeber zustandegekommen, er hatte den Vertragsinhalt festgelegt.
- Die Beendigung des Arbeitsverhältnisses lag im betrieblichen Interesse, der Arbeitsplatz sollte freiwerden.
- Für den Arbeitnehmer stand der Versorgungsfall einer Rente unmittelbar in Aussicht und es bestand wegen versorgungsrechtlicher Besonderheiten ein konkretes Risiko von Einbussen.
- Der Arbeitgeber konnte bei der betroffenen Reinigungskraft unschwer erkennen, dass ein Informationsbedürfnis bestand und Hinweise erwartet wurden[122].

**69** Auch wenn das BAG besondere Konstellationen der Zusatzversorgung öffentlich Bedinsteter zu beurteilen hatte und ein besonders hoher Rentenschaden im Raume stand, lassen sich die Kriterien auf die Altersteilzeit übertragen. Der Altersteilzeit-Vertrag wird inhaltlich stets vom Arbeitgeber

---

[120] Z. B. BAG vom 13. 11. 1996, 10 AZR 340/96; BAG NZA 1988, 837 jeweils mwN.
[121] BAG NZA 2001, 203; insbesondere BAG NZA 2001, 206; mit gegenteiligem Ergebnis BAG vom 11. 12. 2001 – 3 AZR 339/00.
[122] Anders bei einem leitenden Angestellten, der als leitender Angestellter unschwer die zu erwartende Minderung seiner Betriebsrente dem Pensionsvertrag entnehmen konnte.

ausgestaltet und vorgelegt sein, so dass er eine Gefahrenquelle schafft. Die Altersteilzeit wird wegen der Verjüngung der Personalstrukturen im betrieblichen Interesse liegen. Die Altersteilzeit führt per legem in die Rente, sie hat für das Arbeitsverhältnis finalen Charakter. Wegen des Überganges in die Rente stehen dort Einbussen durch die Rentenabschläge bis 18% zu befürchten und die Abschläge bleiben den Betroffenen nicht nur ein Leben lang, sie setzen sich sogar bei den Hinterbliebenenrenten fort, § 77 Abs. 3 SGB VI. Die Altersteilzeit mit ihren arbeits-, sozial-, insolvenz- und steuerrechtlichen Auswirkungen wird von Arbeitnehmern, die sich nicht regelmäßig mit diesen Rechtsgebieten befasst haben, kaum zu durchschauen sein, was ein Arbeitgeber in Person einer Personalabteilung unschwer wird erkennen können.

Zusammen mit dem BAG kann man allerdings dem Arbeitgeber nicht sämtliche Beratungsrisiken der Altersteilzeit aufbürden, zumal Rentenansprüche des Arbeitnehmers seine individuellen Ansprüche sind, die aus seiner konkreten gesamten Erwerbsbiografie resultieren. Notwendig wird aber sein, das Problembewusstsein zu wecken und so zu beraten, dass die Arbeitnehmer sich bei den zuständigen Stellen, namentlich den Arbeitsämtern und Rentenkassen sachgerecht erkundigen und dort Missverständnisse vermeiden können[123]. Empfohlen wird, zur Vorbereitung von Gesprächen über Altersteilzeit interessierten Arbeitnehmern das Merkblatt der Bundesanstalt für Arbeit zur Verfügung zu stellen[124]. Die dortigen Hinweise werden aber im Rentenrecht sowie zum Progressionsvorbehalt nicht ausreichen. Eine Beratung unter Anwendung der Checklisten aus Teil C III ist deshalb unverzichtbar. 70

### 7. Beteiligung des Betriebsrates

Der Abschluss des individuellen Altersteilzeit-Vertrages unterfällt nicht den in § 99 BetrVG genannten Begriffen, der Betriebsrat ist deshalb nicht zu beteiligen. Etwas anderes könnte nur gelten, falls man gegen den Wortlaut der Vorschrift einen Änderungsvertrag als personelle Einzelmaßnahme verstehen würde oder falls eine Versetzung im Zuge der Altersteilzeit erfolgen sollte. 71

§ 102 BetrVG ist auf eine vertragliche Beendigung nicht anzuwenden, so dass der Betriebsrat regelmäßig keine Beteiligungsrechte hat.

Zur Beteiligung des Betriebsrats im Übrigen vgl. Teil B.

### 8. Beteiligung der Schwerbehindertenvertretung

Bevor mit einer schwerbehinderten Person ein Altersteilzeit-Vertrag abgeschlossen wird, ist die Schwerbehinderten-Vertretung gem § 95 Abs. 2 SGB IX rechtzeitig und umfassend zu unterrichten. Rechtzeitig und umfassend bedeutet dabei so, dass die Schwerbehindertenvertretung ihrem weitgefassten Beratung- und Vertretungsauftrag gerecht werden kann. Sie ist vor einer Entscheidung, also vor dem Vertragschluss zu hören. Geschieht dies nicht, kann die Schwerbehindertenvertretung die Angelegenheit aussetzen, also den Vollzug des Vertrages. 72

---

[123] BAG NZA 2001, 206, 208.
[124] Stief, Personalprofi 2001 Heft 7, Seite 12.

Ein Verstoß gegen die Beteiligungspflicht wäre mit einem Bußgeld bis zu € 2.500,– bewehrt, § 156 SGB IX.

## § 3 Anspruchsvoraussetzungen

(1) Der Anspruch auf die Leistungen nach § 4 setzt voraus, daß
1. der Arbeitgeber auf Grund eines Tarifvertrages, einer Regelung der Kirchen und der öffentlich-rechtlichen Religionsgesellschaften, einer Betriebsvereinbarung oder einer Vereinbarung mit dem Arbeitnehmer
   a) das Arbeitsentgelt für die Altersteilzeitarbeit um mindestens 20 vom Hundert dieses Arbeitsentgelts, jedoch auf mindestens 70 vom Hundert des um die gesetzlichen Abzüge, die bei Arbeitnehmern gewöhnlich anfallen, verminderten bisherigen Arbeitsentgelts im Sinne des § 6 Abs. 1 (Mindestnettobetrag), aufgestockt hat und
   b) für den Arbeitnehmer Beiträge zur gesetzlichen Rentenversicherung mindestens in Höhe des Beitrags entrichtet hat, der auf den Unterschiedsbetrag zwischen 90 vom Hundert des bisherigen Arbeitsentgelts im Sinne des § 6 Abs. 1 und dem Arbeitsentgelt für die Altersteilzeitarbeit entfällt, höchstens bis zur Beitragsbemessungsgrenze, sowie
2. der Arbeitgeber aus Anlass des Übergangs des Arbeitnehmers in die Altersteilzeitarbeit
   a) einen beim Arbeitsamt arbeitslos gemeldeten Arbeitnehmer oder einen Arbeitnehmer nach Abschluss der Ausbildung auf dem freigemachten oder auf einem in diesem Zusammenhang durch Umsetzung frei gewordenen Arbeitsplatz versicherungspflichtig im Sinne des Dritten Buches Sozialgesetzbuch beschäftigt; bei Arbeitgebern, die in der Regel nicht mehr als 50 Arbeitnehmer beschäftigen, wird unwiderleglich vermutet, daß der Arbeitnehmer auf dem freigemachten oder auf einem in diesem Zusammenhang durch Umsetzung frei gewordenen Arbeitsplatz beschäftigt wird, oder
   b) einen Auszubildenden versicherungspflichtig im Sinne des Dritten Buches Sozialgesetzbuch beschäftigt, wenn der Arbeitgeber in der Regel nicht mehr als 50 Arbeitnehmer beschäftigt

   und
3. die freie Entscheidung des Arbeitgebers bei einer über fünf vom Hundert der Arbeitnehmer des Betriebes hinausgehenden Inanspruchnahme sichergestellt ist oder eine Ausgleichskasse der Arbeitgeber oder eine gemeinsame Einrichtung der Tarifvertragsparteien besteht, wobei beide Voraussetzungen in Tarifverträgen verbunden werden können.

(1 a) ¹Bei der Ermittlung des Arbeitsentgelts für die Altersteilzeitarbeit nach Absatz 1 Nr. 1 Buchstabe a bleibt einmalig gezahltes Arbeitsentgelt insoweit außer Betracht, als nach Berücksichtigung des laufenden Arbeitsentgelts die monatliche Beitragsbemessungsgrenze überschritten wird. ²Die Voraussetzungen des Absatzes 1 Nr. 1 Buchstabe a sind auch erfüllt, wenn Bestandteile des Arbeitsentgelts, die für den Zeitraum der vereinbarten Altersteilzeitarbeit nicht vermindert worden sind, bei der Aufstockung außer Betracht bleiben.

(2) Für die Zahlung der Beiträge nach Absatz 1 Nr. 1 Buchstabe b gelten die Bestimmungen des Sechsten Buches Sozialgesetzbuch über die Beitragszahlung aus dem Arbeitsentgelt.

(3) Hat der in Altersteilzeitarbeit beschäftigte Arbeitnehmer die Arbeitsleistung oder Teile der Arbeitsleistung im voraus erbracht, so ist die Voraussetzung nach Absatz 1 Nr. 2 bei Arbeitszeiten nach § 2 Abs. 2 und 3 auch erfüllt, wenn die Beschäftigung eines beim Arbeitsamt arbeitslos gemeldeten Arbeitnehmers oder eines Arbeitnehmers nach Abschluß der Ausbildung auf dem freigemachten oder durch Umsetzung freigewordenen Arbeitsplatz erst nach Erbringung der Arbeitsleistung erfolgt.

## Übersicht

| | RdNr. |
|---|---|
| 1. Allgemeines: Fördervoraussetzungen auf Arbeitgeberseite | 1 |
| 2. Aufstockung des Altersteilzeitentgeltes | 4 |
| a) Grundsätze | 5 |
| b) Berechnungsgrundlagen der Aufstockung | 13 |
| aa) Brutto-Aufstockung um 20% | 14 |
| bb) Mindest-Netto-Aufstockung 70% | 19 |
| cc) Einzelfragen der Aufstockung | 31 |
| 3. Rentenversicherungsbeitrag | 48 |
| a) Grundsätze | 48 |
| b) Aufstockung und Rentenhöhe | 52 |
| c) Einzelfragen | 53 |
| d) Von der gesetzlichen Rentenversicherung befreite Personen | 56 |
| e) Mindestaufstockung | 57 |
| 4. Steuer- und sozialversicherungsrechtliche Behandlung | 58 |
| a) Steuer- und Sozialversicherungsfreiheit der Aufstockungszahlungen | 58 |
| b) Progressionsvorbehalt | 60 |
| c) Steuerklassenwechsel | 70 |
| d) Steuerfreie Zulagen | 72 |
| e) Steuer- und Handelsrechtliche Behandlung von Rückstellungen | 73 |
| 5. Wiederbesetzung und Ersatzeinstellung (Abs. 1 Nr. 2) | 75 |
| a) Anforderungen an die Person des Wiederbesetzers | 76 |
| aa) Arbeitslose Personen | 77 |
| bb) Ausgebildete Personen | 84 |
| cc) Ersatzeinstellung von Auszubildenden (Azubi) | 92 |
| b) Wiederzubesetzender Arbeitsplatz | 94 |
| aa) Arbeitgeber bis 50 Beschäftigte | 95 |
| bb) Arbeitgeber ab 51 Beschäftigte – Funktionsbereich und Organisationseinheit | 97 |
| c) Laufzeit der Wiederbesetzung | 108 |
| aa) Beginn der Wiederbesetzung | 109 |
| bb) Dauer der Wiederbesetzung | 110 |
| cc) Zeitvolumen | 113 |
| d) Zeitlicher Zusammenhang/Pufferzeiten | 115 |
| aa) Einstellung vor Beginn der Altersteilzeit oder der Freizeitphase | 117 |
| bb) Einstellung nach Beginn der Altersteilzeit oder der Freizeitphase | 120 |
| e) Sonderfragen der Wiederbesetzung | 125 |
| aa) Wiederbesetzung mit befristetem Arbeitsverhältnis | 125 |
| bb) Personalabbau durch Altersteilzeit | 126 |
| cc) Fehlgeschlagene und erneute Wiederbesetzung | 128 |
| 6. Förderung des Wiederbesetzers/Mehrfache Förderung | 130 |
| 7. Überforderungsschutz | 133 |
| a) Voraussetzungen | 136 |
| b) Auswahlentscheidung | 137 |

## 1. Allgemeines: Fördervoraussetzungen auf Arbeitgeberseite

1 Zusammen mit § 2 regelt § 3 weitere Grundbegriffe sowie die Voraussetzungen, unter denen die Bundesanstalt für Arbeit Förderleistungen erbringt. In § 3 sind die Bedingungen enthalten, die auf Arbeitgeberseite erfüllt sein müssen:
- Aufstockung des Entgeltes
- Aufstockung des Rentenbeitrages
- Wiederbesetzung oder Ersatzeinstellung[125]
- an systematisch erstaunlicher Stelle: Überforderungsschutz.

2 Die Regelungen zur Aufstockung von Entgelt und Rentenbeitrag in Abs. 1 Nr. 1 sind Grundlage für die Steuer- und Beitragsfreiheit dieser Leistungen sowie für die Höhe der Rentenanwartschaften aus der Rentenaufstockung.

3 § 3 ist mehrfach geändert worden, wesentlich war die Einfügung des Abs. 1 a Satz 1 durch das Flexi-Gesetz vom 6. 4. 1998[126] und die Neuformulierung des Abs. 2 Nr. 2 durch das Gesetz zur Fortentwicklung der Altersteilzeit vom 20. 12. 1999[127], mit der die Wiederbesetzung wesentlich vereinfacht und erleichtert wurde. Abs. 1 a Satz 2 ist durch das Gesetz zur Fortentwicklung der Altersteilzeit eingefügt worden und hatte klarstellende Funktion.

## 2. Aufstockung des Altersteilzeitentgeltes

4 Nach § 3 Abs. 1 Nr. 1 muss der Arbeitgeber während der Altersteilzeit nicht nur das Entgelt zahlen, das sich aus der Teilzeitbeschäftigung ergibt. Er muss darüber hinaus auch das Arbeitsentgelt aufstocken.

### a) Grundsätze

5 Die Aufstockung des Altersteilzeitentgeltes beruht auf der Überlegung, dass jeder Arbeitnehmer fixe Kosten für den Lebensunterhalt hat, wie z. B. für Wohnen, Kleidung, Auto, Versicherungen, Lebensmittel usw. Würde der Lohn entsprechend der halbierten Arbeitszeit auf nur noch die Hälfte herabgesetzt, verbliebe den Betroffenen zu wenig für ihre Lebensführung. Damit die Altersteilzeit nicht schon aus diesem Grund unattraktiv ist, wird der Teilzeitlohn aufgestockt. Aus Arbeitnehmersicht ist von Interesse, was in der Altersteilzeit nach Aufstockung unter dem Strich netto verbleibt. Aus Arbeitgebersicht interessiert weniger das halbierte Entgelt, das ja der halbierten Arbeit entspricht, sondern die zu zahlende Aufstockung und ihre Erstattung durch das Arbeitsamt. Beide Seiten richten sich nach folgendem Rechenweg:

6 Vom Altersteilzeit-Brutto, dem durch Arbeitszeithalbierung ebenfalls halbierten bisherigen Brutto, werden die individuellen Steuerbeträge und Sozialversicherungsbeiträge abgezogen, um das Altersteilzeit-Netto vor Aufstockung zu erhalten. Abgezogen werden die individuellen Beiträge für Kranken- oder Pflegeversicherung sowie die individuellen Steuern, die sich nach den einzelnen Freibeträgen oder Besonderheiten bemessen.

---

[125] Begriff Ersatzeinstellung nach Diller NZA 1998, 792 (796).
[126] BGBl I Seite 688.
[127] BGBl I Seite 2494.

Das Altersteilzeit-Netto wird aufgestockt um 20% des Altersteilzeit-Brutto. Damit wegen der Bruttobezogenheit der Aufstockung in Fällen ungünstiger Konstellationen nicht zu wenig unter dem Strich herauskommt, muss wenigstens ein Mindest-Netto-Sockel erreicht werden, der aus der Tabelle der nach § 15 erlassenen Mindest-Netto-Entgelt-Verordnung abzulesen ist[128]. Dieses Mindest-Netto garantiert 70% vom Netto vor der Altersteilzeit, wobei sich die 70% pauschaliert errechnen. Pauschal und ohne Rücksicht auf die individuellen Verhältnisse werden die durchschnittlichen Beitragsätze der Sozialversicherung sowie die üblichen Steuerabzüge angewandt, nicht jedoch Vergünstigungen, Kinder-, Abschreibungs- oder sonstige Freibeträge, fehlende Kirchensteuerpflicht etc. Ist der Mindest-Netto-Sockel niedriger als das Altersteilzeit-Entgelt nach der 20%igen Bruttoaufstockung, bleibt es bei 20% Aufstockung. Ist der Mindest-Netto-Sockel höher, ist die Differenz zwischen Altersteilzeit-Netto vor Aufstockung und dem Mindest-Netto-Entgelt zu zahlen. Es gilt das Günstigkeitsprinzip und zwar auch für die Förderung. Das Arbeitsamt erstattet die 20% Aufstockung oder falls höher die Aufstockung auf den Mindest-Netto-Betrag.

**Beispiel:** Bisheriges Brutto € 3.000,–, nach Halbierung der Arbeitszeit Brutto € 1.500, –, Lohnsteuerklasse I, kein Kind, Kirchensteuerpflicht. Zahlenangaben in Euro.

| 1. Altersteilzeit-Netto vor Aufstockung | |
|---|---|
| Bruttoentgelt | 1.500,00 |
| Abzüge Steuer | |
| Lohnsteuer | 149,75 |
| Kirchensteuer (8%) | 11,98 |
| Solidaritätszuschlag | 8,23 |
| Abzüge Sozialversicherung | |
| Rentenversicherung | 143,25 |
| Krankenversicherung (6,9%) | 103,50 |
| Arbeitslosenversicherung | 48,75 |
| Pflegeversicherung | 12,75 |
| Netto vor Aufstockung | 1.021,79 |
| 2. Addition der 20% Brutto-Aufstockung | |
| Netto vor Aufstockung | 1.021,79 |
| + Aufstockung um 20% aus Altersteilzeit-Brutto | 300,00 |
| Altersteilzeit-Netto nach 20% Aufstockung | 1.321,79 |
| 3. Mindest-Netto-Vergleich | |
| Mindest-Netto nach Tabelle der Verordnung | 1.176,45 |
| Altersteilzeit-Netto Aufstockung | 1.321,79 |

---

[128] Auf den Abdruck wurde verzichtet.

**ATG § 3** 8–11　　　　　　　　　　　　　　　　A. Altersteilzeitgesetz

8 　Weil das Mindest-Netto nach der Tabelle niedriger ist, verbleibt es bei der Aufstockung um 20% des Altersteilzeit-Brutto, € 300,–.

9 　Ein anderes Beispiel zeigt, dass die Aufstockung auf das Mindest-Netto-Entgelt höher sein kann, als die Aufstockung um 20% des Altersteilzeit-Brutto: Bisheriges Brutto € 1.500,–, nach Halbierung der Arbeitszeit Brutto € 750, –, Lohnsteuerklasse III, kein Kind, Kirchensteuerpflicht. Zahlenangaben in €.

| 1. Altersteilzeit-Netto vor Aufstockung | |
|---|---|
| Bruttoentgelt | 750,00 |
| Abzüge Steuer | |
| Lohnsteuer | 0,00 |
| Kirchensteuer | 0,00 |
| Solidaritätszuschlag | 0,00 |
| Abzüge Sozialversicherung | |
| Rentenversicherung | 71,63 |
| Krankenversicherung (6,9%) | 51,75 |
| Arbeitslosenversicherung | 24,38 |
| Pflegeversicherung | 6,38 |
| Netto vor Aufstockung | 595,86 |
| 2. Addition der 20% Brutto-Aufstockung | |
| Netto vor Aufstockung | 595,86 |
| + Aufstockung um 20% aus Altersteilzeit-Brutto | 150,00 |
| Altersteilzeit-Netto nach 20% Aufstockung | 740,86 |
| 3. Mindest-Netto-Vergleich | |
| Mindest-Netto nach Tabelle der Verordnung | 835,28 |
| Altersteilzeit-Netto Aufstockung | 835,28 |

10 　Den Aufstockungsbetrag von im ersten Beispiel € 300,00 und von im Zweiten Beispiel € 239,42 erstattet die Bundesanstalt für Arbeit im Förderwege dem Arbeitgeber. Zahlt er eine niedrigere Aufstockung, erhält er keine, auch keine anteilige Förderung. Zahlt er mehr, erhöht sich die Förderung des Arbeitsamtes nicht. Für einen die gesetzliche Aufstockung übersteigenden Betrag ergibt sich gleichwohl ein Subventionseffekt, weil die Aufstockungsleistungen des Arbeitgebers steuer- und abgabenfrei sind (vgl. unten RdNr. 58 ff).

11 　Das aufzustockende Altersteilzeit-Netto ist der Ausgangspunkt für den Vergleich, ob nach der 20%igen Aufstockung das Mindest-Netto erreicht wird. Das Altersteilzeit-Netto ist individuell zu errechnen nach den steuerlichen Verhältnissen des Einzelfalles. Bei freiwillig oder privat Kranken- und Pflegeversicherten können keine gesetzlichen Abzüge anfallen. Die Bundesanstalt für Arbeit lässt den Abzug des Arbeitgeberzuschusses nach § 257 SGB V, § 61 SGB XI zu, es sei denn, der tatsächliche freiwillige oder private

Beitrag wäre niedriger. Analog wird § 172 Abs. 2 SGB VI angewandt bei von der Rentenversicherungspflicht Befreiten[129].

Um Komplikationen bei der Errechnung des Altersteilzeit-Netto vor Aufstockung zu vermeiden wurde mit dem Zweiten Gesetz zur Fortentwicklung der Altersteilzeit[130] die Möglichkeit geschaffen, das Altersteilzeit-Netto im Verordnungswege zu bestimmen. Die Verordnung wurde bisher nicht erlassen, vgl. die Erläuterungen zu § 15 Satz 1 Nr. 2.

### b) Berechnungsgrundlagen der Aufstockung

Das Verständnis dafür, wie das Teilzeit-Entgelt auf das Altersteilzeit-Entgelt aufzustocken ist hat der Gesetzgeber erschwert. Bei der 20%-igen Brutto-Aufstockung ist die Berechnungsgrundlage gesetzlich nicht festgelegt, während § 6 im Detail die maßgeblichen Entgeltbestandteile für das 70%ige Mindest-Netto-Entgelt definiert. Das Altersteilzeit-Gesetz verwendet also einen gespaltenen Entgeltbegriff[131].

### aa) Brutto-Aufstockung um 20%

Was zum Altersteilzeit-Brutto-Entgelt zählt, aus dem sich die 20%ige Aufstockung errechnet, hat der Gesetzgeber nicht festgelegt. Er mag stillschweigend davon ausgegangen sein, dass es die Hälfte des bisherigen Brutto ist[132]. Die Berechnung bereitet auch keine Schwierigkeiten, falls entsprechend dem Leitbild des Gesetzgebers ein Normalarbeitsverhältnis besteht, in dem Monat für Monat ein gleich bleibender Lohn entsprechend konstanter Arbeitszeit gezahlt wird. Dann ist anzusetzen die Hälfte des bisherigen Lohnes vor der Altersteilzeit. Dem entspricht aber nicht die Praxis. Tariflich oder einzelvertraglich werden z. B. variable Entgeltbestandteile wie Zulagen ausgenommen, Weihnachts- und Urlaubsgeld nicht oder erheblich reduziert gezahlt sowie für die Freizeitphase tarifliche Entgelterhöhungen außer Betracht gelassen. Über die Dispositionsfreiheit[133] wird so die Berechnungsgrundlage und damit die effektive Aufstockungshöhe beeinflusst und zwar zweifach: zum einen über ein geringeres Entgelt, zum anderen über eine verringerte Berechnungsbasis für die Aufstockung.

Dieses Vorgehen ist zulässig, solange unter dem Strich wenigstens die gesetzliche Mindestaufstockung gezahlt wird. Sind also Entgeltteile für die Altersteilzeit ausgenommen, ist für jeden Kalendermonat eine Schattenberechnung nötig, mit deren Hilfe festgestellt wird, ob der gesetzliche Sockelbetrag auch tatsächlich erreicht wurde.

Die Herausnahme von Entgeltbestandteilen wird von § 4 Abs. 1 Satz 2 und Abs. 2 Satz 2 TzBfG[134] nicht gehindert. Das Diskriminierungsverbot[135]

---

[129] DA der Bundesanstalt für Arbeit 3.3.1 (12) c.
[130] Vom 27. 2. 2000, BGBl I Seite 910.
[131] Von einem geteilten Entgeltbegriff sprechen Wolf, Arbeitgeber 2000, Heft 1 Seite 16 und Winkelmann in Kittner, Arbeitsrecht § 130 RdNr. 46.
[132] Winkelmann in Kittner, Arbeitsrecht § 130 RdNr. 48; Diller NZA 1996, 847, 848.
[133] Erfurter Kommentar Rolfs § 3 Altersteilzeit-Gesetz RdNr. 3.
[134] Vom 21. 12. 2000, BGBl I S 1966.
[135] Zum TzBfG und dem Diskriminierungsverbot vgl. Kliemt NZA 2001, 63 (69); Däubler ZIP 2000, 1961 (1962).

steht gem. § 23 TzBfG unter dem ausdrücklichen Vorbehalt besonderer gesetzlicher Regelungen. Eine solche Regelung ist § 3 Abs. 1 Buchstabe a, weil dort sowie in der Bezugsvorschrift § 6 differenziert Entgelt und dessen Aufstockung in der Altersteilzeit normiert sind. Das TzBfG verfolgt entsprechend der Begründung zum Gesetzentwurf beschäftigungspolitische und gleichstellungspolitische Ziele[136], also andere Ziele, als die mit der Altersteilzeit verfolgten besonderen beschäftigungspolitischen Ziele. Die Richtlinie des Rates 1999/70 EG, die Anstoß und Grundlage des TzBfG war, erfasst die spezielle nationale Regelung des Altersteilzeit-Gesetzes nicht. Es bedarf keines Schutzes der Altersteilzeit-Arbeitnehmer, weil sie durch das per Aufstockung erhöhte Entgelt privilegiert sind. Und schließlich verhindert die Mindest-Netto-Aufstockung als Auffangtatbestand diskriminierende oder unsachgemäße Entlohnungen. § 2 Abs. 1 TzBfG, Art. 141 EGV greifen zwar auch in der Altersteilzeit, aber beispielsweise nur in Fällen, in denen den Altersteilzeit-Arbeitnehmern ein geringerer Stundenlohn als den anderen Teilzeitbeschäftigten gezahlt werden sollte[137].

17   Haben die Beteiligten nichts zur Berechnungsbasis bestimmt, darf nicht vergessen werden, dass zum Altersteilzeit-Entgelt auch folgende Lohnbestandteile zählen können[138]:
- Anwesenheitsprämien,
- variable Entgeltbestandteile wie Erschwernis- und Leistungszulagen, z. B. Schmutzzulage,
- Zuschläge für Sonntags-, Feiertags- und Nachtarbeit, soweit sie nicht nach §§ 3 Nr. 26, 3b EStG steuer- und nach §§ 14, 17 Abs. 1 SGB IV iVm § 1 ArEV abgabenfrei sind,
- Sachbezüge und sonstige geldwerte Vorteile, wie z. B. Jahreswagenrabatte, Kfz-Überlassung zum privaten Gebrauch (Dienst-PKW), zinsvergünstigte Darlehen,
- Pauschalen für Bereitschaftsdienst oder Rufbereitschaften,
- vermögenswirksame Leistungen,
- Weihnachts- sowie Urlaubsgeld, Jubiläumszuwendungen, allgemein. einmalige und wiederkehrende Zuwendungen,
- Kontoführungsersatz,
- Lohnerhöhungen, auch rückwirkende.

18   Die Beitragsbemessungsgrenze spielt bei der 20%igen Brutto-Aufstockung keine Rolle.

### bb) Mindest-Netto-Aufstockung 70%

19   Die Ermittlung der Mindest-Netto-Aufstockung auf 70% hat der Gesetzgeber der Dispositionsfreiheit der Parteien nicht überlassen. Die Aufstockung bemisst sich nach dem Arbeitsentgelt der Legaldefinition in § 6, von dem die gewöhnlich anfallenden Beiträge und Steuern abgezogen werden.
Die Mindestberechnung richtet sich streng nach dem bisherigen Entgelt, das der Arbeitnehmer beanspruchen könnte, wenn er nicht in Altersteilzeit

---

[136] BR-Drs. 591/00 vom 28. 9. 2000 – Vorblatt.
[137] Erfurter Kommentar Rolfs § 3 Altersteilzeit-Gesetz RdNr. 3.
[138] Vgl. DA 3.1.1 Abs. (3) zu § 3.

gewechselt wäre (§ 6 Abs. 1). Das bisherige Entgelt, das die Arbeitnehmer im Falle einer Weiterbeschäftigung zu unveränderten Bedingungen verdient hätten, wird auch „Hätte-Entgelt" genannt. In das Hätte-Entgelt sind alle Lohnbestandteile einzubeziehen, insbesondere Einmalzahlungen oder Zulagen jedweder Art – auch Akkord-, Schicht-, Bereitschaftszulagen sowie Provisionen, Sachbezüge, Vermögenswirksame Leistungen etc. Lohnerhöhungen z. B. durch Tarif könnten die Arbeitnehmer bei Weiterarbeit wie bisher in vollem Umfang beanspruchen, sie sind also vollumfänglich zu berücksichtigen[139].

Eine Unterscheidung zwischen Arbeits- und Freizeitphase ist per definitionem ausgeschlossen. **20**

Gratifikationen, Zuwendungen, erhöhtes Urlaubsgeld oder z. B. auch Weihnachtsgeld zählen in allen Phasen der Altersteilzeit vollumfänglich zum Hätte-Entgelt. **21**

**Beispiel:** **22**
Bisheriges Entgelt € 2.000,00, Lohnsteuerklasse III/0

| Mindestnetto lt. Verordnung | € 1.063,93 |
|---|---|

| Bisheriges Entgelt einschl. Weihnachtsgeld | € 4.000,00 |
|---|---|
| Mindestnetto lt. Verordnung | € 1.776,36 |

Dabei gilt das Monatsprinzip § 12 Abs. 2 Satz 1, § 23a Satz 2 SGB IV[140]. **23** Anders die Bundesanstalt für Arbeit: sie lässt in der Dienstanweisung zu § 4[141] für diese Fälle zu, dass vom Monatsprinzip abgewichen wird und für den Mindestnetto-Vergleich die Einmalzahlung auf mehrere Monate verteilt wird. Zulässig sei sogar für diesen Vergleich ein Überschreiten der Jahresgrenze. Dieses Abweichen vom Monatsprinzip des Altersteilzeit-Gesetzes durch die Bundesanstalt für Arbeit findet keine Stütze im Gesetz. Sie verstößt vielmehr gegen § 23a Satz 2 SGB IV, der ausdrücklich eine Zuordnung auf den Abrechnungszeitraum bestimmt, in dem die Einmalzahlung geleistet wird[142].

Das Monatsprinzip hat besondere Bedeutung für einige Tarifverträge[143], **24** die z. B. durch Aufstockung auf 82% des Mindestnetto zwar eine höhere als die gesetzliche Aufstockung vorsehen, aber Einmalzahlungen bei der Entgeltaufstockung unberücksichtigt lassen oder zumindest in der Freizeitphase nur zu einem geringen Anteil berücksichtigen. Solche Bestimmungen sind nur zulässig, soweit das aufgestockte Entgelt auch tatsächlich das Mindest-Netto-Entgelt erreicht. Nach § 6 Abs. 1 bestünde auf Urlaubs- oder Weihnachtsgeld bei Weiterarbeit wie bisher Anspruch in ungekürztem Umfang – und sei es auch aus betrieblicher Übung oder auf Grund des Gleichbehandlungs-

---

[139] Vgl. BSG SozR 3-7825 Nr. 1 zu § 3 Vorruhestandsgesetz; DA der Bundesanstalt für Arbeit § 3 3.1.1 (2).
[140] Vgl. Erfurter Kommentar Rolfs § 3 Altersteilzeit-Gesetz RdNr. 4.
[141] § 4 4.1 (3).
[142] Vgl. § 4 RdNr. 5.
[143] Insbesondere im Bereich der Metall- und Elektro-Industrie.

prinzips. Im Beispiel ergäben tarifliche 82% des Mindestnetto ohne Weihnachtsgeld € 1.246,32. Wenn der Arbeitgeber in diesem Beispielsfall tatsächlich nur € 1246,32 statt € 1776,36 zahlen würde, könnte er für diesen Monat von der Bundesanstalt für Arbeit keinerlei Erstattung erhalten, weil das gesetzliche Mindest-Netto-Entgelt von € 1.776,36 nicht gezahlt wird. Auch eine anteilige Förderung in Höhe wenigstens der geleisteten Aufstockung ist nicht möglich.

25 Um dieses Ergebnis zu vermeiden bestimmen die einschlägigen Tarifverträge regelmäßig wenigstens in Protokollnotizen, dass die Aufstockung entsprechend zu erhöhen ist, falls ein Arbeitnehmer mit gesetzlichen Leistungen mehr erhalten würde als ein entsprechende Arbeitnehmer nach dem tariflichen Modell[144]. Diese Pflicht des Arbeitgeber zur Höherzahlung führt nicht zu Mehrausgaben, weil ja die Mindestaufstockung in jedem Fall vom Arbeitsamt erstattet wird. Im Gegenteil: leistete der Arbeitgeber nicht in der gesetzlichen Mindesthöhe, verlöre er den Förderanspruch in vollem Umfang.

26 Das Entsprechende gilt, falls bei der verblockten Altersteilzeit variable Entgelt-Bestandteile nur in der Arbeits- nicht aber in der Freistellungsphase berücksichtigt würden. Dann ergibt sich über den Fördermodus nach § 12 Abs. 3 für den Arbeitgeber ein weiterer Anspruchsverlust[145].

27 Ist das Hätte-Entgelt entsprechend der bisherigen Arbeit[146] ermittelt, sind die gesetzlichen Abzüge zu bestimmen, die bei Arbeitnehmern gewöhnlich anfallen. Die Abzüge sind nicht eigens und individuell zu errechnen, sondern sie sind in die Tabelle eingearbeitet, die per Verordnung nach § 15 Jahr für Jahr neu bekannt gegeben wird. Sie berücksichtigt die Sozialversicherungs-Beiträge und Steuerabzüge, die gewöhnlich anfallen in pauschaler Höhe. Fallen also statt 13,8% Krankenversicherungs-Beitrag z.B. wegen einer Betriebs-Krankenkasse nur 11,2% an oder ist mangels Kirchenzugehörigkeit keine Kirchensteuer abzuführen, bleibt dies außer Betracht, es werden gleichwohl 13,8% sowie der Kirchensteuer-Hebesatz abgezogen. Eine eventuelle Versicherungsfreiheit in Kranken- oder Rentenversicherung bleibt unberücksichtigt.

28 Der Tabellenwert aus der Verordnung nach § 15 richtet sich dann nach der Steuerklasse des Arbeitnehmers, steuerlich relevante Kinder werden allerdings nicht berücksichtigt.

29 Die Beitragsbemessungsgrenze limitiert das Mindestnettoentgelt nach oben. Hätte-Entgelte, die diese Grenze übersteigen, werden nicht mehr berücksichtigt. Dabei gilt für die Berechnung der Jahresgrenze § 14 SGB IV.

30 Für variable Entgeltbestandteile kann analog §§ 130, 131 SGB III der Durchschnitt des letzten Jahres, in Härtefällen der letzten zwei Jahre vor Beginn der Altersteilzeit angesetzt werden, um die vom Gesetzgeber gewollte Mindestsicherung des Effektiveinkommens auch dort zu erreichen, wo variable Entgeltbestandteile den größten Teil der Entlohnung ausmachen.

---

[144] Z.B. Tarifvertrag Altersteilzeit vom 27. 11. 1998 Metall- und Elektro-Industrie in Thüringen, Protokollnotiz zu § 7 – inzwischen ist dieser Tarifvertrag geändert.
[145] Vgl. § 12 RdNr. 16.
[146] Zur bisherigen Arbeitszeit nach § 6 Abs. 2, 3 vgl. § 6 RdNr. 8 ff.

## cc) Einzelfragen der Entgelt-Aufstockung

(1) **Mehrarbeitsvergütungen** werden bei der Aufstockung nicht berücksichtigt. Dies ist auch sachgerecht, weil sonst Mehrarbeit mit Förderleistungen bedacht und damit das Arbeitsmarktziel des Altersteilzeitgesetzes konterkariert würde[147]. 31

(2) Bei **Ehegattenarbeitsverhältnissen** ist die Entlohnung nach § 134 Abs. 2 Nr. 1 SGB III analog zu bestimmen[148], falls ein anderes als das für vergleichbare Beschäftigungen übliche Entgelt vereinbart und gezahlt wird. 32

(3) **Änderungen der Steuerklasse** (z.B. infolge Heirat, Ehescheidung, Tod des Ehegatten oder Steuerklassentausch), sind bei der Mindestnettoermittlung ab Eintrag in der Lohnsteuerkarte zu berücksichtigen. Auf das Förderrecht bezogen ist Missbrauch dadurch vorgebeugt, dass der Wechsel nur einmal jährlich möglich ist. Zu den arbeitsrechtlichen Besonderheiten vgl. unten RdNr. 71. 33

(4) **13. Monatsgehalt/Weihnachtsgeld (Abs. 1a Satz 1).** Eine eigenständige Sonderregelung für einmalig gezahlte Entgelte wie Weihnachts- oder Urlaubsgeld enthält Abs. 1a Satz 1. Falls allein wegen des Zusammenkommens von Entgelt und Einmalzahlung (§ 23a SGB IV) die Beitragsbemessungsgrenze überschritten wird braucht nicht über die Beitragsbemessungsgrenze hinaus aufgestockt zu werden. Beispiele hierzu führt das Gemeinsame Schreiben der Spitzenverbände der Sozialversicherungsträger vom 6. 9. 2001 auf, abgedruckt in Teil F. 34

(5) **Unverminderte Entgeltbestandteile nach Abs. 1a Satz 2** müssen nicht aufgestockt werden. Bei diesen sog 100% Leistungen handelt es sich z.B. um Prämien für Arbeitnehmer-Erfindungen, Jubiläumsgelder, den Personaleinkauf, Jahreswagen, Bierdeputate im Brauwesen oder anderweitige Sachbezüge und Zulagen. Werden sie in der Altersteilzeit nicht abgesenkt und trotz halbierter Arbeitszeit zu 100% erbracht, bleiben sie bei der Aufstockung unberücksichtigt. Andernfalls erhielten Altersteilzeit-Arbeitnehmer nicht weniger, sondern mehr als die Arbeitnehmer, die nicht in Altersteilzeit sind[149]. Im Blockmodell setzt dies aber voraus, dass die 100% Leistungen in Arbeits- und Freizeitphase gezahlt werden.. Betroffen ist nur die Entgeltaufstockung[150], nicht jedoch die Aufstockung des Rentenbeitrags, bei der 100% Leistungen einbezogen werden müssen. 35

Stockt der Arbeitgeber die 100% Leistungen dennoch auf, weil er dazu arbeitsrechtlich verpflichtet ist, erstattet die Bundesanstalt für Arbeit die Aufstockung.[151] 36

(6) **Steuerfreie Zulagen.** Zuschläge für Sonntags-, Feiertags- und Nachtarbeit, die nach §§ 3b, 38 EStG lohnsteuerfrei sind, zählen gemäß 37

---

[147] Winkelmann in: Kittner, Arbeitsrecht, 2001, § 130 RdNr. 47.
[148] DA der Bundesanstalt für Arbeit § 3 3.1.1 (2).
[149] Vgl. Begründung zum Entwurf eines Gesetzes zur Fortentwicklung der Altersteilzeit vom 3. 9. 1999, BR-Drs. 495/99 Seite 11; Wolf NZA 2000, 637, 640; DA der Bundesanstalt für Arbeit § 3 3.1.1 (5).
[150] Vgl. Begründung zum Entwurf eines Gesetzes zur Fortentwicklung der Altersteilzeit vom 3. 9. 1999, BR-Drs. 495/99 Seite 11.
[151] DA der Bundesanstalt für Arbeit § 3 3.1.1 (5) am Ende.

§§ 14, 17 SGB IV iVm § 1 ArEV nicht zum Arbeitsentgelt. Sie sind deshalb weder beim Altersteilzeit-Entgelt noch bei der Aufstockung zu berücksichtigen. Dem entspricht die Dienstanweisung der Bundesanstalt für Arbeit in Nr. 3.1.1 (2), in der nur das Entgelt als berücksichtigungsfähig bezeichnet wird, das dem Grunde nach der Beitragspflicht unterliegt. Im Gemeinsamen Schreiben der Spitzenverbände vom 6. 9. 2001 (vgl. Teil F) ist bestimmt:

38 „Die während einer im Blockmodell in der Arbeitsphase erzielten steuer- und beitragsfreien Schichtzulagen bleiben auch dann beitragsfrei, wenn deren Auszahlung in anteiligem Umfang in die Freistellungsphase verschoben wird. Diese Beträge sind weder bei der Berechung des Aufstockungsbetrages (vgl. Ziffer 3.1.2) noch des Unterschiedsbetrages (vgl. Ziffer 3.1.3) zu berücksichtigen."

39 Gleichwohl bestimmt die Dienstanweisung unter 3.1.1 e), dass die steuerfreien Entgeltbestandteile dem Altersteilzeit-Netto vor Aufstockung zuzurechnen seien. Dadurch erhöht sich das Entgelt vor der 20%igen Brutto-Aufstockung mit dem Effekt, dass der Mindest-Netto-Betrag eher erreicht oder überschritten wird. Durch diese Verwaltungspraxis, die gegen gesetzliche Vorschriften und gegen das Gebot der Gleichbehandlung gleicher Sachverhalte verstößt, können die Altersteilzeit-Arbeitnehmer benachteiligt werden.

40 Werden im Blockmodell die steuerfreien Zuschläge während der Arbeitsphase nur zur Hälfte und in der Freizeitphase zur anderen Hälfte ausgezahlt, verbleibt es bei der Steuerfreiheit. Die Finanzbehörden verlangen jedoch, dass vor Beginn der Sonn-, Feiertags- oder Nachtarbeit in der Arbeitsphase ein eigenes Wertkonto geschaffen wird, auf dem die Zuschläge getrennt angesammelt und ausgewiesen werden.

41 **(7) Dienstwagen.** Mit der Stellung eines Dienst-Pkw ist regelmäßig die Gestattung zur privaten Nutzung verbunden. Sie stellt einen geldwerten Vorteil dar. Die Behandlung dieses Entgeltanteils in der Altersteilzeit ist in der Praxis kaum befriedigend gelöst. Grundsätzlich gilt, dass Entgelte, die gemäß halbierter Arbeitszeit halbiert wurden auch aufzustocken sind. Das bedeutet, dass ein Dienst-Pkw, der nur in der Arbeitsphase gestellt wird, durch die Nichtgestellung in der Freizeitphase als halbiertes Entgelt anzusehen ist, mit der Folge, dass der geldwerte Vorteil auszurechnen und in beiden Phasen aufzustocken ist. Eine andere Möglichkeit wäre die Gestellung in der Arbeitsphase und die Zahlung des errechneten Barwertes für diese Gestellung in der Freizeitphase. Dann wäre keine Aufstockung zu erbringen, es handelte sich um eine 100%-Leistung. Wird der PKW in der Freizeitphase dem Arbeitnehmer voll überlassen, erhält er den PKW zur vollen privaten Nutzung, ein Dienstgebrauch findet nicht mehr statt. Der Arbeitnehmer erhält einen höheren geldwerten Vorteil, der streng genommen auch noch aufzustocken wäre. Die förder- und steuerrechtliche Behandlung dieser Fälle ist deshalb rechtzeitig abzuklären[152].

42 **(8) Privat Krankenversicherte** müssen für die Altersteilzeit finanziellen Mehraufwand einkalkulieren, der auf das Inkrafttreten von § 6 Abs. 3a SGB V zum 1. 7. 2000 zurückzuführen ist.

---

[152] Vgl. § 12 Abs. 1 Satz 3.

## II. Kommentar Altersteilzeitgesetz  43–46  § 3 ATG

In der gesetzlichen Krankenversicherung sind Bezieher höherer Einkommen versicherungsfrei, sobald die Entgeltgrenze nach § 6 Abs. 1 Nr. 1 SGB V überschritten ist. Sie werden sich in der Regel privat krankenversichern und erhalten vom Arbeitgeber einen Beitragszuschuss, der nach § 257 Abs. 2 SGB V allerdings gedeckelt ist und den hälftigen Arbeitgeberanteil eines gesetzlich Krankenversicherten nicht übersteigen darf. Wechseln diese Personen in Altersteilzeit wird das Entgelt halbiert und damit regelmäßig die Entgeltgrenze unterschritten, so dass nach früher geltendem Recht Versicherungspflicht eintrat. Seit 1. 7. 2000 allerdings gilt nach § 6 Abs. 3a SGB V etwas anderes. Wer über 55 Jahre alt ist kann nur in die gesetzliche Krankenversicherung zurückwechseln, wenn er in den letzten 5 Jahren vor dem Rückwechsel mindestens 2,5 Jahre gesetzlich Krankenversichert war. Das wird bei Altersteilzeit-Arbeitnehmern die Ausnahme sein[153]. **43**

Ein Zurückwechseln in die gesetzliche Krankenversicherung wird sich für die Altersteilzeit-Arbeitnehmer auch in der Regel von selbst verbieten, weil sie sich mit Beginn der Rente wieder privat versichern müssen. Hatten sie einen Ruhensbeitrag entrichtet wird dies möglich sein, während ein Neuantrag in diesem Alter theoretischer Natur wäre. Die gesetzliche Krankenversicherung der Rentner wird verschlossen sein nach § 5 Abs. 1 Nr. 11 SGB V, der fordert, dass Betroffene mindestens 90% der zweiten Hälfte ihres Erwerbslebens gesetzlich Krankenversichert waren. **44**

**Beispiel:** Beginn Erwerbsleben mit Aufnahme der Lehrzeit mit 15 Jahren, Rentenbeginn mit 61, Dauer des Erwerbslebens also 46 Jahre. **45**

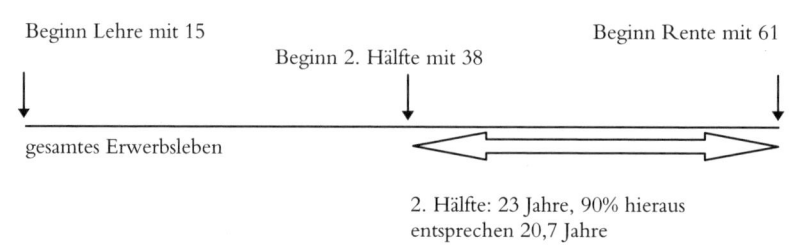

Beginn Lehre mit 15        Beginn Rente mit 61
       Beginn 2. Hälfte mit 38

↓      ↓      ↓

gesamtes Erwerbsleben      ⟵⟶

2. Hälfte: 23 Jahre, 90% hieraus entsprechen 20,7 Jahre

Die zweite Hälfte des Erwerbslebens begann nach 23 Jahren, als der Betroffene 38 Jahre war. In der Zeit von 38 bis 61 muss er 90%, also 20,7 Jahre gesetzlich krankenversichert gewesen sein.

Als Konsequenz werden privat Krankenversicherte auch in der Altersteilzeit privat krankenversichert bleiben – bei unveränderter Beitragshöhe, die sich ja nach dem versicherten Risiko richtet und nicht nach dem Einkommen. Allerdings richtet sich der Beitragszuschuss des Arbeitgebers nicht nach dem tatsächlichen Beitrag zur Privaten Krankenversicherung, sondern wegen der Deckelung in § 257 Abs. 2 SGB V nach dem Beitrag, der in der gesetzlichen Krankenversicherung zu zahlen wäre. Und der errechnet sich aus dem halbierten Entgelt der Altersteilzeit. Mehraufwendungen für die Arbeitnehmer sind unvermeidlich, falls der ArbG nicht freiwillig den Zuschuss erhöht. **46**

---

[153] Zu den (seltenen) anders gelagerten Fällen Nimscholz/Oppermann/Ostrowicz Seite 166.

**47** (9) Für **privat Pflegeversicherte** gelten gem § 20 SGB XI die gleichen Grundsätze wie für privat Krankenversicherte.

### 3. Rentenversicherungsbeitrag

#### a) Grundsätze

**48** Um die Altersteilzeit für Arbeitnehmer attraktiver zu gestalten sieht das Gesetz eine weitere Aufstockungsleistung vor, die die Arbeitgeber zu erbringen haben. Die Beiträge zur gesetzlichen Rentenversicherung sind auf der Basis von 90% des bisherigen Brutto-Entgelts zu erbringen.

**49** Der Rentenversicherungsbeitrag aus dem Altersteilzeit-Brutto ohne Aufstockung geht entsprechend den gesetzlichen Regelungen jeweils hälftig zu Lasten von Arbeitnehmer und Arbeitgeber. Der Aufstockungs-Rentenbeitrag, der sich aus der Erhöhung von Teilzeit-Brutto auf Berechnungsbasis 90% ergibt, geht allein zu Lasten des Arbeitgebers. Er hat in gleicher Höhe einen Förderanspruch gegen die Bundesanstalt für Arbeit.

**50** **Beispiel:**

| | |
|---|---|
| Altersteilzeit-Brutto ohne Aufstockung | € 2.000,00 |
| Altersteilzeitbeitrag 19,1% | € 382,00 |
| Arbeitnehmeranteil | € 191,00 |
| Arbeitgeberanteil | € 191,00 |
| Berechnungsbasis 90% Vollzeitbrutto | € 3.600,00 |
| Rentenbeitrag hieraus | € 687,60 |
| + Aufstockung auf Altersteilzeitbeitrag | € 305,60 (687,60 ./. 382) |
| Förderleistung Bundesanstalt für Arbeit | € 305,60 |

**51** Entgegen Rolfs[154] und dem Gesetzeswortlaut in § 2 Abs. 2 Satz 1 Nr. 2 sind die Rentenaufstockungen im Blockmodell in beiden Phasen zu zahlen. Durch ein Redaktionsversehen wurde vergessen, den Zwang zur kontinuierlichen Zahlung der Rentenaufstockung zu bestimmen, denn in der Begründung zum Gesetzentwurf wurde ausdrücklich ausgeführt, ... die „gesetzliche Regelung verlangt lediglich, dass ... das Arbeitsentgelt sowie der Aufstockungsbetrag fortlaufend gezahlt werden."[155]

#### b) Aufstockung und Rentenhöhe

**52** Der Aufstockungsbetrag zur Rentenversicherung bewirkt, dass die Anwartschaften aus der Altersteilzeit kaum hinter Anwartschaften aus einer Beschäftigung in Vollzeit bzw aus bisheriger Arbeitszeit zurückbleiben. Zur Rentenhöhe nach Altersteilzeit gibt es Faustformeln, die vor allem in Beratungsgesprächen gute Dienste leisten. Sie sind unter Einleitung RdNr. 46 ff abgedruckt, auf die dortigen Erläuterungen kann verwiesen werden.

---

[154] Erfurter Kommentar Rolfs RdNr. 13 zu § 2 Altersteilzeit-Gesetz.
[155] BR-Drs. 208/96 Seite 31.

## c) Einzelfragen

Bei der Ermittlung der Beitragsbasis 90% ist die Beitragsbemessungsgrenze der Rentenversicherung zu beachten. Die Praxis der Sozialversicherungsträger limitiert die Aufstockung auf 90% der Beitragsbemessungsgrenze[156]. Die Beitragsbasis 90%, auf die aufzustocken ist, errechnet sich aus dem „Hätte-Entgelt" nach § 6 Abs. 1. Insbesondere Sachbezüge wie Pkw, Dienstwohnung oder Deputate sind bei der Ermittlung der Beitragsbasis mit dem Barwert einzubeziehen.

Die Aufstockung des Rentenbeitrags zeigt Besonderheiten vor allem bei
- Mehrarbeit: die Beiträge aus dem Mehrarbeitsentgelt vermindern die Rentenaufstockung,
- Sachbezügen,
- Entgeltumwandlung (deferred compensation),
- Einmalzahlungen,
- Zurechnung von Sonderzahlungen in das Vorjahr (März-Klausel),
- Bezug von Entgeltersatzleistungen,
- Kurzarbeiter- und Winterausfallgeld,
- Abfindungen sowie
- Beitrags- und Lohnunterlagen.

Zu diesen Bereichen enthält das Gemeinsame Schreiben der Spitzenverbände vom 6. 9. 2001 detaillierte Regelungen. Es ist unter Teil F RdNr. 13 abgedruckt, auf die verwiesen werden kann. Unzutreffend allerdings sind die Ausführungen zum Sachbezug Firmen-Pkw. Dort wird unterstellt, der Entfall des Sachbezugs beispielsweise in der Freizeitphase müsse beim bisherigen Entgelt Berücksichtigung finden. Nach § 6 Abs. 1 ist eine Unterscheidung im „Hätte-Entgelt" zwischen Arbeits- und Freizeitphase ausgeschlossen. Im dort genannten Beispiel beziffert sich die Aufstockung somit aus DM 5.850,– (90% des bisherigen Entgelts) ./. DM 3.000,– (Altersteilzeit-Entgelt nach Fortfall des Pkw) = DM 2.850,–. Der effektive Unterschied beider Betrachtungsweisen bei der späteren Rente ist allerdings marginal und beläuft sich auf unter € 7,– monatlicher Rente bei drei Jahren Freizeitphase.

## d) Von der gesetzlichen Rentenversicherung befreite Personen

Für Personen, die nach §§ 6 Abs. 1, 231 SGB VI von der gesetzlichen Rentenversicherungspflicht befreit sind, können auch keine Aufstockungsbeiträge an die gesetzliche Rentenversicherung abgeführt werden. Sie erhalten entsprechend § 4 Abs. 2 die Aufstockung für ihre eigene Altersversorgung. Betroffen sind z.B. gem. § 6 Abs. 1 SGB VI Mitglieder berufständischer Versorgungseinrichtungen; dorthin ist die Versorgungsaufstockung zu leisten.

## e) Mindestaufstockung

Die gesetzlich vorgesehenen Aufstockungsleistungen auf das Einkommen und den Beitrag zur Altersversorgung legen nur eine Mindesthöhe fest. Es steht den Beteiligten frei, höhere Aufstockungen zu vereinbaren. Dies ist

---

[156] Vgl. Gemeinsames Schreiben der Spitzenverbände vom 6. 9. 2001, abgedruckt in Teil F.

häufig in Tarifverträgen zur Altersteilzeit so geregelt[157]. Allerdings erbringt die Bundesanstalt für Arbeit Förderleistungen nur in der gesetzlichen Höhe, mehr als die im Altersteilzeitgesetz geregelten Beträge werden nicht erstattet.

### 4. Steuer- und sozialversicherungsrechtliche Behandlung

#### a) Steuer- und Sozialversicherungsfreiheit der Aufstockungszahlungen

58  Die Aufstockungen auf den Lohn und den Beitrag für die Altersversorgung sind nach § 3 Nr. 28 EStG grundsätzlich steuerfrei[158]. Die Steuerfreiheit erfasst nicht nur die gesetzlichen Leistungen, sondern auch – soweit gezahlt – höhere Aufstockungen durch die Arbeitgeber. Nach der Lohnsteuer-Richtlinie R 18 Abs. 3 Satz 2, 3 und 4 LStR 2002 gilt dies aber nur, soweit Altersteilzeit-Entgelt und Aufstockung monatlich 100% des Hätte-Entgelt-Netto nicht übersteigen. Unangemessene Entgelterhöhungen vor oder während der Altersteilzeit bleiben unberücksichtigt. Die Steuerfreiheit und damit die Beitragsfreiheit[159] der Aufstockung hängt die nicht von der Förderung durch die Bundesanstalt für Arbeit ab. Die Aufstockung ist auch dann kein Arbeitsentgelt, wenn sie von Bundesanstalt für Arbeit nach § 5 Abs. 1 Nr. 2 und 3, Abs. 2 bis 4 AtG nicht erstattet wird(z. B. weil der Arbeitgeber den frei gemachten Arbeitsplatz nicht wieder besetzt). Die Steuerfreiheit ist nicht auf den maximalen Förderzeitraum von 6 Jahren beschränkt.

59  Die Beitragsfreiheit (§ 1 ArEV bzw. § 163 SGB VI) beider Aufstockungsleistungen erstreckt sich auch auf Aufwendungen gem. § 4 Abs. 2 für von der gesetzlichen Rentenversicherungspflicht befreite Arbeitnehmer.

Die Steuerfreiheit bleibt bestehen, falls der Arbeitnehmer über den Entgeltfortzahlungszeitraum hinaus erkrankt und der Arbeitgeber Aufstockungen weiterzahlt[160].

#### b) Progressionsvorbehalt

60  Zu beachten ist, dass die Entgelt-Aufstockungen[161] gem. § 32b Abs. 1 Nr. 1g EStG dem Progressionsvorbehalt unterliegen. Die übrigen steuerpflichtigen Einkünfte werden also dem Steuersatz unterworfen, der sich bei Steuerpflichtigkeit der Aufstockungsbeträge ergäbe. Erfasst ist davon insbesondere auch die Teilzeitentlohnung.

61  Steuerliche Progression bedeutet, dass der Lohn- und Einkommensteuersatz nicht linear mit dem Einkommen ansteigt, sondern in stärker werdendem Masse. Der Steuersatz bei € 30.000,– DM ist deshalb nicht doppelt so

---

[157] Z. B. Tarifverträge der Metall- und Elektroindustrie.
[158] Pröbsting DB 1989, 724 (728) zum Altersteilzeitgesetz 1988; BMF-Schreiben vom 10. 6. 1998, IV B 6 – S 233 – 6/98; Lohnsteuer-Richtlinie R 18 Satz 1.
[159] Von Einem AuR 1989, 339 zum Altersteilzeitgesetz 1988; Bauer NZA 1997, 401; Diller NZA 1996, 847; Stindt DB 1996, 2281.
[160] Antwortschreiben des BMF vom 27. 4. 2001, IV C – E-löffs 2333–21/01, vgl. Personalprofi Heft 7/01 Seite 36; zur Problematik der Dauererkrankungen vgl. unter § 10 RdNr.11 ff.
[161] Nicht aber die Renten-Aufstockung.

hoch wie bei € 15.000,–, sondern rund fünfmal so hoch, wie auch aus folgendem **Berechnungsbeispiel** ergibt:

|  | Bisheriges Entgelt | Altersteilzeit |
|---|---|---|
| Bruttoentgelt | 30.000 € | 15.000 € |
| ./. Lohnsteuer | 5.385,00 | 954,00 |

Grafisch dargestellt ergibt sich folgender Verlauf des Steuertarifes (vereinfacht)

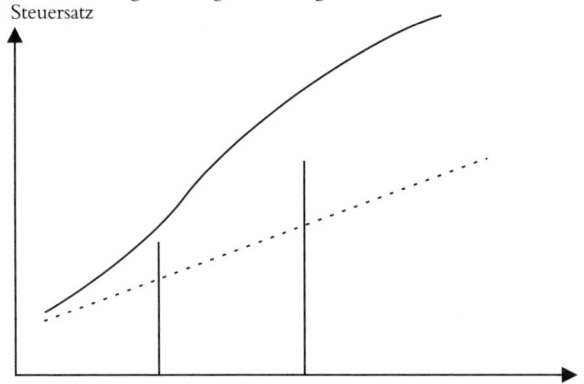

Einkommen
Progressiver Verlauf des Steuersatzes (Schematische Darstellung)
· · · · · · · · · = Verlauf bei linearem Tarif
─────── = Verlauf bei progressivem Tarif

Der Grund für die Steuerprogression ist das Prinzip der Besteuerung nach der Leistungsfähigkeit und die nimmt mit steigendem Einkommen überproportional zu.

Das Prinzip der Besteuerung nach Leistungsfähigkeit ist auch der Ursprung des Progressionsvorbehalts für Sozialleistungen. Arbeitslosengeld, Arbeitslosenhilfe oder Krankengeld sind steuerfrei nach der Überlegung, dass der Staat nicht mit der einen Hand eine Leistung gewähren kann, die er mit der anderen Hand des Finanzamts sodann wieder entzieht. Etwas anderes gilt dann, wenn die betroffene Person im gleichen Steuerjahr, in dem sie die Sozialleistung bezieht, noch andere Einkünfte erzielt. Das können Einkünfte aus Vermögen oder Vermietung sein oder aber bei Arbeitslosigkeit ab September das Entgelt für Januar bis August. Dann würde die Nichtberücksichtigung der Sozialleistung dazu führen, dass die Einkünfte gemessen an der Leistungsfähigkeit einem zu niedrigen Steuersatz unterworfen würden. Deshalb greift der Progressionsvorbehalt ein: zu versteuern ist nach wie vor nur das Einkommen, aber dafür mit einem höheren Steuersatz. Der ermittelt sich aus Einkommen plus Sozialleistung. Es findet eine Schattenveranlagung statt, bei der steuerpflichtiges und steuerfreies Einkommen zusammengerechnet werden und der für die Summe maßgebliche Steuersatz ermittelt wird. Dieser wird dann auf das zu versteuernde Einkommen angewandt.

Im Beispielsfall € 3.000,– Vollzeitbrutto/€ 1.500,– Altersteilzeitbrutto + € 300,– Aufstockung (vgl. Berechnungsbeispiel RdNr. 7) ergibt dies folgendes Bild:

**Beispiel** (Angaben in Euro):

| Arbeitnehmer hat bezogen brutto | 18.000,00 |
|---|---|
| An Lohnsteuer wurden einbehalten | 1.797,00 |

| Arbeitnehmer hat Aufstockungen erhalten | 3.600,00 |
|---|---|
| Summe Lohn + Aufstockung | 21.600,00 |

**66** Der Steuersatz bei einem Einkommen von € 21.600,– beträgt rund 13%. Dieser Satz ist nunmehr anzuwenden auf das unaufgestockte Bruttoeinkommen:

| € 18.000 × 13% = | 2.340,00 |
|---|---|
| Tatsächlich wurden nur abgeführt | 1.797,00 |
| nachzuentrichten somit | 543,00 |

(Werte zur Verdeutlichung gerundet, ohne Berücksichtigung einkommensteuerlicher Besonderheiten wie Freibeträge ect.)

**67** Aus dem Progressionsvorbehalt ergeben sich Konsequenzen für das Steuer- und Abrechnungsverfahren. Werden Lohnaufstockungen von mehr als € 400,– pro Jahr gezahlt, also praktisch in jedem Fall, ist für den Veranlagungszeitraum eine Einkommensteuerveranlagung zwingend durchzuführen (§ 46 Abs. 2 Nr. 1 EStG). Dort wird der Progressionsvorbehalt vom Finanzamt berücksichtigt. Für den Arbeitgeber besteht die Verpflichtung, die Aufstockung im Lohnkonto und in der Lohnsteuerbescheinigung einzutragen (§ 41 Abs. 1 Satz 5 EStG). Nicht dem Progressionsvorbehalt unterliegt die Aufstockung zur Altersversorgung und deshalb auch nicht der Aufzeichnungspflicht.

**68** In der Vorauflage wurde die Auffassung vertreten, den betroffenen Arbeitnehmern könne gegen den Arbeitgeber ein Anspruch auf Nachaufstockung zustehen, der sich aus Verschulden bei Vertragschluss im Falle einer verletzten Aufklärungs- und Hinweispflicht ergeben kann. Ein solcher Anspruch könne sich auch aus dem Tarif- sowie Altersteilzeitvertrag im Falle einer zugesicherten Netto-Aufstockung ergeben. Allerdings wurde auch auf die praktischen Probleme eines solchen Anspruchs hingewiesen. Inzwischen sind Entscheidungen ergangen, die sich dieser Auffassung nicht angeschlossen haben (z.B. Arbeitsgericht Stuttgart, Urteil vom 23. 2. 2001 – 26 Ca 1820/00; LAG Bremen vom 22. 3. 2001 – 4 Sa 255/00 – Revision anhängig BAG 9 AZR 298/01)[162]. Zum Teil wurden Vereinbarungen abgeschlossen, die den Progressions„schaden" ausgleichen (z.B. Altersteilzeit-Tarifvertrag LTU-Bodenpersonal durch Zahlung von DM 175,– brutto monatlich). Eine pragmatische Lösung enthält die Muster-Vereinbarung.

**69** Die Streichung des Progressionsvorbehaltes war bereits Gegenstand eines Gesetzes-Änderungsverfahrens. Sie wurde abgelehnt, weil die Streichung dem Grundsatz der Besteuerung nach der Leistungsfähigkeit widerspräche[163].

---

[162] Die Ausführungen in BAG NZA 1999, 769 sind wegen der Besonderheiten der Altersteilzeit nicht übertragbar.
[163] Finanzausschuss des Bundesrates BR-Drs. 495/1/99.

Ein neuer Versuch wurde seither nicht unternommen und ist bis zum Außerkrafttreten des Altersteilzeit-Gesetz auch nicht mehr zu erwarten.

**c) Steuerklassenwechsel**

Beispielsberechnungen zu den Steuerklassen I/IV, III und V zeigen, wie stark sich die individuelle Steuerklasse auf das Nettoentgelt auswirkt, das in der Altersteilzeit unter dem Strich ausgezahlt wird. Eine Übersicht zeigt dies für ein Vollzeitbrutto € 2.000,–/Altersteilzeitbrutto € 1.000,–: 70

Übersicht Altersteilzeitnetto nach Aufstockung
Altersteilzeitbrutto € 1.000,–

| Altersteilzeitnetto nach Aufstockung | |
|---|---|
| Steuerklasse I/0 | € 969,12 |
| Steuerklasse III/0 | € 1.063,93 |
| Steuerklasse V/0 | € 747,07 |

Für Ehegatten kann sich deshalb die Überlegung anbieten, die Steuerklassen zu wechseln. Eine Überprüfung der Arbeitsämter, ob der Steuerklassenwechsel missbräuchlich wäre, findet nicht statt, hierfür fehlte es an einer Rechtsgrundlage[164]. Zu unterscheiden ist hiervon die arbeitsrechtliche Zulässigkeit eines Steuerklassenwechsels, dem der Einwand des Rechtsmissbrauchs entgegengehalten werden könnte. In einem Sonderfall zum Mutterschaftsgeld hatte das BAG einen Wechsel der Steuerklassen von III auf V und wieder zurück innerhalb eines Jahres bei Einkommen der Ehegatten von DM 3.300,– und 4.155,– brutto als rechtsmissbräuchlich angesehen, weil die Steuerklassenwahl offensichtlich nicht dem Verhältnis der monatlichen Arbeitslöhne der Ehegatten entsprochen hatte. Das BAG hat es allerdings auch dem Arbeitgeber überlassen, sich auf den Rechtsmissbrauch zu berufen oder nicht[165]. 71

**d) Steuerfreie Zulagen**

Zur Behandlung von steuerfreien Zulagen s. o. RdNr. 37. 72

**e) Steuer- und Handelsrechtliche Behandlung von Rückstellungen**

Handels- und steuerrechtlich relevante Rückstellungen für die Aufstockungsleistungen zu bilden wurde unter Geltung des Vorruhestandsgesetz 1984 und des Altersteilzeitgesetzes 1988 nicht für möglich gehalten[166]. Tatsächlich entsteht im klassischen Teilzeitmodell kein Anlass, Rückstellungen zu bilden. Das Entgelt vor Aufstockung entspricht der tatsächlichen Arbeitsleistung, die Aufstockungen entstehen immer im Abrechnungszeitraum für die Arbeit, so dass kein Leistungsrückstand entsteht[167]. 73

---

[164] DA der Bundesanstalt für Arbeit § 3 3.1.3 (10), (12) a).
[165] BAG NZA 1992/411.
[166] Pröbsting aaO; BFH vom 25. 2. 1986 BStBl II Seite 465: BFH vom 16. 12. 1987 – DB 1987, 834 jeweils zum Vorruhestandsgesetz; BMF DStR 1987, 306.
[167] BMF-Schreiben vom 13. 3. 1987, BStBl I Seite 365, BFH vom 16. 3. 1987, BStBl II Seite 338; Nimscholz/Oppermann/Ostrowicz Seite 213.

**74** Im Blockmodell hingegen sind Rückstellungen zu bilden[168]. Nach dem Schreiben des BMF vom 11. 11. 1999[169] sind ab dem ersten Tag der Arbeitsphase eine kontinuierlich steigende Rückstellungen wegen Erfüllungsrückstand unter Einbezug der Sozialversicherungsanteile zu bilden. Gegenzurechnen sind Förderansprüche gegenüber der Bundesanstalt für Arbeit (§ 6 Abs. 1 Nr. 3a Buchst c EStG – unter Abzinsung nach § 6 Abs. 1 Nr. 3a Buchst e EStG). Beginnt die Freizeitphase wird der Erfüllungsrückstand kontinuierlich abgebaut.

Von der steuerlichen Rückstellung unterscheidet sich die handelsrechtliche Bilanzierung der Wertguthaben. Nach dem Schreiben des Instituts der Wirtschaftsprüfung vom 18. 11. 1998 (IDW-Rechnungslegungstandard IDW RS HFA 3) stellt die Pflicht künftig Aufstockungen zu erbringen ein termination benefit dar, was als liability zu passivieren ist. Entsprechend ist gem § 249 Abs. 1 Satz 1 HGB zu passivieren. Erstattungsansprüche können erst ab Entstehen des Anspruches gegenüber der Bundesanstalt für Arbeit, also frühestens ab Wiederbesetzung, die Rückstellungen mindern.

Zur sozial- und arbeitsrechtlichen Behandlung der Wertguthaben, die sich nochmals anders darstellt s. Teil F RdNr. 4 ff.

### 5. Wiederbesetzung und Ersatzeinstellung (Abs. 1 Nr. 2)

**75** Die versicherungspflichtige Beschäftigung eines Arbeitnehmers im Zusammenhang mit dem Freiwerden des Altersteilzeit-Arbeitsplatzes ist wesentliche Voraussetzung dafür, dass die Bundesanstalt für Arbeit dem Arbeitgeber die Aufstockung von Entgelt und Rentenbeitrag erstattet. Das Altersteilzeit-Gesetz verfolgt Ziele der Beschäftigungsförderung[170] und verlangt deshalb die Wiederbesetzung. Sie ist als rein subventionsrechtliche Voraussetzung nicht erforderlich für andere Rechtsgebiete, insbesondere nicht für den vorgezogenen Rentenzugang nach § 237 SGB VI oder die Steuer- und Abgabenfreiheit, § 3 Nr. 28 EStG.

Die Praxis der Arbeitsämter hat mittlerweile die Wiederbesetzung so erleichtert, dass wohl kein Antrag „... wegen fehlender Wiederbesetzung abgelehnt werden" musste[171]. Die Wiederbesetzung ist am einfachsten zu handhaben durch Unterscheidung nach den Kategorien
- Anforderungen an die Person des Wiederbesetzers
- Wiederzubesetzender Arbeitsplatz
- Dauer der Wiederbesetzung
- Zeitlicher Umfang der Wiederbesetzung
- Zeitlicher Zusammenhang und Pufferzeiten.

---

[168] Höfer DStR 1998, 1 mit einer Zusammenstellung von Rechtsprechung und Literatur; Nimscholz/Oppermann/Ostrowicz Seite 214.
[169] Aktenzeichen IV C 2 – S 2176 – 102/99.
[170] BR-Drs. 208/96 Seite 24.
[171] Glos, Referatsleiterin beim LAA Bayern in: Mitteilungen der LVA Oberfranken und Mittelfranken 1999, 196, 198.

### a) Anforderungen an die Person des Wiederbesetzers

Als Wiederbesetzer kommen in Frage arbeitslose Personen, Personen nach Ende einer Ausbildung und nur in Unternehmen mit bis zu 50 beschäftigten Arbeitnehmern auch auszubildende Personen. **76**

### aa) Arbeitslose Personen

Die arbeitslose Person muss vor der Wiederbesetzung beim Arbeitsamt arbeitslos gemeldet sein nach § 122 SGB III. Eine Mindestdauer sieht das Altersteilzeitgesetz nicht vor. Ausreichend ist somit sogar eine lediglich eintägige Dauer. Etwas anderes sollte früher nur im Falle des Rechtsmissbrauchs gelten z. B. bei einer Arbeitslosigkeit, die allein mit dem Ziel herbeigeführt wird, die Förderung über das Altersteilzeitgesetz zu erhalten, so z. B. bei einer Entlassung eines Mitarbeiters vor dem Hintergrund einer alsbaldigen Wiedereinstellung als Wiederbesetzer[172]. Die allgemeine Praxis der Arbeitsämter auf der Grundlage der Dienstanweisung ist inzwischen noch großzügiger[173]. Arbeitslos gemeldet zu sein im Sinne des § 3 Abs. 1 Nr. 2a erfordert danach nicht, dass Arbeitslosigkeit tatsächlich eingetreten ist. Ausgehend von der Vorab-Arbeitslosmeldung nach § 122 Abs. 1 Satz 2 SGB III[174], die auch zulässig ist, wenn die Arbeitslosigkeit noch nicht eingetreten, aber innerhalb der nächsten zwei Monate zu erwarten ist, wird faktische Arbeitslosigkeit gar nicht mehr verlangt[175]. Es reicht aus, wenn der Eintritt der Arbeitslosigkeit innerhalb der nächsten zwei Monate zu erwarten ist, weil **77**
- eine Kündigung bereits ausgesprochen,
- ein entsprechender Aufhebungsvertrag abgeschlossen ist
- oder ein befristetes Arbeitsverhältnis ausläuft.

Nur Kündigungen sowie Aufhebungsverträge, die offensichtlich nur zur formalen Erfüllung der Arbeitslosmeldung erfolgen, sollen außer Betracht bleiben, es sei denn, ein befristetes Arbeitsverhältnis wird über die Wiederbesetzung zu einem Arbeitsverhältnis mit „vergleichsweise längerer Dauer"[176]. Hieraus ergibt sich, dass der gleiche Arbeitgeber, der gekündigt oder einen Aufhebungsvertrag geschlossen hat oder bei dem ein befristetes Arbeitsverhältnis ausläuft, den Arbeitnehmer direkt anschließend als geförderten Wiederbesetzer einstellen kann – es sei denn, es liege offensichtlicher Missbrauch vor. **78**

Damit nicht genug. Während § 122 SGB III eine persönliche Meldung verlangt, lässt die Bundesanstalt für Arbeit eine schriftliche oder sogar telefonische Arbeitslosmeldung im Rahmen der Altersteilzeitförderung ausreichen. Falls hierfür keine Unterlagen vorlägen, obliege es dem Arbeitgeber, eine behauptete Meldung glaubhaft darzulegen[177]. **79**

---

[172] Diller NZA 1996, 847, 849 f; BSG SozR 3-7825 § 2 Nr. 1 mit einem besonderen Missbrauchsfall durch wiederholte Entlassung nach abgelehnter Förderung.
[173] DA der Bundesanstalt für Arbeit zu § 3, 3.1.3.1 (1) und (2); anders noch ausdrücklich das BSG zur Vorgängerregelung im VRG BSG SozR 3-7825 § 2 Nr. 6.
[174] Vgl. Brand in Niesel SGB III, RdNr. 3 zu § 122 SGB III.
[175] AA Rolfs in Erfurter Kommentar RdNr. 24 zu § 3 Altersteilzeit-Gesetz unter Hinweis auf die Rechtsprechung des BSG, BSG vom 30. 3. 1994 SozR 3-7825 § 2 Nr. 6 sowie BSG vom 25. 10. 1988 SozR 7825 Nr. 1; Boecken NJW 1996, 3386, 3389.
[176] DA der Bundesanstalt für Arbeit zu § 3 3.1.3.1 (1), Seite 22.
[177] DA der Bundesanstalt für Arbeit zu § 3 3.1.3.1 (2).

**80** Nicht erforderlich ist in der Konsequenz, dass der Wiederbesetzer Arbeitslosengeld oder Arbeitslosenhilfe bezogen hätte[178].

**81** Die Arbeitslosmeldung im dargelegten Sinne lässt die Bundesanstalt für Arbeit fortwirken bei:
- befristeten Beschäftigungen bis zur Dauer von einem Monat,
- Freistellung nach dem Bundeserziehungsgeldgesetz und Zeiten während eines Beschäftigungsverbotes nach dem Mutterschutzgesetz,
- Zeiten des Wehr- und Ersatzdienstes,
- Zeiten kurzzeitig unbezahlter Ortsabwesenheit,
- Beschäftigung auf Grund eines Eingliederungsvertrages nach §§ 229 ff SGB III,
- Teilnahme an Trainingsmaßnahmen nach §§ 48 ff SGB III,
- Beschäftigung in einer Arbeitsbeschaffungsmaßnahme nach §§ 260 ff SGB III: das gilt nicht, wenn der Arbeitnehmer länger als 2 Jahre in solchen Maßnahmen beschäftigt und für eine Übernahme in eine Dauerbeschäftigung vorgesehen ist,
- Beschäftigung zur Eingliederung älterer Arbeitnehmer nach §§ 217, 218 Abs. 1 Nr. 3 SGB III,
- Beschäftigungen in einer Maßnahme zur Strukturanpassung nach §§ 272 ff SGB III oder nach § 19 Bundessozialhilfegesetz,
- Teilnahme an einer beruflichen Weiterbildungsmaßnahme, wenn diese notwendig ist (§ 77 Abs. 1 Nr. 1 SGB III),
- Teilnahme an einer Maßnahme zur beruflichen Eingliederung Behinderter nach §§ 97 ff SGB III,
- Teilnahme an einem individuell geförderten Deutschlehrgang nach §§ 417 ff SGB III,
- Zeiten der krankheitsbedingten Arbeitsunfähigkeit (einschließlich der Zeiten der Teilnahme an einer Kur- oder Heilmaßnahme),
- Zeiten kurzzeitig unbezahlter Ortsabwesenheit,

wenn sie sich an Arbeitslosigkeit anschließen oder Arbeitslosigkeit unterbrechen[179].

**82** Auch Ausländer, die in einem Staat der Europäischen Union arbeitslos gemeldet sind, werden förderrechtlich als Arbeitslose anerkannt und kommen deshalb als Wiederbesetzer im Inland oder im Rahmen der Entsendung nach § 4 SGB IV in Betracht[180].

**83** Die Altersteilzeit kann gerade auch für Berufsrückkehrerinnen eine Chance zum Wiedereinstieg ins Erwerbsleben bieten. Nach der Legaldefinition in § 20 SGB III sind Berufsrückkehrerinnen die Personen, die nach einer Familienphase in die Erwerbstätigkeit zurückkehren wollen. Die Rückkehreigenschaft allein reicht allerdings nach dem Altersteilzeitgesetz nicht aus, um die Förderkriterien der Wiederbesetzung zu erfüllen. Dieser Personenkreis muss sich also wenigstens für einen Tag der Arbeitsvermittlung als arbeitsuchend melden und an einer Vermittlung in Arbeit ernsthaft interessiert sein, damit die Leistungen nach dem Altersteilzeitgesetz bewilligt werden können.

---

[178] So noch die Begründung zum Gesetzentwurf BT-Drs. 208/96 Seite 32.
[179] DA der Bundesanstalt für Arbeit § 3 Ziff. 3.1.3.1 (3).
[180] DA der Bundesanstalt für Arbeit § 3 Ziff. 3.1.3.1 (4).

Eine solche Arbeitslosmeldung für einen Tag verstößt nicht gegen den Gesetzeszweck, denn Berufsrückkehrer sind fast ausschließlich Frauen und deren berufliche Situation zu fördern ist ein Ziel, das die Arbeitsförderung vordringlich verfolgt (vgl. § 8 SGB III).

Für Berufsrückkehrerinnen kommt auch gerade die zusätzliche Förderung nach dem SGB III für die Wiederbesetzung in Betracht (vgl. unten RdNr. 130 ff).

### bb) Ausgebildete Personen

Als Wiederbesetzer kommen auch ausgebildete Personen[181] in Betracht. **84** Ausgebildete sind nicht nur Auszubildende nach Abschluss der Lehrzeit i. S. d. §§ 1 ff BBiG, sondern alle Absolventen von Erstausbildungen, z. B.
- in einem anerkannten Ausbildungsberuf i. S. d. Handwerksordnung (HwO), der Schiffsmechaniker-Ausbildungsverordnung (SMAusbV),
- Absolventen von Erstausbildung i. S. d. bundesgesetzlichen und landesrechtlichen Ausbildungsregelungen für Berufe im Gesundheitswesen,
- Ausbildungsabschlüsse nach landesrechtlichen Ausbildungsregelungen für sozialpflegerische und sozialpädagogische Berufe sowie
- Absolventen eines anerkannten Studienganges an einer Hochschule oder Fachhochschule.

Die Ausbildung muss mindestens 24 Monate dauern, § 25 Abs. 2 Nr. 2 **85** BBiG, § 77 Abs. 2 Nr. 1 SGB III. Es kann sich auch um eine zweite Ausbildung in einem dieser Ausbildungs- oder Studienberufe handeln. Ausgebildete sind auch Absolventen von Maßnahmen der beruflichen Weiterbildung nach §§ 77, 87 Abs. 1 Nrn. 2, 3 SGB III.

Ausgebildeter kann auch sein, wer eine Maßnahme der betrieblichen oder **86** überbetrieblichen Weiterbildung absolviert hat, wenn die Maßnahme
- nach Form und Inhalt einer Ausbildung nach dem BBiG vergleichbar ist, kein vorgeschriebener oder allgemein anerkannter Ausbildungsweg existiert,
- nach Abschluss nicht nur betriebliche Einsatzmöglichkeiten bietet,
- einen erheblichen Teil theoretischer Unterweisung hat, sich wesentlich von einem Normalarbeitsverhältnis unterscheidet, sich an einem Ausbildungsziel orientiert und von einem sachkundigen Ausbilder verantwortlich geleitet wird,
- nach einem schriftlichen Vertrag erfolgt, der eine Vergütung regelt und
- mit einer Beurteilung/Bewertung endet, die Aussagen über die Ausbildungsabschnitte und den Erfolg zulässt.

Damit können Absolventen von Volontariaten im Medienbereich sowie **87** Ausbildungen von Nachwuchssekretären Ausgebildete im Sinne des Altersteilzeit-Gesetzes sein.

Anders als im Vorruhestandsgesetz 1984 wird nicht verlangt, dass nach der **88** Ausbildung kein anderer als der geförderte Arbeitsplatz vorhanden ist. Tarifliche Übernahmegarantien für betriebseigene Ausgebildete sind förderrechtlich ohne Belang, die Motivation für die Wiederbesetzung ist unerheblich.

---

[181] Die nachfolgende Darstellung entspricht der DA der Bundesanstalt für Arbeit § 3 Ziff 3.1.3.2.

Der Arbeitgeber der Wiederbesetzung muss nicht der Arbeitgeber der Ausbildung sein, es kommt also auch die Übernahme unternehmensfremd Ausgebildeter in Betracht.

89 Nach Abschluss der Ausbildung bedeutet nicht zwangsläufig einen erfolgreichen Abschluss. Wurde eine Abschlussprüfung endgültig nicht bestanden ist dies förderrechtlich ausreichend. Nicht förderfähig wäre die Einstellung einer Person, die die Ausbildung abgebrochen hat.

90 Grundsätzlich muss die Wiederbesetzung innerhalb kurzer Zeit nach Abschluss der Ausbildung erfolgen. Zugestanden wird allerdings eine Suchzeit, die in der Regel nicht länger als ein Jahr dauern sollte. In diesem Rahmen sind befristete ausbildungsadäquate Zwischenbeschäftigungen förderunschädlich. Die zugestandene Suchzeit verlängert sich zusätzlich um folgende förderunschädliche Unterbrechungszeiten:

- Zeiten der krankheitsbedingten Arbeitsunfähigkeit (einschließlich der Zeiten der Teilnahme an einer Kur- oder Heilmaßnahme),
- Freistellung nach dem Bundeserziehungsgeldgesetz und Zeiten während des Beschäftigungsverbots nach dem Mutterschutzgesetz,
- Zeiten des Wehr- und Ersatzdienstes auf Grund der Wehrpflicht,
- bei Studienabsolventen die Aufnahme eines weiteren Studienganges, auch wenn am Ende die Promotion angestrebt wird. Dies gilt nicht, wenn nach dem Studienabschluss die Zeit bis zur Promotion z.B. im wissenschaftlichen Angestelltenverhältnis überbrückt wird[182].

91 Zu den von der Suchzeit zu unterscheidenden Pufferzeiten, die die Bundesanstalt für Arbeit für die Wiederbesetzung zulässt s. unten RdNr. 115 ff.

### cc) Ersatzeinstellung von Auszubildenden (Azubi)

92 Kleinere Arbeitgeber mit bis zu 50 Beschäftigten können an Stelle der Wiederbesetzung einen Auszubildenden zu beschäftigen. Diese Möglichkeit entstammt § 2 Abs. 1 Ziff. 5 Buchstabe c Vorruhestandsgesetz 1984, wurde erst durch das Flexi-Gesetz vom 6. 4. 1998 eingefügt unter rückwirkender Anwendung (Art. 12, 14 Flexi-Gesetz) und ist zum 1. 1. 2000[183] erweitert worden von Arbeitgebern mit 20 auf 50 Beschäftigte iSv § 7. Die Regelung soll es Klein- und vor allem Handwerksunternehmen, die ohnehin zu den am meisten ausbildenden Betrieben zählen, erleichtern die Altersteilzeit einzuführen.

93 Anders als Arbeitslose oder fertig Ausgebildete Personen braucht der Azubi nicht auf dem freigemachten oder freigewordenen Arbeitsplatz beschäftigt zu werden – er wäre hierzu auch als Lehrling, dessen Berufsleben gerade erst angefangen hat, kaum in der Lage. Nach § 3 Abs. 1 Nr. 2a Halbsatz 2 wird deshalb stets unwiderleglich eine förderfähige Wiederbesetzung vermutet. Die Auszubildende Person kann also irgendwo beschäftigt werden, ein Nachweis zur Wiederbesetzung ist nicht erforderlich[184]. Diese Erleichterung führt direkt zur Beurteilung, welcher Arbeitsplatz wiederzubesetzen ist.

---

[182] DA der Bundesanstalt für Arbeit § 3 3.1.3.2 (2), (3).
[183] Durch das Gesetz zur Fortentwicklung der Altersteilzeit vom 20. 12. 1999, BGBl I Seite 2494.
[184] DA der Bundesanstalt für Arbeit § 3 3.1.3 (9); Gaul/Cepl BB 2000, 1727, 1731; Wolf NZA 2000, 637, 639.

## b) Wiederzubesetzender Arbeitsplatz

Ursprünglich und wie auch in der Vorauflage dargestellt waren die Arbeitgeber verpflichtet nachzuweisen, dass genau der freigewordene Arbeitsplatz wiederbesetzt wurde. Erleichterungen gab es nur durch die Umsetzungskette. Seit der Novellierung durch das Gesetz zur Fortentwicklung der Altersteilzeit zum 1. 1. 2000[185] sind die Anforderungen an die Wiederbesetzung auf ein Minimum reduziert, das nahe an Null reicht. Davon sind zunächst Kleinarbeitgeber betroffen. 94

### aa) Arbeitgeber bis 50 Beschäftigte

Bei Arbeitgebern mit bis zu 50 Beschäftigten wird unwiderlegbar vermutet, dass der durch Altersteilzeit freigewordene Arbeitsplatz wiederbesetzt wird, § 3 Abs. 1 Nr. 2a Halbsatz 2. Das betrifft nicht nur – wie dargelegt – die Ersatzeinstellung von Auszubildenden, sondern alle Formen der Wiederbesetzung mit Ausgebildeten oder arbeitslosen Personen. Nachweise, die sich auf den freigemachten und besetzten Arbeitsplatz beziehen, sind nicht erforderlich, soweit ein zeitlicher und sachlicher Zusammenhang mit der Altersteilzeit besteht[186]. 95

Bei der Ermittlung der Zahl von 50 Arbeitnehmern wird auf den jährlichen Durchschnitt abgestellt, Schwerbehinderte Menschen und ihnen Gleichgestellte sowie Auszubildende werden gem § 7 nicht mitgezählt. Einzelheiten zeigen die Erläuterungen zu § 7. 96

### bb) Arbeitgeber ab 51 Beschäftigte – Funktionsbereich und Organisationseinheit

Wenn der Gesetzgeber bis 50 Beschäftigte großzügig ist und eine Wiederbesetzung auf irgendeinem Arbeitsplatz zulässt, müssen für Arbeitgeber ab 51 Beschäftigten ebenfalls förderrechtliche Erleichterungen geschaffen werden. Sie bestehen in der funktionsbereichsbezogenen Betrachtung und in der Übernahme der Kleinunternehmensregelung auf eigenständige Organisationseinheiten. Die in der Vorauflage angesprochene Möglichkeit, den Arbeitnehmer kurz vor Beginn der Altersteilzeit umzusetzen auf einen Arbeitsplatz, der ohne Probleme wiederbesetzt werden kann, ist damit überflüssig geworden. 97

### (1) Funktionsbereich

Nach der Begründung zum Gesetzentwurf des Gesetzes zur Fortentwicklung der Altersteilzeit[187] ist an die Stelle des Nachweises einer Umsetzungskette die „funktionsbereichsbezogene Betrachtungsweise" getreten. Dieser Begriff wird im Gesetz nicht verwendet und auch im Gesetzentwurf nicht definiert. Der Gesetzgeber hat es damit der Verwaltung überlassen, die Voraussetzungen im Einzelnen festzulegen. Die Bundesanstalt für Arbeit definiert 98

---

[185] Vom 20. 12. 1999, BGBl I Seite 2494.
[186] DA der Bundesanstalt für Arbeit § 3 3.1.3 (9); Gaul/Cepl BB 2000, 1727, 1731; Wolf NZA 2000, 637, 639; Moderegger DB 2000, 90.
[187] BR-Drs. 495/99, Vorblatt sowie Seite 8.

als Funktionsbereiche z. B. insbesondere Produktion, Forschung und Verwaltung. Sie empfiehlt, die Funktionsbereiche im Voraus gemeinsam mit den Arbeitgebern festzulegen[188]. Sind die Funktionsbereiche mit der Bundesanstalt für Arbeit festgelegt, ist eine nachträgliche Änderung nur möglich, wenn sich der prägende Betriebszweck ändert.

99 Mangels Definition des Funktionsbereiches durch Gesetzgeber und Bundesanstalt für Arbeit kann ein Funktionsbereich mehrere Bereiche der Betriebsorganisation umfassen, die einem gemeinsamen Betriebszweck dienen. Funktionsbereiche können damit auch mehrere Betriebstätten umfassen. Als Beispiel[189] kann ein Unternehmen der Chemischen Industrie genannt werden mit drei Standorten in Köln, Frankfurt und München. Die Verwaltung besteht in Frankfurt und München, produziert werden Gase in Köln und Frankfurt, Dünger in Köln und München sowie Pflanzenschutz in Köln, Frankfurt und München. Funktionsbereiche sind also Verwaltung Frankfurt/München, Gase Köln/Frankfurt, Dünger Köln/München sowie Pflanzenschutz Köln/Frankfurt/München.

100 Ist der Funktionsbereich festgelegt gilt folgendes: Wird ein Arbeitsplatz frei, muss er wiederbesetzt werden. Die Nachbesetzung muss nicht durch eine arbeitslose oder ausgebildete Person erfolgen, möglich ist eine Besetzung durch irgendjemand, der im Funktionsbereich beschäftigt war (Nachrücker). Dann muss die arbeitslose oder ausgebildete Person in den Funktionsbereich einrücken und dort irgendwo beschäftigt werden (Wiederbesetzer). Eine Umsetzungskette ist nicht nachzuweisen. Geht im Beispielsfall ein Altersteilzeit-Arbeitnehmer aus dem Bereich Pflanzenschutz in Köln in die Freizeitphase und wird dort sein Arbeitsplatz mit einem Nachrücker besetzt, besteht für die Einstellung eines Ausgebildeten oder Arbeitslosen im Bereich Pflanzenschutz die freie Auswahl zwischen Köln, Frankfurt und München. Als weiteres Beispiel können die Funktionsbereiche Investment und Privatkundengeschäft einer Bank mit bundesweit verteilten Geschäftsstellen genannt werden. Wird der durch Altersteilzeit freigewordene Arbeitsplatz per Nachrücker besetzt steht für den Wiederbesetzer das bundesweite Geschäftsstellennetz zur Verfügung, sofern die Unterscheidung zwischen Investment und Privatkunden eingehalten wird.

101 Selbst eine funktionsbereichsübergreifende Wiederbesetzung ist möglich, wenn der Nachrücker zwischen den Funktionsbereichen wechselt. Verlässt der Altersteilzeit-Arbeitnehmer beispielsweise den Bereich Produktion und soll der arbeitslose/ausgebildete Wiederbesetzer im Bereich Verwaltung eingesetzt werden, muss ein Arbeitnehmer von der Verwaltung in die Produktion wechseln, damit die Wiederbesetzung förderrechtlich anerkannt wird.

102 Förderrechtlich anerkannt wird in Ausnahmefällen sogar eine Arbeitsplatz-Verlagerung ab Beginn der Freizeitphase, falls die Verlagerung wegen Rücksichtnahme auf den Altersteilzeit-Arbeitnehmer hinausgezögert wurde. Arbeitsplatzänderungen infolge technischer Entwicklung sowie Strukturwandel bleiben förderunschädlich, sofern der arbeitstechnische Zweck und im We-

---

[188] DA der AB § 3 3.1.3 (5).
[189] Nach Nimscholz/Oppermann/Ostrowicz Seite 254.

sentlichen die Qualifikationsanforderungen an die Arbeitnehmer gleich bleiben. Als Beispiele werden genannt:
– Zwei Abteilungssekretärinnen gehen in Altersteilzeit – im zentralen Schreibdienst wird eine Ganztagstelle eingerichtet. **103**
– Abriss einer Produktionsanlage – Inbetriebnahme einer technisch verbesserten Anlage zur Herstellung vergleichbarer Produkte[190]. **104**

**(2) Organisationseinheit**

Damit nicht genug, als Ergebnis der Gespräche im Bündnis für Arbeit[191] wurde eine weitere Erleichterung in die Praxis umgesetzt. Besteht innerhalb von Betrieben oder Funktionsbereichen eine Organisationseinheit mit bis zu 50 Arbeitnehmern wird die Kleinarbeitgeber-Regelung übernommen[192]. Scheidet der Altersteilzeit-Arbeitnehmer aus der Organisationseinheit aus und kommt der Ausgebildete/Arbeitslose in diese Organisationseinheit als Wiederbesetzer, braucht es keinen weiteren Nachweis mehr, Förderleistungen können erbracht werden. **105**

Was eine Organisationseinheit ist erkennt die Bundesanstalt für Arbeit an nach Indizien wie eigene Leitung, eigener arbeitstechnischer Zweck, in sich geschlossene Organisationseinheit. Mit Hilfe selbst erstellter Organigramme kann der Arbeitgeber das Vorliegen einer Organisationseinheit glaubhaft machen und damit nachweisen, dass die Organisationseinheit eine bestimmte eigene Aufgabe im Sinne eines bestimmten arbeitstechnischen Zwecks erfüllt. Als Beispiel kann die Lackiererei eines Nutzfahrzeuge-Herstellers genannt werden oder die Modellschreinerei eines Möbelproduzenten. **106**

Für die Berechnung der Mitarbeiterzahl in der Organisationseinheit gilt § 7 (vgl. die Erläuterungen dort). Schwerbehinderte Menschen sowie Auszubildende werden nicht mitgezählt. **107**

**c) Laufzeit der Wiederbesetzung**

Mit der funktionsbereichsbezogenen Betrachtung sind die Erleichterungen zu Gunsten von Arbeitgebern nicht abgeschlossen. Die Wiederbesetzung muss nicht über die gesamte Laufzeit der Altersteilzeit bestehen und sie muss nicht exakt den gleichen zeitlichen Umfang wie der freigewordene Arbeitsplatz aufweisen. **108**

**aa) Beginn der Wiederbesetzung**

Die Wiederbesetzung erfolgt im klassischen Teilzeitmodell gleichzeitig mit dem Beginn der Altersteilzeit. Im Blockmodell ist Wiederbesetzung begrifflich erst mit Beginn der Freizeitphase möglich. Etwas anderes gilt für die Ersatzeinstellung eines Auszubildenden bei Kleinarbeitgebern, wo die Bundesanstalt für Arbeit die Beschäftigung bereits mit Beginn der Altersteilzeit fordert[193]. Zu Pufferzeiten z.B. wegen Einarbeitung s.u. RdNr. 115. **109**

---

[190] DA der Bundesanstalt für Arbeit § 3 3.1.3 (7).
[191] Nimscholz/Oppermann/Ostrowicz Seite 257.
[192] DA der Bundesanstalt für Arbeit § 3 3.1.3 (10).
[193] DA der Bundesanstalt für Arbeit § 3 3.1.3 (18).

### bb) Dauer der Wiederbesetzung

**110** Aus § 5 Abs. 1 Satz 2 (s. Erl. zu § 5 RdNr. 27) ergibt sich eine zeitliche Erleichterung zu Gunsten der Arbeitgeber. Weil sich Betriebsstrukturen ändern können und dies den Entfall des wiederbesetzten Arbeitsplatzes verursachen kann, hatte sich der Gesetzgeber entschlossen, dieses Risiko nicht der Arbeitgeberseite zu belassen[194]. Es wurde vielmehr bestimmt, dass nach 3 Jahren Wiederbesetzung der Arbeitgeber aufatmen kann und das Arbeitsamt die Förderung weiter erbringt, selbst wenn dann die Wiederbesetzung nicht mehr aufrecht erhalten werden kann – egal aus welchem Grund. Mit Erweiterung der Förderdauer auf 6 Jahre wurde die 3-jährige Mindestwiederbesetzung auf 4 Jahre erhöht durch das Zweite Gesetz zur Fortentwicklung der Altersteilzeit.

**111** Weil aber im Blockmodell Wiederbesetzung erst ab der Freizeitphase möglich ist, wäre in der verblockten Altersteilzeit eine Förderung von 4 Jahren nicht erreichbar. Die Lösung besteht darin, dass entsprechend der verdoppelten Leistungsgewährung nach § 12 Abs. 3 für gegenwärtige und für in der Vergangenheit bereits erbrachte Aufstockungen die Zeiten doppelt gezählt werden. Im Blockmodell reichen also 2 Jahre Wiederbesetzung aus[195]. Diese zwei Jahre korrespondieren mit der nach dem TzBefG[196] zulässigen maximalen Befristungsdauer ohne sachlichen Grund (§ 14 Abs. 2 TzBefG). Eine Befristung des Weiderbesetzungs-Arbeitsverhältnisses ist zulässig[197], vgl. unten RdNr. 125.

**112** Eine Wiederbesetzung von weniger als zwei Jahren, ja im Extremfall von keinem Tag kann in Sonderfällen ausreichend sein, um die maximale Förderung von sechs Jahren zu erhalten. Ist der Wiederbesetzer ein Ausgebildeter nach einer Lehre oder ein jüngerer Arbeitsloser wird sich bedingt durch das Lebensalter in einigen Fällen eine Überschneidung mit Zeiten der Wehrpflicht oder des Ersatzdienstes ergeben. Ist Wiederbesetzerin eine Ausgebildete oder eine Arbeitslose in entsprechendem Lebensalter sind Zeiten des Mutterschutzes und Elternzeit denkbar. Nach der Dienstanweisung der Bundesanstalt für Arbeit, die der Rechtsprechung des BSG zum VRG folgt[198], sind Zeiten ohne Beschäftigung auf Grund von Beschäftigungsverboten (z. B. Mutterschutzgesetz), Wehr- oder Zivildienst oder Erziehungsurlaub für die Wiederbesetzung unschädlich. Dies gilt sogar, falls diese Zeiten direkt zu Beginn der Wiederbesetzung liegen, Wiederbesetzung also gar nicht stattfindet[199].

### cc) Zeitvolumen

**113** Nicht erforderlich ist ein Personalaustausch „Mann für Mann"[200], also im klassischen Teilzeitmodell eine Halbtagsbeschäftigung auf exakt dem Halb-

---

[194] Begründung zum Entwurf der Bundesregierung eines Gesetzes zur Förderung eines gleitenden Überganges in den Ruhestand BR-Drs. 208/96 Seite 34.
[195] DA der Bundesanstalt für Arbeit § 3 3.1.3 (2) und § 5 5.1 (4).
[196] Vom 21. 12. 2000 BGBl I Seite 1966.
[197] DA der Bundesanstalt für Arbeit § 3 3.1.3 (16) Seite 21.
[198] BSG SozR 7825 § 5 Nr 1.
[199] DA der Bundesanstalt für Arbeit § 3 3.1.3 (2), § 5 5.1 (5); Stief Seite 68.
[200] Diller NZA 1996, 847, 849.

tagsplatz, der freigeworden ist. Im Arbeitszeitvolumen der Wiederbesetzer ist Flexibilität erforderlich, denn Wiederbesetzer können nach der Begründung zum Gesetzentwurf[201] und entsprechend der Rechtsprechung des BSG zum Vorruhestandsgesetz 1984[202] z. B. eine Teilzeittätigkeit ausüben, können sich freigewordene Arbeitsplätze teilen oder in Vollzeit an Stelle mehrerer Altersteilzeitarbeitnehmer tätig werden. Zugelassen wird von der Bundesanstalt für Arbeit deshalb eine Abweichung im Arbeitszeitvolumen von 10%. Zusätzlich kann die zu übernehmende Stundenzahl nach unten abgerundet werden[203]. Beispielsweise ergeben sich im Blockmodell mit einer bisherigen Arbeitszeit von 35 Stunden des Altersteilzeit-Arbeitnehmers bei der zulässigen Abweichung von 10% 3,5 Stunden. Der Wiederbesetzer müsste dann für wenigstens 31,5 Stunden beschäftigt werden, wegen der Abrundung reichen 31 Stunden aus. Die wiederbesetzende Person kann also mit 4 Stunden/Woche weniger beschäftigt werden. Diese Praxis ist weniger streng als die Rechtsprechung des BSG zu § 2 VRG[204] und entspricht weitgehend der in der Vorauflage geforderten flexiblen Handhabung.

Wechseln Teilzeitbeschäftigte in Altersteilzeit ist darauf zu achten, dass die **114** Wiederbesetzer nicht unter die Grenze der geringfügigen Beschäftigung fallen. Außerdem sollen nach dem Willen des Gesetzgebers teilzeitbeschäftigte Wiederbesetzer für mindestens 15 Wochenstunden beschäftigt werden, weil damit in jedem Fall ein Anspruch auf Arbeitslosengeld sowie -hilfe ausgeschlossen wäre[205]. Dieser Wille hat im Gesetz allerdings keinen Niederschlag gefunden. Beschäftigt ein Arbeitgeber einen Wiederbesetzer mit weniger als 15 Wochenstunden und meldet er sich beim Arbeitsamt arbeitslos endet gem. § 27 Abs. 5 SGB III die Versicherungspflicht. Gleichzeitig endet der Förderanspruch des Arbeitgebers. Als Lösung wird empfohlen, Wiederbesetzer jedenfalls über 15 Stunden/Woche zu beschäftigen und dafür bei Teilzeitkräften gegebenenfalls mit zwei statt nur einem Arbeitnehmer Altersteilzeit zu vereinbaren[206].

### d) Zeitlicher Zusammenhang/Pufferzeiten

Das (teilweise) Freimachen des Arbeitsplatzes und seine Wiederbesetzung **115** müssen in sachlichem, vor allem aber auch zeitlichem Zusammenhang stehen, weil sonst keine echte Wiederbesetzung stattfindet, sondern eine Neueinstellung aus anderweitigem Anlass[207]. Dies erfordert wiederum eine Koordinierung verschiedener Ebenen. Auf der personellen Ebene müssen Freimachen und Wiederbesetzen den Erfordernissen des Personalwesens, der Arbeitsplanung und der Produktionsabläufe entsprechen. Der Altersteilzeit-Arbeitnehmer wiederum muss Beginn und Ende der Altersteilzeit mit dem Tag des Rentenbeginns und der davon abhängigen Rentenhöhe abstim-

---

[201] BR-Drs. 208/96.
[202] BSG SozR 3-7825 § 2 Nr. 3.
[203] DA der Bundesanstalt für Arbeit § 3 3.1.3 (13).
[204] BSG SozR 3-7825 § 2 Nrn. 3, 5.
[205] Begründung zum Entwurf eines Gesetzes zur Fortentwicklung der Altersteilzeit vom 3. 9. 1999 BR-Drs. 495/99 Seite 10.
[206] Vgl. Wolf NZA 2000, 637, 639.
[207] BSG SozR 3-7825 § 2 Nrn. 1, 2.

men[208]. Schließlich wird der Wiederbesetzer Einarbeitungszeiten benötigen, falls er aus der Arbeitslosigkeit kommt oder seine Ausbildung erst zu einem Zeitpunkt beenden, den er nicht selbst bestimmen kann.

**116** Spezifische Probleme kann die Wiederbesetzung mit Ausgebildeten aufwerfen. Im Gegensatz zu einem Arbeitslosen kann ein Ausgebildeter seinen Betriebseintritt nicht ohne weiteres frei bestimmen. Das Ausbildungsende bestimmt sich nach dem Ausbildungsgang und den Abschlussprüfungen. Traditionell und abgestimmt auf das Schuljahr endet die Lehrzeit der Azubi im Frühsommer, anschließend besteht häufig ein tariflicher Anspruch auf Übernahme in ein Regelarbeitsverhältnis. Der hieraus resultierende faktisch feste Termin zur Wiederbesetzung kann aber mit den Interessen des Altersteilzeitarbeitnehmers kollidieren, wenn die rentenrechtliche Situation einen anderen Zeitpunkt für das Ausscheiden erfordert. Deshalb werden den Beteiligten verschiedene Pufferzeiten zugestanden. Das gilt auch für den Fall der fehlschlagenden und anschließend erneuten Wiederbesetzung.

### aa) Einstellung vor Beginn der Altersteilzeit oder der Freizeitphase

**117** Häufig werden Beginn der Altersteilzeit im klassischen Teilzeitmodell bzw. Beginn der Arbeitsphase im Blockmodell und die Wiederbesetzung nicht auf den selben Tag fallen. In den meisten Fällen wird eine Einarbeitungszeit nötig sein, bevor der Altersteilzeitarbeitnehmer (teilweise) ersetzt werden kann. Zum Zeitpunkt der erstmaligen Wiederbesetzung enthält das Gesetz selbst keine Regelung. Die Pufferzeit nach § 5 Abs. 2 betrifft nur die erneute Wiederbesetzung und kann nicht analog angewandt werden[209]. Bei Wiederbesetzung mit Arbeitslosen oder Ausgebildeten sieht die Bundesanstalt für Arbeit einen ausreichenden zeitlichen Zusammenhang im klassischen Teilzeitmodell bei einer bis zu 12 Monate vorherigen Einstellung zur Einarbeitung. Eine noch weitergehende zeitliche Ausdehnung wird „in der Regel" nicht zugelassen. Im Blockmodell kann der Arbeitslose schon ab Beginn der Arbeitsphase eingestellt werden, wenn er entsprechend zugeordnet ist[210]. Für die Zuordnung empfiehlt sich ein Vorabantrag nach § 12 Abs. 1 Satz 3.

**118** Für die Ersatzeinstellung eines Auszubildenden fordert die Bundesanstalt für Arbeit eine Einstellung mit Beginn der Altersteilzeit oder des Arbeitsblocks[211]. Gewährt wird dabei eine Pufferzeit von 6 Monaten, die bei besonderer Begründung durch den Arbeitgeber auf bis zu 12 Monate ausgeweitet werden kann. Eine über 12 Monate hinausgehende Pufferzeit wird „in der Regel" nicht anerkannt[212].

**119** Die Fördermittel allerdings können in diesen Fällen erst ab Beginn der Altersteilzeit bzw des Freizeitblockes erbracht werden.

---

[208] Vgl. Einleitung RdNrn. 2 ff.
[209] BSG SozR 3-7825 § 2 Vorruhestandsgesetz 1984 Nr. 2.
[210] DA der Bundesanstalt für Arbeit § 3 3.1.3 (17).
[211] DA der Bundesanstalt für Arbeit § 3 3.1.3 (18).
[212] DA der Bundesanstalt für Arbeit § 3 3.1.3.3 (2).

### bb) Einstellung nach Beginn der Altersteilzeit oder der Freizeitphase

Neben diesem großzügigen Pufferrahmens für die vorherige Einstellung besteht auch ein Puffer für die Wiederbesetzung nach Beginn der Altersteilzeit bzw der Freizeitphase. Die Bundesanstalt für Arbeit spricht nur bei der Ersatzeinstellung von Auszubildenden von einem konkreten Zeitraum, für diese Fälle gewährt sie eine Pufferzeit von 6 Monaten, die bei besonderer Begründung durch den Arbeitgeber auf bis zu 12 Monate ausgeweitet werden kann. Eine über 12 Monate hinausgehende Pufferzeit wird „in der Regel" nicht anerkannt[213]. Die Pufferzeit setzt voraus, dass die auszubildende Person mit Beginn der Altersteilzeit bzw des Arbeitsblocks eingestellt wird. 120

Für die Wiederbesetzung mit Arbeitslosen sowie Ausgebildeten werden allgemein umso höhere Anforderungen an den Zusammenhang mit der Altersteilzeit gestellt, je weiter Beginn der Altersteilzeit bzw des Freizeitblocks und der Wiederbesetzung auseinanderliegen[214]. Eine Pufferzeit kann mit Hilfe der Rechtsprechung des BSG zum zeitlichen Zusammenhang der Wiederbesetzung nach § 2 Vorruhestandsgesetz 1984 ermittelt werden. Das BSG hatte als Faustformel eine Grenze von 26 Wochen entwickelt und gleichzeitig gefordert, dass das Freimachen durch Vorruhestand als Mittel zum Zweck der Wiederbesetzung benutzt wurde. Der Arbeitgeber musste eine Vorruhestandsvereinbarung abgeschlossen haben in der Absicht, den freiwerdenden Arbeitsplatz wiederzubesetzen. Diese Absicht musste sich nach Außen objektiv manifestiert haben. Bejaht wurde dies bei einem Bauunternehmen, das zur Winterpause einen Arbeitnehmer in den Vorruhestand entließ, dem Wiederbesetzer schon zu dieser Zeit eine Einstellungszusage gab und ihn nach Ende der Winterpause bei Eintritt der von vornherein abzusehenden Auftragsbesserung einstellte[215]. 121

Verneint wurde der Mittel-Zweck-Zusammenhang bei einem Schreinerbetrieb, der zwei Arbeitnehmer in den Vorruhestand schickte wegen Auftragsmangels von unabsehbarer Dauer. Erst als nach Monaten eine Besserung der Auftragslage ergeben hatte, stellte der Arbeitgeber zwei neue Arbeitnehmer ein. Hier waren – so das BSG – die Arbeitsplätze wegen Auftragsmangels entfallen, die Vorruhestandsvereinbarung wurde nur getroffen, um eine Kündigung zu vermeiden und nicht mit dem Ziel, Platz für einen Wiederbesetzer zu schaffen[216]. 122

Der Grundgedanke des BSG, dass eine Mittel-Zweck-Relation zwischen Freimachen und Wiederbesetzen bestehen muss, ist auch auf das Altersteilzeitgesetz 1996 anzuwenden. Wenn die Arbeitszeithalbierung erfolgt, um die Einstellung des Wiederbesetzers zu ermöglichen, muss ein ausreichend flexibler Rahmen zur Verfügung stehen. Die Faustformel von ½ Jahr erscheint sachgerecht, eine Überbrückung dieses Zeitraumes ist in den Betrieben regelmäßig allein durch organisatorische Maßnahmen möglich. 123

---

[213] DA der Bundesanstalt für Arbeit § 3 3.1.3.3 (2).
[214] DA der Bundesanstalt für Arbeit § 3 3.1.3 (3).
[215] BSG SozR 3-7825 § 2 Nr. 1.
[216] BSG SozR 3-7825 § 2 Nr. 2.

**124** Empfohlen werden kann zur Klärung der Pufferzeit ein Vorabantrag nach § 12 Abs. 1 Satz 3, mit dessen Hilfe der zeitliche Zusammenhang der Wiederbesetzung nachgewiesen werden kann. Ein solcher Antrag ist für den Arbeitgeber nicht bindend, erleichtert es aber bei plangemäßem Ablauf der Wiederbesetzung, die Fördermittel zu erhalten[217].

### e) Sonderfragen der Wiederbesetzung

#### aa) Wiederbesetzung mit befristetem Arbeitsverhältnis

**125** Die Wiederbesetzung in einem befristeten Arbeitsverhältnis ist zulässig, das Altersteilzeit-Gesetz verlangt keine Übernahme in ein unbefristetes Arbeitsverhältnis. Probearbeitsverhältnisse mit befristeten Verträgen sind deshalb grundsätzlich förderfähig[218]. Wird allerdings das Arbeitsverhältnis nicht in ein unbefristetes überführt, ist eine erneute Wiederbesetzung innerhalb des Rahmens von § 5 Abs. 2 nötig, wenn der Anspruch auf Förderung erhalten bleiben soll[219].

#### bb) Personalabbau durch Altersteilzeit[220]

**126** Nach § 5 Abs. 2 Satz 2 zweiter Halbsatz bleibt es förderunschädlich, wenn die Wiederbesetzung vier Jahre bestanden hat und dann nicht mehr aufrecht erhalten werden kann. Für diese Fälle geht der Gesetzgeber davon aus, dass der Zusammenhang mit der Altersteilzeit gelöst ist und hinzunehmende Veränderungen der Betriebsstruktur die Nichtmehrbesetzung verursacht haben[221]. Hier zeigt sich eine Verwerfung mit dem Blockmodell: die gesetzliche Voraussetzung, dass „der Arbeitgeber insgesamt für vier Jahre die Leistungen erhalten hat", kann wegen § 12 Abs. 2 Satz 3 nicht erfüllt werden. Denn die Förderung fließt ja frühestens mit der Wiederbesetzung ab der Freistellungsphase, also maximal für 3 Jahre[222]. Insoweit darf aber die verblockte Altersteilzeit nicht schlechter gestellt werden als die klassische. Auch für die verblockte Altersteilzeit müsste deshalb ein Scheitern der Wiederbesetzung nach drei Jahren Laufzeit förderunschädlich sein. Die Bundesanstalt für Arbeit stellt aber insoweit die verblockte Form nicht vollständig gleich. Vielmehr reduziert sie § 5 Abs. 2 Satz 2 zweiter Halbsatz teleologisch dadurch, dass entsprechend der verdoppelten Leistungszahlung gem. § 12 Abs. 2 Satz 3 auch die Zeiträume der Leistungszahlung doppelt gewertet werden, eine Gesamtbesetzungsdauer von 2 Jahren also ausreichend ist[223]. Es reicht somit im Blockmodell eine 2-jährige Wiederbesetzung aus, um die Förderung für die gesamte Laufzeit zu erhalten.

**127** Zusammen mit der dargelegten Wiederbesetzungsdauer eröffnet sich damit folgend maximale Möglichkeit, mit Hilfe der verblockten Altersteilzeit Per-

---

[217] Nimscholz/Oppermann/Ostrowicz Seite 263.
[218] DA der Bundesanstalt für Arbeit § 3 Ziff. 3.1.3 Abs. 7.
[219] Vgl. Bauer NZA 1997, 401, 405.
[220] Vgl. Rittweger NZA 1998, 918.
[221] So die Begründung zum Gesetzentwurf BR-Drs. 208/96, Seite 34.
[222] Anders nur in den Sonderfällen, in denen Arbeitszeitkonten in die Arbeitsphase eingebracht werden und sich dadurch die Freistellungsphase faktisch verlängert.
[223] DA der Bundesanstalt für Arbeit § 5 Abs. 4.

sonal vollständig abzubauen. Der Altersteilzeit-Arbeitnehmer arbeitet 3 Jahre und beginnt sodann mit der Freizeitphase. Gleichzeitig beginnt die Wiederbesetzung, die wiederbesetzende Person erhält ein auf 2 Jahre zulässig befristetes Arbeitsverhältnis, das nicht verlängert wird. Der Arbeitsplatz entfällt fünf Jahre nach Beginn der Altersteilzeit gänzlich, der Arbeitgeber erhält die Förderung noch ein Jahr länger – für insgesamt 6 Jahre bei zwei Jahren Wiederbesetzung.

### cc) Fehlgeschlagene und erneute Wiederbesetzung

Endet das Arbeitsverhältnis mit einem Wiederbesetzer, z. B. weil dem Wiederbesetzer gekündigt wird oder weil er eine Eigenkündigung ausspricht, hat der Arbeitgeber drei Monate Zeit zur erneuten Wiederbesetzung. Gelingt dies, bleibt der gesamte Förderanspruch erhalten – auch für die Zeit ohne Wiederbesetzung. Wird erst nach mehr als drei Monaten wiederbesetzt, beginnt die Förderung erst wieder mit diesem Tag, es kommt zum Anspruchsverlust für die Zeit der fehlgeschlagenen Wiederbesetzung (§ 5 Abs. 2). Dem Anspruchsverlust kann deshalb mit einer kurzfristigen Wiederbesetzung – und sei es nur für einen Tag – vorgebeugt werden. Denn ab dem folgenden Tag läuft eine erneute dreimonatige Pufferzeit nach § 5 Abs. 2.

Hat ein gefördertes Wiederbesetzungsverhältnis im klassischen Teilzeitmodell vier Jahre bzw im Blockmodell zwei Jahre bestanden, kann der Arbeitgeber aufatmen. Er erhält dann die Förderung für die gesamte Dauer der gesetzlichen Altersteilzeit unabhängig davon, ob die wiederbesetzende Person beschäftigt bleibt oder nicht.

### 6. Förderung des Wiederbesetzers/Mehrfache Förderung

Das Recht der Arbeitsförderung hält umfangreiche Möglichkeiten bereit, die Neueinstellung von Arbeitnehmern zu subventionieren[224]. Diese Mittel können auch mit denen des Altersteilzeitgesetz kombiniert werden, so dass die Wiederbesetzung zusätzlich an Attraktivität für die Arbeitgeber gewinnt. Die Kombination kann durch vorangehende Förderung nach dem SGB III erfolgen, aber auch mit einer gleichzeitigen Förderung z. B. durch die Aufstockungserstattung und einen Eingliederungszuschuss (§ 218 SGB III).

Allerdings handelt es sich bei den nachfolgend erläuterten Fördermöglichkeiten um Ermessensleistungen der Arbeitsämter – die einzige Ausnahme bildet die Pflichtförderung von Berufsrückkehrerinnen nach § 218 Abs. 2 SGB III. Im Rahmen seiner Budgetkompetenz nach § 71 b SGB IV hat damit jedes örtliche Arbeitsamt einen weitgehenden Entscheidungsspielraum, welche Leistungen zu einer dauerhaften Eingliederung der Betroffenen führen (§ 7 Abs. 1 SGB III) und deshalb bewilligt werden. Dieser Freiraum bietet Möglichkeiten, aber eben nur im Rahmen des zugewiesenen Budgets. In Zeiten allgemein knapper Finanzmittel muss damit gerechnet werden, dass für die zusätzliche Förderung der Altersteilzeit kaum Geld übrig ist. Gegen

---

[224] Vgl. die Zusammenstellung zum ab 1. 7. 2002 geltenden Job-AQTIV-Gesetz in NZA 2002 Heft 1 Seite VI.

eine versagende Entscheidung im Klagewege vorzugehen, wird sich in der Regel nicht empfehlen. Denn selbst im Obsiegensfalle kann regelmäßig nur ein Verbescheidungsurteil ergehen, die Verwaltung also lediglich zum Erlass einer neuen Entscheidung unter Beachtung der Rechtsauffassung des Gerichts verurteilt werden. Das Gericht darf nämlich sein Ermessen nur im Ausnahmefall an Stelle des Verwaltungsermessens setzen. Eine Verurteilung, die Fördermittel zu bewilligen, wird nur in Ausnahmefällen möglich sein[225].

**132** In Betracht kommen
- Trainingsmaßnahmen §§ 48–52 SGB III nach folgendem Überblick

| Trainingszweck | Maximale regelmäßige Förderdauer |
|---|---|
| Eignungsfeststellung für die Tätigkeit | 4 Wochen |
| Prüfung von Arbeitsbereitschaft und Arbeitsfähigkeit | 2 Wochen |
| Vermittlung von Kenntnissen und Fähigkeiten, um Vermittlung in Arbeit zu verbessern | 8 Wochen |

- Eingliederungszuschüsse[226] §§ 217–224 SGB III, sowie
- Freie Förderung § 10 SGB III.

### 7. Überforderungsschutz

**133** An systematisch überraschender Stelle hat der Gesetzgeber den Überforderungsschutz für Arbeitgeber eingebaut. In Betrieben mit wenigen Mitarbeitern sowie in Betrieben mit hoher Alterstruktur, also überdurchschnittlich viel Mitarbeitern ab 55 Jahren, hat der Gesetzgeber vermeiden wollen, dass zu viele Arbeitnehmer in Altersteilzeit gehen und der Arbeitgeber ohne Arbeitskräfte dasteht. Deshalb wurden § 2 Abs. 1 Nr. 4 VRG 1984, § 3 Abs. 1 Nr. 3 Altersteilzeitgesetz 1988 fast unverändert übernommen und so ein Überforderungsschutz geschaffen, der hauptsächlich Anwendung findet, falls durch Tarifvertrag ein Anspruch auf Altersteilzeit besteht. Die Überforderungsklausel soll dem Arbeitgeber die freie Entscheidung belassen, Altersteilzeit abzulehnen.

**134** Problematisch erscheint die Frage, ob für den Überforderungsschutz auch dann Raum verbleibt, wenn durch Haustarifvertrag oder Betriebsvereinbarung ein Anspruch auf Altersteilzeit begründet wurde. Denn beide Übereinkünfte kommen durch Willenserklärung auch des Arbeitgebers zustande, der also bereits an dieser Stelle eine freie Entscheidung über die Ansprüche auf Altersteilzeit trifft. In diesen Fällen ist es sachgerecht, wenn dem Arbeitgeber nicht noch eine weitere Entscheidungsmöglichkeit eingeräumt wird und die Sicherstellung des Überforderungsschutzes bereits in der kollektiven Übereinkunft selbst gesehen wird.

---

[225] Vgl. Meyer-Ladewig RdNr. 31 ff zu § 54 SGG.
[226] DA der Bundesanstalt für Arbeit § 3 3.1.3.1 (5).

## II. Kommentar Altersteilzeitgesetz § 4 ATG

Der Überforderungsschutz kann aber auch durch eine Ausgleichskasse 135
oder gemeinsame Einrichtung der Tarifvertragsparteien sichergestellt werden.
Bisher wurde allerdings keine Kasse oder Einrichtung gegründet, damit ist
auch während der Gültigkeit des Altersteilzeit-Gesetzes bis 31. 12. 2009
nicht mehr zu rechnen (s. Erl. zu § 9).

### a) Voraussetzungen

Die Überforderungsklausel greift erst dann ein, wenn mehr als 5% der 136
Beschäftigten die Altersteilzeit beanspruchen wollen. Bemessungsgrundlage
ist der jeweilige Betrieb und nicht das Unternehmen. In Kleinbetrieben mit
weniger als 21 Arbeitnehmern entscheidet also per legem stets und unabhängig von Tarifregelungen der Arbeitgeber über die Anträge auf Altersteilzeit.

Die maßgebliche Anzahl der Arbeitnehmer bestimmt sich nach § 7. Zu
Einzelheiten wird auf die dortige Kommentierung verwiesen.

Zur Frage, ob bei der Berechnung der 5%-igen Beladungsgrenze auch
nicht tarifgebundene Arbeitnehmer einzubeziehen sind, ist derzeit ein
Revisionsverfahren beim BAG anhängig[227]. Sie war zu einer Vorgangsregelung positiv entschieden worden (BAG AP Nr. 46 zu Art. 9 GG).

### b) Auswahlentscheidung

Gesetzlich ist nicht bestimmt, wonach sich ein Arbeitgeber richten soll, 137
wenn die 5%-Quote überschritten ist und er frei entscheiden muss, welche
Arbeitnehmer in Altersteilzeit gehen können und welche nicht. Die dann
erforderliche Auswahl darf nicht rein willkürlich getroffen werden, sondern
muss sich nach sachlichen Kriterien richten. Das BAG hatte im Zusammenhang mit der Vorläuferregelung § 2 Abs. 1 Nr. 4 Vorruhestandsgesetz 1984
entschieden, dass das Lebensalter oder Gesichtspunkte der Sozialauswahl analog § 1 Abs. 3 KSchG mögliche Prioritätskriterien sind. Kein geeignetes
Kriterium ist das Eingangsdatum des Antrages auf Altersteilzeit, Arbeitskollegen mit älteren Rechten sollen nicht durch eine frühzeitige Bewerbung verdrängt werden. Bereits abgeschlossene Altersteilzeitvereinbarungen allerdings
müssen bei Bewerbung eines älteren Arbeitnehmers nicht aufgelöst werden.

Rechtsmissbräuchlich wäre ein Vorrang von gegenüber einer tariflichen 138
Regelung schlechteren Vereinbarung mit Außenseitern[228].

## § 4 Leistungen

(1) **Die Bundesanstalt erstattet dem Arbeitgeber für längstens sechs Jahre**
1. **den Aufstockungsbetrag nach § 3 Abs. 1 Nr. 1 Buchstabe a in Höhe von 20 vom Hundert des für die Altersteilzeitarbeit gezahlten Arbeitsentgelts, jedoch mindestens den Betrag zwischen dem für die Altersteilzeitarbeit gezahlten Arbeitsentgelt und dem Mindestnettobetrag, und**

---

[227] BAG 9 AZR 397/00.
[228] BAG NZA 1987, 233 zu § 2 des Textil-Vorruhestandstarifvertrags.

2. den Betrag, der nach § 3 Abs. 1 Nr. 1 Buchstabe b in Höhe des Beitrags geleistet worden ist, der auf den Unterschiedsbetrag zwischen 90 vom Hundert des bisherigen Arbeitsentgelts im Sinne des § 6 Abs. 1 und dem Arbeitsentgelt für die Altersteilzeitarbeit entfällt.

(2) ¹Bei Arbeitnehmern, die nach § 6 Abs. 1 Satz 1 Nr. 1 oder § 231 Abs. 1 und 2 des Sechsten Buches Sozialgesetzbuch von der Versicherungspflicht befreit sind, werden Leistungen nach Absatz 1 auch erbracht, wenn die Voraussetzung des § 3 Abs. 1 Nr. 1 Buchstabe b nicht erfüllt ist. ²Dem Betrag nach Absatz 1 Nr. 2 stehen in diesem Fall vergleichbare Aufwendungen des Arbeitgebers bis zur Höhe des Beitrags gleich, den die Bundesanstalt nach Absatz 1 Nr. 2 zu tragen hätte, wenn der Arbeitnehmer nicht von der Versicherungspflicht befreit wäre.

### Übersicht

| | RdNr. |
|---|---|
| 1. Allgemeines | 1 |
| 2. Rechtsanspruch | 3 |
| 3. Förderumfang | 4 |
| a) Lohnaufstockung | 4 |
| b) Aufstockung des Rentenbeitrages | 6 |
| 4. Dauer | 8 |
| 5. Beginn | 9 |
| 6. Normenklarheit | 10 |

### 1. Allgemeines

1  Sind die Voraussetzungen auf Arbeitnehmerseite nach § 2 und auf Arbeitgeberseite nach § 3 erfüllt, erstattet die Bundesanstalt für Arbeit dem Arbeitgeber die gesetzlichen Aufstockungsbeträge auf das Teilzeitentgelt und auf den Rentenbeitrag. § 4 regelt also eine zweistufige Finanzierung der Altersteilzeit. Auf der ersten Stufe zahlt der Arbeitgeber den Altersteilzeitarbeitenden Lohn und Aufstockungen. Auf der zweiten Stufe erstattet das Arbeitsamt dem Arbeitgeber die Aufstockungsleistungen. Die Bundesanstalt für Arbeit erstattet die Aufstockungen nur wenn sie tatsächlich geleistet wurden und nur auf Antrag sowie nachträglich. Näheres zum Verfahren s. die Erläuterungen zu § 12.

2  Die in § 4 bestimmte maximale Förderdauer wurde durch das Zweite Gesetz zur Fortentwicklung der Altersteilzeit vom 27. 6. 2000[229] von 5 auf 6 Jahre erweitert.

### 2. Rechtsanspruch

3  Auf die Förderung hat der Arbeitgeber einen Rechtsanspruch, der sich gegen die Bundesanstalt für Arbeit richtet. Sind die Anspruchsvoraussetzungen nach §§ 2 und 3 erfüllt sowie der Antrag nach den Verfahrensregeln in § 12 gestellt, muss die Bundesanstalt für Arbeit die Förderleistungen erbringen. Deshalb wäre es rechtlich nicht möglich, wenn ein Arbeitsamt die Leistungen verweigerte mit der Begründung, es seien keine ausreichenden Finanzmittel vorhanden.

---

[229] BGBl I Seite 910.

## 3. Förderumfang

### a) Lohnaufstockung

Dem Arbeitgeber werden die gesetzlichen Aufstockungsbeträge auf den Teilzeitlohn entsprechend § 3 Abs. 1 Ziff 1 Buchstabe a erstattet. Allerdings ist ausschließlich die gesetzliche Aufstockung umfasst, also um 20% des Teilzeitbrutto bzw. – falls höher – der Betrag aus der Mindestnettobetrags-Verordnung. Zahlt der Arbeitgeber eine höhere Aufstockung, wie es die meisten Tarifverträge zur Altersteilzeit bestimmen, erstattet das Arbeitsamt gleichwohl nur die gesetzlichen Beträge. Die Höheraufstockung hat der Arbeitgeber selbst zu tragen.

Erbringt der Arbeitgeber die Mindestaufstockung nicht, hat er keinen, auch keinen anteiligen Förderanspruch. Dabei gilt das Monatsprinzip § 12 Abs. 2 Satz 1, § 23a Satz 2 SGB IV[230]. Das Monatsprinzip hat besondere Bedeutung für die Monate, in denen Einmalzahlungen wie z.B. Weihnachts- oder Urlaubsgeld fällig sind. Hierzu bestimmen einige Tarifver-träge[231], dass die Einmalzahlungen bei der Berechnung der Entgeltaufstockung unberücksichtigt oder zumindest in der Freizeitphase nur zu einem geringen Anteil berücksichtigt werden. Solche Bestimmungen sind zulässig, aber nur soweit das aufgestockte Entgelt auch tatsächlich die Höhe der Mindestnettobetrags-Verordnung erreicht. Für die Mindestnettobetrags-Verordnung bestimmt § 6 Abs. 1, dass sämtliche Entgeltteile zu berücksichtigen sind, auf die bei Weiterarbeit wie bisher Anspruch bestünde. Auf Urlaubs- oder Weihnachtsgeld bestünde bei Weiterarbeit wie bisher Anspruch in ungekürztem Umfang – und sei es auch aus betrieblicher Übung oder auf Grund des Gleichbehandlungsprinzips. Wird aber im Monat des Weihnachtsgeldes das Mindest-Netto nicht erreicht, ist für diesen Monat eine Förderung ausgeschlossen. Anders die Bundesanstalt für Arbeit: sie lässt in der Dienstanweisung zu § 4[232] für diese Fälle zu, dass vom Monatsprinzip abgewichen wird und für den Mindestnetto-Vergleich die Einmalzahlung auf mehrere Monate verteilt wird. Zulässig sei sogar für diesen Vergleich ein Überschreiten der Jahresgrenze. Dieses Abweichen vom Monatsprinzip des Altersteilzeit-Gesetzes durch die Bundesanstalt für Arbeit findet keine Stütze im Gesetz. Sie verstößt vielmehr gegen § 23a Satz 2 SGB IV, der ausdrücklich eine Zuordnung auf den Abrechnungszeitraum bestimmt, in dem die Einmalzahlung geleistet wird. Hinzukommt, dass für diese Weisungslage kein Bedürfnis besteht. Die einschlägigen Tarifverträge bestimmen regelmäßig wenigstens in Protokollnotizen, dass die Aufstockung entsprechend zu erhöhen ist, falls ein Arbeitnehmer mit gesetzlichen Leistungen mehr erhalten würde als ein entsprechende Arbeitnehmer nach dem tariflichen Modell[233]. Zum Tarifvertrag der Metallindustrie Nordrhein-Westfalen vom 20. 11. 2000 s. Teil D § 6 Rdnr. 23ff.

---

[230] Vgl. Erfurter Kommentar Rolfs § 3 Altersteilzeit-Gesetz RdNr. 4.
[231] Insbesondere im Bereich der Metall- und Elektro-Industrie.
[232] § 4 4.1 (3).
[233] Z.B. Tarifvertrag Altersteilzeit vom 27. 11. 1998 Metall- und Elektro-Industrie in Thüringen, Protokollnotiz zu § 7.

## b) Aufstockung des Rentenbeitrages

6   Hat der Arbeitgeber die zusätzlichen Beiträge an die Rentenversicherung gem. § 3 Abs. 1 Ziff. 1 Buchstabe b (Beiträge auf den Unterschiedsbetrag) abgeführt, erhält er sie als Förderleistung erstattet. Ebenso wie bei der Lohnaufstockung handelt es sich um eine Mindesterstattung, höhere Leistungen des Arbeitgebers gehen zu seinen Lasten, geringere Leistungen begründen keinerlei Förderanspruch.

7   Sind die Altersteilzeitarbeitnehmer von der gesetzlichen Rentenversicherung befreit nach §§ 6 Abs. 1 Satz 1 Nr. 1, 231 Abs. 1 und 2 SGB VI und erbringt der Arbeitgeber deshalb Beitragsaufstockungen für eine alterssichernde Versorgung, werden die entsprechenden Förderleistungen erbracht. Sie sind allerdings der Höhe nach begrenzt auf die gesetzlichen Leistungen. Auch hier gilt das Mindestprinzip: die Aufstockung muss wenigstens so hoch sein, dass der Beitrag aus der Berechnungsbasis 90% erreicht wird.

### 4. Dauer

8   Die Förderung erfolgt maximal für 6 Jahre.
Seit der Öffnung des Zeitraums in § 2 durch das Flexi-Gesetz vom 6. 4. 1998 sind auch Altersteilzeitverhältnisse zulässig, die länger als 6 Jahre dauern. Allerdings wird auch dann maximal für 6 Jahre gefördert, die weitergehende Zeit geht vollständig zu Lasten des Arbeitgebers.

### 5. Beginn

9   Der Förderanspruch entsteht erst mit dem Tag der Wiederbesetzung, auch bei verblockter Altersteilzeit. Zur förderrechtlichen Absicherung empfiehlt es sich deshalb, eine Vorabentscheidung des Arbeitsamtes einzuholen gem. § 12 Abs. 1 Satz 3.

### 6. Normenklarheit

10   Zu bezweifeln ist, ob die sprachliche Fassung des § 4 Nr. 2 dem verfassungsrechtlichen Gebot der Verständlichkeit gesetzlicher Regelungen entspricht. Die Formulierung „... erstattet den Betrag, der in der Höhe des Beitrages geleistet worden ist, der auf den Unterschiedsbetrag ... entfällt" kann beim ersten Lesen wohl nur verstehen, wer das „Oberamtsratsdeutsch" beherrscht. Die Normadressaten werden erst mit Hilfe einer Erläuterung erfassen können, was gemeint ist.

## § 5 Erlöschen und Ruhen des Anspruchs

(1) **Der Anspruch auf die Leistungen nach § 4 erlischt**
1. mit Ablauf des Kalendermonats, in dem der Arbeitnehmer die Altersteilzeitarbeit beendet oder das 65. Lebensjahr vollendet hat,
2. mit Ablauf des Kalendermonats vor dem Kalendermonat, für den der Arbeitnehmer eine Rente wegen Alters oder, wenn er von der Versicherungspflicht in der gesetzlichen Rentenversicherung befreit ist, eine vergleichbare Leistung einer Versicherungs- oder Versorgungs-

einrichtung oder eines Versicherungsunternehmens beanspruchen kann; dies gilt nicht für Renten, die vor dem für den Versicherten maßgebenden Rentenalter in Anspruch genommen werden können oder

3. mit Beginn des Kalendermonats, für den der Arbeitnehmer eine Rente wegen Alters, eine Knappschaftsausgleichsleistung, eine ähnliche Leistung öffentlich-rechtlicher Art oder, wenn er von der Versicherungspflicht in der gesetzlichen Rentenversicherung befreit ist, eine vergleichbare Leistung einer Versicherungs- oder Versorgungseinrichtung oder eines Versicherungsunternehmens bezieht.

(2) [1] Der Anspruch auf die Leistungen besteht nicht, solange der Arbeitgeber auf dem freigemachten oder durch Umsetzung freigewordenen Arbeitsplatz keinen Arbeitnehmer mehr beschäftigt, der bei Beginn der Beschäftigung die Voraussetzungen des § 3 Abs. 1 Nr. 2 erfüllt hat. [2] Dies gilt nicht, wenn der Arbeitsplatz mit einem Arbeitnehmer, der diese Voraussetzungen erfüllt, innerhalb von drei Monaten erneut wiederbesetzt wird oder der Arbeitgeber insgesamt für vier Jahre die Leistungen erhalten hat.

(3) [1] Der Anspruch auf die Leistungen ruht während der Zeit, in der der Arbeitnehmer neben seiner Altersteilzeitarbeit Beschäftigungen oder selbständige Tätigkeiten ausübt, die die Geringfügigkeitsgrenze des § 8 des Vierten Buches Sozialgesetzbuch überschreiten oder auf Grund solcher Beschäftigungen eine Entgeltersatzleistung erhält. [2] Der Anspruch auf die Leistungen erlischt, wenn er mindestens 150 Kalendertage geruht hat. [3] Mehrere Ruhenszeiträume sind zusammenzurechnen. [4] Beschäftigungen oder selbständige Tätigkeiten bleiben unberücksichtigt, soweit der altersteilzeitarbeitende Arbeitnehmer sie bereits innerhalb der letzten fünf Jahre vor Beginn der Altersteilzeitarbeit ständig ausgeübt hat.

(4) [1] Der Anspruch auf die Leistungen ruht während der Zeit, in der der Arbeitnehmer über die Altersteilzeitarbeit hinaus Mehrarbeit leistet, die den Umfang der Geringfügigkeitsgrenze des § 8 des Vierten Buches Sozialgesetzbuch überschreitet. [2] Absatz 3 Satz 2 und 3 gilt entsprechend.

(5) § 48 Abs. 1 Nr. 3 des Zehnten Buches Sozialgesetzbuch findet keine Anwendung.

### Übersicht

| | RdNr. |
|---|---|
| 1. Allgemeines | 1 |
| 2. Erlöschen wegen Ende der Altersteilzeit oder Erreichen des 65. Lebensjahres (Abs. 1 Nr. 1) | 4 |
| 3. Erlöschen wegen Altersruhegeld | 6 |
|    a) Erlöschen wegen Anspruchs auf Regelaltersrente (Abs. 1 Nr. 2) | 6 |
|    b) Erlöschen wegen Bezuges von Altersrenten (Abs. 1 Nr. 3) | 10 |
| 4. Entfall wegen Mehrarbeit oder Nebenbeschäftigung (Abs. 3, 4) | 15 |
|    a) Ruhen des Anspruches | 15 |
|    b) Erlöschen des Anspruches | 17 |
|    c) Bestandschutz | 20 |
| 5. Fehlgeschlagene Wiederbesetzung (Abs. 2) | 23 |
|    a) Drei-Jahres-Rahmen | 24 |
|    b) Drei-Monats-Puffer | 27 |

|     |     | RdNr. |
| --- | --- | --- |
|     | c) Innerbetriebliche Umsetzung | 29 |
|     | d) Nichtbeschäftigungszeiten | 32 |
| 6.  | Aufhebung des Förderbescheides und Rückzahlungspflicht (Abs. 4) | 33 |
| 7.  | Vertragliche Ausgestaltungen | 37 |

## 1. Allgemeines

**1** § 5 regelt, unter welchen Voraussetzungen die Förderleistungen vorübergehend oder auf Dauer entfallen. Dabei sind vier Kategorien zu unterscheiden:

**2** Entfall wegen
1. Ende der Altersteilzeit oder 65. Lebensjahr,
2. Altersruhegeld,
3. Mehrarbeit oder Nebenbeschäftigung,
4. Fehlgeschlagene Wiederbesetzung.

**3** Eine wesentliche Änderung hat § 5 erfahren, als der Zeitraum nach Abs. 2 von drei auf vier Jahre erweitert wurde durch das Zweite Gesetz zur Fortentwicklung der Altersteilzeit vom 27. 6. 2000[234].

## 2. Erlöschen wegen Ende der Altersteilzeit oder Erreichen des 65. Lebensjahres (Abs. 1 Nr. 1)

**4** Bei Ende des Altersteilzeitverhältnisses erlischt der Anspruch auf Förderung, entfällt also ab dem Folgemonat. Die Beendigung kann z.b. wegen Ablauf der für einen bestimmten Zeitraum vereinbarten Altersteilzeit, bzw. vorzeitig nach Kündigung oder auch durch Tod eintreten. Bei Ende während der Freizeitphase kann der Förderanspruch unter bestimmten Voraussetzungen erhalten bleiben, sofern die Wiederbesetzung/Ersatzeinstellung fortbesteht, vgl. § 12 RdNr. 14.

**5** Die Förderung endet außerdem mit dem Monat, in dem der Altersteilzeitarbeitnehmer den 65. Geburtstag feiert.

## 3. Erlöschen wegen Altersruhegeld

### a) Anspruch auf Altersrente ohne Abschlag (Abs. 1 Nr. 2)

**6** Erreicht ein Altersteilzeitarbeitnehmer die Regelaltersgrenze der gesetzlichen Rentenversicherung, erlischt der Förderanspruch des Arbeitgebers. Dies geschieht auch bei vorgezogenen Altersrenten, die entsprechend den Tabellen in Teil A I RdNr. 14 ff ohne Abschläge bezogen werden können. Betroffen sind folgende Sondertatbestände:
– Altersrente für langjährig (35 Jahre) Versicherte (§ 36 SGB VI)
– Altersrente für schwerbehinderte Menschen (§ 37 SGB VI) sowie übergangsweise wegen Berufs- oder Erwerbsunfähigkeit (§ 236 a SGB VI)
– Altersrente wegen Arbeitslosigkeit oder nach Altersteilzeitarbeit (§ 237 SGB VI)
– Altersrente für Frauen (§ 237 a SGB VI)
– Altersrente für Bergleute (§ 238 SGB VI).

---

[234] BGBl I Seite 910.

**Beispiel:** Arbeitnehmerin, geb. 31. 5. 1942, Altersteilzeit ab Juni 2002. Anzuwenden ist Tabelle Teil A I RdNr. 25. Bereits ab November 2004 besteht der Anspruch auf ungeminderte Rente. Der Förderanspruch des Arbeitgebers endet zwingend nach zwei Jahren und fünf Monaten Altersteilzeit. 7

Das Beispiel zeigt einen Grund, warum sich die geförderte Altersteilzeit erst seit den Jahren 2000/2001 so recht durchsetzen konnte. Viele Betroffene hatten in den Jahren vorher relativ bald einen Anspruch auf Rente ohne Abschläge und dadurch endete der Anspruch auf Subvention. Insbesondere bei Tarifverträgen, die erst ab 60 Jahren oder später einen Anspruch auf Altersteilzeit vorsehen und § 5 Abs. 1 Nr. 2 übernommen haben, war die Altersteilzeit lange unpraktikabel. 8

Ist der Altersteilzeitarbeitnehmer von der gesetzlichen Rentenversicherungspflicht befreit (z.B. nach §§ 6 Abs. 1 Satz 1 Nr. 1 oder 231 Abs. 1 und 2 SGB VI), ist der Anspruch auf eine vergleichbare Regelleistung der Alterssicherung maßgeblich. 9

**b) Bezug von Altersrenten (Abs. 1 Nr. 3)**

**Bezieht** der Arbeitnehmer eine ungekürzte oder gekürzte Voll- oder Teilrente als 10
* Altersrente
* Knappschaftsausgleichsleistung
* ähnliche Leistung öffentlich-rechtlicher Art

erlischt der Förderanspruch ebenfalls. Anders als beim Erlöschen nach Nr. 2 wegen Anspruches auf ungekürzte Rente sind hier selbst Altersrenten mit Abschlag zu berücksichtigen. Maßgeblich ist allein der tatsächliche Rentenbezug, der in diesen Fällen häufig schon ab 60 Jahren möglich ist.

Auch hier sind von der gesetzlichen Rentenversicherungspflicht Befreite (z.B. nach §§ 6 Abs. 1 Satz 1 Nr. 1 oder 231 Abs. 1 und 2 SGB VI) gleichgestellt, sobald sie eine vergleichbare Altersruheleistung beziehen. 11

Zum Erlöschen kommt es auch beim Bezug anderer vergleichbarer Leistungen der Alterssicherung öffentlich-rechtlicher Art. Dieser Begriff entspricht dem des § 142 Abs. 1 Nr. 4 SGB III. Nach der Dienstanweisung der Bundesanstalt für Arbeit [235] sind folgende Kriterien maßgeblich: 12
* Abhängigkeit von einer Altersgrenze
* Sicherstellung des Lebensstandards
* öffentlich-rechtliche Mittelaufbringung.

Zu nennen sind Berufständische Versorgungsleistungen. Ob Auslandsrenten den Förderanspruch entfallen lassen können ist derzeit noch nicht endgültig geklärt. 13

Besonderheiten gelten für den Bezug einer Rente wegen voller Erwerbsminderung nach § 43 SGB VI. Die Rente selbst lässt den Anspruch nicht erlöschen. Weil aber voll Erwerbsgeminderte nach § 28 Nr. 3 SGB III ab Feststellung der Erwerbsminderung versicherungsfrei sind, endet mit der Feststellung auch die Förderung[236]. 14

---

[235] DA der Bundesanstalt für Arbeit zu § 142 SGB III.
[236] DA der Bundesanstalt für Arbeit § 5 5.3 (4).

## 4. Entfall wegen Mehrarbeit oder Nebenbeschäftigung (Abs. 3, 4)

### a) Ruhen des Anspruches

**15** Das Altersteilzeitgesetz soll auch den Arbeitsmarkt entlasten[237]. Dem liefe es zuwider, wenn ein Altersteilzeitarbeitnehmer, der seine Arbeitsleistung reduziert und einen Arbeitsplatz zumindest teilweise freigemacht hat, diesen Effekt durch einen Nebenjob oder eine andere Beschäftigung wieder aufheben würde. Gleiches gilt für die Mehrarbeit, weil es nicht entscheidend ist, wo die zusätzliche Arbeit erbracht wird. Andererseits soll den Betrieben ein gewisses Maß an Flexibilität belassen werden, z.b. wenn vorübergehend die Auftragslage Mehrarbeit erfordert. Gleichzubehandeln sind wiederum Nebenbeschäftigungen der Arbeitnehmer. Das Gesetz erlaubt deshalb beide Formen zusätzlicher Arbeit – Nebenjob und Mehrarbeit –, zieht aber die Grenze bei der Geringfügigkeit nach § 8 SGB IV. Mehrarbeit und Nebentätigkeiten bei denen die Entlohnung über € 325/Monat oder über 15 Stunden/Woche liegt, führen deshalb zum Ruhen des Anspruches. Für die entsprechenden Zeiträume werden keine Förderleistungen erbracht.

In bestimmten Grenzen lässt die Bundesanstalt für Arbeit Mehrarbeit dennoch zu. Projektbezogene Mehrarbeit, weil ein konkretes Projekt mit Ende der Arbeitsphase noch nicht abgeschlossen ist, bleibt förderunschädlich[238]. Generell kann Mehrarbeit durch Freizeit ausgeglichen werden, wenn über die Laufzeit der Altersteilzeit eine Halbierung der Arbeitszeit erreicht wird. Hierfür wird ein plausibler Plan zum Abbau der Überstunden oder eine konkrete arbeitsrechtliche Regelung verlangt[239]. Möglich ist also eine Vereinbarung, die Mehrarbeit auf ein Wertkonto gutzubringen und zur Verkürzung der Arbeitsphase zu verwenden, wenn das Guthaben eigens geführt und ausgewiesen wird[240].

**16** Das grundsätzliche Verbot umfangreicher Nebentätigkeiten gilt während der gesamten Dauer der Altersteilzeit, also insbesondere auch in der Freizeitphase des Blockmodells.

### b) Erlöschen des Anspruches

**17** Ist es zum Ruhen wegen Mehrarbeit oder Nebentätigkeit für insgesamt 150 Tage oder mehr gekommen, erlischt der Förderanspruch vollständig. Mehrere Ruhenszeiträume werden addiert. Allerdings können auf Grund der getrennten Regelung des Ruhens wegen Nebentätigkeit in Abs. 3 und wegen Mehrarbeit in Abs. 4 nicht beide Ruhenstatbestände zusammengerechnet werden. Eine Zusammenrechnung der ungleichartigen Ruhenszeiten verbietet auch die unterschiedliche Verantwortlichkeit für Mehrarbeit – sie liegt auf Arbeitgeberseite – und für Nebentätigkeit – sie liegt auf Arbeitnehmerseite. Insoweit muss der Gesetzeszweck Entlastung des Arbeitsmarktes in den Hintergrund treten.

---

[237] Begründung zum Gesetzentwurf BR-Drs. 208/96 Seite 34.
[238] DA der Bundesanstalt für Arbeit § 5 5.2 (2).
[239] DA der Bundesanstalt für Arbeit § 2 2.2 (10).
[240] Vgl. § 2 RdNr. 61 ff.

**Beispiel:** Ein Arbeitnehmer leistet insgesamt 149 Tage Mehrarbeit und ist weitere 18 insgesamt 149 Tage in einer Nebenbeschäftigung tätig, jeweils mit Überschreitung der Geringfügigkeitsgrenze. Es kommt zum Ruhen des Förderanspruches für 298 Tage, jedoch nicht zum Erlöschen.

Als Folge des Erlöschens entfällt der gesamte Förderanspruch, also auch für 19 vergangene Zeiten. Erhaltene Leistungen sind unter den Voraussetzungen der §§ 48, 50 SGB X zurückzuzahlen (Einzelheiten hierzu unter RdNr. 33 ff).

### c) Bestandschutz

Nebentätigkeiten, die der Altersteilzeitarbeitnehmer bereits in den letzten 20 fünf Jahren vor der Altersteilzeit ständig ausgeübt hat, sind durch einen Bestandschutz privilegiert. Sie können auch weiterhin ausgeübt werden, ohne den Förderanspruch des Arbeitgeber zu berühren. Als typische Beispiele können genannt werden Arbeiten als Nebenerwerbslandwirte oder in Versicherungsvertretungen.

Werden diese Tätigkeiten aber wesentlich ausgeweitet, verlieren sie ihren 21 Charakter einer Nebenbeschäftigung und werden zu einer Haupterwerbsquelle. Diese Ausübung einer Beschäftigung mit verändertem Charakter ist nicht mehr durch Bestandschutz privilegierbar und führt zum Ruhen oder Erlöschen des Förderanspruches. Andernfalls würden die Arbeitsmarktziele des Altersteilzeitgesetzes konterkariert.

Es wäre sinnvoll, den Nebentätigkeiten die Mehrarbeit auch beim Be- 22 standschutz gleichzustellen. In den letzten 5 Jahren vor der Altersteilzeit ständig geleistete Mehrarbeit auch weiterhin auszuüben hätte keinen Einfluss auf das Ziel des Gesetzes, mit Hilfe der Altersteilzeit den Arbeitsmarkt dauerhaft zu entlasten[241]. Denn der status quo der bestehenden Mehrarbeit änderte sich und dieser konkrete status sollte durch die Altersteilzeit nicht angegriffen werden. Es ist zwar wünschenswert, unangemessene Überstundenleistungen in Zeiten schwieriger Beschäftigungslage abzubauen; die Alterstellzeit wurde jedoch nicht als Instrumentarium geschaffen, um dieses Ziel zu erreichen.

### 5. Fehlgeschlagene Wiederbesetzung (Abs. 2)

Fördervoraussetzung auf Arbeitgeberseite ist nach § 3, dass der durch Al- 23 tersteilzeit (teilweise) freigewordene Arbeitsplatz wiederbesetzt wird. Diese Wiederbesetzung kann fehlschlagen, etwa weil der Arbeitnehmer mit der Arbeitstelle nicht zu Rande kommt, eine bessere Arbeitstelle findet oder weil wegen verschlechterter Auftragslage eine betriebsbedingte Kündigung erklärt wird. Hierzu enthält Absatz 2 eine differenzierte Regelung der förderrechtlichen Konsequenzen.

### a) Drei-Jahres-Rahmen

Hatte der Arbeitgeber über drei Jahre hinweg Förderleistungen erhalten, 24 hatten also das Arbeitsverhältnis mit dem Wiederbesetzer und das Altersteil-

---

[241] Begründung zum Entwurf eines Gesetzes zur Förderung eines gleitenden Überganges in den Ruhestand, BR-Drs. 208/96, S. 34.

**ATG § 5** 25–29

zeitverhältnis mindestens drei Jahre Bestand, ist das Ausscheiden des Wiederbesetzers unschädlich. Das Arbeitsamt erbringt die Leistungen weiter bis zum Ende des Altersteilzeitverhältnisses.

25 **Beispiel:** Altersteilzeit und Wiederbesetzung beginnen am 1. 1. 2002. Während des Jahres 2004 muss der Betrieb umstrukturiert werden. Der Arbeitsplatz des Wiederbesetzers entfällt ersatzlos, ihm wird zum 31. 12. 2004 betriebsbedingt gekündigt. Der Altersteilzeitarbeitnehmer bleibt bis 31. 12. 2008 beschäftigt. Der Arbeitgeber erhält die Förderleistungen vom 1. 1. 2002 bis 31. 12. 2008 in vollem Umfang.

26 An dieser Stelle ergibt sich für das Blockmodell ein Bruch. Nach § 4 Abs. 1 beträgt die maximale Förderdauer 6 Jahre, nach § 3 Abs. 3 werden die Leistungen erst nach Ende der Arbeitsphase erbracht. Im Blockmodell kann deshalb eine vierjährige Förderdauer praktisch nicht erreicht werden. Dieser Bruch resultiert aus der Übernahme des Altersteilzeitgesetz 1988 in den Gesetzentwurf für das Altersteilzeitgesetz 1996 und der Einfügung des Blockmodells erst im Gesetzgebungsverfahren (vgl. Vor § 1 RdNr. 18). Dabei wurde verabsäumt, auch § 5 Abs. 2 an das Blockmodell anzugleichen. Diese Situation rettet die Bundesanstalt für Arbeit, indem sie § 5 Abs. 2 Satz 2 teleologisch reduziert und wegen der verdoppelten Leistungszahlung ab Beginn der Freizeitphase (§ 12 Abs. 3 Satz 3) eine 2jährige Förderung ausreichen lässt[242]. Die Folge davon ist im 6jährigen Blockmodell eine Mindestbestandszeit von regelmäßig 5 Jahren – gegenüber 6 Jahren im unverblockten Modell. Hierdurch kann ein Personalabbau durch geförderte Altersteilzeit möglich werden, vgl. § 3 RdNr. 126[243].

**b) Drei–Monats–Puffer**

27 Schlägt die Wiederbesetzung fehl, steht dem Arbeitgeber eine Pufferzeit von drei Monaten zur Verfügung, innerhalb der eine erneute Wiederbesetzung realisieren muss. Gelingt dies, erhält er durchgehend die Fördermittel, selbst für die Zeit, in der der wiederzubesetzende Platz vakant war. Bei erneutem, weiterem Fehlschlagen steht die Pufferzeit nochmals in vollem Umfang zur Verfügung.

28 Glückt die erneute Wiederbesetzung erst nach mehr als drei Monaten, lebt der Förderanspruch ex nunc wieder auf. Für die Zeit der Vakanz geht die Förderung verloren. Um den Förderverlust zu vermeiden kann deshalb an eine Zwischen-Wiederbesetzung für wenige Tage gedacht werden.

**c) Innerbetriebliche Umsetzung**

29 Wird der Wiederbesetzer umgesetzt, wird er nicht mehr auf dem Arbeitsplatz beschäftigt, der durch Altersteilzeit freigemacht wurde. Dieser Platz ist darum grundsätzlich in der dreimonatigen Pufferzeit erneut wiederzubesetzen, wenn nicht der Förderanspruch verloren werden soll. Die Bundesanstalt für Arbeit gewährt aber besondere Erleichterungen. In Kleinunternehmen bis 50 Arbeitnehmer und in Organisationseinheiten bis 50 Beschäftig-

---

[242] DA der Bundesanstalt für Arbeit § 5 5.1 (4).
[243] Vgl. auch Rittweger NZA 1998, 918.

te[244] reicht es aus, wenn der Wiederbesetzer irgendwo im gleichen Arbeitszeitvolumen beschäftigt bleibt. Andernfalls wird eine Umsetzungskette verlangt[245]. Fällt der wiederbesetzte Arbeitsplatz wegen Umstrukturierung weg, bleibt aber der Wiederbesetzer im Betrieb, ist dies förderunschädlich, wenn auch der Arbeitsplatz, auf den umgesetzt wurde, den gleichen übergeordneten Arbeitszweck verfolgt. Bei Outsourcing kann der neue Arbeitgeber die Förderung erhalten, wenn Altersteilzeit-Arbeitnehmer und Wiederbesetzer beschäftigt bleiben[246]. Die Weisung bezieht sich nur auf das klassische Teilzeitmodell. Weil das Blockmodell gleichberechtigt in das Altersteilzeit-Gesetz aufgenommen ist, muss die Förderung auf den neuen Arbeitgeber übergehen auch bei Outsourcing in der Freizeitphase, also bei Outsourcing des Wiederbesetzers.

Wird nur der Altersteilzeitarbeitnehmer umgesetzt, bleibt dies für die Förderung ohne Folgen. 30

Werden Altersteilzeitarbeitnehmer und Wiederbesetzer gemeinsam umgesetzt und wird der übergeordnete Arbeitszweck auch an den neuen Arbeitsplätzen verfolgt, ist dies förderunschädlich[247]. 31

### d) Nichtbeschäftigungszeiten

Die „Risiken" Schwangerschaft, Mutterschutz, Erziehungsurlaub, Wehr- 32
und Zivildienst[248] sollen Arbeitgebern nicht doppelt aufgebürdet werden. Entsprechende Zeiten einer wiederbesetzenden Person führen nicht zum Verlust des Förderanspruchs[249].

### 6. Aufhebung des Förderbescheides und Rückzahlungspflicht (Abs. 4)

Wurden dem Arbeitgeber Leistungen durch Bescheid gewährt, ist aber 33
nach Abs. 1 bis 4 der Förderanspruch nachträglich entfallen, wird der Bewilligungsbescheid im sozialrechtlichen Verwaltungsverfahren durch Aufhebungsbescheid rückgängig gemacht. In der Folge kommt es zur Erstattung der unrechtmäßig erbrachten Leistungen (§§ 48, 50 SGB X). Im Rahmen der Aufhebung nach § 48 SGB X ist zu prüfen, ob dem Leistungsempfänger 34
Vertrauensschutz zuzubilligen und deshalb die Aufhebung ausgeschlossen wäre. Hierzu enthält Abs. 4 eine Sonderregelung aus folgendem Grund: Leistungsempfänger nach dem Altersteilzeitgesetz ist der Arbeitgeber, während für die Einhaltung bestimmter Fördervoraussetzungen der Altersteilzeitarbeitnehmer verantwortlich ist. Übt er z.B. in der Freizeitphase des Blockmodells eine umfangreiche Nebenbeschäftigung aus, entfällt der Förderanspruch des Arbeitgebers – obwohl dieser auf die Nebentätigkeit kaum Einfluss wird nehmen können. In diesen und vergleichbaren Fällen wurde es als unbillig an-

---

[244] Vgl. § 3 RdNr. 105 ff.
[245] DA der Bundesanstalt für Arbeit § 5 5.1.
[246] DA der Bundesanstalt für Arbeit § 5 5.1 (3).
[247] DA der Bundesanstalt für Arbeit § 5 5.1.
[248] DA der Bundesanstalt für Arbeit § 5 5.1 (5); vgl. § 3 RdNr. 112.
[249] S. auch BSG SozR 7825 § 5 Nr. 1.

gesehen, wenn gem. § 48 Abs. 1 Satz 2 Nr. 3 SGB X der Vertrauenschutz für den Arbeitgeber vollständig entfiele. Deshalb ist die Geltung dieser Vorschrift durch Abs. 4 aufgehoben.

35 Damit ist allerdings der Arbeitgeber nicht jeder Verantwortung enthoben. Seine Verantwortlichkeit gegenüber der Bundesanstalt für Arbeit richtet sich nach § 48 Abs. 1 Satz 2 Nr. 4 SGB X, wenn er vom Entfall des Anspruches wusste oder davon nur infolge grober Fahrlässigkeit nichts wusste.

36 Der Altersteilzeitarbeitnehmer wiederum ist insbesondere über die Mitteilungspflichten nach § 11 in die Verantwortung eingebunden. Kommt er ihnen schuldhaft nicht nach, muss er die Fördermittel der Bundesanstalt für Arbeit zurückerstatten (Näheres s. § 11 RdNr. 8 ff).

### 7. Vertragliche Ausgestaltungen

37 Wegen der förderrechtlichen Konsequenzen werden häufig insbesondere Mitteilungspflichten hinsichtlich Nebentätigkeiten sowie Schutzklauseln zu Gunsten der zu Mehrarbeit Verpflichteten in Altersteilzeitvereinbarungen aufgenommen (vgl. die Muster in Teil C).

38 Bestehen vertragliche Mitteilungspflichten dieser Art, treffen den Arbeitgeber keine weiteren besonderen Überwachungspflichten zu Gunsten der Förderbehörden. Er darf darauf vertrauen, dass sich die Arbeitnehmer vertragstreu verhalten. Für den Maßstab der groben Fahrlässigkeit nach § 48 Abs. 1 Satz 2 Nr. 4 SGB X (s.o. RdNr. 35 f) darf deshalb nicht auf eine weitergehende Überwachungspflicht des Arbeitgeber abgestellt werden[250].

## § 6 Begriffsbestimmungen

(1) [1]**Bisheriges Arbeitsentgelt im Sinne dieses Gesetzes ist das Arbeitsentgelt, das der in Altersteilzeitarbeit beschäftigte Arbeitnehmer für eine Arbeitsleistung bei bisheriger wöchentlicher Arbeitszeit zu beanspruchen hätte, soweit es die Beitragsbemessungsgrenze des Dritten Buches Sozialgesetzbuch nicht überschreitet.** [2]§ 134 Abs. 2 Nr. 1 des Dritten Buches Sozialgesetzbuch gilt entsprechend.

(2) [1]**Als bisherige wöchentliche Arbeitszeit ist die wöchentliche Arbeitszeit zugrunde zu legen, die mit dem Arbeitnehmer vor dem Übergang in die Altersteilzeitarbeit vereinbart war.** [2]Zugrunde zu legen ist höchstens die Arbeitszeit, die im Durchschnitt der letzten 24 Monate vor dem Übergang in die Altersteilzeit vereinbart war. [3]Bei der Ermittlung der durchschnittlichen Arbeitszeit nach Satz 2 bleiben Arbeitszeiten, die die tarifliche regelmäßige wöchentliche Arbeitszeit überschritten haben, außer Betracht. [4]Die ermittelte durchschnittliche Arbeitszeit kann auf die nächste volle Stunde gerundet werden.

(3) **Als tarifliche regelmäßige wöchentliche Arbeitszeit ist zugrunde zu legen,**
1. wenn ein Tarifvertrag eine wöchentliche Arbeitszeit nicht oder für Teile eines Jahres eine unterschiedliche wöchentliche Arbeitszeit vorsieht, die Arbeitszeit, die sich im Jahresdurchschnitt wöchentlich er-

---

[250] AA Grüner-Dalichau Erl. V zu § 5.

gibt; wenn ein Tarifvertrag Ober- und Untergrenzen für die Arbeitszeit vorsieht, die Arbeitszeit, die sich für den Arbeitnehmer im Jahresdurchschnitt wöchentlich ergibt,
2. wenn eine tarifliche Arbeitszeit nicht besteht, die tarifliche Arbeitszeit für gleiche oder ähnliche Beschäftigungen, oder falls eine solche tarifliche Regelung nicht besteht, die für gleiche oder ähnliche Beschäftigungen übliche Arbeitszeit.

## 1. Allgemeines

§ 6 enthält wesentliche Begriffsbestimmungen. Abs. 1 definiert das bisherige Entgelt, das Grundlage für die 70%ige Mindest-Netto-Aufstockung und für die Aufstockung des Rentenbeitrags ist. In der Folge definiert Abs. 2 die bisherige Arbeitszeit und Abs. 3 die tarifliche bisherige Arbeitszeit. Die Regelungen beeinflussen maßgeblich Höhe und Umfang der Aufstockungen.

Die Vorschrift hatte zunächst § 6 Altersteilzeitgesetz 1988 entsprochen. Wegen der Öffnung für Teilzeitkräfte wurde § 6 wesentlich geändert durch das Gesetz zur Fortentwicklung der Altersteilzeit vom 20. 12. 1999[251]. Die dortige unpraktikable Regelung zur Arbeitszeit wurde durch das Zweite Gesetz zur Fortentwicklung der Altersteilzeit vom 27. 6. 2000[252] in Abs. 2 Satz 2 ersetzt.

## 2. Bisheriges Entgelt (Abs. 1)

Das Entgelt, das die Arbeitnehmer bei Weiterarbeit wie bisher ohne den Wechsel in Altersteilzeit erzielt hätten, wird auch „Hätte-Entgelt" genannt. Es umfasst alle Lohnleistungen des Arbeitgebers.

Maßgeblich für das Hätte-Entgelt ist nicht, was an die verbliebenen Vollzeitarbeitnehmer tatsächlich gezahlt wird, sondern was dem Altersteilzeitarbeitnehmer vertraglich geschuldet wäre. Dazu zählt nicht nur der Grundlohn, sondern alle echten Lohnbestandteile wie insbesondere
- Leistungs- und Erschwerniszulagen, Schmutzzulagen, Zulagen für höherwertige Tätigkeiten o. ä.,
- vermögenswirksame Leistungen,
- Anwesenheitsprämien,
- Zulagen für Sonntags-, Feiertags- und Nachtarbeit, soweit sie steuer- und beitragspflichtiges Arbeitsentgelt darstellen. Handelt es sich um Bestandteile, die von Monat zu Monat differieren, kann analog § 130 SGB III der Durchschnitt der letzten 52 Wochen vor Beginn der Altersteilzeit zugrunde zu Grunde gelegt werden. In Härtefällen analog § 131 Abs. 1 SGB III kann der Durchschnitt der letzten 2 Jahre zu bilden sein. Ein Härtefall kann entsprechend der bisherigen Praxis der Bundesanstalt für Arbeit anzunehmen sein, wenn die letzten beiden Jahresentgelte vor der Altersteilzeit um 10% und mehr differieren. Die Rechtsprechung in diesen Bereichen hatte allerdings eine Grenze von 25% angesetzt[253]. Bedenkt man, dass hier ganze Jahresentgelte gegenübergestellt werden, muss die

---
[251] BGBl I Seite 2494.
[252] BGBl I Seite 910.
[253] Vgl. Brand in Niesel SGB III RdNr. 3 f zu § 131 SGB III.

Grenze von 25% als zu hoch angesehen werden. Härtefälle liegen also bei Jahresentgeltdifferenzen ab 10% vor.
- einmalige und wiederkehrende Zuwendungen, wie Weihnachts- und Jubiläumszuwendungen, 13. und weitere Monatsgehälter, zusätzliches Urlaubsgeld, rückwirkende Lohnerhöhungen sowie weitere vergleichbare Leistungen[254]; zu beachten ist allerdings § 3 Abs. 1a bei sog. 100% Leistungen,
- Pauschalen für Bereitschaften,
- Provisionen, die regelmäßige Lohnbestandteile sind. Dies betrifft insbesondere Außendienstmitarbeiter, die ein relativ geringes Fixum erhalten, aber durch die Kunden- und Bereichstruktur allmonatlich mit Hilfe der Provisionen ein hohes Einkommen erzielen können,
- Entgelttariferhöhungen,
- Sachbezüge und geldwerte Vorteile wie Pkw-Überlassung zum privaten Gebrauch, Firmengeschäft, Deputate, zinsbegünstigte Darlehen,
- Direktversicherungsbeiträge aus laufendem Entgelt etc.

3   Die Obergrenze bildet die Beitragsbemessungsgrenze nach dem Recht der Arbeitsförderung. Sie entspricht gem. § 341 SGB III der rentenversicherungsrechtlichen. Die gesetzlichen Aufstockungen auf das Mindest-Netto-Entgelt und des Rentenversicherungsbeitrags steigen ab Erreichen der Beitragsbemessungsgrenze nicht mehr weiter an.

4   Eine Unterscheidung zwischen Arbeits- und Freizeitphase im Blockmodell sieht das Gesetz nicht vor und findet nicht statt, weil andernfalls ein Verstoß gegen den Grundsatz der fortlaufenden Zahlung gem § 2 Abs. 2 Satz 1 Nr. 2[255] vorläge. Die Dienstanweisung der Bundesanstalt für Arbeit zu § 6 Nr. 6.1 (2) sieht allerdings vor, dass maßgeblich der arbeitsrechtliche Anspruch sei. Bestehe z.B. auf eine Jahressonderzahlung in der Freizeitphase kein Anspruch, könne sie auch nicht als bisheriges Entgelt berücksichtigt werden. Diese „konkrete Betrachtungsweise" ist weder vom Wortlaut noch vom Zweck des § 6 gedeckt.

5   Mehrarbeitsvergütungen werden nicht berücksichtigt.
Für Beschäftigungen bei Ehegatten oder Verwandten in gerader Linie (Großeltern, Eltern, Kinder, Enkel) ist entsprechend § 134 SGB III höchstens das Entgelt zugrunde zu legen, das familienfremde Arbeitnehmer bei gleichartiger Beschäftigung gewöhnlich erhalten. Das ist das tarifliche Entgelt. Ist die tarifliche Entlohnung sachlich nicht anwendbar, z.B. für außertariflich entlohnte Angestellte, leitende Angestellte oder arbeitnehmerähnliche Personen nach § 12a TVG, so ist die ortsübliche Entlohnung für gleiche oder vergleichbare Beschäftigungen zu Grunde zu legen. Diese Regelung soll eine Gewährung von Fördermitteln ungerechtfertigter Höhe verhindern.

6   Zu beachten ist das Monatsprinzip § 12 Abs. 2 Satz 1, § 23 a Satz 2 SGB IV[256]. Dies hat besondere Bedeutung für die Monate, in denen Sonderleistungen wie z.B. Weihnachtsgeld gezahlt werden. Sie sind im jeweiligen

---
[254] Dienstanweisung zu § 3 Ziff. 3.1.1.
[255] Vgl. Begründung zum Entwurf eines Gesetzes zur Förderung eines gleitenden Überganges in den Ruhestand vom 22. 3. 1996, BR-Drs. 208/99 Seite 31.
[256] Vgl. Erfurter Kommentar Rolfs § 3 Altersteilzeit-Gesetz RdNr. 4.

Monat ihrer Fälligkeit als Hätte-Entgelt und damit auch bei der Aufstockung zu berücksichtigen. Hierzu bestimmen einige Tarifverträge[257], dass die Einmalzahlungen bei der Berechnung der Entgeltaufstockung unberücksichtigt oder zumindest in der Freizeitphase nur zu einem geringen Anteil berücksichtigt werden. Solche Bestimmungen können für das Hätte-Entgelt § 6 nicht verdrängen. Auf Urlaubs- oder Weihnachtsgeld bestünde bei Weiterarbeit wie bisher Anspruch in ungekürztem Umfang – und sei es auch aus betrieblicher Übung oder auf Grund des Gleichbehandlungsprinzips. Soweit die Bundesanstalt für Arbeit in der Dienstanweisung zu § 4[258] erlaubt, die Einmalzahlung auf mehrere Monate zu verteilen und sogar die Jahresgrenze zu überschreiten, ist dieses Vorgehen nicht von § 6 gedeckt, vgl. § 4 RdNr. 5.

Bei Teilmonaten wird gem § 15 Satz 3 das monatliche Hätte-Entgelt 7 durch 30 dividiert und mit der Anzahl der zu berücksichtigenden Tage multipliziert.

### 3. Bisherige wöchentliche Arbeitszeit (Abs. 2, 3)

Als Ausführungsbestimmung für Abs. 1 regeln Abs. 2 und 3, was als bisherige Arbeitszeit gilt. 8

Absatz 2 enthält zwei Obergrenzen, von denen die ungünstigere anzuwenden ist. Ausgangspunkt ist die letzte vertragliche Arbeitszeit. Um Arbeitszeiterhöhungen zu verhindern, die kurz vor der Altersteilzeit vereinbart wurden mit dem Ziel, Förderleistungen in verbessertem Umfang zu erhalten, wird die im Durchschnitt der letzten 24 Monate vereinbarte Arbeitszeit zum Vergleich herangezogen. War sie niedriger, ist sie maßgeblich, war sie höher, verbleibt es bei der zuletzt vereinbarten. Um das Verpuffen der Arbeitsmarkteffekte zu vermeiden[259] bleiben Überstunden und Mehrarbeit außer Betracht. 9

In der Praxis empfiehlt sich eine Prüfung in zwei Stufen: 10
- Erste Stufe:
Welche wöchentliche Arbeitszeit ist vor dem beabsichtigten Wechsel in die Altersteilzeit vertraglich vereinbart?
- Zweite Stufe:
Welche wöchentliche Arbeitszeit ist im Durchschnitt der letzten 24 Monate vor dem beabsichtigten Wechsel in die Altersteilzeit vertraglich vereinbart?

Maßgeblich ist die Arbeitszeit, die sich aus Stufe 1 oder 2 als die geringere ergibt. Sie ist Grundlage für die Arbeitszeit-Halbierung während der gesamten Laufzeit der Altersteilzeit.

Eine tarifliche regelmäßige Arbeitszeit liegt in folgenden Fällen vor: 11
- Arbeitgeber und Arbeitnehmer sind tarifgebunden,
- der Tarifvertrag ist für allgemeinverbindlich erklärt oder
- nur der Arbeitgeber ist tarifgebunden und der Einzelvertrag verweist auf den Tarif.

---

[257] Insbesondere im Bereich der Metall- und Elektro-Industrie.
[258] § 4 4.1 (3).
[259] Vgl. Begründung zum Entwurf der Bundesregierung eines Gesetzes zur Förderung eines gleitenden Überganges in den Ruhestand BR-Drs. 208/96 Seite 35; § 2 RdNr. 33.

**ATG § 7**                                               A. Altersteilzeitgesetz

12   In Tarifbereichen, die z.B. zur Beschäftigungssicherung eine 30-Stunden-Woche vereinbart hatten, führt die gesetzliche Regelung nicht zu befriedigenden Ergebnissen, wenn die Rückkehr zur 35-Stunden-Woche nicht mindestens 24 Monate vor Beginn der Altersteilzeit erfolgt. Faktisch wird dann die Altersteilzeit aus finanziellen Gründen unattraktiv sein, weil sich das Altersteilzeit-Entgelt nach der 30-Stunden-Woche errechnet. Würde dieser Personenkreis, der sich bereits einmal zur Beschäftigungssicherung bekannt hat, von der Altersteilzeit ausgeschlossen und in Frühverrentungsmodelle verwiesen, wäre dies kontraproduktiv. Praxisnahe Lösungen werden sich empfehlen.

13   Bei tariflichen Arbeitszeitkorridoren legt die Bundesanstalt für Arbeit die individuelle durchschnittliche Arbeitszeit des letzten Jahres zu Grunde[260].

14   Zum Sonderfall der Tarifbereiche mit 35-Stunden-Woche und betrieblicher Öffnung zur 40-Stunden-Woche bei einer 18%-Quote vgl. § 2 RdNr. 34.

15   Nach Abs. 3 ist ein Jahresdurchschnitt zu ermitteln, falls tariflich keine wöchentliche Arbeitszeit geregelt ist oder falls nicht in jeder Woche gleiche Arbeitszeiten gelten. Ist eine tarifliche Arbeitszeit nicht vorgesehen, z.B. für außertarifliche Angestellte, leitende Angestellte oder arbeitnehmerähnliche Personen nach § 12a TVG sowie bei fehlender Tarifgebundenheit, ist die tarifliche Arbeitszeit für gleiche oder vergleichbare Beschäftigungen zu Grunde zu legen. Gibt es auch solche nicht, muss die Arbeitszeit angenommen werden, die für ähnliche Beschäftigungen üblich ist.

## § 7 Berechnungsvorschrift

(1) ¹**Ein Arbeitgeber beschäftigt in der Regel nicht mehr als 50 Arbeitnehmer, wenn er in dem Kalenderjahr, das demjenigen, für das die Feststellung zu treffen ist, vorausgegangen ist, für einen Zeitraum von mindestens acht Kalendermonaten nicht mehr als 50 Arbeitnehmer beschäftigt hat.** ² **Hat das Unternehmen nicht während des ganzen nach Satz 1 maßgebenden Kalenderjahrs bestanden, so beschäftigt der Arbeitgeber in der Regel nicht mehr als 50 Arbeitnehmer, wenn er während des Zeitraums des Bestehens des Unternehmens in der überwiegenden Zahl der Kalendermonate nicht mehr als 50 Arbeitnehmer beschäftigt hat.** ³ **Ist das Unternehmen im Laufe des Kalenderjahrs errichtet worden, in dem die Feststellung nach Satz 1 zu treffen ist, so beschäftigt der Arbeitgeber in der Regel nicht mehr als 50 Arbeitnehmer, wenn nach Art des Unternehmens anzunehmen ist, dass die Zahl der beschäftigten Arbeitnehmer während der überwiegenden Kalendermonate dieses Kalenderjahrs 50 nicht überschreiten wird.**

(2) ¹**Für die Berechnung der Zahl der Arbeitnehmer nach § 3 Abs. 1 Nr. 3 ist der Durchschnitt der letzten zwölf Kalendermonate vor dem Beginn der Altersteilzeitarbeit des Arbeitnehmers maßgebend.** ² **Hat ein Betrieb noch nicht zwölf Monate bestanden, ist der Durchschnitt der Kalendermonate während des Zeitraums des Bestehens des Betriebes maßgebend.**

---

[260] DA der Bundesanstalt für Arbeit § 6 6.2 (4).

II. Kommentar Altersteilzeitgesetz 1–6 § 7 ATG

(3) ¹Bei der Feststellung der Zahl der beschäftigten Arbeitnehmer nach Absatz 1 und 2 bleiben schwerbehinderte Menschen und Gleichgestellte im Sinne des Neunten Buches Sozialgesetzbuch sowie Auszubildende außer Ansatz. ²Teilzeitbeschäftigte Arbeitnehmer mit einer regelmäßigen wöchentlichen Arbeitszeit von nicht mehr als 20 Stunden sind mit 0,5 und mit einer regelmäßigen wöchentlichen Arbeitszeit von nicht mehr als 30 Stunden mit 0,75 zu berücksichtigen.

## 1. Allgemeines

§ 7 hat Bedeutung für die Erleichterungen bei der Wiederbesetzung, die für Kleinunternehmen sowie Organisationseinheiten unter 50 Beschäftigten bestehen sowie für den Überforderungsschutz nach § 3 Abs. 1 Nr. 3. Die Berechnungsvorschrift hatte zunächst § 7 Altersteilzeitgesetz 1988 übernommen, dessen Vorläufer § 2 Abs. 1 Nr. 4 Vorruhestandsgesetz 1984 war. Mit den förderrechtlichen Erleichterungen durch das Gesetz zur Fortentwicklung der Altersteilzeit vom 20. 12. 1999[261] wurde auch § 7 angepasst. 1

2

## 2. Regelungsinhalt

Ausgangspunkt für den Schwellenwert der Wiederbesetzung ist wegen möglicher Personalfluktuation der Durchschnitt der letzten 12 Monate des Jahres vor Beginn der Wiederbesetzung. Für in diesem vorangegangenen Jahr neu gegründete Unternehmen gilt deren Bestandszeit. Für Neugründungen im Jahr der Wiederbesetzung ist zu prognostizieren, ob voraussichtlich mehr als 50 Arbeitnehmer beschäftigt werden. 3

Maßgeblicher Stichtag für den Überforderungschutz nach § 3 Abs. 1 Nr. 3 ist der individuelle Beginn der Altersteilzeit. Dies kann zu einem unverhältnismäßigen Verwaltungsaufwand führen und den Erfordernissen einer umgreifenden vorausschauenden Personalplanung zuwiderlaufen. Es wird sich deshalb empfehlen, ausreichend bald vor Jahresende die Zahl der Personen festzulegen, die im folgenden Kalenderjahr die Altersteilzeit in Anspruch nehmen können. Dieses Vorgehen widerspricht zwar dem Wortlaut des Gesetzes, liegt aber insbesondere im Interesse der Arbeitgeber, die sich auf die Möglichkeiten der Altersteilzeit einstellen müssen. 4

Schwerbehinderte Menschen (§ 2 SGB IX: ab GdB 50) und ihnen Gleichgestellte (§ 68 Abs. 2 SGB IX: ab GdB 30 und Gleichstellungsbescheid des Arbeitsamtes) sowie Auszubildende (§§ 1 ff BBiG) werden in die Berechnungen nicht einbezogen. Die Arbeitgeber sollen wegen der Beschäftigung dieser Personen keinen Nachteil in Bezug auf die Altersteilzeit haben. Durch die Nichtberücksichtigung dieses Personenkreises liegt die Gesamtzahl der Arbeitnehmer niedriger, so dass auch die 5% Hürde relativ eher überschritten wird. 5

Der Ansatz Teilzeitbeschäftigter ist ausdrücklich geregelt. Zu diesem Personenkreis zählen auch die in Altersteilzeit Beschäftigten. Entsprechend der kollektivrechtlichen Betrachtung (vgl. Teil B RdNr. 16 ff) wäre es auch 6

---
[261] BGBl I Seite 2494.

denkbar, Altersteilzeit-Arbeitnehmer in der Arbeitsphase des Blockmodells gänzlich und in der Freizeitphase nicht zu berücksichtigen.

7   Sofern ein tarifvertraglicher Anspruch auf Altersteilzeit besteht, sind bei der Berechnung nach § 7 alle Arbeitnehmer einzubeziehen, unabhängig davon, ob sie einer Tariforganisation angehören oder nicht[262].

## § 8 Arbeitsrechtliche Regelungen

(1) **Die Möglichkeit eines Arbeitnehmers zur Inanspruchnahme von Altersteilzeitarbeit gilt nicht als eine die Kündigung des Arbeitsverhältnisses durch den Arbeitgeber begründende Tatsache im Sinne des § 1 Abs. 2 Satz 1 des Kündigungsschutzgesetzes; sie kann auch nicht bei der sozialen Auswahl nach § 1 Abs. 3 Satz 1 des Kündigungsschutzgesetzes zum Nachteil des Arbeitnehmers berücksichtigt werden.**

(2) [1]**Die Verpflichtung des Arbeitgebers zur Zahlung von Leistungen nach § 3 Abs. 1 Nr. 1 kann nicht für den Fall ausgeschlossen werden, dass der Anspruch des Arbeitgebers auf die Leistungen nach § 4 nicht besteht, weil die Voraussetzung des § 3 Abs. 1 Nr. 2 nicht vorliegt.** [2]**Das gleiche gilt für den Fall, dass der Arbeitgeber die Leistungen nur deshalb nicht erhält, weil er den Antrag nach § 12 nicht, nicht richtig, nicht vollständig oder nicht rechtzeitig gestellt hat oder seinen Mitwirkungspflichten nicht nachgekommen ist, ohne dass dafür eine Verletzung der Mitwirkungspflichten des Arbeitnehmers ursächlich war.**

(3) **Eine Vereinbarung zwischen Arbeitnehmer und Arbeitgeber über die Altersteilzeitarbeit, die die Beendigung des Arbeitsverhältnisses ohne Kündigung zu einem Zeitpunkt vorsieht, in dem der Arbeitnehmer Anspruch auf eine Rente nach Altersteilzeitarbeit hat, ist zulässig.**

### Übersicht

| | RdNr. |
|---|---|
| 1. Allgemeines | 1 |
| 2. Kündigungschutz (Abs. 1) | 4 |
| 3. Koppelungsverbot zu Lasten der Arbeitnehmer (Abs. 2) | 7 |
| 4. Beendigungsabrede (Abs. 3) | 14 |
| 5. Kündigungsschutz in der Altersteilzeit | 16 |
| a) Klassisches Teilzeitmodell und Arbeitsphase des Blockmodells | 18 |
| aa) Betriebsbedingte Kündigung | 18 |
| bb) Verhaltensbedingte Kündigung | 19 |
| cc) Personenbedingte Kündigung | 20 |
| b) Freizeitphase des Blockmodells | 22 |

### 1. Allgemeines

1   § 8 Absatz 1 schützt die Altersteilzeitarbeitnehmer in kündigungsrechtlicher Hinsicht, Absatz 2 verhindert, dass spezifische Arbeitgeberrisiken der Altersteilzeit auf die Arbeitnehmer überwälzt werden. Absatz 3 lässt die Befristung des Altersteilzeit-Arbeitsverhältnisses zu und enthält rentenbezogene Sondervorschriften zu § 41 SGB VI.

---

[262] BAG vom 21. 1. 1987 – 4 AZR 547/86 zu § 2 Abs. 1 Ziff. 4 Vorruhestandsgesetz 1984.

Die Vorschrift übernimmt in Absätzen 1 und 2 die Regelungen aus § 8 **2**
Altersteilzeitgesetz 1988, die ihren Vorläufer in § 7 VRG 1984 hatten.
Die Streichung des Abs. 1 letzter Halbsatz (Altersteilzeit kein Kriterium **3**
nach § 1 Abs. 3 Satz 1 KSchG) durch das Flexi-Gesetz wurde durch das Gesetz zur Fortentwicklung der Altersteilzeit vom 20. 12. 1999[263] rückgängig gemacht, nachdem die Änderungen in § 1 KSchG aus dem arbeitsrechtlichen Beschäftigungsförderungsgesetz vom 25. 9. 1996[264] von der 1998 neu gewählten Regierung mit dem Gesetz zu Korrekturen in der Sozialversicherung und zur Sicherung der Arbeitnehmerrechte vom 19. 12. 1998[265] rückgängig gemacht worden waren.

## 2. Kündigungsschutz (Abs. 1)

Die Regelung in Abs. 1 soll die Arbeitnehmer davor schützen, dass die **4**
Möglichkeit der Altersteilzeit zu ihrem Nachteil gerät, wenn es um den Kündigungsschutz nach dem KSchG geht[266]. In der Praxis betrifft dies fast ausschließlich den Fall, dass bei tariflichem Anspruch auf Altersteilzeit der Arbeitgeber den Arbeitnehmer per Änderungskündigung in die Altersteilzeit zwingen wollte. Eine solche Änderungskündigung, die sich allein auf den personenbezogenen Grund des Altersteilzeitanspruches gründen will, ist ausgeschlossen[267]. Liegen aber andere Gründe für eine Änderungskündigung vor, z. B. betriebsbedingte (Auftragsmangel) oder anderweitige personenbedingte (z. B. nur noch halbschichtiges Leistungsvermögen infolge Krankheit), werden sie von § 8 Abs. 1 nicht gesperrt.

Nicht erfasst von Abs. 1 ist eine Arbeitgeberkündigung, die erklärt wird, **5**
weil der Arbeitnehmer von seinem Anspruch auf Altersteilzeit Gebrauch gemacht hatte. Eine Kündigung dieser Art ist nach §§ 612a, 134 BGB unwirksam[268]. Eines Rückgriffs auf § 11 TzBfG bedarf es deshalb nicht, § 23 TzBfG.

Haben die Arbeitsvertragsparteien eine Altersteilzeitvereinbarung abge- **6**
schlossen, bietet Abs. 1 keinen gesonderten Schutz vor Kündigung mehr. Die Altersteilzeitarbeitnehmer sind auf den allgemeinen Schutz z. B. durch das KSchG verwiesen. Insbesondere im Blockmodell, in dem die Arbeitnehmer während der Arbeitsphase erhebliche Vorleistungen erbringen, kann dies nicht ausreichend sein. Deshalb sehen viele Altersteilzeitvereinbarungen einen vertraglichen Kündigungsschutz vor[269]. Ist der Arbeitnehmer tariflich kündigungsgeschützt, z. B. bei einem Lebensalter von 55 Jahren und 10 Jahren Betriebszugehörigkeit, besteht dieser Kündigungsschutz selbstverständlich während der Altersteilzeit weiter.

---

[263] BGBl I Seite 2494; vgl. BAG vom 2. 4. 1987 AP BGB § 612a Nr. 1.
[264] BGBl I Seite 1476.
[265] BGBl I Seite 3843.
[266] Vgl. Begründung zum Entwurf eines Gesetzes zur Fortentwicklung der Altersteilzeit vom 3. 9. 1999 BR-Drs. 495/99 Seite 12.
[267] Stindt DB 1996, 2281.
[268] BAG NZA 1988, 18.
[269] Vgl. Teil B I RdNr. 41.

### 3. Koppelungsverbot zu Lasten der Arbeitnehmer (Abs. 2)

7   Nach Abs. 2 werden die Arbeitnehmer davor geschützt, dass ihnen die Nichtgewährung von Fördermitteln aufgebürdet wird, wenn dies ausschließlich der Arbeitgeber zu vertreten hat. Als solche allein der Arbeitgeberseite zukommende Risiken nennt das Gesetz:

8   • die fehlende Wiederbesetzung nach § 3 Abs. 1 Nr. 2.
    Dies ist sachgerecht, weil Arbeitnehmer keine Einflussmöglichkeit darauf haben, ob oder mit welcher Person freigemachte Arbeitsplätze wiederbesetzt werden. Deshalb muss analog zur erstmaligen Wiederbesetzung auch die fehlgeschlagene Wiederbesetzung nach § 5 Abs. 2 der Regelung in Abs. 2 Satz 1 unterfallen.

9   • die fehlende, unrichtige, unvollständige oder verspätete Antragstellung auf Förderleistungen gem. § 12

10  • der Verstoß gegen Mitwirkungspflichten.
    In Frage kommen die Pflichten nach § 13, aber auch – soweit nicht durch das Altersteilzeitgesetz selbst spezialgesetzlich verdrängt – nach § 20 Abs. 1 Satz 1 SGB X oder nach §§ 60ff SGB I, die alle Leistungsempfänger treffen.

11  In den beiden letztgenannten Fällen ist die Risikoüberwälzung zulässig, soweit sie sich auf eine ursächliche Verletzung der Mitwirkungspflichten auf Arbeitnehmerseite bezieht.

12  Gegen Abs. 2 verstoßende Vereinbarungen sind nichtig gem. § 134 BGB. Sollten also die Aufstockungsleistungen des Arbeitgebers für den Fall ausgeschlossen sein, dass der freigemachte Arbeitsplatz nicht wiederbesetzt wird, kann der Arbeitnehmer gleichwohl an der Altersteilzeitvereinbarung festhalten und insbesondere Zahlung der Aufstockungsbeträge verlangen.

13  Vor allem das Verbot der Koppelung mit der Wiederbesetzung kann von einem Arbeitgeber „besonders misslich"[270] angesehen werden, z.B. falls der Wiederbesetzer eine Eigenkündigung ausspricht. Um den Arbeitgeber nicht mit weiteren Risiken zu belasten, wird daher von mancher Seite empfohlen, die Aufstockungen unter die Bedingung zu stellen, dass eine Förderung durch die Bundesanstalt für Arbeit erfolgt. Eine solche Klausel solle im Umkehrschluss zu § 8 Abs. 2 zulässig sein[271]. Ob dies vertretbar ist, kann sachgerecht nur nach der Aufteilung der Verantwortungsbereiche entschieden werden. Diesen Ansatz verfolgt auch das Altersteilzeitgesetz, das die Wiederbesetzung allein dem Arbeitgeber zuweist. Denn die Auswahl der wiederbesetzenden Person, der Kontakt zum Arbeitsamt, die Personalpflege sowie die erneute Wiederbesetzung innerhalb der dreimonatigen Pufferzeit liegen ausschließlich in der Entscheidungsgewalt und in der Verantwortungssphäre des Arbeitgebers. Gleiches ergibt sich aus Abs. 2 Satz 2. Möglich wird deshalb z.B. eine Ruhens- und Erlöschensklausel angesehen für den Fall, dass der Altersteilzeitarbeitnehmer einen Nebenjob über der Geringfügigkeitsgrenze ausübt[272], z.T. wird allein eine Schadensersatzpflicht als zuläs-

---

[270] Küttner, Personalhandbuch 1998, Anm. 5 zum Alterstelzeitgesetz.
[271] Diller NZA 1996, 847 (851); Bauer NZA 1997, 401 (405); Reichling/Wolf Mustervertrag in NZS 1997, 164 (167); aA Küttner aaO.
[272] Vgl. § 7 des Mustervertrages von Reichling/Wolf aaO.

sig erachtet[273]. Im Gegensatz zu diesen Fällen muss eine vom Arbeitgeber veranlasste Mehrarbeit über der Geringfügigkeitsgrenze den Aufstockungsanspruch unberührt lassen. An diesem Maßstab sind auch andere Klauseln zu messen.

## 4. Beendigungsabrede (Abs. 3)

Die Altersteilzeitvereinbarung kann ein festes Ende des Arbeitsverhältnisses 14 vorsehen, es handelt sich um eine nachträgliche Befristung, die aber vom Gesetz ausdrücklich zugelassen wird. Damit kann das Altersteilzeitverhältnis häufig schon ab dem 60. Geburtstag beendet werden, somit ein Anspruch auf Rente mit 60 besteht, § 2 Abs. 1 Nr. 2.

Abs. 3 ist eine arbeits- und sozialrechtlich notwendige Spezialvorschrift. 15 Ausdrücklich wird zugelassen, dass ein langjähriges Arbeitsverhältnis im Nachhinein durch Änderungsvertrag befristet wird, § 14 TzBfG ist insoweit verdrängt, § 23 TzBfG. Zusätzlich wird § 41 Abs. 4 SGB VI verdrängt. Nach dieser Vorschrift würde eine Beendigungsvereinbarung für eine Zeit vor dem vollendeten 65. Lebensjahr fiktiv so behandelt, als wäre sie auf den 65. Geburtstag abgeschlossen. Diese Rechtsfolge ersetzt Abs. 3 ausdrücklich.

## 5. Kündigungsschutz in der Altersteilzeit

Der Altersteilzeit-Vertrag befristet zulässig nach § 8 Abs. 3 das Arbeitsver- 16 hältnis auf den Zeitpunkt, in dem der Arbeitnehmer Anspruch auf eine Altersrente hat (vgl. auch § 2 Abs. 1 Nr. 2). Sieht der Altersteilzeit-Vertrag keine Kündigungsmöglichkeit vor, kann dem Arbeitnehmer nicht mehr gekündigt werden außer nach § 626 BGB.

Enthält der Vertrag eine Kündigungsklausel und ist der Arbeitnehmer 17 nicht schon kündigungsgeschützt z.B. tariflich wegen Alters, durch eine Betriebsvereinbarung oder durch Einzelvertrag, ist für die Kündigungsmöglichkeiten zu unterscheiden zwischen klassischem Teilzeitmodell sowie Arbeitsphase des Blockmodells einerseits und Freizeitphase des Blockmodells andererseits.

### a) Klassisches Teilzeitmodell und Arbeitsphase des Blockmodells

### aa) Betriebsbedingte Kündigung

Das Altersteilzeit-Arbeitsverhältnis ist von Besonderheiten geprägt, die sich 18 kündigungsrechtlich auswirken. Arbeitgeber und Arbeitnehmer haben Altersteilzeit vereinbart, um dem Arbeitnehmer ohne größere Einbußen beim Entgelt und bei der Rentenanwartschaft eine vorzeitige Altersrente zu ermöglichen und in Förderfällen um dem Arbeitgeber über die Subventionen des Arbeitsamtes finanzielle Vorteile zu verschaffen. Diese gemeinsamen Vertragszwecke würde eine betriebsbedingte Kündigung vereiteln[274]. Wollte der Arbeitgeber nicht nur in einem betrieblichen Bereich die Gesamtzahl der Arbeitsstunden reduzieren sondern hatte er eine eigenständige Organisations-

---

[273] Erfurter Kommentar Rolfs RdNr. 6 zu § 8 Altersteilzeit-Gesetz.
[274] Nimscholz/Oppermann/Ostrowicz Seite 69.

**ATG § 8** 19–22                                                                A. Altersteilzeitgesetz

entscheidung zur Besetzung mit Vollzeit- oder Teilzeitkräften getroffen, ist die betriebsbedingte Kündigung ebenfalls eingeschränkt, die Altersteilzeit-Arbeitnehmer wären nicht in die Sozialauswahl einzubeziehen[275]. Im Endeffekt wird deshalb die betriebsbedingte Kündigung, die faktisch wegen des Alters ab 55 sowie der Vorbeschäftigungszeiten nur in engen Grenzen denkbar ist, auf die Ausnahmefälle der unvorhersehbaren (Teil)Betriebstilllegung sowie des Personalabbaues in wirtschaftlicher Notlage beschränkt sein. Dann aber wird der Tatbestand einer betriebsbedingten Kündigung aus wichtigem Grund nach § 626 BGB mit sozialer Auslauffrist erfüllt sein[276]. Eine vertragliche Einschränkung der Kündigung auf diese Fälle wird deshalb die materielle Rechtslage nicht ändern und die Altersteilzeit-Arbeitnehmer für betriebsbedingte Kündigungen aus dem Pool der Sozialauswahl nach § 1 Abs. 3 KSchG herausnehmen.

### bb) Verhaltensbedingte Kündigung

19  Schuldhafte Pflichtverletzungen können eine verhaltensbedingte Kündigung rechtfertigen. Vorher wird allerdings regelmäßig eine Abmahnung erforderlich sein, weil die Kündigung als „ultima ratio" nicht möglich ist, wenn ein milderes Mittel zu Gebote steht.

### cc) Personenbedingte Kündigung

20  Als personenbedingte Kündigungsgründe können z. B. wiederholte oder langdauernde Arbeitsunfähigkeit, Drogen- oder Alkoholsucht, Haft oder erhebliche Leistungsminderungen in Frage kommen. Im Rahmen der von der Rechtsprechung entwickelten Stufenprüfung treten zwei Besonderheiten auf, die eine Kündigung erschweren. Erhebliche finanzielle Belastungen durch eine Fortzahlung der Aufstockung als Krankengeldzuschuss, die vertraglich vereinbart wurde[277], kann der Arbeitgeber nicht geltend machen. Die Abwägung der beiderseitigen Interessen wird außerdem zu Gunsten des Arbeitnehmers ausgehen, der in naher Zukunft in die Freizeitphase oder in die Altersrente überwechseln wird[278].

21  Im Ergebnis wird die Kündigung des Altersteilzeit-Arbeitnehmers auf Tatbestände reduziert sein, die § 626 BGB entsprechen und die unabdingbar ohnehin zur Kündigung berechtigen.

### b) Freizeitphase des Blockmodells

22  Die Kündigung in der Freizeitphase wird z. T. nach Treu und Glauben für ganz ausgeschlossen gehalten[279], z. T. wird – unter Verwechslung des Arbeitnehmerbegriffs im kollektiv- und im individualrechtlichen Sinne – wegen Ausscheidens aus der betrieblichen Eingliederung eine Kündigung für

---

[275] Erfurter Kommentar Rolfs RdNr. 1 zu § 8 Altersteilzeit-Gesetz unter Hinweis auf die Rechtsprechung BAG vom 3. 12. 1998 AP KSchG 1969 Soziale Auswahl Nr. 39; vom 12. 8. 1999 AP KSchG 1969 Soziale Auswahl Nr. 44.
[276] Nimscholz/Oppermann/Ostrowicz Seite 69.
[277] Vgl. Teil B I RdNr. 26 ff.
[278] Nimscholz/Oppermann/Ostrowicz Seite 70.
[279] Reichling/Wolf NZS 1997, 164, 168.

unmöglich gehalten[280], z. T. wird sie für möglich erachtet aber auf wichtige verhaltensbedingte Gründe beschränkt[281]. Beachtet man die obigen Ausführungen zur Kündigung in der Arbeitsphase sowie die Besonderheiten des Freizeitblocks – keine persönliche Anwesenheit im Betrieb, Entgelt aus Guthaben, alsbaldiger Wechsel in Altersrente auf grund gegenseitiger Vereinbarung – ist unabhängig von der Begründung die Kündigung in der Freizeitphase auf die Fälle des § 626 BGB beschränkt. Und dort wird allein der alsbaldige Rentenbeginn die Kündigungsmöglichkeiten erheblich reduzieren.

Im Ergebnis sind damit Altersteilzeit-Verträge nur gem. § 626 BGB kündbar. 23

## § 9 Ausgleichskassen, gemeinsame Einrichtungen

(1) **Werden die Leistungen nach § 3 Abs. 1 Nr. 1 auf Grund eines Tarifvertrages von einer Ausgleichskasse der Arbeitgeber erbracht oder dem Arbeitgeber erstattet, gewährt die Bundesanstalt auf Antrag der Tarifvertragsparteien die Leistungen nach § 4 der Ausgleichskasse.**

(2) **Für gemeinsame Einrichtungen der Tarifvertragsparteien gilt Absatz 1 entsprechend.**

### 1. Allgemeines

Nach der Grundkonzeption des Gesetzes muss die Altersteilzeit insbeson- 1 dere im verblockten Modell durch Tarifvertrag näher ausgestaltet werden. Sind die Tarifparteien ohnehin mit der Umsetzung befasst, können sie – so wohl die Vorstellung des Gesetzgebers – gleich eine Solidareinrichtung gründen, die die Arbeitgeberseite durch Umlage finanziert und aus dem die Aufstockungsleistungen erbracht werden. Dorthin fließen dann auch die Förderleistungen der Bundesanstalt für Arbeit.

§ 9 übernimmt wortgleich § 9 Altersteilzeitgesetz 1988, der aus § 8 VRG 2 1984 hervorgegangen war. Das ursprüngliche Vorläufermodell hatte noch relativ große praktische Bedeutung besessen, z. B. wegen der Vorruhestandsleistungen in der Zusatzversorgungskasse des Baugewerbes. Die jetzige Regelung ist bisher nicht angenommen worden, eine Institution der in § 9 genannten Art ist nicht gegründet worden und wird während der befristeten Laufzeit des Altersteilzeit-Gesetz bis 31. 12. 2009 wohl auch nicht mehr gegründet werden.

### 2. Vor- und Nachteile von Solidarlösungen

Das Hauptargument für eine Solidarlösung ist der Insolvenzschutz zu 3 Gunsten der Arbeitnehmer. Ihm kommt besondere Bedeutung zu bei der verblockten Altersteilzeit, in der die Arbeitnehmer während der Arbeitsphase erhebliche Vorleistungen erbringen. Tritt die Insolvenz des Arbeitgebers nach Beginn der Freizeitphase ein, können sie für die Restlaufzeit keine Entlohnung mehr realisieren, obwohl sie dies durch das Minderentgelt der

---

[280] Winkelmann in: Kittner, Arbeitsrecht, 2001, § 130 RdNr. 111.
[281] Erfurter Kommentar Rolfs RdNr. 2 zu § 8 Altersteilzeit-Gesetz.

# ATG § 10 A. Altersteilzeitgesetz

Arbeitsphase teilweise erkauft hatten. Richtet sich aber der Aufstockungsanspruch gegen eine Solidareinrichtung, die wegen der Verteilung auf alle angeschlossenen Arbeitgeber krisenfest ist, werden von dort die Leistungen für die Freizeitphase erbracht – unabhängig von der Solvenz des Arbeitgebers. Eine ähnliche Krisensicherheit erreichen andere Maßnahmen zur Absicherung der Altersteilzeitansprüche nicht[282].

4   Gleichwohl besteht vor allem auf Arbeitgeberseite wenig Neigung, eine Ausgleichskasse oder Einrichtung nach § 9 zu schaffen. Gründe dafür sind möglicherweise die Erfahrungen mit den Pensionssicherungsvereinen nach dem Gesetz zur Verbesserung der betrieblichen Altersversorgung oder z.B. mit der Zusatzversorgungskasse des Baugewerbes. Der Verwaltungsaufwand solcher Institutionen ist über die Beitragsumlage zu finanzieren. Die Beitragshöhe ist unabhängig von den Leistungen und damit dem Nutzen, den der einzelne Arbeitgeber aus der Kasse erhält. Die Umlagen können auch kurzfristig erheblich steigen[283]. Schließlich bindet die Solidarlösung Kapital, das insbesondere „krisensichere" Großunternehmen selbst einsetzen möchten.

5   § 9 wird damit weiter ein Schattendasein führen. Es erwähnt anscheinend nur der Altersteilzeit-Tarifvertrag für die gewerblichen Arbeitnehmer und Angestellten der Kraftfahrzeuggewerbes in Bayern vom 12. 5. 1998 etwas hierzu. In einer anhängenden Protokollnotiz ist die mögliche Erfüllung der Arbeitnehmeransprüche aus einer Ausgleichskasse erwähnt. Wie sie aber zu errichten wäre ist nicht geregelt. Diese Kasse ist nicht gegründet worden.

## § 10 Soziale Sicherung des Arbeitnehmers

(1) [1]**Beansprucht ein Arbeitnehmer, der Altersteilzeitarbeit (§ 2) geleistet hat und für den der Arbeitgeber Leistungen nach § 3 Abs. 1 Nr. 1 erbracht hat, Arbeitslosengeld, Arbeitslosenhilfe oder Unterhaltsgeld, erhöht sich das Bemessungsentgelt, das sich nach den Vorschriften des Dritten Buches Sozialgesetzbuch ergibt, bis zu dem Betrag, der als Bemessungsentgelt zugrunde zu legen wäre, wenn der Arbeitnehmer seine Arbeitszeit nicht im Rahmen der Altersteilzeit vermindert hätte.** [2]**Kann der Arbeitnehmer eine Rente wegen Alters in Anspruch nehmen, ist von dem Tage an, an dem die Rente erstmals beansprucht werden kann, das Bemessungentgelt maßgebend, das ohne die Erhöhung nach Satz 1 zugrunde zu legen gewesen wäre.** [3]**Änderungsbescheide werden mit dem Tag wirksam, an dem die Altersrente erstmals beansprucht werden konnte.**

(2) [1]**Bezieht ein Arbeitnehmer, für den die Bundesanstalt Leistungen nach § 4 erbracht hat, Krankengeld, Versorgungskrankengeld, Verletztengeld oder Übergangsgeld und liegt der Bemessung dieser Leistungen ausschließlich die Altersteilzeit zugrunde oder bezieht der Arbeitnehmer Krankentagegeld von einem privaten Krankenversicherungsunternehmen erbringt die Bundesanstalt anstelle des Arbeitgebers die Leistungen**

---

[282] S. Sonderfragen der betrieblichen Altersteilzeit vgl. Teil B.
[283] Zur Beitragspflicht nach Anstieg auf das Vierfache vgl. BAG v. 17. 10. 1989 – 3 AZR 725/87 (ZVK Bau).

nach § 3 Abs. 1 Nr. 1 in Höhe der Erstattungsleistungen nach § 4. ²Durch die Leistungen darf der Höchstförderzeitraum nach § 4 Abs. 1 nicht überschritten werden. ³§ 5 Abs. 1 gilt entsprechend.

(3) Absatz 2 gilt entsprechend für Arbeitnehmer, die nur wegen Inanspruchnahme der Altersteilzeit nach § 2 Abs. 1 Nr. 1 und 2 des Zweiten Gesetzes über die Krankenversicherung der Landwirte versicherungspflichtig in der Krankenversicherung der Landwirte sind, soweit und solange ihnen Krankengeld gezahlt worden wäre, falls sie nicht Mitglied einer landwirtschaftlichen Krankenkasse geworden wären.

(4) Bezieht der Arbeitnehmer Kurzarbeitergeld oder Winterausfallgeld, gilt für die Berechnung der Leistungen des § 3 Abs. 1 Nr. 1 und des § 4 das Entgelt für die vereinbarte Arbeitszeit als Arbeitsentgelt für die Altersteilzeitarbeit.

(5) ¹Sind für den Arbeitnehmer Aufstockungsbeträge zum Arbeitsentgelt und Beiträge zur gesetzlichen Rentenversicherung für den Unterschiedsbetrag zwischen dem Arbeitsentgelt für die Altersteilzeit und mindestens 90 vom Hundert des bisherigen Arbeitsentgelts nach § 3 Abs. 1 gezahlt worden, gilt in den Fällen der nicht zweckentsprechenden Verwendung von Wertguthaben für die Berechnung der Beiträge zur gesetzlichen Rentenversicherung der Unterschiedsbetrag zwischen dem Betrag, den der Arbeitgeber der Berechnung der Beiträge nach § 3 Abs. 1 Nr. 1 Buchstabe b zu Grunde gelegt hat, und 100 vom Hundert des bis zu dem Zeitpunkt der nicht zweckentsprechenden Verwendung erzielten bisherigen Arbeitsentgelts als beitragspflichtige Einnahme aus dem Wertguthaben; für die Beiträge zur Krankenversicherung, Pflegeversicherung oder nach dem Recht der Arbeitsförderung gilt § 23b Abs. 2 und 3 des Vierten Buches Sozialgesetzbuch. ²Im Falle der Zahlungsunfähigkeit des Arbeitgebers gilt Satz 1 entsprechend, soweit Beiträge gezahlt werden.

### Übersicht

| | RdNr. |
|---|---|
| 1. Allgemeines ................................................................ | 1 |
| 2. Leistungshöhe bei Arbeitslosigkeit (Abs. 1) ......................... | 3 |
| 3. Krankheitsfälle ............................................................ | 6 |
|    a) Besonderheiten in der Arbeitsphase des Blockmodells ........ | 10 |
|       aa) Förderrecht ....................................................... | 11 |
|       bb) Rentenrecht ...................................................... | 14 |
|       cc) Privat Krankenversicherte .................................... | 21 |
|    b) Besonderheiten in der Freizeitphase des Blockmodells ....... | 22 |
| 4. Sonderregelung für Nebenerwerbslandwirte (Abs. 3) ............. | 23 |
| 5. Höhe von Kurzarbeitergeld und Winterausfallgeld (Abs. 4) .... | 24 |
| 6. Rentenrechtliche Störfallbestimmung (Abs. 5) .................... | 25 |

### 1. Allgemeines

§ 10 flankiert die Altersteilzeit sozialrechtlich. Geregelt sind die Konsequenzen aus Leistungsstörungen wie z.B. Langzeiterkrankungen oder Kurzarbeit und aus endgültigen Störfällen, an die sich Arbeitslosigkeit anschließt. § 10 regelt Krankheitsfälle nicht abschließend sowie für Insolvenzfälle nur die anschließende Arbeitslosigkeit. Die wichtigsten Aspekte dieser Störungen werden deshalb ergänzend erläutert.

2   Abs. 1 wurde durch das Flexi-Gesetz[284] im Anwendungsbereich erweitert, das Gesetz zur Fortentwicklung der Altersteilzeit[285] brachte Verbesserungen für privat Krankenversicherte und Abs. 5 wurde durch das 4. EuroEG[286] an die neuen Störfallbestimmungen für Wertguthaben des SGB IV angeglichen.

## 2. Leistungshöhe bei Arbeitslosigkeit (Abs. 1)

3   Absatz 1 betrifft die Fälle, in denen das Altersteilzeitverhältnis vorzeitig endet und der Arbeitnehmer arbeitslos wird. Der häufigste Fall wird das Ende nach Arbeitgeber-Insolvenz sein. Bezieht der Arbeitnehmer Arbeitslosengeld, nach dessen Auslaufen Arbeitslosenhilfe oder bei einer Umschulung durch das Arbeitsamt Unterhaltsgeld, würden diese Ersatzleistungen nach dem beitragspflichtigen Entgelt der letzten 52 Wochen bemessen (§ 130 SGB III), also nach dem Altersteilzeit-Entgelt ohne Aufstockung. Weil aber Teilzeitkräfte bis zu 3½ Jahre nach Beginn der Teilzeit generell Anspruch auf Arbeitslosengeld nach der Vollzeitentlohnung haben (§ 131 Abs. 2 Nr. 2 SGB III) sollen Altersteilzeitarbeitnehmer nicht schlechter stehen. Die Bemessungsgrundlage wird deshalb verbessert, maßgeblich ist das Entgelt, das der Beschäftigte ohne Altersteilzeit erhalten hätte. Um aber eine Koppelung von Altersteilzeit und Arbeitslosengeld nach dem hergebrachten Muster der Frühverrentung (Vor § 1 RdNr. 10 ff) zu verhindern, endet die Sonderregelung ab dem ersten Tag, an dem Anspruch auf eine Altersrente besteht. Als Rente zählt auch eine mit Abschlägen wegen vorzeitiger Inanspruchnahme. Häufig wird dies eine Rente nach einem Jahr Arbeitslosigkeit gem § 237 SGB VI ab dem 60. Lebensjahr sein. Die Praxis der Arbeitsämter reduziert häufig das Bemessungsentgelt wegen eines Anspruches auf Rente nach Altersteilzeit gem. § 237 SGB VI, wenn zwei Jahre Altersteilzeit vorangegangen waren. Vielfach wird dabei übersehen, dass § 237 eine mindestens 24-monatige Altersteilzeit voraussetzt, die im Blockmodell aus 12 Monaten Arbeits- und 12 Monaten Freizeitphase bestehen muss. Hieran fehlt es in Störfällen, die noch vor der Freizeitphase auftreten. Dann sind die tatbestandlichen Voraussetzungen des § 237 Abs. 1 Nr. 3b SGB VI nicht erfüllt[287], das erhöhte Bemessungsentgelt ist maßgeblich, bis ein Jahr Arbeitslosigkeit vollendet ist (§ 237 Abs. 1 Nr. 3a SGB VI).

4   Die Spezialvorschrift, die § 134 Abs. 1 SGB III vollständig verdrängt, gilt unabhängig davon, ob die Altersteilzeit gefördert wurde oder nicht.

5   Durch das Flexi-Gesetz[288] eingeführt wurde das Wirksamwerden von Änderungsbescheiden zu Arbeitslosengeld/-hilfe sowie zum Unterhaltsgeld ab dem 60. Geburtstag. In der Vorauflage wurde die Auffassung vertreten, dass

---

[284] Vom 6. 4. 1998 BGBl I Seite 688.
[285] Vom 20. 12. 1999 BGBl I Seite 2494.
[286] Vom 21. 12. 2000 BGBl I Seite 1983.
[287] Vgl. Begründung zum Entwurf eines Gesetzes zur Fortentwicklung der Altersteilzeit vom 3. 9. 1999 BR-Drs. 495/99 Seite 15.
[288] Vom 6. 4. 1998 BGBl I Seite 688.

Satz 3 von §§ 45, 48 SGB X nicht verdrängt werde, sondern einen Bescheid unter Anwendung dieser Normen voraussetze[289]. Diese Ansicht widerspricht zwei Entscheidungen des BSG zu ähnlich gelagerten Fällen des Arbeits-Förderungs-Rechtes[290] und wird sich im Zweifel nicht durchsetzen lassen.

### 3. Krankheitsfälle

Erkrankt ein Altersteilzeitarbeitnehmer, erhält er zunächst Entgeltfortzahlung vom Arbeitgeber. Danach wird der Arbeitgeber von dieser Pflicht frei und es kommt zur Zahlung von 6
- Krankengeld §§ 44–51 SGB V,

in Sonderfällen zu Zahlung von
- Versorgungskrankengeld nach dem Gesetz über die Versorgung der Opfer des Krieges (Bundesversorgungsgesetz – BVG) §§ 16–16h, 18 BVG,
- Verletztengeld bei Arbeitsunfähigkeit oder Heilverfahren nach dem Recht der gesetzlichen Unfallversicherung §§ 45–52 SGB VII oder
- Übergangsgeld während einer Rehabilitationsmaßnahme der gesetzlichen Rentenversicherung §§ 20–27 SGB VI.

Die Leistungen berechnen sich jeweils nach dem Entgelt der letzten Beschäftigung – also aus dem Altersteilzeit-Entgelt vor Aufstockung. Denn aus den Aufstockungen werden keine Sozialversicherungsbeiträge abgeführt (§§ 14, 17 SGB VI; § 1 ArEV), sie bleiben bei den Sozialleistungen unberücksichtigt. Das Krankengeld iHv. 70% aus 50% des bisherigen Brutto (§ 47 SGB V) ist allerdings kaum in der Lage, den Lebensstandard abzusichern, Sozialhilfe wird häufig zu beantragen sein. 7

**Beispiel** (gerundet): Arbeitnehmer hatte € 2.500,– bisheriges Brutto, rund € 1.400,– bisheriges Netto. Das Altersteilzeit-Brutto vor Aufstockung beträgt € 1.250,–. Das Krankengeld (70%) hieraus ergibt € 850,– brutto und rund € 770,– netto. Das ist rund die Hälfte des bisherigen Netto, damit werden die Betroffenen kaum die fixen Kosten bestreiten können. 8

Weil dadurch die Sozialleistungen ihre Aufgabe nicht hinreichend erfüllen können, springt (nur) bei geförderter Altersteilzeit die Bundesanstalt für Arbeit ein und erbringt die Lohnaufstockung in gesetzlicher Höhe direkt an den Arbeitnehmer. Diese vorteilhafte Sicherung hat den Nachteil, dass der Arbeitnehmer sich an zwei verschiedene Leistungsträger wenden muss, an die Krankenkasse wegen Krankengeld und an das Arbeitsamt wegen der Aufstockung. Zur Vereinfachung wird deshalb empfohlen, dass der Arbeitgeber auch nach Ende der Entgeltfortzahlung die Aufstockung weiter erbringt und sich wegen der Erstattung unverändert an das Arbeitsamt wendet. Dabei tritt der Arbeitnehmer seinen Anspruch gegen die Bundesanstalt für Arbeit aus § 10 Abs. 2 ab an den Arbeitgeber[291]. Ein entsprechendes Formular halten auch die Arbeitsämter bereit. 9

---

[289] Zu einer vergleichbaren Konstellation grundlegend BSG vom 5. 3. 1996 – 4 RA 92/94, gleicher Ansicht Winkelmann in: Kittner, Arbeitsrecht, 2001, § 130 RdNr. 114.
[290] BSG SozR 3-4100 § 104 Nr. 7 sowie § 111 Nr. 12.
[291] Vgl. Muster Teil C RdNr. 28.

## a) Besonderheiten in der Arbeitsphase des Blockmodells

**10** Anders als bei der Leistung nach Abs. 1 setzt die Aufstockung im Krankheitsfall nach Abs. 2 voraus, dass die Altersteilzeit gefördert wird, also insbesondere eine Wiederbesetzung nach § 3 stattgefunden hat und fortbesteht. Deshalb gelten auch die übrigen gesetzlichen Regelungen wie der 6jährige Höchstförderzeitraum oder das Erlöschen des Anspruchs bei Beendigung der Altersteilzeit oder bei Rente. Aus der Koppelung mit der Förderung entstehen erhebliche Risiken und Probleme bei Langzeiterkrankungen während der Arbeitsphase des Blockmodells.

### aa) Förderrecht

**11** In der verblockten Altersteilzeit ist Wiederbesetzung oder Ersatzeinstellung erst ab der Freizeitphase möglich, erst ab diesem Zeitpunkt kann die Bundesanstalt für Arbeit Leistungen erbringen, §§ 3, 12 Abs. 3 Satz 1. Ist ein Arbeitnehmer in der Arbeitsphase länger als die regelmäßig sechswöchige Entgeltfortzahlung erkrankt, wird der Arbeitgeber von seinen Zahlungspflichten frei. Die Krankenkasse zahlt dann gem. § 47 SGB V Krankengeld in oben dargestellter Höhe, während die Bundesanstalt für Arbeit keine Leistung erbringt, weil ohne Wiederbesetzung Altersteilzeit nicht gefördert wird.

**12** Dies ist die Folge daraus, dass der Arbeitgeber nach Ende der Entgeltfortzahlung keine Aufstockung mehr erbringen muss und die Leistungspflicht der Arbeitsämter nach § 10 Abs. 2 erst entsteht, wenn von dort Förderleistungen gezahlt werden. Auch eine Vorabentscheidung nach § 12 Abs. 1 Satz 3 hilft nicht weiter, denn entschieden wird dort nur über die arbeitnehmerseitigen Voraussetzungen nach § 2.

**13** Die Praxis löst dieses Problem dadurch, dass der Arbeitgeber die Aufstockungen über die Entgeltfortzahlung hinaus weiter erbringt. Sobald der Wiederbesetzer beschäftigt wird, kann der Arbeitgeber Ersatz der Aufstockungen erhalten. Das Risiko der Wiederbesetzung liegt so beim Arbeitgeber.

### bb) Rentenrecht

**14** Für die Rente nach Altersteilzeit fordert § 237 Abs. 1 Nr. 3b SGB VI eine Halbierung der Arbeitszeit[292], die auch mit Verblockung über mehrere Jahre erreicht werden kann. Dort besteht in der Freizeitphase trotz Nichtarbeit ein sozialrechtliches Beschäftigungsverhältnis, das gem. § 7 Abs. 1a SGB IV aus einem erarbeiteten Wertguthaben resultiert. Für Störungen durch Krankheitszeiten im Rentenrecht bestehen hochdifferenzierte Lösungen, die die Spitzenverbände der Sozialversicherungsträger im Gemeinsamen Schreiben vom 6. 9. 2001[293] festgelegt haben. Die Lösungen stellen sich zusammengefasst dar wie folgt.

**15** Zeiten, in denen nur Krankengeld bezogen wird, können bei der Blockbildung nicht als Arbeitszeiten Berücksichtigung finden und auch kein Wert-

---

[292] Begründung zum Entwurf eines Gesetzes zur Fortentwicklung der Altersteilzeit vom 3. 9. 1999 BR-Drs. 495/99 Seite 15.
[293] Abgedruckt unter Teil F.

guthaben aufbauen. Deshalb wird Nacharbeit der entsprechenden Zeiten gefordert.

**Beispiel 1:** Eine verblockte Altersteilzeit soll über zwei Jahre dauern mit Arbeits- 16
phase 2002 und Freizeitphase 2003. Die Halbierung der Arbeitszeit ergibt sich unter dem Strich aus gleich langem Arbeits- und Freizeitblock. Der Arbeitnehmer erkrankt 2002 in der Arbeitsphase, die Krankheitszeit dauert nach Ende der Entgeltfortzahlung noch zwei Monate, bis er die Arbeit wieder aufnehmen kann.

Es stehen sich 10 Monate Arbeitszeit (Entgeltfortzahlung zählt als Arbeit, weil das gesamte Entgelt weitergezahlt und verbeitragt wird) und 12 Monate Freizeit gegenüber. Zur Halbierung der Arbeitszeit sind 2 Monate Nacharbeit erforderlich. Dann werden auch 24 Monate Mindestlaufzeit erreicht, mit denen die Rente nach § 237 SGB VI beansprucht werden kann.

Erbringt der Arbeitgeber keine Aufstockung des Krankengeldes, liegt für 17
die entsprechenden Zeiten keine Altersteilzeit-Beschäftigung vor, alle Krankheitstage müssen nachgearbeitet werden. Zahlt der Arbeitgeber hingegen die Aufstockungen, insbesondere auf den Rentenbeitrag weiter können die entsprechenden Zeiten rentenrechtlich Berücksichtigung finden. Es ist nur die Hälfte der Krankheit nachzuarbeiten, damit § 237 Abs. 1 Nr. 3a SGB VI erfüllt ist.

**Beispiel 2:** Geplant ist eine vierjährige verblockte Altersteilzeit von 2002 bis 2005. 18
Nach wenigen Monaten Arbeitsphase erkrankt der Arbeitnehmer schwer und bezieht Krankengeld von Juni 2002 bis Dezember 2003, das der Arbeitgeber in Höhe von §§ 3, 10 Abs. 2 aufstockt.

Ginge der Arbeitnehmer ab Januar 2004 in die Freizeitphase, stünden 24 Monaten Freizeit nur 6 Monate Arbeitsphase gegenüber bei einer in folge Aufstockungsweiterzahlung rentenrechtlichen Gesamtlaufzeit von 4 Jahren. Eine Halbierung ergibt sich, wenn die Arbeitsphase um 9 Monate länger dauerte und die Freizeitphase 9 Monate kürzer, so dass sich jeweils 15 Monate gegenüberstünden. Deshalb sollten grundsätzlich in der Arbeitsphase 9 Monate nachgearbeitet werden. Weil aber § 237 SGB VI nur insgesamt 24 Monate Altersteilzeit fordert, sind nur 6 Monate Nacharbeit nötig, um 12 Monate Arbeitsphase zu erreichen.

Gegen die Nacharbeit sind gewichtige Einwände erhoben worden. Nur 19
schwere Erkrankungen könnten Grund für einen langfristigen Krankengeldbezug sein, so dass sich die betroffenen Arbeitnehmer doppelt gestraft durch Krankheit und Nacharbeit fühlen müssten. Sie könnten deshalb ein Motivationshemmnis für ganze Abteilungen sein, falls sie nach langer Abwesenheit überhaupt noch für den angestammten Arbeitsplatz geeignet seien. Förderrechtlich müsse beachtet werden, dass bereits der Wiederbesetzer eingestellt sei, der bei Nacharbeit vom wiederbesetzten Arbeitsplatz verdrängt werde. Schließlich habe der Arbeitgeber selbst die Altersteilzeit als Weg zur vorzeitigen Trennung vom Arbeitnehmer gewählt, es bestehe deshalb kein Interesse an einer Anwesenheit nach dem mit Bedacht beschlossenen Ausscheiden aus dem Betrieb. Deshalb ist anerkannt, dass der Arbeitgeber spätestens mit Beginn der Freizeitphase das Wertguthaben durch Verbuchung nach § 2 BÜVO auffüllt und während der gesamten Freizeitphase wie geplant Entgelt und Aufstockungen erbringt.

Mit diesem Lösungsweg der Abwicklung der Freizeitphase wie geplant werden zusätzlich Komplikationen bei der Rentenhöhe vermieden. Wegen der Anhebung des Alters für vorgezogene Renten (vgl. Einleitung RdNr. 10 ff) und wegen der Einführung von Rentenabschlägen wird die Altersteilzeit zeitlich so ausgestaltet sein, dass der Arbeitnehmer eine Rente in optimierter Höhe beanspruchen kann. Wechselte er im Beispiel 2 bereits nach 6 Monaten Nacharbeit in die Rente, würde sich entsprechend der unter Einleitung RdNr. 14 abgedruckten Tabelle 1 ein um 5,4% höherer Abschlag ergeben und es fehlten Rentenanwartschaften aus 1,5 Beitragsjahren. Die Rentenhöhe wäre damit sicherlich nicht ausreichend.

20 Aus diesen Gründen hat sich das Auffüllen der Wertguthaben unter Verzicht auf Nacharbeit als bevorzugte Lösung etabliert. Gleichwohl wird der Verzicht auf Nacharbeit nicht von vornherein erklärt. Wie oben ausgeführt reicht das Krankengeld im Arbeitsblock nicht zur sozialen Absicherung der Arbeitnehmer aus. Doch selbst die zusätzliche Aufstockung um gesetzliche 20% des Altersteilzeit-Brutto wird häufig als zu gering erachtet, so dass ein weiterer Zuschuss zum Krankengeld gewährt wird. Diese Zuschüsse haben den Charakter einer (erhöhten) Entgeltaufstockung[294] sind nach einem Schreiben des Bundesministeriums der Finanzen ebenso wie Aufstockungen steuerfrei und damit auch abgabenfrei[295]. Damit diese arbeitnehmerfreundliche Lösung nicht Begehrlichkeiten weckt, werden die Arbeitgeber mindestens zunächst auf der Nacharbeit bestehen.

### cc) Privat Krankenversicherte

21 Privat krankenversicherte Personen erhalten kein Krankengeld, sondern Krankentagegeld. Erst die Öffnung des Abs. 2 für diesen Personenkreis durch das Gesetz zur Fortentwicklung der Altersteilzeit vom 20. 12. 1999[296] hat es ermöglicht, dass die Bundesanstalt für Arbeit auch für Krankentagegeld-Bezieher die Aufstockungsleistungen weiter erbringt.

Erst mit der gleichen Gesetzesänderung wurde es privat Krankenversicherten ermöglicht, dass auch für sie Arbeitsunfähigkeitszeiten über die Entgeltfortzahlung hinaus rentenrechtlich als Altersteilzeitarbeit zählen. Denn sobald die Entgeltfortzahlung endet sieht § 3 Satz 1 Nr. 3 SGB VI eine Pflichtbeitragszeit nur für gesetzlich Krankenversicherte vor, nicht aber für versicherungsfreie Personen. Ihnen wurde mit der Neufassung des § 163 Abs. 5 Satz 3 SGB VI ab 1. 1. 2000 ermöglicht, durch eine Pflichtversicherung auf Antrag nach § 4 Abs. 3 Satz 1 Nr. 2 SGB VI gleichwertige Zeiten zu sichern[297]. Der Antrag ist binnen drei Monaten ab Arbeitsunfähigkeit zu stellen (§ 4 Abs. 4 Satz 1 Nr. 2 SGB VI). Den Rentenbeitrag allerdings haben die Versicherten selbst zu zahlen gem § 170 Abs. 2 Nr. 5 SGB VI. Er beträgt derzeit 19,1% und bemisst sich aus 80% des Altersteilzeit-Brutto ohne Aufstockung (§ 166 Abs. 1 Nr. 5 SGB VI). Bei einem Altersteilzeit-Brutto vor Aufstockung von € 1.500,– ergibt sich eine monatliche Beitragslast von € 229,20 die von dem privaten Tagegeld mit abgedeckt sein sollten – falls der Arbeitge-

---

[294] DA der Bundesanstalt für Arbeit § 10 10.2 (6).
[295] Vom 27. 4. 2001 Az.: IV C 5 – E-löffs 2333 – 21/01 vgl. Personalprofi Heft 7/01 Seite 36.
[296] BGBl I Seite 2494.
[297] Vgl. Nimscholz/Oppermann/Ostrowicz Seite 124 ff.

ber keinen freiwilligen Zuschuss wie für gesetzlich Krankenversicherte erbringt.

**b) Besonderheiten in der Freizeitphase des Blockmodells**

Erkrankt der Arbeitnehmer langfristig in der Freizeitphase muss der Arbeitgeber Entgelt und Aufstockung weiterzahlen, der Anspruch auf Krankengeld ruht nach § 49 Abs. 1 Nr. 6 SGB V iVm § 7 Abs. 1a SGB IV. 22

### 4. Sonderregelung für Nebenerwerbslandwirte (Abs. 3)

Reduzieren Nebenerwerbslandwirte ihre Haupterwerbsarbeit auf Teilzeit, verschiebt sich möglicherweise der Schwerpunkt der beruflichen Tätigkeit und die Landwirtschaft wird zum Haupterwerb. Die Betroffenen scheiden dann aus der außerlandwirtschaftlichen Krankenkasse aus und werden Mitglieder der landwirtschaftlichen Krankenkasse. Dort haben sie keinen Anspruch auf Krankengeld sondern auf Betriebs- und Haushaltshilfe. Um dies zu vermeiden wird ihnen durch Abs. 3 der Anspruch auf Aufstockungsleistungen der Bundesanstalt für Arbeit erhalten. 23

### 5. Höhe von Kurzarbeitergeld und Winterausfallgeld (Abs. 4)

Kommt es zur Zahlung von Kurzarbeitergeld oder Winterausfallgeld, hat der Arbeitgeber die Aufstockungsleistungen weiter unverändert zu erbringen. Die Arbeitszeitreduktion durch Kurzarbeit oder durch Winterausfallgeld bleibt unbeachtlich. 24

Diese Weiterzahlung der unveränderten Aufstockung hat zur Folge, dass sie weiterhin in unveränderter Höhe vom Arbeitsamt nach dem Altersteilzeitgesetz erstattet wird. Die Mittel dafür kommen aus dem Budget für Altersteilzeitleistungen und nicht aus dem für Kurzarbeiter- oder Winterausfallgeld.

Denkbar wäre es, strukturelles Kurzarbeitergeld und Altersteilzeit-Förderung zu kombinieren.

Von den wirtschaftlichen Folgen für die Altersteilzeit-Arbeitnehmer gesehen wird es sich allerdings empfehlen, Kurzarbeit in der Altersteilzeit nicht durchzuführen. Denn das Altersteilzeit-Entgelt ist bereits geringer gegenüber dem bisherigen Entgelt, eine weitere Reduktion auf das Kurzarbeiter-Geld wird sich damit regelmäßig verbieten. Im Übrigen wird es einer Lohnbuchhaltung in der Praxis kaum möglich sein, Kurzarbeit und Altersteilzeit kombiniert ohne Fehler abzurechnen.

### 6. Rentenrechtliche Störfallbestimmung (Abs. 5)

Absatz 5 wurde durch das 4. EuroEG neu gefasst und enthält eine Regelung, die auf die gleichzeitige Störfall-Neuregelung in § 23b Abs. 2 und 3 SGB IV abgestimmt ist. Auf die Erläuterung Teil C RdNr. 25 wird Bezug genommen. § 10 Abs. 5 war erforderlich zur Klarstellung, dass rentenrechtlich in der Altersteilzeit nur ein 10%iges Guthaben entstehen kann, weil ja der Rentenbeitrag auf 90% aufgestockt wird. Für die Renten-Verbeitragung 25 im Störfall kommen deshalb nur noch Guthaben in Höhe von 10% in Betracht.

**§ 11 Mitwirkungspflichten des Arbeitnehmers**

(1) ¹Der Arbeitnehmer hat Änderungen der ihn betreffenden Verhältnisse, die für die Leistungen nach § 4 erheblich sind, dem Arbeitgeber unverzüglich mitzuteilen. ²Werden im Fall des § 9 die Leistungen von der Ausgleichskasse der Arbeitgeber oder der gemeinsamen Einrichtung der Tarifvertragsparteien erbracht, hat der Arbeitnehmer Änderungen nach Satz 1 diesen gegenüber unverzüglich mitzuteilen.

(2) ¹Der Arbeitnehmer hat der Bundesanstalt die dem Arbeitgeber zu Unrecht gezahlten Leistungen zu erstatten, wenn der Arbeitnehmer die unrechtmäßige Zahlung dadurch bewirkt hat, dass er vorsätzlich oder grob fahrlässig
1. Angaben gemacht hat, die unrichtig oder unvollständig sind, oder
2. der Mitteilungspflicht nach Absatz 1 nicht nachgekommen ist.

²Die zu erstattende Leistung ist durch schriftlichen Verwaltungsakt festzusetzen. Eine Erstattung durch den Arbeitgeber kommt insoweit nicht in Betracht.

### 1. Allgemeine Mitwirkungspflichten

1   Die Altersteilzeit-Arbeitnehmer sind verpflichtet, alle Änderungen, die die Förderleistung nach Höhe oder Dauer beeinflussen können, dem Arbeitgeber unverzüglich anzuzeigen. Als solche Änderungen kommen vor allem Rentenangelegenheiten oder Nebentätigkeiten in Betracht.

2   Die Arbeitgeber müssen durch Unterschrift auf dem Antragsformular nach § 12 Abs. 1 bestätigen, dass sie die Altersteilzeitarbeitnehmer auf ihre Mitteilungspflichten hingewiesen haben und besonderen Auskunfts- und Mitwirkungspflichten nachkommen.

### 2. Pflichten der Arbeitnehmer

3   Alle Arbeitnehmer, die in Altersteilzeit beschäftigt sind, haben besondere Mitwirkungspflichten, deren Sinn sich erst bei näherem Betrachten des Leistungsverhältnisses zwischen Arbeitgeber und Arbeitsamt ergibt.

#### a) Pflichten im Einzelnen

4   Die Altersteilzeit soll den Weg in den Ruhestand erleichtern und Arbeitsmarkteffekte nach sich ziehen. Die Förderung endet deshalb, sobald der Altersteilzeit-Arbeitnehmer eine Rente bezieht oder eine abschlagsfreie Rente beziehen kann. Damit der Arbeitsmarkteffekt nicht durch Mehrarbeit oder Aufnahme einer Beschäftigung verpufft, ruht und erlischt der Förderanspruch bei Überstunden sowie Nebentätigkeiten, die über die Geringfügigkeitsgrenze hinausgehen. Falls einer dieser Tatbestände – Rentenbezug, Rentenanspruch, Mehrarbeit oder Nebenbeschäftigung – eingetreten ist, muss der Arbeitgeber dem Arbeitsamt Mitteilung machen, da-

mit es die förderrechtlichen Konsequenzen ziehen kann. Die Pflichten bestehen im Förderverhältnis zwischen Arbeitgeber als Mittelempfänger und Arbeitsamt als Mittelerbringer, denn mit dem Altersteilzeit-Arbeitnehmer besteht kein förderrechtliches Sonderverhältnis, das pflichtbegründend wäre.

Die Tatbestände, die der Arbeitgeber mitzuteilen hat, betreffen allerdings in erster Linie den Arbeitnehmer. Er ist es, der Rente bezieht oder beziehen kann oder der eine (Neben)Beschäftigung aufnimmt. Weil der Arbeitgeber in der Freizeitphase regelmäßig keinen engen Kontakt mehr mit dem Arbeitnehmer hat, er also nicht ohne weiteres von einem förderschädlichen Tatbestand Kenntnis erlangen kann, wurden für die Altersteilzeit-Arbeitnehmer gesetzliche Mitwirkungspflichten normiert. Sie finden sich wohl zur Sicherheit in fast allen Tarifverträgen, Betriebsvereinbarungen sowie Altersteilzeitverträgen wieder, damit das zweistufige System der Mittelungspflichten nicht versagt. 5

Die Altersteilzeit-Arbeitnehmer sind verpflichtet, dem Arbeitgeber vor allem folgende Änderungen mitzuteilen: 6
- Bezug einer Altersrente oder ähnlichen Altersversorgung einschließlich ausländischer Leistungen,
- Anspruch auf eine ungeminderte Altersrente. Ein solcher Anspruch kann sich während der Altersteilzeit ergeben
  - z. B. falls Schwerbehinderung oder Berufs- bzw Erwerbsunfähigkeit eintritt und damit die Voraussetzungen nach § 37 SGB VI oder nach der Übergangsregelung § 236 a SGB VI erfüllt sind oder
  - z. B. falls der Nachweis weiterer Versicherungszeiten gelingt und damit die versicherungsrechtlichen Voraussetzungen einer anderen vorgezogenen Rente gegeben sind.
- Ausübung einer oder mehrerer geringfügigen Beschäftigung sowie Tätigkeit.

Der Arbeitgeber muss den Arbeitnehmer auf diese Pflichten hinweisen und in dem Antragsformular auf Förderung nach § 12 der Bundesanstalt für Arbeit unterschriftlich bestätigen, dass er dieser Hinweispflicht nachgekommen ist. 7

**b) Erstattungspflichten der Arbeitnehmer**

Sind die entsprechenden Hinweise tatsächlich erfolgt und verstößt der Altersteilzeit-Arbeitnehmer dennoch gegen die Mitteilungspflichten, dann hat er als schuldhaft Handelnder der Bundesanstalt für Arbeit die zu Unrecht erbrachten Förderleistungen zu erstatten. Der Arbeitgeber, der infolge unterbliebener Mitteilungen des Arbeitnehmers ohne Kenntnis war und den deshalb kein Verschulden trifft, haftet dem Arbeitsamt in diesen Fällen nicht. Der Erstattungsbescheid bedarf abweichend von § 33 Abs. 2 SGB X der Schriftform. 8

Abs. 2 Satz 1 verlangt Kausalität zwischen dem Pflichtverstoß und der rechtswidrigen Leistungsgewährung („bewirkt"). Dem Arbeitnehmer muss schuldhaftes Verhalten vorwerfbar sein in Form grober Fahrlässigkeit oder Vorsatz. Leichte Fahrlässigkeit verpflichtet den Arbeitnehmer nicht zur Leistungserstattung. Beweispflichtig für das Verschulden ist das Arbeitsamt. 9

**10** Wurden in den Erkrankungsfällen des § 10 Abs. 2 unmittelbar die Aufstockungsleistungen an den Arbeitnehmer erbracht und geschah dies unrechtmäßig, ist nicht Abs. 2 anzuwenden, sondern es gelten die allgemeinen Regelungen der §§ 45, 48, 50 SGB X.

### 3. Nebenpflichten der Arbeitgeber

#### a) Pflichten im Einzelnen

**11** Um zu vermeiden, dass die Fördermittel fehlgeleitet werden, sind die Arbeitgeber verpflichtet, folgende Tatbestände der Bundesanstalt für Arbeit unverzüglich anzuzeigen[298]:
- die Altersteilzeit wird beendet,
- die Aufstockungen werden nicht mehr oder in veränderter Höhe gezahlt,
- die Wiederbesetzung bzw Ersatzeinstellung ist gescheitert, die betroffene Person wird nicht mehr beschäftigt nicht mehr im Funktionsbereich oder nicht mehr funktionsadäquat[299] beschäftigt,
- die tatsächliche Beschäftigung ist mehr als 3 Monate unterbrochen und es wurde keine erneute Wiederbesetzung/Ersatzeinstellung vorgenommen,
- Veränderungen in der Funktionalität des Arbeitsplatzes ergeben sich oder er fällt weg,
- der Altersteilzeit-Arbeitnehmer leistet Mehrarbeit, die mehr als 15 Wochenstunden beträgt oder mit mehr als € 325,–/Monat vergütet wird.

**12** Die gleichen Mitteilungspflichten treffen den Arbeitnehmer, der im Krankheitsfall die Aufstockungen in den Fällen des § 10 Abs. 2 vom Arbeitsamt erhält.

**13** Der Arbeitgeber muss den Arbeitnehmer hinweisen auf die gesetzliche Pflicht zur unverzüglichen Mitteilung folgender Tatbestände:
- eine Altersrente oder ähnliche Versorgungsleistung wird beantragt
- eine Altersrente oder ähnliche Versorgungsleistung wird bezogen
- es entsteht Anspruch auf eine abschlagsfreie Altersrente
- eine Beschäftigung oder Nebentätigkeit wird mit mehr als 15 Wochenstunden oder mit mehr als € 325,– Monatsentgelt aufgenommen oder
- die bisherige Nebentätigkeit/Nebenbeschäftigung wird über den bisherigen Rahmen ausgeweitet.

**14** Wegen des direkten Ersatzanspruches der Bundesanstalt für Arbeit gegenüber dem Arbeitnehmer ist in diesen Fällen auch mitzuteilen, wann der Arbeitgeber von dem betroffenen Tatbestand Kenntnis erlangt hatte.

#### b) Erstattungspflichten des Arbeitgebers

**15** Hat der Arbeitnehmer eine Mitteilung nach Abs. 1 gemacht, aber der Arbeitgeber seine daraus resultierenden Pflichten gegenüber der Bundesanstalt für Arbeit verletzt, gelten für die Rückforderung gegenüber dem Arbeitgeber die §§ 45, 48, 50 SGB X. Diese Vorschriften sind auch anzuwenden, wenn der Arbeitgeber gegen § 98 SGB X verstößt.

---

[298] DA der Bundesanstalt für Arbeit § 11 11.
[299] Vgl. § 5 RdNr. 23 ff.

## § 12 Verfahren

(1) ¹Das Arbeitsamt entscheidet auf schriftlichen Antrag des Arbeitgebers, ob die Voraussetzungen für die Erbringung von Leistungen nach § 4 vorliegen. ²Der Antrag wirkt vom Zeitpunkt des Vorliegens der Anspruchsvoraussetzungen, wenn er innerhalb von drei Monaten nach deren Vorliegen gestellt wird, andernfalls wirkt er vom Beginn des Monats der Antragstellung. ³In den Fällen des § 3 Abs. 3 kann das Arbeitsamt auch vorab entscheiden, ob die Voraussetzungen des § 2 vorliegen. ⁴Mit dem Antrag sind die Namen, Anschriften und Versicherungsnummern der Arbeitnehmer mitzuteilen, für die Leistungen beantragt werden. ⁵Zuständig ist das Arbeitsamt, in dessen Bezirk der Betrieb liegt, in dem der Arbeitnehmer beschäftigt ist. ⁶Die Bundesanstalt erklärt ein anderes Arbeitsamt für zuständig, wenn der Arbeitgeber dafür ein berechtigtes Interesse glaubhaft macht.

(2) ¹Leistungen nach § 4 werden nachträglich jeweils für den Kalendermonat ausgezahlt, in dem die Anspruchsvoraussetzungen vorgelegen haben, wenn sie innerhalb von sechs Monaten nach Ablauf dieses Kalendermonats beantragt werden. ²Leistungen nach § 10 Abs. 2 werden auf Antrag des Arbeitnehmers monatlich nachträglich ausgezahlt.

(3) ¹In den Fällen des § 3 Abs. 3 werden dem Arbeitgeber die Leistungen nach Absatz 1 erst von dem Zeitpunkt an ausgezahlt, in dem der Arbeitgeber auf dem freigemachten oder durch Umsetzung freigewordenen Arbeitsplatz einen Arbeitnehmer beschäftigt, der bei Beginn der Beschäftigung die Voraussetzungen des § 3 Abs. 1 Nr. 2 erfüllt hat. ²Endet die Altersteilzeitarbeit in den Fällen des § 3 Abs. 3 vorzeitig, erbringt das Arbeitsamt dem Arbeitgeber die Leistungen für zurückliegende Zeiträume nach Satz 3, solange die Voraussetzungen des § 3 Abs. 1 Nr. 2 erfüllt sind und soweit dem Arbeitgeber entsprechende Aufwendungen für Aufstockungsleistungen nach § 3 Abs. 1 Nr. 1 und § 4 Abs. 2 verblieben sind. ³Die Leistungen für zurückliegende Zeiten werden zusammen mit den laufenden Leistungen jeweils in monatlichen Teilbeträgen ausgezahlt. ⁴Die Höhe der Leistungen für zurückliegende Zeiten bestimmt sich nach der Höhe der laufenden Leistungen.

(4) ¹Über die Erbringung von Leistungen kann das Arbeitsamt vorläufig entscheiden, wenn die Voraussetzungen für den Anspruch mit hinreichender Wahrscheinlichkeit vorliegen und zu ihrer Feststellung voraussichtlich längere Zeit erforderlich ist. ²Auf Grund der vorläufigen Entscheidung erbrachte Leistungen sind auf die zustehende Leistung anzurechnen. ³Sie sind zu erstatten, soweit mit der abschließenden Entscheidung ein Anspruch nicht oder nur in geringerer Höhe zuerkannt wird.

### Übersicht

| | RdNr. |
|---|---|
| 1. Allgemeines | 1 |
| 2. Anerkennungsverfahren | 3 |
| 3. Auszahlungsverfahren (Abs. 2 sowie 4) | 6 |
| 4. Besonderheiten im Blockmodell | 11 |
| a) Vorabentscheidung | 13 |

**ATG § 12** 1–4                               A. Altersteilzeitgesetz

                                                                                                       RdNr.
b) Förderung bei vorzeitiger Beendigung der verblockten Altersteilzeit    14
c) Förderleistungen während der Freizeitphase ........................................    16

## 1. Allgemeines

1    § 12 unterteilt das Subventionsverfahren in zwei Stufen: zunächst ist eine Grundentscheidung zu treffen, ob die Voraussetzungen der Förderung nach dem Altersteilzeitgesetz erfüllt sind (Anerkennungsbescheid). Ist sie ergangen und hat der Arbeitgeber die Aufstockungsleistungen erbracht, ist auf der zweiten Stufe die Auszahlung der Fördermittel zu bewilligen (Bewilligungsbescheid). Dieses zweistufige Verfahren setzt eine eigene gesetzliche Grundlage voraus[300]. Sie ist in Abs. 1 und 2 enthalten, das Vorgehen der Arbeitsämter ist hier positiv-rechtlich geregelt.

2    Im Blockmodell kann über die Voraussetzungen nach § 2 auch vorab entschieden werden, um den Arbeitgebern Rechtssicherheit zu verschaffen (Vorabentscheidung).

## 2. Anerkennungsverfahren

3    Der Antrag auf Anerkennung der Förderfähigkeit ist schriftlich beim zuständigen Arbeitsamt zu stellen. Der Antrag soll Angaben zu den Namen, Adressen und Versicherungsnummern der Altersteilzeit-Arbeitnehmer enthalten. Sie werden am Besten mit den Formularen der Arbeitsämter gemacht und können nachgereicht oder vervollständigt werden. Die Wiederbesetzung hat der Arbeitgeber darzulegen, in der Praxis mit den Formularen AtG 1a für Wiederbesetzung mit Arbeitslosen, AtG 1b mit Ausgebildeten und AtG 1c für Auszubildende, wobei sich eine eigene ergänzende Darstellung von Funktionsbereich oder Organisationseinheit empfiehlt.

Die Antragsfrist beträgt 3 Monate. Sie beginnt ab dem ersten Tag, an dem sämtliche Fördervoraussetzungen gem. §§ 2, 3 und 4 erfüllt sind. Das sind die Wiederbesetzung sowie die Aufstockung von Entgelt und Rentenbeitrag. Die dreimonatige Frist ist nicht – wie sonst vielfach im Sozialrecht – eine materielle Anspruchsvoraussetzung. Wurde sie versäumt, kann Wiedereinsetzung in den vorigen Stand beantragt werden nach § 27 SGB X. Sind die Voraussetzungen der Wiedereinsetzung nicht erfüllt, wirkt der Antrag unter Rückrechnung von drei Monaten erst ab dem Monat, in dem er gestellt wurde. Eine Förderung für vorangegangene Zeiten kommt dann nicht in Betracht.

4    Zuständig ist das Arbeitsamt, in dessen Bezirk der Beschäftigungsbetrieb des Altersteilzeit-Arbeitnehmers liegt. Wird er beim unzuständigen Arbeitsamt oder bei einem anderen Leistungsträger oder bei einer Gemeinde gestellt, muss er von dort unverzüglich an das zuständige Beschäftigungsarbeitsamt weitergeleitet werden. Für die Fristwahrung reicht der Antragseingang bei der unzuständigen Behörde aus (§ 16 Abs. 1, 2 SGB I). Ist ein Arbeitgeber überregional tätig, kann er eine Zuständigkeit für das Arbeitsamt seines Sitzes herbeiführen, damit die Anträge zentral bearbeitet und verbeschieden wer-

---

[300] Rechtswidrig hingegen ein Zwei-Stufen-Verfahren ohne positiv-rechtliche Regelung, BSG v. 17. 12. 1997 – 11 RAr 103/96.

*Rittweger*

den. Geltend zu machen ist ein berechtigtes Interesse, das z.B. bei zentraler Lohnabrechnung vorliegt. An dem Arbeitsamt z.B. der zentralen Lohnabrechnung besteht auch die Mitwirkungsmöglichkeit durch den lokalen Verwaltungsausschuss nach § 378 SGB III.

Die Entscheidung über den Anerkennungs-Antrag ist keine Ermessens-, 5 sondern eine gebundene Entscheidung. Gegen sie kann Widerspruch und Klage erhoben werden nach §§ 77 ff, 87 ff SGG.

### 3. Auszahlungsverfahren (Abs. 2 sowie 4)

Der Antrag auf Auszahlung ist binnen sechs Monaten ab Wiederbesetzung 6 zu stellen. Bei Fristversäumung gilt auch hier § 27 SGB X. Möglich ist auch ein zusammengefasster Antrag für mehrere Lohnabrechnungszeiträume, z.B. für mehrere Monate. Dann ist aber genau auf Einhaltung der Frist zu achten, die für den ersten Monat gilt.

**Beispiel:** Abrechnungszeitraum Februar 2003 bis Juli 2003. 7
Die Antragsfrist für Februar beginnt am 1.3. und endet am 31. 8. 2003. Spätestens an diesem Tag muss der Antrag eingehen. Wiedereinsetzung in den vorigen Stand wäre nur nach § 27 SGB X möglich.

Durch vorläufigen Verwaltungsakt kann das Arbeitsamt über den Auszah- 8 lungsantrag entscheiden, wenn
- ein schriftlicher Antrag gestellt ist
- eine örtliche Listenprüfung vor Leistungszahlung nicht möglich ist
- die Voraussetzungen entsprechend Abs. 1 dem Grunde nach erfüllt sind und
- in der Altersteilzeitgesetz-Abrechnungsliste nur Arbeitnehmer stehen, die offensichtlich die Fördervoraussetzungen erfüllen[301].

Nach einem vorläufigen Bescheid ist der gesamte ermittelte Betrag ohne 9 Abschläge auszuzahlen. Erweist sich der vorläufige Bescheid als unrechtmäßig, sind die Zahlungen zurückzuerstatten. Rechtsgrundlage sind dann nicht §§ 45, 48, 50 SGB X, sondern § 12 Abs. 4. Unanwendbar ist, weil spezialgesetzlich verdrängt, § 43 SGB I[302].

Bei Dauererkrankungen über den Entgeltfortzahlungszeitraum hinaus tritt 10 nach § 10 Abs. 2 die Bundesanstalt für Arbeit anstelle des Arbeitgebers. Wegen der mangelhaften Praktikabilität dieses Verfahrens tritt in diesen Fällen der Arbeitnehmer seinen Anspruch an den Arbeitgeber ab, der die Aufstockungen weiter erbringt. Die Förderung allerdings muss der Anspruchsinhaber, also der Arbeitnehmer beantragen und zwar schriftlich und fristgemäß.

### 4. Besonderheiten im Blockmodell

Voraussetzung für die Förderung der Altersteilzeit ist gem. § 3 Abs. 1 11 Nr. 2 Buchst. a) die Wiederbesetzung durch eine arbeitslose oder ausgebildete Person oder Buchst. b) die Ersatzeinstellung eines Azubi. In der verblockten Altersteilzeit kann während der Arbeitsphase schon begrifflich keine Wiederbesetzung stattfinden, weil der Altersteilzeitarbeitnehmer den Ar-

---
[301] Dienstanweisung der Bundesanstalt für Arbeit 12.4.
[302] Erfurter Kommentar Rolfs § 8 Altersteilzeit-Gesetz RdNr. 2.

beitsplatz noch voll ausfüllt. Deshalb können die Leistungen der Bundesanstalt für Arbeit erst erbracht werden, sobald die Freizeitphase begonnen hat und die Wiederbesetzung oder Ersatzeinstellung vollzogen ist. Hieraus ergeben sich besondere Konsequenzen für

12
- die Bedürfnisse der Arbeitgeber nach Rechts- und Planungssicherheit,
- den Zahlungsmodus und die Förderhöhe während der Freizeitphase der verblockten Altersteilzeit,
- die Förderung bei vorzeitiger Beendigung der verblockten Altersteilzeit,
- Langzeiterkrankte ab Ende der Entgeltfortzahlung.

### a) Vorabentscheidung

13 Im Blockmodell werden die Fördervoraussetzungen erst ab der Freistellungsphase vollständig erfüllt. Deshalb kann eine Vorabentscheidung beantragt werden, ob die arbeitnehmerseitigen Voraussetzungen nach § 2 erfüllt sind. Aus Gründen der Rechtssicherheit ist ein solcher Vorabantrag, der jederzeit bis zum Beginn der Freizeitphase gestellt werden kann, nicht nur ratsam sondern bereits vor Beginn der Altersteilzeit geboten.

Zuständig ist das Beschäftigungsarbeitsamt oder bei berechtigtem Interesse des Arbeitgebers auch ein anderes, das bestimmt wird (vgl. oben RdNr. 4).

### b) Förderung bei vorzeitiger Beendigung der verblockten Altersteilzeit

14 Endet ein Altersteilzeitverhältnis während der Arbeitsphase des Blockmodells vorzeitig, hat der Arbeitnehmer bereits Vorleistungen erbracht, die vom Arbeitgeber regelmäßig auszugleichen sind. Die Bundesanstalt für Arbeit hat noch keine Subventionen gezahlt und ist mit der Abwicklung der Ansprüche nicht befasst. Liegt das vorzeitige Ende in der Freistellungsphase, hätte das Arbeitsamt nur für die ungestörte Zeit der Freistellung Leistungen zu erbringen, weil mit dem Ende der Altersteilzeit auch der Förderanspruch endet, § 5 Abs. 1 Satz 1 Nr. 1. Besteht aber trotz Scheitern der Altersteilzeit das Wiederbesetzungsverhältnis ungestört fort, bleibt nach der Spezialvorschrift in § 12 Abs. 3 Satz 2 der Subventionsanspruch des Arbeitgebers für zurückliegende Zeiten erhalten.

15 Zu der Frage, wie nach Ausgleich und Verrechnung durch den Arbeitgeber vorzugehen ist, inwieweit in diesen Fällen ein Rückerstattungsanspruch der Bundesanstalt für Arbeit entsteht, s. Wolf NZA 2000, 637, 641.

### c) Förderleistungen während der Freizeitphase

16 Die Förderleistungen der Bundesanstalt für Arbeit werden erst ab der Freizeitphase/Wiederbesetzung gezahlt, dann aber monatlich jeweils in verdoppelter Höhe (Abs. 3 Satz 3). Die Verdoppelungsbasis sind dabei zur Verfahrensvereinfachung die laufenden Leistungen, d.h. die Förderhöhe berechnet sich ausschließlich nach der Aufstockung, die der Arbeitgeber in der Freizeitphase zahlt. Die positive Konsequenz hieraus ist, dass aktuelle tarifliche Lohnerhöhungen, die erst während der Freizeitphase eintreten, verdoppelt werden. Als negative Konsequenz werden ausschließlich in der Arbeitsphase

gezahlte Lohnbestandteile bei der Förderhöhe nicht berücksichtigt. Dies betrifft vor allem Tarifbereiche, in denen Sonderzahlungen – wie 13. Monatsgehalt, Urlaubsgeld etc. – oder variable Lohnbestandteile – wie z.B. Vergütungen für Bereitschaftsdienste, Schichtzulagen, Zuwendungen etc. – ausschließlich während der Arbeitsphase gezahlt werden. Erbringt der Arbeitgeber diese Zahlungen in der Freizeitphase nicht, bleiben sie für die Förderung unbeachtlich und gehen im Endeffekt zu Lasten des Arbeitgebers.

## 5. Übersicht: Anträge und Förderverfahren

| Bezeichnung | Prüfungsgegenstand | Formular | Frist | Zuständiges Arbeitsamt |
|---|---|---|---|---|
| Vorabentscheidung im Blockmodell | Altersteilzeit-Arbeitnehmer nach § 2 | AtG 1 d | Bis Ende Arbeitsphase, empfohlen: vor Beginn der Altersteilzeit | Beschäftigungsort, auf Antrag: Abrechnungsort |
| Anerkennungsantrag | Fördervoraussetzungen, vor allem Wiederbesetzung | AtG 1 a, AtG 1 b, AtG 1 c | 3 Monate nach Wiederbesetzung, sonst Anspruchsverlust für vorangegangene Monate | Beschäftigungsort, auf Antrag: Abrechnungsort |
| Leistungsantrag | Abrechnungsliste, erbrachte Aufstockungen | AtG 21, AtG 21 a, AtG 21 c | 6 Monate nach Ablauf Abrechnungsmonat, sonst Anspruchsverlust – im Blockmodell doppelter Anspruchsverlust | Lohnabrechnungstelle analog § 327 Abs 3 SGB III |

Hinweise (nach Stief, Die neue Altersteilzeit in der Praxis):

Nach der Praxis wird im Regelfall auf eine Prüfung der Anerkennungsanträge und damit der Wiederbesetzung vor Ort verzichtet, wenn der Arbeitgeber die Anspruchsvoraussetzungen „schlüssig und glaubhaft" darlegt. Das verlangt sorgfältig ausgefüllte Anträge. Die Wiederbesetzung ist eingehend zu begründen, so dass das Formblatt nicht ausreichen wird und eigene Blätter sich empfehlen, nicht nur für den Nachweis einer eigenständigen Organisationseinheit. Damit der Übergang in die Altersrente nach § 2 Abs 2 Nr 2 dargelegt ist, sollte eine Kopie der Rentenauskunft des Arbeitnehmers beigeschlossen werden.

Geprüft wird grundsätzlich vor Ort die Abrechnungsliste zum Leistungsantrag, allerdings regelmäßig nur die erste Abrechnungsliste. Anschließende Prüfungen können mit einer Betriebsprüfung verbunden werden, so dass sich für die anschließenden Zeiten eine vorläufige Bewilligung empfiehlt. Im Formular AtG 21 sollte per Ankreuzen mit ‚ja" dieser Weg beantragt werden.

## § 13 Auskünfte und Prüfung

§ 304 Abs. 1, §§ 305, 306, 315 und 319 des Dritten Buches und das Zweite Kapitel des Zehnten Buches Sozialgesetzbuch gelten entsprechend.

Die Vorschriften des SGB III, auf die § 13 Bezug nimmt, betreffen Prüfungs- und Betretensrechte der Bundesanstalt für Arbeit sowie Duldungs- Auskunfts- und Mitwirkungspflichten der Betroffenen. 1

Die Prüfrechte werden von den Arbeitsämtern und den Hauptzollämtern wahrgenommen. Deren Bedienstete dürfen Grundstücke und Räumlichkeiten betreten sowie Unterlagen und Personalien prüfen. Betroffene Arbeitgeber, Arbeitnehmer und Dritte sind dabei zur Duldung, Auskunft bzw. Mitwirkung verpflichtet. 2

Die Einzelnen aus dem Recht der Arbeitsförderung nach dem SGB III lauten: 3

„§ 304 Prüfung. (1) Die Arbeits- und die Hauptzollämter prüfen, ob 4
1. Sozialleistungen nach diesem Buch zu Unrecht bezogen werden oder wurden,
2. ausländische Arbeitnehmer mit einer erforderlichen Genehmigung und nicht zu ungünstigeren Arbeitsbedingungen als vergleichbare deutsche Arbeitnehmer beschäftigt werden oder wurden,
3. die Angaben des Arbeitgebers, die für die Leistungen erheblich sind, zutreffend bescheinigt wurden.

§ 305 Betretens- und Prüfungsrecht. (1) ¹Zur Durchführung des § 304 Abs. 1 sind die Arbeits- und die Hauptzollämter sowie die sie unterstützenden Behörden berechtigt, Grundstücke und Geschäftsräume des Arbeitgebers während der Geschäftszeit zu betreten und dort Einsicht in die Lohn-, Melde- oder vergleichbare Unterlagen zu nehmen. ²Ist ein Arbeitnehmer bei Dritten tätig, sind die Arbeits- und Hauptzollämter sowie die sie unterstützenden Behörden zur Prüfung nach § 304 Abs. 1 berechtigt, deren Grundstücke und Geschäftsräume während der Geschäftszeit zu betreten. ³Die Arbeits- und Hauptzollämter sowie die sie unterstützenden Behörden sind ferner ermächtigt, die Personalien der in den Geschäftsräumen oder auf dem Grundstück des Arbeitgebers oder des Dritten tätigen Personen zu überprüfen.
(2) Auftraggeber von Selbständigen stehen Arbeitgebern gleich, wenn die Auftraggeber juristische Personen oder im Handelsregister eingetragen sind.
(3) Im Verteidigungsbereich darf ein Betretensrecht nur im Einvernehmen mit dem Bundesministerium der Verteidigung ausgeübt werden.

§ 306 Duldungs- und Mitwirkungspflichten. (1) ¹Arbeitgeber, Arbeitnehmer und Dritte, die bei einer Prüfung nach § 304 Abs. 1 angetroffen werden, haben die Prüfung zu dulden und dabei mitzuwirken, insbesondere auf Verlangen Auskünfte über Tatsachen zu erteilen, die darüber Aufschluß geben, ob Leistungen nach diesem Buch zu Unrecht bezogen werden oder wurden, ob die Angaben des Arbeitgebers, die für die Leistungen erheblich sind, zutreffend bescheinigt wurden, ob ausländische Arbeitnehmer mit einer erforderlichen Genehmigung und nicht zu ungünstigeren Arbeitsbedingungen als vergleichbare deutsche Arbeitnehmer beschäftigt werden oder wurden, und die in § 305 Abs. 1 Satz 1 genannten Unterlagen vorzulegen. ²Sie haben auch das Betreten der Grundstücke und der Geschäftsräume nach Maßgabe von § 305 Abs. 1 zu dulden. ³Auskünfte, die den Verpflichteten oder eine ihm nahestehende Person (§ 383 Abs. 1 Nr. 1 bis 3 Zivilprozeßordnung) der Gefahr aussetzen, wegen einer Straftat oder Ordnungswidrigkeit verfolgt zu werden, können verweigert wer-

## ATG § 13   4

den. ⁴ Ausländische Arbeitnehmer sind ferner verpflichtet, ihren Paß, Paßersatz oder Ausweisersatz und ihre Aufenthaltsgenehmigung oder Duldung den Arbeits- und Hauptzollämtern auf Verlangen vorzulegen, auszuhändigen und, sofern sich Anhaltspunkte für einen Verstoß gegen ausländerrechtliche Vorschriften ergeben, vorübergehend zu überlassen.

(2) ¹ In automatisierten Dateien gespeicherte Daten hat der Arbeitgeber auf Verlangen und auf Kosten der Arbeits- oder Hauptzollämter auszusondern und auf maschinenverwertbaren Datenträgern oder in Listen zur Verfügung zu stellen. ² Der Arbeitgeber darf maschinenverwertbare Datenträger oder Datenlisten, die die erforderlichen Daten enthalten, ungesondert zur Verfügung stellen, wenn die Aussonderung mit einem unverhältnismäßigen Aufwand verbunden wäre und überwiegende schutzwürdige Interessen des Betroffenen nicht entgegenstehen. ³ In diesem Fall haben die Arbeitsämter die erforderlichen Daten auszusondern. ⁴ Die übrigen Daten dürfen darüber hinaus nicht verarbeitet und genutzt werden. ⁵ Sind die zur Verfügung gestellten Datenträger oder Datenlisten für die in § 304 Abs. 1 genannten Zwecke nicht mehr erforderlich, sind sie unverzüglich zu vernichten oder auf Verlangen des Arbeitgebers zurückzugeben.

**§ 315 Allgemeine Auskunftspflicht Dritter.** (1) Wer jemandem, der eine laufende Geldleistung beantragt hat oder bezieht, Leistungen erbringt, die geeignet sind, die laufende Geldleistung auszuschließen oder zu mindern, hat dem Arbeitsamt auf Verlangen hierüber Auskunft zu erteilen, soweit es zur Durchführung der Aufgaben nach diesem Buch erforderlich ist.

(2) ¹ Wer jemandem, der eine laufende Geldleistung beantragt hat oder bezieht, zu Leistungen verpflichtet ist, die geeignet sind, die laufende Geldleistung auszuschließen oder zu mindern, oder für ihn Guthaben führt oder Vermögensgegenstände verwahrt, hat dem Arbeitsamt auf Verlangen hierüber sowie über dessen Einkommen oder Vermögen Auskunft zu erteilen, soweit es zur Durchführung der Aufgaben nach diesem Buch erforderlich ist. ² § 21 Abs. 3 Satz 4 des Zehnten Buches gilt entsprechend. ³ Für die Feststellung einer Unterhaltsverpflichtung ist § 1605 Abs. 1 des Bürgerlichen Gesetzbuchs anzuwenden.

(3) Wer jemanden, der
1. eine laufende Geldleistung beantragt hat oder bezieht, oder dessen Ehegatten oder Lebenspartner oder
2. nach Absatz 2 zur Auskunft verpflichtet ist,

beschäftigt, hat dem Arbeitsamt auf Verlangen über die Beschäftigung, insbesondere über das Arbeitsentgelt, Auskunft zu erteilen, soweit es zur Durchführung der Aufgaben nach diesem Buch erforderlich ist.

(4) Die Absätze 1 bis 3 gelten entsprechend, wenn jemand anstelle einer laufenden Geldleistung Kurzarbeitergeld oder Winterausfallgeld bezieht oder für ihn eine dieser Leistungen beantragt worden ist.

(5) ¹ Sind im Rahmen einer Bedürftigkeitsprüfung Einkommen oder Vermögen des Ehegatten, des Lebenspartners oder des Partners einer eheähnlichen Gemeinschaft zu berücksichtigen, haben
1. dieser Ehegatte, Lebenspartner oder Partner,
2. Dritte, die für diesen Ehegatten, Lebenspartner oder Partner Guthaben führen oder Vermögensgegenstände verwahren,

dem Arbeitsamt auf Verlangen hierüber Auskunft zu erteilen, soweit es zur Durchführung dieses Buches erforderlich ist. ² § 21 Abs. 3 Satz 4 des Zehnten Buches gilt entsprechend.

**§ 319 Mitwirkungspflichten.** ¹ Wer jemanden, der eine laufende Geldleistung beantragt hat, bezieht oder bezogen hat, beschäftigt oder mit Arbeiten beauftragt, hat dem Arbeitsamt auf Verlangen Einsicht in Geschäftsbücher, Geschäftsunterlagen und

## II. Kommentar Altersteilzeitgesetz   4 § 13 ATG

Belege sowie in Listen, Entgeltverzeichnisse und Entgeltbelege für Heimarbeiter zu gewähren, soweit es zur Durchführung der Aufgaben nach diesem Buch erforderlich ist. ²Dies gilt entsprechend für jemanden, der Kurzarbeitergeld oder Winterausfallgeld bezieht oder bezogen hat oder jemanden, für den Kurzarbeitergeld oder Winterausfallgeld beantragt worden ist, beschäftigt oder mit Arbeiten beauftragt."

### § 67 SGB X lautet:

„**§ 67 Begriffsbestimmungen.** (1) ¹Sozialdaten sind Einzelangaben über persönliche oder sachliche Verhältnisse einer bestimmten oder bestimmbaren natürlichen Person (Betroffener), die von einer in § 35 des Ersten Buches genannten Stelle im Hinblick auf ihre Aufgaben nach diesem Gesetzbuch erhoben, verarbeitet oder genutzt werden. ²Betriebs- und Geschäftsgeheimnisse sind alle betriebs- oder geschäftsbezogenen Daten, auch von juristischen Personen, die Geheimnischarakter haben.

(2) Aufgaben nach diesem Gesetzbuch sind, soweit dieses Kapitel angewandt wird, auch

1. Aufgaben auf Grund von Verordnungen, deren Ermächtigungsgrundlage sich im Sozialgesetzbuch befindet,
2. Aufgaben auf Grund von über- und zwischenstaatlichem Recht im Bereich der sozialen Sicherheit,
3. Aufgaben auf Grund von Rechtsvorschriften, die das Erste und Zehnte Buch des Sozialgesetzbuches für entsprechend anwendbar erklären, und
4. Aufgaben auf Grund des Arbeitssicherheitsgesetzes und Aufgaben, soweit sie den in § 35 des Ersten Buches genannten Stellen durch Gesetz zugewiesen sind. § 8 Abs. 1 Satz 3 des Arbeitssicherheitsgesetzes bleibt unberührt.

(3) ¹Automatisiert im Sinne dieses Gesetzbuches ist die Erhebung, Verarbeitung oder Nutzung von Sozialdaten, wenn sie unter Einsatz von Datenverarbeitungsanlagen durchgeführt wird (automatisierte Verarbeitung). ²Eine nicht automatisierte Datei ist jede nicht automatisierte Sammlung von Sozialdaten, die gleichartig aufgebaut ist und nach bestimmten Merkmalen zugänglich ist und ausgewertet werden kann.

(4) *(aufgehoben)*

(5) Erheben ist das Beschaffen von Daten über den Betroffenen.

(6) ¹Verarbeiten ist das Speichern, Verändern, Übermitteln, Sperren und Löschen von Sozialdaten. ²Im Einzelnen ist, ungeachtet der dabei angewendeten Verfahren

1. Speichern das Erfassen, Aufnehmen oder Aufbewahren von Sozialdaten auf einem Datenträger zum Zwecke ihrer weiteren Verarbeitung oder Nutzung,
2. Verändern das inhaltliche Umgestalten gespeicherter Sozialdaten,
3. Übermitteln das Bekanntgeben gespeicherter oder durch Datenverarbeitung gewonnener Sozialdaten an einen Dritten in der Weise, dass
   a) die Daten an den Dritten weitergegeben werden oder
   b) der Dritte zur Einsicht oder zum Abruf bereitgehaltene Daten einsieht oder abruft;
   Übermitteln im Sinne dieses Gesetzbuches ist auch das Bekanntgeben nicht gespeicherter Sozialdaten,
4. Sperren das vollständige oder teilweise Untersagen der weiteren Verarbeitung oder Nutzung von Sozialdaten durch entsprechende Kennzeichnung,
5. Löschen das Unkenntlichmachen gespeicherter Sozialdaten.

(7) Nutzen ist jede Verwendung von Sozialdaten, soweit es sich nicht um Verarbeitung handelt, auch die Weitergabe innerhalb der verantwortlichen Stelle.

(8) Anonymisieren ist das Verändern von Sozialdaten derart, dass die Einzelangaben über persönliche oder sachliche Verhältnisse nicht mehr oder nur mit einem unverhältnismäßig großen Aufwand an Zeit, Kosten und Arbeitskraft einer bestimmten oder bestimmbaren natürlichen Person zugeordnet werden können.

(8a) Pseudonymisieren ist das Ersetzen des Namens und anderer Identifikationsmerkmale durch ein Kennzeichen zu dem Zweck, die Bestimmung des Betroffenen auszuschließen oder wesentlich zu erschweren.

(9) [1] Verantwortliche Stelle ist jede Person oder Stelle, die Sozialdaten für sich selbst erhebt, verarbeitet oder nutzt oder dies durch andere im Auftrag vornehmen lässt. [2] Werden Sozialdaten von einem Leistungsträger im Sinne von § 12 des Ersten Buches erhoben, verarbeitet oder genutzt, ist verantwortliche Stelle der Leistungsträger. [3] Ist der Leistungsträger eine Gebietskörperschaft, so sind eine verantwortliche Stelle die Organisationseinheiten, die eine Aufgabe nach einem der besonderen Teile dieses Gesetzbuches funktional durchführen.

(10) [1] Empfänger ist jede Person oder Stelle, die Sozialdaten erhält. [2] Dritter ist jede Person oder Stelle außerhalb der verantwortlichen Stelle. [3] Dritte sind nicht der Betroffene sowie diejenigen Personen und Stellen, die im Inland, in einem anderen Mitgliedstaat der Europäischen Union oder in einem anderen Vertragsstaat des Abkommens über den Europäischen Wirtschaftsraum Sozialdaten im Auftrag erheben, verarbeiten oder nutzen.

(11) Nicht-öffentliche Stellen sind natürliche und juristische Personen, Gesellschaften und andere Personenvereinigungen des privaten Rechts, soweit sie nicht unter § 81 Abs. 3 fallen.

(12) Besondere Arten personenbezogener Daten sind Angaben über die rassische und ethnische Herkunft, politische Meinungen, religiöse oder philosophische Überzeugungen, Gewerkschaftszugehörigkeit, Gesundheit oder Sexualleben.

Zur Bewehrung als Ordnungswidrigkeit siehe § 14.
Im zweiten Kapitel des SGB X ist der Schutz der Sozialdaten geregelt. Insoweit wird auf die ausführliche Kommentierung von Scholz in Kassler Kommentar Bezug genommen."

## § 14 Bußgeldvorschriften

(1) **Ordnungswidrig handelt, wer vorsätzlich oder fahrlässig**
1. **entgegen § 11 Abs. 1 oder als Arbeitgeber entgegen § 60 Abs. 1 Nr. 2 des Ersten Buches Sozialgesetzbuch eine Mitteilung nicht, nicht richtig, nicht vollständig oder nicht rechtzeitig macht,**
2. **entgegen § 13 in Verbindung mit § 319 des Dritten Buches Sozialgesetzbuch Einsicht nicht oder nicht rechtzeitig gewährt,**
3. **entgegen § 13 in Verbindung mit § 315 des Dritten Buches Sozialgesetzbuch eine Auskunft nicht, nicht richtig, nicht vollständig oder nicht rechtzeitig erteilt,**
4. **entgegen § 13 in Verbindung mit § 306 Abs. 1 Satz 1 oder 2 des Dritten Buches Sozialgesetzbuch eine Prüfung oder das Betreten eines Grundstücks oder eines Geschäftsraumes nicht duldet oder bei der Ermittlung von Tatsachen nicht mitwirkt,**
5. **entgegen § 13 in Verbindung mit § 306 Abs. 2 Satz 1 des Dritten Buches Sozialgesetzbuch Daten nicht, nicht richtig, nicht vollständig, nicht in der vorgeschriebenen Weise oder nicht rechtzeitig zur Verfügung stellt.**

(2) Die Ordnungswidrigkeit nach Absatz 1 Nr. 1 bis 4 kann mit einer Geldbuße bis zu fünfhundert Euro, die Ordnungswidrigkeit nach Absatz 1 Nr. 5 mit einer Geldbuße bis zu fünfundzwanzigtausend Euro geahndet werden.
(3) Verwaltungsbehörden im Sinne des § 30 Abs. 1 Nr. 1 des Gesetzes über Ordnungswidrigkeiten sind die Arbeitsämter.
(4) ¹Die Geldbußen fließen in die Kasse der Bundesanstalt. ²§ 66 des Zehnten Buches Sozialgesetzbuch gilt entsprechend.
(5) Die notwendigen Auslagen trägt abweichend von § 105 Abs. 2 des Gesetzes über Ordnungswidrigkeiten die Bundesanstalt; diese ist auch ersatzpflichtig im Sinne des § 110 Abs. 4 des Gesetzes über Ordnungswidrigkeiten.

Als Ordnungswidrigkeiten können Verstöße gegen die Pflichten nach § 60 Absatz 1 Satz 2 SGB I sowie gegen die unter § 13 aufgeführten Pflichten geahndet werden. **1**

Die Bußgelder können im Falle des § 60 Absatz 1 Satz 2 SGB I (nicht rechtzeitige oder Nichtmitteilung geänderter Verhältnisse) auch gegen den Arbeitnehmer verhängt werden. § 60 Absatz 1 Satz 2 SGB I lautet: **2**

**§ 60 Angabe von Tatsachen.** (1) ¹Wer Sozialleistungen beantragt oder erhält, hat **3**
1. alle Tatsachen anzugeben, die für die Leistung erheblich sind, und auf Verlangen des zuständigen Leistungsträgers der Erteilung der erforderlichen Auskünfte durch Dritte zuzustimmen,
2. Änderungen in den Verhältnissen, die für die Leistung erheblich sind oder über die im Zusammenhang mit der Leistung Erklärungen abgegeben worden sind, unverzüglich mitzuteilen,
3. Beweismittel zu bezeichnen und auf Verlangen des zuständigen Leistungsträgers Beweisurkunden vorzulegen oder ihrer Vorlage zuzustimmen.
²Satz 1 gilt entsprechend für denjenigen, der Leistungen zu erstatten hat.
(2) Soweit für die in Absatz 1 Satz 1 Nr. 1 und 2 genannten Angaben Vordrucke vorgesehen sind, sollen diese benutzt werden.

Die maximale Bußgeldhöhe beträgt € 500. Hat der Arbeitnehmer außerdem seine Mitteilungspflichten gegenüber dem Arbeitgeber nach § 11 verletzt, muss er auch die zu Unrecht erbrachten Förderleistungen der Bundesanstalt für Arbeit erstatten, obwohl sie nur dem Arbeitgeber zugeflossen waren. **4**
In den übrigen Fällen richtet sich das Bußgeld gegen den Arbeitgeber. **5**
Geahndet wird vorsätzliches oder fahrlässiges Tun oder Unterlassen. Der Versuch hingegen ist nicht sanktionsbewehrt. **6**
Als ordnungswidriger Pflichtverstoß auf Seiten des Arbeitgeber kommt eine fehlende Mitteilung in Betracht, wenn **7**
- die Altersteilzeit beendet wurde,
- an den in Altersteilzeitarbeit beschäftigten Arbeitnehmer die Aufstockungsbeträge nicht mehr gezahlt werden,
- der Wiederbesetzer den Arbeitsplatz durch Umsetzung, Austausch oder Beendigung der Beschäftigung verloren hat,
- die tatsächliche Beschäftigung des Wiederbesetzers länger als 3 Monate unterbrochen wird,

**ATG § 15** 1                                                       A. Altersteilzeitgesetz

- bei Fehlschlagen der Wiederbesetzung nicht innerhalb von 3 Monaten eine erneute Wiederbesetzung erfolgt,
- sich Veränderungen in der Funktionalität des widerbesetzten Arbeitsplatzes ergeben oder dieser wegfällt,
- der in Altersteilzeitarbeit beschäftigte Arbeitnehmer Mehrarbeit leistet, die 15 Stunden wöchentlich und mehr beträgt oder das hieraus erzielte Entgelt mehr als € 325,– beträgt.

8 Auf Seiten des Arbeitnehmer können fehlende Mitteilungen ordnungswidrig sein, wenn
- Altersrente, ähnliche Bezüge öffentlich-rechtlicher Art vergleichbare Leistungen einer Versicherungs- oder Versorgungseinrichtung oder eines Versicherungsunternehmens oder Knappschaftsausgleichsleistung bezogen werden,
- eine ungeminderte Altersrente beansprucht werden kann
- eine oder mehrere geringfügige Beschäftigungen oder Tätigkeiten ausgeübt werden.

9 Gegen einen Bußgeldbescheid bestehen die Möglichkeiten von Einspruch und gerichtlichem Verfahren (§§ 67 ff OWiG).

## § 15 Verordnungsermächtigung

¹Das Bundesministerium für Arbeit und Sozialordnung kann durch Rechtsverordnung jeweils für ein Kalenderjahr
1. die Mindestnettobeträge nach § 3 Abs. 1 Nr. 1 Buchstabe a
2. Nettobeträge des Arbeitsentgelts für die Altersteilzeit
bestimmen. ²§ 132 Abs. 3 und § 136 des Dritten Buches Sozialgesetzbuch gelten entsprechend. ³Der Kalendermonat ist mit 30 Tagen anzusetzen.

1 § 15 enthält die Ermächtigung zum Erlass der Mindestnettobetragsverordnung. Auf den Abdruck wird verzichtet.
Mit dem Zweiten Gesetz zur Fortentwicklung der Altersteilzeit vom 27. 6. 2000 (BGBl I Seite 910) wurde in Satz 1 Nr. 2 die Ermächtigung zum Erlass einer Verordnung eingefügt, die die unaufgestockten Netto-Entgelte bei Altersteilzeit pauschaliert. Damit wurde einer Forderung aus dem Gesetzgebungsverfahren zum Gesetz zur Fortentwicklung der Altersteilzeit entsprochen[303]. Mit Hilfe der Verordnung sollte die teilweise schwierige Errechnung des individuellen Netto-Entgelts ersetzt werden u. a. wenn beim Altersteilzeit-Arbeitnehmer Freibeträge zu berücksichtigen sind oder keine gesetzliche Krankenversicherung besteht[304]. Von der Verordnungsermächtigung wurde bisher nicht Gebrauch gemacht, vielleicht weil inzwischen mehrere Berechungsprogramme zur Altersteilzeit erhältlich sind, z.B. auch ein kostenloses Online-Programm unter www.teilzeit-info.de, eine vom

---

[303] Stellungnahme des Bundesrates vom 15. 10. 1999, BR-Drs. 495/99, Seite 4 f.
[304] Begründung zum Entwurf eines Zweiten Gesetzes zur Fortentwicklung der Altersteilzeit, BR-Drs. 160/00, Seite 5.

Bundesministerium für Arbeit und Sozialordnung unterhaltenen Seite. Möglicherweise wurde auch die Verordnung nicht erlassen, weil auf diesem Wege die Erfassung von variablen Entgelten, von Sachleistungen oder Einmalzahlungen, die bei der Entgeltberechung zentrale Schwierigkeitsfelder darstellen, nicht praktikabel gelöst werden kann oder weil es so zu Entgeltverlusten der Arbeitnehmer kommen kann[305]. Wahrscheinlich aber ist die Verordnung nicht ergangen, weil sie in vielen Fällen ein zu geringes Entgelt ausweisen könnte, was die Betroffenen kaum akzeptieren werden. Sie könnten die Verordnungspauschale mit guter Aussicht auf Erfolg angreifen, denn ein Herabsetzen des vertraglichen Entgelts nach § 3 auf dem Verordnungswege wäre von Art. 80 Grundgesetz nicht gedeckt.

§ 132 Abs. 3 SGB III enthält eine Rundungsvorschrift, § 136 SGB III die Regelungen zur pauschalierten Berechnung des Leistungsentgeltes. 2

### § 15a Übergangsregelung nach dem Gesetz zur Reform der Arbeitsförderung

**Haben die Voraussetzungen für die Erbringung von Leistungen nach § 4 vor dem 1. April 1997 vorgelegen, erbringt die Bundesanstalt die Leistungen nach § 4 auch dann, wenn die Voraussetzungen des § 2 Abs. 1 Nr. 2 und Abs. 2 Nr. 1 in der bis zum 31. März 1997 geltenden Fassung vorliegen.**

§ 15a regelt die wenigen Fälle der Altersteilzeit, die bis zum 31. 3. 1997 1 vereinbart wurden bei einer Vollzeitarbeitszeit von weniger als 36 Stunden/Woche. Nach dem Recht der Arbeitsförderung, das bis zur Novellierung durch das Arbeitsförderungs-Reformgesetz (AFRG)[306] Geltung hatte, musste eine Beschäftigung mindestens 18 Wochenstunden umfassen, wenn mit ihr eine Anwartschaft auf Arbeitslosengeld erworben werden sollte. Hatten die betroffenen Arbeitnehmer eine Vollzeitarbeit von 35 Stunden/Woche ergab sich eine Altersteilzeitarbeit von 17,5 Stunden/Woche. Damit hier nicht der Schutz der Arbeitslosenversicherung entfiel, wurde mindestens eine 18 Stunden/Woche vereinbart.

Seit Inkrafttreten des AFRG zum 1. 4. 1997 gilt auch in diesem Zweig der 2 Sozialversicherung die Geringfügigkeitsgrenze nach § 8 SGB IV, also die 15 Stunden/Woche. Damit wäre die Voraussetzung der Halbierung der Arbeitszeit für den genannten Personenkreis nicht mehr erfüllt, weil bei einer wöchentlichen Arbeitszeit von 18 Stunden/Woche mehr als die Hälfte der vollen Arbeitszeit gearbeitet würde. § 15a lässt den Betroffenen die Wahl, alles beim Alten zu belassen und weiterhin die Altersteilzeit mit 18 Stunden/Woche auszuüben, gefördert wird gleichwohl weiterhin, es gilt ein Bestandschutz und die Betroffenen müssen durch die Rechtsänderung keinen Nachteil hinnehmen. Waren alle gesetzlichen Voraussetzungen schon vor dem 1. 4. 1997 erfüllt, ergibt sich keine Änderung. Selbstverständlich haben Arbeitgeber und Arbeitnehmer auch die Möglichkeit, durch Vereinbarung die

---
[305] S. auch Rittweger NZS 2000, 393.
[306] Gesetz vom 24. 3. 1997, BGBl I Seite 594.

Altersteilzeit an die neuere Gesetzeslage anzupassen und eine 17,5 Stunden/ Woche zu vereinbaren[307].

### § 15 b Übergangsregelung nach dem Gesetz zur Reform der gesetzlichen Rentenversicherung

**Abweichend von § 5 Abs. 1 Nr. 2 erlischt der Anspruch auf die Leistungen nach § 4 nicht, wenn mit der Altersteilzeit vor dem 1. Juli 1998 begonnen worden ist und Anspruch auf eine ungeminderte Rente wegen Alters besteht, weil 45 Jahre mit Pflichtbeiträgen für eine versicherte Beschäftigung oder Tätigkeit vorliegen.**

1 § 15 a enthält eine Übergangsregelung für die Altersteilzeitverhältnisse, die bis zum 30. 6. 1998 begonnen hatten.

2 Betroffen sind die Arbeitnehmer, die während der Altersteilzeit 45 Pflichtbeitragsjahre in der gesetzlichen Rentenversicherung erreichen oder überschreiten. Für diesen Kreis der besonders langjährigen Versicherten wurden durch das Rentenreformgesetz 1999 vom 16. 12. 1997 (BGBl I Seite 2998) besondere Vertrauensschutztatbestände eingeführt, der die Jahrgänge vor 1942 von der Anhebung der Altersgrenzen für vorgezogene Renten weitgehend ausnimmt (vgl. Einleitung RdNr. 16 ff). Damit sich dieser Vertrauensschutz sich im Altersteilzeitgesetz nicht negativ auswirkt und ursprüngliche Vorhaben nicht durchkreuzt werden, ist für diesen Personenkreis befristet eine Ausnahme zum Erlöschen des Förderanspruches vorgesehen. Sobald nämlich ein Anspruch auf eine Rente ohne Abschlag besteht, endet nach § 5 Abs. 1 Nr. 2 die Förderung. Hiervon werden die vorgezogenen abschlagsfreien Renten ausgenommen, die erst das Rentenreformgesetz 1999 als vertrauensgeschützte geschaffen hatte.

3 Die Regelung gilt rückwirkend zum 1. 1. 1997.

### § 15 c Übergangsregelung nach dem Gesetz zur Fortentwicklung der Altersteilzeit

**Ist eine Vereinbarung über Altersteilzeitarbeit vor dem 1. Januar 2000 abgeschlossen worden, erbringt die Bundesanstalt die Leistungen nach § 4 auch dann, wenn die Voraussetzungen des § 2 Abs. 1 Nr. 2 und 3 in der bis zum 1. Januar 2000 geltenden Fassung vorliegen.**

1 Mit Inkrafttreten des Gesetzes zur Fortentwicklung der Altersteilzeit zum 1. 1. 2000[308] wurde auch Teilzeitkräften der Wechsel in Altersteilzeit ermöglicht. Damit nicht vorher abgeschlossene Verträge wegen der Öffnung für Teilzeitkräfte abgeändert werden müssen, wurde die förderrechtliche Übergangsregelung[309] eingeführt.

---

[307] Vgl. Schmidt, Mitteilungen der LVA Baden-Württemberg 6/97, 134.
[308] Vom 20. 12. 1999 BGBl I Seite 2494.
[309] Vgl. Begründung zum Entwurf eines Gesetzes zur Fortentwicklung der Altersteilzeit vom 3. 9. 1999, BR-Drs. 495/99 Seite 14.

## II. Kommentar Altersteilzeitgesetz 1 §§ 15d, 15e ATG

**§ 15d Übergangsregelung zum Zweiten Gesetz zur Fortentwicklung der Altersteilzeit**

¹Ist eine Vereinbarung über Altersteilzeitarbeit vor dem 1. Juli 2000 abgeschlossen worden, gelten § 5 Abs. 2 Satz 2 und § 6 Abs. 2 Satz 2 in der bis zum 1. Juli 2000 geltenden Fassung. ²Sollen bei einer Vereinbarung nach Satz 1 Leistungen nach § 4 für einen Zeitraum von länger als fünf Jahren beansprucht werden, gilt § 5 Abs. 2 Satz 2 in der ab dem 1. Juli 2000 geltenden Fassung.

Die Übergangsregelung aus dem Zweiten Gesetz zur Fortentwicklung der 1 Altersteilzeit vom 27. 6. 2000[310] betrifft die zum 1. 7. 2000 erstmals eingeführte Möglichkeit, dass das Bundesministerium für Arbeit per Verordnung das Nettoentgelt für die Altersteilzeit nach § 15 Satz 1 Nr. 2 bestimmt. Die Beträge der Verordnung sollen nur bei Altersteilzeit-Vereinbarungen Anwendung finden, die nach Verordnungserlass abgeschlossen werden. Etwas anderes, nämlich die rückwirkende Anwendung, soll aber per Vertrag vereinbart werden können[311].

Weil die Verordnung bisher nicht erlassen wurde und mit ihr auch nicht zu rechnen ist (s. o. § 15 RdNr. 1) besteht kein Anwendungsfeld für § 15d.

**§ 15e Übergangsregelung nach dem Gesetz zur Reform der Renten wegen verminderter Erwerbsfähigkeit**

Abweichend von § 5 Abs. 1 Nr. 2 erlischt der Anspruch auf die Leistungen nach § 4 nicht, wenn mit der Altersteilzeit vor dem 17. November 2000 begonnen worden ist und Anspruch auf eine ungeminderte Rente wegen Alters besteht, weil die Voraussetzungen nach § 236a Satz 5 Nr. 1 des Sechsten Buches Sozialgesetzbuch vorliegen.

Die Übergangsregelung ist als Artikel 8 des Altersvermögensergänzungs- 1 Gesetzes vom 21. 3. 2001[312] mit Wirkung zum 1. 1. 2001 (Art. 12 Abs. 3 Altersvermögensergänzungs-Gesetz) eingefügt worden. Sie war erforderlich, damit nicht Vertrauensschutzregelungen aus dem Gesetz zur Neuregelung der Renten wegen verminderter Erwerbsfähigkeit[313] sich im Altersteilzeit-Gesetz zu ungunsten der Betroffenen auswirken. Nach § 236a SGB VI sind bestimmten Personengruppen von der Anhebung der Altersgrenze 60 ganz oder teilweise ausgenommen worden. Sie können nach dem ab 1. 1. 2001 geltenden Recht eher in den Genuss einer vorzeitigen abschlagsfreien Rente kommen, die nach dem Recht, das bis 31. 12. 2000 gegolten hatte, nicht vorgesehen war. Diese Besserstellung würde aber wegen § 5 Abs. 1 Nr. 2 zum Erlöschen des Förderanspruches führen. Damit dieses ungewünschte

---

[310] BGBl I Seite 910.
[311] Begründung zum Entwurf eines Zweiten Gesetzes zur Fortentwicklung der Altersteilzeit vom 17. 3. 2000, BR-Drs. 160/00, Seite 6.
[312] BGBl I Seite 403.
[313] Vom 20. 12. 2000 BGBl I Seite 1827; zu den dortigen Neuregelungen vgl. z. B. Stichnoth/Wiechmann DAngVers 2001, 53; Wollschläger Deutsche Rentenversicherung 2001, 276; zum Vertrauensschutz nach § 237a SGB VI s. Einleitung RdNr. 16.

Ergebnis nicht eintritt, werden alle Altersteilzeit-Verhältnisse ausgenommen, die bis zum 16. 11. 2000, dem Tag der Dritten Lesung des Gesetzes zur Neuregelung der Renten wegen verminderter Erwerbsfähigkeit im Bundestag, begonnen hatten. Maßgeblich ist dabei nicht der Abschluss der Vereinbarung, sondern der erste effektive Tag der Altersteilzeit mit aufgestocktem Entgelt und Rentenbeitrag.

## § 16 Befristung der Förderungsfähigkeit

**Für die Zeit ab dem 1. Januar 2010 sind Leistungen nach § 4 nur noch zu erbringen, wenn die Voraussetzungen der §§ 2 und 3 Abs. 1 Nr. 2 erstmals vor diesem Zeitpunkt vorgelegen haben.**

1 § 16 bestimmt, dass die Verminderung der Arbeitszeit auf die Hälfte ab Lebensalter 55 spätestens am 31. 12. 2010 erfolgt sein muss. Neuzugänge danach werden nicht mehr gefördert. Die Vorschrift folgt den Grundsätzen des Urteils des BSG vom 28. 9. 1993 zu § 14 VRG 1984[314]. Allein der Abschluss einer Teilzeitvereinbarung vor dem Stichtag ist deshalb nicht ausreichend.

Entgegen dem eindeutigen Wortlaut sowie der in der Vorauflage vertretenen Auffassung ist die Wiederbesetzung nur im klassischen Teilzeitmodell spätestens zum 31. 12. 2009 erforderlich. Für das Blockmodell bedarf es einer teleologischen Reduktion dahingehend, dass die Wiederbesetzung auch nach diesem Termins erfolgen kann mit Beginn der Freizeitphase. Die zulässigen Pufferzeiten (vgl. § 3 RdNr. 115 ff) sind ebenfalls mit einzubeziehen. Andernfalls würde das gleichberechtigt neben dem Teilzeitmodell eingefügte Blockmodell förderrechtlich benachteiligt.

---

[314] SozR 3-7825 § 14 Nr. 1, 3.

# B. Betriebliche Altersteilzeit – Mitbestimmung, Wertguthaben, Störfälle und Insolvenz

## Übersicht

| | RdNr. |
|---|---|
| I. Mitbestimmung des Betriebsrats | 1 |
| 1. Beschäftigungsförderung und -sicherung im Betrieb § 80 BetrVG | 2 |
| 2. Personalplanung § 92 BetrVG | 3 |
| 3. Beschäftigungssicherung § 92a BetrVG | 4 |
| 4. Wirtschaftsausschuss § 106 BetrVG | 7 |
| 5. Betriebsänderungen § 111 BetrVG | 8 |
| 6. Personelle Einzelmaßnahmen § 99 BetrVG | 9 |
| 7. Kündigung § 102 BetrVG | 10 |
| 8. Auswahlrichtlinien § 95 BetrVG | 12 |
| 9. Mitbestimmungsrechte nach § 87 Abs. 1 BetrVG | 13 |
| 10. Hinzuziehung Sachkundiger Personen § 80 Abs. 2 BetrVG | 14 |
| II. Kollektivrechtlicher Status der Altersteilzeit-Arbeitnehmer | 15 |
| III. Beteiligung der Schwerbehindertenvertretung | 20 |
| IV. Wertguthaben | 21 |
| V. Störfallbehandlung | 25 |
| 1. Arbeitsrechtliche Behandlung | 26 |
| 2. Sozialrechtliche Behandlung | 28 |
| 3. Renditestarke Störfalllösung | 32 |
| VI. Insolvenz | 34 |
| 1. Versicherungen | 36 |
| 2. Bankbürgschaften | 37 |
| 3. Ausgleichskassen/Fondslösungen | 38 |
| 4. Depotlösungen | 39 |
| 5. Lebensversicherungsmodelle | 40 |
| 6. Treuhandvereinbarungen | 41 |
| 7. Konzernbürgschaften | 42 |
| VII. Tod des Arbeitnehmers | 43 |

## I. Mitbestimmung des Betriebsrats

Das Betriebsverfassungs-Gesetz sieht mehrere Mitbestimmungsmöglichkeiten des Betriebsrates vor, wenn Altersteilzeit eingeführt oder ein Altersteilzeit-Vertrag abgeschlossen wird. Dabei sind folgende Bereiche zu unterscheiden. 1

### 1. Beschäftigungsförderung und -sicherung im Betrieb § 80 BetrVG

Als allgemeine Aufgabe weist § 80 Abs. 1 Nr. 8 BetrVG 2001 dem Betriebsrat die Beschäftigungsförderung und -sicherung im Betrieb zu. Im Rahmen dieser generellen Zuweisungsnorm kann auch überlegt werden, durch Wiederbesetzung von Altersteilzeit-Arbeitsplätzen die Beschäftigung zu fördern. Insbesondere können arbeitslose Personen beschäftigt oder verstärkt Ausbildungsplätze eingerichtet werden, um zusätzliche Personen für die Wiederbesetzung einplanen zu können. 2

## 2. Personalplanung § 92 BetrVG

3   Die Altersteilzeit eröffnet über das Blockmodell allen Arbeitnehmer, die bis 31. 12. 1954 geboren sind[1], die Möglichkeit, vorzeitig aus der Erwerbstätigkeit auszuscheiden. Freigewordene Arbeitsplätze stehen zur Wiederbesetzung an. Ohne eine umsichtige Personalplanung, die auch die Wiederbesetzung einschließlich der zur Wiederbesetzung einsetzbaren Ausgebildeten mit einbezieht, ist die Altersteilzeit nicht sinnvoll umsetzbar. An der Personalplanung ist der Betriebsrat rechtzeitig und umfassend zu beteiligen, § 92 BetrVG.

## 3. Beschäftigungssicherung § 92a BetrVG

4   Das neue Initiativrecht in § 92a BetrVG 2001 eröffnet dem Betriebsrat ein Tätigwerden in Bereichen, die eigentlich der Unternehmensführung zugeordnet sind.

5   Ausdrücklich nennt das Gesetz die Förderung von Altersteilzeit. Mit ihrer Hilfe sollen jüngere Beschäftigte eingestellt oder ihnen ein beruflicher Aufstieg ermöglicht werden[2].

6   Unterbreitet der Betriebsrat Vorschläge zur Einführung der Altersteilzeit oder zur Modifikation bestehender Altersteilzeit-Regelungen, muss der Arbeitgeber über diese Vorschläge beraten. Falls er die Vorschläge für ungeeignet hält, muss er dies begründen, bei mehr als 100 Beschäftigten sogar schriftlich. Empfehlenswert ist dabei, von der Möglichkeit in § 92a Abs. 2 Satz 3 BetrVG 2001 Gebrauch zu machen und einen Vertreter der Bundesanstalt für Arbeit hinzuzuziehen.

## 4. Wirtschaftsausschuss § 106 BetrVG

7   Die Einführung und Umsetzung der Altersteilzeit im Betrieb und Unternehmen ist eine wirtschaftliche Angelegenheit nach § 106 Abs. 3 BetrVG. Sie berührt nach Nr. 1 die wirtschaftliche und finanzielle Lage des Unternehmens, insbesondere im Blockmodell, wenn in der Arbeitsphase Wertguthaben entstehen und sodann in der Freizeitphase über Jahre hinweg Entgelte ohne tatsächliche Arbeitsleistung zu zahlen sind. Altersteilzeit kann eine Maßnahme zur sozialen Abfederung der Folgen von unternehmerischen Entscheidungen im Rahmen der Nrn. 6 bis 9 sein.

## 5. Betriebsänderungen § 111 BetrVG

8   Ähnlich wie im Rahmen des Wirtschaftsausschusses kann die Altersteilzeit bei Betriebsänderungen nach § 111 BetrVG zum Einsatz kommen. Die Altersteilzeit selbst ist jedoch keine Betriebsänderung im Sinne dieser Vorschrift.

## 6. Auswahlrichtlinien § 95 BetrVG

9   Die Umwandlung des bisherigen Arbeitsverhältnisses in ein Altersteilzeitarbeitsverhältnis ist keine Einstellung, Versetzung, Umgruppierung oder

---

[1] § 1 Abs. 2.
[2] Gesetzentwurf der Bundesregierung vom 16. 2. 2001, BR-Drs. 140/01 S 118.

I. Mitbestimmung des Betriebsrats    10–13  **Mitbestimmung**

Kündigung nach § 95 BetrVG[3]. Im Rahmen einer betrieblichen Auswahlrichtlinie kann für die Wiederbesetzung eine Vereinbarung getroffen werden, die etwa die eigenen Ausgebildeten bevorzugt. In Betrieben bis 500 Beschäftigte kann eine solche Vereinbarung nicht erzwungen werden. In größeren Betrieben mit mehr als 500 Beschäftigten kann der Betriebsrat die Aufstellung einer Richtlinie verlangen (§ 95 Abs. 1 und 2 BetrVG).

### 7. Mitbestimmungsrechte nach § 87 Abs. 1 BetrVG

Der Betriebsrat hat nach § 87 Abs. 1 Nr. 2 BetrVG ein Mitbestimmungsrecht bei Lage und Verteilung der Arbeitszeit für alle Beschäftigten, also auch für alle Altersteilzeit-Arbeitnehmer. Im Blockmodell allerdings wird es in der Regel zu keiner Veränderung von Lage und Verteilung der Arbeitszeit kommen[4]. Im klassischen Teilzeitmodell hingegen werden Lage und Verteilung der Arbeitszeit geändert, und der Betriebsrat hat ein Mitbestimmungsrecht[5].   10

Die weiteren Mitbestimmungsrechte nach § 87 BetrVG gelten auch für Altersteilzeit-Arbeitnehmer ohne Einschränkung. Hinzuweisen ist darauf, dass die Altersteilzeit nicht aus einem zweckgerichteten Sondervermögen finanziert wird, so dass sie kein Fall des § 87 Abs. 1 Nr. 8 BetrVG ist[6].   11

### 8. Hinzuziehung sachkundiger Personen § 80 Abs. 2 BetrVG

§ 80 Abs. 2 Satz 3 BetrVG 2001 räumt den Betriebsräten das Recht ein, bei Beratungen sachkundige Arbeitnehmer beizuziehen. In Bezug auf die Altersteilzeit wird sich die Hinzuziehung von Personen aus der Lohnbuchhaltung empfehlen, wenn finanzielle Aspekte abzuklären sind, oder von Personen aus dem Personalwesen, wenn z. B. ermittelt werden soll, wer für die Altersteilzeit in Betracht kommt oder welche personalplanerische Belange zu beachten sind. Dies gilt auch für Fragen der Steuerprogression oder der betrieblichen Altersversorgung sowie der Wiederbesetzung. Auch in Altersteilzeit Beschäftigte können sachkundige Personen sein.   12

### 9. Personelle Einzelmaßnahmen § 99 BetrVG

Einstellung und Eingruppierung kommen als Personelle Einzelmaßnahme nur für den Wiederbesetzer in Betracht. Eventuell soll der Altersteilzeit-Arbeitnehmer in der letzten Zeit der Arbeitsphase versetzt werden, um die Wiederbesetzung zu erleichtern. Nur in diesen Fällen wäre der Betriebsrat nach § 99 BetrVG zu beteiligen.   13

---

[3] Vgl. zu § 75 PersVG BVerwG NZA 2001, 1091.
[4] Erfurter Kommentar Rolfs RdNr. 9 unter Darstellung von Rechtsprechung und Literatur; Winkelmann in: Kittner, Arbeitsrecht, 2001, § 130 RdNr. 180; z. T. aA Nimscholz/Oppermann/Ostrowicz Seite 52.
[5] BAG NZA 1989, 184 zur Arbeitszeit Teilzeitbeschäftigter.
[6] Nimscholz/Oppermann/Ostrowicz Seite 52.

## 10. Kündigung § 102 BetrVG

14  Die Altersteilzeit beendet das Arbeitsverhältnis, weil sie gem. § 2 Abs. 1 in eine Altersrente führt. Dazu wird eine Vereinbarung geschlossen, die keine Kündigung nach § 102 BetrVG ist.

## II. Kollektivrechtlicher Status der Altersteilzeit-Arbeitnehmer

15  Fast zeitgleich mit der Diskussion um die Reform des Betriebsverfassungs-Gesetzes hat eine Entscheidung des Bundesarbeitsgerichts zum passiven Wahlrecht von Arbeitnehmern für den Aufsichtsrat nach § 76 Abs. 2 BetrVG 1952[7] die Frage in den Mittelpunkt gerückt, ob Altersteilzeit-Arbeitnehmer in der Freizeitphase noch das aktive und das passive Wahlrecht zum Betriebsrat zusteht. Die Kontroverse betrifft nur vordergründig die Wahlen zum Betriebsrat, Kernpunkt sind die Auswirkungen vor allem des aktiven Wahlrechts, das maßgeblich für die Schwellenwerte ist, also insbesondere für die Größe des Betriebsrats und die Anzahl der Freistellungen.

16  Sind die Altersteilzeit-Arbeitnehmer auch im Freizeitblock wahlberechtigt, sind insbesondere die Stufen des § 9 BetrVG leichter erfüllt, so dass mehr Mitglieder in den Betriebsrat zu wählen sind. Vor diesem Hintergrund sind die gegensätzlichen Positionen zu betrachten.

17  Im klassischen Teilzeitmodell und in der Arbeitsphase des Blockmodells bleibt der kollektivrechtliche Status der Altersteilzeit-Arbeitnehmer unverändert erhalten, sie sind aufgrund Arbeitsvertrags im Rahmen betrieblicher Eingliederung tätig.

18  Dies ändert sich, sobald die Arbeitnehmer im Blockmodell die Freizeitphase erreichen und nicht mehr tatsächlich in den Betrieb eingegliedert sowie zur Arbeit verpflichtet sind und nur noch vertragliche Nebenpflichten fortwirken. Damit fehlt die betriebliche Eingliederung als Element der sog. Kumulationstheorie, so dass z. T. das aktive und das passive Wahlrecht Altersteilzeit-Arbeitnehmern in der Freizeitphase abgesprochen wird[8].

Zum passiven Wahlrecht, also zur Wählbarkeit in ein Gremium hat das BAG in einer Entscheidung zur Sondervorschrift § 76 Abs. 2 Satz 2 BetrVG 1952 entschieden, dass ein Arbeitnehmervertreter im Aufsichtsrat einer Aktiengesellschaft in einem Betrieb auch beschäftigt sein müsse, was in der Freizeitphase aber nicht mehr der Fall sei. Mit dem Verlust des Beschäftigungsstatus entfalle die passive Wählbarkeit.[9] Dem ist zuzustimmen, denn § 76 BetrVG 1952 verlangt ausdrücklich die Beschäftigung im Betrieb. Die Entscheidung ist generell auf die Wählbarkeit in der Freizeitphase zu übertragen,

---

[7] BAG vom 25. 10. 2000 – 7 AZR 18/00; vgl. auch BayVGH vom 14. 11. 2001 – 17P 01.638 zu Art. 31, 54 BayPersVG.
[8] Fitting, § 7 BetrVG, RdNr. 14a; Rieble/Gutzeit BB 98/638, 641.
[9] Vgl. BAG vom 25. 10. 2000 – 7 AZR 18/00 zum Status eines Arbeitnehmervertreters im AG-Aufsichtsrat.

III. Beteiligung der Schwerbehindertenvertretung  19, 20  **Mitbestimmung**

insbesondere auf § 8 BetrVG. Denn für eine sachgerechte Vertretung der Arbeitnehmer fehlt es in der Freizeit, die alsbald in die Rente übergeht, an einem engen Bezug zum Betrieb[10].

Etwas anderes gilt für das aktive Wahlrecht. Auch in der Freizeitphase be- 19 stehen Arbeits- und Beschäftigungsverhältnis fort. Anders als bei Beschäftigten im Wehrdienst oder in Elternzeit, die nach ganz h. M. ein aktives und passives Wahlrecht haben, erhalten Beschäftigte in Altersteilzeit auch in der Freizeitphase ein monatliches Entgelt. Allein aus diesem Grund brauchen sie einen Ansprechpartner im Betriebsrat und es muss ihnen möglich sein, auf dessen Bestellung durch das aktive Wahlrecht Einfluss zu nehmen. Zudem erscheint es wenigstens auf den ersten Blick nicht einfach zu begründen, warum in einem Betrieb, der Altersteilzeit in unverblockter und verblockter Form durchführt, nur bestimmte Altersteilzeit-Arbeitnehmer vom aktiven Wahlrecht ausgeschlossen sein sollen. Darüber hinaus sind auch die in der Freizeitphase stehenden Altersteilzeit-Arbeitnehmer von den Entscheidungen des Arbeitgebers abhängig, so dass der Betriebsrat auch für sie tätig werden muss. Als Beispiel sei auf die Muster-Betriebsvereinbarung Teil C verwiesen, die in RdNr. 46 für Altverträge einen Anspruch auf Übernahme der in der Betriebsvereinbarung besser getroffenen Vereinbarungen einräumt. Diese für alle Beschäftigten, gerade auch für die in der Freizeitphase, günstige Regelung spiegelt beispielhaft wieder, welchen Einfluss der Betriebsrat hat für alle Altersteilzeit-Arbeitnehmer unabhängig von der Phase, in der sie sich jeweils befinden. Andere Beispiele wären Abfindungsregelungen, Behandlung von 13. Monatseinkommen oder sonstigen variablen Entgelten, um nur einen Teil des Spektrums wirtschaftlicher, rechtlicher und sozialer Angelegenheiten zu benennen, die zum ureigenen Betätigungsfeld des Betriebsrats zählen und die alle Arbeitnehmer betreffen, herauszugreifen. Das aktive Wahlrecht, also das Recht zu bestimmen, wem diese Angelegenheiten in die Hand gelegt werden, besteht damit auch in der Freizeitphase fort[11].

## III. Beteiligung der Schwerbehindertenvertretung

Die Einführung von Altersteilzeit im Betrieb und der individuelle Ver- 20 tragsabschluss mit schwerbehinderten Menschen unterfallen dem Mitwirkungstatbestand nach § 95 Abs. 2 SGB IX. In beiden Fällen ist die Schwerbehindertenvertretung rechtzeitig und umfassend zu unterrichten. Sie ist vor einer Entscheidung zu hören. Geschieht dies nicht, kann die Schwerbehindertenvertretung die Angelegenheit aussetzen. Ein Verstoß gegen die Beteiligungspflicht wäre mit einem Bußgeld bis zu € 2500,– bewehrt, § 156 SGB IX.

---

[10] Vgl. auch BAG vom 28. 11. 1977, AP 2 zu § 8 BetrVG 1972; a A Natzel NZA 1998, 1262, 1264, der das aktive und passive Wahlrecht zubilligt und nur auf die Arbeitnehmereigenschaft abstellt, sowie DKK Schneider, 8. Aufl. § 7 RdNr. 11.
[11] A A Rieble/Gutzeit BB 1998, 638; Mathes, GK-MitbestG § 10 RdNr. 73.

## IV. Wertguthaben

**21** Die Altersteilzeit stellt den Hauptanwendungsfall flexibler Arbeitszeiten, bei denen längere Freizeitphasen mit Arbeits-Guthaben finanziert werden. Während sich bei flexiblen Arbeitszeiten auf der arbeitsrechtlichen Seite Phantasie und Mut zu unkonventionellen Lösungen[12] durchsetzen, hat die sozialrechtliche Seite damit ihre liebe Not[13]. Viele der Schwierigkeiten, die sich bei der Guthabensbehandlung in der betrieblichen Praxis zeigen, rühren vom Blickwinkel der betroffenen Personen her, der arbeits-, sozial- sowie steuerrechtlich geprägt sein kann. Die sozialversicherungsrechtlichen Besonderheiten bei Beschäftigungsverhältnissen mit flexiblen Arbeitszeiten und Entgeltgestaltungen wie vor allem der Altersteilzeit sind leichter verständlich, wenn man sich die Unterschiede zur steuerrechtlichen Behandlung vor Augen führt. Im Steuerrecht gilt das Zuflussprinzip. Zu versteuern sind die Entgelte, die im Veranlagungszeitraum zufließen. Fließt das Entgelt dem Beschäftigten erst später zu, werden die Steuern darauf erst später fällig. Dieses Prinzip ist in der Sozialversicherung nicht anwendbar. Entstünden Kranken-, Renten- oder Arbeitslosenversicherungs-Beiträge erst mit Zufluss, wären die Beschäftigten in vielen Fällen ohne ausreichenden Sozialrechtlichen Schutz. Als vereinfachtes Beispiel sei ein unseriöser Arbeitgeber genannt, der eine Kolonne von Bauarbeitern schaffen lässt, ihnen aber das Entgelt nicht oder erst nach Monaten auszahlt. Den notwendigen Schutz der Sozialversicherung gibt das Entstehungsprinzip, das auch Erwirtschaftungsprinzip genannt wird. Bei tatsächlicher Arbeit gegen Entgelt entsteht ein Beschäftigungsverhältnis (§ 2 Abs. 2 Nr. 1 SGB IV) und am 15. des Folgemonats sind die Beiträge fällig (§ 23 SGB IV).

**22** Damit ist gleichzeitig klar, dass in Freistellungsphasen kein Beschäftigungsverhältnis im klassischen Sinne der Sozialversicherung besteht. Erstmals mit Inkrafttreten des Flexi-Gesetzes[14] zum 1. 1. 1998 wurden nach § 7 Abs. 1a SGB IV auch solche Beschäftigungen unter den Schutz der Sozialversicherung gestellt. Voraussetzung ist eine schriftliche Vereinbarung (§ 2 Altersteilzeit-Gesetz, § 7 Abs. 1a SGB IV), und ein Entgelt, das in Arbeits- und in arbeitsfreien Zeiten nicht unangemessen voneinander abweicht. Das ist in der Altersteilzeit sichergestellt, in der Freizeitphase wird im wesentlichen das gleiche Entgelt gezahlt wie in der Arbeitsphase, weil durch Arbeit gegen reduziertes Entgelt ein Guthaben entstanden ist; die Sozialversicherungsbeiträge, die eigentlich nach dem Erwirtschaftungsprinzip in der Arbeitsphase aus 100% Arbeitsleistung fällig wären sind gewissermaßen „gestundet," und erst in der Freizeitphase abzuführen.

**23** Wertguthaben können als Geldkonten oder als Zeitkonten geführt werden. Wichtig ist dabei, dass alle angesparten Entgelte sowie Zeiten nach § 14 SGB IV einzustellen sind, seien es

---

[12] Senne BB 1996, 1609.
[13] Vgl. Steinwedel, Wege zur Sozialversicherung 1986, 68.
[14] Gesetz zur sozialrechtlichen Absicherung flexibler Arbeitszeitregelungen vom 6. 4. 1998, BGBl I S 688.

IV. Wertguthaben                           24 **Mitbestimmung**

- Teile des laufenden Entgelts,
- Überstundenentgelte,
- Weihnachts- oder Urlaubsgeld,
- freiwillige Arbeitgeber-Leistungen,
- oder nicht genommene Urlaubstage.

Bei der Darstellung der Wertguthaben sind Sondervorschriften zu beachten, deren Sinn sich am ehesten aus der Betrachtung eines Störfalles ergibt. Als Störfall definiert das Gesetz in § 23 b SGB IV das vorzeitige Ende des Beschäftigungsverhältnisses bzw. die nicht vereinbarungsgemäße Verwendung von Guthaben. Hauptanwendungsfälle werden bei der Altersteilzeit die außerordentliche Kündigung (evtl. nach Insolvenz), der Eintritt von Erwerbsminderung, Wechsel in eine vorzeitige Rente oder ein Todesfall sein. Bei diesen Beendigungstatbeständen sind die Wertguthaben aufzulösen und zu verbeitragen. Sind aber Beiträge für einen längeren Zeitraum fällig, wird sich eine hohe Summe angesammelt haben, die regelmäßig die Beitragsbemessungsgrenze übersteigt. Würden die übersteigenden Beträge nicht der Sozialversicherung zugeführt, könnten die Beitragskonten der Betroffenen nicht dem erwirtschafteten Entgelt entsprechend aufgefüllt werden und vor allem in der Rente entstünden keine adäquaten Anwartschaften. Deshalb sind die Guthaben bereits während der laufenden Altersteilzeit wenigstens einmal jährlich in Bezug zur Beitragsbemessungs- bzw. Entgeltgrenze zu berechnen und zu dokumentieren. Nur so kann sichergestellt werden, dass im späteren Störfall aus den aufgebauten Guthaben zutreffende Beiträge abgeführt werden.

Aus diesen klaren Grundüberlegungen folgen hochdifferenzierte Darstellungen in der Praxis der Altersteilzeit. Darzustellen sind zunächst die Wertguthaben, damit im Störfall unter Rückgriff auf die Dokumentation zutreffend verbeitragt werden kann. Dafür muss neben den Wertguthaben erkennbar sein, wie viel Platz noch bis zum Erreichen der Beitragsbemessungs-Grenze bestanden hatte. Diese Differenz zwischen dem unaufgestockten Altersteilzeit-Entgelt und der Beitragsbemessungsgrenze zeigt, wie viel „Luft" bis dorthin bestanden hatte, sie wird deshalb Sozialversicherungs-Luft oder SV-Luft genannt. Weil die Sozialversicherungszweige eigene Beitrags-/Entgelt-Grenzen aufweisen, ist die SV-Luft je in einem eigenen Feld darzustellen, also je ein Feld für die

Kranken-,
Pflege-,
Arbeitslosen- und
Renten-Versicherung

(Vier-Lohnsummen-Felder-Modell). In jedes Feld gehört das Wertguthaben und die SV-Luft. Damit nicht genug, in der Altersteilzeit wird der Rentenbeitrag aufgestockt – also ist als Wertguthaben das Entgelt plus Unterschiedsbetrag auf 90% darzustellen. Im Störfall sind dann die Beiträge aus Wertguthaben abzuführen oder aber – falls das unaufgestockte Altersteilzeit-Entgelt über der Bemessungsgrenze lag – die SV-Luft. Einzelheiten hierzu haben die Spitzenverbände der Sozialversicherungsträger im Gemeinsamen Schreiben vom 6. 9. 2001 bekanntgegeben, das unter Teil D abgedruckt ist. Dort sind auch Berechnungsbeispiele insbesondere für die Praxis der Lohnbuchhaltung dargestellt.

**Mitbestimmung** 25, 26    B. Betriebliche Altersteilzeit – Mitbestimmung

Wesentlich ist dabei, dass nur Guthaben aufzulösen und zu verbeitragen sind. Damit ist eine klare Unterscheidungslinie zu ziehen zur handels- und bilanzrechtlichen Darstellung sowie zur steuerrechtlichen Behandlung der Guthaben in der Altersteilzeit (vgl. Teil A § 2 RdNr. 73).

## V. Störfallbehandlung

25   Als Störfall definiert § 23 b Abs. 2 Satz 1 SGB IV die nicht vereinbarungsgemäße Verwendung von Wertguthaben, insbesondere eine nicht fortlaufende Zahlung oder die vorzeitige Beendigung des Langzeitvertrages. Der arbeits- und die sozialversicherungsrechtliche Behandlung von Störfällen ist gemeinsam, dass nur bestehende Guthaben abgewickelt werden, nicht aber künftige Erfüllungsansprüche. Für den Störfall ist nämlich regelmäßig nicht vereinbart, dass die Ansprüche des Arbeitnehmers bis zum vereinbarten Ende, dem Übergang in die Altersrente auszugleichen sind. Aus Arbeitnehmersicht mag dies bedauerlich sein, weil die Altersteilzeit regelmäßig auf eine konkrete Rentenhöhe sowie die Vermeidung von Rentenabschlägen abgestimmt ist und dieses Ziel bei vorzeitigem Ende verfehlt wird. Erfüllungsansprüche aus der Zukunft in die Störfallabwicklung einzubeziehen wäre allerdings unpraktikabel, bei einer Altersteilzeit mit der höchstmöglichen Laufzeit von 10 Jahren und einem Störfall nach 1 Jahr müssten für 9 Jahre Ansprüche auf Entgelt und Beiträge einschließlich Arbeitgeberanteile ausgeglichen werden. Dieses Risiko würde wohl kein Arbeitgeber eingehen und das aus gutem Grund.

### 1. Arbeitsrechtliche Behandlung

26   Das arbeitsrechtliche Wertguthaben ergibt sich aus dem Vergleich des bisherigen mit dem Altersteilzeit-Entgelt.

**Beispiel:**

| Bisheriges Entgelt | € 3.000,– brutto | | € 1.800,- netto |
|---|---|---|---|
| Altersteilzeit-Entgelt | € 1.500,– brutto | € 900,– netto | |
| + Aufstockung 20% | | € 300,– netto | |
| Altersteilzeit-Gesamt-Entgelt | | € 1.200,– netto | € 1.200,– netto |
| Guthaben | | | € 600,– netto |

Es ergibt sich aus dem monatlichen Netto-Guthaben ein jährliches Guthaben vom € 7.200,– und ein 3-jähriges von € 21.600,–. Eine Darstellung des Brutto-Guthabens ist an dieser Stelle nicht möglich, denn die sozialversicherungsrechtliche Behandlung des Beitragsguthabens folgt eigenen Regeln, s. unten.

Tritt der Störfall nach drei Jahren ein, sind dem Arbeitnehmer € 21.600,– netto gutzubringen, wie die meisten Vereinbarungen zur Altersteilzeit

V. Störfallbehandlung 27–29 **Mitbestimmung**

bestimmen. Z. B. regelt der Tarifvertrag zur Altersteilzeit der Eisen-, Metall- und Elektro-Industrie Nordrhein-Westfalens vom 20. 11. 2000 in § 6 Abs. 4: „Endet das Altersteilzeitarbeitsverhältnis vorzeitig, hat der Beschäftigte Anspruch auf eine etwaige Differenz zwischen den ausgezahlten Leistungen (Altersteilzeitentgelt und Aufstockungsbetrag) und dem Entgelt für den Zeitraum der tatsächlichen Beschäftigung". Wie dieser Betrag nach Steuern erreicht werden soll, ist zur Zeit der Drucklegung noch nicht bis ins Detail geklärt. Denn die Aufstockungen auf Entgelt und Rentenbeitrag, die bis zum Störfall gezahlt wurden bleiben steuerfrei, weil sich der Charakter als steuerfreier Bezug durch den späteren Störfall nicht ändert[15]. Das auszuzahlende Guthaben umfasst aber Vergütungen für mehrjährige Tätigkeiten, so dass nach § 34 Abs. 2 Nr. 4 EStG steuerprivilegiert zu berechnen ist.

Aus der Darstellung des Störfalls wird gleichzeitig deutlich, wie schnell 27 sich das arbeitsrechtliche Netto-Guthaben in der Freizeitphase verbraucht. Das Guthaben von € 21.600,– verringert sich um monatlich € 1.200,– es ist nach 18 Monaten aufgebraucht. Damit bestehen nach der Hälfte der 3-jährigen Freizeitphase kein Guthaben mehr sondern nur noch zukünftige Erfüllungsansprüche. Im Störfall, der später einträte, wäre kein arbeitsrechtlicher Netto-Ausgleich mehr vorzunehmen.

**2. Sozialrechtliche Behandlung**

Zur sozialversicherungsrechtlichen Behandlung der Störfälle nach den 28 Neuregelungen des 4. EuroEG haben sich die Sozialversicherungsträger mit dem Gemeinsamen Schreiben vom 7. 2. 2001[16] und für die Spezialfragen der Altersteilzeit mit dem Gemeinsamen Schreiben vom 6. 9. 2001 (abgedruckt in Teil F) geäußert und dadurch die gemeinsame Verwaltungspraxis festgelegt. Das Wesentliche zur Guthabensbehandlung im Störfall werden wie folgt zusammengefasst.

Beschäftigungsverhältnis im sozialrechtlichen Sinne und Arbeitsverhältnis 29 im arbeitsrechtlichen Sinne decken sich im Regelfall, aber nicht immer. Das Sozialrecht stellt auf eine tatsächliche Beschäftigung ab, so dass für die Freizeitphase, in der eben nicht mehr gearbeitet wird, ein Beschäftigungsverhältnis nur über § 7 Abs. 1a SGB IV besteht. Die Sozialbeiträge werden dann aus dem erarbeiteten Wertguthaben errechnet. Dafür sind die Brutto-Beträge maßgeblich.

**Beispiel:**

| | |
|---|---|
| Bisheriges Entgelt | € 3.000,– brutto |
| Altersteilzeit-Entgelt | € 1.500,– brutto |
| Guthaben und Grundlage der Beitragsberechnung | € 1.500,– brutto |

Die Entgelt-Aufstockung wird nicht berücksichtigt, sie ist steuer- und abgabenfrei, aus ihr sind keine Beiträge abzuführen, sie bleibt bei der sozialrechtlichen Behandlung außer Betracht (zum aufgestockten Rentenbeitrag s.

---
[15] R 18 Abs. 2 Satz 2 LStRiL 2002.
[16] Abrufbar z. B. unter www.vdr.de.

**Mitbestimmung** 30–32  B. Betriebliche Altersteilzeit – Mitbestimmung

unten). Aus dem monatlichen Guthaben von € 1.500,– resultiert ein jährliches Guthaben von € 18.000,– und ein 3-jähriges von € 54.000,–. Das Guthaben ist nach § 2 BÜVO in die Lohnunterlagen aufzunehmen.

30 Im Störfall sind aus den vorhandenen Guthaben die Beiträge in die Kranken-, Pflege- und Arbeitslosen-Versicherung abzuführen. Bei einem Störfall nach mehrjähriger Altersteilzeit könnten sich Schwierigkeiten mit der Abrechnung ergeben, wenn die Entgelthöhe die Beitragsgrenzen erreicht oder überschreitet. Deshalb ist auch die Differenz zwischen Entgelt und Beitragsbemessungsgrenze darzustellen, die sog. Sozialversicherungs-Luft oder SV-Luft. Hierzu ist das Vier-Summenfelder-Modell anzuwenden (s. oben). In der Rentenversicherung ist die Aufstockung auf einen Beitrag aus 90% des bisherigen Entgelts zu beachten. Es ergibt sich folgendes Bild:

|  | Brutto | Rentenbeitrag 19,1% | Rentenbeitrag 19,1% |
|---|---|---|---|
| Bisheriges Entgelt | € 3.000,– |  | € 1.573,– |
| Altersteilzeit-Entgelt | € 1.500,– | € 286,50 |  |
| + Aufstockung auf 90% | € 2.700,– | € 515,70 | € 515,70 |
| Guthaben Rente | € 300,– |  | € 557,30 |

Es ergibt sich ein Guthaben von € 3.600,– jährlich und € 11.800,– 3-jährlich, das entspricht einem Beitrags-Guthaben von € 687,80 jährlich und € 2.062,80 3-jährlich. Dieses Guthaben bezeichnet § 10 Abs. 5 seit der Änderung durch das 4. EuroEG.

31 Die unterschiedliche arbeits- und sozialrechtliche Behandlung der Guthaben ist von wesentlicher Bedeutung für den Insolvenzschutz (vgl. unten).

### 3. Renditestarke Störfalllösung

32 Sozialversicherungsrechtlich ist im Störfall das geführte Wertguthaben fällig und zu verbeitragen. Bei mehrjährigen Laufzeiten sind dann erhebliche Beiträge abzuführen, weil ja Arbeitgeber- und Arbeitnehmer-Anteil zu zahlen sind und zwar aus dem hälftigen Entgelt. Diese Verbeitragung wird ein Betrachter, der auf das Kosten-Nutzen-Verhältnis von Beitrag und Leistungsanspruch Wert legte, kaum schätzen. Denn die Sozialleistungen bestimmen sich nicht nach dem Störfall-Beitrag:

- Arbeitslosengeld, Arbeitslosenhilfe und Unterhaltsgeld richten sich gem. § 10 Abs. 1 nach dem Entgelt für eine ungeminderte Arbeitszeit. Entsteht ein Anspruch auf vorgezogene Altersrente auch mit Abschlag halbiert sich das Bemessungsentgelt.
- Die Höhe des Krankengeldes bestimmt sich gem. § 47 SGB V aus dem unaufgestockten Altersteilzeit-Entgelt, Störfallguthaben bleiben außer Betracht, § 47 Abs. 2 Satz 4 SGB V.
- Die Rentenhöhe bleibt wegen der Aufstockung auf 90% nur in vernachlässigenswerten Umfang hinter einer Vollzeitbeschäftigung zurück.
- und die Leistungen der Pflegeversicherung richten sich gem. §§ 28 ff SGB XI nach dem Pflegebedarf.

VI. Insolvenz 33–35 **Mitbestimmung**

§§ 7 Abs. 1a Satz 4, 23b Abs. 3 SGB IV eröffnen die Möglichkeit einer 33
alternativen Verwendung des gesamten sozialversicherungsrechtlichen Guthabens. Entsteht der Störfall wegen
- verminderter Erwerbsfähigkeit
- vorzeitigem Anspruch auf eine Altersrente oder
- Tod des Arbeitnehmers,

sind keine Beiträge abzuführen, wenn das Wertguthaben in eine betriebliche Altersversorgung einbezahlt wird. Diese Möglichkeit besteht nur[17], wenn die alternative Verwendung bereits bei Abschluss der Vereinbarung vorgesehen wurde. Künftige Altersteilzeit-Verträge sind also entsprechend auszugestalten. Bestehende Vereinbarungen können an die Regelungen, die rückwirkend zum 1. 1. 1998 in Kraft getreten sind[18], angepasst werden. Damit Altfälle in ihren Genuss gelangen können, wird eine unverzügliche Anpassung gefordert[19]. Eine Beispiels-Formulierung findet sich in der Muster-Betriebsvereinbarung in Teil C.

## VI. Insolvenz

Die Insolvenz des Arbeitgebers ist kein Störfall nach § 23b Abs. 2 und 3 34
SGB IV, weil sie das Arbeitsverhältnis nicht per se beendet. Notwendig ist vielmehr eine – meist betriebsbedingte – Kündigung, die regelmäßig der Insolvenzverwalter erklären wird. Dann allerdings ist der Störfall eingetreten, die Wertguthaben sind auszugleichen. In der verblockten Altersteilzeit stellt die Arbeitgeber-Insolvenz ein besonderes Risiko dar. Die Arbeitnehmer sind über 55 Jahre alt und werden eine anderweitige Beschäftigung kaum finden. Die Bemessungsgrundlage des Arbeitslosengeldes reduziert sich gem § 10 Abs. 1 regelmäßig nach einem Jahr mit dem 60. Geburtstag. Vor der Insolvenz entstandene Ansprüche auf Arbeitsentgelt sind anders als nach der Insolvenz entstandene keine bevorrechtigten Masseforderungen gem. § 55 Abs. 1 Nr. 2 InsO, sondern einfache Insolvenzschulden gem. § 108 iVm § 38 InsO. Die Verweisung auf das Insolvenzgeld nach §§ 183 ff SGB III, mit dem das Arbeitsamt das Netto-Entgelt der letzten drei Monate ersetzt, trifft die Altersteilzeit-Arbeitnehmer besonders hart. Obwohl § 7d SGB IV bei Verblockungsdauern über 5 Jahren zwingend eine Insolvenzsicherung fordert und trotz des dargestellten besonderen Risikos ist § 7d SGB IV eine sanktionslose Vorschrift geblieben. Denn weder für die Förderung nach dem Altersteilzeit-Gesetz noch für den Rentenzugang nach § 237 SGB VI ist es notwendig, dass dem Insolvenzschutz entsprochen wurde.

Noch immer ist das Problem des Insolvenzschutzes, das bereits in der Vor- 35
auflage als ungelöst bezeichnet werden musste, einer klaren Lösung unzugänglich. Dabei ist seit der Verlängerung des maximalen Förderzeitraums auf 6 Jahre durch das Zweite Gesetz zur Fortentwicklung der Altersteilzeit vom

---

[17] Weitere besondere Ausnahmefälle regelt § 23b Abs. 3a Halbsatz 2 SGB IV.
[18] Art. 68 Abs. 7 Viertes Euro-Einführungs-Gesetz.
[19] Gemeinsames Schreiben der Spitzenverbände vom 7. 2. 2001.

27. 6. 2000[20] die in der Vorauflage dargestellte Grenze überschritten, innerhalb derer kein Insolvenzschutz erforderlich wäre. § 7 d SGB IV lautet:

„**§ 7 d Insolvenzschutz**

(1) Die Vertragsparteien treffen im Rahmen ihrer Vereinbarungen nach § 7 Abs. 1 a Vorkehrungen, die der Erfüllung der Wertguthaben einschließlich des auf sie entfallenden Arbeitgeberanteils am Gesamtsozialversicherungsbeitrag bei Zahlungsunfähigkeit des Arbeitgebers dienen, soweit
1. ein Anspruch auf Insolvenzgeld nicht besteht und
2. das Wertguthaben des Beschäftigten einschließlich des darauf entfallenden Arbeitgeberanteils am Gesamtsozialversicherungsbeitrag einen Betrag in Höhe des Dreifachen der monatlichen Bezugsgröße und der vereinbarte Zeitraum, in dem das Wertguthaben auszugleichen ist, 27 Kalendermonate nach der ersten Gutschrift übersteigt; in einem Tarifvertrag oder auf Grund eines Tarifvertrages in einer Betriebsvereinbarung kann ein von 27 Kalendermonaten abweichender Zeitraum vereinbart werden.

(2) Absatz 1 findet keine Anwendung gegenüber dem Bund, einem Land oder einer juristischen Person des öffentlichen Rechts, bei der das Insolvenzverfahren nicht zulässig ist."

Beträgt die Altersteilzeit 5 Jahre, so dauert die Arbeitsphase 2,5 Jahre oder 30 Monate. Hiervon sind drei Monate durch das Insolvenzgeld gem. §§ 183 ff SGB III gesichert, § 7 a Abs. 1 Ziff. 1. Als sicherungsbedürftig verbleiben 27 Monate, die die Grenze nach Ziff. 2 nicht überschreiten, so dass § 7 d keine Absicherung erzwingt. Dauert die verblockte Altersteilzeit länger als 5 Jahre, wäre Insolvenzschutz nur auf Grund einer tariflichen Regelung nach dem letzten Halbsatz verzichtbar. Diesen bestechenden Lösungsweg, die den Insolvenzschutz nicht löst, haben bislang keine Tarifpartner eingeschlagen. Es verbleibt daher wie in der Vorauflage bei einer Darstellung der verschiedenen Möglichkeiten[21], von denen sich bisher keine durchsetzen konnte – und das aus guten Gründen. Hinzugekommen ist die Erkenntnis der Praxis, dass die Grundlage des Insolvenzschutzes, das abzusichernde Guthaben, nie fehlerfrei und centgenau berechnet werden kann. Es variiert nämlich von Tag zu Tag, streng genommen von Stunde zu Stunde. Doch selbst wenn nur eine monatliche Berechnung erforderlich wäre führte dies bei Entgelten mit variablen Bestandteilen zu einem Kalkulationsaufwand, der schon von der eigenen Lohnbuchhaltung kaum zu bewältigen ist, einem Sicherungsgeber aber nicht aufgebürdet werden kann.

### 1. Versicherungen

**36** Denkbar ist der Abschluss eines Versicherungsvertrages zum Insolvenzschutz, der auch in einem Gruppenvertrag ausgestaltet werden könnte[22]. Der Vorteil dieser Lösung besteht auf Seiten der Arbeitnehmer in einer Absicherung durch ein selbst rückversichertes Unternehmen mit vom Arbeitgebervermögen getrenntem Eigenvermögen, also einem sicheren Insolvenzschutz. Der Nachteil ergibt sich aus der Realität, dass marode Arbeitgeber, bei denen

---

[20] BGBl I Seite 910.
[21] Vgl. Bericht des BMA über den Insolvenzschutz Seite 34.
[22] So z. B. Neisel in Andresen, Frühpensionierung und Altersteilzeit, RdNr. 548.

der Insolvenzschutz gerade dringlich wäre, wohl kaum von einem Versicherer akzeptiert werden – und falls doch, dann nur zu einem Beitrag, der die Insolvenz eher beschleunigt als absichert. Bei solventen und wirtschaftlich starken Arbeitgebern hingegen wären Insolvenzversicherungsbeiträge unnütze Ausgaben. Insolvenzversicherungen gelten deshalb nicht als Lösungen der Insolvenzschutzfrage.

Auch Kautionsversicherungen wären denkbar, bei denen 25% der Summe der Wertguthaben hinterlegt werden, während der Sicherungsgeber im Übrigen eine Bürgschaft erteilt. Nachteilig ist hier der Abfluss von 25% Liquidität sowie die im Regelfall vorherige Bonitätsprüfung.

Absicherungen für Altersteilzeit-Laufzeiten von 10 Jahren werden hier höchst selten angeboten.

## 2. Bankbürgschaften

Ebenso wie Versicherungen können Bankbürgschaften die Arbeitnehmeransprüche in höchstem Maße absichern. Aber auch hier gilt: wegen der üblichen Bonitätsprüfung werden marode Unternehmen keine bürgende Bank finden oder nur zu insolvenzbeschleunigenden Konditionen. Bei solventen Arbeitgebern hingegen wären die Avalprovisionen wohl nur aus Sicht der Banken wirtschaftlich sinnvoll. Im übrigen behalten sich viele Institute vor, die Bürgschaft bei Vermögensverfall zu kündigen.

Absicherungen für Altersteilzeit-Laufzeiten von 10 Jahren werden hier auf dem Markt nicht angeboten.

## 3. Ausgleichskassen/Fondslösungen

Absicherungen über einen Fonds oder über eine Kasse, wie sie für die Pensionssicherung für Betriebsrenten praktiziert werden, sind ein bewährtes Instrumentarium, das auch in § 9 Altersteilzeitgesetz Anklang gefunden hat. Fonds- oder Kassenlösungen bieten durch das selbständige Sicherungsvermögen und das Solidarsystem eine ausgezeichnete Absicherung für die Ansprüche der Arbeitnehmer. Allerdings können von Arbeitgeberseite die Einwände geltend gemacht werden, denen auch die Pensionssicherungsfonds ausgesetzt sind. Jede Sicherungskasse braucht eine eigenständige Verwaltung mit Innenkontrolle etc. Je umfangreicher die Eigenverwaltung desto schneller wird man den Vorwurf des unwirtschaftlichen Eigenaufwandes und der Misslenkung der Beiträge hören können. Hinzukommt der vollständige Abfluss der zu sichernden Ansprüche, der zu erheblichen Liquiditätsverlusten führt.

## 4. Depotlösungen

Ähnlich einem Fonds können bei einer Bank oder Kapitalgesellschaft eingerichtete Depots die Insolvenzsicherung übernehmen. Der Arbeitgeber zahlt auf ein eigens für jeden Arbeitnehmer errichtetes Depotkonto die arbeits- und sozialversicherungsrechtlichen Guthaben ein. Inhaber bleibt der Arbeitgeber, das Depot aber wird verpfändet. Nachteilig ist der Liquiditätsabfluss und die noch nicht hinreichend geklärte insolvenzrechtliche Behandlung einer Verpfändung[23].

## 5. Lebensversicherungsmodelle

**40**  Teilweise wird angeboten, die Guthaben in eine Lebensversicherung des Arbeitnehmers einzuzahlen. Der Nachteil besteht im Liquiditätsabfluss und darin, dass Arbeitgeber und Lebensversicherer häufig differierende Beträge für den Rückfluss in der Freizeitphase errechnen, weil arbeits- und sozialrechtliche Guthaben, die zu sichern sind, nicht mit dem Erfüllungsanspruch während der Freizeitphase übereinstimmen (vgl. oben).

## 6. Treuhandvereinbarungen

**41**  Werden die Guthaben einem Treuhänder zur vollen Verfügungsmacht nach außen übereignet, ist dieses Vermögen bei Arbeitgeber-Insolvenz für die betroffenen Arbeitnehmer abgesichert. Allerdings kommt es wie bei Fondslösungen zum 100%igen Liquiditätsabfluss. Treuhandvereinbarungen stehen und fallen zudem mit der Person des Treuhänders, seiner Zuverlässigkeit, seinem wirtschaftlichen Geschick und mit der Höhe seines Vergütungsanspruchs.

## 7. Konzernbürgschaften

**42**  Möglich ist die Erklärung einer Konzernmutter, für die Konzerntochter im Insolvenzfall einzustehen. Eine solche Bürgschaft liegt in diesen Fällen nahe, hat aber auch bilanzrechtliche Konsequenzen und schützt bei Insolvenz der Mutter nicht.

## VII. Tod des Arbeitnehmers

**43**  Endet die Altersteilzeit durch Tod des Arbeitnehmers, bevor er sein Guthaben aufgebraucht hat, findet nach den meisten tariflichen, betrieblichen oder individuellen Vereinbarungen ein Ausgleich zu Gunsten der Erben statt. Falls eine entsprechende Klausel nicht besteht, gehen mit dem Tod des Arbeitnehmers seine Ansprüche auf Wertguthaben unter[24].

In den bisher bekannten Vererbungsklauseln werden nicht künftige Erfüllungsansprüche übertragen, sondern die erarbeiteten Guthaben. Wertguthaben in die gesetzliche Sozialversicherung einzuzahlen wird sich aus Sicht der Erben nicht lohnen. Wie oben dargestellt kann gem. § 23b SGB IV vereinbart werden, dass das Wertguthaben im Ablebensfall der betrieblichen Altersversorgung gutgebracht wird. Dann ist die entsprechende Summe nicht zu verbeitragen, es kann sich wie oben erläutert eine renditestarke Guthabensverwendung ergeben. Eine entsprechende Formulierung enthält die Beispiels-Betriebsvereinbarung in Teil C.

---

[23] Vgl. LG Stuttgart vom 26. 4. 2001 Az.: 10 O 326/00; Winkelmann in: Kittner, Arbeitsrecht, 2001, § 130 RdNr. 154.
[24] BAG NJW 2001, 389; BAG NZA 1998, 643; BAG NZA 1988, 466.

# C. Betriebsvereinbarungen, Muster und Checklisten zur Altersteilzeit

### Übersicht

|   | RdNr. |
|---|---|
| I. Musterbetriebsvereinbarung zur Altersteilzeit | 1 |
| II. Mustervertrag: Altersteilzeit im Blockmodell | 50 |
| III. Checkliste – Altersteilzeit | 65 |
| IV. Checkliste – Rentenversicherung | 72 |

## I. Musterbetriebsvereinbarung zur Altersteilzeit

Datum

Die Geschäftsleitung der ARBEITGEBER Forschungs-, Produktions-, Vertriebs- und Verwaltungs-GmbH
in Stadt
und
der BETRIEBSRAT dieser Firma
schließen folgende

### Betriebsvereinbarung zur Altersteilzeit

#### 1. Präambel

Diese Betriebsvereinbarung dient dem Ziel, Altersteilzeit im Blockmodell zur Personalentwicklung im Interesse des Unternehmens und der Arbeitnehmer zu nutzen, um Personalstrukturen verträglich zu verbessern, einen vorzeitigen Übergang vom Erwerbsleben in den Ruhestand zu ermöglichen sowie zusätzliche Ausbildungsplätze zu schaffen, eine verstärkte Übernahme Ausgebildeter und eine Entlastung des Arbeitsmarktes zu gestalten. Die Beteiligten setzen mit dieser freiwilligen Betriebsvereinbarung die Altersteilzeit um auf der Grundlage des Altersteilzeit-Gesetzes und des Altersteilzeit-Tarifvertrages ... vom ... in allen Betrieben der ARBEITGEBER GmbH. 1

**Erläuterung:**

Betriebsvereinbarungen zur Altersteilzeit kommen vor allem wegen der unerlässlichen Regelung möglicher Störfälle eine besondere Bedeutung zu. Die gesamte Materie erfordert wegen der Verflechtungen von Arbeits-, Sozialversicherungs- und Steuerrecht sowie wegen der komplexen Erfordernisse in der Abrechnung eine umfassende Regelung. Gute Regelungen gehen auf alle Störfälle ein die absehbar sind. Absehbar sind wegen der praktischen Erfahrungen der letzten Jahre eine Vielzahl von Störfällen. Viele Störfälle in einer Regelung können allerdings die Sicht versperren auf die wesentlichen Vorteile der Altersteilzeit: Fördermittel in beträchtlichem Umfang auch bei Personalumstrukturierungen für die Arbeitgeber und geringere Rentenabschläge sowie erhöhte Rentenanwartschaften für die Arbeitnehmer – trotz vorgezogener Rente.

Die Erfahrung zeigt, dass gerade Arbeitnehmer, die mit beiden Beinen fest im Leben stehen, vor der Altersteilzeit zurückschrecken, falls Sie ein Schriftstück unterzeichnen sollen, dass das Gruselkabinett der Altersteilzeit-Störfälle enthält. Empfehlenswert ist es deshalb, eine Betriebsvereinbarung zu diesen Komplexen abzuschließen, auf die eine individuelle Altersteilzeit-Vereinbarung Bezug nehmen kann.

Regelungsbedürftige Materien durch Betriebsvereinbarung zu klären, empfiehlt sich insbesondere, weil seit 1. 1. 2002 die Inhaltskontrolle für allgemeine Geschäftsbedingungen gem §§ 305 ff BGB auch Arbeitsverträge umfasst. Hiervon nimmt § 310 Abs. 4 Satz 1 Betriebsvereinbarungen ausdrücklich aus.

Mit der Präambel wird verdeutlicht, dass die Altersteilzeit im Betrieb auch beschäftigungsfördernde Ziele verfolgt. Sie steht insoweit auch in engem Zusammenhang mit dem Initiativrecht des Betriebsrats nach § 92 Abs. 4 a BetrVG in der ab 28. 7. 2001 geltenden Fassung.

Die Betriebsvereinbarung basiert auf einem Tarifvertrag, für den unterstellt wird, dass eine Öffnungsklausel betriebliche Regelungen zulässt. Andernfalls dürfte per Betriebsvereinbarung nichts zu Entgelt und Aufstockung sowie zu anderen tariflichen oder tarifüblichen Bereichen bestimmt werden, § 77 Abs. 3 BetrVG. Vorsorglich bestimmt Nr. XI, dass bei Kollision mit § 77 Abs. 3 BetrVG die Betriebsvereinbarung als Regelungsabsprache gelten soll.

## 2. Geltungsbereich, Günstigkeitsprinzip

2 (1) Diese Vereinbarung gilt für alle Mitarbeiter der ARBEITGEBER GmbH, die bis zum 31. 12. 1954 geboren sind und die in einem unbefristeten Arbeitsverhältnis stehen. Sie betrifft weiter die als Wiederbesetzer einzustellenden Mitarbeiter entsprechend Ziffer 9. Geschäftsführer und Leitende Angestellte mit ausgeübter Arbeitgeberfunktion sind von dieser Vereinbarung nicht erfasst. Dem Arbeitgeber bleibt es unbenommen, mit diesen Personen einzelvertraglich die Altersteilzeit zu vereinbaren.

(2) Einzelvertraglich kann nicht zuungunsten der Arbeitnehmer von dieser Vereinbarung oder von den tariflichen Bestimmungen zur Altersteilzeit abgewichen werden.

**Erläuterungen:**

3 Die Betriebsvereinbarung gilt nur für Arbeitnehmer, auf die das Altersteilzeit-Gesetz Anwendung findet. Hingewiesen wird auf eine Regelung zur Wiederbesetzung (s. RdNr. 44 f) sowie auf die Möglichkeit, mit Geschäftsführern sowie Leitenden Angestellten eigene Vereinbarungen zu treffen. Sie allerdings müssen den Arbeitnehmer-Begriff der §§ 1, 2 Altersteilzeit-Gesetz erfüllen. Die Herausnahme von Leitenden Angestellten hat auch Bedeutung für die Quotenberechnung beim Überforderungsschutz in Ziffer 4.

### 3. Gegenstand

Die Vereinbarung regelt das Blockmodell der Altersteilzeit. Entsprechend dem Altersteilzeit-Gesetz halbiert hier der Arbeitnehmer die Arbeitszeit, in dem er in einem ersten Abschnitt die zu leistende Arbeitszeit vollständig erbringt (Arbeitsblock) und in einem grundsätzlich gleich langen zweiten Abschnitt unter Fortbestand des Arbeits- und Beschäftigungsverhältnisses vollständig von der Arbeitsleistung freigestellt ist (Freizeitblock). Während beider Blöcke wird das Altersteilzeit-Entgelt entsprechend dem Tarifvertrag zur Altersteilzeit ... sowie entsprechend der Modifikation in Ziffer 5 in beiden Blöcken fortlaufend gezahlt.

**Erläuterung:**

Geregelt ist die Altersteilzeit im Blockmodell. Die gesetzlich erforderliche schriftliche Vereinbarung, mit der die Arbeitszeit halbiert wird (§ 2 Abs. 1 Nr. 2; vgl auch § 7 Abs. 1a SGB IV), erhält hier die Form einer Betriebsvereinbarung, auf die der individuelle Altersteilzeit-Vertrag Bezug nimmt.

### 4. Anspruch auf Altersteilzeit

(1) Arbeitnehmer, die in den letzten 5 Jahren vor Beginn der Altersteilzeit mindestens 3 Jahre bei der ARBEITGEBER GmbH beschäftigt waren, haben ab dem 55. Geburtstag Anspruch auf Altersteilzeit. Zeiten von Arbeitsunfähigkeit, Urlaub oder anderweitiger begründeter Arbeitsunterbrechungen zählen hier als Beschäftigungszeit.

(2) Die vereinbarte Anzahl der Arbeitnehmer in Altersteilzeit darf 5% aller Arbeitnehmer des Betriebes/Unternehmens nicht überschreiten – § 3 Abs. 1 Zi. 3 Altersteilzeitgesetz. Bei der Berechnung bleiben schwerbehinderte Menschen und ihnen Gleichgestellte, geringfügig Beschäftigte, Auszubildende sowie befristet Beschäftigte außer Betracht. Ist dieser Grenzwert überschritten, kann der Arbeitgeber weitere Altersteilzeit-Vereinbarungen auf freiwilliger Basis treffen. Bei der Auswahl sind in diesen Fällen folgende Kriterien in der angeführten Stufung maßgeblich:
Betriebszugehörigkeit
Älteres Geburtsdatum
Schichtarbeit.

In diesen Fällen ist der Betriebsrat spätestens einen Monat vor Abschluss der Vereinbarung darüber zu unterrichten. Kommt auf Basis dieser Kriterien zwischen Arbeitgeber und Arbeitnehmer keine Einigung zustande, beraten sich Arbeitgeber und Betriebsrat. Kommt auch dann keine Einigung zustande, entscheidet eine Einigungsstelle im Sinne von § 76 ff BetrVG.

**Erläuterung:**

Die Betriebsvereinbarung verschafft den Arbeitnehmern einen Anspruch auf Altersteilzeit und erscheint damit auf den ersten Blick arbeitnehmerfreundlich. Tatsächlich wird der Anspruch alsbald ins Leere laufen, weil die Überforderungsgrenze von 5% in Absatz 2 die Ansprüche limitiert. Diese

Grenze von 5% der Beschäftigten wird wegen der Attraktivität der Altersteilzeit für Arbeitnehmer (früherer Rentenbeginn bei minimierten -abschlägen) und Arbeitgeber (äußerst einfach zu erfüllende Fördervoraussetzungen, Alternativen kostspieliger) schnell überschritten sein, zumal bestimmte Beschäftigungsgruppen ausdrücklich von der Berechnung ausgenommen sind (vgl. Teil A § 7 RdNr. 5). Damit ist der Anspruch auf Altersteilzeit für die gesamte Laufzeit der Altersteilzeit-Verträge blockiert, bei Ausschöpfen der maximalen Förderdauer also für 6 Jahre, sobald der Grenzwert von 5% überschritten ist.

Weitere freiwillige Altersteilzeit-Vereinbarungen sollen nur bei Erfüllung objektiver Kriterien abgeschlossen werden können, um nicht den Eindruck willkürlicher Auswahl aufkommen zu lassen. Möglich wäre es auch, schwerbehinderte Menschen bevorzugt in die Altersteilzeit wechseln zu lassen. Für diese Fälle wird die Beteiligung des Betriebsrates bestimmt und ein Abstimmungsverfahren festgelegt. Die Installation einer Einigungsstelle wird sich bei betrieblichen Besonderheiten empfehlen.

### 5. Altersteilzeit – Regelungen

#### a) Altersteilzeitmodelle Laufzeit Rentenauskunft

8 (1) Die Altersteilzeit beginnt frühestens mit Vollendung des 55. Lebensjahres und läuft bis zum Beginn einer Altersrente. Die maximale Regel-Laufzeit beträgt 6 Jahre und kann durch freiwillige Vereinbarung bis 10 Jahre erweitert werden. Vor Abschluss des Altersteilzeit-Vertrages legt der Arbeitnehmer eine schriftliche Rentenauskunft vor, die den frühestmöglichen Zeitpunkt der Alters-Renten mit sowie ohne Abschlag ausweist.

(2) Bereits vor Vollendung des 55. Lebensjahres können die Arbeitnehmer Wertguthaben ansammeln und zur Verkürzung des Arbeitsblocks einbringen.

**Erläuterung:**

9 Altersteilzeit muss zwingend in die Altersrente führen, § 2. Förderansprüche erlöschen sobald der Altersteilzeit-Arbeitnehmer eine abschlagsfreie Rente beanspruchen kann, § 5 I 2. Tariflich ist regelmäßig die Beendigung der Altersteilzeit mit Entstehen eines Anspruchs auf abschlagsfreie Rente bestimmt. Die Zielrente des Arbeitnehmers entscheidet maßgeblich über die Laufzeit der Altersteilzeit. Deshalb sind die rentenrechtlichen Rahmenbedingungen zu klären, bevor die Laufzeit der Altersteilzeit vereinbart wird. Eine Vorab-Rentenauskunft zum Rentenbeginn aber auch zur voraussichtlichen Rente ist unerlässlich.

Die Vorab-Rentenauskunft muss alle denkbaren Arten vorgezogener Altersrenten umfassen. Denn eine Rente z. B. für Frauen oder für Schwerbehinderte ermöglicht in der Regel einen früheren Zugang als eine Rente nach Altersteilzeit.

Besonderheiten können sich z. B. ergeben sich aus dem Vertrauensschutz in § 236a SGB VI, der eine abschlagsfreie Rente ab 60 ermöglicht, vgl. Teil A Einleitung RdNr. 39 ff.

I. Musterbetriebsvereinbarung zur Altersteilzeit 10, 11 **Muster**

**b) Altersteilzeitentgelt und Aufstockung**

(1) Das monatliche Altersteilzeit-Entgelt bemisst sich gem. § 6 Altersteilzeit-Gesetz, nach dem ...-Tarifvertrag und den nachfolgenden Bestimmungen. Es wird für die Gesamtlaufzeit fortlaufend in Arbeits- und Freizeitblock gezahlt.

(2) Die festen Entgeltbestandteile werden entsprechend der halbierten Arbeitszeit, die sich nach den individuellen Verhältnissen der Altersteilzeit-Arbeitnehmer ergibt, errechnet. Die variablen Entgeltbestandteile werden nach den geleisteten oder aus anderem Grund zu vergütenden Arbeitsstunden abgerechnet und je hälftig in Arbeits- und Freizeitblock ausgezahlt. Steuer- und sozialversicherungsfreie Entgeltbestandteile und ebensolche Mehrarbeitsvergütungen/-zuschläge werden zu 100% im Arbeitsblock gezahlt. Als Ausnahme hiervon werden das Jubiläumsgeld, Vergütungen für Arbeitnehmererfindungen ... zu 100% unabhängig von Arbeits- oder Freizeitblock gezahlt, eine Aufstockung erfolgt hier nicht, § 3 Abs. 1a Satz 2 Altersteilzeit-Gesetz. ⁵Die Altersteilzeit bleibt ohne Einfluss auf das Firmenangehörigen-Geschäft.

(3) Als zu halbierende Arbeitszeit der Angehörigen von Werkschutz und Werksfeuerwehr gilt die Gesamtarbeitszeit vergleichbarer Arbeitnehmer im Betrieb ... .

(4) Aus dem nach Abs. 1 bis 3 maßgeblichen reduzierten Entgelt errechnet sich die Aufstockung gem. ... Tarifvertrag in Höhe von 40%.

(5) Der Aufstockungsbetrag muss jedenfalls so hoch sein, dass das monatliche Altersteilzeit-Netto-Entgelt mindestens 85% des um die gesetzlichen Abzüge, die bei Arbeitnehmern gewöhnlich anfallen, verminderten bisherigen Arbeitsentgelts nach § 6 Abs. 1 Altersteilzeit-Gesetz erreicht werden.

(6) Entgelt und Aufstockung dürfen keinen höheren Betrag als das bisherige Netto-Entgelt – evtl. nach tariflicher Dynamisierung – ergeben.

**Erläuterungen:**

Die Entgeltregelung steht unter dem Vorbehalt, dass keine Kollision mit § 77 Abs. 3 BetrVG stattfindet, eine tarifliche Öffnungsklausel wird vorausgesetzt. Andernfalls könnte die Betriebsvereinbarung nur als Regelungsabrede gem. Nr. XI Geltung behalten.
Mit dem Verweis auf § 6 Altersteilzeit-Gesetz werden sämtliche Entgeltbestandteile für beide Phasen der Altersteilzeit erfasst, eine unterschiedliche Behandlung in Arbeits- und Freizeitblock ist damit nicht möglich. Unterschieden wird nach festen und variablen Bestandteilen, nach steuer- und abgabenfreien Teilen sowie nach den sog. 100%-Leistungen (vgl. Erläuterungen Teil A § 3 RdNr. 31 ff.
Die Sonderregelung in Abs. 3 soll an spezielle Arbeitnehmer-Gruppen mit eigenen Dienst- und Entgeltverhältnissen erinnern.
Abs. 4 verdoppelt die gesetzliche Aufstockungshöhe, Abs. 5 erhöht das Mindestnetto von 70% auf 85%. Abs. 6 wiederholt die Lohnsteuerrichtlinie R 18 Abs. 3 Satz 4 LStR 2002, wobei z.B. für Laufzeiten von 10 Jahren klargestellt ist, dass Entgelt-Tariferhöhungen einberechnet werden.

### c) Progressionsvorbehalt

12  Die Auswirkungen des Progressionsvorbehalts werden nicht ausgeglichen.

**Erläuterung:**

13  Auf den Progressionsvorbehalt und seine Auswirkungen muss besonders hingewiesen werden, es besteht eine besondere Aufklärungspflicht des Arbeitgebers, vgl. Teil A § 3 RdNr. 60 ff, § 2 RdNr. 65 ff.

### d) Aufstockung Rentenversicherungsbeitrag

14  Der Arbeitgeber stockt gem. § 3 Abs. 1 Ziff. 1 Buchst b Altersteilzeit-Gesetz die Rentenversicherungsbeiträge auf Beiträge aus 90% des bisherigen Arbeitsentgelts auf.

**Erläuterung:**

15  Der Arbeitgeber wird zur Zahlung der Unterschiedsbetrags-Beiträge nach der gesetzlichen Regelung verpflichtet. Höhere Zahlungen würden die Rentenanwartschaft kaum erhöhen, vgl. Teil A Einleitung RdNr. 46 ff.

### e) Rentenabschläge

16  Rentenabschläge bei einer vorzeitigen Altersrente werden nicht ausgeglichen.

**Erläuterung:**

17  Wegen der hohen Beträge, die erforderlich wären vgl. die Tabelle Teil A Einleitung RdNr. 57, wird von der Möglichkeit des Abschlagsausgleichs nach § 187a SGB VI kein Gebrauch gemacht.

### f) Betriebliche Altersversorgung

18  (1) Für die betriebliche Altersversorgung gilt der gesamte Zeitraum eines Altersteilzeit-Arbeitsverhältnisses in vollem Umfang als anrechenbares Beschäftigungsjahr ohne Kürzung.

(2) Abschläge wegen vorzeitiger Inanspruchnahme werden nicht ausgeglichen.

**Erläuterungen:**

19  Die hier vorgeschlagene Regelung dient vor allem als Erinnerungsposten, damit nicht die Auswirkungen der Altersteilzeit auf eine betriebliche Altersversorgung in Vergessenheit geraten. Wie die Altersteilzeit dort zu behandeln ist, wird auf die besonderen Gegebenheiten der unterschiedlichen Betriebsrenten-Systeme abzustimmen sein.

### g) Mehrarbeit

20  (1) Der Arbeitgeber richtet auf Verlangen eines Arbeitnehmers ein eigenes Zeitkonto ein, auf das über die vereinbarte Arbeitszeit geleistete Mehrarbeits-Stunden zur Verkürzung der Arbeitsphase gutgeschrieben werden.

I. Musterbetriebsvereinbarung zur Altersteilzeit

(2) Wird trotz des im übrigen geltenden Ausschlusses von Mehrarbeit, die über die Grenzen des § 5 Altersteilzeitgesetz hinausgeht, auf Anordnung des Arbeitgebers solche Mehrarbeit geleistet und führt dies zu einem Ruhen oder Entfall des Arbeitgeberanspruchs auf Erstattung durch die Bundesanstalt für Arbeit, mindern sich hierdurch sämtliche Ansprüche auf Altersteilzeitleistungen oder sonstige Ansprüche des Arbeitnehmers nicht.

**Erläuterungen:**

Nach dem Altersteilzeit-Gesetz ist Mehrarbeit, die über die Geringfügigkeitsgrenze (€ 325,–) hinausgeht, grundsätzlich ausgeschlossen. In Übereinstimmung mit der Bundesanstalt für Arbeit wird aber Mehrarbeit zugelassen, die zur Verkürzung des Arbeitsblocks angespart und eigens verbucht wird. In Abs. 2 wird klargestellt, dass der Arbeitgeber, der Mehrarbeit anordnet, das Förderrisiko trägt.

**h) Ende des Altersteilzeitvertrages**

Altersteilzeitverträge enden
- zum vereinbarten Zeitpunkt
- spätestens mit Ablauf des Kalendermonats, in dem der Beschäftigte das 65. Lebensjahr vollendet
- mit dem Bewilligungsmonat einer Altersrente oder anderen Leistung gem. § 5 Abs. 1 Nr. 3 Altersteilzeit-Gesetz, einschließlich entsprechender Auslandsleistungen
- sobald der Altersteilzeit-Arbeitnehmer eine abschlagsfreie Rente oder ähnliche Leistung gem. § 5 Abs. 1 Nr. 2 einschließlich entsprechender Auslandsleistungen beanspruchen kann. Das Ende liegt dann auf dem vorangehenden Monatsletzten
- sobald der Altersteilzeit-Beschäftigte neben seiner Beschäftigung Arbeitslosengeld oder -hilfe beantragt.

**Erläuterungen:**

Abweichend vom vereinbarten Zeitpunkt endet die geförderte Altersteilzeit, sobald eine Altersrente bezogen wird oder Anspruch auf abschlagsfreie Rente besteht. Die Regelung, die regelmäßig auch tariflich übernommen ist, wird nochmals wiederholt und auf Auslandsrenten – auch aus Nicht-EU-Ländern – erweitert. Das kann negative Folgen für die Arbeitnehmer haben, falls eine Auslandsrente zur Beendigung führt, aber z. B. wegen eines Währungsgefälles eine nur geringe Leistungshöhe erreicht wird. Der letzte Beendigungsfall betrifft nur Kräfte, die von Teilzeit in Altersteilzeit wechseln, vgl. Teil A § 2 RdNr. 40.

**6. Altersteilzeit – Störfälle und Störungen**

**a) Vorzeitige Beendigung – Ausgleich Entgeltguthaben**

(1) Bei einer vorzeitigen Beendigung des Arbeitsverhältnisses zahlt der Arbeitgeber auf das Konto des Arbeitnehmers die eventuelle Differenz zwischen

den ausgezahlten Leistungen (Altersteilzeitentgelt und Aufstockungsbetrag) und dem Netto-Entgelt für die tatsächliche Beschäftigung. Der Anspruch wird mit Eintritt des Störfalles fällig. Bei Tod des Arbeitnehmers geht dieser Anspruch auf seine Erben über. Dabei besteht Einigkeit, dass für die Altersteilzeit-Arbeitnehmer in vielen Fällen mangels verbleibender Netto-Differenz kein oder nur ein geringer Zahlungsanspruch bestehen kann. Für die Berechnung von Beiträgen und Abgaben gelten die gesetzlichen Vorschriften.

(2) Endet das Altersteilzeit-Arbeitsverhältnis vor dem mit dem Altersteilzeit-Arbeitnehmer vereinbarten Datum, weil der Arbeitnehmer
- ganz oder teilweise erwerbsgemindert, berufs- oder erwerbsunfähig wird,
- eine Rente wegen Alters (auch mit Abschlägen, auch als Teilrente, auch als ausländische Rente) bezieht,
- Anspruch auf eine Rente wegen Alters ohne Abschläge (auch als Teilrente, auch als ausländische Rente) hat oder
- verstorben ist,

dann wird ein verbliebenes Wertguthaben gemäss § 23 b SGB IV dem Konto ... der *(betriebliche Altersversorgung)* gutgebracht.

*alternativ:*
dann verzichtet der Arbeitnehmer auf Auszahlung sämtlicher Wertguthaben, die dafür vom Arbeitgeber in die Direktversicherung ... eingezahlt werden.

*alternativ:*
in einen Anspruch oder eine unverfallbare Anwartschaft auf Betriebsrente nach der Versorgungsordnung in ihrer jeweils geltenden Fassung umgerechnet. Die hieraus resultierenden betrieblichen Versorgungsleistungen werden bei Eintritt des Versorgungsfalles als monatliche Rentenleistung gezahlt. Dabei eventuell fällig werdende gesetzliche Abzüge erstattet der Arbeitgeber nicht. Die Feststellung, dass einer der genannten Störfälle eingetreten ist, wird einvernehmlich zwischen Arbeitgeber, Arbeitnehmer sowie dem Betriebsrat getroffen.

**Erläuterung:**

25   Endet die Altersteilzeit vorzeitig, also vor dem nach Maßgabe der Ziff. 6 vereinbarten Datum, tritt ein Störfall ein. Regelmäßig hat dann der Altersteilzeit-Arbeitnehmer ein Guthaben, weil er im Blockmodell für 100% Arbeit nicht 100% Lohn bekommen hatte. Dieses Guthaben aufzulösen ist arbeitsrechtlich in Abs. 1 geregelt. Allerdings ist zu beachten, dass der Arbeitnehmer auch Aufstockungsbeträge erhalten haben, die steuerfrei sind und dies auch im Störfall bleiben. Es wird sich deshalb nach Steuern häufig kein nennenswerter Ausgleichsbetrag ergeben. Außerdem kann es wegen der Fünftelungsregelung in § 34 EStG bei Entgelt für mehrjährige Tätigkeit zu einer hohen Besteuerung kommen.

Zusätzlich ergeben sich sozialversicherungsrechtliche Besonderheiten für die Wertguthaben, die sich aus der Darstellung im Lohnsummenfelder-Modell ergeben. Wertguthaben in die gesetzliche Sozialversicherung einzuzahlen wird sich aus Sicht eines Arbeitnehmers, der Beitrag und Leistungsanspruch vergleichen will, nur selten lohnen:

I. Musterbetriebsvereinbarung zur Altersteilzeit    26, 27  **Muster**

- das Krankengeld errechnet sich nach § 46 SGB V aus dem unaufgestockten Entgelt, Wertguthaben aus Störfällen bleiben außer Betracht (§ 47 Abs. 2 Satz 4 letzter Halbsatz SGB V),
- die Leistungen der Pflegeversicherung richten sich nach dem Pflegebedarf,
- das Arbeitslosengeld, Arbeitslosenhilfe sowie Unterhaltsgeld werden ohnehin nach der Sondervorschrift § 10 Abs. 1 errechnet und
- in der Rentenversicherung sind die Unterschiede vom aufgestockten zum vollen Rentenbeitrag vernachlässigenswert gering.

Vor diesem Hintergrund ist in Abs. 2 entsprechend § 23 b SGB IV vereinbart, dass das Wertguthaben in den gesetzlich zugelassenen Fällen der betrieblichen Altersversorgung gutgebracht werden. Dann ist die entsprechende Summe nicht zu verbeitragen. Allerdings ist eine solche Sonderzuwendung in die betriebliche Altersversorgung häufig erst noch mit den Regelungen der betrieblichen Altersversorgung zu harmonisieren. Wegen des ab 1. 1. 2002 bestehenden Anspruches aller Arbeitnehmer gegen den Arbeitgeber auf betriebliche Altersversorgung nach § 1a BetrAVG kommt dieser Option besondere Bedeutung zu. Diese Bedeutung ist bisher noch kaum erkannt worden.

Die Alternativen werden angeboten, weil eine auf den konkreten Fall abgestimmte Regelung erforderlich ist und weil bisher kaum praktische Erfahrungen mit § 23 b SGB IV vorliegen.

**b) Langzeiterkrankungen**

(1) Bei Erkrankungen, die den Entgeltfortzahlungszeitraum nicht überschreiten, werden Entgelt und Aufstockung in unveränderter Höhe weitergezahlt.   26

(2) Für den anschließenden Zeitraum erbringt der Arbeitgeber (für die Dauer von ... Monaten) ...% von Lohn und Lohnaufstockung weiter, wobei sich der Arbeitnehmer das erhaltene Krankengeld oder private Krankentagegeld anrechnen lassen muss.

1. Alternative:
(2) Besteht während des Arbeitsblockes Arbeitsunfähigkeit oder dauert eine Maßnahme der Rehabilitation über den Entgeltfortzahlungszeitraum hinaus, so zahlt der Arbeitgeber über die Bestimmungen des ...-tarifvertrages hinaus einen weiteren Aufstockungsbetrag, der die Differenz ausgleicht zwischen dem oben vereinbarten Altersteilzeit-Entgelt (einschließlich der Aufstockung) und dem Krankengeld, dem privaten Krankentagegeld bzw. der während der Kur gezahlten Sozialleistung. Der Arbeitnehmer ist verpflichtet, seine Arbeitsunfähigkeit nachzuweisen und Bewilligungsbescheide für Kranken-, Krankentage- bzw. Übergangsgeld sowie privates Krankentagegeld sofort vorzulegen. Der Arbeitnehmer ist verpflichtet, die entsprechenden Zeiten unter Verkürzung des Freizeitblocks zur Hälfte nachzuarbeiten, *damit/bis* ein Anspruch auf eine vorgezogene Rente entsteht. In diesen Fällen füllt der Arbeitgeber das Wertguthaben bis zum Beginn der Freizeitphase im sozialversicherungsrechtlichem Umfang auf.   27

Dem Arbeitgeber bleibt es unbenommen, den Arbeitnehmer vorübergehend von der tatsächlichen Nacharbeit freizustellen, wobei der Arbeitnehmer im Rahmen des fortbestehenden Direktionsrechts während der entsprechenden Zeiten weiterhin dienstbereit bleibt insbesondere für kurzfristige Arbeitseinsätze. In diesen Fällen füllt der Arbeitgeber das Wertguthaben auf und ermöglicht so dem Arbeitnehmer den vorgesehenen Zugang zur Altersrente.

2. Alternative:

28 (2) Der Arbeitgeber ist nicht verpflichtet, Aufstockungsleistungen nach dem Ende des Zeitraumes für den tariflichen Zuschuss zum Krankengeld weiter zu erbringen.

(3) Im Nichtförderungsfall oder bei Bezug von privatem Krankentagegeld zahlt der Arbeitgeber für die Dauer der Lohnersatzleistung die erforderlichen zusätzlichen Mindestbeiträge in die gesetzliche Rentenversicherung auf Grund Pflichtversicherung kraft Antrages.

(4) Abtretung
Bezieht der Arbeitnehmer Krankengeld bzw. eine in § 10 Abs. 2 Altersteilzeit-Gesetz genannten Entgeltersatzleistungen, tritt er seine Ansprüche gegen die Bundesanstalt für Arbeit auf die gesetzlichen Aufstockungsbeträge in der individuellen Altersteilzeit-Vereinbarung im Voraus an den Arbeitgeber ab. Der Arbeitgeber erbringt insoweit die Leistungen anstelle der Bundesanstalt für Arbeit im Umfang der abgetretenen Ansprüche.

**Erläuterungen:**

29 Geregelt sind die Komplexe der Dauererkrankung in der Arbeitsphase des Blockmodells einschließlich Nacharbeit, Freistellung von Nacharbeit, Auffüllung der Wertguthaben vgl. Teil A § 10 RdNr. 10ff und Teil F RdNr. 17.
Wird der Aufstockungsbetrag als tarifliche Leistung anstelle eines Krankengeldzuschusses geleistet, verbleibt es nach dem BMF-Schreiben vom 27. 4. 2001 – IV C 5 – 2333-21/01 (NZA 2001, 948) bei der Steuer- und Abgabenfreiheit. In Abs. 3 wird der Arbeitgeber verpflichtet zur Zahlung des Rentenversicherungsbeitrags für die Pflichtversicherung kraft Antrags, z. Zt. 19,1% aus 80% des unaufgestockten Altersteilzeit-Brutto.
Die Abtretung in (4) ist in die Einzelverträge zu übernehmen.

**c) Langzeitguthaben – Insolvenzsicherung**

30 Der Arbeitgeber hat die Guthaben gegen Insolvenz des Unternehmens zu sichern.
Der Arbeitgeber berät mit dem Betriebsrat geeignete Maßnahmen. Der Arbeitgeber hat die Insolvenzsicherung zu dokumentieren.
Dabei wählt der Arbeitgeber eine der folgenden Maßnahmen:
a) Bankbürgschaft zu Gunsten der Arbeitnehmer
Der Arbeitgeber weist dem Betriebsrat die Sicherung periodisch quartalsweise nach. Die Altersteilzeit-Arbeitnehmer erhalten jeweils eine Kopie der Bürgschaftserklärung.
b) Versicherung zu Gunsten der Arbeitnehmer
Der Arbeitgeber weist dem Betriebsrat den Abschluss einer Gruppenversicherung quartalsweise nach. Die Altersteilzeit-Arbeitnehmer erhalten jeweils eine Kopie der Versicherungspolice.

I. Musterbetriebsvereinbarung zur Altersteilzeit 31–37 **Muster**

**Erläuterung:**

Bei verblockter Altersteilzeit ist ab Laufzeiten von mehr als 5 Jahren eine 31
Insolvenzsicherung gesetzlich vorgeschrieben, § 7d SGB IV. Eine Überprüfung durch die Förderbehörden oder die Rententräger findet allerdings nicht statt.

**d) Kurzarbeit**

Altersteilzeit-Arbeitnehmer werden nicht in Kurzarbeit einbezogen. 32

**Erläuterung:**

Kurzarbeit ist im Blockmodell nur in der Arbeitsphase denkbar, nicht aber 33
in der Freizeitphase. Bei Kurzarbeit erhielten die Beschäftigten anstelle des Entgelts nur das niedrigere Kurzarbeitergeld, die Bundesanstalt für Arbeit würde nicht nach § 10 Abs. 2 an Stelle des Arbeitgebers die Aufstockungen erbringen, weil mangels Wiederbesetzung noch kein Förderfall vorliegt. Die finanzielle Situation der Arbeitnehmer, deren Entgelt in der Altersteilzeit ohnehin reduziert ist, würde sich damit allzu sehr verschlechtern. Im Übrigen wäre praktisch eine fehlerfreie Abrechnung von Altersteilzeit-Förderung und Kurzarbeit nicht vorstellbar.

Alternativ könnte eine ungekürzte Weiterzahlung der Aufstockungen vereinbart werden.

**e) Betriebsübergang**

Im Falle des Überganges oder der Veräußerung eines Betriebes oder von 34
Betriebsteilen stellt der Arbeitgeber durch schriftliche Vereinbarung mit dem Übernehmer oder Erwerber sicher, dass der Übernehmer/Erwerber sämtliche abgeschlossenen Altersteilzeit-Vereinbarungen erfüllt.

**Erläuterung:**

Die Vereinbarung bindet nur den aktuellen Arbeitgeber, nicht aber den 35
künftigen Erwerber. Sie hat nur erinnernden Charakter, weil der Übernehmer nicht besser gestellt ist, als der veräußernde Unternehmer und Altersteilzeit-Arbeitsverhältnisse regelmäßig nur aus wichtigem Grund kündbar sind, vgl. Teil A § 8 RdNr. 16 ff.

### 7. Altersteilzeit – Sonstige Bestimmungen

**a) Abfindung**

Die Altersteilzeit dient auch dem Umbau der Personalstrukturen. Endet 36
aus diesem Grunde ein Arbeitsverhältnis vorzeitig auf Veranlassung des Arbeitgebers, erhält der Arbeitnehmer/die Arbeitnehmerin eine pauschale Abfindung.

**Erläuterung:**

Um die Steuerfreiheit im Rahmen der Freibeträge nach § 3 Nr. 9 EStG 37
zu sichern empfiehlt es sich, die Klausel in den Einzelvertrag zu überneh-

men. Die Steuerfreiheit ist nicht zu erreichen, wenn die Altersteilzeit bis zum Erreichen des 65. Geburtstages läuft, weil dann das Arbeitsverhältnis ohnehin endet und eine Veranlassung der Beendigung durch den Arbeitgeber nicht denkbar ist[1]. Mit der Anmerkung in den LStR ist aber gleichzeitig klargestellt, dass Abfindungen auch im Rahmen der Altersteilzeit Steuerfreiheit erreichen können. Denkbar ist es, bei der internen Errechnung der Abfindungshöhe auch Überlegungen mit einfließen zu lassen, die im weiter gefassten Zusammenhang mit der Beendigung des Arbeitsverhältnisses stehen, vgl. RdNr. 12 und 16.

### b) Beschäftigungsverbot in Nebentätigkeiten

**38** (1) Nebentätigkeiten jeder Art insbesondere auch geringfügige Beschäftigungen sind dem Arbeitgeber sofort anzuzeigen. Der Arbeitnehmer verpflichtet sich, keine Beschäftigung oder selbstständige Tätigkeit auszuüben, die die Geringfügigkeitsgrenze des § 8 SGB IV überschreitet. § 5 Abs. 3 Altersteilzeitgesetz findet Anwendung; in diesen Fällen erklärt der Arbeitnehmer vor Vertragsabschluss, welche Beschäftigungen oder Tätigkeiten in den letzen 5 Jahren ausgeübt hat.

(2) Verletzt der Arbeitnehmer diese Bestimmung, erstattet er dem Arbeitgeber die Aufstockung von Lohn und Rentenbeitrag, die deswegen vom Arbeitsamt nicht gezahlt oder für die Vergangenheit zurückgefordert werden. Der Arbeitnehmer ist vom Arbeitgeber über den Grund für diese Bestimmung, nämlich das Ruhen des Förderanspruches und über dessen Erlöschen nach 150 Tagen Ruhen aufzuklären.

(3) Diese Bestimmung findet keine Anwendung, falls eine ungeförderte Altersteilzeit vereinbart wird.

**Erläuterung:**

Nebentätigkeiten, die den gesetzlich zulässigen Rahmen überschreiten, können die Ansprüche des Arbeitgebers auf Förderung sogar gänzlich entfallen lassen und sogar zur Rückzahlung erhaltener Leistungen führen. Die Übernahme von Abs. 1 und Abs. 2 in den Einzelvertrag zur Altersteilzeit empfiehlt sich daher dringend.

### c) Mitteilungs- und Mitwirkungspflichten der Arbeitnehmer

**39** (1) Der Arbeitnehmer verpflichtet sich, dem Arbeitgeber alle Umstände und deren Änderungen, die seinen Vergütungsanspruch, den Aufstockungsbetrag und die zusätzlichen Beiträge zur Rentenversicherung berühren können, unverzüglich mitzuteilen. Hierzu zählen insbesondere
– Nebentätigkeiten
– Selbständige Tätigkeiten
– Eintritt eines Grades der Behinderung von 50 (Schwerbehinderung)

---

[1] Vgl. R 9 Abs. 2 S. 4 LStR 2002: Bei Altersteilzeitmodellen ist die Auflösung des Dienstverhältnisses nicht vom Arbeitgeber veranlasst, wenn die Altersteilzeit bis zum 65. Lebensjahr andauert.

I. Musterbetriebsvereinbarung zur Altersteilzeit     40–42  **Muster**

- Eintritt von Erwerbs-/Berufsunfähigkeit oder Anspruch auf Erwerbsminderungsrente
- Rentenberechtigung wg. Anerkennung zusätzlicher Rentenzeiten
- Krankheit.

Im Krankheitsfall legt der Arbeitnehmer umgehend den Bewilligungsbescheid für Krankengeld oder die Entscheidung zum privaten Krankentagegeld oder einer vergleichbaren Sozialleistung dem Arbeitgeber vor.

(2) Der Arbeitnehmer verpflichtet sich, einen Antrag auf Altersrente oder eine vergleichbare Sozialleistung zu stellen, sobald der Altersteilzeitvertrag vereinbarungsgemäß beendet ist und die Voraussetzungen vorliegen. Hierüber und über den frühestmöglichen Zeitpunkt einer solchen Leistung unterrichtet der Arbeitnehmer den Arbeitgeber unverzüglich.

Der Arbeitnehmer wird ohne vorherige Zustimmung des Arbeitgebers keinen Antrag auf vorgezogene Altersrente mit Abschlag stellen.

(3) Der Arbeitgeber hat ein Zurückbehaltungsrecht, wenn der Beschäftigte seinen Mitteilungs- und Mitwirkungspflichten nicht nachkommt, sowie vorsätzlich oder grob fahrlässig unvollständige oder unrichtige Auskünfte gibt.

(4) Zu Unrecht empfangene Leistungen hat der Arbeitnehmer dem Arbeitgeber zurückzuerstatten; gegebenenfalls hat der Arbeitnehmer dem Arbeitgeber Schadensersatz zu leisten. Die Erstattungspflichten des Arbeitnehmers gegenüber der Bundesanstalt für Arbeit nach § 11 Abs. 2 Altersteilzeitgesetz bleiben unberührt.

**Erläuterung:**

Die Mitteilungspflichten sind detailliert aufgelistet und vermeiden es dass 40 ein Störfall überhaupt eintritt. Abs. 2 sichert die Verzahnung zum Rentenrecht, ein Verstoß bliebe aber sanktionslos.

### d) Kündigungsschutz

Altersteilzeit-Arbeitsverhältnisse können vom Arbeitgeber *(während des Freizeitblocks)* nur aus wichtigem Grund gekündigt werden.

**Erläuterung:**

Der Kündigungsschutz für Altersteilzeit-Arbeitnehmer erscheint auf den 41 ersten Blick arbeitnehmerfreundlich. Er wird allerdings in den meisten Fällen nur deklaratorische Bedeutung haben, weil die Betroffenen entweder tariflich oder aber faktisch über das KSchG ohnehin nur noch aus wichtigem Grund kündbar sein werden, vgl. Teil A § 8 RdNr. 16 ff.

### e) Benachteiligungsverbot

Aus Anlass einer Altersteilzeit-Vereinbarung dürfen den Beschäftigten keine 42 Nachteile entstehen. Die tariflichen Schutzvorschriften, wie z.B. zum Schutz älterer Arbeitnehmer finden Anwendung.

**Muster** 43–47    C. Betriebsvereinbarungen, Muster, Checklisten

**f) Urlaub**

Vor Eintritt in den Freizeitblock sind die bis dahin erworbenen Urlaubsansprüche vollständig abzuwickeln. Mit dem Freizeitblock gelten alle tariflichen und gesetzlichen Urlaubsansprüche als erfüllt.

### 8. Beratungs- und Hinweispflichten des Arbeitgebers

43    Der Arbeitgeber ist verpflichtet, an Altersteilzeit interessierte Arbeitnehmer umfassend aufzuklären insbesondere über Ausmaß und Wirkung des Progressionsvorbehaltes, des Insolvenz- und des Krankheitsrisikos.

Zu diesem Zwecke stellt er jedem Arbeitnehmer ein Exemplar des Buches „Altersteilzeit" von Stephan Rittweger zur Verfügung.

Verwendet wird die als Anlage beigefügte Mustervereinbarung.

**Erläuterung:**

Den Arbeitgeber treffen umfangreiche Aufklärungs- und Hinweispflichten, vgl. Teil A § 2 Rdnr. 65 ff.

### 9. Wiederbesetzung

44    Diese Vereinbarung verfolgt auch beschäftigungsfördernde Ziele. Freiwerdende Arbeitsplätze sollen deshalb wiederbesetzt werden. Zunächst sind Ausgebildete des eigenen Unternehmens zu übernehmen, sodann andere Ausgebildete, sodann Langzeit-Arbeitslose und schließlich Arbeitslose einzustellen.

**Erläuterung:**

45    Die Aufnahme einer Auswahlrichtlinie zu Gunsten der eigenen Ausgebildeten ändert den Charakter der feiwilligen Betriebsvereinbarung nicht, sie wird also nicht zu einer erzwingbaren gem. § 95 BetrVG.

### 10. Anpassung von Altverträgen

46    Arbeitnehmer, die bei Inkrafttreten dieser Betriebsvereinbarung bereits einen Altersteilzeitvertrag abgeschlossen haben, können Abänderung ihres Vertrages nach den Bestimmungen dieser Betriebsvereinbarung beanspruchen.

### 11. Laufzeit und Inkrafttreten und Kündigung

47    (1) Diese Vereinbarung tritt zum ... in Kraft. Sie ist von beiden Seiten mit einer Frist von 6 Monaten zum Quartalsende kündbar, erstmals zum ... . Sie endet spätestens zum 31. 12. 2009.

(2) Für Altersteilzeit-Arbeitsverhältnisse, die bis zum Ablauf der Betriebsvereinbarung abgeschlossen worden sind, gelten ihre Bestimmungen weiter. Im Übrigen besteht keine Nachwirkung.

(3) Ändern sich während der Laufzeit dieser Vereinbarung wesentliche Grundlagen gesetzlicher oder tariflicher Art oder ändern sich für die Berechnung der Altersteilzeit-Leistungen maßgebliche Vorschriften, werden Arbeitgeber und Betriebsrat über die Anpassung dieser Vereinbarung verhandeln.

## 12. Salvatorische Klausel

Sollte eine Bestimmung dieser Vereinbarung unwirksam sein oder werden, berührt dies die Wirksamkeit der übrigen Bestimmungen nicht. Die Parteien verpflichten sich, in diesen Fällen eine neue wirksame Regelung zu treffen, die der Altregelung möglichst nahe kommt. Sollten einzelne Bestimmungen in einer Betriebsvereinbarung nicht regelbar sein, so gelten sie hilfsweise als Regelungsabrede.

**Erläuterung:**

Bestimmt ist vorsorglich, dass insbesondere bei Kollision mit dem Tarifvorrang nach § 77 Abs. 3 BetrVG die Betriebsvereinbarung als Regelungsabsprache gelten soll. Dafür sind jedoch noch weiter Schritte erforderlich, die im Kollisionsfall zu unternehmen sind, die zu unternehmen aber die Parteien hier vereinbaren.

Datum
Unterschriften

## II. Mustervertrag: Altersteilzeit im Blockmodell

Datum
Die Geschäftsleitung der Arbeitgeber Forschungs-, Produktions-, Vertriebs- und Verwaltungs-GmbH
in Stadt
und
Herrn/Frau .......................... (Arbeitnehmer/Arbeitnehmerin)
geb. am ..........................
Wohnort ..........................
Straße ..........................
schließen auf der Basis des Tarifvertrages vom ... sowie der Betriebsvereinbarung vom ... folgenden Altersteilzeitarbeitsvertrag:

**Erläuterung:**

50   Der Individualvertrag basiert auf der Muster-Betriebsvereinbarung RdNr. 1 ff, es kann deshalb auf die dortigen Erläuterungen verwiesen werden. Streng genommen ist ein ausführlicher Altersteilzeit-Vertrag nicht erforderlich, es genügte eine kurze Vereinbarung, die auf die Betriebsvereinbarung Bezug nimmt. Aus Gründen der Klarstellung für Arbeitnehmer und Arbeitgeber erhält aber die nachfolgende Vereinbarung den Vorzug.

Falls keine Betriebsvereinbarung abgeschlossen ist, kann der Vertrag um die Bestimmungen der Muster-Betriebsvereinbarung erweitert werden.

### 1. Altersteilzeit

51   Das Arbeitsverhältnis wird mit den nachfolgenden Abänderungen und Ergänzungen des Arbeitsvertrages mit Wirkung vom ... als Altersteilzeit-Arbeitsverhältnis fortgeführt. Für den Vertrag gelten sämtliche Bestimmungen der Betriebsvereinbarung vom ... auf die Bezug genommen wird.

Das Altersteilzeit-Arbeitsverhältnis endet ohne Kündigung am ... .

Das Recht zur Kündigung nach den gesetzlichen, tariflichen und vertraglichen Bestimmungen bleibt unberührt.

### 2. Arbeitszeit und zusätzliche Arbeit

52   Die bisherige individuelle regelmäßige wöchentliche Arbeitszeit, des Arbeitnehmers von ... Stunden wird durch die Altersteilzeit halbiert und beträgt ab Beginn der Altersteilzeit ... Stunden/Woche.

Die Arbeitszeit wird in der ersten Hälfte des Altersteilzeitarbeitsverhältnisses voll geleistet (Arbeitsblock), anschließend wird der Arbeitnehmer in der zweiten Hälfte bis zum Ende des Altersteilzeitarbeitsverhältnisses von der Arbeitsleistung freigestellt (Freizeitblock). Dadurch halbiert sich die Arbeitszeit über die Dauer der Altersteilzeit-Vereinbarung.

## 3. Tätigkeit

Der Arbeitnehmer übt seine bisherige Tätigkeit weiter aus mit folgender Modifikation: ...

**Erläuterung:**

An dieser Stelle können Änderungen des Arbeitsvertrages eingeschoben werden, die sich dann durch Vertrag ergeben und die einer Änderungskündigung oder einer Mitbestimmung des Betriebsrats nach §§ 99 ff BetrVG nicht bedürfen.

## 4. Entgelt

Der Arbeitnehmer erhält für die gesamte Laufzeit dieser Vereinbarung unabhängig von der Verteilung der Arbeitszeit in Arbeits- und Freizeitblock das Altersteilzeitentgelt, das entsprechend dem Tarifvertrag ... – sowie nach der Betriebsvereinbarung vom ... einschließlich Aufstockung von Lohn und Rentenbeitrag in der dort genannten Höhe.

Entsprechend der Betriebsvereinbarung vom ... werden die Auswirkungen des Progressionsvorbehalts nicht ausgeglichen.

## 5. Urlaub

Der Urlaubsanspruch während der Altersteilzeit richtet sich nach den tariflichen Bestimmungen und der Betriebsvereinbarung vom ... . Vor Eintritt in den Freizeitblock sind die bis dahin erworbenen Urlaubsansprüche vollständig abzuwickeln. Mit dem Freizeitblock gelten alle tariflichen und gesetzlichen Urlaubsansprüche als erfüllt.

## 6. Entgelt bei Krankheit

Die Entgeltfortzahlung im Krankheitsfall richtet sich nach den tariflichen Bestimmungen und für die Zeit danach nach der Betriebsvereinbarung vom ... .

Im Falle des Bezugs der in § 10 Abs. 2 AtG genannten Entgeltersatzleistungen tritt der Beschäftigte seine Ansprüche gegen die Bundesanstalt für Arbeit auf die gesetzlichen Aufstockungsbeträge im Voraus an den Arbeitgeber ab. Der Arbeitgeber erbringt die Leistungen insoweit anstelle der Bundesanstalt für Arbeit im Umfang der abgetretenen Ansprüche.

## 7. Verbot von Nebentätigkeiten

Nebentätigkeiten jeder Art insbesondere auch geringfügige Beschäftigungen sind dem Arbeitgeber sofort anzuzeigen. Der Arbeitnehmer verpflichtet sich, keine Beschäftigung oder selbstständige Tätigkeit auszuüben, die die Geringfügigkeitsgrenze des § 8 SGB IV überschreitet, § 5 Abs. 3 Altersteilzeitgesetz findet Anwendung; der Arbeitnehmer erklärt deshalb, dass er in den letzten 5 Jahren keine/ – folgende Beschäftigung oder Tätigkeit ausgeübt hat:
...
Verletzt der Arbeitnehmer diese Bestimmung, erstattet er dem Arbeitgeber die Aufstockung von Lohn und Rentenbeitrag, die deswegen vom Arbeits-

amt nicht gezahlt oder für die Vergangenheit zurückgefordert werden. Der Arbeitnehmer wurde über den Grund für diese Bestimmung und ihre möglichen Folgen, nämlich das Ruhen des Förderanspruches und über dessen Erlöschen nach 150 Tagen Ruhen aufgeklärt.

## 8. Rentenauskunft

58 Der Arbeitnehmer hat dem Arbeitgeber bei Abschluss dieses Vertrages eine Rentenauskunft des zuständigen Rentenversicherungsträgers übergeben, aus der sich der Zeitpunkt ergibt, zu dem er erstmals eine abschlagsfreie Rente beanspruchen kann. Dieser Zeitpunkt ist mit dem in Ziffer 1. genannten Zeitpunkt identisch.

## 9. Vorzeitiges Ende der Altersteilzeit – Störfallregelung

59 (1) Bei einer vorzeitigen Beendigung des Arbeitsverhältnisses zahlt der Arbeitgeber auf das Konto des Arbeitnehmers die eventuelle Differenz zwischen den ausgezahlten Leistungen (Altersteilzeitentgelt und Aufstockungsbetrag) und dem Entgelt für die tatsächliche Beschäftigung. Der Anspruch wird mit Eintritt des Störfalles fällig. Bei Tod des Arbeitnehmers geht dieser Anspruch auf seine Erben über.

(2) Endet das Altersteilzeit-Arbeitsverhältnis vor dem in § 1 vereinbarten Datum, weil der Arbeitnehmer
ganz oder teilweise erwerbsgemindert, berufs- oder erwerbsunfähig wird,
eine Rente wegen Alters (auch mit Abschlägen, auch als Teilrente, auch als ausländische Rente) bezieht,
Anspruch auf eine Rente wegen Alters ohne Abschläge (auch als Teilrente, auch als ausländische Rente) hat oder
verstorben ist,
dann wird ein verbliebenes Wertguthaben gemäß § 23b SGB IV dem Konto ... bei der (betriebliche Altersversorgung) gutgebracht.
alternativ:
in einen Anspruch oder eine unverfallbare Anwartschaft auf Betriebsrente nach der Versorgungsordnung in ihrer jeweils geltenden Fassung umgerechnet. Die hieraus resultierenden betrieblichen Versorgungsleistungen werden bei Eintritt des Versorgungsfalles als monatliche Rentenleistung gezahlt. Dabei eventuell fällig werdende gesetzliche Abzüge erstattet der Arbeitgeber nicht. Die Feststellung, dass einer der genannten Störfälle eingetreten ist, wird einvernehmlich zwischen Arbeitgeber, Arbeitnehmer sowie dem Betriebsrat getroffen.

## 10. Mitteilungs- und Mitwirkungspflichten

60 Der Arbeitnehmer verpflichtet sich, dem Arbeitgeber alle Umstände und deren Änderungen, die seinen Vergütungsanspruch, den Aufstockungsbetrag und die zusätzlichen Beiträge zur Rentenversicherung berühren können, unverzüglich mitzuteilen. Hierzu zählen insbesondere
– Nebentätigkeiten
– Selbständige Tätigkeiten

## II. Mustervertrag: Altersteilzeit im Blockmodell

- Eintritt eines Grades der Behinderung von 50 (Schwerbehinderung)
- Eintritt von Erwerbs-/Berufsunfähigkeit oder Anspruch auf Erwerbsminderungsrente
- Rentenberechtigung wg. Anerkennung zusätzlicher Rentenzeiten
- Krankheit

Der Arbeitnehmer verpflichtet sich, einen Antrag auf Altersrente oder eine vergleichbare Sozialleistung nach Ziffer 1 Satz 3 dieser Vereinbarung zu stellen, sobald die Voraussetzungen vorliegen. Hierüber und über den frühestmöglichen Zeitpunkt einer solchen Leistung unterrichtet der Arbeitnehmer den Arbeitgeber unverzüglich.

Der Arbeitnehmer wird ohne vorherige Zustimmung des Arbeitgebers keinen Antrag auf vorgezogene Altersrente mit Abschlag stellen, weil andernfalls der Arbeitgeber Ansprüche auf Förderleistungen nach der Altersteilzeit-Gesetz verlieren könnte.

Der Arbeitgeber hat ein Zurückbehaltungsrecht, wenn der Beschäftigte seinen Mitteilungs- und Mitwirkungspflichten nicht nachkommt sowie vorsätzlich oder grob fahrlässig unvollständige oder unrichtige Auskünfte gibt.

Zu Unrecht empfangene Leistungen hat der Arbeitnehmer dem Arbeitgeber zurückzuerstatten; gegebenenfalls hat der Arbeitnehmer dem Arbeitgeber Schadensersatz zu leisten. Die Erstattungspflichten des Arbeitnehmers gegenüber der Bundesanstalt für Arbeit nach § 11 Abs. 2 Altersteilzeitgesetz bleiben unberührt.

### 11. Verzicht auf Alg-Antrag (nur für Teilzeitkräfte unter 15 Stunden)

Weil der Arbeitnehmer in der Altersteilzeit weniger als 15 Stunden/Woche beschäftigt ist, erklärt er, während beider Blöcke der Altersteilzeit keinen Antrag auf Arbeitslosengeld stellen zu wollen, um nicht den beabsichtigten Rentenbeginn sowie Förderansprüche des Arbeitgebers zu gefährden.

### 12. Abfindung

Mit dieser Vereinbarung endet das Arbeitsverhältnis auf Veranlassung des Arbeitgebers im Rahmen der Personal-Umstrukturierungen. Für den Verlust des Arbeitsplatzes erhält der Arbeitnehmer/die Arbeitnehmerin eine pauschale Abfindung von € ... .

**Erläuterung:**

Die Steuerfreiheit ist nicht zu erreichen, wenn die Altersteilzeit bis zum Erreichen des 65. Geburtstages läuft, weil dann das Arbeitsverhältnis ohnehin endet und eine Veranlassung der Beendigung durch den Arbeitgeber nicht denkbar ist[2].

---

[2] Vgl. LStR 2002 R 9 Abs. 2 S. 4: Bei Altersteilzeitmodellen ist die Auflösung des Dienstverhältnisses nicht vom Arbeitgeber veranlasst, wenn die Altersteilzeit bis zum 65. Lebensjahr andauert.

### 13. Schlussbestimmungen

**63** Mündliche Nebenabreden bestehen nicht. Änderungen und Ergänzungen dieser Vereinbarung bedürfen der Schriftform.

Im Übrigen gelten die gesetzlichen, tariflichen und betrieblichen Vorschriften sowie die Bestimmungen des Arbeitsvertrages vom ... soweit sie nicht durch diesen Vertrag abgeändert worden sind.

Sollte eine Bestimmung dieses Arbeitsvertrages unwirksam sein oder werden, wird hierdurch die Wirksamkeit der übrigen Bestimmungen nicht berührt. Die Parteien verpflichten sich, in diesem Fall eine der unwirksamen Bestimmung möglichst nahekommende Regelung zu treffen.

Ort/Datum ..............................
Unterschriften
Arbeitgeber: Personalbereich ................ und Fachbereich ................
Arbeitnehmer ..............................

*(auf eigenem Blatt)*

### 14. Bestätigung

**64** Der Beschäftigte bestätigt, dass er umfassend über die allgemeinen Folgen des Altersteilzeitarbeitsverhältnisses, auf die sozialversicherungsrechtlichen Folgen von Änderungen über die Voraussetzungen, über seine Mitteilungs- und Mitwirkungspflichten sowie über die Rechtsfolgen einer Verletzung derer hingewiesen wurde.

Die Voraussetzungen und Folgen des Progressionsvorbehaltes, der für die Aufstockung des Entgeltes gilt, wurden eigens und eingehend erläutert.

Ort/Datum ..............................
Arbeitgeber Personalbereich ................ und Fachbereich ................
Arbeitnehmer ..............................

## III. Checkliste – Altersteilzeit

Die nachfolgende Checkliste enthält unter Ziffern 1–3 unverzichtbare Altersteilzeit-Voraussetzungen, die nicht nur für die Erstattung der Leistungen durch die Bundesanstalt für Arbeit an den Arbeitgeber notwendig sind, sondern auch um die Steuer- und Abgabenfreiheit der Aufstockungen zu erhalten sowie um die Voraussetzungen einer Altersrente nach Altersteilzeit gem. § 237 SGB VI zu erfüllen. 65

### 1. Arbeitnehmerseitige Voraussetzungen

- Vollendung des 55. Lebensjahres, geboren bis 31. 12. 1954, 66
- versicherungspflichtige Vorbeschäftigung für mindestens 1080 Kalendertage innerhalb der letzten 5 Jahre und
- Halbierung der bisherigen Arbeitszeit iSd § 6 Abs. 2, 3 im klassischen oder verblockten Modell,
- Beginn spätestens am 31. 12. 2009.

### 2. Vertragsgestaltung

Entspricht der geplante Altersteilzeitvertrag den Bestimmungen des Altersteilzeitgesetzes vor allem 67
- zur halbierten Arbeitszeit,
- zur Laufzeit bis zum frühestmöglichen Rentenbeginn sowie
- zu den Aufstockungen von Entgelt und Rentenbeitrag?

### 3. Rentenauskunft

Liegt die Auskunft der LVA bzw BfA zum erwartenden und frühestmöglichen Rentenzugang vor (vgl. § 109 SGB VI)? 68
Sind darin alle für den konkreten Arbeitnehmer möglichen Rentenarten erfasst?

### 4. Nebenpflichten

Ist der Altersteilzeit-Arbeitnehmer über seine Mitteilungs- und Mitwirkungspflichten (Nebentätigkeiten-, Änderung persönlicher Verhältnisse mit Auswirkungen auf Aufstockungsleistungen, Eintritt der Schwerbehinderung) aufgeklärt und schriftlich darauf hingewiesen worden? 69
Sind Altersteilzeit-Arbeitnehmer und Fachbereich über die Grenzen von Mehrarbeit sowie über die Folgen bei einer Verletzung dieser Grenzen informiert und aufgeklärt worden?
Wo ist dies dokumentiert?

### 5. Betriebsratsbeteiligung und Mitarbeitergespräch

Ist der Betriebsrat mit einbezogen worden? Zwingend nach § 92 Betriebsverfassungsgesetz – Personalplanung, freiwillig im Rahmen des § 99 Betriebsverfassungsgesetz – personelle Einzelmaßnahmen. 70

**Muster** 71    C. Betriebsvereinbarungen, Muster, Checklisten

Evtl.: Wurde die Vertrauensfrau/der Vertrauensmann der Schwerbehinderten rechtzeitig umfassend einbezogen? (Zwingend nach § 95 Abs. 2 SGB IX, da sonst Ordnungswidrigkeit gem. § 156 Abs. 1 Nr. 9, Abs. 2 SGB IX, bewehrt mit Bußgeld bis € 2.500,–).

Ist das Mitarbeitergespräch über die beabsichtigte Altersteilzeitarbeit rechtzeitig geführt und vollständig dokumentiert worden?

### 6. Arbeitsamt

71  Welche Auskünfte hat das Arbeitsamt zur geplanten Wiederbesetzung erteilt (Vorausentscheidung § 12 Abs. 1 Satz 3, Person des Wiederbesetzers)?

Wie hoch ist die zu erwartende Erstattung?

Kommt die zentrale Zuständigkeit eines kooperationsfähigen Arbeitsamtes in Betracht? Können insoweit die Voraussetzungen glaubhaft gemacht werden (§ 12 Abs. 1 S. 6)?

## IV. Checkliste – Rentenversicherung

Die Entscheidung für oder gegen Altersteilzeit sowie über die Laufzeit der Altersteilzeit-Vereinbarung hängt ganz wesentlich von den Rentenansprüchen ab. Bei der Harmonisierung von Wunsch und Realisierbarem leistet die nachfolgende Checkliste unverzichtbare Hilfe. Vorher müssen allerdings die Altersteilzeit-Arbeitnehmer abgeklärt haben, welchen Betrag sie monatlich benötigen, um ihren Bedarf im Ruhestand realistisch abzudecken, welche Zielrente also erreicht werden soll.

### 1. Frühestmöglicher Rentenbeginn

Ab wann besteht Ansprach auf eine Rente wegen Alters – auch mit Abschlägen?
a) Welche Rentenarten kommen in Betracht? Rente
- nach 2 Jahren Altersteilzeit?
- Frauenaltersrente?
- für Schwerbehinderte ab Grad der Behinderung 50?
- für Langjährig Versicherte?

Oder empfiehlt sich ein Frühverrentungsmodell mit Rente nach 1 Jahr Arbeitslosigkeit?
b) Hat die BfA/die LVA zu allen Rentenarten eine Auskunft erteilt, wann Rentenzugang möglich ist?
c) Wie hoch ist dann jeweils die zu erwartende Monatsrente netto? Stimmt dieser Betrag gerundet mit den „Rittweger-Formeln" (Teil A Einleitung RdNr. 46 ff)
überein?

### 2. Rentenbeginn ohne Abschläge

Ab wann besteht Ansprach auf eine Rente ohne Abschläge?
a) Welche Rentenarten kommen in Betracht? Rente
- nach 2 Jahren Altersteilzeit?
- Frauenaltersrente?
- für Schwerbehinderte ab Grad der Behinderung 50?
- für Langjährig Versicherte?
- Oder empfiehlt sich ein Frühverrentungsmodell mit Rente nach 1 Jahr Arbeitslosigkeit?

b) Hat die BfA/die LVA zu allen Rentenarten eine Auskunft erteilt, wann ein Rentenzugang möglich ist?
c) Wie hoch ist dann jeweils die zu erwartende Monatsrente netto? Stimmt dieser Betrag gerundet mit den „Rittweger-Formeln" (Teil A Einleitung RdNr. 46 ff) überein?

## 3. Richtige Wahl von Laufzeit und Altersteilzeit-Modell

75 Die richtige Wahl der Altersteilzeit-Dauer und des -Modells wird sich entscheiden nach der Rentenhöhe, die sich nach Abchecken von Punkt 1. und 2. ergibt.

# D. Altersteilzeit in der Metall- und Elektroindustrie

## Übersicht

RdNr.
I. Einleitung ............................................................................. 1
II. Übersicht zu den Altersteilzeitregelungen im Tarifsystem der Metall- und Elektroindustrie für die Tarifgebiete Nordwürttemberg/Nordbaden (NW/NB), Südwürttemberg-Hohenzollern und Südbaden (SW-HZ, SB) ............................................................................. 6
III. Tarifvertrag zur Altersteilzeit; Tarifgebiet SW-HZ, SB ............ 14
§ 1 Geltungsbereich ............................................................... 14
§ 2 Definition der Altersteilzeit .............................................. 16
§ 3 Einführung von Altersteilzeit .......................................... 18
§ 4 Dauer der Altersteilzeit .................................................... 39
§ 5 Arbeitszeit während der Altersteilzeit ............................. 40
§ 6 Altersteilzeitentgelt .......................................................... 42
Exkurs: Tarifvertrag Altersteilzeit im Tarifgebiet
Nordrhein-Westfalen; Auszug Altersteilzeit-Entgelt ............ 54
§ 7 Aufstockungsbetrag ......................................................... 67
§ 8 Beiträge zur Rentenversicherung .................................... 73
§ 9 Abfindung ........................................................................ 77
§ 10 Sonderregelungen ........................................................... 82
§ 11 Arbeitsteilzeit nach Vollendung des 61. Lebensjahres ..... 86
§ 12 Langzeitkonto ................................................................. 90
§ 13 Abweichende Regelung .................................................. 91
§ 14 Ende des Altersteilzeitarbeitsverhältnisses ..................... 93
§ 15 Entgeltfortzahlung bei Krankheit in der Arbeitsphase ... 97
§ 16 Insolvenzsicherung ......................................................... 105
§ 17 Nebentätigkeiten ............................................................. 111
§ 18 Benachteiligungsverbot ................................................... 114
§ 19 Mitteilungs- und Mitwirkungspflichten .......................... 116
§ 20 Verhandlungsverpflichtung ............................................ 118
§ 21 Inkrafttreten, Außerkrafttreten, Kündigung des Tarifvertrages ........ 119

## I. Einleitung

Die Tarifvertragsparteien in der Metall- und Elektroindustrie hatten seit 1995 mit den unterschiedlichsten und gegensätzlichsten Argumenten gestritten, ob, und wenn ja, mit welchen tariflichen Konditionen eine tarifliche Altersteilzeit eingeführt wird. Motive zur Einführung einer Altersteilzeit und die Vorstellung zu den materiellen Bedingungen waren unterschiedlich[1]. Schließlich haben sich die Tarifvertragsparteien in der Metall- und Elektroindustrie im Tarifgebiet Nordwürttemberg/Nordbaden im Rahmen eines freiwilligen Schlichtungsverfahrens am 27. 9. 1997 auf Grundsätze für eine

---
[1] Zu den Hintergründen: Doleczik, Altersteilzeit-Leitfaden für Entscheidungsträger, Seiten 83 ff., 105 ff., DB-Schriftenreihe.

tarifliche Altersteilzeit geeinigt[2]. Sie hat noch immer Modellcharakter für andere, nachfolgende ATZ-Tarifverträge.

2  Der wesentliche Inhalt der Schlichtungsvereinbarung war:
- Grundsätzlich durch freiwillige Betriebsvereinbarung Einführung der Altersteilzeit
- Rechtsanspruch auf Altersteilzeit für Beschäftigte ab dem 61. Lebensjahr soweit keine freiwillige Betriebsvereinbarungen zustande kommt
- Materielle Rahmenbedingungen für die Durchführung der Altersteilzeit.

3  Auf Grundlage dieses Schlichtungstextes entstand die tarifliche Regelung zur Altersteilzeit in der Metall- und Elektroindustrie. Probleme in der Anwendung und Umsetzung der Altersteilzeit machten es in der Folgezeit notwendig, das Altersteilzeitgesetz und auch die Tarifbestimmungen zu novellieren. Diese Anpassung der tariflichen Bestimmungen zur Altersteilzeit wurde im Zusammenhang mit dem weiteren „Tarifvertrag zur Beschäftigungsbrücke" (TV BB) aus Mai 2000 vollzogen. Federführend waren hier die Tarifvertragsparteien im Tarifgebiet NRW[3].

4  Somit stehen den Beschäftigten und Betrieben in den Tarifgebieten in der Metall- und Elektroindustrie seit Mai 2000 jeweils zwei Tarifverträge zur Altersteilzeit zur Verfügung. Die Tarifverträge können in allen Tarifgebieten der Metallindustrie nicht nur kumulativ sondern auch alternativ angewandt werden. Dabei ist jedoch folgendes zu beachten:

1. Wie das ATG setzen auch die Tarifverträge auf die Freiwilligkeit bei der Anwendung und Durchführung der Altersteilzeit. Die Betriebsparteien beraten die Möglichkeit der Einführung von Altersteilzeit und die Arbeitsvertragsparteien vereinbaren den Altersteilzeitarbeitsvertrag. Man spricht hier vom Vereinbarungsmodell.
2. Können sich die Betriebsparteien nicht auf eine freiwillige Betriebsvereinbarung zur Einführung der Altersteilzeit verständigen, so kommen die Anspruchsmodelle zu Anwendung.
2.1 Das Anspruchsmodell I gilt für Beschäftigte ab Vollendung des 57. Lebensjahres. Sie haben einen Anspruch auf eine Altersteilzeit im Blockmodell mit einer Laufzeit von längstens 6 Jahren mit der Maßgabe, dass die Freistellungsphase immer mit dem 60. Lebensjahr („Drehkreuz") beginnen muss.
2.2 Das Anspruchsmodell II gilt für Beschäftigte, die vor der Vollendung des 61. Lebensjahres stehen. Sie haben einen Anspruch auf eine längstens 4jährige Altersteilzeit im Blockmodell, deren Freistellungsphase mit dem 63. Lebensjahr beginnen muss.
3. In den Betriebsvereinbarungen nach dem Vereinbarungsmodell sind die materiellen Zugangskriterien und die Regelungen über die materielle Ausstattung aus den Tarifverträgen zur Beschäftigungsbrücke vom Mai 2000 integrieren.

---

[2] Schlichtungsspruch und Schlichtungstext in Metall Pressestelle vom 30. 9. 1997 = AuA 1997, 381 f.
[3] Tarifstand vom 20. 11. 2000.

II. Übersicht                     5–9   TV Metall u. Elektro

**Zusammengefasst:**

Den Betriebsparteien stehen künftig drei unterschiedliche Altersteilzeit- 5
formen zur Verfügung:
- Betriebsvereinbarungsmodell (ATZ I); freiwillige Betriebsvereinbarung.
- Blockmodell (ATZ II); Anspruch nach dem Tarifvertrag Beschäftigungsbrücke.
- Seniorenmodell (ATZ III), Anspruch nach dem Tarifvertrag Altersteilzeit.

Zugangsvoraussetzungen und materielle Regelungen aus dem Tarifvertrag Beschäftigungsbrücke gelten auch für die Altersteilzeit nach dem Vereinbarungsmodell.

## II. Übersicht zu den Altersteilzeitregelungen im Tarifsystem der Metall- und Elektroindustrie für die Tarifgebiete Nordwürttemberg/Nordbaden (NW/NB), Südwürttemberg-Hohenzollern und Südbaden (SW-HZ, SB)

1. Die tariflichen Altersteilzeitbestimmungen ergänzen bereits vorhandene 6
Regelungen zur Teilzeitarbeit in § 7.3 MTV NW/NB. Für die Tarifgebiete SW-HZ und SB wurde ein eigenständiger Tarifvertrag zur Altersteilzeit abgeschlossen. Die Tarifbestimmungen sind identisch. In der nachfolgenden Beschreibung der tariflichen Altersteilzeit ist jeweils auf den Tarifvertragstext für das Tarifgebiet SW-HZ, SB Bezug genommen (Text im Anhang).

a) Die Tarifbestimmungen zur Altersteilzeit berühren vor allem Bestim- 7
mungen im MTV über Kündigung und Aufhebungsvertrag (§ 4), Altersverdienstsicherung (§ 6), Altersunfähigkeit infolge Krankheit (§ 12) sowie das Urlaubsabkommen, die Tarifverträge über die Absicherung betrieblicher Sonderzahlungen und den Tarifvertrag über die vermögenswirksamen Leistungen.

b) Die tarifvertraglichen Regelungen zur Altersteilzeit beginnen mit der 8
Definition der Altersteilzeit (§ 2 SW). Es folgen dann die Bestimmungen über die Einführung von Altersteilzeit durch freiwillige Betriebsvereinbarungen und Einzelvertrag (§ 3 SW, § 4 TV BB). Dazu gehören auch die einzelnen Zugangskriterien für die Teilnahme bzw. den Anspruch auf Altersteilzeit (§ 3.3 SW/§ 2 TV BB). Daran schließen sich die Mindestrahmenbedingungen für die freiwilligen Vereinbarungen an (Dauer der Altersteilzeit, Arbeitszeit während der Altersteilzeit, Altersteilzeitentgelt und Aufstockungsbetrag, Beiträge zur Rentenversicherung und Abfindung (§§ 4–9 SW/§ 6 TV BB).

c) Sodann werden Sonderregelungen (§ 10 SW) für den Fall getroffen, 9
dass die Bundesanstalt für Arbeit keine Aufstockungsbeträge zum Altersteilzeitentgelt und keine Beiträge zur Rentenversicherung erstattet. Für leitende Führungskräfte und Altersteilzeitarbeitsverhältnisse in unverblockter Form werden keine zwingenden Rahmenbedingungen ge-

schaffen. Es sind jedoch in jedem Fall die materielle Ausstattung der Tarifverträge zu vereinbaren (§ 7 TV BB).

10 d) Kommt es zu keiner freiwilligen Betriebsvereinbarung zur Einführung der Altersteilzeit, haben Beschäftigte ab dem 57. Lebensjahr Anspruch auf eine längstens 6jährige Altersteilzeit im verblockten Modell mit der Maßgabe, dass die Freistellungsphase spätestens mit der Vollendung des 60. Lebensjahres beginnt (§ 2.1 TV BB).

11 e) Für Beschäftigte, die das 61. Lebensjahr vollendet haben und die persönlichen Voraussetzungen für die Erstattung des Aufstockungsbetrages und der Beiträge zur Rentenversicherung erfüllen, haben grundsätzlich ein Rechtsanspruch auf Altersteilzeit (§ 11 SW) wenn keine freiwillige Betriebsvereinbarung zustande kommt. Die Betriebsparteien können jedoch Kriterien festlegen, die zu einer Ablehnung dieses Anspruchs berechtigen; im Nichteinigungsfall über die Anwendung der Ablehnungskriterien entscheidet die tarifliche Schlichtungsstelle.

Für die Inanspruchnahme der tariflichen Leistung ohne Erstattung durch die Bundesanstalt für Arbeit oder beim „Seniorenmodell" (Altersteilzeit III) ohne freiwillige Betriebsvereinbarung sieht der Tarifvertrag Eigenbeteiligungen der betroffenen Beschäftigten vor (§§ 10.1, 11.1.2.1 SW), die in der Weise erbracht werden können, dass Arbeitszeit/Langzeitkonten aufgebaut und in Geld eingebracht werden können (§ 12 SW). Nach dem Abschnitt zum Ende des Altersteilzeitarbeitsverhältnisses (§ 14 SW) regeln neben Bestimmungen die Entgeltfortzahlung bei Krankheit in der Arbeitsphase, die Insolvenzsicherung, die Nebentätigkeit, ein Benachteiligungsverbot sowie die Mitteilungs- und Mitwirkungspflichten der Arbeitsvertragsparteien (§§ 15–19 SW).

12 f) Schließlich eröffnet der Tarifvertrag den Betriebsparteien die Möglichkeit zur freiwilligen Betriebsvereinbarung für (mindestens) insgesamt wertgleiche Regelungen oder – bei Gefährdung von Arbeitsplätzen durch Einführung von Altersteilzeit – abweichende betriebliche Regelungen zu schaffen (§ 13 SW).

13 2. Beschäftigte in Altersteilzeit sind nach der Legaldefinition Teilzeitbeschäftigte. Dies bleibt unabhängig davon, ob im Blockmodell gearbeitet wird oder kontinuierliche Altersteilzeit verabredet ist.

Dies kann Auswirkungen auf Ansprüche aus den Tarifverträgen haben. Beschäftigte in Altersteilzeit im Blockmodell arbeiten zunächst vollschichtig weiter. Sie haben daher auch wie die anderen Beschäftigten ohne Altersteilzeit Anspruch auf Spätarbeitszuschläge und wenn sich dies nicht vermeiden lässt Ansprüche auf Mehrarbeitszuschläge. Diese Ansprüche bleiben bestehen, obwohl § 10 MTV NW/NB/SW-HZ, SB Teilzeitbeschäftigte aus dem Zuschlagsystem von Mehrarbeit und Spätarbeit ausnimmt. Eine andere Auffassung wäre ein Verstoß gegen das Benachteiligungsverbot im Sinne von § 4 TzBfrG.[4]

---

[4] BAG, Urteil vom 15. 12. 1998 – 4 AZR 239/97 in DB 1999, 1762f.

## III. Tarifvertrag zur Altersteilzeit; Tarifgebiet SW-HZ, SB

### § 1 Geltungsbereich

1.1 Dieser Tarifvertrag gilt:
1.1.1 räumlich:
für den früheren Regierungsbezirk Südbaden des Landes Baden-Württemberg in seinem Bestand am 1. Januar 1970 und für den früheren Regierungsbezirk Südwürttemberg-Hohenzollern des Landes Baden-Württemberg in seinem Bestand am 25. März 1971:
1.1.2 fachlich:
für alle Betriebe, die selbst oder deren Inhaber Mitglied des Verbandes der Metall- und Elektroindustrie Südwest e. V., Freiburg, sind;
1.1.3 persönlich:
für alle in diesen Betrieben Beschäftigten (Arbeiterinnen, Arbeiter und Angestellten), die Mitglied der IG Metall sind;
1.1.3.1 Angestellte im Sinne dieses Tarifvertrages sind Beschäftigte, die eine der in § 133 SGB VI angeführten Beschäftigungen gegen Entgelt ausüben, auch wenn sie wegen der Höhe des Einkommens nicht versicherungspflichtig sind.
1.1.3.2 Nicht als Angestellte im Sinne dieses Tarifvertrages gelten die Vorstandsmitglieder und gesetzlichen Vertreter von juristischen Personen und von Personengesamtheiten des privaten Rechts, ferner die Geschäftsführer und deren Stellvertreter, alle Prokuristen und leitenden Angestellten im Sinne des § 5 Abs. 3 BetrVG.
1.1.3.3 Ausgenommen sind die in Heimarbeit Beschäftigten und die Auszubildenden.
1.2.1 Der Tarifvertrag regelt die Mindestbedingungen der Arbeitsverhältnisse. Ergänzende Bestimmungen können durch Betriebsvereinbarung zwischen Arbeitgeber und Betriebsrat vereinbart werden.
Derartige Bestimmungen können – auch in Einzelteilen – nicht zuungunsten von Beschäftigten vom Tarifvertrag abweichen.
1.2.2 Im Einzelarbeitsvertrag können für den Beschäftigten günstigere Regelungen vereinbart werden.
1.2.3 Die Rechte des Betriebsrates bleiben unberührt, soweit nicht durch diesen Tarifvertrag eine abschließende Regelung getroffen ist.

Die Tarifverträge zur Altersteilzeit gelten für alle Betriebe, die selbst oder deren Inhaber heute Mitglied des Verbandes der Metall- und Elektroindustrie Baden-Württemberg e. V. – Südwestmetall – sind. Dies gilt seit Juli 2000, dem Zusammenschluss der beiden Metall-Arbeitgeberverbände in Baden-Württemberg zu „Südwestmetall" (SWM).

Beide Tarifverträge zur Altersteilzeit gelten in Baden-Württemberg für alle Beschäftigten des Betriebes, ausgenommen sind lediglich Beschäftigte in Heimarbeit, die Auszubildenden und die leitenden Angestellten im Sinne von § 5.3 BetrVG. Die Tarifbestimmungen zur Altersteilzeit gelten danach auch für die Angestellten, deren Entgelt oberhalb der tariflichen Entgelte (sogenannte AT/ÜT-Angestellte) liegen. Zu berücksichtigen ist, dass die Betriebsparteien für diesen Kreis der Beschäftigten abweichende Regelungen vereinbaren können (vgl. Rn 22, § 10.2 TV ATZ).

Weiterhin gibt der Tarifvertrag Beschäftigungsbrücke die Möglichkeit, dass im Anspruchsmodell (ATZ II) auch mit leitenden Angestellten Altersteilzeit mit der materiellen Ausstattung des TV BB vereinbart werden kann (Rn 22, § 7 TV BB).

15   Die Tarifverträge gelten direkt nur für Mitglieder der IG Metall (§ 3.1 TVG). Üblicherweise wird der einzelne Arbeitgeber, soweit er tarifgebunden ist, im Rahmen einer sog. Gleichstellungsabrede den Tarifvertrag auch gegenüber den Unorganisierten anwenden. Nach einer neueren Entscheidung des BAG kann der Arbeitgeber auch mit nichtorganisierten Beschäftigten Altersteilzeit verabreden[5] und somit faktisch den alleinigen Zugang zur Altersteilzeit für Gewerkschaftsmitglieder versperren. Will der Arbeitgeber auch mit unorganisierten Beschäftigten Altersteilzeit vereinbaren, so muss im Kreis derjenigen, die die Voraussetzung für die Altersteilzeit erfüllen, die tariflich festgelegte Reihenfolge eingehalten werden (vgl. unten RdNr. 24).

## § 2 Definition der Altersteilzeit

**Beschäftigte, die das 55. Lebensjahr vollendet und im aktuellen Arbeitsverhältnis in den letzten 5 Jahren vor Beginn der Altersteilzeit mindestens 1080 Kalendertage in einer versicherungspflichtigen Beschäftigung nach SGB III (Vollzeit- oder Teilzeitbeschäftigung) gestanden haben, können mit dem Arbeitgeber ein Altersteilzeitarbeitsverhältnis nach Maßgabe des Altersteilzeitgesetzes und der nachfolgenden tariflichen Bedingungen vereinbaren.**

16   Festgelegt ist, wer dem Grunde nach an der Altersteilzeit teilnehmen kann. § 2 Altersteilzeit-Gesetz wurde im Wesentlichen übernommen. Beschäftigte, die ab dem 50. Lebensjahr mindestens 1080 Kalendertage in einer versicherungspflichtigen Beschäftigung i. S. d. SGB III mit dem Arbeitgeber oder dessen Rechtsvorgänger hatten, können grundsätzlich an der Altersteilzeit teilnehmen. Zeiten von Krankheit, Kur etc. gelten als Beschäftigungszeiten.

17   Der Bezug auf das aktuelle Arbeitsverhältnis bedeutet, dass Beschäftigungszeiten bei einem anderen Arbeitgeber der Metall- und Elektroindustrie die Anspruchsvoraussetzung nicht erfüllen. Bei Beschäftigung im Betrieb A bis zum 51. Lebensjahr, betriebsbedingter Beendigung des Arbeitsverhältnisses, ein halbes Jahr Arbeitslosigkeit und Eintritt in den Betrieb B der Metallin-

---

[5] BAG, Urteil vom 18. 9. 2001, 9 AZR 397/00, DB 2002, 486.

dustrie nach dem 53. Lebensjahr liegt keine ausreichend lange Beschäftigung im aktuellen Arbeitsverhältnis vor, wenn der Arbeitnehmer mit 55 die Altersteilzeit begehrt. Anders ist es bei einem Betriebsübergang oder einer -umwandlung. Die Arbeitsverhältnisse gehen über – Betriebszugehörigkeitszeiten werden anerkannt. Alles andere wäre auch eine unzulässige Umgehung. Liegen die formellen, persönlichen Voraussetzungen vor, kann der/die Beschäftigte mit dem Arbeitgeber die Anwendung des Tarifvertrages und der Betriebsvereinbarung Altersteilzeit vereinbaren.

## § 3 Einführung von Altersteilzeit

**3.1 Arbeitgeber und Betriebsrat beraten über die Möglichkeit der Einführung von Altersteilzeitarbeitsverhältnissen.**

**3.2 Bei diesen Beratungen sind die wirtschaftliche Lage des Unternehmens/Betriebes und die sozialen Belange der betroffenen Beschäftigten zu erörtern.** Nach diesen Beratungen kann eine Altersteilzeitregelung durch freiwillige Betriebsvereinbarung eingeführt werden.

In dieser Betriebsvereinbarung sind mindestens folgende Punkte festzulegen:
a) **Die Anzahl der Beschäftigten, die im Rahmen einer betrieblichen Personalplanung an der Altersteilzeit teilnehmen können.**
b) **Kriterien, welche Beschäftigtengruppen bei einer Überschreitung der festgelegten Teilnehmerzahl bevorzugt an Altersteilzeit teilnehmen können.** Dabei sind Schwerbehinderte und/oder solche Beschäftigte, die vor Beginn der Altersteilzeit regelmäßig in Schichtarbeit beschäftigt waren, vorrangig zu berücksichtigen
c) **Die Modelle der Altersteilzeit (Dauer, Beginn und Ende).**

**3.4 Das Altersteilzeitarbeitsverhältnis ist einzelvertraglich unter Beachtung der Bestimmungen dieses Tarifvertrages und der Betriebsvereinbarung schriftlich zu vereinbaren.**

Bevor es zu Vereinbarung der Altersteilzeit zwischen Arbeitgeber und dem Beschäftigten kommt, müssen Betriebsrat und Arbeitgeber die Durchführung der Altersteilzeit für den Betrieb vereinbaren (Vereinbarungsmodell, ATZ I). Der Betriebsrat hat insoweit ein Initiativrecht und besitzt einen Beratungsanspruch; dabei hat der Arbeitgeber die erforderlichen Unterlagen (§ 80 Abs. 2 BetrVG) vorzulegen und auch die sozialen und finanziellen Auswirkungen von Altersteilzeit für die davon Betroffenen, aber auch für die anderen Beschäftigten, mit dem Betriebsrat zu erörtern. Ein ähnliches Initiativ- und Beratungsrecht räumt mittlerweile § 92a BetrVG dem Betriebsrat ein.

Als weitere Informationsquelle stehen die Beratungsstellen der Rentenversicherungsträger, der Krankenversicherungen und des Arbeitsamtes zur Verfügung. Auf deren Beratungsangebote sollte nicht verzichtet werden.

Von Bedeutung ist hier, dass bei diesen Beratungen über die Einführung von Altersteilzeit die materielle Ausstattung (o.a. Laufzeit) der Altersteilzeit und die Abfindungsregelung aus dem *Tarifvertrag Beschäftigungsbrücke* zu berücksichtigen sind. Dies gilt für alle Betriebsvereinbarungen die zukünftig abgeschlossen werden sollen. Darüber hinaus hat der Betriebsrat einen Anspruch darauf, dass bestehende Betriebsvereinbarungen dahingehend überprüft werden, ob die vorgenannten materiellen Bedingungen in die bestehende Betriebsvereinbarung übernommen werden (§ 3 Ziff. 3.4 Abs. 1 TV BB).

20 In Betrieben ohne Betriebsrat kann die Altersteilzeit zu den tariflichen Bedingungen einzelvertraglich vereinbart werden (§ 1.2.1 TV ATZ, § 7 TV BB).

21 Besteht ein Betriebsrat und ist der Arbeitgeber aber nicht tarifgebunden, so kann gem. § 3 Abs. 2 Satz 3 ATG die Altersteilzeit von den Betriebsparteien vereinbart werden. Dies ist nicht unproblematisch, da durch das Altersteilzeitgesetz die Sperrwirkung des § 77 Abs. 3 BetrVG nicht außer Kraft gesetzt wurde. § 77 Abs. 3 BetrVG bestimmt, dass Arbeitsbedingungen, Arbeitsentgelt, die tariflich geregelt sind oder üblicherweise tariflich geregelt werden, nicht von Betriebsparteien vereinbart werden dürfen. Der Tarifvertrag zur Altersteilzeit ermöglicht den Betriebsparteien für das Blockmodell zur Altersteilzeit eine besondere Verteilung der (tariflichen) Arbeitszeit. Gleichzeitig bestimmen sie den materiellen Inhalt für die Durchführung der Altersteilzeit. Der nicht tarifgebundene Arbeitgeber muss mit Hinweis auf das ATG die Tarifbestimmungen zur Altersteilzeit so anwenden, als wenn er tarifgebunden wäre. Dies entspricht der Ordnungsfunktion des Tarifvertrages.

22 Wollen also Betriebsrat und der nicht tarifgebundene Arbeitgeber die Altersteilzeit vereinbaren, so sollten IG Metall und der Arbeitgeber einen Firmentarifvertrag zur Altersteilzeit abschließen.

23 In der Betriebsvereinbarung haben Betriebsrat und Arbeitgeber die einzelnen Bedingungen zu vereinbaren. Beide Tarifverträge enthalten hierzu keine abschließenden Regelungen. § 3 Ziff 3.3 Buchst. a bis c sind hier nur beispielhaft und können bzw. müssen ergänzt werden, dies ergibt sich aus den Wörtern „mindestens folgende Punkte".

24 Im Anschluss an diese Unterrichtung und Beratung kann eine Betriebsvereinbarung abgeschlossen werden.

25 Im Tarifvertrag wurde keine besondere Quote über die Anzahl der Teilnehmer/innen an der Altersteilzeit vereinbart. Dies war auch nicht notwendig, um z. B. die Förderung bzw. Erstattung der Aufstockungsbeträge durch das zuständige Arbeitsamt zu sichern. Vereinbaren die Betriebsparteien eine Anzahl der Beschäftigten, die an der Altersteilzeit teilnehmen können, so kann der Arbeitgeber bei Einhaltung der Reihenfolge (Alter, Betriebszugehörigkeit etc.) auch mit nichtorganisierten Beschäftigten Altersteilzeit vereinbaren.

26 Nach dem Tarifvertrag soll eine freiwillige Betriebsvereinbarung zur Durchführung der Altersteilzeit zustande kommen. Die Freiwilligkeit sichert auch den Überforderungsschutz nach § 3 I Nr. 3 Altersteilzeit-Gesetz, also die freie Entscheidung des Arbeitgebers. Er erhält im Falle der Wiederbesetzung die Förderleistungen, auch wenn die 5%-Quote auf der Basis des in der Betriebsvereinbarung Geregelten überschritten ist.

27 Mit dem *Tarifvertrag Beschäftigungsbrücke* von Mai 2000 wurden zwei Regelungen für den Überforderungsschutz vereinbart, der Ansprüche bzw. die Teilnahme an der Altersteilzeit ausschließt. Sollte zukünftig die Al-

tersteilzeit nach dem Vereinbarungsmodell (ATZ I) eingeführt werden, so sind die Betriebsparteien verpflichtet, die besonderen Zugangskriterien zur Altersteilzeit nach dem Tarifvertrag Beschäftigungsbrücke in die freiwillige Betriebsvereinbarung aufzunehmen (§ 3 Ziff. 3.2 TV BB).

Grundsätzlich ist ein Anspruch auf Altersteilzeit bzw. die Teilnahme an der Altersteilzeit ausgeschlossen, wenn mehr als 5% (ab dem 1. Mai 2002) der Beschäftigten in Altersteilzeit sind. Gehen beispielsweise in einem Betrieb mit 400 Beschäftigten ab dem 1. 5. 2002 15 Beschäftigte in Altersteilzeit mit jeweils sechs Jahren Laufzeit, haben erst ab dem 1. 5. 2008 andere Beschäftigte Zugang zur Altersteilzeit. 28

Vorstehendes gilt für die Anspruchsmodelle. Vereinbart der Arbeitgeber mit weiteren Beschäftigten die Altersteilzeit und nimmt er mit Beginn der Freistellungsphase die Wiederbesetzung vor, besteht trotz Überschreitens der 5% Quote in § 3 Altersteilzeit-Gesetz der Anspruch auf Förderung, weil ein freiwilliger Entschluss des Arbeitgebers vorliegt, mehr Personen in die Altersteilzeit wechseln zu lassen. 29

Als zusätzlicher tariflicher Überforderungsschutz sind jahrgangsbezogene Bestandsquoten vorgesehen, wobei die Betriebsparteien mit Zustimmung der Tarifvertragsparteien auch andere Bestandsquoten festlegen können (§ 2 Ziff. 2.3, 2.4, 4. Abs. TV BB). Diese anderen Bestandsquoten bedürfen jedoch zu ihrer Rechtswirksamkeit der Zustimmung der Tarifvertragsparteien § 2 Ziff. 2.4 5. Abs. TVG BB. 30

Bei der Vereinbarung der Betriebsparteien über die Anzahl der Beschäftigten, die im laufenden Kalenderjahr an der Altersteilzeit teilnehmen können, ist es auch notwendig, die Basis für die Berechnung der Zahl der Beschäftigten zu ermitteln. Maßgeblich ist der Durchschnitt der Anzahl der Beschäftigten in den letzten 12 Kalendermonaten vor Beginn des jeweiligen Altersteilzeitarbeitsverhältnisses. 31

**Beispiel:** November 2000    312 Beschäftigte
Dezember 2001    310 Beschäftigte
Januar 2001    309 Beschäftigte
Februar 2001    309 Beschäftigte
März 2001    309 Beschäftigte
April 2001    312 Beschäftigte
Mai 2001    314 Beschäftigte
Juni 2001    318 Beschäftigte
Juli 2001    318 Beschäftigte
August 2001    320 Beschäftigte
September 2001    320 Beschäftigte
Oktober 2001    318 Beschäftigte

3769 : 12 = 314,08

$$\frac{314,0}{100} \times 4 = 12{,}56 \approx 13$$

Hierbei sind fast ausnahmslos alle Beschäftigte im Durchschnitt der letzten zwölf Kalendermonate zu berücksichtigen. Lediglich die gesetzlichen Vertreter der juristischen Personen – also Vorstandsmitglieder der Arbeitgeber oder Geschäftsführer der GmbH bzw. die Firmeninhaber sind auszunehmen.

# Metall u. Elektro § 3 32–35   D. Metall- u. Elektroindustrie

Nach der Neufassung des BetrVG sind auch Beschäftigte in Leiharbeit zu berücksichtigen, soweit sie zur Wahl des Betriebsrats berechtigt sind (§ 7 BetrVG).

32 Die Folge dieser tariflichen Vorschrift ist, dass es nie eine konstante Basis für eine Quote geben kann. Sinnvollerweise sollten deshalb die Betriebsparteien eine einheitliche jahresbezogene Quote vereinbaren. Dies dient der Vereinfachung und ist förderunschädlich.

33 Interessieren sich mehrere Beschäftigte für die Teilnahme an der Altersteilzeit, so ist in der Betriebsvereinbarung eine Regelung über die Reihenfolge der Inanspruchnahme der Altersteilzeit sinnvoll. Schwerbehinderte und Schichtarbeiter/innen sind vorrangig zu behandeln. Ältere Beschäftigte unter ihnen sind bei der Inanspruchnahme der Altersteilzeit bevorrechtigt. Bei Beschäftigten, die einem gleichen Geburtsjahrgang angehören, sind die älteren Beschäftigten bevorrechtigt in die Altersteilzeit einzubeziehen, die eine längere Betriebszugehörigkeit aufweisen (vgl. auch § 2 Ziff. 2.4 3. Absatz TV BB).

34 Die Entscheidung über das Modell der Altersteilzeit ist auch zu treffen. Der Tarifvertrag ATZ bzw. Tarifvertrag Beschäftigungsbrücke gehen davon aus, dass die Altersteilzeit im Blockmodell durchgeführt wird. Beginn, Ende und Dauer der Altersteilzeit sind zu regeln. Hierüber müssen die Betriebsparteien eine Einigung erzielen, da eventuell unterschiedliche Interessen zwischen den Beschäftigten einerseits und der Betriebe andererseits vorliegen können. Je nach Beschäftigungssituation bzw. der wirtschaftlichen Lage des Betriebes einerseits und der persönlichen Situation der Beschäftigten andererseits können die Betriebe daran interessiert sein, das Altersteilzeitarbeitsverhältnis mit Vollendung des 60. Lebensjahres und damit zum frühestmöglichen Bezug einer Rente zu beenden. Es könnte dagegen das Interesse der Beschäftigten sein, wegen Rentenabschläge einen späteren Zeitpunkt zu vereinbaren.

35 Empfehlenswert sind ergänzende Regelungen zu den nachfolgenden Bereichen, die entsprechend der betrieblichen Notwendigkeit auszuwählen sind:
– Langzeitkonto. Hier ist die Zweckbestimmung zu beachten, die sich aus § 12 ATZ ergibt. Darüber hinaus könnte durch ein Langzeitkonto die Arbeitsphase der Altersteilzeit im Blockmodell verkürzt werden.
– Anrechnung früherer Betriebszugehörigkeiten z. B. beim Betriebsübergang, Arbeitsplatzwechsel im Konzern oder auch bei einem Branchenwechsel.
Zur Sicherung der Anwartschaft ist eventuell eine Ergänzung in der Vereinbarung zur betrieblichen Altersversorgung notwendig.
– Innerhalb der Arbeitsphase im Blockmodell ist weiterhin eine ungleichmäßige Verteilung der Arbeitszeit nach §§ 7.5, 7.6 MTV möglich.
– Höhere Aufstockungsbeträge.
– Aufzahlung zum Krankengeld bei fortdauernder Arbeitsunfähigkeit in der Arbeitsphase nach Ablauf der Entgeltfortzahlung (vgl. § 15 TV ATZ RdNr. 10).
– Keine Teilnahme an Kurz- und Mehrarbeit (soweit die Geringfügigkeitsgrenze überschritten wird)

III. Tarifvertrag 36, 37 § 3 Metall u. Elektro

- keine Absenkung der Arbeitszeit nach dem Tarifvertrag Beschäftigungssicherung.
- Interessieren sich Beschäftigte für die Altersteilzeit, so müssen sie mehrere Entscheidungen treffen. Dazu gehören die Dauer der Altersteilzeit und die Entscheidung darüber, ob bzw. welche Eigenbeiträge eingebracht werden und welche anderen sozial- und steuerrechtlichen Auswirkungen (vgl. § 19 TVATV RdNr. 2) die Altersteilzeit im Übrigen haben kann. Dies kann einen Anspruch auf Freistellung von der Arbeit und eine Kostenpauschale für die Beratung durch Steuerberater, Rentenberater usw. nach sich ziehen.
- Umfangreiche Beratung wird notwendig.
- Monatliche Dokumentation der Wertguthaben aus der Altersteilzeit mit der Entgeltabrechnung jeweils nach dem Wert der aktuellen Lohn- und Gehaltstabellen.
- Höhe und Fälligkeitstermin für die Abfindung aus Anlass der Beendigung des Altersteilzeitarbeitsverhältnisses.
- Insolvenzsicherung der Wertguthaben aus der Altersteilzeit.
- Regelung zur Beilegung von Meinungsverschiedenheiten aus Anlass der Altersteilzeit.
- Laufzeit und die Nachwirkung der Betriebsvereinbarung.

Das Altersteilzeitarbeitsverhältnis ist einzelvertraglich und schriftlich zu 36 vereinbaren (§ 4 Abs. 3 TV BB, vgl. auch § 7 Abs. 1a SGB IV). Für zukünftige Betriebsvereinbarungen (ATZ I) gilt in Verbindung mit TV BB auch ein tariflich formalisiertes Verfahren zur Teilnahme an der Altersteilzeit. Beschäftigte, die eine Altersteilzeitvereinbarung wollen, müssen dies frühestens 6, spätestens 4 Monate vor dem gewünschten Beginn der Altersteilzeit schriftlich beantragen. Der Antrag muss den gewünschten Beginn und die Dauer umfassen. Der Beginn und der Wechsel in die Freistellungsphase müssen auf dem Monatsersten liegen. Spätestens zwei Monate vor dem gewünschten Beginn ist der Vertrag abzuschließen bzw. bis spätestens zu diesem Zeitpunkt muss der Arbeitgeber die Ablehnung des Anspruchs schriftlich erklären (vgl. § 4 TV BB).

Nach § 2.2 MTV ist zwischen dem Beschäftigten und dem Arbeitgeber 37 schriftlich ein Arbeitsvertrag abzuschließen. Die nähere Ausgestaltung dieses Arbeitsvertrages bestimmt § 2 Ziff. 2.2.1 MTV ME BaWü. Wollen die Arbeitsvertragsparteien das bestehende Vertragsverhältnis um die Altersteilzeit ergänzen, so ist es nur notwendig, den bestehenden Arbeitsvertrag über Zeiten, Dauer und Umfang sowie die Entgeltbedingungen während der Altersteilzeit vertraglich zu erweitern. Die Muster für Altersteilzeitarbeitsverträge sind inhaltlich nicht zu beanstanden – sie sind aber auch nicht zwingend notwendig, weil sich im bestehenden Arbeitsverhältnis die Dauer der wöchentlichen Arbeitszeit und deren Verteilung (Blockmodell) ändert. Die Entgelte werden entsprechend der Arbeitszeit angepasst und vom Arbeitgeber aufgestockt. Weitere Veränderungen treten nicht ein. Lediglich eine Ergänzung wird vorgenommen, die das Schriftformerfordernis begründet: die Parteien vereinbaren das Ende des Arbeitsverhältnisses mit dem Ende der Altersteilzeit.

Petri

**TV Metall u. Elektro §§ 4, 5** 38, 39 D. Metall- u. Elektroindustrie

38   Die Betriebsparteien können auch eine gemeinsame Checkliste mit Stichworten/Themen vereinbaren, um einheitlich zur Altersteilzeit zu informieren.

### § 4 Dauer der Altersteilzeit

Das Altersteilzeitarbeitsverhältnis beginnt frühestens mit Vollendung des 55. Lebensjahres und darf die Dauer von zwei Jahren nicht unter- und von sechs Jahren nicht überschreiten.

Die Dauer von zwei Jahren kann unterschritten werden, soweit der Beschäftigte kein Altersruhegeld nach Altersteilzeit (§ 237 SGB VI) in Anspruch nehmen will.

39   Nach dem Tarifvertrag kann das Altersteilzeitarbeitsverhältnis frühestens mit dem 55. Lebensjahr beginnen und darf die Zeit von 2 Jahren nicht unter und 6 Jahren nicht überschreiten. Die Untergrenze ist notwendig, um nach einer mindestens 24monatigen Altersteilzeit Altersruhegeld frühestens mit Vollendung des 60. Lebensjahres in Anspruch nehmen zu können (§ 237 SGB VI), die förderrechtliche Obergrenze von 6 Jahren haben die Tarifvertragsparteien in der Metallindustrie im Mai 2000 in den Tarifvertrag übernommen.

Den Betriebsparteien steht es nun frei unter Bezugnahme auf § 3 Ziff. 3.4 Abs. 1 TV BB zu prüfen, ob die längstmögliche Dauer der Altersteilzeit in die bereits bestehende Betriebsvereinbarung für zukünftige Altersteilzeitarbeitsverhältnisse übernommen wird.

### § 5 Arbeitszeit während der Altersteilzeit

5.1 Während des Altersteilzeitarbeitsverhältnisses beträgt die individuelle regelmäßige wöchentliche Arbeitszeit (§ 7 MTV Beschäftigte) unter Beachtung der Bestimmungen des § 6 Abs. 2 ATG die Hälfte der bisherigen individuellen regelmäßigen wöchentlichen Arbeitszeit des Beschäftigten, wobei eine versicherungspflichtige Beschäftigung nach SGB III vorliegen muss.

5.2 Die wahrend der Gesamtdauer der Altersteilzeitarbeit zu erbringende Arbeitszeit kann durch Betriebsvereinbarung so verteilt werden, daß sie vollständig im ersten Abschnitt der Altersteilzeitarbeit geleistet wird (Arbeitsphase) und der Beschäftigte anschließend von der Arbeitsleistung freigestellt (Freistellungsphase) wird. (Blockmodell).

5.3 Mehrarbeit, die über die in § 5 Abs. 4 Altersteilzeitgesetz genannten Grenzen hinausgeht, ist ausgeschlossen.

5.4 Im Rahmen der Verhandlungen über die Einführung von Kurzarbeit im Sinne des Gesetzes oder über die Absenkung der Arbeitszeit im Sinne des „Tarifvertrages zur Beschäftigungssicherung" haben die Betriebsparteien auch zu erörtern, ob Beschäftigte mit Altersteilzeitarbeit einbezogen werden.

Diese Beschäftigten sollen nach Möglichkeit nicht einbezogen werden.

III. Tarifvertrag        40, 41  § 6 TV Metall u. Elektro

Die individuelle wöchentliche Arbeitszeit des Beschäftigten in Altersteilzeit beträgt die Hälfte der bisherigen individuellen regelmäßigen wöchentlichen Arbeitszeit. Also 17½ Stunden im Rahmen der 35 Stunden/Woche bzw. 20 Stunden für Beschäftigte mit einer verlängerten bis zu 40 Std./Woche (13% bzw. 18%-Quote in den MTVen). Wird die Quote zur verlängerten Arbeitszeit (vgl. § 7.1.4 MTV ME BaWü) überschritten und sollen mit diesen Beschäftigten ATZ vereinbart werden, so ist zuvor die Arbeitszeit auf 35 Std./Woche zu reduzieren. Andernfalls wird nicht die tarifliche Arbeitszeit (vgl. § 6 II ATG) halbiert (vgl. Teil A § 2 RdNr. 34).   **40**

Dies soll nach Ansicht der Spitzenverbände der SozVersträger nicht notwendig sein, wenn nach Vereinbarung der ATZ mit einem Beschäftigten bei 40 Std./Woche die Quote – egal aus welchen Gründen – überschritten wird.

In einem zweiten Schritt vereinbaren die Betriebsparteien die Durchführung der Altersteilzeit im sogenannten Blockmodell mit der Arbeitsphase und der Freistellungsphase. Im Blockmodell gilt die regelmäßige tarifliche wöchentliche Arbeitszeit. Also die 35 Stundenwoche bzw. die 40 Stundenwoche im Rahmen der „Quote". Diese Arbeitszeit kann in der Arbeitsphase im Blockmodell selbstverständlich gleichmäßig oder ungleichmäßig verteilt werden. Erworbene Zeitausgleichsanteile können daher an freien Tagen genommen werden (vgl. §§ 7.5, 7.6, 7.7 MTV).

Arbeitszeitschwankungen wie z. B. Mehrarbeit, Kurzarbeit oder Absenkung der Arbeitszeit nach dem Tarifvertrag Beschäftigungssicherung sollte es für Beschäftigte in Altersteilzeit nicht geben. Zum Einen kann regelmäßige Mehrarbeit, soweit die Geringfügigkeitsgrenze überschritten wird, die Erstattungsfähigkeit durch die Bundesanstalt für Arbeit gefährden. Zum Andern ist die Beteiligung der Beschäftigten in Altersteilzeit an der Kurzarbeit oder der Absenkung der Arbeitszeit finanziell nicht vertretbar. Die Tarifvertragsparteien empfehlen daher, Beschäftigte in Altersteilzeit von Kurzarbeit auszunehmen bzw. deren Arbeitszeit nicht abzusenken.   **41**

## § 6 Altersteilzeitentgelt

**6.1 Das Altersteilzeitentgelt bemißt sich nach den allgemeinen tariflichen Bestimmungen und wird unabhängig von der Verteilung der Arbeitszeit für die Gesamtdauer des Altersteilzeitarbeitsverhältnisses fortlaufend gezahlt.**

**6.2 Die Alterssicherung erfolgt mit der Maßgabe, daß der laufende Verdienst innerhalb des nach § 6.9 MTV zu regelnden Vergleichszeitraums auf der Basis des bisherigen Monatsentgeltes mit dem bisherigen Alterssicherungsbetrag verglichen wird.
In der Freistellungsphase wird der Alterssicherungsbetrag dahingehend abgeändert, daß die zeitabhängigen und leistungsabhängigen variablen Entgeltbestandteile aus dem Durchschnitt der letzten 12 Monate vor Beginn der Freistellungsphase zugrundegelegt werden.**

**6.3 Während der Arbeitsphase besteht ein Anspruch auf 50% des zusätzlichen Urlaubsgelds und der tariflich abgesicherten betrieblichen Sonderzahlung, errechnet auf der Basis des bisherigen Monatsentgeltes.**

In der Freistellungsphase besteht kein Anspruch auf zusätzliches Urlaubsgeld und die Sonderzahlung. Im Jahr des Wechsels von der Arbeits- in die Freistellungsphase entsteht ein Anspruch auf das zusätzliche Urlaubsgeld und die tariflich abgesicherte betriebliche Sonderzahlung anteilig entsprechend der Dauer der Arbeitsphase. Bei der Ermittlung des bisherigen Arbeitsentgeltes werden die Sonderzahlung und das zusätzliche Urlaubsgeld nicht berücksichtigt.

6.4 Das Altersteilzeitentgelt nimmt während der Arbeitsphase an der allgemeinen tariflichen Entwicklung teil. Während der Freistellungsphase nimmt das Altersteilzeitentgelt nur zu 60% an der allgemeinen tariflichen Entwicklung teil. Dies gilt auch für gegebenenfalls vereinbarte tarifliche Erhöhungsbeträge im Lohn- und Gehaltsabkommen.

6.5 Endet das Altersteilzeitarbeitsverhältnis vorzeitig, hat der Beschäftigte Anspruch auf eine etwaige Differenz zwischen den ausgezahlten Leistungen (Altersteilzeitentgelt und Aufstockungsbetrag) und dem Entgelt für den Zeitraum seiner tatsächlichen Beschäftigung. Der Beschäftigte hat ebenfalls Anspruch auf den anteiligen Betrag für nicht ausbezahlte Sonderzahlung und zusätzliches Urlaubsgeld. Entsprechendes gilt für eingebrachte Eigenanteile. Dies gilt auch bei Tod des Beschäftigten und bei einer Insolvenz des Arbeitgebers. Bei der Auszahlung sind die aktuellen Tarifentgelte zugrunde zu legen.

42 Während der gesamten Altersteilzeit erhalten Beschäftigte ein steuer- und sozialversicherungspflichtiges Altersteilzeitentgelt. Die Höhe dieses steuer- und sozialversicherungspflichtigen Entgelts beträgt die Hälfte des bisherigen Arbeitsentgelts ohne Altersteilzeit.

43 Da im Manteltarifvertrag für die Metall- und Elektroindustrie in Baden-Württemberg festgelegt ist, dass die Altersverdienstsicherung mit Vollendung des 54. Lebensjahres beginnt und der zu diesem Zeitpunkt festgestellte Alterssicherungsbetrag nicht mehr unterschritten und nur noch dynamisiert werden kann (§§ 6.1.1, 6.10 MTV), beträgt das steuer- und sozialversicherungspflichtige Altersteilzeitentgelt mindestens die Hälfte des einmal festgestellten und fortgeschriebenen Alterssicherungsbetrages. Das so ermittelte Altersteilzeitentgelt muss mit dem Verdienst des laufenden Monats im Altersteilzeitarbeitsverhältnis verglichen werden.

Für die Berechnung des steuer- und sozialversicherungspflichtigen Altersteilzeitentgelts zu Beginn der Freistellungsphase im Blockmodell der Altersteilzeit wird der Alterssicherungsbetrag neu festgesetzt. Hierzu wird aus den zeitabhängigen und leistungsabhängigen variablen Entgeltbestandteilen – soweit sie die Höhe aus dem festgeschriebenen und dynamisierten Alterssicherungsbetrag übersteigen – aus den letzten 12 Monaten vor Beginn der Freistellungsphase der Durchschnitt errechnet. Der so ermittelte Alterssicherungsbetrag ist dann die neue Bezugsgröße für die Berechnung des Alterssicherungsbetrages und der Bemessung des Aufstockungsbetrages für die gesamte Freistellungsphase.

44 Der Wechsel von der Arbeits- in die Freistellungsphase hat für Schichtarbeiter/innen bzw. Dauernachtschichter steuertechnisch für die Höhe des Nettoverdienstes negative Auswirkungen. Während der Arbeitsphase erhal-

ten diese Beschäftigten steuerfreie Zuschläge (Spätarbeitszuschlag während der Nachtarbeitszeit bzw. Zuschläge für die Nachtarbeit). Das Nettoentgelt aus der Altersteilzeit ist dann natürlich entsprechend höher, dies wirkt sich auch auf den Aufstockungsbetrag aus.

Während der Freistellungsphase werden die zeitvariablen Bestandteile aus dem Durchschnitt der letzten 12 Monate weiter gezahlt. Da aber eine Arbeitsleistung nicht mehr erbracht wird, entfällt das Steuerprivileg, so dass die fortgeschriebenen Zuschläge aus der früher einmal geleisteten Arbeit während der Nachtarbeitszeit versteuert werden müssen. Das Nettoeinkommen aus einem gleichen fortgeschriebenen Bruttobetrag ist kleiner. Auch dies hat Auswirkungen auf die Höhe des Aufstockungsbetrages.

Wegen Wegfall der Steuerprivilegien ist der Geldwert aus den 82% rechnerisch aber geringer. Derartige Vermögenseinbußen als Folge des Steuerrechts braucht der Arbeitgeber nicht auszugleichen[6].

Beschäftigte in Altersteilzeit erhalten während der Arbeitsphase das zusätzliche Urlaubsgeld und die betriebliche Sonderzahlung. Berechnungsbasis für diese Leistung ist jeweils das Monatsentgelt, das der/die Beschäftigte ohne Altersteilzeit erhalten hätte.

Berechnungsbasis für beide Einmalzahlungen ist das bisherige Arbeitsentgelt ohne Altersteilzeit; mithin also der bereits festgestellte Alterssicherungsbetrag im Rahmen der Altersverdienstsicherung. Ohne Altersteilzeit beträgt das zusätzliche Urlaubsgeld 50% des Alterssicherungsbetrages (Alterssicherungsbetrag geteilt durch 21,75 mal 30 für 30 Urlaubstage). Die Sonderzahlung beträgt 55 bzw. 60% des bisherigen Arbeitsverdienstes aus dem wiederum bereits festgestellten Alterssicherungsbetrages.

Beschäftigte in Altersteilzeit haben auf den so ermittelten Betrag einen hälftigen Anspruch. Diese Leistungen unterliegen auch der Steuer- und Sozialversicherungspflicht.

**Beispiele:**

Zusätzliches Urlaubsgeld 50%

| | |
|---|---|
| Altersteilzeitentgelt (fiktiv) | € 1.300,— |
| (bisheriges) Entgelt ohne Altersteilzeit | € 2.600,— |
| (bisheriges) zusätzliches Urlaubsgeld | |
| $\frac{2.600 \times 30 \text{ Urlaubstage}}{21,75 \text{ (Arbeitstage/Monat)}} \times 50\%$ | € 1.793,10 |
| zusätzliches Urlaubsgeld während der Altersteilzeit (50%) | € 896,55 |

Tarifliche Sonderzahlung 55%

| | |
|---|---|
| Altersteilzeitentgelt (fiktiv) | € 1.300,— |
| (bisheriges) Entgelt ohne Altersteilzeit | € 2.600,— |
| (bisherige) tarifliche Sonderzahlung | |
| 2.600 × 55% | € 1.430,— |
| Sonderzahlung während der Altersteilzeit (50%) | € 715,— |

In der Freistellungsphase besteht kein Anspruch auf zusätzliches Urlaubsgeld und die betriebliche Sonderzahlung. Es bestehen jedoch Bedenken, ob

---

[6] BAG, Urteil vom 19. 10. 2000, NZA 2001, 598 ff.

# TV Metall u. Elektro § 6   48, 49        D. Metall- u. Elektroindustrie

dies zulässig ist, da die Beschäftigte in unverblocktem Modell sehr wohl einen Anspruch auf die Einmalzahlungen während der gesamten Altersteilzeit haben.

**48**  Probleme bestehen dem Grunde und der Höhe nach für den Anspruch auf die Einmalzahlung im Jahr des Wechsels von der bisherigen regelmäßigen Arbeitszeit in die Arbeitsphase Altersteilzeit im Blockmodell. Die Betriebsparteien können für die Abrechnung des zusätzlichen Urlaubsgeld einen einheitlichen Fälligkeitstermin vereinbaren (§ 4.5 Urlaubsabkommen). Für die Höhe des zusätzlichen Urlaubsgeld ist der aktuelle Verdienst maßgeblich. Nun kommt es darauf an, ob der Beschäftigte sich zum Fälligkeitszeitpunkt bereits in Altersteilzeit mit Beginn der Arbeitsphase befindet oder aber erst nach dem Fälligkeitstermin für das zusätzliche Urlaubsgeld die Altersteilzeit beginnt. Befindet sich der Beschäftigte zum Zeitpunkt der Fälligkeit des zusätzlichen Urlaubsgeld bereits in Altersteilzeit, so sinkt nach der Stichtagsbetrachtung der Anspruch auf das zusätzliche Urlaubsgeld um die Hälfte. Andererseits bleibt der Anspruch auf das zusätzliche Urlaubsgeld in voller Höhe bestehen, wenn erst nach dem einheitlichen Fälligkeitszeitpunkt die Altersteilzeit beginnt. Der Tarifvertrag bietet hierfür keine Lösung; er bietet allenfalls eine „Glück-Pech/Regelung". Dies ist unbefriedigend und auch nicht sachgerecht. Die Betriebsparteien sollten im Rahmen ihrer Regelungskompetenz nach § 4.5 Urlaubsabkommen verabreden, dass bei einem einheitlichen Zahlungstermin für das zusätzliche Urlaubsgeld für den Fall des Beginns der Altersteilzeit im laufenden Kalenderjahr eine zeitanteilige Berechnung vorgenommen wird.

**Beispiel:**

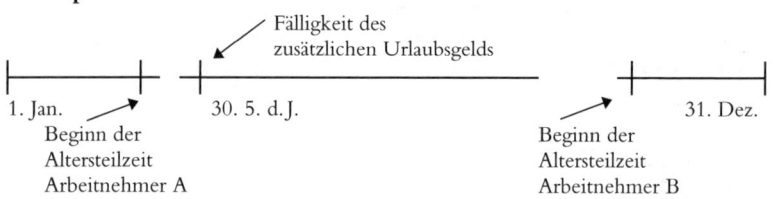

```
                      / Fälligkeit des
                     /  zusätzlichen Urlaubsgelds
|————————+——————————————————————————————————————+|
1. Jan. ↗         30. 5. d.J.                              ↗        31. Dez.
Beginn der                                          Beginn der
Altersteilzeit                                      Altersteilzeit
Arbeitnehmer A                                      Arbeitnehmer B
```

Lösung 1:  Zusätzliches Urlaubsgeld wird jeweils für die gewährten Urlaubstage abgerechnet und gezahlt.
Lösung 2:  Bei einheitlichem Fälligkeitstermin eine zeitanteilige Abrechnung.

**49**  Vorstehendes gilt auch für die Berechnung der Höhe der betrieblichen Sonderzahlung, deren Fälligkeit die Betriebsparteien in der Regel mit der Entgeltabrechnung im November vornehmen. Gibt es keine betriebliche Regelung, gilt der 1. Dezember als fiktiver Fälligkeitstag. Auch hier erhalten Beschäftigte, deren Altersteilzeit vor dem Fälligkeitstermin der Sonderzahlung beginnt, eine niedrigere Leistung als die Beschäftigten, deren Altersteilzeit z.B. am 1. Dezember des Jahres beginnt, wenn die betriebliche Sonderzahlung bereits mit dem Novemberentgelt abgerechnet wurde.

Hier empfiehlt es sich, im Rahmen der Regelungskompetenz (§ 3.1 TV Sonderzahlung) die Fälligkeit der Sonderzahlung und die daraus resultierende Höhe der Sonderzahlung eine Regelung zu treffen, die sachgerecht ist und einzelne Beschäftigte in Altersteilzeit nicht benachteiligt.

Wie vorstehend erwähnt, besteht in der Freistellungsphase kein Anspruch 50
auf die Einmalzahlung. Soweit es im laufenden Kalenderjahr vom Wechsel
von der Arbeits- in die Freistellungsphase kommt, entsteht ein Anspruch auf
zeitanteilige Einmalzahlung. „... entsprechend der Dauer der Arbeitsphase ...", § 6.3 TV ATZ.

**Beispiel:** Wechsel von der Arbeitsphase in die Freistellungsphase zum 31. 5. d. J.

Urlaubsanspruch

$$5/12 = \frac{30 \times 5}{12} = 12{,}5 \ = 13$$

zusätzliches Urlaubsgeld (s. RdNr. 45)

$$\frac{896{,}55 \times 13}{30} = € \ 388{,}50$$

Zur Höhe des zu gewährenden Urlaubs während der Altersteilzeit enthal- 51
ten die Tarifverträge keine Regelungen. Während der Arbeitsphase ist Urlaub zu gewähren; in der Freizeitphase wird der Urlaub durch die Freistellung erfüllt. Nach der Rechtsprechung steht in dem Kalenderjahr des Wechsels von der Arbeits- in die Freizeitphase ein zeitanteiliger Urlaubsanspruch im Verhältnis der tatsächlicher Arbeit zur Freistellung[7]. Resturlaubsansprüche aus der Arbeitsphase sind mit Beginn der Freizeitphase nicht abzugelten[8].

Tariferhöhungen erhöhen natürlich auch das steuer- und sozialversiche- 52
rungspflichtige Altersteilzeitentgelt. Da der gem. § 6.10 MTV festgestellte Alterssicherungsbetrag fortzuschreiben d. h. zu dynamisieren ist, wirkt sich dies auch auf das Altersteilzeitarbeitsentgelt aus. Während der Freistellungsphase ist der Alterssicherungsbetrag nur um 60% der tariflichen Entgelterhöhung zu erhöhen. Die Tarifvertragsparteien haben die anteilige Tariferhöhung mit 60% gewollt und politisch gesetzt. Es stellt sich jedoch die Frage, ob dies rechtmäßig ist. Die Beschäftigten im unverblockten Altersteilzeitmodell – also ohne Freistellungsphase – nehmen während der Altersteilzeit an jeder Tariferhöhung teil. So erhöht sich nicht nur das Altersteilzeitentgelt sondern auch die anderen daraus ableitbaren Leistungen (z. B. Basis für die Bemessung der Rentenhöhe).

Vereinbaren die Tarifvertragsparteien sogenannte Pauschalen (hier: Erhöhungsbeträge), so erhalten diese Tariferhöhung auch die Beschäftigten in Altersteilzeit jedoch nur auf Basis der „hälftigen" Arbeitszeit.

Bei vorzeitigem Ende des Altersteilzeitarbeitsverhältnisses hat der/die Be- 53
schäftigte Anspruch auf eine etwaige Differenz zwischen tatsächlich geleisteter Arbeit und ausgezahlten Leistungen, welche im gleichen Zeitraum ohne Altersteilzeit hätte beansprucht werden können. Diese Differenz ist ein Bruttobetrag und somit steuer- und sozialversicherungspflichtig. Zu berücksichtigen sind hier ebenfalls die anteiligen Beträge für die nicht ausgezahlte Sonderzahlung und das zusätzliche Urlaubsgeld.

Hätte die betroffene Person keine Altersteilzeit vereinbart, hätte sie einen höheren Anspruch auf zusätzliches Urlaubsgeld und Sonderzahlung. Falls eine

---

[7] LAG München vom 27. 8. 2001, 10 Sa 695/01.
[8] LAG Baden-Württemberg vom 11. 12. 2000, 13 Sa 65/00.

**TV Metall u. Elektro § 6** 54–56  D. Metall- u. Elektroindustrie

Regelung über die Eigenbeteiligung vereinbart wurde, gilt dies auch für eine etwaige Differenz zwischen eingebrachten und nicht ausgezahlten Eigenanteilen.
Eine Besonderheit gilt für die sogenannte vermögenswirksame Leistung. Nach dem Tarifvertrag VWL besteht bei Altersteilzeit ein Anspruch auf eine anteilige Leistung. Da die Beschäftigten vor Beginn der Altersteilzeit mit den Sparverträgen über die vermögenswirksame Leistung eine regelmäßige Zahlung der Höhe nach vereinbart haben, muss nun individuell verabredet werden, ob im Blockmodell die VWL in der gesamten Zeit anteilig oder in der Arbeitsphase in voller Höhe abgerechnet wird.

### Exkurs: Tarifvertrag Altersteilzeit im Tarifgebiet Nordrhein-Westfalen; Auszug Altersteilzeit-Entgelt

54   Das Tarifergebnis zur Altersteilzeit aus 1997 wurde in den anderen Tarifgebieten in der Metallindustrie übernommen. Im Jahr 2000 wurden im Zuge der Novellierung des Altersteilzeitgesetzes auch die tariflichen Vorschriften bearbeitet. Dies geschah im Hinblick auf die Anpassung eines Gesetzes in allen Tarifgebieten. Im Tarifgebiet der Metallindustrie in Nordrhein-Westfalen kam es zu weiteren Änderungen beim Altersteilzeittarifvertrag, die in vielen Tarifgebieten übernommen wurden. Beispielhaft folgen ergänzende Erläuterungen zum Altersteilzeitentgelt aus dem Tarifvertrag zur Altersteilzeit vom 20. 11. 2000 aus dem Tarifgebiet Metall/NRW.

55   Nach diesem Tarifvertrag wird die betriebliche Sonderzahlung (Weihnachtsgeld) in beiden Phasen der Altersteilzeit gezahlt, nicht nur im Arbeitsblock; in beiden Phasen nimmt das Entgelt zu 100% an Entgelt-Tariferhöhungen teil. An die Stelle des Urlaubsgeldes tritt eine eigenständige Sonderzahlung von 60% eines Monatseinkommens – dafür besteht kein Anspruch auf zusätzliche Urlaubsvergütung während der ganzen Zeit der Altersteilzeit. Weitere Änderungen betreffen Unterschiede bei der Abrechnung von steuer- und sozialversicherungspflichtigen bzw. freien Entgeltbestandteilen, den Urlaub sowie Langzeiterkrankungen.

### Tariftext: § 6 TV ATZ NRW vom 20. 11. 2000

56   1.   Das monatliche Arbeitsentgelt für einen Beschäftigten in Altersteilzeit (Altersteilzeitentgelt) bemisst sich nach den allgemeinen tariflichen sowie den nachfolgenden Bestimmungen und wird unabhängig von der Verteilung der Arbeitszeit für die Gesamtdauer des Altersteilzeitarbeitsverhältnisses fortlaufend gezahlt.
Die festen Entgeltbestandteile (Monatslohn/Gehalt) werden für die Gesamtdauer des Altersteilzeitarbeitsverhältnisses auf der Basis der individuellen regelmäßigen wöchentlichen Arbeitszeit während der Altersteilzeit (§ 5 Nr. 1) gezahlt.
Die variablen Entgeltbestandteile werden entsprechend der geleisteten oder aus anderem Grund zu vergütenden Arbeitsstunden abgerechnet und je zur Hälfte in der Arbeits- und Freistellungsphase monatlich gezahlt. Die in der Freistellungsphase zu zahlenden vari-

ablen Entgeltbestandteile werden aus dem Durchschnitt der letzten zwölf Monate der Arbeitsphase ermittelt.

Hiervon abweichend werden die steuer- und sozialversicherungsfreien variablen Entgeltbestandteile sowie die Mehrarbeitsvergütungen und Mehrarbeitszuschläge zu 100% während der Arbeitsphase gezahlt, soweit keine anderweitige betriebliche oder vertragliche Regelung besteht.

2.1 Während des Altersteilzeitarbeitsverhältnisses besteht Anspruch auf die tariflich abgesicherte betriebliche Sonderzahlung nach TV 13. ME, mit der Maßgabe, daß in die Durchschnittsberechnung nach § 2 Nr. 4 TV 13. ME ggf. einfließende Monatsentgelte aus dem bisherigen Arbeitsverhältnis zu 50 % berücksichtigt werden.

§ 2 Nummer 6 Absatz 2 TV 13. ME findet keine Anwendung.

2.2 Während des Altersteilzeitarbeitsverhältnisses besteht – anstelle des Anspruchs auf eine zusätzliche Urlaubsvergütung (§ 14 MTV) – Anspruch auf eine zusätzliche Sonderzahlung, die für ein Jahr Altersteilzeit 60% des monatlichen Altersteilentgelts beträgt.

Für die Berechnung dieser zusätzlichen Sonderzahlung gilt § 2 Nr. 4 TV 13. ME entsprechend mit der Maßgabe, daß

a) in die Durchschnittsberechnung ggf. einfließende Monatsentgelte aus dem bisherigen Arbeitsverhältnis zu 50% berücksichtigt werden,

b) die Sonderzahlung mit der Abrechnung für den Monat Mai auszuzahlen ist,

c) bei der ersten Auszahlung Anspruch auf so viele Zwölftel dieser Sonderzahlung besteht wie Monate mit Altersteilzeit (einschließlich Mai) vorliegen, und

d) am Ende der Altersteilzeit so viele Zwölftel dieser Sonderzahlung mit der Schlußabrechnung des Altersteilzeitarbeitsverhältnisses auszuzahlen sind, wie Monate mit Altersteilzeit vorliegen, die bei der letzten Auszahlung der Sonderzahlung noch nicht berücksichtigt worden sind.

2.3 Die Betriebsparteien können durch freiwillige Betriebsvereinbarung vereinbaren, daß die Sonderzahlungen nach § 6 Nr. 2.1 und 2.2 anteilig monatlich ausgezahlt werden.

2.4 Für das Kalenderjahr des Wechseln in die Altersteilzeit wird der Anspruch auf Urlaub anteilig (für das bisherige Arbeitsverhältnis und die Arbeitsphase) berechnet.

Die Urlaubsansprüche aus dem bisherigen Arbeitsverhältnis sind vor der Altersteilzeit abzuwickeln. Sollte dies ausnahmsweise (z. B. aus betrieblichen Gründen oder wegen Krankheit) nicht möglich sein, ist der Urlaub während der Arbeitsphase zu gewähren und der Beschäftigte erhält die zusätzliche Urlaubsvergütung (berechnet nach §§ 14/16 MTV) für diese Resturlaubstage zum Ende des bisherigen Arbeitsverhältnisses ausgezahlt.

Für das Kalenderjahr des Wechsels in die Freistellungsphase wird der Anspruch auf Urlaub anteilig für die Arbeitsphase berechnet. Urlaubsansprüche gelten mit der Freistellung als erfüllt.

3. Das Altersteilzeitentgelt nimmt an der allgemeinen tariflichen Entwicklung teil.

TV Metall u. Elektro § 6   57–61   D. Metall- u. Elektroindustrie

4. **Endet das Altersteilzeitarbeitsverhältnis vorzeitig, hat der Beschäftigte Anspruch auf eine etwaige Differenz zwischen den ausgezahlten Leistungen (Altersteilzeitentgelt und Aufstockungsbetrag) und dem Entgelt für den Zeitraum seiner tatsächlichen Beschäftigung. Der Beschäftigte hat ebenfalls Anspruch auf den Betrag für die anteilige nicht ausbezahlte tariflich abgesicherte betriebliche Sonderzahlung und die zusätzliche Urlaubsvergütung. Entsprechendes gilt für eingebrachte Eigenbeteiligungen. Dies gilt auch bei Tod des Beschäftigten (Anspruchsberechtigung und Auszahlung siehe § 22 MTV) und bei einer Insolvenz des Arbeitgebers. Bei der Auszahlung sind die aktuellen Tarifentgelte zugrunde zu legen.**

57   Während in der Arbeits- und in der Freistellungsphase die festen Entgeltbestandteile durchgehend in gleicher Höhe gezahlt werden (abgesehen von evtl. Tariferhöhungen, die sich zu 100% auswirken), schwanken die variablen Entgeltbestandteile während der Arbeitsphase je nach dem Anfall im jeweiligen Monat. Bei den Variablen sind die zeitabhängigen, die leistungsabhängigen und die sonstigen Variablen zu berücksichtigen. Zeitabhängige Variable sind z.B. Schichtzuschläge. Leistungsabhängige Variable sind z.B. Prämien im Leistungsentgelt. Zu den sonstigen variablen Bestandteilen des Monatsentgelts gehören alle sonstigen Vergütungen, die nicht regelmäßig und nicht in gleicher Höhe wiederkehren.

58   In der Arbeitsphase werden die steuer- und sozialversicherungs**pflichtigen** variablen Entgeltbestandteile nur zur Hälfte ausgezahlt. Die andere Hälfte wird in der Freistellungsphase ausgezahlt. Damit soll erreicht werden, dass sich die Lohn- und Gehaltshöhe in der Arbeitsphase und in der Freistellungsphase nicht zu stark unterscheidet. Die steuer- und sozialversicherungs**pflichtigen** variablen Lohn- und Gehaltsbestandteile in der Freistellungsphase werden aus dem Durchschnitt der letzten 12 Monate der Arbeitsphase ermittelt. In dem Bestreben, zufällige Entgeltschwankungen möglichst weitgehend auszuschalten, haben die Tarifvertragsparteien den Zeitraum für die Durchschnittsberechnung auf 12 Monate heraufgesetzt.

59   Anders wird mit den steuer- und sozialversicherungs**freien** variablen Entgeltbestandteilen verfahren. Diese sollen zu 100% während der Arbeitsphase gezahlt werden. Es wurde befürchtet, ein gleiches Verfahren, wie mit den steuer- und sozialversicherungs**pflichtigen** Variablen, könne dazu führen, dass Steuern und Sozialversicherungsbeiträge in der Freistellungsphase abgeführt werden müssten. Tatsächlich ist dies nach R 30 Abs. 8 LStR 2002 nicht der Fall.

60   Wie bei einem „normalen" Teilzeitarbeitsverhältnis besteht auch bei Altersteilzeit ein Anspruch auf die tariflich abgesicherte betriebliche Sonderzahlung nach TV 13. ME (Weihnachtsgeld). Dieser Anspruch besteht sowohl in der Arbeits- wie auch in der Freistellungsphase, und zwar ungekürzt. Für die Berechnung der Höhe dieses Weihnachtsgelds sind die letzten 6 abgerechneten Monate vor Auszahlung der Leistung heranzuziehen. Befinden sich in diesem Zeitraum Monate ohne Altersteilzeit, so sind diese Entgelte zeitanteilig zu berücksichtigen.

61   In § 2 Nr. 6 Abs. 2 TV 13. ME ist geregelt, dass Beschäftigte, die wegen Erwerbs- oder Berufsunfähigkeit, wegen Erreichen der Altersgrenze (...) aus

III. Tarifvertrag § 7 TV Metall u. Elektro

dem Beruf ausscheiden, das volle Weihnachtsgeld erhalten. Diese Bestimmung findet auf Beschäftigte in Altersteilzeit keine Anwendung. Scheiden also Beschäftigte vor dem Auszahlungszeitpunkt (nach § 3 Nr. 2 TV 13. ME ist dies der 1. Dezember) aus dem Unternehmen aus und nehmen die Altersrente in Anspruch, so erhalten sie keine Leistung.

Statt des Anspruchs auf ein zusätzliches Urlaubsgeld haben die Beschäftigten in Altersteilzeit einen Anspruch auf eine altersteilzeit-spezifische „zusätzliche" Sonderzahlung. Nach dem Tarifvertrag zur Altersteilzeit aus 1997 bestand für diese Zahlungen nur in der Arbeitsphase ein Anspruch. Nunmehr besteht in der Arbeits- und in der Freistellungsphase ein Anspruch auf eine entsprechende Zahlung i. H. v. 60% des monatlichen Altersteilzeitentgelts. 62

Durch die tatsächliche Zahlung der steuer- und sozialversicherungs**pflich**tigen Jahressonderzahlungen und durch die Verringerung der steuer- und sozialversicherungs**freien** Einkommensbestandteile in den Monaten, in denen in der Freistellungsphase ein vergleichbarer Vollzeitbeschäftigter eine Jahressonderzahlung bekommen würde, ergeben sich weitere positive Effekte. 63

Weiter wurde bestimmt, dass die zusätzliche Sonderzahlung im Kalenderjahr zeitanteilig berechnet und im Mai zur Auszahlung kommt (Zeit ohne Altersteilzeit zur Altersteilzeit). 64

§ 6 Nr. 2.4 regelt die Ansprüche auf Urlaubsgewährung bei Altersteilzeit und beim Wechsel vom bisherigen Arbeitsverhältnis in die Altersteilzeit. Hierbei ist zu beachten, dass die Urlaubsansprüche aus dem bisherigen Arbeitsverhältnis, welche anteilig zu berechnen sind, vor der Altersteilzeit zu realisieren sind. Nur in Ausnahmefällen ist dieser Urlaub in der Arbeitsphase zu gewähren und dann mit der zusätzlichen Urlaubsvergütung auf Basis der vorherigen Arbeitszeit am Ende des bisherigen Arbeitsverhältnisses bereits vorher zu vergüten. 65

In der Arbeitsphase der Altersteilzeit ist der Urlaub unbedingt zu nehmen. Urlaubsansprüche können nicht in die Freistellungsphase übertragen werden, indem sie beispielsweise ausgezahlt werden würden. Im Kalenderjahr des Wechsels von der Arbeitsphase in die Freistellungsphase wird der Anspruch auf Urlaub anteilig für die Arbeitsphase berechnet. 66

## § 7 Aufstockungsbetrag

Der Beschäftigte erhält einen Aufstockungsbetrag, bei dem Besonderheiten wie Steuerfreibeträge, individueller Beitragssatz zur Krankenkasse oder fehlende Kirchensteuerpflicht unberücksichtigt bleiben nach Maßgabe von § 3 Abs. 1 Nr. 1 Buchst. a) Altersteilzeitgesetz auf das Altersteilzeitentgelt. Dieser ist jedoch so zu bemessen, daß das monatliche Nettoentgelt mindestens 82% des um die gesetzlichen Abzüge, die bei den Beschäftigten gewöhnlich anfallen, verminderten monatlichen bisherigen Arbeitsentgeltes im Sinne des § 6 Abs. 1 ATG beträgt.

Erhält ein Beschäftigter im unverblockten Modell mit gesetzlichen Leistungen netto mehr (Nettoaltersteilzeitentgelt und Aufstockungsbetrag) als ein entsprechender Beschäftigter nach dem tariflichen verblockten Modell, so ist der Aufstockungsbetrag entsprechend zu erhöhen.

Ist das bisherige Arbeitsentgelt geringer als der bisherige Alterssicherungsbetrag, tritt dieser an die Stelle des bisherigen Arbeitsentgeltes.

*Petri* 199

# TV Metall u. Elektro § 7   67–70   D. Metall- u. Elektroindustrie

**67** Neben dem Altersteilzeitentgelt besteht Anspruch auf einen Aufstockungsbetrag, mit dessen Höhe mindestens 82% des bisherigen Nettoentgeltes erreicht werden müssen. Es handelt sich allerdings nicht um eine individuelle Nettobetrachtung, sondern um einen pauschalierten 82%igen Mindestnettobetrag, bei dem Besonderheiten wie Steuerfreibeträge, individueller Beitragssatz zur Krankenkasse oder fehlende Kirchensteuerpflicht unberücksichtigt bleiben.

**68**  **Beispiel 1:** Ein Arbeitnehmer verdient € 2.600 brutto monatlich. Er verringert seine Arbeitszeit auf die Hälfte und verdient nur noch € 1.300 brutto monatlich (Steuerklasse III/0).

**Berechnung:**
1. Altersteilzeit-Brutto   € 1.300,—
2. Berechnung Altersteilzeit-Netto vor Aufstockung
   Abzüge
   Lohnsteuer   € 0,00
   Kirchensteuer   € 0,00
   Solidaritätszuschlag   € 0,00
   Rentenversicherung (19,1%)   € 124,15
   Krankenversicherung (14,2%)   € 92,30
   Arbeitslosenversicherung (6,5%)   € 42,25
   Pflegeversicherung   € 11,05
   Altersteilzeit-Netto vor Aufstockung   € 1.030,25
3. Aufstockung auf tarifliche 82% gem. Tabelle der Tarifparteien   € 1.507,77
4. Aufstockungsbetrag tariflich   € 473,62

**69**  **Beispiel 2:** Ein Arbeitnehmer verdient € 2.600 brutto monatlich. Er verringert seine Arbeitszeit auf die Hälfte und verdient nur noch € 1.300 brutto monatlich (Steuerklasse I/0).

**Berechnung:**
1. Altersteilzeit-Brutto   € 1.300,—
2. Berechnung Altersteilzeit-Netto vor Aufstockung
   Abzüge (Steuer- und Sozialversicherungsbeiträge – Berechnung analog Mindestnetto-Betragsverordnung)   € 367,41
   Altersteilzeit-Netto vor Aufstockung   € 932,59
3. Aufstockungsbetrag bis 82% gem. Tabelle Tarifvertrag   € 1.247,73
4. Aufstockungsbetrag tariflich   € 315,14

**70** Während der Arbeitsphase besteht nach dem Tarifvertrag Altersteilzeit Ba-Wü ein Anspruch auf Einmalzahlung. Nachfolgend ein Beispiel für die Abrechnung des Altersteilzeit-Entgelts einschließlich des zusätzlichen Urlaubsgeldes:

**Beispiel 3:** Ein Arbeitnehmer verdient € 2.600 brutto monatlich. Er verringert seine Arbeitszeit auf die Hälfte und verdient nur noch € 1.300 brutto monatlich (Steuerklasse I/0). Er befindet sich in der **Arbeitsphase** und hat im Monat Juni Anpruch auf ein zusätzliches Urlaubsgeld von € 896,55.

**Berechnung:**
1. Altersteilzeit-Brutto   € 1.300,—
   Zusätzliches Urlaubsgeld in der Arbeitsphase   € 896,55
   Steuer- und Sozialversicherungspflichtiges Einkommen in diesem Monat   € 2.196,55

III. Tarifvertrag  71, 72  § 7 TV Metall u. Elektro

2. Berechnung Altersteilzeit-Netto vor Aufstockung
Abzüge (Steuer und Sozialversicherungsbeiträge – Berechnung analog
Mindestnetto-Betragsverordnung) € 855,81
Altersteilzeit-Netto € 1.340,74
3. Aufstockungsbetrag bis 82% gem. Tabelle Tarifvertrag € 1.816,74
4. Aufstockungsbetrag tariflich € 476,00

Ein Anspruch auf die Einmalzahlungen Weihnachtsgeld sowie zusätzliche **71**
Urlaubsvergütung besteht nur in der Arbeitsphase, nicht aber in der Freizeitphase. Um zu verhindern, dass Altersteilzeit-Beschäftigte während der Freizeitphase unter das gesetzliche Entgeltniveau fallen, ist der Aufstockungsbetrag mindestens auf diese gesetzliche Höhe anzuheben. Dies geschieht im Wege der sog. Schattenrechnung. Dabei wird das Teilzeitentgelt fiktiv berechnet und z. B. das zusätzliche Urlaubsgeld mit einbezogen, um den gesetzlichen Aufstockungsbetrag zu ermitteln. Der so errechnete Aufstockungsbetrag ist mit dem tariflichen zu vergleichen. Auszuzahlen ist die höhere Summe.

**Beispiel 4:** Ein Arbeitnehmer verdient € 2.600 brutto monatlich. Er verringert seine Arbeitszeit auf die Hälfte und verdient nur noch € 1.300 brutto monatlich (Steuerklasse I/0). Er befindet sich in der **Freistellungsphase**, so dass kein Anspruch auf das zusätzliche Urlaubsgeld besteht, das eigentlich im Juni fällig geworden wäre. Entsprechend Beispiel 2 hätte er nur ein Altersteilzeit-Netto von € 1.247,73 zu erwarten. Damit läge sein Altersteilzeit-Entgelt allerdings unter dem eines im Klassischen Teilzeit-Modell beschäftigten Altersteilzeit-Arbeitnehmers, der nur die gesetzlichen Aufstockungsbeträge (70%) erhält. Nach den tariflichen Bestimmungen ist eine zusätzliche Aufstockung zu leisten, damit die gesetzliche Mindesthöhe erreicht wird (Schattenberechnung).

**Berechnung:**
1. Altersteilzeit-Brutto € 1.300,—
Abzüge (Steuer- und Sozialversicherungsbeiträge – Berechnung analog
Mindestnetto-Betragsverordnung) € 367,41
Altersteilzeit-Netto vor Aufstockung € 932,59
2. Schattenrechnung
Brutto ohne Altertsteilzeit mit zusätzlichen Urlaubsgeld € 4.393,10
Brutto nach Altersteilzeit-Halbierung € 2.196,55
Abzüge (Steuer- und Sozialversicherungsbeiträge – Berechnung analog
Mindestnetto-Betragsverordnung) € 855,81
Netto vor Aufstockung € 1.340,74
+ Aufstockung gesetzlich (20% aus Altersteilzeit-Brutto) € 439,31
Altersteilzeit-Netto € 1.780,05
Vergleich mit Mindestnetto nach Verordnung € 1.550,88
also Altersteilzeit-Netto bei unverblockter Altersteilzeit mit
nur gesetzlicher Aufstockung € 1.780,05
3. Aufstockungsbetrag bis 82% gem. Tabelle Tarifvertrag € 1.247,73
(vgl. Beispiel 2)
4. Zusätzliche Aufstockung zum Erreichen der gesetzlichen Beträge
bei unverblockter Altersteilzeit (€ 1.780,05) € 847,46

Im Tarifgebiet Nordrhein-Westfalen (vgl. RdNr. 54 ff) und in den ande- **72**
ren Gebieten, die die Regelung übernommen haben, ist diese Schatten- oder
Vergleichsrechnung durch die Neufassung der Tarifvorschrift zum Alters-

teilzeitentgelt vom 20. 11. 2000 nicht mehr notwendig. Ein Absinken des Altersteilzeitentgelts unter das gesetzliche Niveau wird dort durch Tarifregelung vermieden.

## § 8 Beiträge zur Rentenversicherung

Der Arbeitgeber entrichtet für die Beschäftigten in Altersteilzeitarbeit zusätzliche Beiträge zur gesetzlichen Rentenversicherung entsprechend § 3 Abs. 1 Nr. 1 Buchst. b) Altersteilzeitgesetz mindestens in Höhe des Betrags, der auf die Differenz zwischen
– dem Beitrag für 95% des bisherigen Arbeitsentgeltes im Sinne des § 6 Abs. 1 ATG einschließlich des zusätzlichen Urlaubsgelds und der tariflich abgesicherten betrieblichen Sonderzahlung und
– dem Beitrag für das Altersteilzeitentgelt
entfällt.

Ein Ausgleich von Rentenabschlägen bei vorzeitiger Inanspruchnahme von Altersrente findet nicht statt.

73  Für jedes Modell der Altersteilzeit (Vereinbarungsmodell oder die Anspruchsmodelle) hat der Arbeitgeber Aufstockungsbeträge zur gesetzlichen Rentenversicherung zu entrichten. Die tarifliche Vorschrift verweist auf die gesetzliche Regelung mit der Maßgabe, dass statt der Aufstockung auf 90% der Unterschiedsbetrag zwischen dem tatsächlichen sozialversicherungspflichtigen Einkommen während der Altersteilzeit und dem bisherigen Arbeitsentgelt – also dem Arbeitsentgelt ohne Altersteilzeit – (Hätte-Entgelt i. S. v. § 6 Abs. 1 Satz 1 ATG) i. H. v. 95% zu entrichten ist. Dies bedeutet, dass aus dem steuer- und sozialversicherungspflichtigen Altersteilzeitentgelt Arbeitgeber und Beschäftigte jeweils zur Hälfte den Rentenversicherungsbeitrag entrichten. Den Aufstockungsbetrag bis zu 95% des bisherigen Arbeitsentgelt ohne Altersteilzeit trägt der Arbeitgeber die RV-Beiträge bis zur Rentenbeitragsbemessungsgrenze allein.

74  Während der Arbeitsphase der Altersteilzeit im Blockmodell erhalten die Beschäftigten auch die Einmalzahlung. Das zusätzliche Urlaubsgeld und die tariflich abgesicherte betriebliche Sonderzahlung sind auf der Basis des bisherigen Arbeitsentgelts ohne Altersteilzeit zu auszurechnen und zur Hälfte auszuzahlen. Hierauf werden die Beiträge zur Rentenversicherung geteilt und vom Arbeitgeber und Beschäftigten anteilig entrichtet.

75  Anders in der Freistellungsphase, in der kein Anspruch auf diese tariflichen Leistungen besteht. Da aber für die Aufstockungsbeträge zur gesetzlichen Rentenversicherung das bisherige Arbeitsentgelt ohne Altersteilzeit (Hätte-Entgelt) maßgeblich ist, entrichtet der Arbeitgeber während der Freistellungsphase weitere Beiträge zur Rentenversicherung in dem Zeitpunkt, wenn im Betrieb üblicherweise die Einmalzahlungen abgerechnet werden. Bemessungsgrundlage ist das bisherige Entgelt und die fiktiv abgerechneten Einmalzahlungen.

**Zusammengefasst:**

76  • In der Arbeitsphase entrichten Beschäftigte und der Arbeitgeber die Rentenversicherungsbeiträge jeweils gemeinsam für das steuer- und sozialversi-

cherungspflichtige Arbeitsentgelt einschließlich der Einmalzahlungen. Darüber hinaus entrichtet der Arbeitgeber den Rentenversicherungsbeitrag allein in voller Höhe – also auch den Anteil der Beschäftigten – bis zu 95% des bisherigen Arbeitsentgelt.

• Während der Freistellungsphase muss der Arbeitgeber zusätzlich den Rentenversicherungsbeitrag in voller Höhe – wieder mit dem Anteil des Beschäftigten – auch für die Einmalzahlungen entrichten, auf die der Beschäftigte keinen Anspruch hat, auf die er aber ohne Altersteilzeit Ansprüche hätte (Hätte-Entgelt).

Die Höhe des Aufstockungsbetrages richtet sich nach dem bisherigen Arbeitsentgelt, dies wiederum ist auf die Beitragsbemessungsgrenze beschränkt[9].

## § 9 Abfindung

**Endet das Altersteilzeitarbeitsverhältnis auf Wunsch des Arbeitgebers mit Vollendung des 60. und vor Vollendung des 63. Lebensjahres des Beschäftigten, erhält dieser für den Verlust seines Arbeitsplatzes eine Abfindung im Sinne des § 3 Ziff. 9 EStG und der § 9 und 10 Kündigungsschutzgesetz nach folgender Regelung:**
**Die Abfindung beträgt bei einem Ausscheiden mit 60 Jahren das Dreifache des bisherigen Monatsentgeltes. Sie vermindert sich für jeden vollen Monat des Ausscheidens nach dem vollendeten 60. Lebensjahr um $1/36$.**
**Die Höhe des bisherigen Monatsentgeltes ist jedoch auf die jeweilige Beitragsbemessungsgrenze in der gesetzlichen Rentenversicherung begrenzt.**

Endet das Altersteilzeitarbeitsverhältnis mit dem Übergang in die Altersrente, so haben die Beschäftigten einen Anspruch auf eine Abfindung, wenn es zu Rentenabschlägen kommt. Der Anspruch auf die Abfindung besteht grundsätzlich und unabhängig davon, ob Altersteilzeit nach dem Vereinbarungsmodell (ATZ I)oder den Anspruchsmodellen (ATZ II, ATZ III) in Anspruch genommen wurde. Lediglich die Anzahl der Kalendermonate, die zu Rentenabschlägen führen, mindern die Abfindung.

Soweit im Tarifvertrag zur Altersteilzeit 1997 für den Anspruch auf Abfindung der Wunsch des Arbeitgebers zur vorzeitigen Vollendung des Altersteilzeitarbeitsverhältnisses vorausgesetzt wird, so ist dieser Wunsch des Arbeitgebers durch den Abschluss der Betriebsvereinbarung gegeben.

Für Betriebsvereinbarungen, die vor Mai 2000 abgeschlossen wurden, beträgt die Abfindung maximal das Dreifache des bisherigen Monatsentgelt ohne Alterseilzeit und vermindert sich für jeden vollen Monat des Ausscheidens nach dem vollendeten 60. Lebensjahr um $1/36$.

---

[9] ArbG Freiburg, Kammer Villingen-Schwenningen, Urteil vom 7. 7. 2000 – 8 Ca 254/00, rkr.

**TV Metall u. Elektro § 10** 79–81     D. Metall- u. Elektroindustrie

**Beispiel:**

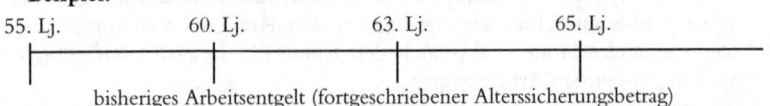

```
55. Lj.        60. Lj.        63. Lj.        65. Lj.
|--------------|--------------|--------------|
```

bisheriges Arbeitsentgelt (fortgeschriebener Alterssicherungsbetrag)
€ 2.600 × 3 = € 7.800

Bei Beendigung des (Altersteilzeit-)Arbeitsverhältnisses, z. B. 7 Monate nach Vollendung des 60. Lebensjahres verringert sich der maximale Betrag um $^7/_{36}$.

$$\frac{7.800 \times 29}{36} = 6.283{,}34 \text{ €}$$

**79** Mit dem Tarifvertrag Beschäftigungsbrücke haben die Betriebsparteien die Möglichkeit, die Abfindungsregelung gem. § 6 TV BB in die bereits bestehende Betriebsvereinbarung für zukünftige Altersteilzeitfälle zu übernehmen. Danach besteht ein Anspruch auf Abfindung bei vorzeitiger Beendigung des Arbeitsverhältnisses vor Vollendung des 65. Lebensjahres in Höhe von 450,– DM/Monat für längstens 48 Kalendermonate. Auch hier reduziert sich der längstmögliche Anspruch für jeden vollen Monat des Ausscheidens, an dem der Beschäftigte Anspruch auf ungeminderte Altersrente gehabt hätte.

**80** Die Höhe der Abfindung nach § 6 Tarifvertrag Beschäftigungsbrücke beträgt maximal DM 21.600,– (48 × 450 DM = 21.600 DM). Das entspricht € 11.043,90.

**Beispiel:**

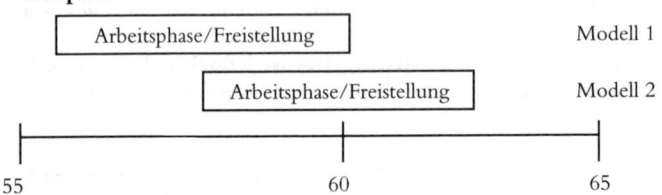

```
        Arbeitsphase/Freistellung              Modell 1

                Arbeitsphase/Freistellung      Modell 2
|-----------------------|----------------------|
55                      60                     65
```

Die Altersteilzeit dauert jeweils 6 Jahre ($^3/_3$). Im Modell 1 endet das Arbeitsverhältnis mit Vollendung des 61. Lebensjahres. Bis zum 65. Lebensjahr liegen weitere 48 Monate (4 Jahre × 12 Monate).

Der Abfindungsanspruch beträgt 48 × 450 = DM 21.600 (€ 11.043,90).

Im Modell 2 endet die 6jährige Altersteilzeit mit Vollendung des 63. Lebensjahres. Bis zum 65. Lebensjahr liegen 24 Monate, so dass der Abfindungsanspruch maximal 24 × 450 = DM 10.800 (€ 5.521,95) beträgt.

**81** Abfindungen aus Anlass der Beendigung des Altersteilzeitarbeitsverhältnisses sind nach bisheriger Praxis steuer- und sozialversicherungsfrei[10]. Ergänzende Sozialplanansprüche aus anderen Gründen sind nicht ausgeschlossen.

## § 10 Sonderregelungen

**10.1 Falls eine Erstattung durch die Bundesanstalt für Arbeit nicht erfolgen wird, haben die Betriebsparteien die Möglichkeit, zur Inanspruchnahme der tariflichen Leistungen eine Eigenbeteiligung**

---

[10] Es sei denn, die Altersteilzeit endete erst mit dem 65. Geburtstag, LStR 2002 R 9 Abs. 2 Satz 4.

der betroffenen Personen in einer Betriebsvereinbarung festzulegen.
Kommt es im nachhinein zu einer Erstattung durch die Bundesanstalt für Arbeit, hat der Beschäftigte Anspruch auf Rückerstattung der Eigenbeteiligung.

10.2 Im übrigen kann für leitende Führungskräfte und für Beschäftigte mit einem Monatsverdienst, der höher ist als 137,5% der höchsten Tarifgehaltsgruppe, eine abweichende Regelung vereinbart werden.

10.3 Außerdem bleiben unberührt Regelungen zu Altersteilzeitarbeitsverhältnissen in unverblockter Form.

Der Tarifvertrag zur Altersteilzeit 1997 enthält in § 10 Bestimmungen, die es den Betriebsparteien ermöglicht, von den zwingenden Vorschriften des Tarifvertrages abzuweichen. Die Tarifvertragsparteien waren 1997 der Auffassung, dass bei Durchführung und Inanspruchnahme der Altersteilzeit Konstellationen denkbar sein können, dass die Bundesanstalt für Arbeit keine Aufstockungsbeträge erstattet. Für diesen Fall sollte der Arbeitgeber von dem tariflichen Anteil der Aufstockungsbeträge entlastet werden. Im Gegenzug sollten die Betriebsvereinbarungen Regelungen treffen, die durch eine Eigenbeteiligung trotzdem die tariflichen Leistungen sicherstellt. Aus heutiger Sicht dürften aus der Handhabung des Gesetzes in Verbindung mit den Durchführungsbestimmungen der BA zur Wiederbesetzung bzw. Erstattung der Aufstockungsleistungen keinerlei Fallgestaltungen mehr denkbar sein, die eine Anwendung dieser Sonderregelung rechtfertigen würde.

In der Metallindustrie in den Tarifgebieten NW/NB, SW-HZ und SB sind lediglich die leitenden Angestellten im Sinne von § 5 Abs. 3 BetrVG aus den Tarifverträgen ausgeschlossen. Die Tarifvertragsparteien haben für leitende Führungskräfte und für Beschäftigte, deren Monatsverdienst 37,5% oberhalb der höchsten Tarifgehaltsgruppe liegt, festgelegt, dass abweichende Regelungen vereinbart werden können. Leitende Führungskräfte sind nach gemeinsamer Auffassung der Tarifvertragsparteien Beschäftigte, deren Gehalt 37,5% oberhalb der Gehaltsgruppen K7, T7, M5 liegt (vgl. gemeinsame Position der TVP zum MTV 1987). Selbstverständlich sind die Mitbestimmungsrechte des Betriebsrates zu beachten[11].

Grundsätzlich sind die Tarifvertragsparteien davon ausgegangen, dass Altersteilzeit im Blockmodell durchgeführt wird. Sollte im Einzelfall im unverblockten Modell die Altersteilzeit vereinbart werden, so gelten hinsichtlich der materiellen Ausstattung die Bedingungen der Tarifverträge Altersteilzeit bzw. Beschäftigungsbrücke (§ 5 TV BB).

Vereinbarungen im Rahmen dieser Sonderregelungen sind zwischen den Betriebsparteien nur in einer freiwilligen Betriebsvereinbarung möglich.

---

[11] Erf.-Kommentar § 611 BGB Anm. 131, § 87 Anm. 106 BetrVG.

## § 11 Altersteilzeit nach Vollendung des 61. Lebensjahres

11.1 Kommt eine freiwillige Betriebsvereinbarung nach § 3.3 nicht zustande, so haben Beschäftigte, die das 61. Lebensjahr vollendet haben und die Voraussetzungen für die Erstattung durch die Bundesanstalt für Arbeit nach dem Altersteilzeitgesetz § 2 erfüllen, einen Anspruch auf ein Altersteilzeitarbeitsverhältnis in Form des Blockmodells nach folgender Maßgabe:

11.1.1 Das Altersteilzeitarbeitsverhältnis dauert längstens 4 Jahre. Es beginnt frühestens mit dem vollendeten 61. Lebensjahr und endet spätestens mit dem vollendeten 65. Lebensjahr. Die Freistellungsphase beginnt frühestens mit dem vollendeten 63. Lebensjahr.

11.1.2 Der Beschäftigte hat ein Wahlrecht zwischen nachfolgenden Möglichkeiten:

11.1.2.1 Einem Altersteilzeitarbeitsverhältnis entsprechend den tariflichen Bedingungen: In diesem Fall muß der Beschäftigte jedoch einen Eigenbetrag im Wert von 2,5 bisherigen Monatsentgelten für eine 4-jährige Altersteilzeit einbringen. Bei einer kürzeren Laufzeit reduziert sich der Eigenbetrag entsprechend. Der Eigenbetrag des Beschäftigten in Höhe von 2,5 bisherigen Monatsentgelten ist auf den Unterschiedsbetrag zwischen den gesetzlichen Leistungen und den tariflichen Leistungen begrenzt. Bringt der Beschäftigte darüber hinaus auf eigenen Wunsch und im Einvernehmen mit dem Arbeitgeber trotzdem bis zu 2,5 bisherige Monatsentgelte ein, ist der Aufstockungsbetrag entsprechend zu erhöhen.
6.5 gilt entsprechend.

11.1.2.2 Will der Beschäftigte keinen Eigenbetrag einbringen, gelten die gesetzlichen Bedingungen.

11.2 In einer freiwilligen Betriebsvereinbarung haben die Betriebsparteien Kriterien (z. B. Schlüsselqualifikation des Beschäftigten, Überforderungsschutz, fehlende Erstattungsfähigkeit durch die Bundesanstalt für Arbeit) festzulegen, die zu einer Ablehnung des Antrags des Beschäftigten berechtigen. Die Betriebsparteien haben sich über eine Ablehnung des individuellen Anspruchs zu einigen.
Kommt eine Einigung nicht zustande, entscheidet die tarifliche Schlichtungsstelle.

86 Vereinbaren die Betriebsparteien im Wege des Konsens nicht die Einführung und Anwendung der Altersteilzeit, so haben Beschäftigte ab Vollendung des 61. Lebensjahres einen Rechtsanspruch darauf, eine Altersteilzeit im Blockmodell durchzuführen. Dann beginnt bei vier Jahren Laufzeit die Freistellungsphase mit Vollendung des 63. Lebensjahres. Denkbar wäre auch, eine Altersteilzeit für die Dauer von 24 Monaten, beginnend ab der Vollendung des 63. Lebensjahres.

**Beispiele:**
Modell der ATZ III

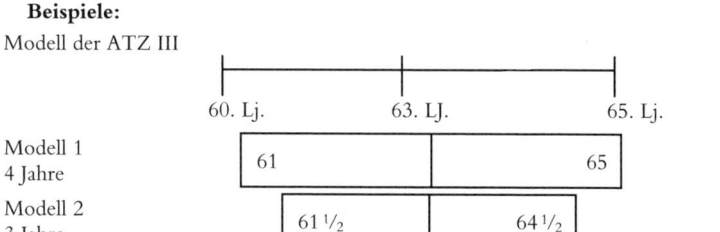

|  | 60. Lj. | 63. LJ. | 65. Lj. |
|---|---|---|---|

| Modell 1 4 Jahre | 61 | | 65 |
| Modell 2 3 Jahre | | 61½ | 64½ |
| Modell 3 2 Jahre | | 62 | 64 |
| Modell 4 2 Jahre | | | 63 | 65 |

Es sind auch andere Laufzeiten zwischen 4 und 2 Jahren möglich. Die Modelle 2 und 3 führen wieder zu Rentenabschlägen.

Bei diesem Anspruchsmodell (ATZ III) ist der Arbeitgeber lediglich verpflichtet, die gesetzlichen Aufstockungsleistungen (70% zum Altersteilzeitentgelt und 90% zur Rentenversicherung) zu entrichten. Weitere Aufstockungsleistungen sind vom Arbeitgeber nur dann zu zahlen, wenn die betroffenen Personen sich an der Finanzierung durch einen Eigenbeitrag von maximal 2½ Monatsentgelten des bisherigen Arbeitsentgelts bei einer 4jährigen Altersteilzeit beteiligen. Verringert sich die Laufzeit, so würde rein theoretisch auch die Höhe des Eigenbeitrages sich proportional verringern. Die Höhe des Eigenbeitrages ist auf den Unterschiedsbetrag zwischen den gesetzlichen Leistungen und den tariflichen Leistungen beim Aufstockungsbetrag beschränkt.

Will der Arbeitgeber dem Anspruch auf Altersteilzeit nach dem Anspruchsmodell entgegentreten, so hat er die Möglichkeit, mit dem Betriebsrat die Ablehnungskriterien im Wege der freiwilligen Betriebsvereinbarung festzulegen. Treffen die Betriebsparteien hierüber eine Übereinkunft, so entscheiden die Betriebsparteien darüber, ob Gründe, die dem Anspruch auf Altersteilzeit entgegenstehen sollen, berechtigt sind. Kommt eine Einigung über die Ablehnung nicht zustande, so soll eine tarifliche Schlichtungsstelle die fehlende Einigung zwischen den Betriebsparteien ersetzen.

## § 12 Langzeitkonto

Zur Erfüllung der Eigenbeteiligung können die Betriebsparteien die Möglichkeit von Langzeitkonten vereinbaren, die zweckgerichtet zur Finanzierung der Altersteilzeit dienen. Die Beschäftigten können in diese Langzeitkonten Zeitguthaben und Zuschläge einbringen.
Die Einzelheiten werden in einer Betriebsvereinbarung geregelt.
Die Ansparzeit soll frühestens 5 Jahre vor Beginn der Altersteilzeit, darf jedoch nicht vor dem vollendeten 50. Lebensjahr, beginnen.

Der Ausgleichszeitraum für die gleichmäßige Verteilung der Arbeitszeit beträgt nach dem Manteltarifvertrag in Verbindung mit dem Tarifvertrag zur Beschäftigungssicherung längstens 6 bzw. 12 oder 24 Monate. In-

**TV Metall u. Elektro §§ 13, 14**    D. Metall- u. Elektroindustrie

nerhalb des jeweils vereinbarten Ausgleichszeitraums muss der Durchschnitt der tariflichen wöchentlichen Arbeitszeit von 35 Stunden/Woche bzw. bis zu 40 Stunden/Woche erreicht werden.

Der Tarifvertrag zur Altersteilzeit 1997 enthält eine Regelung, nach der zweckgerichtet zur Erfüllung der Eigenbeteiligung ein Langzeitkonto eingerichtet werden kann. In Verbindung mit der Regelung in § 11 (Rn. 4) kann über ein solches Langzeitkonto, in dem Zeitguthaben und Zuschläge eingebracht werden können, der Eigenbeitrag bis zu 2,5 Monatsentgelten angespart werden.

Die Ansparzeit für das Anspruchsmodell (ATZ III) darf nicht vor Vollendung des 50. Lebensjahres beginnen.

### § 13 Abweichende Regelung

Die Betriebsparteien können im Weg einer freiwilligen Betriebsvereinbarung durch insgesamt
- wertgleiche Regelungen oder
- bei Gefährdung von Arbeitsplätzen durch Einführung von Altersteilzeit

abweichende betriebliche Regelungen zur Altersteilzeit vereinbaren.

Bei wertgleichen Regelungen, die die Wertgleichheit über eine kollektive Betrachtung erzielen, sind die sozialen Belange aller Beschäftigtengruppen angemessen zu berücksichtigen.

91   Der Tarifvertrag enthält hier eine weitere Regelung, die den Betriebsparteien im Wege der freiwilligen Betriebsvereinbarung die Möglichkeit gibt, vom Tarifvertrag abweichende Regelungen zu vereinbaren. Für die abweichende Regelung in einer freiwilligen Betriebsvereinbarung sind zwei Tatbestände formuliert. Hinweise für die Definition der Tatbestandsvoraussetzungen enthält weder der Tarifvertrag noch die Schiedsvereinbarung vom 27. September 1997.

92   Wertgleichheit kann vorliegen, wenn der Anspruch auf die Abfindung (§ 9 ATZ 1997, § 6 TV BB) in ein System der betrieblichen Altersversorgung eingebracht wird und somit die Ansprüche aus dem System der betrieblichen Altersversorgung erhöht werden.

### § 14 Ende des Altersteilzeitarbeitsverhältnisses

Das Altersteilzeitarbeitsverhältnis endet:
a) mit Ablauf des Kalendermonats, in dem der Beschäftigte das 65. Lebensjahr vollendet hat oder
b) zu einem zwischen Arbeitgeber und Beschäftigten vereinbarten anderen Zeitpunkt oder
c) mit Beginn des Kalendermonats, für den der Beschäftigte eine der in § 5 Abs. 1 Nr. 3 Altersteilzeitgesetz aufgeführten Leistungen bezieht oder
d) mit Ablauf des Kalendermonats vor dem Kalendermonat, für den der Beschäftigte eine ungeminderte Altersrente beanspruchen kann (§ 5 Abs. 1 Nr. 2 Altersteilzeitgesetz).

Die tarifliche Vorschrift zur Beendigung des (Altersteilzeit-)Arbeitsverhält- 93
nisses ist der gesetzlichen Regelung nachgebildet.

Ergänzend zur gesetzlichen Vorschrift soll das (Altersteilzeit-) Arbeitsverhältnis auch zu einem anderen Zeitpunkt beendet werden können. Dieser wird individuell vereinbart gem. § 2 Abs. 1 Nr. 1 ATG muss der Beschäftigte dann einen Anspruch auf Altersrente haben.

Abweichend von der Vorschrift im ATG soll nach § 14 d das Arbeitsver- 94
hältnis nur enden, soweit vom Beschäftigten eine ungeminderte Altersrente aus Altersteilzeit oder einer anderen Rentenart in Anspruch genommen werden kann.

Erstmals wurde mit dem Tarifvertrag zur Altersteilzeit tatbestandlich gere- 95
gelt, wann ein Arbeitsverhältnis – vorliegend gilt dies nur für das Altersteilzeitarbeitsverhältnis – wegen Alters bzw. Rentenbezug endet. Daraus folgt, dass alle anderen Arbeitsverhältnisse ohne Altersteilzeit bei Bezug von Rentenleistungen weder enden noch ruhen oder anderweitig unterbrochen werden. Vielmehr bedarf es hierzu jeweils immer der Vereinbarung zwischen den Arbeitsvertragsparteien.

Für Beschäftigte in Altersteilzeit gilt in der Metall- und Elektroindustrie, je 96
nach Tarifgebiet, ein besonderer Kündigungsschutz für ältere Beschäftigte, so dass eine arbeitgeberseitige vorzeitige Beendigung des Altersteilzeitarbeitsverhältnisses nur noch aus wichtigem Grund (§ 4.4 MTV Ba.-Wü., § 626 BGB) in Betracht kommen kann.

## § 15 Entgeltfortzahlung bei Krankheit in der Arbeitsphase

**Bei Arbeitsunfähigkeit und Kur während der Arbeitsphase gelten die §§ 12.3 und 12.4 MTV entsprechend. Dabei entsprechen 82% des Nettovollzeitentgeltes den 10% der Entgeltfortzahlung.**

**Protokollnotiz:**
**Die Tarifvertragsparteien prüfen, ob eine Erstattung gemäß § 10 Abs. 2 Altersteilzeitgesetz auch für Aufstockungszahlungen im Blockmodell möglich ist. Ist dies der Fall wird der Aufstockungsbetrag in gesetzlicher Höhe auch bei einer Erkrankung in der Arbeitsphase nach Ablauf der Zeiträume von § 12.3 und gegebenenfalls § 12.4 MTV gezahlt. Insoweit tritt der Beschäftigte seine Ansprüche gegenüber der Bundesanstalt für Arbeit an den Arbeitgeber ab.**

Die Tarifvertragsparteien haben für den Fall der Entgeltfortzahlung bei 97
Krankheit während der Altersteilzeit keine besonderen Regelungen geschaffen. Die tarifliche Vorschrift verweist lediglich auf die Regelungen zur Entgeltfortzahlung bei Krankheit und Kur im Manteltarifvertrag bzw. auf das ATG. Im Gesetz ist unter der Überschrift „Soziale Sicherung des Arbeitnehmers" festgelegt, dass im Falle der Arbeitsunfähigkeit die Bundesanstalt für Arbeit anstelle des Arbeitgebers die Aufstockungsbeträge entrichtet.

Tariflich ist geregelt, dass 82% des Nettovollzeitentgeltes (richtigerweise müsste es heißen „bisherigen Arbeitsentgeltes") 100% der Entgeltfortzahlung entsprechen.

# TV Metall u. Elektro § 15 98–102   D. Metall- u. Elektroindustrie

**98** Beschäftigte, die im Blockmodell der Altersteilzeit während der Arbeitsphase erkranken, haben gegen den Arbeitgeber einen Anspruch darauf für längstens 6 Wochen (Angestellte längstens $1^1/_2$ Monate) auf Fortzahlung des steuer- und sozialversicherungspflichtigen Altersteilzeitentgelt. Darüber hinaus sind bis zum Zeitpunkt des Ablaufs der Entgeltfortzahlung auch die Aufstockungsbeträge zu entrichten. Nach Ablauf des Entgeltfortzahlungszeitraumes haben die Beschäftigten nur noch Anspruch auf Krankengeld der zuständigen Krankenkasse mit der Maßgabe, dass dieses Krankengeld 90% des zuletzt erzielten Nettoeinkommen nicht übersteigen darf. Das zuletzt abgerechnete Teilzeitentgelt während der Arbeitsphase (50% des Arbeitsentgelt ohne Altersteilzeit) reduziert sich also noch einmal auf 70% des Bruttoverdienstes (Regelentgelt) bzw. 90% des zuletzt berechneten Nettoarbeitsentgelt (§ 47 Abs. 1 SGB V).

**99** Dazu hat der Beschäftigte in Altersteilzeit gegen den Arbeitgeber einen weiteren Anspruch auf einen Zuschuss zum Krankengeld gem. § 12.4 MTV bei Arbeitsunfähigkeit und Kur für längstens 3 Monate. Dieser Zuschuss zum Krankgeld ist in Höhe der Differenz zwischen dem Krankengeld und 100% der monatlichen Nettobezüge (= 82%) abzurechnen. Der Differenzbetrag wird in Brutto gewährt und unterliegt den gesetzlichen Abzügen (§ 12.4 MTV). Dieser Differenzbetrag ist in der Regel sozialversicherungsfrei[12].

**100** Anstelle des Arbeitgebers entrichtet im Falle der fortdauernden Arbeitsunfähigkeit über den Ablauf des Entgeltfortzahlungszeitraumes hinaus die Bundesanstalt für Arbeit die Aufstockungsbeträge (§ 10 Abs. 2 ATG).

**101** Beim Abschluss des Tarifvertrages Altersteilzeit im September 1997 haben die Tarifvertragsparteien sich einander einen Prüfauftrag gegeben. Es bestand seinerzeit Unklarheit darüber, ob, und wenn ja wie die Bundesanstalt für Arbeit die Aufstockungsleistungen entrichtet, da im Blockmodell der Altersteilzeit es erst in der Phase des Wechsels von Arbeits- in die Freistellungsphase zur Wiederbesetzung und damit zur Erstattung der Aufstockungsleistungen kommen kann. Zwischenzeitlich ist geklärt, dass Aufstockungsleistungen erst mit Beginn der Freizeitphase und der gleichzeitigen Wiederbesetzung entrichtet werden – und dies in doppelter Höhe. Ist der kranke Beschäftigte während der Arbeitsphase im Blockmodell so tritt nunmehr der Arbeitgeber in Vorleistung und entrichtet anstelle der Bundesanstalt für Arbeit die Aufstockungsbeträge. Da bei lang andauernder Arbeitsunfähigkeit Beschäftigte gegenüber der Bundesanstalt für Arbeit Ansprüche auf Erstattung der Aufstockungsbeträge haben, müssen Beschäftigte ihre Ansprüche gegenüber der Bundesanstalt für Arbeit an den Arbeitgeber abtreten. Im Tarifvertrag ATZ/NRW wurde dies legal definiert (§ 15 II TV ATZ/NRW).

**102** Zur sozialen Sicherung der Beschäftigten im Falle der Arbeitsunfähigkeit ist das Gesetz aber auch der Tarifvertrag unzureichend ausgestattet. Für die Betriebsparteien ist hier Handlungsbedarf. Um zu vermeiden, dass Beschäftigte bei fortdauernder Arbeitsunfähigkeit in der Arbeitsphase in ein finanzielles Loch fallen, ist in manchen Betriebsvereinbarungen bestimmt, dass der Arbeitgeber auch über den Entgeltfortzahlungszeitraum hinaus die Aufstockung entrichtet. Es wurde auch vereinbart, dass mit der Aufstockung zum

---

[12] BB 1997, 1851 f.

Krankengeld der zuständigen Krankenkasse ca. 77% des bisherigen Arbeitsentgelts ohne Altersteilzeit garantiert wird[13]. Die Begrenzung der Aufstockung auf bis zu ca. 77% ist gerechtfertigt, da Beschäftigte ohne Altersteilzeit bei fortdauernder Arbeitsunfähigkeit mit dem Krankengeld der zuständigen Krankenkasse auf ca. 90% des bisherigen Nettoverdienstes beschränkt sind (§ 47 SGB V).

In diesem Zusammenhang haben die Betriebsparteien in manchen Betriebsvereinbarungen festgelegt, dass die Zeit der Arbeitsunfähigkeit, die über den Entgeltfortzahlungszeitraum hinausreicht, zur Hälfte nachgearbeitet werden muss. Auch hierzu enthält der TV ATZ/NRW eine Ergänzung. Den Betriebsparteien ist es vorbehalten, eine betriebliche Regelung zu treffen. Zur Nacharbeit vgl. Teil A § 10 RdNr. 10, Teil C RdNr. 27. **103**

In der Freistellungsphase ruht der Anspruch auf Krankengeld gem. § 49 I Nr 6 SGB V. Hier muss der Arbeitgeber das Arbeitsverhältnis nach dem Tarifvertrag abrechnen und Entgelt sowie Aufstockung zahlen. **104**

## § 16 Insolvenzsicherung

**Der Arbeitgeber berät geeignete Maßnahmen mit dem Betriebsrat und stellt sicher, daß im Falle der vorzeitigen Beendigung des Altersteilzeitarbeitsverhältnisses durch Insolvenz des Arbeitgebers alle bis zu diesem Zeitpunkt entstandenen Ansprüche einschließlich der darauf entfallenden Arbeitgeberanteile zur Sozialversicherung gesichert sind.**
**Die Insolvenzsicherung von Langzeitkonten i. S. v. § 12 erfolgt, sobald der Altersteilzeitarbeitsvertrag abgeschlossen ist oder das zu diesem Zweck gebildete Guthaben 150 Stunden übersteigt**
**Der Arbeitgeber weist gegenüber dem Betriebsrat bzw. soweit keine Betriebsvereinbarung besteht gegenüber dem Beschäftigten jährlich die ausreichende Sicherung nach.**
**Die Art der Sicherung kann betrieblich festgelegt werden.**

In dem Tarifvertrag zur Altersteilzeit wurde vereinbart, dass der Arbeitgeber die Ansprüche der Beschäftigten zum Zwecke der Durchführung der Altersteilzeit gegen Insolvenz sichern muss. Hierüber hat der Arbeitgeber mit dem Betriebsrat zu beraten und dem Betriebsrat jährlich die ausreichende Sicherung nachzuweisen. Regelungen zur Insolvenzsicherung sind Bestandteil der notwendigen Betriebsvereinbarung der Altersteilzeit. **105**

Nach dem genauen Wortlaut der tariflichen Vorschrift hat der Arbeitgeber nur „… im Falle der vorzeitigen Beendigung des Altersteilzeitverhältnisses durch Insolvenz des Arbeitgebers …", die Sicherung durchzuführen. Da aber die Insolvenz des Arbeitgebers nicht notwendigerweise zur Beendigung des Altersteilzeitarbeitsverhältnisses führt, greift die tarifliche Vorschrift zu kurz und bedarf der näheren Erläuterung. **106**

Die Tarifvertragsparteien in allen Tarifgebieten gehen davon aus, dass grundsätzlich die Ansprüche der Beschäftigten in Altersteilzeit gegen Insolvenz zu sichern sind (vgl. § 7d SGB IV). Meinungsverschiedenheiten bzw. **107**

---

[13] Betriebsvereinbarung Daimler Benz in NZA 1998, 868 f.

Unklarheiten bestehen lediglich in der Frage, wie die Insolvenzsicherung durchgeführt wird. In diesem Zusammenhang sei auf Schlichtungstext aus der Schlichtungsvereinbarung von September 1997 verwiesen. Unter Ziffer 3 heißt es, „Der Arbeitgeber stellt durch geeignete Maßnahmen sicher, dass das Entgelt für die vorgeleistete Arbeit gegen Insolvenz geschützt ist."

108 Auch wenn Gesetz und Tarifvertrag dem Arbeitgeber nicht eine ausdrückliche Pflicht auferlegen, Ansprüche der Beschäftigten aus dem Altersteilzeitarbeitsverhältnis (insbesondere die Wertguthaben) gegen Insolvenz zu sichern, so sind sie dennoch verpflichtet Vorkehrungen zu treffen, die der Sicherung der Wertguthaben einschließlich der auf sie entfallenden Arbeitgeberanteile am Gesamtsozialversicherungsbeitrag dienen (vgl. § 7d SGB IV). Darüber hinaus sind die Tarifvertragsparteien im Rahmen des „Bündnisses für Arbeit" übereinstimmend der Auffassung, dass Entgeltansprüche und Zeitguthaben aus vorgeleisteter Arbeit gegen Insolvenz zu sichern sind[14].

109 Gegen Insolvenz sind die Differenz zwischen den ausgezahlten Leistungen des Arbeitgebers und dem Entgelt für den Zeitraum der tatsächlichen Beschäftigung sowie die auf diesen Differenzbetrag entfallenden Arbeitgeberanteile an den Beiträgen zur Sozialversicherung zu sichern. Hinzu kommt noch das anteilige nicht ausgezahlte zusätzliche Urlaubsgeld sowie die anteilige nicht ausgezahlte Sonderzahlung einschließlich der Arbeitgeberanteile an den Beiträgen zur Sozialversicherung. Die Beträge bzw. die Wertguthaben, die gegen Insolvenz zu sichern sind, steigen mit Fortdauer der Altersteilzeit während der Arbeitsphase an und werden mit Beginn der Freistellungsphase zeitanteilig abgeschmolzen.

Zu den Formen der Insolvenzsicherung vgl. Teil B RdNr. 34 ff.

110 Der Arbeitgeber ist verpflichtet, die ausreichende Insolvenzsicherung gegenüber dem Betriebsrat nachzuweisen. Näheres ist zweckmäßigerweise in einer Betriebsvereinbarung festzulegen. Besteht eine solche Betriebsvereinbarung nicht, so haben die einzelnen Beschäftigten einen Anspruch darauf, dass der Arbeitgeber ihnen gegenüber den Nachweis führt.

## § 17 Nebentätigkeiten

**Der Beschäftigte hat dem Arbeitgeber Nebentätigkeiten anzuzeigen. Soweit durch sie die in § 5 Abs. 3 Altersteilzeitgesetz genannten Grenzen überschritten werden, bedürfen sie der Zustimmung des Arbeitgebers.**

**Bei einem Überschreiten der Geringfügigkeitsgrenzen entfällt der Anspruch auf den Aufstockungsbetrag sowie auf den zusätzlichen Rentenversicherungsbetrag.**

**Soweit der Beschäftigte ohne Zustimmung des Arbeitgebers eine Nebentätigkeit ausübt, die die Grenzen des § 5 Abs. 3 Altersteilzeitgesetz überschreiten, hat er dem Arbeitgeber den Aufstockungsbetrag sowie die zusätzlichen Rentenbeiträge insoweit zu erstatten.**

---

[14] Rechtsgutachten einer Arbeitsgruppe im „Bündnis für Arbeit" erstattet von Glaubitz/Schoden/v. Maydell; zitiert im Bericht des BMA zu § 7d SGB IV über die Vereinbarungen zur Absicherung von Wertguthaben und zu Vorschlägen zur Weiterentwicklung des Insolvenzschutzes, Berlin Dezember 2001.

Die Tarifvertragsparteien sind der Auffassung, dass Nebentätigkeiten während der Altersteilzeit anzuzeigen sind, der Zustimmung des Arbeitgebers bedürfen und im Prinzip unterbleiben sollen. Hierbei wird davon ausgegangen, dass Nebentätigkeiten während der Arbeitsphase in größerem Umfang gar nicht leistbar sind; u.a. stehen die Grenzen des Arbeitszeitgesetzes dem sogar entgegen. Erst recht in der Freistellungsphase sollte eine vollschichtige Nebentätigkeit unterbleiben, da sonst Beschäftigungseffekte verloren gehen. 111

Auch Geringfügigkeitsbeschäftigung sollte sowohl während der Arbeits- als auch während der Freistellungsphase vermieden werden. Bei einem Überschreiten der Geringfügigkeitsgrenze entfällt zudem der Anspruch auf die Aufstockungsbeträge. 112

Die Regelungen zur Nebentätigkeit gehen über die Vorschriften des ATG hinaus. Die Einschränkung der Nebentätigkeit während der Altersteilzeit gilt natürlich nicht für solche Nebentätigkeiten, die bereits vor Eintritt in die Altersteilzeit ständig ausgeübt wurden (vgl. § 5 III. ATG). 113

## § 18 Benachteiligungsverbot

**Aus Anlaß einer Vereinbarung über ein Altersteilzeitarbeitsverhältnis dürfen den Beschäftigten keine Nachteile entstehen. Insbesondere sollen aus diesem Anlaß Versetzungen auf einen anderen Arbeitsplatz oder die Übertragung einer anderen Tätigkeit ausgeschlossen bleiben.**
**Die Vorschriften zum Abgruppierungsschutz finden Anwendung.**

Die Möglichkeit eines Beschäftigten zur Teilnahme an der Altersteilzeit bzw. der Geltendmachung des Anspruches an der Altersteilzeit (Anspruchsmodell Altersteilzeit II, Altersteilzeit III) gilt nicht als eine die Kündigung des Arbeitsverhältnisses durch den Arbeitgeber begründete Tatsache i.S.v. § 1 Abs. 2 Satz 1 Kündigungsschutzgesetz. Sie kann auch nicht bei der Sozialauswahl zum Nachteil des Beschäftigten berücksichtigt werden, der keine Altersteilzeit in Anspruch nehmen will (vgl. §§ 8 AtzG, 7 Ib SGB IV). 114

Beschäftigte, die in Altersteilzeit gewechselt sind, haben selbstverständlich weiterhin einen Anspruch auf den tariflichen Alterskündigungsschutz. Dies gilt auch für die anderen Ansprüche aus den Tarifverträgen. 115

## § 19 Mitteilungs- und Mitwirkungspflichten

**Beim Abschluß des Altersteilzeitarbeitsverhältnisses hat der Arbeitgeber den Beschäftigten auf die Folgen des Altersteilzeitarbeitsverhältnisses allgemein und auf die sozialversicherungsrechtlichen Folgen von Änderungen über die Voraussetzungen sowie einer Verletzung seiner Mitteilungs- und Mitwirkungspflichten hinzuweisen.**

Diese Tarifvorschrift wendet sich an beide Parteien des Altersteilzeitarbeitsverhältnisses. Der Arbeitgeber hat aus dem Gesichtspunkt der Fürsorgepflicht vor Beginn der Altersteilzeit die betroffenen Beschäftigten über die Folgen hinsichtlich des Entgelts, der Jahresleistungen, der sozialrechtlichen Folgen der Altersteilzeit einschließlich der Rentenabschläge und der drohen- 116 den Steuernachforderung wegen des Progressionsvorbehaltes hinzuweisen[15]. Bewährt hat sich hier in der Praxis durch umfangreiche Aufklärungsarbeit über die Vorteile der Altersteilzeit im Betrieb zu informieren, damit die Beschäftigten sich rechtzeitig kundig machen können und vor allem die individuellen Verhältnisse prüfen, um sachgerecht über die Teilnahme an der Altersteilzeit zu entscheiden.

Für die Betriebsparteien empfehlen sich Checklisten, nach denen aufgeklärt und letztlich auch beraten wird. (vgl. S. 155 ff.).

**117** Eine allgemeine Haftung des Arbeitgebers zu denkbaren Risiken der Altersteilzeit lässt sich aus dieser Vorschrift nicht herleiten. Andererseits sind auch die Beschäftigten darauf hinzuweisen, dass sie alle Angaben, die für die Gewährung der Leistung der Bundesanstalt für Arbeit erheblich sind, dem Arbeitgeber unverzüglich mitzuteilen sind. Kommen Beschäftigte ihrer Hinweis- und Mitteilungspflicht nicht nach und verliert der Arbeitgeber u. U. die Erstattungsansprüche für bereits verauslagte Aufstockungsbeträge, so könnten die Arbeitgeber ihrerseits Erstattungsansprüche gegen die einzelnen Beschäftigten geltend machen.

### § 20 Verhandlungsverpflichtung

**Ändern sich während der Laufzeit dieses Tarifvertrages die Bestimmungen des Altersteilzeitgesetzes oder die für die Berechnung der tariflichen Leistungen maßgebenden sonstigen Vorschriften, werden die Tarifvertragsparteien auf Antrag einer Seite in Verhandlungen über eine Anpassung der tariflichen Bestimmungen eintreten.**

**Die Tarifvertragsparteien klären bei der Bundesanstalt für Arbeit, ob deren Leistungen auch davon abhängen, daß die Tarifregelung in der anliegenden Gestaltung keinen bezifferten Überforderungsschutz enthält. Sollte dies der Fall sein, verpflichten sich die Tarifvertragsparteien eine den Erfordernissen der Bundesanstalt gerecht werdende Klausel zum Überforderungsschutz in die Tarifregelungen aufzunehmen.**

**118** Die Tarifvertragsparteien haben verabredet, dass während der Laufzeit des Tarifvertrages Verhandlungen aufgenommen werden, wenn sich die Bestimmungen des Altersteilzeitgesetzes und andere für die Berechnung der tariflichen Leistungen maßgeblichen Vorschriften sich ändern, um diese in den Tarifvertrag einzuarbeiten.

Unter Bezugnahme auf diese Tarifvorschrift wurde zuletzt im September 2000 der Tarifvertrag novelliert.

---

[15] Zum Progressionsvorbehalt vgl. Teil A § 3 RdNr. 60 ff. Keine Verpflichtung des Arbeitgebers die Auswirkungen des Progressionsvorbehalt auszugleichen nach ArbG Stgt NZA-RR 2001, 501 f, LAG Ffm LAGE § 3 ATG Nr. 2.

III. Tarifvertrag § 21 TV Metall u. Elektro

**§ 21 Inkrafttreten, Außerkrafttreten, Kündigung des Tarifvertrages**

21.1 Dieser Tarifvertrag tritt am 01. Januar 1998 in Kraft.
21.2 Dieser Tarifvertrag kann mit Monatsfrist zum Monatsende, erstmals zum 30. April 2003, gekündigt werden.

Die Schlussbestimmung enthält die allgemein üblichen Daten über das Inkrafttreten des Tarifvertrages und die erstmalige Kündigungsfrist.

# E. Altersteilzeitarbeit im Öffentlichen Dienst

## I. Kommentar Tarifvertrag zur Regelung der Altersteilzeitarbeit im Öffentlichen Dienst

vom 5. Mai 1998 i.d.F. des Änderungstarifvertrages Nr. 2 vom 30. Juni 2000 (TV ATZ)

### Übersicht

|  | Seite |
|---|---|
| § 1 Geltungsbereich | 218 |
| § 2 Voraussetzungen der Altersteilzeitarbeit | 219 |
| § 3 Reduzierung und Verteilung der Arbeitszeit | 224 |
| § 4 Höhe der Bezüge | 227 |
| § 5 Aufstockungsleistungen | 227 |
| § 6 Nebentätigkeit | 243 |
| § 7 Urlaub | 244 |
| § 8 Nichtbestehen und Ruhen der Aufstockungsleistung | 246 |
| § 9 Ende des Arbeitsverhältnisses | 251 |
| § 10 Mitwirkungspflichten | 255 |

### Einleitung

Während das Altersteilzeitgesetz als Subventionsgesetz konzipiert ist, regelt 1 der Tarifvertrag die Bedingungen unter denen die Altersteilzeitarbeit ausgeübt wird. Für den Bereich des öffentlichen Dienstes wurde in der Tarifrunde 1998 durch den Tarifvertrag vom 5. 5. 1998, in Kraft getreten am 1. 5. 1998, die Altersteilzeit ins Leben gerufen. Im Gleichklang mit der Zielsetzung des Altersteilzeitgesetzes sollte auch älteren Beschäftigten im öffentlichen Dienst ab dem 55. Lebensjahr ein gleitender Übergang vom Erwerbsleben in den Ruhestand ermöglicht und dadurch vorrangig Ausgebildeten und Arbeitslosen eine Beschäftigungsmöglichkeit eröffnet werden[1].

Der Tarifvertrag konkretisiert die Bestimmungen des Altersteilzeitgesetzes, 2 indem der materielle und immaterielle Rahmen verbessert wurde (z.B. Aufstockung auf 83 v.H. des Vollzeitentgelts, Altersteilzeit im Blockmodell über 10 Jahre). Die zeitlichen Verbindung von Altersteilzeitarbeit mit dem anschließenden Übergang in die Altersversorgung erforderte es jedoch, den komplizierten Bestimmungen des im öffentlichen Dienst vorzufindenden kombinierten Versorgungssystems ausreichend Rechnung zu tragen. Denn

---

[1] Vgl. Präambel zum TV ATZ.

**TV ATZ § 1**  3, 4   E. Altersteilzeitarbeit im Öffentlichen Dienst

ohne spezielle Regelungen im Bereich der zusätzlichen Alters- und Hinterbliebenenversorgung im öffentlichen Dienst wäre dort Altersteilzeitarbeit zum Scheitern verurteilt gewesen.

3   Zur Durchführung des Tarifvertrages wird auf die folgenden veröffentlichen Rundschreiben hingewiesen[2]:
- Rundschreiben des BMI vom 9. 9. 1998 – D II 4 – 220770 – 1/18 (GMBl. S. 638)
- Rundschreiben des BMI vom 11. 1. 1999 (GMBl. S. 118)
- Rundschreiben des BMI vom 24. 3. 1999 (GMBl. S. 343)
- Rundschreiben des BMI vom 17. 12. 1999 (GMBl. 2000, S. 58)
- Rundschreiben des BMI vom 20. 12. 1999 (GMBl. 2000, S. 123)
- Rundschreiben des BMI vom 25. 2. 2000 (GMBl. S. 287)
- Rundschreiben des BMI vom 21. 8. 2000 (GMBl. S. 942)
- Rundschreiben des BMI vom 3. 1. 2001 (GMBl. S. 1126)

4   Die nachfolgenden Erläuterungen konzentrieren sich daher im Wesentlichen auf solche Fragen zum Tarifvertrag, welche nicht bereits in den oben näher bezeichneten Durchführungshinweisen des BMI unmittelbar behandelt sind.

### Präambel

**Die Tarifvertragsparteien wollen mit Hilfe dieses Tarifvertrages älteren Beschäftigten einen gleitenden Übergang vom Erwerbsleben in den Ruhestand ermöglichen und dadurch vorrangig Auszubildenden und Arbeitslosen Beschäftigungsmöglichkeiten eröffnen.**

### § 1 Geltungsbereich

**Dieser Tarifvertrag gilt für die Arbeitnehmer (Angestellte, Arbeiter und Arbeiterinnen), die unter den Geltungsbereich des**
a) **Bundes-Angestelltentarifvertrages (BAT),**
b) **Tarifvertrages zur Anpassung des Tarifrechts – Manteltarifliche Vorschriften (BAT-O),**
c) **Tarifvertrages zur Anpassung des Tarifrechts – Manteltarifliche Vorschriften (BAT Ostdeutsche Sparkassen),**
d) **Manteltarifvertrages für Arbeiterinnen und Arbeiter des Bundes und der Länder (MTArb),**
e) **Bundesmanteltarifvertrages für Arbeiter gemeindlicher Verwaltungen und Betriebe (BMT-G II),**
f) **Tarifvertrages zur Anpassung des Tarifrechts für Arbeiter an den MTArb (MTArb-O),**
g) **Tarifvertrages zur Anpassung des Tarifrechts – Manteltarifliche Vorschriften für Arbeiter gemeindlicher Verwaltungen und Betriebe – (BMT-G-O),**
h) **Tarifvertrages über die Anwendung von Tarifverträgen auf Arbeiter (TV Arbeiter-Ostdeutsche Sparkassen)**
**fallen.**

---

[2] Vom Abdruck der Durchführungshinweise wurde abgesehen.

## I. Kommentar TV ATZ § 2 TV ATZ

Der TV ATZ ist ein ergänzender Tarifvertrag für die Arbeitnehmer, die 1
unter den Geltungsbereich der in § 1 TV ATZ näher bezeichneten Manteltarifverträge fallen (z.b. BAT, BAT-O, MTArb, MTArb-O). Er findet aber auch auf jedes Arbeitsverhältnis Anwendung, dessen Arbeitsvertrag einen Manteltarifvertrag des öffentlichen Dienstes in Bezug nimmt. Nehmen diese Manteltarifverträge Arbeitnehmer von ihrem Geltungsbereich aus, so ist dieser Personenkreis auch vom Geltungsbereich des TV ATZ ausgeschlossen. Soweit der TV ATZ keine speziellen Bestimmungen vorsieht, muss auf den einschlägigen Manteltarifvertrag zurückgegriffen werden.

Für bestimmte Arbeitnehmergruppen existieren noch besondere Altersteil- 2
zeit-Tarifverträge. Zu nennen ist der Tarifvertrag zur Regelung der Altersteilzeitarbeit für Waldarbeiter (TV ATZ-W) vom 31. 8. 1998, die unter den Geltungsbereich des Manteltarifvertrages für Waldarbeiter der Länder und Gemeinden (MTW) vom 26. 1. 1982 oder des Tarifvertrages zur Anpassung des Tarifrechts für Waldarbeiter an den MTW (MTW-O) vom 5. 4. 1991 fallen.

Der TV ATZ vom 5. 5. 1998 ist zwar mit Wirkung vom 1. 5. 1998 in 3
Kraft getreten. Die zwischen dem 26. 6. 1997, dem Zeitpunkt der Beschlussfassung über die 30. Änderung der Satzung der Versorgungsanstalt des Bundes und der Länder (VBL) bzw. des Abschlusses des 30. Änderungstarifvertrages zum Versorgungstarifvertrag, und dem 1. 5. 1998 auf der Grundlage des Altersteilzeitgesetzes vereinbarten Altersteilzeitvereinbarungen werden ab 1. 5. 1998 ebenso erfasst (§ 11 Satz 2 TV ATZ).

### § 2 Voraussetzungen der Altersteilzeitarbeit

(1) **Der Arbeitgeber kann mit Arbeitnehmern, die**
a) **das 55. Lebensjahr vollendet haben,**
b) **eine Beschäftigungszeit (z.B. § 19 BAT/BAT-O) von fünf Jahren vollendet haben und**
c) **innerhalb der letzten fünf Jahre vor Beginn der Altersteilzeitarbeit mindestens 1080 Kalendertage in einer versicherungspflichtigen Beschäftigung nach dem Dritten Buch Sozialgesetzbuch gestanden haben,**
die Änderung des Arbeitsverhältnisses in ein Altersteilzeitarbeitsverhältnis auf der Grundlage des Altersteilzeitgesetzes vereinbaren; das Altersteilzeitarbeitsverhältnis muss ein versicherungspflichtiges Beschäftigungsverhältnis im Sinne des Dritten Buches Sozialgesetzbuch sein.

(2) [1]Arbeitnehmer, die das 60. Lebensjahr vollendet haben und die übrigen Voraussetzungen des Absatzes 1 erfüllen, haben Anspruch auf Vereinbarung eines Altersteilzeitarbeitsverhältnisses. [2]Der Arbeitnehmer hat den Arbeitgeber drei Monate vor dem geplanten Beginn des Altersteilzeitarbeitsverhältnisses über die Geltendmachung des Anspruchs zu informieren; von dem Fristerfordernis kann einvernehmlich abgewichen werden.

(3) Der Arbeitgeber kann die Vereinbarung eines Altersteilzeitarbeitsverhältnisses ablehnen, soweit dringende dienstliche bzw. betriebliche Gründe entgegenstellen.

(4) ¹Das Altersteilzeitarbeitsverhältnis soll mindestens für die Dauer von zwei Jahren vereinbart werden. ²Es muss vor dem 1. Januar 2010 beginnen.

1   Die Tatbestandsvoraussetzungen in § 2 TV ATZ entsprechen im Wesentlichen den Bestimmungen des § 2 AtG zum begünstigten Personenkreis.

### 1. Beschäftigungszeit von fünf Jahren (Abs. 1 Buchst. b)

2   Diese Tatbestandsvoraussetzung geht über die Anforderungen des Altersteilzeitgesetzes hinaus. Beschäftigungszeit ist die bei demselben Arbeitgeber nach Vollendung des 18. Lebensjahres zurückgelegte Arbeitszeit, auch wenn sie unterbrochen ist (§ 19 Abs. 1 BAT/BAT-O; § 6 Abs. 1 MTArb/MTArb-O). Durch Bezugnahme auf den tariflichen Begriff der Beschäftigungszeit soll erreicht werden, dass auch die Zeit erfasst wird, die ein Arbeitnehmer vor Übergang seines Beschäftigungsverhältnisses im öffentlichen Dienst verbracht hat, wenn die Dienststelle ganz oder teilweise von einem Arbeitgeber übernommen wird, der die Manteltarifverträge oder einen Tarifvertrag wesentlich gleichen Inhalts anwendet (§ 19 Abs. 2 BAT/BAT-O; § 6 Abs. 2 MTArb/MTArb-O). Zudem soll die Anrechnung von Zeiten der Beschäftigung von Arbeitnehmern sichergestellt werden, deren Arbeitgeber der Vereinigung der kommunalen Arbeitgeberverbände angehören, wenn ein Wechsel in einen Betrieb privater Rechtsform erfolgt (§ 19 Abs. 4 Satz 2 BAT/BAT-O; § 6 Abs. 5 BMT-G).

3   Die fünfjährige Beschäftigungszeit muss nicht ununterbrochen zurückgelegt sein. Frühere Zeiten beim selben Arbeitgeber können angerechnet werden, soweit deren Anrechnung nicht nach § 19 Abs. 1 Unterabs. 3 BAT/BAT-O ausgeschlossen ist.

4   Hat ein Arbeitnehmer wegen eines Arbeitgeberwechsels im fortgeschrittenen Alter diese Beschäftigungszeit nicht zurückgelegt, kommt eine Altersteilzeitvereinbarung nach den Regelungen des Tarifvertrages nicht in Betracht. Dies schließt aber eine individuelle Vereinbarung auf der Grundlage der Leistungsregelungen nach dem Altersteilzeitgesetz nicht aus.

### 2. Umfang der Vorbeschäftigung

5   Durch das erste Gesetz zur Fortentwicklung der Altersteilzeit ist der Geltungsbereich des Altersteilzeitgesetzes ab 1. 1. 2000 auf teilzeitbeschäftigte Arbeitnehmer erstreckt worden. Durch den Änderungstarifvertrag Nr. 2 haben die Tarifvertragsparteien mit Wirkung vom 1. 7. 2000 auch im tariflichen Bereich die Möglichkeit für Teilzeitbeschäftigte geschaffen, Altersteilzeit zu vereinbaren. Die bisherigen Regelungen über die geringfügige Unterschreitung bei Vollzeitbeschäftigung sind dadurch obsolet geworden.

6   In der Zusatzversorgung ist die Altersteilzeit von Teilzeitbeschäftigten durch die 37. Änderung der VBL-Satzung vom 21. 7. 2000 zwar mit Wirkung vom 1. 1. 2000 umgesetzt worden. Wegen der in dieser Zeit bestandenen Ungewissheit über die Behandlung von Altersteilzeitvereinbarungen mit Teilzeitbeschäftigten in der Zusatzversorgung dürfte es aber kaum zu Altersteilzeitvereinbarungen von Teilzeitbeschäftigten gekommen sein. Dennoch

könnte im Einzelfall auch hier die entsprechende Anwendung der Besitzschutzregelung des § 15 d Satz 1 AtG von Bedeutung sein.

Notwendig ist auch künftig bei solchen „gedoppelten" (Altersteilzeit-)- 7
Teilzeitkräften, dass diese vor dem Übertritt in die Altersteilzeit in einer versicherungspflichtigen Beschäftigung nach dem SGB III gestanden haben[3]. Maßstab der Verringerung der Arbeitszeit durch die Vereinbarung von Altersteilzeit ist aber nicht mehr die „tarifliche regelmäßige" Arbeitszeit, sondern die „bisherige" Arbeitszeit des Altersteilzeit vereinbarenden Arbeitnehmers (§ 3 Abs. 1 Unterabs. 2 TV ATZ).

### 3. Dringende betriebliche oder dienstliche Belange (Abs. 3)

Der Arbeitgeber kann dem Ansinnen auf Beschäftigung in Altersteilzeit 8
dringende dienstliche oder betriebliche Gründe entgegenhalten (§ 2 Abs. 3 TV ATZ).

Zunächst muss unterschieden werden, ob Altersteilzeitinteressenten diese 9
bereits mit Vollendung des 55. Lebensjahres oder erst mit 60 in Anspruch nehmen möchten. Denn die Tarifvertragsparteien haben nach § 2 Abs. 2 Satz 1 ATZ den Arbeitnehmern erst ab Vollendung des 60. Lebensjahres einen Rechtsanspruch auf Vereinbarung einer Altersteilzeitvereinbarung eingeräumt. Der Arbeitnehmer hat den Arbeitgeber in diesem Fall drei Monate vor dem geplanten Beginn der Altersteilzeitarbeit über die Inspruchnahme in Kenntnis zu setzen. § 2 Abs. 2 Satz 2 TV ATZ gewährt dem Arbeitgeber also vor einer entsprechenden Vereinbarung einen gewissen Planungszeitraum. Diese Ankündigungsfrist wird allerdings im Regelfall zur Klärung von Fragen zur Höhe des Altersteilzeitentgelts, steuer-, sozialversicherungs- und zusatzversorgungsrechtlichen Problemen benötigt.

Der Rechtsanspruch erstreckt sich nicht auf den Inhalt der Vereinbarung. 10
Die Ausgestaltung der Altersteilzeit wird durch die Situation in der Dienststelle oder im Betrieb bestimmt, so dass der Arbeitgeber beispielsweise auf die Festlegung der Dauer der Vereinbarung und auch auf die Wahl des Altersteilzeitmodells Einfluss nehmen kann. Letzteres ergibt sich ausdrücklich aus § 3 Abs. 3 TV ATZ, wonach der Arbeitnehmer vom Arbeitgeber lediglich verlangen kann, dass sein Wunsch nach einer bestimmten Verteilung der Arbeitszeit mit dem Ziel einer einvernehmlichen Lösung erörtert wird.

Nach § 2 Abs. 1 TV ATZ kann der Arbeitgeber mit Arbeitnehmern, die 11
das 55. Lebensjahr vollendet haben, die Änderung des Arbeitsverhältnisses in ein Altersteilzeitverhältnis vereinbaren. Mit der Formulierung „kann" wird die Entscheidung über die vom Arbeitnehmer verlangte Vertragsänderung in das Ermessen des Arbeitgebers gestellt[4].

In Ausübung dieses Ermessens hat der Arbeitnehmer einen Anspruch da- 12
rauf, dass die Entscheidung des Arbeitgebers über seinen Antrag der Billigkeit entspricht (§ 315 Abs. 1 BGB analog). Der Arbeitgeber ist daher verpflichtet, bei seiner Entscheidung die wesentlichen Umstände des Einzelfalles zu berücksichtigen und die beiderseitigen Interessen angemessen zu wahren. An weitere Vorgaben ist das Ermessen nicht gebunden, insbesondere nicht an

---

[3] Vgl. Wolf, NZA 2000, 637 (638).
[4] Vgl. BAG vom 12. 1. 1989 – 8 AZR 251/88 (BAGE 60, 362).

das Vorliegen von dringenden betrieblichen oder dienstlichen Gründen im Sinne des § 2 Abs. 3 TV ATZ. Ausreichend sind alle sachlichen Gründe, die vom Arbeitgeber zur Rechtfertigung vorgebracht werden. Finanzielle Erwägungen sind daher nicht ausgeschlossen. Die Beschränkung von Altersteilzeitarbeit nach § 2 Abs. 1 TV ATZ auf Bereiche, in denen ein Stellenüberhang besteht wurde für zulässig erachtet[5]. Des weiteren kann der Arbeitgeber bei seiner Entscheidung berücksichtigen, dass bei Teilzeitbeschäftigten ein nach Vereinbarung einer Altersteilzeit im Teilzeitmodell verbleibender Rumpfarbeitsplatz unter Umständen nur sehr schwer wieder besetzt werden kann. Die hierdurch bedingte finanzielle Mehrbelastung des Arbeitgebers bei fehlender Wiederbesetzung des nur teilweise freiwerdenden Arbeitsplatzes rechtfertige im Einzelfall eine Ablehnung. Dabei könne der Arbeitgeber seinen Bemühungen regelmäßig schon dann gerecht werden, dass er die fehlende Wiederbesetzung nachvollziehbar und plausibel darlegt[6].

13 In der Zwischenzeit hat die Rechtsprechung über weitere unterschiedliche Fallgestaltungen entscheiden müssen und bei Arbeitnehmern, die das 60. Lebensjahr noch nicht vollendet hatten, folgende Ablehnungsgründe oder Einschränkungen anerkannt:
- durchgeführte Schulungs- und Einarbeitungsmaßnahmen verbunden mit einer verfügten Stellenbesetzungssperre[7]
- Altersteilzeit nur bis zum frühestmöglichen Eintritt in eine – ggf. auch gekürzte – Altersrente[8]
- Altersteilzeit nur im Rahmen der Förderungshöchstdauer[9]
- fehlende Refinanzierungsmöglichkeiten[10]

14 Die einschränkende Bestimmung des § 2 Abs. 3 TV ATZ bezieht sich allein auf § 2 Abs. 2 TV ATZ. Das ist zwar weder dem Wortlaut noch der Systematik der Tarifvorschrift ohne weiteres zu entnehmen. Sie ergibt sich aber aus der Rechtsstellung der unterschiedlichen Altersgruppen. Dürfte man auch bei den unter 60-jährigen eine Altersteilzeitvereinbarung nur ablehnen, wenn dringende betriebliche oder dienstliche Gründe entgegenstehen, wäre die von den Tarifvertragsparteien erkennbar gewollte Unterscheidung zwischen Arbeitnehmern mit und ohne Anspruch auf eine Vertragsänderung aufgehoben[11].

15 Das Bundesarbeitsgericht hat zudem klargestellt, dass es sich bei den „dringenden dienstlichen oder betrieblichen Gründen" um unbestimmte Rechtsbegriffe handelt, die zur Tatbestandsseite der Norm gehören. Ob deren Merkmale vorliegen oder nicht, liegt daher nicht im Ermessen des Arbeitgebers sondern ist eine Rechtsfrage, bei deren Beantwortung dem Arbeitgeber lediglich ein Beurteilungsspielraum zur Verfügung steht.

16 § 2 Abs. 3 TV ATZ ist darüber hinaus eine abschließende Regelung. Durch das Merkmal „dringend" werden die hohen Anforderungen an die

---

[5] BAG vom 12. 12. 2000 – 9 AZR 706/99 (ZTR 2001, 411).
[6] BAG vom 26. 6. 2001 – 9 AZR 244/00 (ZTR 2002, 28).
[7] LAG Berlin, ZTR 2000, 81; ähnlich auch LAG Hamburg, ZTR 2000, 459.
[8] LAG Berlin vom 11. 2. 2000 – 6 Sa 2394/99 (rkr).
[9] ArbG Wiesbaden vom 1. 12. 1999 – 7 Ca 1095/99.
[10] ArbG Gießen vom 2. 5. 2000 – 4 Ca 494/99.
[11] BAG, a. a. O.

zulässigen Ablehnungsgründe deutlich gemacht. Allein sachliche Gründe reichen – im Gegensatz zu § 2 Abs. 1 TV ATZ – zur Abwehr des Anspruchs auf Altersteilzeitarbeit nicht aus.

Ein dringender dienstlicher oder betrieblicher Grund ist zuletzt im Rahmen der sog. Überforderung im Sinne des § 3 Abs. 1 Nr. 3 AtG gegeben, den der Arbeitgeber bei einer ablehnenden Entscheidung anführen kann (vgl. auch Teil A, § 3, RdNr. 133 ff). Hiernach muss die freie Entscheidung des Arbeitgebers bei einer über 5 v. H. der Arbeitnehmer eines Betriebes hinausgehenden Inanspruchnahme sichergestellt sein. Dieser Überforderungsschutz wird auch dem Arbeitgeber des öffentlichen Dienstes im Rahmen des § 2 Abs. 3 TV ATZ eingeräumt. Die Regelung zielt auf eine rein zahlenmäßige Einschränkung und kann ggf. allen Altersteilzeitinteressenten ab Vollendung des 55. Lebensjahres entgegengehalten werden. Der Arbeitgeber ist aber nicht verpflichtet, sich auf die 5-v. H.-Grenze zu berufen. 17

**4. Dauer der Altersteilzeitvereinbarung (Absatz 4)**

Das Altersteilzeitarbeitsverhältnis sollte nach § 2 Abs. 4 TV ATZ mindestens für die Dauer von zwei Jahren vereinbart werden. Diese Regelung wird nur vor dem Hintergrund verständlich, dass für die Altersrente nach Altersteilzeitarbeit gemäß § 237 SGB VI die Arbeitszeit aufgrund von Altersteilzeitarbeit im Sinne von § 2 und § 3 Abs. 1 Nr. 1 AtG für mindestens 24 Kalendermonate vermindert worden sein muss. Altersteilzeitarbeit kann aber auch für einen Zeitraum von weniger als zwei Jahren vereinbart werden. In diesem Fall ist der Altersteilzeitarbeitnehmer ggf. auf die Inanspruchnahme einer anderen vorgezogenen Altersrente verwiesen. 18

Hinsichtlich der Beendigung der Altersteilzeitarbeit ist stets zu festzustellen, wann der Arbeitnehmer eine ungeminderte Altersrente beanspruchen kann (§ 9 Abs. 2 Buchst. a TV ATZ), weil zu diesem Zeitpunkt das Arbeitsverhältnis automatisch endet. Dieser Tatbestand kann auch schon vor Beginn einer beabsichtigten Altersteilzeit vorliegen. Insbesondere vor dem Hintergrund der Vertrauensschutzregelung bei der Altersrente für Schwerbehinderte ist eine solche Fallgestaltung denkbar (vgl. hierzu auch Teil A, I. Einleitung, RdNr. 37 ff). 19

Wegen des kombinierten Systems der Altersversorgung im öffentlichen Dienst, nämlich der Altersrente aus der gesetzlichen Rentenversicherung einerseits und der zusätzlichen Rentenleistungen von einer Zusatzversorgungskasse andererseits, konnte bis 31. 12. 2001 die Bestimmung des Endzeitpunktes der Altersteilzeit Probleme bereiten. Dies hing mit den Bestimmungen im Zusatzversorgungsrecht über das Ruhen (§ 65 Abs. 7 VBLS a. F.) und die an das Beamtenversorgungsrecht angelehnten Vorschriften über Versorgungsabschläge (§ 98 Abs. 6 VBLS a. F.) zusammen, die nicht im Gleichklang mit den Bestimmungen der gesetzlichen Rentenversicherung standen. Das mit dem Tarifvertrag Altersversorgung (ATV) vom 1. 3. 2002 zum 1. 3. 2002 eingeführte neue Betriebsrentensystem enthält solche Abweichungen nicht mehr. Es knüpft vielmehr an die Bestimmungen des SGB VI an (z. B. § 7 Abs. 3 ATV). Mit dem Wegfall der vorbezeichneten Ruhensregelung sind schlagartig auch die förderrechtlichen, renten- und steuerrechtlichen 20

Probleme[12], die mit der Protokollnotiz zu § 9 Abs. 2 Buchst. a TV ATZ verbunden waren, entfallen. Bei der Feststellung, wann eine ungekürzte Altersrente beansprucht werden kann, ist auf das Recht der gesetzlichen Rentenversicherung abzustellen. Es kommt lediglich auf das Entstehen des Stammrentenanspruchs an, nicht dagegen, ob dieser auch tatsächlich realisiert wird. Über das Vorliegen der rentenrechtlichen Voraussetzungen einer Altersrente sollte daher Gewissheit bestehen. Dies gilt besonders für das Erfüllen von Vertrauensschutztatbeständen (Teil A, I. Einleitung, RdNr. 2ff), welche zu einem früheren ungeminderten Altersrentenanspruch führen.

## § 3 Reduzierung und Verteilung der Arbeitszeit

(1) [1]**Die durchschnittliche wöchentliche Arbeitszeit während des Altersteilzeitarbeitsverhältnisses beträgt die Hälfte der bisherigen wöchentlichen Arbeitszeit.** [2]**Als bisherige wöchentliche Arbeitszeit ist die wöchentliche Arbeitszeit zugrunde zu legen, die mit dem Arbeitnehmer vor dem Übergang in die Altersteilzeitarbeit vereinbart war. Zugrunde zu legen ist höchstens die Arbeitszeit, die im Durchschnitt der letzten 24 Monate vor dem Übergang in die Altersteilzeitarbeit vereinbart war.** [3]**Bei der Ermittlung der durchschnittlichen Arbeitszeit nach Satz 2 dieses Unterabsatzes bleiben Arbeitszeiten, die die tarifliche regelmäßige wöchentliche Arbeitszeit überschritten haben, außer Betracht.** [4]**Die ermittelte durchschnittliche Arbeitszeit kann auf die nächste volle Stunde gerundet werden.**

(2) **Die während der Gesamtdauer des Altersteilzeitarbeitsverhältnisses zu leistende Arbeit kann so verteilt werden, dass sie**

a) **in der ersten Hälfte des Altersteilzeitarbeitsverhältnisses geleistet und der Arbeitnehmer anschließend von der Arbeit unter Fortzahlung der Bezüge nach Maßgabe der §§ 4 und 5 freigestellt wird (Blockmodell) oder**

b) **durchgehend geleistet wird (Teilzeitmodell).**

(3) **Der Arbeitnehmer kann vom Arbeitgeber verlangen, dass sein Wunsch nach einer bestimmten Verteilung der Arbeitszeit mit dem Ziel einer einvernehmlichen Regelung erörtert wird.**

*Protokollerklärungen zu Absatz 1:*

*1. Für die unter die Pauschallohn-Tarifverträge des Bundes und der Länder fallenden Kraftfahrer gilt für die Anwendung des Tarifvertrages die den Pauschalgruppen zugrunde liegende Arbeitszeit als regelmäßige Arbeitszeit. Im Bereich der Vereinigung der kommunalen Arbeitgeberverbände gilt Satz 1 für tarifvertragliche Regelungen für Kraftfahrer entsprechend.*

*2. Für Arbeitnehmer mit verlängerter regelmäßiger Arbeitszeit nach Nr. 5 Abs. 5 SR 2e 1 BAT/BAT-O und Nr. 7 Abs. 3 SR 2a des Abschnitts A der Anlage 2 MTArb/Nr. 8 Abs. 4 SR 2a des Abschnitts A der Anlage 2 MTArb-O und entsprechenden Sonderregelungen gilt für die Anwendung dieses Tarifvertrages die dienstplanmäßig zu leistende Arbeitszeit als regelmäßige Arbeitszeit.*

---

[12] Vgl. Hock/Klapproth, ZTR 2000, 97 (102).

I. Kommentar TV ATZ  1–5  § 3 TV ATZ

*Protokollerklärung zu Absatz 2:*
*Für Arbeitnehmer mit verlängerter regelmäßiger Arbeitszeit und für Kraftfahrer im Sinne der Pauschallohn-Tarifverträge des Bundes und der Länder ist Altersteilzeitarbeit nur im Blockmodell möglich. Im Bereich der Vereinigung der kommunalen Arbeitgeberverbände gilt Satz 1 für tarifvertragliche Regelungen für Kraftfahrer entsprechend.*

## 1. Reduzierung der Arbeitszeit

Altersteilzeitarbeit im Sinne des Tarifvertrages und des Altersteilzeitgesetzes erfordert nach § 3 Abs. 1 Satz 1 TV ATZ/§ 2 Abs. 1 Nr. 2 AtG, dass die zwischen Arbeitgeber und Arbeitnehmer abgeschlossene Altersteilzeitvereinbarung eine Reduzierung der Arbeitszeit auf die Hälfte der bisherigen wöchentlichen Arbeitszeit vorsieht. Dies gilt ungeachtet des gewählten Arbeitszeitmodells. 1

Der Begriff der bisherigen wöchentlichen Arbeitszeit wird in § 3 Abs. 1 Unterabs. 2 TV ATZ in Anlehnung an die Regelung des § 6 Abs. 2 Satz 2 AtG definiert. Bei der bisherigen Arbeitszeit ist seit 1. 7. 2000 grundsätzlich die zuletzt vereinbarte, höchstens aber diejenige Arbeitszeit zu Grunde zu legen, die im Durchschnitt der letzten 24 Monate vor dem Übergang in die Altersteilzeitarbeit vereinbart war. 2

Arbeitszeiten, die die tarifliche regelmäßige wöchentliche Arbeitszeit überschritten haben, bleiben bei der Ermittlung der durchschnittlichen Arbeitszeit außer Betracht. Sollten sich bei der Ermittlung der durchschnittlichen Arbeitszeit keine vollen Stundenbeträge ergeben, kann die ermittelte durchschnittliche Arbeitszeit auf die nächste volle Stunde gerundet werden. 3

Die Rundungsvorschrift des § 3 Abs. 1 Unterabs. 2 Satz 4 TV ATZ findet in Anknüpfung an die entsprechende Regelung des § 6 Abs. 2 Satz 4 AtG nach dem Wortlaut des Tarifvertrages nur dann Anwendung, wenn eine durchschnittliche Arbeitszeit ermittelt wird. Hat beispielsweise die Arbeitszeit eines Arbeitnehmers in den letzten 24 Monaten stets 36,5 Stunden/wöchentlich betragen, so beträgt die Hälfte seiner bisherigen Arbeitszeit somit 18,25 Stunden. Ein Fall für die Rundungsbestimmung liegt nicht vor. 4

**Beispiel 1:**

| | |
|---|---|
| Beginn der Altersteilzeit | 1. 8. 2002 |
| Vereinbarte Arbeitszeit am 31. 7. 2002 | 35 Stunden/Woche |
| Vereinbarte Arbeitszeit: | |
| vom 1. 8. 2000 bis 31. 12. 2000 (5 Monate) | 30 Stunden/Woche |
| vom 1. 1. 2001 bis 31. 7. 2002 (19 Monate) | 35 Stunden/Woche |
| Durchschnitt der letzten 24 Monate | 33,958 Stunden/Woche |
| Es sind höchstens zu Grunde zu legen | 33,958 Stunden/Woche |
| Rundung auf die nächste volle Stunde, weil sich die bisherige Arbeitszeit aufgrund einer Durchschnittsberechnung ergibt. | 33 oder 34 |
| Maßgebend während der Altersteilzeitarbeit | 16,5 oder 17 Stunden/Woche |

5

Schweikert 225

**6 Beispiel 2:**

| | |
|---|---|
| Beginn der Altersteilzeit | 1. 1. 2002 |
| Vereinbarte Arbeitszeit am 31. 12. 2001 | 32,5 Stunden/Woche |
| Vereinbarte Arbeitszeit: | |
| vom 1. 1. 2000 bis 31. 8. 2000 (8 Monate) | 38,5 Stunden/Woche |
| vom 1. 9. 2000 bis 31. 12. 2001 (16 Monate) | 32,5 Stunden/Woche |
| Durchschnitt der letzten 24 Monate | 34,5 Stunden/Woche |
| Es sind höchstens zu Grunde zu legen | 32,5 Stunden/Woche |
| Die Rundungsvorschrift findet keine Anwendung, da die Arbeitszeit vor der Altersteilzeit maßgebend ist. | |
| Arbeitszeit während der Altersteilzeitarbeit | 16,25 Stunden/Woche |

**7** Nachdem die bisherige Arbeitszeit vom Durchschnitt der in den letzten 24 Monaten vor dem Übergang in die Altersteilzeitarbeit vereinbarten Arbeitszeit begrenzt wird, ist zu fragen, wie sich ein Sonderurlaub unter Wegfall der Bezüge (§ 50 BAT/BAT-O) in dieser maßgebenden Zeit auswirkt. Eine ausdrückliche gesetzliche oder tarifliche Regelung existiert nicht.

**8** Die BA vertritt hierzu die Auffassung, dass Zeiten einer Beurlaubung bei der Berechnung des Beschäftigungsumfangs in der Rahmenfrist zu berücksichtigen sind und damit die Höhe der aus 24 Monaten sich ergebenden durchschnittlichen Arbeitszeit entsprechend vermindert. Wurde während des Sonderurlaubs ohne Bezüge eine Beschäftigung bei einem anderen Arbeitgeber ausgeübt, so soll die dort vereinbarte Arbeitszeit bei der Feststellung der bisherigen Arbeitszeit für den Abschluss einer Altersteilzeitvereinbarung zugrunde gelegt werden[13].

**9** Dieser Auffassung ist zuzustimmen. Eine Beurlaubung in der maßgebenden Rahmenfrist von 24 Monaten ist mit Null Stunden anzusetzen. Sie trägt nicht nur dem Wortlaut des § 3 Abs. 1 Unterabs. 2 Satz 2 TV ATZ Rechnung, sondern führt auch zu einer Gleichbehandlung mit Beschäftigten, die ihre Arbeitszeit auf einen zeitweise ganz geringen Stundensatz herabgesetzt hatten. Die Nachteile in solchen – wohl eher seltenen – Fällen lassen sich nur durch entsprechenden späteren Beginn der Altersteilzeitarbeit vermeiden. Die Berücksichtigung der Arbeitszeit aus einer Beschäftigung bei einem anderen Arbeitgeber für die Feststellung der bisherigen Arbeitszeit erscheint allerdings nicht ganz unproblematisch. Diese Arbeitszeit kann zwar nicht dazu führen, dass die unmittelbar vor Beginn der Altersteilzeit beim Altersteilzeit-Arbeitgeber vereinbarte überschritten wird. Sie belastet den Altersteilzeit-Arbeitgeber aber insoweit, als ohne Berücksichtigung der Fremdarbeitszeiten die bisherige Arbeitszeit über die Durchschnittsberechnung wohl geringer ausfiele, mit entsprechenden Folgen für das Arbeitsentgelt und die Aufstockungsleistungen.

### 2. Verteilung der Arbeitszeit (Altersteilzeitmodelle)

**10** Im Gegensatz zum Tarifvertrag schreibt das Altersteilzeitgesetz keine bestimmte Verteilung der Arbeitszeit vor. Nach § 3 Abs. 2 TV ATZ kann die zu leistende Arbeit während der Gesamtdauer des Altersteilzeitarbeitsverhältnisses so verteilt werden, dass sie

---

[13] Runderlass vom 12. 6. 2001 – IV A 3 – 2030.5.

I. Kommentar TV ATZ §§ 4, 5 TV ATZ

- in der ersten Hälfte des Altersteilzeitarbeitsverhältnisses geleistet und der Arbeitnehmer anschließend von der Arbeit unter Fortzahlung der Bezüge freigestellt wird (Blockmodell), oder durchgehend geleistet wird (Teilzeitmodell).

Eine Ausnahme davon, dass die Verteilung der Arbeitszeit während der Altersteilzeit einer einvernehmlichen Regelung der Parteien vorbehalten ist, gilt für bestimmte Arbeitnehmer mit verlängerter Arbeitszeit (vgl. § 15 Abs. 2 BAT/BAT-O; § 15 Abs. 2 MTArb/MTArb-O) und Kraftfahrer im Sinne der Pauschallohntarifverträge des Bundes und Länder sowie nach dem Änderungstarifvertrag Nr. 2 seit 1. 7. 2000 auch für die unter entsprechende tarifliche Regelungen fallende Kraftfahrer im Bereich der Kommunalen Arbeitgeber. Diese Arbeitnehmer können Altersteilzeit nur im Blockmodell leisten[14]. 11

## § 4 Höhe der Bezüge

(1) **Der Arbeitnehmer erhält als Bezüge die sich für entsprechende Teilzeitkräfte bei Anwendung der tariflichen Vorschriften (z. B. § 34 BAT/BAT-O) ergebenden Beträge mit der Maßgabe, dass die Bezügebestandteile, die üblicherweise in die Berechnung des Aufschlags zur Urlaubsvergütung/Zuschlags zum Urlaubslohn einfließen, sowie Wechselschicht- und Schichtzulagen entsprechend dem Umfang der tatsächlich geleisteten Tätigkeit berücksichtigt werden.**

(2) **Als Bezüge im Sinne des Absatzes 1 gelten auch Einmalzahlungen (z. B. Zuwendung, Urlaubsgeld, Jubiläumszuwendung) und vermögenswirksame Leistungen.**

*Protokollerklärung zu Absatz 1:*

*Die im Blockmodell über die regelmäßige wöchentliche Arbeitszeit hinaus geleisteten Arbeitsstunden gelten bei Vorliegen der übrigen tariflichen Voraussetzungen als Überstunden.*

## § 5 Aufstockungsleistungen

(1) [1]Die dem Arbeitnehmer nach § 4 zustehenden Bezüge zuzüglich des darauf entfallenden sozialversicherungspflichtigen Teils der vom Arbeitgeber zu tragenden Umlage zur Zusatzversorgungseinrichtung werden um 20 v. H. dieser Bezüge aufgestockt (Aufstockungsbetrag). [2]Bei der Berechnung des Aufstockungsbetrages bleiben steuerfreie Bezügebestandteile, Entgelte für Mehrarbeits- und Überstunden, Bereitschaftsdienste und Rufbereitschaften sowie für Arbeitsbereitschaften (§ 18 Abs. 1 Unterabs. 2 MTArb/MTArb-O bzw. § 67 Nr. 10 BMT-G/BMT-G-O) unberücksichtigt; diese werden, soweit sie nicht unter Absatz 2 Unterabs. 2 und 3 fallen, neben dem Aufstockungsbetrag gezahlt.

(2) [1]Der Aufstockungsbetrag muss so hoch sein, dass der Arbeitnehmer 83 v. H. des Nettobetrages des bisherigen Arbeitsentgelts erhält

---

[14] Protokollerklärung zu § 3 Abs. 2 TV ATZ.

(Mindestnettobetrag). ²Als bisheriges Arbeitsentgelt ist anzusetzen das gesamte, dem Grunde nach beitragspflichtige Arbeitsentgelt, das der Arbeitnehmer für eine Arbeitsleistung bei bisheriger wöchentlicher Arbeitszeit (§ 3 Abs. 1 Unterabs. 2) zu beanspruchen hätte; der sozialversicherungspflichtige Teil der vom Arbeitgeber zu tragenden Umlage zur Zusatzversorgungseinrichtung bleibt unberücksichtigt. ³Dem bisherigen Arbeitsentgelt nach Unterabsatz 1 Satz 2 zuzurechnen sind Entgelte für Bereitschaftsdienst und Rufbereitschaft – letztere jedoch ohne Entgelte für angefallene Arbeit einschließlich einer etwaigen Wegezeit –, die ohne Reduzierung der Arbeitszeit zugestanden hätten; in diesen Fällen sind die tatsächlich zustehenden Entgelte abweichend von Absatz 1 Satz 2 letzter Halbsatz in die Berechnung des aufzustockenden Nettobetrages einzubeziehen. ⁴Die Regelungen zu Bereitschaftsdienst und Rufbereitschaft in Satz 1 dieses Unterabsatzes gelten bei Arbeitern für die Arbeitsbereitschaft nach § 18 Abs. 1 Unterabs. 2 MTArb/MTArb-O bzw. § 67 Nr. 10 BMT-G/BMT-G-O entsprechend. ⁵Haben dem Arbeitnehmer, der die Altersteilzeitarbeit im Blockmodell leistet, seit mindestens zwei Jahren vor Beginn des Altersteilzeitarbeitsverhältnisses ununterbrochen Pauschalen für Überstunden (z. B. nach § 35 Abs. 4 BAT/BAT-O) zugestanden, werden diese der Bemessungsgrundlage nach Unterabsatz 1 Satz 2 in der Höhe zugerechnet, die ohne die Reduzierung der Arbeitszeit maßgebend gewesen wäre; in diesem Fall sind in der Arbeitsphase die tatsächlich zustehenden Pauschalen abweichend von Absatz 1 Satz 2 letzter Halbsatz in die Berechnung des aufzustockenden Nettobetrages einzubeziehen. ⁶Bei Kraftfahrern, die unter die Pauschallohn-Tarifverträge des Bundes und der Länder fallen, ist als bisheriges Arbeitsentgelt im Sinne des Unterabsatzes 1 Satz 2 in der Freistellungsphase der Lohn aus der Pauschalgruppe anzusetzen, die mindestens während der Hälfte der Dauer der Arbeitsphase maßgebend war. ⁷Im Bereich der Vereinigung der kommunalen Arbeitgeberverbände gilt Satz 1 für tarifvertragliche Regelungen für Kraftfahrer entsprechend. ⁸Für Arbeitnehmer mit verlängerter regelmäßiger Arbeitszeit nach Nr. 5 Abs. 5 SR 2 e 1 BAT/BAT-O und Nr. 7 Abs. 3 SR 2 a des Abschnitts A der Anlage 2 MTArb/Nr. 8 Abs. 4 SR 2 a des Abschnitts A der Anlage 2 MTArb-O und entsprechenden Sonderregelungen ist als bisheriges Arbeitsentgelt im Sinne des Unterabsatzes 1 Satz 2 in der Freistellungsphase die Vergütung bzw. der Lohn aus derjenigen Stundenzahl anzusetzen, die während der Arbeitsphase, längstens während der letzten 48 Kalendermonate, als dienstplanmäßige Arbeitszeit durchschnittlich geleistet wurde.

(3) ¹Für die Berechnung des Mindestnettobetrages nach Absatz 2 ist die Rechtsverordnung nach § 15 Satz 1 Nr. 1 des Altersteilzeitgesetzes zugrunde zu legen. ²Sofern das bei bisheriger Arbeitszeit zustehende Arbeitsentgelt nach Absatz 2 Unterabs. 1 Satz 2 das höchste in dieser Rechtsverordnung ausgewiesene Arbeitsentgelt übersteigt, sind für die Berechnung des Mindestnettobetrages diejenigen gesetzlichen Abzüge anzusetzen, die bei Arbeitnehmern gewöhnlich anfallen (§ 3 Abs. 1 Nr. 1 Buchst. a des Altersteilzeitgesetzes).

(4) Neben den vom Arbeitgeber zu tragenden Sozialversicherungsbeiträgen für die nach § 4 zustehenden Bezüge entrichtet der Arbeitge-

ber gemäß § 3 Abs. 1 Nr. 1 Buchst. b des Altersteilzeitgesetzes zusätzliche Beiträge zur gesetzlichen Rentenversicherung für den Unterschiedsbetrag zwischen den nach § 4 zustehenden Bezügen einerseits und 90 v. H. des Arbeitsentgelts im Sinne des Absatzes 2 zuzüglich des sozialversicherungspflichtigen Teils der vom Arbeitgeber zu tragenden Umlage zur Zusatzversorgungseinrichtung, höchstens aber der Beitragsbemessungsgrenze, andererseits.

(5) Ist der Angestellte von der Versicherungspflicht in der gesetzlichen Rentenversicherung befreit, erhöht sich der Zuschuss des Arbeitgebers zu einer anderen Zukunftssicherung um den Betrag, den der Arbeitgeber nach Absatz 4 bei Versicherungspflicht in der gesetzlichen Rentenversicherung zu entrichten hätte.

(6) Die Regelungen der Absätze 1 bis 5 gelten auch in den Fällen, in denen eine aufgrund dieses Tarifvertrages geschlossene Vereinbarung eine Verteilung der Arbeitsleistung (§ 3 Abs. 2) vorsieht, die sich auf einen Zeitraum von mehr als sechs Jahren erstreckt.

(7) [1]Arbeitnehmer, die nach Inspruchnahme der Altersteilzeit eine Rentenkürzung wegen einer vorzeitigen Inanspruchnahme der Rente zu erwarten haben, erhalten für je 0,3 v. H. Rentenminderung eine Abfindung in Höhe von 5 v. H. der Vergütung (§ 26 BAT/BAT-O/BAT-Ostdeutsche Sparkassen) und der in Monatsbeträgen festgelegten Zulagen bzw. des Monatsregellohnes (§ 21 Abs. 4 MTArb/MTArb-O) ggf. zuzüglich des Sozialzuschlags bzw. des Monatsgrundlohnes (§ 67 Nr. 26 b BMT-G/BMT-G-O) und der ständigen Lohnzuschläge, die bzw. der dem Arbeitnehmer im letzten Monat vor dem Ende des Altersteilzeitarbeitsverhältnisses zugestanden hätte, wenn er mit der bisherigen wöchentlichen Arbeitszeit (§ 3 Abs. 1 Unterabs. 2) beschäftigt gewesen wäre. [2]Die Abfindung wird zum Ende des Altersteilzeitarbeitsverhältnisses gezahlt.

*Protokollerklärung zu Absatz 2:*

*Beim Blockmodell können in der Freistellungsphase die in die Bemessungsgrundlage nach Absatz 2 eingehenden, nicht regelmäßig zustehenden Bezügebestandteile (z. B. Erschwerniszuschläge) mit dem für die Arbeitsphase errechneten Durchschnittsbetrag angesetzt werden; dabei werden Krankheits- und Urlaubszeiten nicht berücksichtigt. Allgemeine Bezügeerhöhungen sind zu berücksichtigen, soweit die zugrunde liegenden Bezügebestandteile ebenfalls an allgemeinen Bezügeerhöhungen teilnehmen.*

Das Gesamtentgelt des Altersteilzeitbeschäftigten setzt sich zusammen aus den
- Altersteilzeitbezügen, die sich nach § 4 TV ATZ errrechnen und
- den Aufstockungsleistungen, die nach § 5 TV ATZ ermittelt werden.

Bei der Berechnung der Altersteilzeitbezüge als auch der Aufstockungsleistungen wird differenziert zwischen
- den Bezügen, die „regelmäßig" (in gleicher Höhe) zustehen, und
- den sog. unständigen Bezügebestandteilen, die üblicherweise in die Berechnung des Aufschlages zur Urlaubsvergütung bzw. des Zuschlags zum Urlaubslohn einfließen.

## 1. Altersteilzeitbezüge (§ 4 TV ATZ)

### a) Regelbezüge

3   Für die Bemessung der Altersteilzeitbezüge werden grundsätzlich die Bezüge zugrunde gelegt, die auch für das Arbeitsentgelt vor Beginn der Altersteilzeitarbeit maßgebend waren. Nachdem in Altersteilzeit die bisherige Arbeitszeit zu halbieren ist, werden auch die zustehenden Bezüge nur noch zur Hälfte gewährt (§ 34 BAT/BAT-O; § 30 MTArb/MTArb-O). Dies gilt unabhängig davon, ob der Arbeitnehmer vor der Altersteilzeit vollbeschäftigt oder bereits teilzeitbeschäftigt war. Zu den Bezügen, die zu halbieren sind gehören z. B.:

- Grundgehalt/Monatstabellenlohn
- Ortszuschlag/Sozialzuschlag
  Ist der Ehegatte des Altersteilzeitarbeitnehmers ebenfalls im öffentlichen Dienst und waren beide bislang vollbeschäftigt, so wurde schon bisher der ehegattenbezogene Anteil des Ortszuschlages halbiert. Dieser halbierte ehegattenbezogene Anteil am Ortszuschlag wird allerdings nach der Konkurrenzvorschrift des § 29 BAT/BAT-O nicht noch einmal halbiert.
- in Monatsbeträgen festgelegte Zulagen/Zuschläge (allgemeine Zulage, Funktionszulagen, persönliche Zulagen),
- vermögenswirksame Leistungen,
- Einmalzahlungen wie Urlaubsgeld, Sonderzuwendungen (13. Monatsgehalt)

4   Tarifliche Bezügeerhöhungen und Änderungen in der maßgebenden Lebensaltersstufe werden im Blockmodell (Arbeits- und Freistellungsphase) ebenso berücksichtigt wie beim Teilzeitmodell.

5   Werden Zulagen (z.B. persönliche Zulage nach § 24 BAT) nur für einen Teilbereich der Arbeitsphase gewährt, so kann sie nicht während der gesamten Dauer der Freistellung berücksichtigt werden. Das entsprechende Wertguthaben wurde nur in den Monaten aufgebaut, in denen die Zulage tatsächlich gezahlt wurde. Daher ist spiegelbildlich zur Arbeitsphase in den Monaten, in denen die Zulage angefallen ist, auch in der Freistellungsphase die hälftige Zulage zu leisten[15].

### b) Einmalzahlungen/Jubiläumszuwendung

6   Nach § 4 Abs. 2 TV ATZ stellen auch Einmalzahlungen (z.B. die Zuwendung, das Urlaubsgeld oder die Jubiläumszuwendung) und vermögenswirksame Leistungen Altersteilzeitbezüge dar. Auch diese Bezügearten stehen nach § 4 Abs. 1 TV ATZ während der Altersteilzeitarbeit zur Hälfte zu.

7   Bei der Jubiläumszuwendung im Rahmen der Altersteilzeitbezüge ist allerdings zu beachten, dass diese nach der Rechtsprechung des Bundesarbeitsgerichts[16] auch Teilzeitkräften in voller Höhe zusteht. Die Frage der Aufstockung bei der Jubiläumszuwendung stellt sich erst, seit dem die Steuer-

---

[15] Hock/Klapproth in ZTR 2000, 97 (99) und Nr. 2.2 Abs. 11 AtG-DA.
[16] Urteil vom 22. 5. 1996 (ZTR 1996, 467).

freiheit durch Änderung des Einkommensteuergesetzes[17] zum 1. 1. 1999 weggefallen ist. Ein rechtlich zufriedenstellendes Ergebnis kann nur dadurch erzielt werden, dass die Jubiläumszuwendung zunächst gem. § 4 Abs. 1 und 2 TV ATZ halbiert und anschließend nach Maßgabe des § 5 Abs. 1 und 2 TV ATZ aufgestockt wird. Der dann noch hinter der vollen Zuwendung zurückbleibende Betrag wäre entsprechend auf 100 v. H. aufzufüllen. Damit wird auch gewährleistet, dass ein Teil der Jubiläumszuwendung als Aufstockung deklariert ist und im Rahmen des Altersteilzeitgesetzes der Erstattung unterliegt[18].

Zwar sieht § 3 Abs. 1a Satz 2 AtG vor, dass Einmalzahlungen, die ungekürzt gezahlt werden müssen, von der Aufstockung ausgenommen werden können[19]. Hiervon ist im tariflichen Bereich aber – noch – kein Gebrauch gemacht worden. Es wäre wünschenswert, wenn sich die Tarifvertragsparteien die gesetzliche Option zunutze machen würden.

**Beachte:** Soweit die Altersteilzeit im Oktober eines Jahres beginnt, wird die Weihnachtszuwendung nicht halbiert, sondern im Dezember in voller Höhe gewährt[20].

### c) Bewährungs-, Tätigkeits- und Fallgruppenaufstiege

Der Tarifvertrag sieht hinsichtlich der Erfüllung der Voraussetzungen für Bewährungs-, Tätigkeits- und Fallgruppenaufstiegen keine Regelungen vor. Diese Regelungslücke wirkt sich zwar nicht beim Teilzeitmodell, wohl aber beim Blockmodell aus. Denn beispielsweise nach § 23a Satz 2 Nr. 4 BAT/BAT-O würde der Eintritt in die Freistellungsphase den Lauf der Bewährungs- und Tätigkeitszeit unterbrechen. Eine Höhergruppierung wäre bei Altersteilzeit im Blockmodell nach Eintritt in die Freistellungsphase ausgeschlossen, obwohl diese Zeit doch vorgearbeitet wurde. In den Verhandlungen, die zum Abschluss des Änderungstarifvertrages Nr. 1 zum TV ATZ führten, haben sich die Arbeitgebervertreter bereiterklärt, im Vorgriff auf eine entsprechende tarifvertragliche Regelung, die Zeit der Freistellungsphase auf tariflich geforderte Bewährungs- und Tätigkeitszeiten bei Vorliegen der übrigen Voraussetzungen anzurechnen[21].

### d) Unständige Bezügebestandteile

Zu den unständigen Bezügebestandteilen gehören alle Zulagen, die nicht in Monatsbeträgen festgelegt sind und bestimmte Zuschläge, zu denen insbesondere gehören:

---

[17] Durch das Steuerentlastungsgesetz 1999/2000/2002 vom 24. 3. 1999 (BGBl. I S. 403, 483).
[18] Vgl. Hock/Klapproth in ZTR 2000, 97 (99); nach dem Rundschreiben des BMI vom 20. 12. 1999 (GMBl. 2000, 123) soll die Jubiläumszuwendung jedoch in voller Höhe in die Berechnung des Aufstockungsbetrages nach § 5 Abs. 1 und 2 TV ATZ eingehen.
[19] Wolf in NZA 2000, 637 (640).
[20] Vgl. § 2 Abs. 1 TV Zuwendung für Angestellte.
[21] Rundschreiben des BMI vom 24. 3. 1999 (GMBl. S. 343); vgl. zur Behandlung von Altersteilzeitarbeitnehmern bei der Anwendung von Unterstellungsmerkmalen, die für die Eingruppierung nach der Vergütungsordnung zum BAT/BAT-O maßgebend sind Teil II Nr. 5 des Rundschreibens.

**TV ATZ § 5** 12–17   E. Altersteilzeitarbeit im Öffentlichen Dienst

- Zeitzuschläge nach § 35 BAT (z. B. für Nacht-, Sonntags-, Feiertagsarbeit) einschließlich der Zeitzuschläge für ausgeglichene Überstunden
- Überstundenvergütungen
- Mehrarbeitsvergütung bei Teilzeitbeschäftigungen
- Vergütungen für Bereitschaftsdienst und Rufbereitschaft
- Vergütungen für Wechselschicht- und Schichtzulagen
- Aufwandsentschädigungen, die nicht in Monatsbeträgen festgelegt sind.

12   Diese Bezügebestandteile werden nicht hälftig, sondern sie werden entsprechend dem Umfang der geleisteten Tätigkeit in voller Höhe gezahlt. Als Folge hiervon fallen sie aber in der Freistellungsphase des Blockmodells weg, da der Arbeitnehmer in dieser Phase von seiner Arbeitspflicht befreit ist. Diese Regelung gilt auch für den Fall, dass solche Bezügebestandteile in Form einer monatlichen Pauschale (z. b. Überstundenpauschale) gewährt werden.

13   Die Höhe des verfügbaren Einkommens des Altersteilzeitarbeitnehmers in der Freistellungsphase beschränkt sich allerdings nicht auf diese Regelungen. Für die Beurteilung der finanziellen Situation insgesamt bedarf es daher der Einbeziehung der Bestimmungen zu den Aufstockungsleistungen (§ 5 TV ATZ).

### e) Kraftfahrer mit Pauschallohn

14   Eine Besonderheit gilt bei den Kraftfahrern, die unter die Pauschallohntarifverträge fallen. Sie können Altersteilzeit nur im Blockmodell in Anspruch nehmen[22]. Bei diesem Personenkreis stehen in der Arbeitsphase die Bezüge entsprechend der vom Arbeitnehmer erbrachten Fahrleistungen zur Hälfte zu. Bei der Berechnung der Bezüge für die Freistellungsphase ist der Lohn aus der Pauschalgruppe zu zahlen, die mindestens während der Hälfte der Dauer der Arbeitsphase maßgebend war (§ 5 Abs. 2 Unterabs. 4 TV ATZ).

15   **Beispiel:** Ein Kraftfahrer wird nach dem Pauschallohn-TV entlohnt und möchte die maximale Dauer von Altersteilzeitarbeit in Anspruch nehmen. Nachdem in diesen Fällen die Altersteilzeitarbeit nur im Blockmodell geleistet werden kann (Protokollerklärung zu § 3 Abs. 2 TV ATZ) sind Grundlage für die Bezüge des Kraftfahrers in der Freistellungsphase die aus der fünfjährigen Arbeitsphase. So wurde er in der Arbeitsphase wie folgt entlohnt:
- zwei Halbjahre aus der Pauschalgruppe III,
- drei Halbjahre aus der Pauschalgruppe IV,
- fünf Halbjahre aus der Pauschalgruppe II.

16   Entscheidend für die Einstufung während der Freistellungsphase ist die Pauschalgruppe, die mindestens während fünf Halbjahren maßgebend war. Dies ist die Pauschalgruppe III. Von den fünf Halbjahren gehörte der Kraftfahrer sogar drei Halbjahre zur Pauschalgruppe IV. Die Hälfte der Pauschalgruppe III steht mithin während der Freistellungsphase zu.

### f) Wechselschicht- und Schichtzulage (§ 33 a BAT/BAT-O, § 29 a MTArb/MTArb-O, § 24 BMT-G/BMT-G-O)

17   Im Teilzeitmodell besteht für Arbeitnehmer weiterhin Anspruch auf die Wechselschicht- und Schichtzulagen, wenn die tariflichen Voraussetzungen

---

[22] Protokollerklärung zu § 3 Abs. 2 TV ATZ.

(z.B. für eine Wechselschichtzulage 40 Arbeitsstunden in der dienstplanmäßigen oder betriebsüblichen Nachtschicht in je fünf oder sieben Wochen) erfüllt sind. Wird die geforderte Stundenzahl auch in der Altersteilzeit tatsächlich erreicht, steht die Zulage in voller Höhe zu[23].
Im Blockmodell (Arbeitsphase) stehen die Zulagen grundsätzlich in voller Höhe zu. Nach Wegfall der anspruchsbegründenden Tatsachen, nämlich der Arbeitspflicht, mit Beginn der Freistellungsphase fallen die Zulagen jedoch weg.   18

### g) Überstundenpauschvergütung für Sparkassenangestellte

Die Pauschvergütung nach Nummer 5 der Anlage SR 2s BAT/BAT-Ostdeutsche Sparkassen stellt entgegen ihrer Bezeichnung keine durch Mehrarbeit erzielte Vergütung im Sinne des § 5 Abs. 4 AtG dar. Die BA hat hierzu nämlich die Aussage getroffen, dass mit dieser Vergütung die in der Vergangenheit geleisteten Dienste unabhängig von einer tatsächlich erbrachten Zahl von Überstunden zusätzlich abgegolten werden. Die kommunalen Arbeitgeber[24] haben sich dieser Auffassung angeschlossen, so dass dieser Vergütungsbestandteil der Halbteilung im Sinne des § 4 TV ATZ unterliegt und im Gegenzug nach § 5 TV ATZ auch aufzustocken ist.   19

### h) Sachbezüge/geldwerte Vorteile

Sachbezüge und geldwerte Vorteile (z.B. Firmen-PKW) sind bei der Berechnung der Bezüge nach § 4 TV ATZ für die Altersteilzeitarbeit generell zu berücksichtigen. Sie sind zugleich auch in die Bemessungsgrundlage für die Aufstockungsleistungen zum Arbeitsentgelt nach § 5 Abs. 1 und 2 TV ATZ sowie des zusätzlichen Rentenversicherungsbeitrages nach § 5 Abs. 4 TV ATZ einzurechnen. Durch die Einbeziehung dieser Leistungen in die verschiedenen Bemessungsgrundlagen sind auch die Arbeitgeber des öffentlichen Dienstes der Meinung der BA in seinen Durchführungsanweisungen[25] gefolgt[26].   20

### i) Beihilfe

Nach § 40 BAT/§ 46 MTArb/§ 40 BMT-G haben Arbeitnehmer im Tarifgebiet West grundsätzlich auch Anspruch auf Beihilfe während der gesamten Dauer der Altersteilzeitarbeit, ungeachtet des gewählten Altersteilzeitmodells. Die Beihilfe zählt nicht zu den Bezügen im Sinne des § 4 TV ATZ. Die Höhe der Beihilfe richtet sich nach dem Umfang der Arbeitszeit, bei Teilzeitbeschäftigten – auch Altersteilzeit – entsprechend dem neuen Arbeitszeitumfang. Hinsichtlich der Beihilfe wird der Altersteilzeitarbeitnehmer nicht privilegiert.   21

---

[23] BAG, Urteil vom 23. 6. 1993 – 10 AZR 127/92 – AP Nr. 1 zu § 34 BAT.
[24] Rundschreiben der VKA vom 20. 10. 1998 – R 442/98.
[25] Nr. 3.1.1 Abs. 3 AtG-DA.
[26] Rundschreiben des BMI vom 20. 12. 1999 (GMBl. 2000, 123).

### j) Krankenversicherungszuschuss nach § 257 SGB V

22  Die Höhe des vom Arbeitgeber zu leistenden Zuschusses zu den Aufwendungen einer freiwilligen Krankenversicherung richtet sich nach den dem Altersteilzeitarbeitnehmer zustehenden Bezügen nach § 4 TV ATZ, also grundsätzlich der Hälfte seiner bisherigen Bezüge. Der Zuschuss vermindert sich daher entsprechend. Als steuerfreie Leistung (§ 3 Nr. 62 EStG) ist er von der Aufstockung ausgenommen (§ 5 Abs. 1 Satz 2 TV ATZ).

### 2. Aufstockung zu den Altersteilzeitbezügen

23  Das im Rahmen des Altersteilzeitarbeitsverhältnisses tatsächlich verfügbare Einkommen wird maßgeblich durch die Höhe der steuer- und sozialversicherungsfreien Aufstockungsleistungen beeinflusst. Diese Steuer- und Sozialversicherungsfreiheit (§ 3 Nr. 28 EStG) besteht auch insoweit, als die materiellen und immateriellen tariflichen Leistungen über die gesetzlichen Mindestanforderungen (z.B. Mindestnetto von 83 v.H., Altersteilzeit über sechs Jahre) hinausgehen.

24  Die Aufstockungsleistungen unterliegen aber dem Progressionsvorbehalt nach § 32b Abs. 1 Nr. 1 Buchst. g EStG und wirken sich insoweit bei der Ermittlung des Durchschnittssteuersatzes aus. Hierdurch kann es im Rahmen der Einkommensteuererklärung (vgl. § 32b Abs. 3 EStG) des Arbeitnehmers zu Steuernachforderungen durch das Finanzamt kommen. Die Progressionswirkung der Aufstockungsleistungen bewirkt letztendlich, dass das nach dem Tarifvertrag garantierte Mindestnettogehalt (83 v.H.) nicht gewährleistet ist. Ein tarifvertraglicher Anspruch gegen den Arbeitgeber auf Ausgleich etwaiger nachteiliger Auswirkungen des Progressionsvorbehalts besteht nicht[27]. Im Zuge der Änderungen des Altersteilzeitgesetzes sind zwar schon Vorstöße unternommen worden, die Aufstockungsleistungen in § 32b EStG wieder zu streichen. Unter Hinweis auf die Steuersystematik fanden diese Anregungen im parlamentarischen Raum allerdings keine Mehrheit.

Im Einzelnen hierzu auch Teil A, § 3, RdNr. 60ff.

### 3. Aufstockungsbetrag nach § 5 Abs. 1 TV ATZ

25  Es sind zunächst die für die Altersteilzeitarbeit zustehenden Bezüge im Sinne des § 4 zu ermitteln und daraus das entsprechende individuelle Nettoarbeitsentgelt zu errechnen. Bei der Berechnung des individuellen Nettobetrages aus den Altersteilzeitbezügen sind die individuellen Steuermerkmale der Lohnsteuerkarte zu berücksichtigen, also z.B. Steuerklasse, Steuerfreibeträge oder die Kirchensteuerpflicht.

26  Andere vom Arbeitnehmer veranlasste Einbehalte (z.B. Versicherungsbeiträge, Bausparbeiträge) beeinflussen die Berechnung der Aufstockungsbeträge nicht. Sie gehen insoweit voll zulasten des Arbeitnehmers. Zu diesen eigenen

---

[27] LAG Bremen vom 22. 3. 2001 – 4 Sa 255/00 (NZA-RR 2001, 498), LAG Frankfurt vom 23. 1. 2001 – 7 Sa 902/00, ArbG Stuttgart vom 3. 5. 2001 – 15 Ca 6930/00 (ZTR 2001, 313), ArbG Lörrach, Urteil vom 4. 1. 2000 – Ca 764/99 sowie ArbG Mainz, Urteil vom 23. 9. 1999 – 3 Ca 1159/99 – keine Freistellung vom Progressionsvorbehalt gem. § 32b EStG.

Aufwendungen zählt auch der Beitrag des Arbeitnehmers an der Umlage zur Zusatzversorgungskasse (z.B. zur VBL-West in Höhe von 1,41% vom zusatzversorgungspflichtigen Entgelt).[28] Dieses Nettoarbeitsentgelt wird um 20 v.H. der zugrunde liegenden sozialversicherungspflichtigen Bruttobezüge aufgestockt. Die Aufstockung um 20 v.H. wird durch die Beitragsbemessungsgrenze nicht begrenzt, auch nicht im Zusammenhang mit einer Einmalzahlung (z.B. Zuwendung) wie nach § 3 Abs. 1a AtG. Bei der Berechnung dieses Aufstockungsbetrages werden insbesondere nicht berücksichtigt:

- Steuerfreie Bezügebestandteile (z.B. Zuschläge für Sonntags-, Feiertags- und Nachtarbeit)
- Vergütung für Mehrarbeit und Überstunden, einschließlich der Überstundenpauschalen
- Vergütung für Bereitschaftsdienst und Rufbereitschaft
- Bezahlung für die tatsächlich geleistete Arbeit einschließlich der Wegezeit in der Rufbereitschaft.

Die steuerfreien Bezügebestandteile werden nicht erhöht, da sie kein beitragspflichtiges Arbeitsentgelt darstellen. Die Übrigen werden deshalb nicht in die Aufstockung einbezogen, weil sie für Zeiten außerhalb der Altersteilzeitarbeit anfallen. Diese Entgeltbestandteile werden neben den für die Altersteilzeitarbeit zustehenden Bezügen einschließlich des Aufstockungsbetrages gezahlt.

Im Rahmen der Berechnung der Aufstockungsleistung nach § 5 Abs. 1 TV ATZ wird seit dem Änderungstarifvertrag Nr. 1 zum TV ATZ der sozialversicherungspflichtige Teil der vom Arbeitgeber zu tragenden Umlage zur Zusatzversorgungskasse in die jeweilige Bemessungsgrundlage einbezogen. Gleiches gilt für den Aufstockungsbetrag zur gesetzlichen Rentenversicherung nach § 5 Abs. 4 TV ATZ. Mit dieser vorbeugenden Regelung soll verhindert werden, dass die zuvor bestandenen entgegengesetzten Standpunkte von Arbeitgeberseite einerseits und BMA, BA und Sozialversicherungsträgern andererseits zu möglichen Rechtsnachteilen für betroffene Arbeitnehmer führt[29]. In diesem Zusammenhang sei darauf hingewiesen, dass bei der Berechnung der Aufstockungsleistungen nach § 5 Abs. 2 TV ATZ (Mindestnettobetrag von 83 v.H.) weiterhin von dem Entgelt ohne den sozialversicherungspflichtigen Teil der vom Arbeitgeber zu tragenden Umlage zur Zusatzversorgungskasse auszugehen ist (vgl. § 5 Abs. 2 Unterabs. 1 Satz 2 Halbsatz 2 TV ATZ).

### 4. Aufstockungsbetrag nach § 5 Abs. 2 TV ATZ

#### a) Bisheriges Nettoarbeitsentgelt

In einem weiteren Schritt ist zu prüfen, ob das individuelle Nettoarbeitsentgelt einschließlich des Aufstockungsbetrages nach § 5 Abs. 1 TV ATZ (20 v.H.) mindestens 83 v.H. des bisherigen Nettoarbeitsentgelts erreicht,

---

[28] Vgl. § 37 Abs. 2 Tarifvertrag Altersversorgung öffentlicher Dienst – ATV – vom 1.3.2002.
[29] Vgl. hierzu weiter Rundschreiben des BMI vom 24.3.1999 (GMBl. S. 343).

das beansprucht werden könnte, wenn die bisherige Arbeitszeit nicht im Rahmen des Altersteilzeitarbeitsverhältnisses herabgesetzt worden wäre. Dieser Vergleichswert basiert auf einer pauschalierten Berechnung.

31   Dabei ist wiederum zwischen den regelmäßigen und den unständigen Bezügebestandteilen zu unterscheiden. Grundlage ist zunächst das bei regelmäßiger Arbeitszeit zustehende bisherige Arbeitsentgelt, welches dem Grunde nach der Sozialversicherungspflicht unterliegt. Neben diesen Altersteilzeitbezügen sind auch die nachstehenden Vergütungsbestandteile in die Berechnungen des fiktiven Nettobetrages einzubeziehen:

32   • Vergütung für Bereitschaftsdienst und für passive Rufbereitschaft (ohne die Vergütung für tatsächliche Arbeitsleistungen während der Rufbereitschaft) – § 5 Abs. 2 Unterabs. 2 TV ATZ

33   • Pauschalen für Überstunden, im Blockmodell auch in der Freistellungsphase, wenn sie dem Arbeitnehmer mindestens zwei Jahre vor Beginn der Altersteilzeit ununterbrochen zugestanden haben (§ 5 Abs. 2 Unterabs. 3 TV ATZ)

34   • Pauschale von Kraftfahrern, die in der Freistellungsphase des Blockmodells in Höhe der Pauschalgruppe zugrunde gelegt wird, die mindestens während der Hälfte der Dauer der Arbeitsphase maßgebend war (§ 5 Abs. 2 Unterabs. 4 TV ATZ) – vgl. hierzu RdNr. 14 bis 16.

35   • Bei Arbeitnehmern mit verlängerter Arbeitszeit (wie z. B. Feuerwehr- und Wachpersonal bei der Bundeswehr) in der Freistellungsphase des Blockmodells die Bezüge aus derjenigen Stundenzahl, die in der Arbeitsphase, längstens während der letzten 48 Kalendermonate, als dienstplanmäßige Arbeitszeit durchschnittlich geleistet wurde (§ 5 Abs. 2 Unterabs. 5 TV ATZ).

36   • Erschwerniszuschläge, Schicht- und Wechselschichtzulagen und sonstige Lohnzuschläge (Protokollerklärung zu § 5 Abs. 2 TV ATZ).

### aa) Vergütung für Bereitschaftsdienst und Rufbereitschaft

37   § 5 Abs. 2 Unterabs. 2 TV ATZ sieht abweichend vom Grundsatz in Absatz 2 Unterabs. 1 Satz 2 vor, dass auch Bezüge aus einer Arbeitsleistung außerhalb der bisherigen wöchentlichen Arbeitszeit in die Berechnung des Mindestnettobetrages einfließen. Vergütungen für Bereitschaftsdienst und Rufbereitschaft – letztere allerdings ohne Entgelte für angefallene Arbeit einschließlich einer etwaigen Wegezeit – werden in der Höhe berücksichtigt, die ohne Reduzierung der Arbeitszeit durch die Altersteilzeit zugestanden hätten. Insofern sind fiktive Bezüge zu ermitteln.

38   Im Teilzeitmodell sind aus Vereinfachungsgründen die in der hälftigen Arbeitszeit erzielten Beträge zu verdoppeln, wenn dies nicht zu sachwidrigen Ergebnissen führt. In der Arbeitsphase des Blockmodells sind die Entgelte für Bereitschaftsdienst und Rufbereitschaft ohne Schwierigkeiten festzustellen, denn der Arbeitnehmer arbeitet schließlich mit der bisherigen Stundenzahl weiter. Die Beträge für Bereitschaftsdienst und Rufbereitschaft können in ihrer tatsächlichen Höhe (§ 4 Abs. 1 TV ATZ) in die Bemessungsgrundlage für die Berechnung des Mindestnettobetrages einfließen. Für die Freistellungsphase des Blockmodells lässt sich durch Anwendung der

# § 5 TV ATZ

Protokollerklärung zu § 5 Abs. 2 TV ATZ der in der Arbeitsphase zustehende Durchschnittsbetrag an Bereitschaftsdienst- und Rufbereitschaftsvergütungen heranziehen.

Krankheits- oder Urlaubstage mindern das Aufkommen an Bereitschaftsdienste und Rufbereitschaften. Hier ist das fiktive Entgelt zu ermitteln, das ohne Urlaub oder Krankheit zugestanden hätte.

**Beispiel:** Arbeitnehmerin, VerGr. IVb (verh., keine Kinder, kath.), ZVK VBL, Steuerklasse IV, KV-Beitrag 13,9%, Bereitschaftsdienst 100 € (07/2002)

|  | Vollzeitentgelt vor ATZ | Arbeitsphase | | Freistellungsphase |
|---|---|---|---|---|
|  |  | § 4 TV ATZ | § 5 Abs. 1 TV ATZ |  |
| Grundvergütung | 2281,44 € | 1140,72 € | 1140,72 € | 1140,72 € |
| Ortszuschlag (2) | 583,27 € | 291,64 € | 291,64 € | 291,64 € |
| Allgemeine Zulage | 109,72 € | 54,86 € | 54,86 € | 54,86 € |
| Zwischensumme | 2974,43 € | 1487,22 € | 1487,22 € | 1487,22 € |
| Vergütung für Bereitschaftsdienst | 100,00 € | 100,00 € |  |  |
| Summe Brutto | 3074,43 € | 1587,22 € | 1487,22 € | 1487,22 € |
| Summe sv-pfl. Brutto | 3203,07 € | 1619,94 € | 1513,49 € | 1513,49 € |
| Nettoentgelt | 1583,32 € | 1026,00 € |  | 986,64 € |
| Individueller Nettobetrag |  |  | 1048,38 € | 1000,61 € |
| 20 v. H. sv-pflicht. Brutto (§ 5 Abs. 1 TV ATZ) |  |  | 302,70 € | 302,70 € |
| Zusammen |  |  | 1351,08 € | 1310,31 € |
| Mindestnetto (83 v. H.) – § 5 Abs. 2 TV ATZ |  |  | 1418,69 € | 1418,69 € |
| Zusätzliche Aufstockung |  |  | 67,61 € | 108,38 € |
| Aufstockung zum Entgelt gesamt |  |  | 370,31 € | 411,08 € |

Vergütungen für Bereitschaftsdienst werden in der **Arbeitsphase** voll und nicht nur anteilig gezahlt. Sie werden für die Ermittlung des Vollzeitbruttoentgelts diesem zugeschlagen. Der Mindestnettobetrag fällt dementsprechend höher aus. Auch bei der Feststellung des individuellen Nettobetrags werden die Vergütungen für Bereitschaftsdienst berücksichtigt. Bei der Aufstockung der Bezüge um 20 v.H. nach § 5 Abs. 1 TV ATZ bleiben sie jedoch außer Betracht.

In der **Freistellungsphase** ist der Zusatzaufstockungsbetrag höher als in der Arbeitsphase, da keine Bereitschaftsdienste mehr anfallen und somit bei der Berechnung des individuellen Nettobetrages außer Betracht bleiben. Die Bereitschaftsdienste fließen aber weiterhin in die Berechnung des Mindestnettobetrages nach § 5 Abs. 2 TV ATZ – ggf. mit dem in der Arbeitsphase ermittelten Durchschnitt – ein.

### bb) Überstundenpauschalen

**41** Auch bei § 5 Abs. 2 Unterabs. 3 TV ATZ werden Arbeitsleistungen außerhalb der bisherigen wöchentlichen Arbeitszeit berücksichtigt. Sie gilt in den Fällen, in denen die Altersteilzeit im Blockmodell durchgeführt wird. Weitere Voraussetzungen sind, dass Überstunden (z. B. nach § 35 Abs. 4 BAT/BAT-O) pauschaliert vergütet worden sind und diese dem Arbeitnehmer seit mindestens zwei Jahren vor Beginn der Altersteilzeit zugestanden haben. Pauschale Überstunden haben in der Praxis in der Regel den Charakter einer monatlichen Zulage, weshalb diese dem Arbeitnehmer auch in der Freistellungsphase erhalten bleiben soll.

**42** Bei Vorliegen der Voraussetzungen wird die Überstundenpauschale sowohl in der Arbeits- als auch in der Freistellungsphase in die Bemessungsgrundlage für die Berechnung des Mindestnettobetrages eingerechnet. Von ihrer Höhe entspricht sie dem Betrag, der dem Arbeitnehmer in der Arbeitsphase als Bezug nach § 4 TV ATZ zusteht. In der Arbeitsphase wird nach Unterabs. 3 Halbsatz 2 die Überstundenpauschale in die Berechnung des aufzustockenden individuellen Nettobetrages einbezogen.

### cc) Sonstige unständige Bezügebestandteile in der Freistellungsphase

**43** Soweit sich nach § 5 Abs. 2 Unterabs. 2 bis 5 TV ATZ keine speziellen Regelungen für nicht regelmäßig zustehende Bezügebestandteile ergeben, kann nach der Protokollerklärung zu § 5 Abs. 2 TV ATZ beim Blockmodell ein Durchschnittsbetrag aus den in der Arbeitsphase zugestandenen unregelmäßigen Bezügebestandteilen gebildet werden, der für die Freistellungsphase maßgebend bleibt. Dies betrifft insbesondere die Erschwerniszuschläge und Wechselschicht- und Schichtzulagen, aber auch alle sonstigen Lohnzuschläge.

**44** Voraussetzung für die Anwendung der Protokollerklärung ist aber immer, dass es sich um sozialversicherungspflichtiges Entgelt handelt und für eine Arbeitsleistung innerhalb der regelmäßigen Arbeitszeit beansprucht werden kann. Als Kann-Regelung darf die Berufung auf die Protokollerklärung nicht zu sachwidrigen Ergebnissen führen. Da urlaubs- und krankheitsbedingte Nichtarbeit Auswirkungen auf den Durchschnittsbetrag hat, bleibt der entsprechende Zeitraum für die Durchschnittsberechnung unberücksichtigt.

**45** Im Ergebnis werden damit grundsätzlich alle unständigen Bezügebestandteile berücksichtigt, mit Ausnahme von
- steuerfreien Bezügebestandteilen wie Zuschlägen für Sonn-, Feiertags- und Nachtarbeit,
- Bezahlung von Überstunden, soweit diese nicht pauschaliert sind,
- Entgelten für Arbeitsleistungen in der Rufbereitschaft.

**46** Entscheidend ist, ob dem Grunde – nicht der Höhe – nach beitragspflichtiges Entgelt vorliegt (§ 5 Abs. 1 Unterabs. 1 Satz 2 TV ATZ). Insofern können im tariflichen Bereich auch Entgelte oberhalb der monatlichen Beitragsbemessungsgrenze der Rentenversicherung aufgestockt werden (§ 5 Abs. 3 Satz 2 TV ATZ). Die tarifliche Regelung sieht insoweit weitergehende Vergünstigungen als die Regelungen des Altersteilzeitgesetzes vor.

## b) Ermittlung des Mindestnettobetrages

Nachdem das bisherige Bruttoarbeitsentgelt[30] ermittelt ist, kann in der Mindestnettotabelle (83-v. H.-Tabelle) unter Berücksichtigung der Steuerklasse der entsprechende Nettobetrag abgelesen werden. 47

Das Bundesministerium für Arbeit und Sozialordnung gibt jährlich eine Mindestnettobetragsverordnung[31] heraus, die allerdings nur Mindestbeträge in Höhe von 70 v. H. der pauschalierten Nettovergütung enthält. Der Tarifvertrag bezieht sich auf diese Rechtsverordnung (§ 5 Abs. 3 Satz 1 TV ATZ) und macht eine Aufstockung auf mindestens 83 v. H. der Nettovergütung erforderlich. Die Beträge aus der Verordnung sind daher entsprechend hochzurechnen. Als Arbeitshilfe veröffentlicht das Bundesministerium des Innern jährlich eine gesonderte Mindestnettobetragstabelle, die die pauschalierten 83 v. H. Mindestnettobeträge enthält[32]. 48

Bei der Berechnung der Mindestnettobeträge werden, auch soweit sie die Beitragsbemessungsgrenze der gesetzlichen Rentenversicherung übersteigen, diejenigen gesetzlichen Abzüge angesetzt, die gewöhnlich anfallen (§ 3 Abs. 1 Nr. 1 Buchst. a AtG; § 5 Abs. 3 Satz 2 TV ATZ). Vgl. hierzu auch Teil A, § 3, RdNr. 27. 49

Individuelle steuerliche Merkmale wie die Kirchensteuerpflicht und Steuerfreibeträge werden in der Tabelle nicht berücksichtigt. Es handelt sich um eine pauschalierte Berechnungsgrundlage, die einen Anspruch auf 83 v. H. des individuellen Nettoentgelts nicht gewährleistet[33]. 50

**Beachte:** Individuelle Steuermerkmale (z. B. Steuerfreibeträge) sind bei der Berechnung des individuellen Nettobetrages aus den Altersteilzeitbezügen zugrunde zu legen. Zur Vermeidung von Einbußen bei den Aufstockungsbeträgen ist es daher ratsam und zulässig, etwaige Steuerfreibeträge während der Altersteilzeitarbeit in der Steuerkarte zu streichen. 51

### 3. Aufstockung zur gesetzlichen Rentenversicherung nach § 5 Abs. 4 TV ATZ

Berechnungsgrundlage für diese Beitragsaufstockung ist der Differenzbetrag zwischen dem tatsächlich gezahlten beitragspflichtigen Arbeitsentgelt – ggf. einschließlich beitragspflichtiger nicht aufstockungsfähiger unständiger Bezüge – nach § 4 TV ATZ und 90 v. H. des Arbeitsentgelts nach § 5 Abs. 2 TV ATZ. Der Bezug auf § 5 Abs. 2 TV ATZ führt dazu, dass beispielsweise 52

---

[30] Nach § 15 Satz 1 Nr. 2 AtG kann künftig auch das Altersteilzeitnetto pauschaliert werden (vgl. Teil A, § 15 RdNr. 1). Eine Pauschalierung auch der Nettoteilzeitbezüge im Geltungsbereich des TV ATZ hätte zur Folge, dass der Teil der Steuern und Sozialversicherungsbeiträge, welcher auf die Umlage zur Zusatzversorgungskasse entfällt, nicht berücksichtigt würde. Dies wiederum hätte nachteilige Auswirkungen auf die Aufstockungsleistungen. Eine tarifliche Bestimmung zur Anwendung einer auf § 15 Satz 1 Nr. 2 AtG beruhenden Verordnung fehlt.
[31] Mindestnettobetragsverordnung 2002 vom 21. 12. 2001 (BGBl. I S. 4200). Auf den Abdruck der Tabelle wurde verzichtet.
[32] GMBl. 2002, 27.
[33] So ArbG Nürnberg vom 30. 5. 2000 – 12 Ca 1470/90, vgl. zum fiktiven Ansatz von Kirchensteuer bei der Berechnung des Altersteilzeitzuschlages eines nicht kirchensteuerpflichtigen Beamten, OVG Koblenz vom 28. 2. 2001 – 10 A 11673/00 (ZTR 2001, 285).

**TV ATZ § 5** 53–58  E. Altersteilzeitarbeit im Öffentlichen Dienst

auch Vergütungen für Bereitschaftsdienst und Rufbereitschaft (letztere ohne Entgelte für tatsächlich geleistete Arbeit einschließlich der Wegezeit), Erschwerniszuschläge, Schicht- und Wechselschichtzulagen bei der Berechnung der zusätzlichen Rentenversicherungsbeiträge zu berücksichtigen sind. Ausdrücklich erwähnt ist zudem mit Wirkung vom 1. 4. 1999 durch den Änderungstarifvertrag Nr. 1 auch der sozialversicherungspflichtige Teil der vom Arbeitgeber zu tragenden Umlage zur Zusatzversorgungskasse. Durch die in § 5 Abs. 4 TV ATZ erfolgte Begrenzung auf 90 v. H. der Beitragsbemessungsgrenze, ist für die Berechnung des zusätzlichen Rentenversicherungsbeitrages für das Jahr 2002 von höchstens 48.600,– € (West) und 40.500,– € (Ost) auszugehen.

53 Wird die monatliche Beitragsbemessungsgrenze in der gesetzlichen Rentenversicherung durch die Zahlung einer Einmalzahlung (z. B. Weihnachtszuwendung) überschritten, hat der Arbeitgeber auch für den die Beitragsbemessungsgrenze übersteigenden Betrag zur anteiligen Jahresarbeitsentgeltbemessungsgrenze Rentenversicherungsbeiträge zu entrichten (§ 163 Abs. 5 Satz 2 SGB VI).

54 Soweit Angestellte nicht der Versicherungspflicht in der gesetzlichen Rentenversicherung unterliegen (§§ 6 Abs. 1 Nr. 1, 231 Abs. 1 und 2, § 231a SGB VI), enthält § 5 Abs. 5 TV ATZ eine ergänzende Regelung zu Absatz 4. Der Arbeitgeber hat entsprechende Zuschüsse zu einer anderen Zukunftssicherung des Arbeitnehmers zu entrichten, wie wenn Versicherungspflicht in der gesetzlichen Rentenversicherung bestünde. In diesen Fällen sind die Zuschüsse also der Höhe nach begrenzt.

55 § 5 Abs. 6 TV ATZ stellt lediglich klar, dass die Aufstockungsleistungen auch für solche nach dem Tarifvertrag geschlossene Altersteilzeitvereinbarungen gelten, die über die gesetzliche Förderungsdauer hinausgehen.

### 4. Abfindung nach § 5 Abs. 7 TV ATZ

56 § 5 Abs. 7 TV ATZ sieht einen Anspruch auf eine Abfindung für den Fall vor, dass der Arbeitnehmer wegen vorzeitiger Inanspruchnahme einer Altersrente Rentenabschläge zu erwarten hat.

#### a) Rechtsgrund der Abfindung

57 Entscheidend für einen Abfindungsanspruch sind die Abschläge bei einer vorzeitigen Altersrente in der gesetzlichen Rentenversicherung. Auf die bis 31. 12. 2001 in der Zusatzversorgung möglichen Versorgungsabschläge (z. B. nach § 98 Abs. 6 VBLS a. F.) kam es nicht an, selbst wenn die Altersrente von der gesetzlichen Rentenversicherung abschlagsfrei gewesen sein sollte.

#### b) Höhe der Abfindung

58 Für jeden Monat des vorzeitigen Rentenbezuges ergibt sich ein Abschlag von 0,3 v. H. (§ 77 Abs. 2 SGB VI). Bei einem maximalen vorzeitigen Rentenbezug von 60 Monaten (Anhebung der Altersgrenze vom 60. auf das 65. Lebensjahr) kann sich ein Abschlag von 18% ergeben. Umgerechnet entsteht hieraus eine Abfindung in Höhe von maximal 3 Monatsgehältern.

Soweit der Arbeitnehmer nicht in der gesetzlichen Rentenversicherung  59
versichert ist sondern einer anderen Versorgungseinrichtung angehört, sind
Versorgungsabschläge bis zu 0,6 v. H. pro Monat der vorzeitigen Inanspruchnahme denkbar (z. B. Ärzteversorgung). Dies hat allerdings keinen Einfluss auf die Berechnung der Abfindung. § 5 Abs. 7 TV ATZ orientiert sich sowohl dem Grunde wie der Höhe nach an den Bestimmungen der gesetzlichen Rentenversicherung.

Der jeweilige Abfindungssatz kann der nachfolgenden Tabelle entnommen werden:  60

| Rentenabschlag in v. H. | Abfindung in Monatsgehältern |
|---|---|
| 0,3 | 0,05 |
| 0,6 | 0,10 |
| 0,9 | 0,15 |
| 1,2 | 0,20 |
| 1,5 | 0,25 |
| 1,8 | 0,30 |
| 2,1 | 0,35 |
| 2,4 | 0,40 |
| 2,7 | 0,45 |
| 3,0 | 0,50 |
| 3,3 | 0,55 |
| 3,6 | 0,60 |
| 3,9 | 0,65 |
| 4,2 | 0,70 |
| 4,5 | 0,75 |
| 4,8 | 0,80 |
| 5,1 | 0,85 |
| 5,4 | 0,90 |
| 5,7 | 0,95 |
| 6,0 | 1,00 |
| 6,3 | 1,05 |
| 6,6 | 1,10 |
| 6,9 | 1,15 |
| 7,2 | 1,20 |
| 7,5 | 1,25 |
| 7,8 | 1,30 |
| 8,1 | 1,35 |
| 8,4 | 1,40 |
| 8,7 | 1,45 |
| 9,0 | 1,50 |
| 9,3 | 1,55 |
| 9,6 | 1,60 |
| 9,9 | 1,65 |
| 10,2 | 1,70 |
| 10,5 | 1,75 |

**TV ATZ § 5** 61, 62    E. Altersteilzeitarbeit im Öffentlichen Dienst

| Rentenabschlag in v. H. | Abfindung in Monatsgehältern |
|---|---|
| 10,8 | 1,80 |
| 11,1 | 1,85 |
| 11,4 | 1,90 |
| 11,7 | 1,95 |
| 12,0 | 2,00 |
| 12,3 | 2,05 |
| 12,6 | 2,10 |
| 12,9 | 2,15 |
| 13,2 | 2,20 |
| 13,5 | 2,25 |
| 13,8 | 2,30 |
| 14,1 | 2,35 |
| 14,4 | 2,40 |
| 14,7 | 2,45 |
| 15,0 | 2,50 |
| 15,3 | 2,55 |
| 15,6 | 2,60 |
| 15,9 | 2,65 |
| 16,2 | 2,70 |
| 16,5 | 2,75 |
| 16,8 | 2,80 |
| 17,1 | 2,85 |
| 17,4 | 2,90 |
| 17,7 | 2,95 |
| 18,0 | 3,00 |

**61** Nach der Reform der Zusatzversorgung durch den Tarifvertrag Altersversorgung – ATV – vom 1. 3.2002 ergeben sich keine unterschiedlichen Rentenabschlagsregelungen mehr. Für einen etwaigen Abschlag von der Betriebsrente orientiert sich die Zusatzversorgung künftig grundsätzlich an den Bestimmungen der gesetzlichen Rentenversicherung (§ 7 Abs. 3 ATV). Dabei ist festzustellen, dass ein Rentenabschlag künftig und im Gegensatz zum bisherigen Zusatzversorgungsrecht in den Fällen nicht ausgeschlossen ist, in denen sich Anwartschaften zum 31. 12. 2001 nach § 33 ATV unter Berücksichtigung der Mindestgesamtversorgung (§ 41 Abs. 4 VBLS a. F.) und des § 44a VBLS a. F. ergeben. Besitzgeschützt sind lediglich die zum 31. 12. 2001 sich nach altem Recht errechnenden Versorgungsanwartschaften, die im Übrigen vollständig in Versorgungspunkte nach dem neuen Betriebsrentensystem umgerechnet werden. Rentenabschläge bestimmen sich nur noch nach § 7 Abs. 3 ATV.

**62** Bemessungsgrundlage für die Abfindung ist das Arbeitsentgelt des Arbeitnehmers, das ihm im letzten Monat vor dem Ende des Altersteilzeitarbeitsverhältnisses zugestanden hätte, wenn er mit der bisherigen wöchentlichen Arbeitszeit beschäftigt gewesen wäre. Die Abfindung ist zum Ende des Altersteilzeitarbeitsverhältnisses zu zahlen.

Zur steuerlichen Behandlung vertritt das Bundesministerium der Finanzen[34] in Abstimmung mit den obersten Finanzbehörden der Länder die Auffassung, dass die Abfindung nach § 5 Abs. 7 TV ATZ eine Abfindung im Sinne von § 3 Nr. 9 EStG ist. Nach dieser Vorschrift können somit je nach Lebensalter und Dauer des Beschäftigungsverhältnisses Abfindungen von 8.181 € bis zu 12.271 € steuerfrei sein. Vorausgesetzt wird allerdings auch, dass die Initiative für die vorzeitige Auflösung des Beschäftigungsverhältnisses vom Arbeitgeber ausgegangen ist.

63

Die Zahlung der Abfindung führt über dies nicht zum Ruhen bei der Betriebsrente aus der Zusatzversorgung (§ 12 ATV). Sie ist zudem kein zusatzversorgungspflichtiges Entgelt (Anlage 3 Nr. 13 zum ATV).

64

## § 6 Nebentätigkeit

¹**Der Arbeitnehmer darf während des Altersteilzeitarbeitsverhältnisses keine Beschäftigungen oder selbständige Tätigkeiten ausüben, die die Geringfügigkeitsgrenze des § 8 SGB IV überschreiten, es sei denn, diese Beschäftigungen oder selbständigen Tätigkeiten sind bereits innerhalb der letzten fünf Jahre vor Beginn des Altersteilzeitarbeitsverhältnisses ständig ausgeübt worden.** ²**Bestehende tarifliche Regelungen über Nebentätigkeiten bleiben unberührt.**

### Normzweck

§ 6 Abs. 1 TV ATZ verpflichtet den Arbeitnehmer, auf die Ausübung von Beschäftigungen oder selbstständigen Tätigkeiten zu verzichten, die die Geringfügigkeitsgrenze des § 8 SGB IV (325,- € monatlich und weniger als 15 Stunden/Woche) überschreiten. Mit dieser Regelung soll bezweckt werden, dass durch die Reduzierung von Arbeitszeit frei werdende Ressourcen nicht in unbeschränktem Umfang erwerbsmäßig weitergenutzt werden. Die mit der Altersteilzeit angestrebte Entlastung des Arbeitsmarktes würde sonst in ihr Gegenteil umschlagen.

1

Eine Ausnahme gilt dann, wenn die Tätigkeit innerhalb der letzten 5 Jahre vor Beginn der Altersteilzeitarbeit ständig ausgeübt wurde. Mit der Regelung des § 6 TV ATZ, der inhaltlich dem § 5 Abs. 3 AtG folgt, soll im Übrigen der Anspruch des Arbeitgebers auf Erstattungsleistungen gegen die BA gesichert werden.

2

§ 6 Satz 1 TV ATZ stellt klar, dass bestehende tarifliche Regelungen über Nebentätigkeiten, also z.B. § 11 BAT/BAT-O, weiterhin zu beachten sind. Betroffen sind genehmigungspflichtige Tätigkeiten.

3

Die Regelung zur Nebentätigkeit stößt durch die allgemeine Anknüpfung an die sozialversicherungsrechtliche Geringfügigkeitsgrenze dort auf Akzeptanzschwierigkeiten, wo sie die mit der Altersteilzeit angestrebten Beschäftigungseffekte überhaupt nicht erzielen kann. Dies ist beispielsweise bei ehrenamtlichen Bürgermeistern der Fall. Sie erhalten während der Ausübung des Ehrenamtes eine Aufwandsentschädigung, der mit dem steuer- und sozialversicherungspflichtigen Anteil regelmäßig über der Geringfügigkeitsgrenze

4

---

[34] Rundschreiben des BMI vom 20.12.1999 (GMBl. 2000, 123).

**TV ATZ § 7** 1         E. Altersteilzeitarbeit im Öffentlichen Dienst

von 325,– € liegt. Soweit das Ehrenamt bereits seit fünf Jahren wahrgenommen wird, ist die Fortführung während der Altersteilzeitarbeit besitzgeschützt. Probleme ergeben sich aber dann, wenn die Übernahme des Ehrenamtes nach Beginn der Altersteilzeit angestrebt wird oder die Funktion vor Übergang in die Altersteilzeit weniger als fünf Jahre wahrgenommen wurde. In diesen Fällen ergibt sich im Kontext der tariflichen und der gesetzlichen Bestimmung eine Unvereinbarkeit mit der Folge, dass Altersteilzeitarbeit und kommunales Ehrenamt nebeneinander nicht möglich wären.

5    Die Missachtung des § 5 Abs. 3 AtG hätte zunächst nur Auswirkungen auf den Förderungsanspruch des Arbeitgebers gegenüber der BA. Käme es mangels Wiederbesetzung auf einen Erstattungsanspruch nicht an, würde dies das Altersteilzeitarbeitsverhältnis grundsätzlich nicht nachteilig berühren. § 8 Abs. 3 TV ATZ sichert aber die Einhaltung der Nebentätigkeitsbeschränkung im Gleichklang mit § 5 Abs. 3 AtG, in dem der Anspruch auf die Aufstockungsleistungen für die Zeit ruhen, in der der Arbeitnehmer eine unzulässige Nebentätigkeit ausübt. Nach einer Ruhenszeit von 150 Tagen erlischt der Anspruch. Erst hierdurch wird das zwischen Arbeitgeber und Arbeitnehmer bestehende Altersteilzeitarbeitsverhältnis selbst betroffen mit all seinen negativen Folgen in steuer-, sozialversicherungs- und versorgungsrechtlicher Hinsicht.

6    Die BA hat zwischenzeitlich durch Erlass vom 20. 2. 2001 ausgehend vom beschäftigungspolitischen Zweck des Altersteilzeitgesetzes das von einem Arbeitnehmer übernommene Amt des Ortsbürgermeisters in Rheinland-Pfalz nicht als Tätigkeit eingestuft, welche auf dem freien Arbeitsmarkt angeboten werde und demzufolge die Zielsetzung des Altersteilzeitgesetzes als nicht beeinträchtigt angesehen. Die ehrenamtliche Tätigkeit als Ortsbürgermeister – losgelöst von Steuer- und Sozialversicherungspflichtigkeit der Aufwandsentschädigung – sei für die Altersteilzeitbeschäftigung unschädlich. Die Aufwandsentschädigung berühre daher den Förderungsanspruch nach dem Altersteilzeitgesetz nicht. Es erscheint sachgerecht, diese an Sinn und Zweck ausgerichtete Auslegung der gesetzlichen Regelung auch auf die tarifliche zu übertragen.

## § 7 Urlaub

[1] **Für den Arbeitnehmer, der im Rahmen der Altersteilzeit im Blockmodell (§ 3 Abs. 2 Buchst. a) beschäftigt wird, besteht kein Urlaubsanspruch für die Zeit der Freistellung von der Arbeit.** [2] **Im Kalenderjahr des Übergangs von der Beschäftigung zur Freistellung hat der Arbeitnehmer für jeden vollen Beschäftigungsmonat Anspruch auf ein Zwölftel des Jahresurlaubs.**

### 1. Allgemeines

1    Im Altersteilzeitarbeitsverhältnis richtet sich der Urlaubsanspruch grundsätzlich nach den allgemeinen tariflichen Bestimmungen (§ 48 BAT/BAT-O/MTArb/MTArb-O). Dies gilt im Besonderen, wenn die Altersteilzeit im Teilzeitmodell durchgeführt wird.

## 2. Altersteilzeit im Blockmodell

### a) Zwölftelregelung

Für den Fall der Durchführung der Altersteilzeitarbeit im Rahmen eines  2
Blockmodells besteht während der Freistellungsphase kein Anspruch auf Urlaub. In dem Kalenderjahr, in dem der Arbeitnehmer von der Arbeits- in die Freistellungsphase wechselt, hat er für jeden vollen Beschäftigungsmonat Anspruch auf $^1/_{12}$ des Jahresurlaubs (§ 7 Satz 2 TV ATZ). Bruchteile von Urlaubstagen können in entsprechender Anwendung des § 48 Abs. 5b BAT/BAT-O bzw. § 48 Abs. 13 MitArb/MitArb-O auf einen vollen Urlaubstag aufgerundet werden.

Fraglich ist, inwieweit die Zwölftel-Regelung in § 7 Satz 2 TV ATZ mit dem Bundesurlaubsgesetz vereinbar ist. § 5 Abs. 1 Buchst. c BUrlG sieht die Zwölftelung für den Fall vor, dass der Arbeitnehmer nach erfüllter Wartezeit in der ersten Hälfte eines Kalenderjahres aus seinem Arbeitsverhältnis ausscheidet. Im Übrigen besteht Anspruch auf den vollen Jahresurlaub. § 7 Satz 2 TV ATZ kollidiert mit dem Bundesurlaubsgesetz daher in begrenzten Einzelfällen, sodass dann der gesetzliche Urlaubsanspruch Vorrang hat[35].

Da der Grundurlaub nach dem Bundesurlaubsgesetz bei einem Ausschei-  3
den in der zweiten Jahreshälfte nicht gezwölftelt werden darf, gilt dies gleichermaßen für einen Zusatzurlaub. Ein etwaiger Zusatzurlaub nach § 125 SBG IX ist daher beim Übertritt in die Freistellungsphase in der zweiten Jahreshälfte nicht zu kürzen[36].

### b) Urlaubsabgeltung

Soweit ein Altersteilzeitarbeitnehmer in der Arbeitsphase des Blockmodells  4
bis hin zum Beginn der Freistellungsphase erkrankt und den ihm zustehenden Urlaub nicht mehr nehmen kann, ist eine Urlaubsabgeltung nach den tarifrechtlichen Bestimmungen (z. B. § 51 BAT) nicht möglich. In der Freistellungsphase ist der Arbeitnehmer von der Verpflichtung zur Arbeitsleistung freigestellt, so dass die Urlaubnahme in dieser Zeit ausscheidet. Nach Ende der Freistellungsphase endet kraft Altersteilzeitvereinbarung das Arbeitsverhältnis; auch hier scheidet die Gewährung von Urlaub ebenfalls aus[37].

## 3. Tag der Freistellung nach § 15a BAT

In jedem Kalenderjahr werden Angestellte an einem Arbeitstag unter Fort-  5
zahlung der Vergütung von der Arbeit freigestellt (§ 15a BAT). Die Dauer der Freistellung beträgt höchstens ein Fünftel der durchschnittlichen wöchentlichen Arbeitszeit.

Nach § 3 Abs. 1 TV ATZ beträgt die durchschnittliche wöchentliche Ar-  6
beitszeit während der Altersteilzeit die Hälfte der bisherigen Arbeitszeit. Soweit die Altersteilzeitarbeit im Blockmodell geleistet wird, ändert sich an dieser Regelung nichts. Im Ergebnis bedeutet dies, dass der in Altersteilzeit sich befindende Arbeitnehmer nur noch die Hälfte der bisherigen

---

[35] A. A. Hock/Klapproth in ZTR 2000, 97 (101).
[36] BAG, Urteil vom 21. 2. 1995 – 9 AZR 166/94 (AP Nr. 7 zu § 47 SchwbG 1986).
[37] LAG Stuttgart vom 11. 12. 2000 – 13 Sa 65/00 (EzBAT TV ATZ Nr. 11).

Freistellung beanspruchen kann. Nach dem Wortlaut der Tarifregelung gilt dies auch bei Altersteilzeit im Blockmodell in der Arbeitsphase.

7  Zwar wird rechtlich auch bei der Altersteilzeit im Blockmodell die arbeitsvertraglich vereinbarte Arbeitszeit auf die Hälfte reduziert. Der Arbeitnehmer erbringt aber durch die Verblockung nach wie vor seine bisherige Arbeitszeit. Daher sollte es sachgerecht erscheinen, am Umfang der Freistellung nach § 15a BAT in der Arbeitsphase des Blockmodells nichts zu ändern.

## § 8 Nichtbestehen bzw. Ruhen der Aufstockungsleistungen

(1) ¹In den Fällen krankheitsbedingter Arbeitsunfähigkeit besteht der Anspruch auf die Aufstockungsleistungen (§ 5) längstens für die Dauer der Entgeltfortzahlung (z. B. § 37 Abs. 2 BAT/BAT-O), der Anspruch auf die Aufstockungsleistungen nach § 5 Abs. 1 und 2 darüber hinaus längstens bis zum Ablauf der Fristen für die Zahlung von Krankenbezügen (Entgeltfortzahlung und Krankengeldzuschuss). ²Für die Zeit nach Ablauf der Entgeltfortzahlung wird der Aufstockungsbetrag in Höhe des kalendertäglichen Durchschnitts des nach § 5 Abs. 1 und 2 in den letzten drei abgerechneten Kalendermonaten maßgebenden Aufstockungsbetrages gezahlt; Einmalzahlungen bleiben unberücksichtigt. ³Im Falle des Bezugs von Krankengeld (§§ 44 ff. SGB V), Versorgungskrankengeld (§§ 16 ff. BVG), Verletztengeld (§§ 45 ff. SGB VII), Übergangsgeld (§§ 49 ff. SGB VII) oder Krankentagegeld von einem privaten Krankenversicherungsunternehmen tritt der Arbeitnehmer für den nach Unterabsatz 1 maßgebenden Zeitraum seine gegen die Bundesanstalt für Arbeit bestehenden Ansprüche auf Altersteilzeitleistungen (§ 10 Abs. 2 des Altersteilzeitgesetzes) an den Arbeitgeber ab.

(2) Ist der Arbeitnehmer, der die Altersteilzeitarbeit im Blockmodell ableistet, während der Arbeitsphase über den Zeitraum der Entgeltfortzahlung (z. B. § 37 Abs. 2 BAT/BAT-O) hinaus arbeitsunfähig erkrankt, verlängert sich die Arbeitsphase um die Hälfte des den Entgeltfortzahlungszeitraum übersteigenden Zeitraums der Arbeitsunfähigkeit; in dem gleichen Umfang verkürzt sich die Freistellungsphase.

(3) ¹Der Anspruch auf die Aufstockungsleistungen ruht während der Zeit, in der der Arbeitnehmer eine unzulässige Beschäftigung oder selbständige Tätigkeit im Sinne des § 6 ausübt oder über die Altersteilzeitarbeit hinaus Mehrarbeit und Überstunden leistet, die den Umfang der Geringfügigkeitsgrenze des § 8 SGB IV überschreiten. ²Hat der Anspruch auf die Aufstockungsleistungen mindestens 150 Tage geruht, erlischt er; mehrere Ruhenszeiträume werden zusammengerechnet.

*Protokollerklärung:*

*Wenn der Arbeitnehmer infolge Krankheit den Anspruch auf eine Rente nach Altersteilzeitarbeit nicht zum arbeitsvertraglich festgelegten Zeitpunkt erreicht, verhandeln die Arbeitsvertragsparteien über eine interessengerechte Vertragsanpassung.*

## 1. Allgemeines

§ 8 Satz 1 TV ATZ in der bis zum 31. 3. 1999 geltenden Fassung sah vor, dass während der Zeit des Anspruchs auf Krankengeld, Versorgungskrankengeld, Verletztengeld oder Übergangsgeld kein Anspruch auf Aufstockungsleistungen nach § 5 TV ATZ bestehen sollte. Die Zahlung von Aufstockungsbeträgen endete danach mit Ablauf der Krankenbezugsfristen im engeren Sinne (§ 37 Abs. 2 BAT/BAT-O, § 71 Abs. 2 BAT, § 42 Abs. 2 MTArb/MTArb-O). Nach Ablauf der Entgeltfortzahlung war der Arbeitnehmer lediglich auf sein Krankengeld, ggf. erhöht um den Krankengeldzuschuss, verwiesen. Zu den grundsätzlichen finanziellen Auswirkungen in dieser Situation vgl. Teil A, § 10, RdNr. 6 ff. Nur für den Fall, dass die Altersteilzeitstelle förderfähig wiederbesetzt wurde, konnte sich ein Anspruch auf Aufstockungsleistungen in gesetzlicher Höhe gegenüber der BA ergeben. Die Arbeitnehmer trugen mithin ein hohes latentes Risiko.

Durch den Änderungstarifvertrag Nr. 1 ist § 8 TV ATZ mit Wirkung vom 1. 4. 1999 neu gefasst worden. Er hat das vorbezeichnete finanzielle Risiko des Altersteilzeitarbeitnehmers nicht unerheblich entschärft. Zudem ist durch den Änderungstarifvertrag Nr. 2 ab 1. 7. 2000 die Zahlung von Krankentagegeld eines privaten Krankenversicherungsunternehmens mit den gesetzlichen Entgeltersatzleistungen gleichgestellt worden.

## 2. Aufstockungsleistungen im Krankheitsfall

### a) während des Entgeltfortzahlungszeitraums

Im Krankheitsfalle während der Altersteilzeitarbeit richtet sich die Entgeltfortzahlung nach den Bestimmungen der Manteltarifverträge (§ 37 BAT/BAT-O bzw. § 42 MTArb/MTArb-O). Im Angestelltenbereich kann sich nach der Übergangsregelung des § 71 BAT ein Anspruch auf Entgeltfortzahlung (Krankenbezüge) bis zum Ende der 26. Woche seit Beginn der Arbeitsunfähigkeit ergeben. Verkürzungen oder Verlängerungen dieses Anspruchszeitraums infolge Wiederholungserkrankung oder Teilnahme an einer medizinischen Rehabilitation (§ 71 Abs. 1 Unterabs. 2 und 3 BAT) sind zu berücksichtigen. Während dieser Zeit ist die Zahlung der Aufstockungsleistungen (zum Arbeitsentgelt und zur gesetzlichen Rentenversicherung) nach § 5 TV ATZ gewährleistet.

### b) nach Ablauf der Entgeltfortzahlung

Nach Ablauf der Entgeltfortzahlung folgt grundsätzlich die Zahlung von Krankengeld durch die gesetzliche Krankenversicherung. Es wird in Höhe von 70 v. H. des der Altersteilzeitarbeit zugrunde liegenden Arbeitsentgelts gewährt. Aufstockungsbeträge fließen nicht in die Bemessung des Krankengeldes ein (vgl. Teil A, § 10, RdNr. 7).

Seit 1. 4. 1999 können Aufstockungsleistungen zum Arbeitsentgelt nach § 5 Abs. 1 und 2 TV ATZ längstens bis zum Ablauf der Fristen für die

Fortzahlung von Entgelt sowie dem Krankengeldzuschuss gezahlt werden. Dies gilt somit nicht nur in den Fällen des § 71 BAT, sondern generell bis zum Ablauf der 26. Woche der Arbeitsunfähigkeit. Das vom Arbeitnehmer bisher zu tragende finanzielle Risiko wird nun längstens bis zum Ablauf der Fristen für den Anspruch auf Krankenbezüge (Entgeltfortzahlung und Krankengeldzuschuss) vermieden. Diese Regelung gilt auch unabhängig davon, ob die Stelle des Altersteilzeitarbeitnehmers wiederbesetzt wird oder nicht.

6 Während des Krankengeldbezugs mit Krankengeldzuschuss liegt kein Nettoentgelt mehr vor, welches auf 83 v. H. des bisherigen Arbeitsentgelts aufgestockt werden könnte. In diesem Fall richtet sich der Aufstockungsbetrag nach dem kalendertäglichen Durchschnitt des nach § 5 Abs. 1 und 2 TV ATZ maßgebenden Aufstockungsbetrages der letzten drei abgerechneten Kalendermonate. Einmalzahlungen (Zuwendung, Urlaubsgeld) bleiben bei der Durchschnittsberechnung unberücksichtigt (§ 8 Abs. 1 Unterabs. 1 Satz 2 TV ATZ).

7 Wird die Stelle des Altersteilzeitarbeitnehmers nachbesetzt und kommen grundsätzlich Erstattungsleistungen durch die BA in Betracht, so wird auch der Aufstockungsbetrag nach § 5 Abs. 4 TV ATZ über den Zeitraum der Entgeltfortzahlung im engeren Sinne weiter gezahlt. Die BA erstattet die Aufstockungsleistungen nach § 5 Abs. 1 und 2 TV ATZ jedoch nur in gesetzlicher Höhe. Wird nach Ablauf der Bezugszeit von Krankengeld mit Krankengeldzuschuss nur noch Krankengeld gewährt, erhält der Arbeitnehmer Aufstockungsleistungen zum „Arbeitsentgelt" und zur gesetzlichen Rentenversicherung nur noch im Erstattungswege (§ 10 Abs. 2 AtG). Der Arbeitnehmer hat also auch im Wiederbesetzungsfall mit finanziellen Einbußen zu rechnen. Hat der Arbeitnehmer Ansprüche gegenüber der BA aus § 10 Abs. 2 AtG und zahlt der Arbeitgeber Aufstockungsleistungen auch für diese Zeiträume, so gelten die Leistungen der BA als an den Arbeitgeber abgetreten (§ 8 Abs. 1 Unterabs. 2 TV ATZ). Diese Regelung gilt nach dem Änderungstarifvertrag Nr. 2 seit 1. 7. 2000 auch im Falle des Bezugs von Krankentagegeld von einem privaten Krankenversicherungsunternehmen.

8 Erfolgt keine Nachbesetzung nach den Bestimmungen des Altersteilzeitgesetzes, so wird nach Ablauf der Entgeltfortzahlung im engeren Sinne kein zusätzlicher Beitrag an die gesetzliche Rentenversicherung gezahlt. Insofern verbleibt es hinsichtlich des Aufstockungsbetrages nach § 5 Abs. 4 TV ATZ bei der bis zum 31. 3. 1999 geltenden tariflichen Regelung. Besteht schließlich nur noch Anspruch auf Krankengeld – ohne Krankengeldzuschuss –, so entfällt die Zahlung von Aufstockungsleistungen gänzlich[38].

---

[38] LAG Stuttgart vom 27. 6. 2001 – 3 Sa 13/01 (EzBAT TV ATZ Nr. 8).

# § 8 TV ATZ

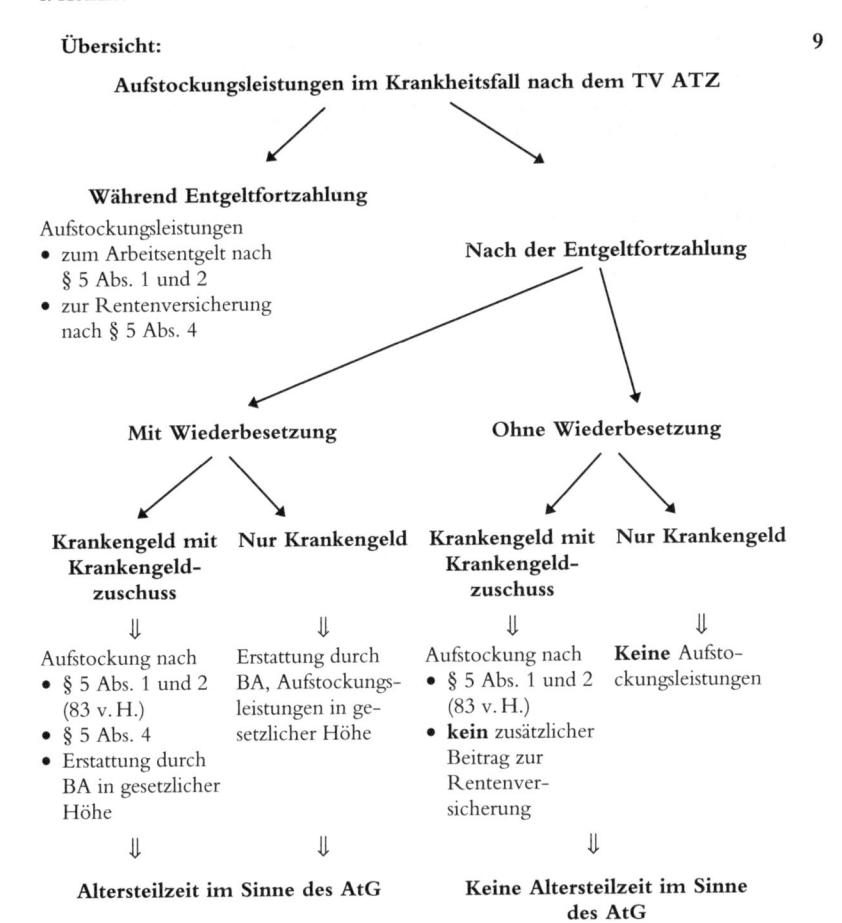

**Übersicht:**

Aufstockungsleistungen im Krankheitsfall nach dem TV ATZ

```
                    Aufstockungsleistungen im Krankheitsfall
                         /                          \
        Während Entgeltfortzahlung        Nach der Entgeltfortzahlung
        Aufstockungsleistungen                  /            \
        • zum Arbeitsentgelt nach       Mit Wiederbesetzung   Ohne Wiederbesetzung
          § 5 Abs. 1 und 2
        • zur Rentenversicherung
          nach § 5 Abs. 4
```

| Mit Wiederbesetzung | | Ohne Wiederbesetzung | |
|---|---|---|---|
| Krankengeld mit Krankengeldzuschuss | Nur Krankengeld | Krankengeld mit Krankengeldzuschuss | Nur Krankengeld |
| ⇓ | ⇓ | ⇓ | ⇓ |
| Aufstockung nach<br>• § 5 Abs. 1 und 2<br>  (83 v. H.)<br>• § 5 Abs. 4<br>• Erstattung durch BA in gesetzlicher Höhe | Erstattung durch BA, Aufstockungsleistungen in gesetzlicher Höhe | Aufstockung nach<br>• § 5 Abs. 1 und 2<br>  (83 v. H.)<br>• kein zusätzlicher Beitrag zur Rentenversicherung | Keine Aufstockungsleistungen |
| ⇓ | ⇓ | ⇓ | |
| Altersteilzeit im Sinne des AtG | | Keine Altersteilzeit im Sinne des AtG | |

Nach dem Altersteilzeitgesetz beurteilt sich das Altersteilzeitbeschäftigungsverhältnis danach, ob der Arbeitgeber tatsächlich Aufstockungsleistungen zum Arbeitsentgelt **und** zur gesetzlichen Rentenversicherung erbracht hat. Dies hat zur Folge, dass für den Fall der Arbeitsunfähigkeit nach Ablauf der Entgeltfortzahlung im engeren Sinne keine Altersteilzeit im Sinne des Altersteilzeitgesetzes mehr vorliegt. Zugleich ist diese Zeit, soweit sie einen Kalendermonat übersteigt, auch auf die 24 Monate für den Anspruch auf eine Altersrente nach Altersteilzeitarbeit (§ 237 SGB VI) nicht anrechenbar. Werden hierdurch die Anspruchsvoraussetzungen dieser Altersrente nicht zum anvisierten Zeitpunkt erfüllt, haben die Arbeitsvertragsparteien über eine interessengerechte Vertragsanpassung zu verhandeln[39].

Bei der Altersteilzeit im Blockmodell wird in der Arbeitsphase Wertguthaben im sozialversicherungsrechtlichen Sinne aufgebaut, welches vom Arbeitnehmer in der Freizeitphase zur Gewährleistung einer sozialversiche-

---

[39] Vgl. Protokollerklärung zu § 8 TV ATZ.

rungspflichtigen Beschäftigung in Anspruch genommen werden kann (§ 7 Abs. 1a SGB IV). Bei einer Arbeitsunfähigkeit in der Arbeitsphase des Blockmodells über die Entgeltfortzahlung im engeren Sinne hinaus, entsteht kein Wertguthaben. Hierfür sieht § 8 Abs. 2 TV ATZ[40] nun vor, dass sich die Arbeitsphase um die Hälfte der den Entgeltfortzahlungszeitraum überschreitenden Zeitraum in die Freizeitphase verschiebt. Dies gilt unabhängig davon, ob die Stelle des Altersteilzeitarbeitnehmers wiederbesetzt wird und damit Erstattungsleistungen von der BA in Anspruch genommen werden. Denn die Aufstockungsbeträge selbst tragen nicht zum erforderlichen Wertguthaben bei. Allerdings kann der Arbeitgeber – ohne hierzu rechtlich verpflichtet zu sein – diese Leistungen erbringen, damit auch in diesen Zeiten der Arbeitsunfähigkeit nach Ablauf der Entgeltfortzahlung Altersteilzeitarbeit im sozialversicherungsrechtlichen Sinne vorliegt[41].

12  Die Frage der Nacharbeit ist tarifrechtlich zwar nur für den Fall der Arbeitsunfähigkeit geregelt worden. Es sind aber weitere Fallgestaltungen denkbar, wie Sonderurlaub unter Wegfall der Bezüge oder die Gewährung einer befristeten Erwerbsminderungsrente von der gesetzlichen Rentenversicherung (§ 59 BAT) in der Arbeitsphase. Letztere führt lediglich zum Ruhen des Arbeitsverhältnisses und stellt keinen Störfall nach § 9 Abs. 3 TV ATZ dar. Auch hier wird die ausfallende Arbeitszeit zur Hälfte – auf der Grundlage einer arbeitsvertraglichen Vereinbarung – nachzuarbeiten sein.

13  Besteht in der Freistellungsphase einer Altersteilzeit im Blockmodell Arbeitsunfähigkeit, ruht der Anspruch auf Krankengeld, soweit und solange für Zeiten einer Freistellung von der Arbeitsleistung eine Arbeitsleistung nicht geschuldet wird (§ 49 Abs. 1 Nr. 6 SGB V). Versicherungspflicht besteht somit auf Grund einer Beschäftigung gegen Arbeitsentgelt nach § 7 Abs. 1a SGB IV auch während dieser Zeit. Reicht das Wertguthaben zur Finanzierung der gesamten Freistellungsphase nicht aus, wird von den Krankenkassen zunächst für die weitere Dauer der Arbeitsunfähigkeit Krankengeld gezahlt. Das Ruhen des Krankengeldanspruchs beginnt erst mit dem Zeitpunkt, von dem an das Wertguthaben ausreichend hoch ist, das vereinbarte Arbeitsentgelt bis zum vereinbarten Ende der Freistellungsphase zahlen zu können[42].

### 3. Ruhen und Erlöschen

14  Die Bestimmungen zum Ruhen und Erlöschen des Anspruchs auf Aufstockungsleistungen nach § 8 Abs. 3 TV ATZ ergänzen die gesetzlichen Regelungen in § 5 Abs. 3 und 4 AtG.

15  Nach § 8 Abs. 3 TV ATZ sind Mehrarbeit und Überstunden für den Ruhenstatbestand nur dann relevant, wenn diese über die Altersteilzeitarbeit hinaus geleistet werden. Dabei gelten im Blockmodell nur die über die regelmäßige wöchentliche Arbeitszeit hinaus geleisteten Arbeitsstunden bei

---

[40] Eingefügt durch den Änderungstarifvertrag Nr. 1 mit Wirkung vom 1. 4. 1999.
[41] Vgl. Nr. 2.1.3 und 3.4 des Gemeinsamen Rundschreibens der Spitzenorganisationen der Sozialversicherung zu den versicherungs-, beitrags-, melde- und leistungsrechtlichen Auswirkungen des Altersteilzeitgesetzes vom 31. 5. 2000.
[42] Vgl. Nr. 3.4 des Gem. RdSchr. a. a. O.

## I. Kommentar TV ATZ
## § 9 TV ATZ

Vorliegen der übrigen Voraussetzungen als Überstunden[43]. Kraftfahrer nach den Pauschallohntarifverträgen sowie Arbeitnehmer mit verlängerter regelmäßiger Arbeitszeit leisten keine Mehrarbeit im Sinne des TV ATZ. Denn die von ihnen zu leistende tarifliche Arbeitszeit gilt als regelmäßige Arbeitszeit im Sinne des TV ATZ[44]. In diesem Zusammenhang sei nochmals auf die Überstundenpauschvergütung für Sparkassenangestellte nach Nummer 5 der Anlage SR 2s BAT/BAT-Ostdeutsche Sparkassen hingewiesen, die kein Entgelt für Mehrarbeit oder Überstunden darstellt (vgl. § 5, RdNr. 19).

Klargestellt wurde zwischenzeitlich auch, dass Vergütungen für Bereitschaftsdienst und Rufbereitschaft – mit Ausnahme der in der Rufbereitschaft tatsächlich für angefallene Arbeit geleisteten Entgelte – nicht zum Ruhen des Anspruchs auf Aufstockungsleistungen führen, da sie aufgrund der maßgeblichen tariflichen Vorschriften nicht unter den Begriff der Mehrarbeit und Überstunden fallen[45]. 16

Soweit tatsächlich Mehrarbeit oder Überstunden im Altersteilzeitarbeitsverhältnis geleistet werden, hat der Arbeitgeber aufgrund seiner Fürsorgepflicht darauf zu achten, dass diese die Grenze der Geringfügigkeit nicht überschreiten. Im Übrigen bleibt die Möglichkeit, beispielsweise im Blockmodell durch Zeitausgleich den Beginn der Freistellungsphase vorzuverlegen[46]. 17

Im Anschluss an einen Ruhenszeitraum von 150 Tagen erlischt der Anspruch auf die Aufstockungsleistungen (§ 8 Abs. 3 Satz 2 TV ATZ). Mehrere gleichartige Ruhenszeiträume werden zusammengerechnet, d.h. Ruhenszeiten wegen mehr als geringfügiger Mehrarbeit oder Überstunden und Ruhenszeiten wegen unzulässiger Nebentätigkeit sind getrennt voneinander zu behandeln. 18

## § 9 Ende des Arbeitsverhältnisses

(1) **Das Arbeitsverhältnis endet zu dem in der Altersteilzeitvereinbarung festgelegten Zeitpunkt.**

(2) **Das Arbeitsverhältnis endet unbeschadet der sonstigen tariflichen Beendigungstatbestände (z. B. §§ 53 bis 60 BAT/BAT-O)**

a) **mit Ablauf des Kalendermonats vor dem Kalendermonat, für den der Arbeitnehmer eine Rente wegen Alters oder, wenn er von der Versicherungspflicht in der gesetzlichen Rentenversicherung befreit ist, eine vergleichbare Leistung einer Versicherungs- oder Versorgungseinrichtung oder eines Versicherungsunternehmens beanspruchen kann; dies gilt nicht für Renten, die vor dem für den Versicherten maßgebenden Rentenalter in Anspruch genommen werden können oder**

b) **mit Beginn des Kalendermonats, für den der Arbeitnehmer eine Rente wegen Alters, eine Knappschaftsausgleichsleistung, eine ähnliche Leistung öffentlichrechtlicher Art oder, wenn er von der Versicherungspflicht in der gesetzlichen Rentenversicherung befreit ist,**

---
[43] Protokollerklärung zu § 4 Abs. 1 TV ATZ.
[44] Protokollerklärung zu § 3 Abs. 1 Nr. 1 und 2 TV ATZ.
[45] Rundschreiben des BMI vom 20. 12. 1999 (GMBl. 2000, 123).
[46] Vgl. auch Nr. 2.2 Abs. 10 AtG-DA.

eine vergleichbare Leistung einer Versicherungs- oder Versorgungseinrichtung oder eines Versicherungsunternehmens bezieht.

(3) Endet bei einem Arbeitnehmer, der im Rahmen der Altersteilzeit nach dem Blockmodell (§ 3 Abs. 2 Buchst. a) beschäftigt wird, das Arbeitsverhältnis vorzeitig, hat er Anspruch auf eine etwaige Differenz zwischen den nach den §§ 4 und 5 erhaltenen Bezügen und Aufstockungsleistungen und den Bezügen für den Zeitraum seiner tatsächlichen Beschäftigung, die er ohne Eintritt in die Altersteilzeit erzielt hätte. Bei Tod des Arbeitnehmers steht dieser Anspruch seinen Erben zu.

*Protokollerklärung zu Absatz 2 Buchst. a:*

*Das Arbeitsverhältnis einer Arbeitnehmerin endet nicht, solange die Inanspruchnahme einer Leistung im Sinne des Absatzes 2 Buchst. a zum Ruhen der Versorgungsrente nach § 41 Abs. 7 VersTV-G, § 65 Abs. 7 VBL-Satzung führen würde.*

## 1. Beendigungstatbestände (Absatz 1 und 2)

1  Mit dem Ende der Altersteilzeitvereinbarung, welche in der Regel unmittelbar in die gesetzliche Altersrente überleitet, endet auch das Arbeitsverhältnis des Arbeitnehmers zu seinem Arbeitgeber insgesamt. § 9 Abs. 1 und 2 TV ATZ sieht folgende Beendigungstatbestände vor:

2  • Vereinbarung des Endzeitpunktes des Arbeitsverhältnisses in der Altersteilzeitvereinbarung, der in der Regel zwischen der Vollendung des 60. Lebensjahres (frühester Zugang zu einer vorgezogenen Altersrente) und des 65. Lebensjahres (Anspruch auf die Regelaltersrente) liegt (Absatz 1),

3  • Anspruch auf eine abschlagsfreie Altersrente, eine Knappschaftsausgleichsleistung, eine ähnliche Leistung öffentlichrechtlicher Art oder eine vergleichbare Leistung einer Versicherungs- oder Versorgungseinrichtung oder eines Versicherungsunternehmens, wenn der Arbeitnehmer von der Versicherungspflicht in der gesetzlichen Rentenversicherung befreit ist; die Entstehung des Stammrentenanspruchs reicht dabei bereits aus (Absatz 2 Buchst. a),

4  • Bezug einer Altersrente (mit oder ohne Abschlag), auch als Teilrente nach § 42 SGB VI oder eine der vorbezeichneten vergleichbaren Leistungen (Absatz 2 Buchst. b),

5  • Allgemeine manteltarifvertragliche Vorschriften über die Beendigung von Arbeitsverhältnissen (z.B. §§ 53 bis 60 BAT/BAT-O); – Absatz 2 Halbsatz 1.

6  Beim gewünschten Übergang von der Altersteilzeitarbeit in die Altersrente entsteht, wie die Beendigungstatbestände zeigen, regelmäßig die unmittelbare Verknüpfung von arbeits- und tarifrechtlichen Bestimmungen mit den materiellen rentenrechtlichen Regelungen. Die Gewissheit über den richtigen Austrittstermin in Abhängigkeit von der Art der Altersrente und dem Geburtsdatum des Arbeitnehmers ist von elementarer Bedeutung. Im Vorfeld einer Entscheidung für Altersteilzeitarbeit sollte daher zwingend eine Rentenauskunft vom zuständigen Rentenversicherungsträger stehen (§ 109 SGB VI). Ebenso unerlässlich ist eine Rentenauskunft der zuständigen Zusatzversorgungskasse geboten. Arbeitnehmer erhalten jeweils nach Ablauf eines Kalenderjahres einen Nachweis über ihre bisher insgesamt erworbene

Anwartschaft auf Betriebsrente (§ 21 Abs. 1 ATV). Eine separate Auskunft wie nach bisherigem Recht (vgl. § 70a VBLS a.F.) erübrigt sich damit. Erst die Aussagen aus beiden Rentenauskünften macht eine sachgerechte Beurteilung der Auswirkungen von Altersteilzeitarbeit auf die Altersversorgung insgesamt möglich und lässt noch Einflussnahme auf die inhaltliche Ausgestaltung der Altersteilzeitvereinbarung zu. Hinsichtlich des Zugangs zu den verschiedenen Altersrenten in der gesetzlichen Rentenversicherung unter Berücksichtigung der Anhebung der Altersgrenzen wird auf die Erläuterungen unter Teil A, Einleitung, RdNr. 12 ff verwiesen.

Wurde in einer Vereinbarung das Ende der Altersteilzeitarbeit an den Anspruch auf eine abschlagsfreie Altersrente für Schwerbehinderte, Berufsunfähige oder Erwerbsunfähige gebundenen und verlagert sich aufgrund des Gesetzes zur Reform der Renten wegen verminderter Erwerbsfähigkeit[47] der frühestmögliche Renteneintrittszeitpunkt vor, so folgt aus der Tarifautomatik des § 9 Abs. 2 Buchst. a TV ATZ, dass sich auch der Zeitpunkt der Beendigung des Arbeitsverhältnisses entsprechend vorverlagert. Bei Durchführung der Altersteilzeit im Blockmodell ist die Verteilung der Arbeitszeit (Arbeits- und Freistellungsphase) der Gesetzesänderung anzupassen.

Bei Arbeitnehmerinnen ist abweichend von § 9 Abs. 2 Buchst. a TV ATZ Altersteilzeitarbeit über den Zeitpunkt hinaus möglich, zu dem eine Altersrente von der gesetzlichen Rentenversicherung ungekürzt beansprucht werden kann[48]. Diese Regelung ist durch den Änderungstarifvertrag Nr. 1 zum TV ATZ zum 1. 4. 1999 eingeführt worden und trug bis 31. 12. 2001 den besonderen Rentenzugangsvoraussetzungen von Frauen in der Zusatzversorgung Rechnung. Während die Altersrente für Frauen in der gesetzlichen Rentenversicherung bei Vorliegen der Voraussetzungen bereits ab Vollendung des 60. Lebensjahres beansprucht werden konnte, wurde die entsprechende Versorgungsrente von der Zusatzversorgungskasse grundsätzlich erst ab Vollendung des 63. Lebensjahres gewährt (§ 65 Abs. 7 VBLS a.F.). In der Zwischenzeit stand lediglich die im Regelfall niedrigere Versicherungsrente zu (§ 65 Abs. 8 VBLS a.F.). Durch den Tarifvertrag Altersversorgung vom 1. 3. 2002 sind diese Bestimmungen mit Wirkung vom 1. 1. 2002 obsolet geworden. Die tariflichen Vorschriften zum neuen Betriebsrentenrecht enthalten eine solche Ruhensregelung – auch übergangsweise – nicht mehr.

Bei in der gesetzlichen Rentenversicherung befreiten Angestellten, deren Altersversorgung durch eine Lebensversicherung oder berufsständische Versorgungseinrichtung sichergestellt wird, stehen die dortigen Leistungen den Altersrenten in der gesetzlichen Rentenversicherung grundsätzlich gleich. Soweit in diesen Fällen jedoch die Altersrente erst mit Vollendung des 65. Lebensjahres ungemindert zusteht, obwohl in der gesetzlichen Rentenversicherung dieser Anspruch schon zu einem früheren Zeitpunkt besteht, wird nach § 9 Abs. 2 Buchst. a TV ATZ auf den späteren Zeitpunkt abgestellt. Die BA stellt in der Zwischenzeit für die Förderungsdauer ebenfalls auf die in der aktuellen Versicherung maßgebenden Altersgrenze ab.

---

[47] Vom 20. 12. 2000 (BGBl. I S. 1827), in Kraft getreten am 1. 1. 2001.
[48] Protokollerklärung zu § 9 Abs. 2 Buchst. a TV ATZ.

10 Das Altersteilzeitarbeitsverhältnis kann außer nach den in § 9 Abs. 1 und Abs. 2 Buchst. a und b TV ATZ bezeichneten Tatbeständen enden, wenn manteltarifliche Bestimmungen dies vorsehen. Hier kommt die Beendigung durch Kündigung, Auflösungsvertrag oder Bewilligung einer Dauerrente wegen Erwerbsminderung in Betracht. Angestellte im Justizvollzugsdienst erreichen die Altersgrenze bereits mit Vollendung des 60. Lebensjahres (SR 2n Nr. 7 BAT); insoweit kann in diesen Fällen Altersteilzeit nur bis zu diesem Zeitpunkt vereinbart werden.

## 2. Folgen bei vorzeitiger Beendigung der Altersteilzeitarbeit (Störfall)

11 § 9 Abs. 3 TV ATZ enthält eine spezielle Regelung für den Fall, dass das Arbeitsverhältnis eines Arbeitnehmers, der im Rahmen der Altersteilzeit nach dem Blockmodell beschäftigt wird, vorzeitig endet. In diesen Fällen erfolgt eine Nachzahlung in der Weise, dass der Arbeitnehmer bzw. seine Erben den Unterschiedsbetrag erhält zwischen den Bezügen nach §§ 4 und 5 TV ATZ und denjenigen Bezügen, die er für den Zeitraum seiner tatsächlichen Beschäftigung erhalten hätte, wenn kein Altersteilzeitarbeitsverhältnis begründet worden wäre. Die gezahlten Aufstockungsleistungen zum Arbeitsentgelt werden mithin aufgerechnet.

12 Diese tarifrechtliche Abwicklung bei vorzeitiger Beendigung der Altersteilzeitarbeit ist von der sozialversicherungsrechtlichen Behandlung in Störfällen zu trennen. Die Abwicklung von Störfällen in allen Zweigen der Sozialversicherung wird seit 1. 1. 2001[49] allgemein in § 23b Abs. 2 SGB IV geregelt, wobei für den Bereich der gesetzlichen Rentenversicherung in Hinblick auf den diesbezüglichen Aufstockungsbetrag eine abweichende Regelung in § 10 Abs. 5 ATG vorgesehen ist.

13 Bei vorzeitiger Beendigung bleibt die Steuerfreiheit der gezahlten Aufstockungsleistungen zum Arbeitsentgelt und zur gesetzlichen Rentenversicherung erhalten, denn der Charakter der bis zum Störfall gezahlten Arbeitgeberleistungen hat sich durch die vorzeitige Beendigung nicht geändert[50]. Zusatzversorgungsrechtlich stellen weder die bereits gezahlten Aufstockungsleistungen noch der Nachzahlungsbetrag nach § 9 Abs. 3 TV ATZ (§ 29 Abs. 7 Buchst. e VBLS) umlagepflichtiges Entgelt dar.

14 § 9 Abs. 3 TV ATZ enthält keine Regelungen, was unter sonstigen Gründen für eine vorzeitige Beendigung des Altersteilzeitverhältnisses zu verstehen ist. Als Gründe könnten eine soziale Notlage des Arbeitnehmers oder aber betriebliche Notwendigkeiten in Betracht kommen. Denkbar wäre, dass das Arbeitsverhältnis im Wege der Kündigung vor Ablauf der Vereinbarung endet[51]. Vorzeitig beendet wird ein Altersteilzeitarbeitsverhältnis aber auch, wenn eine Rente wegen Erwerbsunfähigkeit bewilligt oder nach zwischenzeitlicher Feststellung der Schwerbehinderteneigenschaft eine ungekürzte

---

[49] Neugefasst durch Artikel 4 des 4. Euro-Einführungsgesetzes vom 21. 12. 2000 (BGBl. I S. 1983).
[50] Vgl. Abschnitt 18 Satz 9 und 10 der Lohnsteuerrichtlinien 2001.
[51] Arbeitgeberkündigung im Altersteilzeitverhältnis, Stück, NZA 2000, 749.

I. Kommentar TV ATZ  1–4  § 10 TV ATZ

Altersrente wegen Schwerbehinderung beansprucht werden kann und dadurch das Altersteilzeitarbeitsverhältnis nicht wie vereinbart vollzogen wird.

## § 10 Mitwirkungspflicht

**(1) Der Arbeitnehmer hat Änderungen der ihn betreffenden Verhältnisse, die für den Anspruch auf Aufstockungsleistungen erheblich sind, dem Arbeitgeber unverzüglich mitzuteilen.**

**(2) Der Arbeitnehmer hat dem Arbeitgeber zu Unrecht gezahlte Leistungen, die die im Altersteilzeitgesetz vorgesehenen Leistungen übersteigen, zu erstatten, wenn er die unrechtmäßige Zahlung dadurch bewirkt hat, dass er Mitwirkungspflichten nach Absatz 1 verletzt hat.**

### 1. Mitteilungspflichten

§ 10 Abs. 1 TV ATZ regelt Mitwirkungspflichten des Arbeitnehmers gegenüber dem Arbeitgeber für den Fall, dass sich die Verhältnisse, die für den Anspruch auf Aufstockungsleistungen erheblich sind, ändern. Die Vorschrift entspricht ihrem Wortlaut § 11 Abs. 1 Satz 1 AtG. So könnte eine nicht besitzgeschützte Nebentätigkeit während der Altersteilzeitarbeit, die die Geringfügigkeitsgrenze übersteigt, zum Ruhen und schließlich zum Erlöschen des Anspruchs auf Aufstockungsleistungen führen. Ebenso kann ein Antrag auf Feststellung der Schwerbehinderteneigenschaft bei Anerkennung zu einem vorzeitigen ungeminderten Altersrentenanspruch führen und damit für den Anspruch auf Aufstockungsleistungen erheblich sein. 1

Im Einzelnen wird auf die detaillierte Darstellung zu den Arbeitnehmer und Arbeitgeber betreffenden Mitteilungspflichten unter Teil A, § 11, RdNr. 3 ff Bezug genommen. 2

### 2. Erstattungspflichten

§ 10 Abs. 2 TV ATZ sieht einen speziellen Erstattungsanspruch des Arbeitgebers gegenüber dem Arbeitnehmer vor, wenn dieser seine Mitwirkungspflichten verletzt hat und dadurch unrechtmäßig Aufstockungsleistungen an ihn gezahlt wurden. Der Höhe nach beschränkt sich die Erstattungspflicht gegenüber dem Arbeitgeber auf den Teil, der über die gesetzlichen Aufstockungsleistungen hinausgeht. Hinsichtlich der verbleibenden Leistungen – in Höhe der nach dem Altersteilzeitgesetz vorgesehenen Aufstockungsbeträge – ergibt sich ein Erstattungsanspruch der BA gegenüber dem Arbeitnehmer unmittelbar aus § 11 Abs. 2 Satz 1 AtG. Damit hat der Arbeitnehmer alle unrechtmäßig erhaltenen Aufstockungsleistungen zurück zu zahlen. Beim Arbeitgeber selbst ist das Konto ausgeglichen, denn die von ihm an den Arbeitnehmer gezahlten Aufstockungsbeträge in gesetzlicher Höhe sind ihm schließlich von der BA erstattet worden. 3

Die Erstattungsregelungen sind also im Kontext der gesetzlichen und tariflichen Bestimmungen zu sehen. Sie sind auf den Fall zugeschnitten, dass eine rechtswirksame Wiederbesetzung des Altersteilzeitarbeitnehmers bereits stattgefunden hat. Sofern das noch nicht der Fall ist oder die Stelle des Arbeitnehmers planmäßig wegfallen soll, hat der Arbeitnehmer die ihm gewährten Aufstockungsbeträge an den Arbeitgeber in voller Höhe zu erstatten. 4

## II. Sonderfragen zur Kranken- und Pflegeversicherung

### 1. Krankenversicherung

1 Wie unter Teil a, § 3, RdNr. 42 ff dargelegt ergeben sich für privat krankenversicherte Personen Besonderheiten in der Altersteilzeit. Für die von diesem Kreis zu treffenden Entscheidungen sollen die folgenden Überlegungen eine Hilfe geben:

2 • Im Fall der Befreiung von der Versicherungspflicht (§ 8 Abs. 1 Nr. 3 SGB V) oder der gesetzlichen Versicherungsfreiheit nach § 6 Abs. 3 a SGB V erhält der Arbeitnehmer weiterhin einen Zuschuss zu seinen Krankenversicherungsbeiträgen gemäß § 257 SGB V. Die Höhe orientiert sich allerdings am versicherungspflichtigen Teilzeitbeschäftigungsentgelt. Der Zuschuss halbiert sich also. Er wird als steuerfreie Leistung (§ 3 Nr. 62 EStG) nicht aufgestockt.

3 • Freiwillig in der privaten Krankenversicherung Versicherte haben im Regelfall noch einen Beihilfeanspruch gemäß § 40 BAT in Verbindung mit der für Beamte geltende Beihilfeverordnung. Der Bemessungssatz ermäßigt sich für Beihilfeaufwendungen von Personen, die Mitglied in der privaten Krankenversicherung sind und nach Maßgabe des § 257 SGB V einen Zuschuss zu ihren Versicherungsbeiträgen erhalten, um 20 v. H. (z. B. § 12 Abs. 6 der Beihilfeverordnung für das Land Rheinland-Pfalz). Bei Teilzeitbeschäftigung, also auch in der Altersteilzeit, steht mithin nur noch die Hälfte der Beihilfeleistungen zu. Eine Aufstockung der gewährten Beihilfe erfolgt hingegen nicht.

4 Dies bedeutet zugleich für die Gewährung eines fortgesetzten bisherigen Krankenversicherungsschutzes, dass im Umfang des entfallenen Beihilfeanspruchs eine zusätzliche Absicherung in der privaten Krankenversicherung erfolgen muss. Die unabhängig vom Einkommen zu zahlende Prämie wird sich also erhöhen.

5 Das Altersteilzeitentgelt in Höhe von 83 v. H. des bisherigen Nettoarbeitsentgelts ist daher nicht nur um die Progressionswirkung, sondern auch unter Berücksichtigung des halbierten Krankenversicherungszuschusses, der halbierten Beihilfe und den zusätzlichen Aufwendungen für einen erhöhten privaten Krankenversicherungsschutz zu bereinigen. Diese Überlegungen machen ein Verbleiben in der privaten Krankenversicherung in der Altersteilzeit im Regelfall uninteressant. In den Fällen des § 6 Abs. 3 a SGB V dürfte die Abwägung unter finanziellen Aspekten regelmäßig dazu führen, von Altersteilzeitarbeit abzusehen.

### 2. Pflegeversicherung

6 Die Versicherungspflicht in der sozialen Pflegeversicherung nach § 20 Abs. 1 Satz 2 Nr. 1 in Verbindung mit Satz 1 SGB XI wird nicht dadurch berührt, dass ein bislang krankenversicherungspflichtiger Arbeitnehmer Altersteilzeitarbeit leistet.

## II. Sonderfragen zur Kranken- und Pflegeversicherung        7–10  TV ATZ

Handelt es sich hingegen um einen Arbeitnehmer, der vor Beginn der Altersteilzeitarbeit wegen Überschreitens der Jahresarbeitsentgeltgrenze nach § 6 Abs. 1 Nr. 1 SGB V krankenversicherungsfrei war und nunmehr infolge der Altersteilzeitarbeit krankenversicherungspflichtig wird, ändert sich die Rechtsgrundlage für die Versicherungspflicht in der sozialen Pflegeversicherung, d.h. die Versicherungspflicht in der sozialen Pflegeversicherung nach § 20 Abs. 3 SGB XI wird in eine solche nach § 20 Abs. 1 Satz 2 Nr. 1 in Verbindung mit Satz 1 SGB XI umgewandelt. **7**

Sofern ein (bislang freiwillig krankenversicherter) Arbeitnehmer allerdings nach § 22 SGB XI von der sozialen Pflegeversicherung befreit ist, endet diese Befreiung mit dem Eintritt von Krankenversicherungspflicht; von diesem Zeitpunkt an besteht Versicherungspflicht in der sozialen Pflegeversicherung nach § 20 Abs. 1 Satz 2 Nr. 1 in Verbindung mit Satz 1 SGB XI. Eine Befreiung von der sozialen Pflegeversicherung auf Grund eines „Alt"-Pflegeversicherungsvertrages nach Art. 42 PflegeVG wird durch den Eintritt von Krankenversicherungspflicht infolge der Altersteilzeit nicht berührt. **8**

Für Arbeitnehmer, die wegen Überschreitens der Jahresarbeitentgeltgrenze krankenversicherungsfrei, bei einem Unternehmen der privaten Krankenversicherung krankenversichert und damit auch privat pflegeversichert sind und nunmehr im Rahmen der Altersteilzeitarbeit krankenversicherungspflichtig werden, tritt ebenfalls Versicherungspflicht in der sozialen Pflegeversicherung nach § 20 Abs. 1 Satz 2 Nr. 1 in Verbindung mit Satz 1 SGB XI ein. An dieser Stelle sei allerdings auf § 6 Abs. 3a SGB V hingewiesen, der sich infolge der Vorbehaltsklausel in § 20 Abs. 1 Satz 1 SGB XI auch auf die Versicherungspflicht in der sozialen Pflegeversicherung auswirkt[52]. **9**

Sofern sich diese Arbeitnehmer allerdings nach § 8 Abs. 1 Nr. 3 SGB V von der Versicherungspflicht in der Krankenversicherung befreien lassen und auf Grund des § 23 Abs. 1 SGB XI privat pflegeversichert sind, bleiben sie weiterhin in der privaten Pflegeversicherung versichert. **10**

---

[52] Rundschreiben des BMI vom 25. 2. 2000 (GMBl. 2000, 287).

## III. Zusatzversorgung im öffentlichen Dienst

### 1. Allgemeines

1  Neben ihrer gesetzlichen Rente erhalten die Arbeitnehmer des öffentlichen Dienstes sowie ihre Hinterbliebenen eine zusätzliche Alters- und Hinterbliebenenversorgung, die den Gesamtrahmen der Versorgung im Ruhestand bestimmt. Daher sind nicht nur die Auswirkungen von Altersteilzeitarbeit auf die Rente aus der gesetzlichen Rentenversicherung von Bedeutung, sondern es sind in besonderer Weise auch zusatzversorgungsrechtliche Fragen zu beleuchten. Insofern wird im Folgenden u.a. auf die Versorgungsordnung der Versorgungsanstalt des Bundes und der Länder (VBL) Bezug genommen.

2  Als Ergebnis einer umfassenden Neuordnung der Zusatzversorgung des öffentlichen Dienstes wurde zum 1. 1. 1967 durch den Versorgungstarifvertrag vom 4. 11. 1966[53] das bis dahin die Ruhegeldordnung prägende Versicherungssystem durch ein Gesamtversorgungssystem ersetzt. Grundgedanke war, den Arbeitnehmern im öffentlichen Dienst eine beamtenähnliche Gesamtversorgung zu gewährleisten. So wurde die Grundversorgung (gesetzliche Rente) durch die Leistungen der Zusatzversorgung so aufgestockt, dass beide Leistungen zusammen eine bestimmte Höhe – die Gesamtversorgung – erreichten. Zahlreiche Änderungen der Versorgungsordnung (VBL-Satzung – VBLS) waren zwangsläufig Folge der relevanten Veränderungen in den so genannten Bezugssystemen wie der Beamtenversorgung, der gesetzliche Rentenversicherung sowie dem Steuerrecht, deren Entwicklung von den Tarifvertragsparteien nur mittelbar beeinflusst werden konnte.

3  Die Zusatzversorgungseinrichtungen, namentlich die VBL, sind in der Zwischenzeit infolge von Strukturveränderungen im öffentlichen Dienst, der demographischen Entwicklung, Steuerentlastungsmaßnahmen und Beitragssatzsenkungen in der Rentenversicherung an die Grenze ihrer Finanzierbarkeit gelangt. Aus diesen Gründen war es unumgänglich, das Zusatzversorgungssystem erneut grundlegend zu reformieren und ein System zu schaffen, das die Leistungen unabhängig von den Entwicklungen in den Bezugssystemen regelt. Der Anpassungsdruck hatte sich zudem durch drei Entscheidungen des Bundesverfassungsgerichts[54] zusätzlich erhöht, wobei die beiden ersten noch Eingang in das bisherige Versorgungssystem gefunden haben[55].

4  Nach fast einjährigen Verhandlungen haben sich die Tarifvertragsparteien am 13. 11. 2001 über eine grundlegende Reform der Zusatzversorgung im öffentlichen Dienst geeinigt. Das seit 1967 bestehende Gesamtversorgungs-

---

[53] Abrufbar unter www.vbl.de
[54] Vom 15. 7. 1998 – 1 BvR 1554/89 – zur Unverfallbarkeit von Betriebsrentenansprüchen; vom 7. 9. 1999 – BvR 1246/95 – zur günstigeren steuerlichen Behandlung bei der Versorgungsrente ehemals Teilzeitbeschäftigter; vom 22. 3. 2000 – 1 BvR 1136/96 – zur sog. Halbanrechnung von rentenrechtlichen Zeiten bei der Ermittlung der gesamtversorgungsfähigen Zeit und fehlenden Dynamisierung von Mindestversorgungsrenten.
[55] Zu dieser Entwicklung im Einzelnen, Stephan, ZTR 2002, 49.

system wird durch ein der gesetzlichen Rentenversicherung vergleichbares Betriebsrentensystem auf der Grundlage eines versicherungsmathematischen Punktemodells vollständig ersetzt. Die Leistungen werden unabhängig von dritten Bezugssystemen wie die gesetzliche Rente, Beamtenversorgung und Steuer berechnet. Mit dem Umbau des Alterssicherungssystems für den öffentlichen Dienst wird das Leistungsniveau der neuen Betriebsrente langfristig unter der bisherigen Zusatzversorgung liegen.

Die Grundsätze der neuen Zusatzversorgung sind im Altersvorsorgeplan 2001, auf den sich die Tarifvertragsparteien am 13. 11. 2001 verständigt haben, geregelt. Er sieht die rückwirkende Schließung des bisherigen Gesamtversorgungssystems zum 31. 12. 2000 vor. Die nähere Ausgestaltung findet sich im Tarifvertrag über die betriebliche Altersversorgung der Beschäftigten des öffentlichen Dienstes (Tarifvertrag Altersversorgung – ATV)[56] vom 1. 3. 2002, der mit Wirkung vom 1. 1. 2002 in Kraft getreten ist. Waren die versicherungsrechtlichen und leistungsrechtlichen Vorschriften bei der VBL im Wesentlichen noch in der Satzung geregelt, so sind diese nunmehr Gegenstand des Tarifvertrages geworden. Weitere Detailfragen werden aber nach wie vor noch in der Satzung geregelt werden müssen. Das Jahr 2001 gilt als Einführungsphase im neuen System. Die Rückwirkung für das Jahr 2001 hat aber keine praktischen Auswirkungen für die Versicherten, da auch in dieser Zeit Anwartschaften nach dem alten System entstanden sind.

## 2. Die neue Betriebsrente

Nach dem Versorgungspunktemodell wird eine Leistung zugesagt, die sich ergeben würde, wenn eine Gesamtbeitragsleistung von 4 v. H. des zusatzversorgungspflichtigen Entgelts vollständig in ein kapitalgedecktes System eingezahlt würde. Grundlage für die Ermittlung der Betriebsrente ist die Summe der Jahr für Jahr erworbenen Versorgungspunkte. Diese ergeben sich im Wesentlichen aus dem Verhältnis eines Zwölftels des individuellen zusatzversorgungspflichtigen Entgelts zum versicherungsmathematisch festgelegten Referenzentgelt von 1.000 €, multipliziert mit dem Altersfaktor (§ 8 Abs. 2 Satz 1 ATV).

$$\text{Versorgungspunkte} = \frac{^{1}/_{12} \text{ individuelles Jahresentgelt} \times \text{Altersfaktor}}{1.000\ \text{€}}$$

Durch den ebenfalls versicherungsmathematisch ermittelten Altersfaktor werden die vom Zeitpunkt der Beitragsentrichtung abhängigen Zinseffekte in die Berechnung einbezogen. Der für das jeweilige Alter maßgebliche Faktor ist § 8 Abs. 3 ATV zu entnehmen.

Bei Eintritt des Versicherungsfalles wird die Summe aller Versorgungspunkte mit einem Messbetrag in Höhe von 0,4 v. H. des monatlichen Referenzentgelts, also mit (1.000 × 0,4 v. H.) 4 € multipliziert (§ 7 Abs. 1 ATV). Die monatliche Betriebsrente der VBL errechnet sich mithin aus folgender Formel:

$$\text{Monatliche Betriebsrente} = \text{Versorgungspunkte} \times 4\ \text{€}$$

---

[56] Abrufbar unter www.vbl.de.

9   Anhand dieser Formel kann der Versicherte jederzeit feststellen, wie hoch jeweils seine aktuellen Rentenanwartschaften sind. Bezogen auf diesen Rechenvorgang erweist sich das neue System als gut nachvollziehbar und transparent.

10  **Beispiel:** Arbeitnehmer, 55 Jahre, erhält im Jahr 2002 zusatzversorgungspflichtiges Entgelt in Höhe von 36.000 €. Hieraus ermittelt sich nach dem neuen Betriebsrentenrecht eine Rentenanwartschaft von 12 €:

$$\frac{1/12 \times 36.000}{1000} \times 1{,}0 \times 4 = 12$$

11  Nach § 8 ATV ergeben sich allerdings nicht nur Versorgungspunkte für zusatzversorgungspflichtiges Entgelt, sondern es finden auch soziale Komponenten Berücksichtigung. Hierzu zählen Zurechnungszeiten bei Erwerbsminderungs- und Hinterbliebenenrenten (§ 9 Abs. 2 ATV), Kindererziehungszeiten (§ 9 Abs. 1 ATV) sowie die Übergangsregelung für Versicherte mit einer Mindestpflichtversicherungszeit von 20 Jahren (§ 9 Abs. 3 ATV).

12  Die Betriebsrenten werden, beginnend ab dem Jahr 2002, zum 1. Juli eines jeden Jahres um 1,0 v.H. dynamisiert (§ 11 Abs. 1 ATV). Durch die Schließung des Gesamtversorgungssystems erhalten Leistungsberechtigte zukünftig neben der gesetzlichen Rente eine dynamische Betriebsrente der VBL. Diese wird zusätzlich zur Grundversorgung – in der Regel die gesetzliche Rente – gezahlt und eigenständig dynamisiert.

13  Der Versicherungsfall tritt nach § 5 Satz 1 ATV am ersten des Monats ein, von dem an Anspruch auf Rente der gesetzlichen Rentenversicherung besteht. Bei einer Altersrente muss diese, wie bisher, als Vollrente zustehen. Grundsätzlich stellen alle Rentenarten der gesetzlichen Rentenversicherung einen Versicherungsfall im Sinne der Zusatzversorgung dar. In Betracht kommen daher folgende Versicherungsfälle:

- Regelaltersrente
- Altersrente für langjährig Versicherte
- Altersrente für Schwerbehinderte (oder wegen Berufs- oder Erwerbsunfähigkeit)
- Altersrente wegen Arbeitslosigkeit oder nach Altersteilzeitarbeit
- Altersrente für Frauen
- Rente wegen Erwerbsminderung.

14  Im Gegensatz zur gesetzlichen Rentenversicherung kennt der Tarifvertrag Altersversorgung für alle Versicherungsfälle nur eine Wartezeit. Sie beträgt 60 Monate (§ 6 Abs. 1 ATV). Dabei wird jeder Kalendermonat berücksichtigt, für den mindestens für einen Tag Aufwendungen für die Pflichtversicherung nach §§ 16, 18 ATV erbracht wurden. § 6 Abs. 1 Satz 3 ATV stellt klar, dass Umlagemonate nach bisherigem Zusatzversorgungsrecht für die Erfüllung der Wartezeit mitzählen. Nicht zur Wartezeit zählen damit, wie schon bisher

- Zeiten einer Beurlaubung
- Zeiten des Erziehungsurlaubs
- Krankheitszeiten, die außerhalb des Entgeltfortzahlungszeitraums liegen.

## 3. Übergangsrecht

Nach dem das Gesamtversorgungssystem vollständig durch das neue Versorgungspunktemodell ersetzt wird, stellt sich die Frage, wie die nach altem Zusatzversorgungsrecht entstandenen Rentenanwartschaften in das neue System übergeleitet werden. Hierzu enthält der Tarifvertrag in den §§ 30ff detaillierte Übergangsregelungen für am 31. 12. 2001 Versorgungs- und Versicherungsrentenberechtigte sowie für die Anwartschaften von Versicherten. Es lassen sich folgende Fallgruppen unterscheiden:

- Rentenberechtigte mit einem Rentenbeginn bis spätestens 31. 12. 2001 (§§ 30 und 31 ATV)
Bei diesen wird die Höhe der laufenden Rente und Ausgleichsbeträge zum 31. 12. 2001 festgestellt und als Besitzstandsrenten weitergezahlt und künftig jeweils zum 1. Juli eines Jahres mit 1 v. H. dynamisiert.

- Pflichtversicherte Arbeitnehmer im Tarifgebiet West, die am 1. 1. 2002 das 55. Lebensjahr vollendet haben (sog. rentennahen Jahrgänge) oder die vor dem 14. 11. 2001 Altersteilzeit oder einen Vorruhestand vereinbart haben
In diesen Fällen ist auf der Grundlage der am 31. 12. 2000 geltenden Satzung (§ 32 Abs. 1 ATV) unter Berücksichtigung der am 31. 12. 2001 maßgeblichen Bemessungsgrößen (§ 32 Abs. 4 ATV) einmalig die individuell bestimmte Versorgungsrente des Beschäftigten im Alter von grundsätzlich 63 Jahren als Ausgangswert zu ermitteln. Bei Altersteilzeit tritt an die Stelle des 63. Lebensjahres das vereinbarte Ende des Altersteilzeitarbeitsverhältnisses (§ 33 Abs. 3 ATV). Sowohl die Bestimmungen über die Mindestgesamtversorgung als auch die Regelung über den Mindestbetrag nach § 44a VBLS a. F. sind zu berücksichtigen (§ 33 Abs. 2 Satz 1 ATV). Für die anzurechnende gesetzliche Rente sind die persönlichen Daten des Versicherten maßgeblich (§ 33 Abs. 6 ATV). Von diesem Ausgangswert ist die vom 1. 1. 2002 an nach dem Punktemodell noch zu erwerbende (fiktive) Betriebsrentenanwartschaft abzuziehen (§ 33 Abs. 2 Satz 2 ATV). Die Differenz wird als Besitzstand in Versorgungspunkte umgerechnet (§ 32 Abs. 1 ATV). Bei Eintritt des Versicherungsfalles werden die vom 1. 1. 2002 an zusätzlich – tatsächlich – erworbenen Versorgungspunkte hinzuaddiert. Aus der Summe aller Versorgungspunkte ergibt sich die Betriebsrente.

- Pflichtversicherte Arbeitnehmer im Tarifgebiet West, die am 1. 1. 2002 das 55. Lebensjahr noch nicht vollendet haben, sowie pflichtversicherte Arbeitnehmer im Tarifgebiet Ost.
Die Anwartschaften dieser Versicherten sind nach Maßgabe des § 18 Abs. 2 BetrAVG zum 31. 12. 2001 zu ermitteln (§ 33 Abs. 1 ATV), in Versorgungspunkte umzurechnen und entsprechend in das Punktemodell zu transferieren.

- Ehemalige Arbeitnehmer, die am 1. 1. 2002 nicht mehr pflichtversichert sind, jedoch die Wartezeit erfüllt haben (z.B. beitragsfrei Versicherte, § 34 Abs. 1 ATV).
Bei diesem Personenkreis werden die Anwartschaften auf der Grundlage des bisher maßgeblichen Zusatzversorgungsrechts (§ 44 VBLS a. F. bzw. § 18 Abs. 2 BetrAVG) festgestellt und in das Punktemodell übergeleitet.

## 4. Auswirkungen auf die Altersteilzeit

21  Aufstockungsleistungen sind als steuerfreie Leistungen (§ 3 Nr. 28 EStG) nicht zusatzversorgungspflichtig. Das gilt unabhängig davon, ob diese Leistungen in gesetzlicher oder ggf. in tariflicher Höhe (83 v. H. Mindestnettoentgelt) gewährt werden. Umlagen werden daher derzeit, wie nach altem Recht, nur aus der Hälfte des bisherigen Arbeitsentgelts an die Zusatzversorgungskasse abgeführt. Wird Altersteilzeit nach dem 31. 12. 2002 vereinbart, ist zusatzversorgungspflichtiges Entgelt während der Altersteilzeitarbeit das 1,8fache der Bezüge nach § 4 TV ATZ, soweit es nicht in voller Höhe zusteht (§ 15 Abs. 2 Satz 2 ATV). Hiernach sind künftig auch in der Zusatzversorgung Umlagen während der Altersteilzeit auf der Grundlage von 90 v. H. des bisherigen zusatzversorgungspflichtigen Entgelts zu entrichten. Dieser Punkt wird in die Kostenkalkulation des Arbeitgebers für die Altersteilzeit einfließen. Eine Erstattungsmöglichkeit, wie im Bereich der gesetzlichen Rentenversicherung, besteht hier nicht. Der Wortlaut des § 15 Abs. 2 Satz 2 ATV stellt nicht auf den Beginn der Altersteilzeit, sondern auf den Abschluss der Vereinbarung ab, so dass bei Vereinbarungen aus dem Jahr 2002 mit Beginn der Altersteilzeit im Jahr 2003 noch keine höheren Umlagen anfallen.

22  Durch die 30. Änderung der VBL-Satzung wurden grundsätzlich die zusatzversorgungsrechtlichen Voraussetzungen für die Umsetzung der Altersteilzeitarbeit im öffentlichen Dienst geschaffen. Der Versicherungsabschnitt der Altersteilzeitarbeit war mit dem Beschäftigungsquotient 0,9 zu berücksichtigen (§ 43a Abs. 3 Satz 4 VBLS a. F.). Diese bisher nur auf vollbeschäftigte Arbeitnehmer zugeschnittene Regelung war durch die 37. Änderung der VBL-Satzung mit Wirkung vom 1. 1. 2000 auf teilzeitbeschäftigte Arbeitnehmer ausgedehnt worden. Seit dem war bei Altersteilzeit stets auf den Beschäftigungsquotient von 90 v. H. des aufgrund der bisherigen wöchentlichen Arbeitszeit ermittelten Beschäftigungsquotienten (§ 6 Abs. 2 AtG) abzustellen. Damit waren zusatzversorgungsrechtlich etwaige vor dem 1. 7. 2000 auf einzelvertraglicher Basis begonnene Altersteilzeitverhältnisse bereits mit dem günstigeren Beschäftigungsquotienten zu bewerten.

23  Diese Regelung findet sich im Ergebnis auch in § 8 Abs. 2 Satz 2 ATV wieder, wonach bei einer vor dem 1. 1. 2003 vereinbarten Altersteilzeit nach dem Altersteilzeitgesetz Versorgungspunkte nach § 8 Abs. 2 Satz 1 ATV mit dem 1,8fachen zu berücksichtigen sind, soweit sie nicht auf Entgelten beruhen, die in voller Höhe zustehen. Die Entgelte aus den laufenden Altersteilzeitfällen werden damit weiterhin mit 90 v. H. des vor Beginn der Altersteilzeit maßgebenden Wertes berücksichtigt.

24  In den Fällen, in denen Altersteilzeit vor dem 14. 11. 2001 vereinbart wurde (§ 33 Abs. 3 ATV), werden die Anwartschaften zum 31. 12. 2001 unter Berücksichtigung des gesamten Zeitraums des Altersteilzeitverhältnisses – also ggf. über das 63. Lebensjahr hinaus – und mit dem Gesamtbeschäftigungsquotienten ermittelt, der sich zum 31. 12. 2001 ergibt (§ 32 Abs. 4 Satz 1 ATV). In diesen Fällen dürften sich regelmäßig keine Nachteile für die Altersteilzeitarbeitnehmer im Vergleich zum bisherigen Recht ergeben.

§ 98 a Abs. 5 VBLS a. F. sah für Teilzeitbeschäftigungen, die vor dem 1. 1. 1982 ausgeübt wurden, eine Besitzstandsregelung vor. Solche Teilzeitbeschäftigungen waren auch weiterhin wie eine Vollzeitbeschäftigung behandelt worden – also keine Kürzung auf den Teilzeitarbeitsfaktor –, wenn nach dem 31. 12. 1981 keine weitere Teilzeit bis zum Eintritt des Versicherungsfalles folgte. Altersteilzeitarbeit ist eine besondere Form der Teilzeit und führte zum Wegfall des Besitzschutzes. Im Vorfeld des Abschlusses einer Altersteilzeitvereinbarung war diese besonders Vertrauensschutzregelung besonders zu beachten. Der Tarifvertrag führt diese Besitzschutzregelung nicht ausdrücklich fort, weshalb davon ausgegangen werden könnte, dass sie sich mit Ablauf des 31. 12. 2001 erledigt hat. Denkbar ist aber auch, dass sie noch einer Regelung in der Satzung vorbehalten ist.

Neben dem SGB VI sahen auch die Versorgungsordnungen der Zusatzversorgungskassen Tatbestände vor, die zum Ruhen der Versorgungsrente führten. Erwähnenswert ist das Ruhen der Versorgungsrente gemäß § 65 Abs. 7 VBLS a. F. bei Bezug einer Altersrente für Frauen. Diese Regelung war ausschlaggebend für die Einführung der Protokollerklärung zu § 9 Abs. 2 Buchst. a TV ATZ. Denn bei einer Versorgungsrentenberechtigten, die Altersrente für Frauen beanspruchte, ruhte die Versorgungsrente bis zum Ablauf des Monats, in dem sie das 63. Lebensjahr vollendete. Diese Regelung ist systembedingt im neuen Betriebsrentenrecht nicht mehr enthalten, so dass sich auch die mit der Protokollerklärung zu § 9 Abs. 2 Buchst. a TV ATZ verbundenen Probleme gelöst haben (vgl. § 2 TV ATZ, RdNr. 20).

Neben dem Recht der gesetzlichen Rentenversicherung und dem Beamtenversorgungsrecht enthielt auch das Zusatzversorgungsrecht Bestimmungen über Abschläge von der Versorgungsrente bei vorzeitiger Inanspruchnahme der Rente. So waren nach § 41 Abs. 2 Satz 3 und Abs. 2b Satz VBLS a. F. alle Abschläge der gesetzlichen Rentenversicherung zeit- und faktorgleich in die Zusatzversorgung zu übertragen, in dem der Versorgungssatz für jeden zu berücksichtigenden Monat um 0,3 v. H. vermindert wurde.

Dies war allerdings nicht die einzige Abschlagsregelung. Nach § 98 Abs. 6 VBLS a. F. in der Fassung der 31. Satzungsänderung wurden die – gegenüber den Abschlägen in der gesetzlichen Rentenversicherung vorgezogenen – Versorgungsabschläge im Beamtenversorgungsrecht (§ 85 Abs. 5 BeamtVG) auf die Zusatzversorgung übertragen. Die Abschläge konnten in ihrer Höhe über die in der gesetzlichen Rentenversicherung hinausgehen. Betroffen waren die Versorgungsrenten wegen Inanspruchnahme der Altersrente für Frauen und der Altersrente für langjährig Versicherte mit einem Rentenbeginn ab 1. 1. 1999.

Die Regelung erfasste die Versicherten, die spätestens am 30. April 1941 (bei Inanspruchnahme der Altersrente für Frauen) bzw. spätestens am 30. April 1938 (bei Inanspruchnahme der Alterrente für langjährig Versicherte) geboren sind und mit 60. bzw. 63. Jahren bis einschließlich 1. 5. 2001 ihre Rente zum frühestmöglichen Zeitpunkt vorzeitig in Anspruch nahmen. Für die ab 1. Mai 1941 bzw. 1938 Geborenen entsprachen die Abschläge in der Zusatzversorgung nach § 41 Abs. 2 Satz 3 und Abs. 2b Satz 3 VBLS a. F. dann den Abschlägen in der gesetzlichen Rentenversicherung.

**30** Bei der Altersrente wegen Arbeitslosigkeit oder nach Altersteilzeitarbeit und bei der Altersrente für Schwerbehinderte und Berufs- und Erwerbsunfähige war eine Differenzierung nach rentenrechtlichen und beamtenrechtlichen Kürzungen nicht vorzunehmen. Hier galt stets, dass die Kürzungen in der Zusatzversorgung denen in der gesetzlichen Rentenversicherung entsprachen. Im Einzelfall konnte es sich daher empfehlen, auf diese Altersrenten auszuweichen, um den beamtenrechtlichen Abschlägen in der Zusatzversorgung zu entgehen.

**31** In diesem Zusammenhang ist darauf hinzuweisen, dass eine Kürzung wegen vorzeitiger Inanspruchnahme einer Altersrente in der Zusatzversorgung nur dann erfolgte, wenn die Gesamtversorgung nach § 41 Abs. 1 bis 2c VBLS a. F. maßgebend war. Bei Berechnung der Mindestgesamtversorgung nach § 41 Abs. 4 VBLS a. F. und bei der Versicherungsrente nach §§ 44 und 44a VBLS a. F. erfolgte keine diesbezügliche Kürzung. Diese Regelungskonstellationen boten Gestaltungsmöglichkeiten für den Ausstieg aus dem Erwerbsleben, insbesondere im Zusammenhang mit Altersteilzeitarbeit.

**32** Die Rentenabschlagsregelung in § 7 Abs. 3 ATV knüpft dagegen ausschließlich an die Kürzungsbestimmungen des SGB VI an, höchstens jedoch insgesamt 10,8 v. H. Eine differenzierte Betrachtung bei dieser Frage entfällt künftig. Ausnahmen von den rentenrechtlichen Kürzungen in der Zusatzversorgung bestehen nicht mehr. Eine Kürzung kommt daher auch dann in Betracht, wenn sich die Anwartschaften zum 31. 12. 2001 im Rahmen der Übergangsregelung des § 33 Abs. 2 und 3 ATV auf der Grundlage des § 41 Abs. 4 VBLS a. F. (Mindestgesamtversorgung) oder nach § 44a VBLS a. F. (Mindestbetrag) ergeben.

# F. Gemeinsames Schreiben der Spitzenverbände der Sozialversicherung

## I. Vorbemerkung

Die Umsetzung des Altersteilzeit-Gesetzes in die Praxis ist nicht allein eine 1
arbeitsrechtliche Angelegenheit, berührt sind in vorderster Linie die Behörden der Sozialversicherung. Nicht nur die Arbeitsämter haben dauernden Kontakt mit Altersteilzeit-Arbeitnehmern und -Arbeitgebern wegen förderrechtlicher Fragen, sondern ganz besonders die Rententräger BfA sowie die LVAen entscheiden über wesentliche Bereiche der Altersteilzeit, nämlich über den vorzeitigen Übergang in den Ruhestand. Treten Störungen, wie z.B. Dauererkrankungen auf, sind die Krankenkassen gefordert. Um die gesetzlichen Vorschriften einheitlich und gerecht zu handhaben und um Detailfragen, die bei der Anwendung des Gesetzes aufgetaucht sind, sachgerecht zu beantworten haben sich die Sozialversicherungsträger zu einer einheitlichen Willensbildung entschlossen. Die Spitzenverbände haben sich nach Beratungen und Anhörungen entschlossen, die einheitliche Handhabung im nachfolgend abgedruckten Schreiben bekannt zu geben.

Das Gemeinsame Schreiben hat nicht den Charakter einer verbindlichen 2
Norm, im Einzelfall kann sich eine abweichende Handhabung empfehlen, denkbar ist auch eine Änderung nach weiteren praktischen Erfahrungen. Das Gemeinsame Schreiben entspricht nicht vollumfänglich der Auffassung des Kommentators. Der Abdruck erfolgt aber vor allem, weil sich in der Altersteilzeit langwierige Verfahren nicht empfehlen und deshalb ein im Voraus abgeklärtes Verfahren tunlich ist.

Das Schreiben enthält Erläuterungen zu Auslegungsfragen, die in dieser 3
Detailliertheit nicht Gegenstand einer Gesetzes-Kommentierung sein können. Es bietet gleichwohl gute Hinweise für den Praktiker. Ein wesentlicher Teil betrifft das Melderecht, das vor allem die Personal- und Abrechnungspraktiker interessieren wird.

## II. Das gemeinsame Schreiben der Spitzenverbände der Sozialversicherung

6. September 2001

– Auszug –

Altersteilzeitgesetz;
hier: Versicherungs-, Beitrags-, Melde- und leistungsrechtliche Auswirkungen

AOK-Bundesverband, Bonn

Bundesverband der Betriebskrankenkassen, Essen

IKK-Bundesverband, Bergisch Gladbach

See-Krankenkasse, Hamburg

Bundesverband der landwirtschaftlichen Krankenkassen, Kassel

Bundesknappschaft, Bochum

AEV-Arbeiter-Ersatzkassen-Verband e. V., Siegburg

Verband der Angestellten-Krankenkassen e. V., Siegburg

Verband Deutscher Rentenversicherungsträger, Frankfurt

Bundesversicherungsanstalt für Angestellte, Berlin

Bundesanstalt für Arbeit, Nürnberg

Durch Artikel 1 des Gesetzes zur Förderung eines gleitenden Übergangs in den Ruhestand vom 23. Juli 1996 (BGBl. I S. 1078) ist ein „neues" Altersteilzeitgesetz (AtG) geschaffen worden. Es ist am 1. August 1996 in Kraft getreten und hat das Altersteilzeitgesetz vom 20. Dezember 1988 (BGBl. I S. 2343, 2348) abgelöst.

Das Altersteilzeitgesetz vom 23. Juli 1996 ist zwischenzeitlich wiederholt geändert und ergänzt worden, zuletzt durch das Sozialgesetzbuch – Neuntes Buch – (SGB IX) Rehabilitation und Teilhabe behinderter Menschen vom 19. Juni 2001 (BGBl. I S. 1046).

Dabei wurde das Altersteilzeitgesetz u. a. an die Einführung der Geringfügigkeitsgrenze in der Arbeitslosenversicherung angepasst, der zeitliche Geltungsbereich ausgedehnt, seine Anwendbarkeit wesentlich erleichtert, Teilzeitbeschäftigten die Möglichkeit zur Altersteilzeitarbeit eröffnet, die Geltungsdauer des Altersteilzeitgesetzes verlängert und die Förderhöchstdauer erweitert.

...

Die Spitzenverbände der Krankenkassen, der Verband Deutscher Rentenversicherungsträger und die Bundesanstalt für Arbeit haben die sich aus dem Altersteilzeitgesetz für das Versicherungs-, Beitrags- und Melderecht der Sozialversicherung und das Leistungsrecht der Rentenversicherung ergebenden Auswirkungen beraten und die erzielten Ergebnisse in diesem Rundschreiben zusammengefasst. Dieses Rundschreiben löst das gemeinsame Rundschreiben der Spitzenorganisationen der Sozialversicherung vom 31. Mai 2000 ab.

### Inhaltsverzeichnis

| | | RdNr. |
|---|---|---|
| 1 | Gesetzliche Vorschriften | 1 |
| 2 | Versicherungsrecht | 2 |
| 2.1.2 | Beginn einer Altersteilzeitarbeit | 3 |
| 2.1.3 | Beschäftigungsverhältnis während Altersteilzeitarbeit | 4 |
| 2.2 | Krankenversicherung | 5 |
| 2.2.1 | Allgemeines | 5 |
| 2.2.2 | Versicherungsfreiheit nach Vollendung des 55. Lebensjahres | 6 |
| 2.2.3 | Befreiung von der Krankenversicherungspflicht | 7 |
| 2.3 | Pflegeversicherung | 8 |
| 3 | Beitragsrecht | 9 |
| 3.1 | Laufendes Arbeitsentgelt | 9 |
| 3.1.2 | Aufstockungsbetrag | 10 |
| 3.1.3 | Unterschiedsbetrag in der Rentenversicherung | 11 |
| 3.1.3.1 | Allgemeines | 11 |
| 3.1.3.2 | Mehrarbeit | 12 |
| 3.1.3.3 | Sachbezug/ZVK-Umlagen | 13 |
| 3.1.3.4 | Entgeltumwandlung | 14 |
| 3.2 | Einmalig gezahltes Arbeitsentgelt | 15 |
| 3.3 | März-Klausel | 16 |
| 3.4 | Bezug von Entgeltersatzleistungen | 17 |
| 3.5 | Kurzarbeitergeld/Winterausfallgeld | 18 |
| 3.6 | Abfindungen | 19 |
| 3.7 | Fälligkeit der Beiträge | 20 |
| 3.8 | Beitragsverfahren für Störfälle | 21 |
| 3.8.1 | Gesetzliche Grundlage | 22 |
| 3.8.2 | Beitragsverfahren | 22 |
| 3.9 | Summenabgleich | 23 |
| 3.10 | Lohnunterlagen | 24 |
| 4 | Melderecht | 25 |
| 4.1 | Allgemeines | 25 |
| 4.2 | Meldungen bei Bezug von Entgeltersatzleistungen | 26 |
| 4.3 | Meldungen von Störfällen | 27 |
| 4.3.1 | Allgemeines | 27 |
| 4.3.2 | Erwerbsminderung | 28 |
| 4.3.3 | Insolvenz und insolvenzgesicherte Wertguthaben | 29 |
| 4.3.4 | Sonstige Störfälle | 29 |
| 5 | Leistungsrecht der gesetzlichen Rentenversicherung | 30 |
| 5.2 | Altersrente nach 24 Kalendermonaten Altersteilzeitarbeit | 30 |
| 5.3 | Ausgleich von Abschlägen durch Beitragszahlung | 31 |

### 1. Gesetzliche Vorschriften

... 1

### 2. Versicherungsrecht

...

Für das Vorliegen von Altersteilzeitarbeit ist die Wiederbesetzung des frei 2 gemachten oder durch Umsetzung frei gewordenen Arbeitsplatzes bzw. die Beschäftigung eines Auszubildenden (§ 3 Abs. 1 Nr. 2 AtG) nicht erforderlich. Diese Voraussetzung muss nur dann erfüllt werden, wenn die Leistungen nach § 4 AtG bzw. nach § 10 Abs. 2 AtG von der Bundesanstalt für Arbeit beansprucht werden (Förderleistungen).

Altersteilzeitarbeit im sozialversicherungsrechtlichen Sinne liegt deshalb auch dann noch vor, wenn der Anspruch auf Förderleistungen nach § 5 Abs. 1 Nr. 2 und 3, Abs. 2 bis 4 AtG erlischt, nicht besteht oder ruht, z. B. weil der in Altersteilzeitarbeit beschäftigte Arbeitnehmer neben der Altersteilzeitarbeit eine mehr als geringfügige Beschäftigung (bei einem anderen Arbeitgeber) ausübt bzw. während der Arbeitsphase im Blockmodell oder während einer kontinuierlichen Arbeitsleistung Mehrarbeit in nicht nur geringfügigem Umfang leistet. Dem Vorliegen von Altersteilzeitarbeit steht auch nicht eine vorübergehend geringfügige Mehrarbeit in der Freistellungsphase des Blockmodells entgegen, sofern dadurch im Hinblick auf § 2 Abs. 1 Nr. 2 AtG der Charakter der Altersteilzeitarbeit nicht verändert wird. Die Prüfung, in welchem Umfang von einer vorübergehenden geringfügigen Mehrarbeit auszugehen ist, hat jeweils im Einzelfall zu erfolgen. Entscheidend ist ein betriebsbedingter wesentlicher Anlass, z. B., wenn eine projektbezogene Arbeit, die bei Beendigung der Arbeitsphase noch nicht abgeschlossen ist, mit dem in Altersteilzeitarbeit beschäftigten Arbeitnehmer zum Abschluss gebracht werden soll. Die Vorschrift des § 8 Abs. 1 Nr. 2 SGB IV kann hier nicht hilfsweise herangezogen werden. Altersteilzeitarbeit endet jedoch in jedem Fall, wenn der Arbeitnehmer das 65. Lebensjahr vollendet hat (§ 5 Abs. 1 Nr. 1 AtG).

Nach § 3 Abs. 1a AtG bleibt bei der Ermittlung des für die Berechnung des Aufstockungsbetrags nach § 3 Abs. 1 Nr. 1 Buchst. a AtG maßgeblichen Arbeitsentgelts für die Altersteilzeitarbeit einmalig gezahltes Arbeitsentgelt insoweit außer Betracht, als nach Berücksichtigung des laufenden Arbeitsentgelts die monatliche Beitragsbemessungsgrenze überschritten wird. Insoweit wird zwar die Höhe des Aufstockungsbetrages gesetzlich begrenzt. Altersteilzeitarbeit wird hierdurch jedoch nicht ausgeschlossen.

Altersteilzeitarbeit ist auch in den Fällen nicht ausgeschlossen, in denen bereits das Arbeitsentgelt aus der Altersteilzeitarbeit die Beitragsberechnungsgrundlage für die Rentenversicherungsbeiträge erreicht bzw. überschreitet (mindestens 90 v. H. des bisherigen Arbeitsentgelt, höchstens bis zur Beitragsbemessungsgrenze) und demzufolge keine zusätzlichen Rentenversicherungsbeiträge aus einem Unterschiedsbetrag anfallen.

Besteht zu Beginn der vereinbarten Altersteilzeitarbeit Arbeitsunfähigkeit, kann Altersteilzeitarbeit sozialversicherungsrechtlich nur vorliegen während der zeit der Entgeltfortzahlung (Fortdauer des Beschäftigungsverhältnisses nach § 7 Abs. 1 SGB IV) sowie während des anschließenden Bezugs von Krankengeld, dem ausschließlich das Regelentgelt aus der Altersteilzeitarbeit zu Grunde liegt, und bei Bezug von Krankentagegeld eines privaten Versicherungsunternehmens (§ 10 Abs. 2 AtG). Ist der Entgeltfortzahlungszeitraum bei Beginn der vereinbarten Altersteilzeitarbeit bereits abgelaufen und wird Krankengeld aus dem bisherigen Regelentgelt bezogen, kann Altersteilzeitarbeit für den Zeitraum des Krankengeldbezugs nicht vorliegen.

Altersteilzeitarbeit besteht fort, wenn im Rahmen eines Blockmodells in der Freistellungsphase für Zeiten der Arbeitsunfähigkeit der Anspruch auf

Krankengeld nach § 49 Abs. 1 Nr. 6 SGB V ruht, soweit und solange eine Arbeitsleistung wegen Vorarbeit nicht geschuldet wird. Während dieser Zeit besteht eine Beschäftigung gegen Arbeitsentgelt nach § 7 Abs. 1a SGB IV.

Im Übrigen kann Altersteilzeitarbeit – während der Arbeitsphase – auch bei einer Beschäftigung im Ausland vorliegen, wenn und solange Arbeitnehmer auf Grund einer Entsendung im Rahmen einer Ausstrahlung oder einer Ausnahmevereinbarung der Versicherungspflicht in der deutschen Renten- und Arbeitslosenversicherung unterliegen. Altersteilzeitarbeit kann darüber hinaus auch bei Deutschen vorliegen, die im Ausland bei einer amtlichen Vertretung des Bundes oder der Länder oder bei deren Leitern, deutschen Mitgliedern oder Bediensteten beschäftigt und in der deutschen Renten- und Arbeitslosenversicherung versichert sind. In der Freistellungsphase eines Blockmodells besteht eine Beschäftigung gegen Arbeitsentgelt nach § 7 Abs. 1a SGB IV selbst dann noch fort, wenn der Versicherte seinen Wohnsitz bzw. gewöhnlichen Aufenthalt in dieser Zeit bereits endgültig ins Ausland verlegt hat.

Altersteilzeitarbeit kann auch vereinbart werden, wenn der Arbeitnehmer nach § 6 Abs. 1 Satz 1 Nr. 1 SGB VI oder nach § 231 Abs. 1 und 2 SGB VI von der Rentenversicherungspflicht befreit ist (z. B. wegen Zugehörigkeit zu einer berufsständischen Versorgungseinrichtung). In diesen Fällen stehen den zusätzlichen Rentenversicherungsbeiträgen aus dem Unterschiedsbetrag nach § 3 Abs. 1 Nr. 1 Buchst. b AtG vergleichbare Aufwendungen des Arbeitgebers zu einer berufsständischen Versorgungseinrichtung oder zur Lebensversicherung bis zur Höhe des Beitrags gleich, den die Bundesanstalt für Arbeit zu tragen hätte, wenn der Arbeitnehmer nicht von der Versicherungspflicht befreit wäre (§ 4 Abs. 2 AtG).

**2.1.2 Beginn einer Altersteilzeitarbeit**

Altersteilzeitarbeit beginnt nach Abschluss der schriftlichen Vereinbarung mit Vorliegen der hierfür maßgeblichen Voraussetzungen (vgl. Ausführungen zu Ziffer 2.1.1). Dies gilt bei diskontinuierlicher Verteilung der Arbeitszeit ab Beginn der für die Ansparung (Vorarbeit) von Wertguthaben für eine Freistellung (§ 7 Abs. 1a SGB IV) schriftlich vereinbarten Arbeitsphase des Blockmodells. Diese Vereinbarung kann nur für die Zukunft abgeschlossen werden. Bereits abgelaufene Arbeitszeiten, in denen tatsächlich keine Altersteilzeitarbeit ausgeübt worden ist, können nicht nachträglich in ein Altersteilzeitarbeitsverhältnis umgewandelt werden. Eine Rückdatierung von Altersteilzeitverträgen ist rechtlich ausgeschlossen.

Sollte im Einzelfall Altersteilzeitarbeit bereits vor der endgültigen Ratifizierung eines Tarifvertrages im Hinblick auf die zu erwartenden Regelungen vereinbart und aufgenommen worden sein, handelt es sich um Altersteilzeitarbeit. Bei einer Vereinbarung einer Altersteilzeitarbeit über einen Zeitraum von mehr als drei Jahren gilt dies nur insoweit, als der Tarifvertrag Rückwirkung hat.

**Gemeinsames Schreiben** 4  F. Gem. Schreiben d. Spitzenverbände

### 2.1.3 Beschäftigungsverhältnis während Altersteilzeitarbeit

4   Bei einer kontinuierlichen Verteilung der Arbeitszeit liegt während des Gesamtzeitraumes der Altersteilzeitarbeit ein Beschäftigungsverhältnis nach § 7 Abs. 1 SGB IV vor. Wird die Arbeitsleistung diskontinuierlich verteilt, besteht nur in der Arbeitsphase ein Beschäftigungsverhältnis nach § 7 Abs. 1 SGB IV. Dies gilt auch, wenn bereits vor Beginn der Altersteilzeitarbeit auf Grund einer Vereinbarung über flexible Arbeitszeitregelungen erwirtschaftete Wertguthaben im Rahmen eines Blockmodells für die Verkürzung der Arbeitsphase berücksichtigt werden. Diese Wertguthaben sind in voller Höhe als Arbeitsentgelt für die bisherige Arbeitszeit zu berücksichtigen. Während der Freistellungsphase liegt hingegen ein Beschäftigungsverhältnis gegen Arbeitsentgelt nur unter den Voraussetzungen des § 7 Abs. 1a SGB IV vor. Hierfür ist somit erforderlich, dass der Versicherte während der Arbeitsphase – ggf. unter Berücksichtigung von Wertguthaben bereits vor Beginn der Altersteilzeitarbeit – entsprechende Wertguthaben durch Vorarbeit angespart hat.

**Beispiel** (West):

| | | |
|---|---|---|
| Bisheriges Arbeitsentgelt | | 6 000 DM |
| Arbeitsentgelt für Altersteilzeitarbeit | | 3 000 DM |
| Altersteilzeitarbeit im Blockmodell | | |
| Arbeitsphase | 1. 7. 2001–30. 6. 2003 | |
| Freistellungsphase | 1. 7. 2003–30. 6. 2005 | |
| Wertguthaben aus Flexi-Vereinbarung | | 72 000 DM |
| Lösung: | | |
| Arbeitsphase | 1. 7. 2001–30. 6. 2002 | |
| | (Vorarbeit: 3000 DM Arbeitsentgelt | |
| | und 3000 DM Wertguthabenbildung) | |
| | 1. 7. 2002–30. 6. 2003 | |
| | (Wertguthaben aus Flexi-Vereinbarung: | |
| | 3000 DM Arbeitsentgelt | |
| | und 3000 DM Wertguthabenbildung) | |
| Freistellungsphase | 1. 7. 2003–30. 6. 2005 | |

Bei Zeiten längerer Arbeitsunfähigkeit in der Arbeitsphase wird nach Ablauf des Entgeltfortzahlungszeitraums keine Arbeitsleistung mehr erbracht, durch die für die Freistellungsphase Wertguthaben erzielt werden können. Um eine vorzeitige Beendigung des Versicherungsschutzes in der Freistellungsphase zu verhindern, besteht die Möglichkeit,
- die vorgesehene Freistellungsphase zu verkürzen, indem die in der Arbeitsphase ausgefallene Zeit nachgearbeitet wird (bei einer Versicherungspflicht auf Grund eines Krankengeldbezugs bzw. eines Antrags für Zeiten der Arbeitsunfähigkeit mit Aufstockungsleistungen ist nur die Hälfte nachzuarbeiten), oder
- dass der Arbeitgeber das Wertguthaben in der Höhe vermehrt, in der durch die Arbeitsunfähigkeit Wertguthaben nicht angespart werden konnte; dies muss vor Eintritt der Freistellungsphase erfolgen.

Auf die Beispiele zu Ziffer 5.2 wird verwiesen.

Entsprechendes gilt auch in den Fällen einer Kurzarbeit oder eines witterungsbedingten Arbeitsausfalls.

Die Streckung des Wertguthabens durch eine geringere Entsparung oder die Reduzierung fälligen Arbeitsentgelts in der Arbeitsphase zugunsten der Erhöhung des Wertguthabens für die Freistellungsphase sind hingegen nicht zulässig. Dies ist damit zu begründen, dass bei Altersteilzeitarbeit die Angemessenheit der finanziellen Einkünfte sowie der rentenversicherungsrechtlichen Absicherung – anders als bei den übrigen Flexibilisierungsmodellen – bereits ausdrücklich im Altersteilzeitgesetz geregelt ist. So steht fest, dass das Arbeitsentgelt entsprechend der vorgesehenen Reduzierung der Arbeitszeit auf die Hälfte der bisherigen wöchentlichen Arbeitszeit in dem dieser Arbeitszeit entsprechenden Umfang fällig wird und auf dieser Basis Aufstockungsbeträge nach § 3 Abs. 1 Nr. 1 Buchst. a AtG gezahlt werden und der für die Berechnung der zusätzlichen Rentenversicherungsbeiträge maßgebliche Unterschiedsbetrag nach § 3 Abs. 1 Nr. 1 Buchst. b AtG zu berechnen ist.

Eine Reduzierung des in der Arbeitsphase oder des in der Freistellungsphase fälligen Arbeitsentgelts hätte zur Folge, dass sowohl die Höhe des steuer- und beitragsfreien Aufstockungsbetrages als auch die Höhe des für die Berechnung der Rentenversicherungsbeiträge maßgeblichen Unterschiedsbetrages in das Belieben der Vertragsparteien (Arbeitgeber/Arbeitnehmer) gestellt würden. Dies ist durch die Regelungen des Altersteilzeitgesetzes jedoch ausgeschlossen.

Kommt es während der Altersteilzeitarbeit zur Zubilligung einer Rente wegen teilweiser Erwerbsminderung und wird die versicherungspflichtige Beschäftigung nach § 7 Abs. 1 SGB IV in reduziertem Umfang weiterhin ausgeübt, besteht ab diesem Zeitpunkt eine neue bisherige Arbeitszeit. Für die sich anschließende Freistellungsphase bestehen folgende Möglichkeiten der Entsparung von Wertguthaben:
– spiegelbildlich (jeweils bemessen an den unterschiedlichen bisherigen Arbeitszeiten in der Arbeitsphase)
– durchschnittlich (bemessen aus den unterschiedlichen bisherigen Arbeitszeiten in der Arbeitsphase)
– nach dem letzten niedrigeren Arbeitsentgelt (das verbleibende Wertguthaben ist im Rahmen eines Störfalls zu verbeitragen).

**Beispiel:**
Altersteilzeitarbeit im Blockmodell
Arbeitsphase         1. 7. 2000–30. 6. 2002
Freistellungsphase   1. 7. 2002–30. 6. 2004
Rente wegen teilweiser Erwerbsminderung ab 1. 7. 2001
Bisheriges Arbeitsentgelt
☐ in der Zeit vom 1. 7. 2000–30. 6. 2001:      6000 DM
☐ in der Zeit vom 1. 7. 2001–30. 6. 2002:      4000 DM
Arbeitsentgelt für Altersteilzeitarbeit
☐ in der Zeit vom 1. 7. 2000–30. 6. 2001:      3000 DM
☐ in der Zeit vom 1. 7. 2001–30. 6. 2002:      2000 DM

**Gemeinsames Schreiben** 4  F. Gem. Schreiben d. Spitzenverbände

**Lösungen:**
Entsparung von Wertguthaben in der Freistellungsphase:
(a) spiegelbildlich:

| | |
|---|---|
| 1. 7. 2002–30. 6. 2003 | 3000 DM |
| 1. 7. 2003–30. 6. 2004 | 2000 DM |
| (b) durchschnittlich: | |
| 1. 7. 2002–30. 6. 2004 | 2500 DM |
| (c) nach dem letzten Arbeitsentgelt: | |
| 1. 7. 2002–30. 6. 2004 | 2000 DM |
| Wertguthaben für den Störfall am 30. 6. 2004 (12 × 1000 DM) | 12 000 DM |

Da die Altersteilzeitarbeit Versicherungspflicht im Sinne des Dritten Buches Sozialgesetzbuch (SGB III) begründen muss, liegt keine Altersteilzeitarbeit mehr vor, wenn Anspruch auf Rente wegen voller Erwerbsminderung zuerkannt ist (§ 28 Nr. 2 SGB III). Die Versicherungsfreiheit nach § 28 Nr. 2 SGB III tritt mit Beginn der Rente ein. Für die Zeit vom Rentenbeginn bis zum Zugang des Rentenbescheids (mit dem dritten Tag nach Aufgabe zur Post – Bescheiddatum) verbleibt es bei dem Bestehen von Altersteilzeitarbeit. Zum Eintritt eines Störfalls vgl. Ziffer 3.8 und zu den Meldungen vgl. Ziffer 4.3.2.

Verzichtet der Arbeitgeber aus betriebsbedingten Gründen während einer im Rahmen der Altersteilzeitarbeit vertraglich vorgesehenen Arbeitsphase – nicht nur vorübergehend – auf die tatsächliche Arbeitsleistung des Arbeitnehmers, ohne dass vereinbart ist, dass ein bereits angesammeltes Wertguthaben in dieser Freistellungsphase abgebaut wird, und besteht keine Vereinbarung, dass diese Freistellung noch nachgearbeitet und damit ein negatives Wertguthaben ausgeglichen wird, sind die Voraussetzungen des § 7 Abs. 1a SGB IV für das Vorliegen eines Beschäftigungsverhältnisses gegen Arbeitsentgelt in Zeiten einer Freistellung von der Arbeitsleistung nicht erfüllt. Aus diesem Grunde liegen auch die Voraussetzungen des Altersteilzeitgesetzes während der Freistellung in der Arbeitsphase dann nicht vor. Sofern der Arbeitgeber jedoch lediglich vorübergehend den Arbeitnehmer von der Arbeitsleistung freistellt, besteht das Beschäftigungsverhältnis nach § 7 Abs. 1 SGB IV fort, wenn der Arbeitnehmer weiterhin dienstbereit bleibt und der Verfügungsmacht des Arbeitgebers untersteht. Mit der Vergütung für die Zeit der vorübergehenden Freistellung in der Arbeitsphase wird auch Wertguthaben für ein Beschäftigungsverhältnis im Sinne des § 7 Abs. 1a SGB IV für die spätere Freistellungsphase angespart.

Zu einer Unterbrechung der Altersteilzeitarbeit kann es in den folgenden Fällen kommen:
- Zubilligung einer Rente auf Zeit wegen voller Erwerbsminderung,
- betriebsbedingt notwendige Rückkehr zur Beschäftigung mit bisheriger wöchentlicher Arbeitszeit in der Arbeits- oder Freistellungsphase; es muss ein sachlicher Grund vorliegen (in Förderfällen empfiehlt sich eine Beratung durch das Arbeitsamt).

Nach § 7 Abs. 3 Satz 1 SGB IV gilt eine Beschäftigung gegen Arbeitsentgelt als fortbestehend, solange das Beschäftigungsverhältnis ohne Anspruch auf Arbeitsentgelt fortdauert, jedoch nicht länger als einen Monat. Altersteilzeitarbeit liegt nur vor, wenn ein Arbeitnehmer zum begünstigten Personenkreis des § 2 AtG gehört und sein Arbeitgeber nach Maßgabe des § 3 Abs. 1 Nr. 1 Buchst. a und b AtG den steuer- und beitragsfreien Aufstockungsbetrag und zusätzliche Rentenversicherungsbeiträge aus dem Unterschiedsbetrag zwischen 90 v. H. des bisherigen Arbeitsentgelts und dem Arbeitsentgelt für die Altersteilzeitarbeit zahlt. Da für den Fortbestand des Beschäftigungsverhältnisses nach § 7 Abs. 3 SGB IV der fehlende Anspruch auf Arbeitsentgelt Voraussetzung ist, können auf Grund der fehlenden „Basis-Beiträge" keine zusätzlichen Rentenversicherungsbeiträge nach § 3 Abs. 1 Nr. 1 Buchst. b AtG gezahlt werden. Altersteilzeitarbeit liegt somit während eines fortbestehenden Beschäftigungsverhältnisses nach § 7 Abs. 3 SGB IV auf grund eines unbezahlten Urlaubs nicht vor.

Auf Grund des in der gesetzlichen Rentenversicherung bestehenden Monatsprinzips, nach dem ein angebrochener Monat als voller Monat zu berücksichtigen ist, liegt jedoch in jedem Monat ein Altersteilzeitarbeitsverhältnis vor, in dem dieses Arbeitsverhältnis mindestens an einem Tag bestand. Insoweit liegt keine Unterbrechung der Altersteilzeitarbeit vor, Wertguthaben für eine spätere Freistellung sind zu bilden. Zu einer Unterbrechung der Altersteilzeitarbeit kommt es somit erst, wenn z.B. ein unbezahlter Urlaub mindestens einen Kalendermonat in Anspruch genommen wird; insoweit liegt auch keine Vorarbeit für eine spätere Freistellungsphase vor:

**Beispiel:**

| | | |
|---|---|---|
| Altersteilzeitarbeit | | 1. 3. 2001–28. 2. 2003 |
| Arbeitsphase | | 1. 3. 2001–28. 2. 2002 |
| Freistellungsphase | | 1. 3. 2002–28. 2. 2003 |
| unbezahlter Urlaub | a) | 2. 6. 2001–30. 7. 2001 |
| | b) | 2. 6. 2001–31. 7. 2001 |

**Lösung:**

a) In den Monaten Juni und Juli liegt Altersteilzeitarbeit vor.
b) Im Monat Juli 2001 liegt keine Altersteilzeitarbeit vor.

Im Übrigen endet das Altersteilzeitarbeitsverhältnis sowohl im Beispiel a) als auch im Beispiel b) nach § 7 Abs. 3 Satz 1 SGB IV sozialversicherungsrechtlich jeweils am 1. Juli 2001; entsprechende Meldungen sind abzugeben.

### 2.2 Krankenversicherung

#### 2.2.1 Allgemeines

Für die Dauer der Altersteilzeitarbeit besteht grundsätzlich Krankenversicherungspflicht nach § 5 Abs. 1 Nr. 1 SGB V. Die Arbeitnehmer sind jedoch nach § 6 Abs. 1 Nr. 1 SGB V krankenversicherungsfrei, wenn ihr regelmäßiges Jahresarbeitsentgelt die Jahresarbeitsentgeltgrenze (im Kalenderjahr 2001 im gesamten Bundesgebiet 78 300 DM) übersteigt. Arbeitnehmer, die wegen Überschreitens der Jahresarbeitsentgeltgrenze krankenversicherungsfrei sind und deren Arbeitsentgelt auf Grund der Altersteilzeitarbeit die Jahresarbeitsentgeltgrenze nicht mehr überschreitet, unterliegen von dem Tag an, von dem an die Altersteilzeitarbeit beginnt, der Krankenversicherungspflicht.

**Gemeinsames Schreiben** 6, 7  F. Gem. Schreiben d. Spitzenverbände

Dies gilt sowohl bei kontinuierlicher als auch bei diskontinuierlicher Verteilung der Arbeitszeit im Rahmen der Altersteilzeitarbeit.

Bei der Ermittlung des regelmäßigen Jahresarbeitsentgelts werden im Übrigen auch Sonderzuwendungen, die mit hinreichender Sicherheit zu erwarten sind, berücksichtigt. Fällt der Anspruch auf die Sonderzuwendung weg (z. B. mit Beginn der Freistellungsphase), ist vom Zeitpunkt des Wegfalls an eine neue versicherungsrechtliche Beurteilung vorzunehmen.

### 2.2.2 Versicherungsfreiheit nach Vollendung des 55. Lebensjahres

6   Seit dem 1. Juli 2000 ist Personen, die nach Vollendung des 55. Lebensjahres versicherungspflichtig werden, der Zugang zur gesetzlichen Krankenversicherung nach § 6 Abs. 3a SGB V verwehrt, wenn sie unmittelbar zuvor keinen ausreichenden Bezug zur gesetzlichen Krankenversicherung nachweisen können. Hiernach sind Arbeitnehmer kraft Gesetzes versicherungsfrei, wenn in den letzten fünf Jahren vor Beginn der Versicherungspflicht zu keinem Zeitpunkt ein gesetzlicher Krankenversicherungsschutz (Pflichtversicherung, freiwillige Versicherung, Familienversicherung) bestand. Außerdem müssen sie oder der Ehepartner in diesem Fünfjahreszeitraum mindestens die Hälfte dieser Zeit (zwei Jahre und sechs Monate) versicherungsfrei, von der Versicherungspflicht befreit oder wegen einer hauptberuflichen selbstständigen Tätigkeit nach § 5 Abs. 5 SGB V nicht versicherungspflichtig gewesen sein.

### 2.2.3 Befreiung von der Versicherungspflicht

7   Nach § 8 Abs. 1 Nr. 3 SGB V kann sich ein Arbeitnehmer, der krankenversicherungspflichtig wird, weil seine Arbeitszeit auf die Hälfte oder auf weniger als die Hälfte der regelmäßigen Wochenarbeitszeit vergleichbarer Vollbeschäftigter des Betriebs herabgesetzt wird, von der Krankenversicherungspflicht befreien lassen; Voraussetzung hierfür ist, dass der Arbeitnehmer seit mindestens fünf Jahren wegen Überschreitens der Jahresarbeitsentgeltgrenze krankenversicherungsfrei ist. Diese Befreiungsmöglichkeit gilt auch für Arbeitnehmer, die infolge Altersteilzeitarbeit ihre Arbeitszeit auf mindestens die Hälfte vermindern und dadurch krankenversicherungspflichtig werden.

Der Antrag auf Befreiung von der Krankenversicherungspflicht ist nach § 8 Abs. 2 Satz 1 SGB V innerhalb von drei Monaten nach Beginn der Versicherungspflicht zu stellen, und zwar bei einer Krankenkasse, die im Falle des Bestehens von Krankenversicherungspflicht nach § 173 Abs. 2 SGB V wählbar wäre. Wird der Antrag auf Befreiung von der Krankenversicherungspflicht erst nach Beginn der Mitgliedschaft gestellt, spricht die Krankenkasse die Befreiung aus, bei der im Zeitpunkt der Antragstellung die Mitgliedschaft besteht.

Die Befreiung von der Krankenversicherungspflicht wirkt nach § 8 Abs. 2 Satz 2 SGB V vom Beginn der Versicherungspflicht an, allerdings nur dann, wenn seit ihrem Beginn noch keine Leistungen gewährt worden sind. Hat der Befreiungsberechtigte bereits Leistungen in Anspruch genommen, dann wirkt die Befreiung vom Beginn des Kalendermonats an, der auf die Antragstellung folgt. Die Befreiung von der Krankenversicherungspflicht kann nach § 8 Abs. 2 Satz 3 SGB V nicht widerrufen werden.

...

### 2.3 Pflegeversicherung

Die Versicherungspflicht in der sozialen Pflegeversicherung nach § 20 Abs. 1 Satz 2 Nr. 1 in Verb. mit Satz 1 SGB XI wird nicht dadurch berührt, dass ein bislang krankenversicherungspflichtiger Arbeitnehmer Altersteilzeitarbeit leistet. Handelt es sich hingegen um einen Arbeitnehmer, der vor Beginn der Altersteilzeitarbeit wegen Überschreitens der Jahresarbeitsentgeltgrenze nach § 6 Abs. 1 Nr. 1 SGB V krankenversicherungsfrei und in der gesetzlichen Krankenversicherung freiwillig versichert war und nunmehr infolge der Altersteilzeitarbeit krankenversicherungspflichtig wird, ändert sich die Rechtsgrundlage für die Versicherungspflicht in der sozialen Pflegeversicherung, d.h., die Versicherungspflicht in der sozialen Pflegeversicherung nach § 20 Abs. 3 SGB XI wird in eine solche nach § 20 Abs. 1 Satz 2 Nr. 1 in Verb. mit Satz 1 SGB XI umgewandelt.

Sofern ein (bislang freiwillig krankenversicherter) Arbeitnehmer allerdings nach § 22 SGB XI von der sozialen Pflegeversicherung befreit ist, endet diese Befreiung mit dem Eintritt von Krankenversicherungspflicht; von diesem Zeitpunkt an besteht Versicherungspflicht in der sozialen Pflegeversicherung nach § 20 Abs. 1 Satz 2 Nr. 1 in Verb. mit Satz 1 SGB XI. Eine Befreiung von der sozialen Pflegeversicherung auf Grund eines „Alt"-Pflegeversicherungsvertrags nach Artikel 42 PflegeVG wird durch den Eintritt von Krankenversicherungspflicht infolge der Altersteilzeitarbeit nicht berührt.

Für Arbeitnehmer, die wegen Überschreitens der Jahresarbeitsentgeltgrenze krankenversicherungsfrei, bei einem Unternehmen der privaten Krankenversicherung krankenversichert und damit auch privat pflegeversichert sind und nunmehr im Rahmen der Altersteilzeitarbeit krankenversicherungspflichtig werden, tritt ebenfalls Versicherungspflicht in der sozialen Pflegeversicherung nach § 20 Abs. 1 Satz 2 Nr. 1 in Verb. mit Satz 1 SGB XI ein. Sofern sich diese Arbeitnehmer allerdings nach § 8 Abs. 1 Nr. 3 SGB V von der Versicherungspflicht in der Krankenversicherung befreien lassen und auf Grund des § 23 Abs. 1 SGB XI privat pflegeversichert sind, bleiben sie weiterhin in der privaten Pflegeversicherung versichert.

...

### 3 Beitragsrecht

#### 3.1 Laufendes Arbeitsentgelt

#### 3.1.1 Allgemeines

Maßgebend für die Berechnung der Beiträge zur Kranken-, Pflege-, Renten- und Arbeitslosenversicherung ist das für die Altersteilzeitarbeit jeweils fällige Arbeitsentgelt. Die auf dieses Arbeitsentgelt entfallenden Beiträge sind vom Arbeitnehmer und Arbeitgeber je zur Hälfte zu tragen. In der Krankenversicherung gilt – auch in einer Freistellungsphase – der allgemeine Beitragssatz. Liegt der Beschäftigungsort des Arbeitnehmers in Sachsen, be-

**Gemeinsames Schreiben** 10, 11   F. Gem. Schreiben d. Spitzenverbände

läuft sich der Beitragsanteil zur Pflegeversicherung für den Arbeitnehmer auf 1,35 v. H. und für den Arbeitgeber auf 0,35 v. H. des Arbeitsentgelts. Für die knappschaftliche Rentenversicherung gilt die für diesen Versicherungszweig maßgebende besondere Beitragslastverteilung.

Die während einer im Blockmodell in der Arbeitsphase erzielten steuer- und beitragsfreien Schichtzulagen bleiben auch dann beitragsfrei, wenn deren Auszahlung in anteiligem Umfang in die Freistellungsphase verschoben wird. Diese Beträge sind weder bei der Berechnung des Aufstockungsbetrages (vgl. Ziffer 3.1.2) noch des Unterschiedsbetrages (vgl. Ziffer 3.1.3) zu berücksichtigen.

Das Altersteilzeitarbeitsentgelt, der Aufstockungsbetrag und der Unterschiedsbetrag zur Rentenversicherung werden bei Arbeitnehmern, die während der Freistellungsphase ihren Wohnsitz dauerhaft ins Ausland verlegt haben, so behandelt, als wäre hierauf deutsches Steuerrecht angewendet worden. Die tatsächliche steuerrechtliche Behandlung von Aufstockungsbeträgen bleibt insoweit unbeachtlich.

### 3.1.2 Aufstockungsbetrag

**10**   Der Aufstockungsbetrag nach § 3 Abs. 1 Nr. 1 Buchst. a AtG ist unbeschadet seiner Berücksichtigung im Rahmen des Progressionsvorbehalts (§ 32b Abs. 1 Nr. 1 Buchst. g EStG) gemäß § 3 Nr. 28 EStG steuerfrei und gehört damit nach § 1 ArEV nicht zum Arbeitsentgelt. Dies gilt nach R 8 Satz 5 LStR 2001 auch, soweit der Arbeitgeber – z. B. auf Grund tarifvertraglicher Regelungen – einen höheren als den im Altersteilzeitgesetz als Mindestbetrag vorgesehenen Aufstockungsbetrag zahlt. Nach R 18 Satz 6 LStR 2001 gilt dies aber nur, soweit die Aufstockungsbeträge zusammen mit dem während der Altersteilzeitarbeit bezogenen Nettoarbeitslohn monatlich 100% des maßgeblichen Arbeitslohns (das ist der Nettoarbeitslohn, den der Arbeitnehmer im jeweiligen Lohnzahlungszeitraum ohne Altersteilzeit üblicherweise erhalten hätte) nicht übersteigen. Im Übrigen hängt die Steuerfreiheit und damit die Beitragsfreiheit des Aufstockungsbetrags nicht davon ab, dass in Bezug auf den Aufstockungsbetrag die Voraussetzungen des § 3 Abs. 1 AtG für eine Erstattung durch die Bundesanstalt für Arbeit erfüllt sind; mithin stellt der Aufstockungsbetrag auch dann kein Arbeitsentgelt dar, wenn die Bundesanstalt für Arbeit dem Arbeitgeber den Aufstockungsbetrag nach § 5 Abs. 1 Nr. 2 und 3, Abs. 2 bis 4 AtG nicht erstattet (z. B. weil der Arbeitgeber den frei gemachten Arbeitsplatz nicht wieder besetzt).

...

### 3.1.3 Unterschiedsbetrag in der Rentenversicherung

### 3.1.3.1 Allgemeines

**11**   Bei Arbeitnehmern, die nach dem Altersteilzeitgesetz Aufstockungsbeträge (vgl. Ausführungen zu Ziffer 3.1.2) erhalten, gilt nach § 163 Abs. 5 Satz 1 SGB VI auch der Unterschiedsbetrag zwischen dem Arbeitsentgelt für die Altersteilzeitarbeit und mindestens 90 v. H. des bisherigen Arbeitsentgelts im Sinne des § 6 Abs. 1 AtG, höchstens jedoch bis zur jeweiligen Beitragsbemessungsgrenze der Rentenversicherung, als Arbeitsentgelt. Bisheriges Arbeitsentgelt ist nach § 6 Abs. 1 AtG das Arbeitsentgelt, das der altersteilzeitarbeitende Arbeitnehmer für eine Arbeitsleistung bei bisheriger wöchentlicher Arbeitszeit zu beanspruchen hätte, soweit es im jeweiligen Monat die Beitragsbemessungsgrenze der Arbeitslosenversicherung (entspricht der Beitragsbemessungsgrenze der Rentenversicherung der Arbeiter und Angestellten) nicht überschreitet.

**Beispiel** (West):
| | |
|---|---:|
| Bisheriges Arbeitsentgelt | 9000 DM |
| BBG der RV im Kalenderjahr 2001 | 8700 DM |
| 90 v. H. des auf die BBG der RV begrenzten bisherigen Arbeitsentgelts | 7830 DM |
| Arbeitsentgelt für Altersteilzeitarbeit | − 4500 DM |
| Mindestunterschiedsbetrag nach § 163 Abs. 5 Satz 1 SGB VI | 3330 DM |

Auch bei einer Altersteilzeitarbeit mit diskontinuierlicher Verteilung der Arbeitszeit (Blockmodell) sind die zusätzlichen Beiträge zur Rentenversicherung aus dem Unterschiedsbetrag ab Beginn des Altersteilzeitarbeitsverhältnisses abzuführen. Während der Arbeitsphase erhält der Arbeitnehmer – trotz Beibehaltung seiner bisherigen Arbeitszeit – grundsätzlich lediglich das Arbeitsentgelt entsprechend der Hälfte seiner bisherigen wöchentlichen Arbeitszeit sowie aus diesem Betrag – unter Beachtung des Mindestnettobetrages – einen steuer- und beitragsfreien Aufstockungsbetrag. Die andere Hälfte des erwirtschafteten Arbeitsentgelts wird als Wertguthaben zurückgestellt, soweit es aus der Vorarbeit für die Freistellungsphase zu berücksichtigen ist. Hierbei muss die Angemessenheit der Arbeitsentgeltzahlung in der Freistellungsphase gewährleistet bleiben (vgl. hierzu § 7 Abs. 1a Satz 1 Nr. 2 SGB IV).

Der Unterschiedsbetrag nach § 163 Abs. 5 Satz 1 SGB VI ist unabhängig davon anzusetzen, ob hinsichtlich des Aufstockungsbetrags die Voraussetzungen des § 3 Abs. 1 AtG für eine Erstattung durch die Bundesanstalt für Arbeit erfüllt sind. Im Übrigen ist der sich aus der Verbeitragung des Unterschiedsbetrags ergebende geldwerte Vorteil – ebenso wie der Aufstockungsbetrag – nach § 3 Nr. 28 EStG steuerfrei und damit nicht beitragspflichtig in der Sozialversicherung. Dies gilt nach R 18 Satz 5 LStR 2001 auch, soweit der Arbeitgeber – z. B. auf Grund tarifvertraglicher Regelungen – Rentenversicherungsbeiträge aus einem höheren Unterschiedsbetrag als 90 v. H. zahlt oder diese zusätzlichen Rentenversicherungsbeiträge auch über den Förderrahmen von fünf bzw. sechs Jahren für einen Zeitraum von bis zu zehn Jahren erbringt (vgl. BMF-Schreiben vom 10. Juni 1998 – IV B 6 – S 2333-6/98 in DB 1998, Seite 1306, 1307).

Die auf den Unterschiedsbetrag entfallenden Rentenversicherungsbeiträge hat der Arbeitgeber nach § 168 Abs. 1 Nr. 6 SGB VI allein zu tragen. Dies gilt auch dann, wenn der Arbeitgeber einen höheren als den in § 163 Abs. 5 Satz 1 SGB VI als Mindestbetrag vorgesehenen Unterschiedsbetrag der Beitragsberechnung zugrunde legt.

Der Unterschiedsbetrag wird für die Umlageberechnung (§ 14 LFZG) nicht herangezogen.

# Gemeinsames Schreiben

### 3.1.3.2 Mehrarbeit

**12** Wird während der Altersteilzeitarbeit vom Arbeitnehmer Mehrarbeit geleistet (zur Auswirkung von Mehrarbeit auf das Fortbestehen von Altersteilzeitarbeit vgl. Ziffer 2.1.1), muss die hierfür zu beanspruchende Vergütung, die nicht für eine spätere zusätzliche Freistellung verwendet wird, insoweit berücksichtigt werden, als sich der Unterschiedsbetrag um den Betrag vermindert, für den bereits auf Grund der Mehrarbeit Beiträge zur Rentenversicherung entrichtet werden. Dies gilt selbst dann, wenn sich durch das Arbeitsentgelt auf Grund der Mehrarbeit kein Unterschiedsbetrag für zusätzliche Rentenversicherungsbeiträge mehr ergibt.

Entsprechendes gilt für den Teil des Aufstockungsbetrags der unter Berücksichtigung des während der Altersteilzeitarbeit bezogenen Nettoarbeitsentgelts 100% des maßgeblichen Arbeitslohns übersteigt (vgl. Ziffer 3.1.2).

**Beispiel:**

| | |
|---|---:|
| Bisheriges Arbeitsentgelt | 6000 DM |
| Arbeitsentgelt für Altersteilzeitarbeit | 3000 DM |
| Mehrarbeitsvergütung | 100 DM |
| Mindestunterschiedsbetrag nach § 163 Abs. 5 Satz 1 SGB VI (90% von 6000 DM = 5400 DM ./. 3000 DM ./. 100 DM) | 2300 DM |

### 3.1.3.3 Sachbezug/ZVK-Umlage

**13** Als laufendes Arbeitsentgelt, das den Arbeitnehmern auch während der Altersteilzeitarbeit weiter gewährt wird, kommen auch Sachbezüge (z.B. Pkw, Telefonnutzung, Werkswohnung) und die ZVK-Umlage in Betracht.

Für die Berechnung des Unterschiedsbetrags für die zusätzlichen Beiträge zur Rentenversicherung sind diese Entgeltbestandteile sowohl bei der Ermittlung des bisherigen Arbeitsentgelts als auch bei der Ermittlung des Altersteilzeitarbeitsentgelts erhöhend zu berücksichtigen.

**Beispiel** (Sachbezug):

| | | |
|---|---|---:|
| Bisherige Arbeitszeit: | Arbeitsentgelt | 6000 DM |
| Firmen-Pkw (1% Steuer/Beitrag) | 500 DM | 6500 DM |
| Altersteilzeitarbeit: | Arbeitsentgelt | 3000 DM |
| Firmen-Pkw (1% Steuer/Beitrag) | 500 DM | |
| | 3500 DM | |
| Mindestunterschiedsbetrag nach § 163 Abs. 5 Satz 1 SGB VI: | 90 v.H. des bisherigen Arbeitsentgelts | 5850 DM |
| | Arbeitsentgelt für Altersteilzeitarbeit | − 3500 DM |
| | | 2350 DM |

II. Gem. Schreiben d. Spitzenverbände   14   **Gemeinsames Schreiben**

Sobald der Sachbezug entfällt (z.B. während der Freistellungsphase in einem Blockmodell), ist der maßgebende Wert sowohl bei dem bisherigen Arbeitsentgelt als auch beim Arbeitsentgelt für die Altersteilzeitarbeit nicht mehr zu berücksichtigen. Im o.a. Beispiel würde der Unterschiedsbetrag dann 2400 DM (90 v.H. von 6000 DM = 5400 DM ./. 3000 DM) betragen.

**Beispiel** (ZVK-Umlage):
Ermittlung des bisherigen beitragspflichtigen Arbeitsentgelts
Zusatzversorgungspflichtiges Arbeitsentgelt                                6000,00 DM
Umlage (6,45 v.H. von 6000,00 DM)                 387,00 DM
Pauschalsteuerpflichtig                           175,00 DM

Hinzurechnungsbetrag
(175,00 DM : 6,45 × 100 = 2713,18 DM
× 2,5% ./. 26,00 DM Freibetrag)                                              41,83 DM
SV-pflichtige Umlage
(387,00 DM ./. 175,00 DM)                                                   212,00 DM
                                                                          6253,83 DM

Ermittlung des beitragspflichtigen Arbeitsentgelts für Altersteilzeitarbeit
Zusatzversorgungspflichtiges Arbeitsentgelt                               3000,00 DM
Umlage (6,45 v.H. von 3000,00 DM)                 193,50 DM
Pauschalsteuerpflichtig                           175,00 DM

Hinzurechnungsbetrag
(175,00 DM : 6,45 × 100 = 2713,18 DM
× 2,5% ./. 26,00 DM Freibetrag)                                              41,83 DM
SV-pflichtige Umlage
(193,50 DM ./. 175,00 DM)                                                    18,50 DM
                                                                          3060,33 DM

Ermittlung des Unterschiedsbetrages
Bisheriges Arbeitsentgelt                                                 6253,83 DM
90 v.H. des bisherigen Arbeitsentgelts                                    5628,45 DM
Arbeitsentgelt für Altersteilzeitarbeit
einschließlich Hinzurechnungsbetrag
und SV-pflichtige Umlage                                                − 3060,33 DM
                                                                          2568,12 DM

### 3.1.3.4 Entgeltumwandlung

Künftige Entgeltansprüche können in eine wertgleiche Anwartschaft auf Versorgungsleistungen umgewandelt werden (Entgeltumwandlung). Während die für eine Entgeltumwandlung in eine Direktzusage/Unterstützungskassenversorgung verwendeten Entgeltbestandteile kein Arbeitsentgelt sind, gilt dies für Beiträge zu einer Direktversicherung bzw. Zuwendungen an eine Pensionskasse nur, soweit sie nach § 40b EStG pauschal versteuert und zusätzlich zu Löhnen oder Gehältern gewährt werden (§ 2 Abs. 1 Satz 1 Nr. 3 ArEV).

Bei einer Entgeltumwandlung zu Gunsten einer Direktzusage bzw. Unterstützungskassenversorgung vermindert sich somit auch in einer Altersteilzeitarbeit das beitragspflichtige Arbeitsentgelt. Für eine Ermittlung des Unter-

**Gemeinsames Schreiben** 15    F. Gem. Schreiben d. Spitzenverbände

schiedsbetrags für die zusätzlichen Rentenversicherungsbeiträge ist ausschließlich von den verminderten Arbeitsentgelten auszugehen (vgl. Beispiel).

Beiträge zu einer Direktversicherung, die aus einer anteiligen Sonderzuwendung finanziert werden, vermindern insoweit die Höhe der Sonderzuwendung. Diese verminderte Sonderzuwendung wird für die Ermittlung des Unterschiedsbetrages für die gesetzlichen Rentenversicherungsbeiträge aus einmalig gezahltem Arbeitsentgelt berücksichtigt (vgl. Ziffer 3.2). Sofern die gesamte Sonderzuwendung für die Direktversicherung verbraucht wird, fällt insoweit kein Unterschiedsbetrag für Rentenversicherungsbeiträge aus der Sonderzuwendung an.

**Beispiel** (West):

| | |
|---|---|
| Bisheriges Arbeitsentgelt | 6000 DM |
| Entgeltbestandteil für Direktzusage | 300 DM |
| SV-Brutto nach Entgeltumwandlung | 5700 DM |
| 90 v. H. des SV-Brutto nach Entgeltumwandlung | 5130 DM |
| Arbeitsentgelt für Altersteilzeitarbeit | 3000 DM |
| Entgeltbestandteil für Direktzusage | 300 DM |
| SV-Brutto nach Entgeltumwandlung | 2700 DM |
| Unterschiedsbetrag | 2430 DM |

### 3.2 Einmalig gezahltes Arbeitsentgelt

15    Einmalig gezahltes Arbeitsentgelt ist bei der Berechnung des Aufstockungsbetrags nach § 3 Abs. 1 Nr. 1 Buchst. a AtG zu berücksichtigen (vgl. Ziffer 3.1.2).

Ein Unterschiedsbetrag kommt nach § 163 Abs. 5 Satz 2 SGB VI für einmalig gezahltes Arbeitsentgelt in Betracht, wenn die Sonderzuwendung während der Altersteilzeitarbeit in reduziertem Umfang gezahlt wird. Ein während der Altersteilzeitarbeit einmalig gezahltes Arbeitsentgelt ist auch dann in vollem Umfang für die Ermittlung des Unterschiedsbetrags einzubeziehen, wenn es zum Teil noch aus dem bisherigen Arbeitsverhältnis resultiert.

**Beispiel:**

| | | |
|---|---|---|
| Bisheriges Arbeitsentgelt monatlich | | 6000 DM |
| Bisherige Sonderzahlung | | 6000 DM |
| Altersteilzeitarbeit ab | 1. 7. 2001 | |
| Teilzeitarbeitsentgelt monatlich | | 3000 DM |
| Teilzeit-Sonderzahlung im Dezember 2001 (berechnet aus 6 Monaten bisheriges Arbeitsentgelt und 6 Monate Teilzeitarbeitsentgelt) | | 4500 DM |

Für die Ermittlung des Unterschiedsbetrags aus einmalig gezahltem Arbeitsentgelt ist eine gesonderte anteilige Jahresbeitragsbemessungsgrenze zu bilden und diese mit 90 v. H. anzusetzen. Hieraus folgt, dass für den Monat der Zuordnung der Sonderzuwendung ein Unterschiedsbetrag sowohl für das laufende als auch für das einmalig gezahlte Arbeitsentgelt nur in Betracht

II. Gem. Schreiben d. Spitzenverbände  **15 Gemeinsames Schreiben**

kommt, soweit das bis zum Vormonat verbeitragte Arbeitsentgelt zusammen mit dem für den Monat der Zuordnung der Sonderzuwendung tatsächlich gezahlten (laufenden und einmaligen) Arbeitsentgelt 90 v. H. der anteiligen Jahresbeitragsbemessungsgrenze nicht erreicht. Wird dieser Betrag bereits ausgeschöpft, fällt weder für das laufende noch für das einmalig gezahlte Arbeitsentgelt ein Unterschiedsbetrag an. Die vom Arbeitgeber während eines Krankengeld- bzw. Krankentagegeldbezugs getragenen Rentenversicherungsbeiträge aus dem Unterschiedsbetrag (vgl. Ziffer 3.4) wirken sich auf die Ermittlung der anteiligen Beitragsbemessungsgrenze nicht aus. Durch diese Zahlungen ist für die Zeit des Krankengeldbezugs kein die Versicherungspflicht begründendes Beschäftigungsverhältnis mit laufendem Arbeitsentgelt bei demselben Arbeitgeber (§ 23a Abs. 3 Satz 2 letzter Teil SGB IV) entstanden.

**1. Beispiel** (West)

| | |
|---|---|
| Bisheriges Arbeitsentgelt monatlich | 6000 DM |
| Bisheriges Weihnachtsgeld | 6000 DM |
| Altersteilzeitarbeit ab 1. 1. 2001 | |
| Teilzeitarbeitsentgelt monatlich | 3000 DM |
| Teilzeit-Weihnachtsgeld im November 2001 | 3000 DM |
| Unterschiedsbetrag (90% des bisherigen Arbeitsentgelts bzw. der monatlichen BBG/RV ./. Teilzeitarbeitsentgelt) | 2400 DM |

| Zeile | Beschreibung des Rechenwegs | Berechnung | Arbeitsentgelt |
|---|---|---|---|
| 1 | Berechnung der anteiligen Jahres-BBG/RV für den Zeitraum der Altersteilzeitarbeit (90% der Jahres-BBG/RV : 12 × Monate der Altersteilzeitarbeit bis zum Monat der Zuordnung der Sonderzuwendung) | 90% von 104 400 DM : 12 × 11 | 86 130 DM |
| 2 | Ermittlung des verbeitragten Arbeitsentgelts für den Zeitraum der Altersteilzeitarbeit bis zum Vormonat der Zuordnung der Sonderzuwendung: <br> Teilzeitarbeitsentgelt × Monate <br> + Unterschiedsbetrag × Monate <br> = verbeitragtes Arbeitsentgelt insgesamt | 3000 DM × 10 = 30 000 DM <br> 2400 DM × 10 = 24 000 DM <br> 54 000 DM | |
| 3 | tatsächliches Arbeitsentgelt für den Monat der Zuordnung der Sonderzuwendung: <br> Teilzeitarbeitsentgelt <br> + Teilzeit-Sonderzuwendung <br> = tatsächliches Arbeitsentgelt insgesamt | 3000 DM <br> 3000 DM <br> 6000 DM | |

**Gemeinsames Schreiben** 15   F. Gem. Schreiben d. Spitzenverbände

| Zeile | Beschreibung des Rechenwegs | Berechnung | Arbeits-entgelt |
|---|---|---|---|
| 4 | verbeitragtes Arbeitsentgelt bis zum Vormonat der Zuordnung der Sonderzuwendung + Arbeitsentgelt für den Monat der Zuordnung der Sonderzuwendung (Summe aus Zeile 2 und Zeile 3) | 54 000 DM + 6000 DM = 60 000 DM | 60 000 DM |
| 5 | beitragspflichtiger Rahmen für einen Unterschiedsbetrag (Differenz Zeile 1 ./. Zeile 4) | | 26 130 DM |
| | Die Differenz (Zeile 5) bis zur anteiligen Jahres-BBG/RV für die Altersteilzeitarbeit beträgt 26 130 DM. Mithin kann im Monat November 2001 für die Berechnung der Rentenversicherungsbeiträge sowohl für das laufende Arbeitsentgelt als auch für das Weihnachtsgeld ein Unterschiedsbetrag von jeweils 2400 DM angesetzt werden. | | |

Sofern die Altersteilzeitarbeit erst im Laufe eines Kalenderjahres begonnen hat, ist die vorstehend dargestellte Vergleichsberechnung für die Ermittlung des Unterschiedsbetrags nur für den Zeitraum der Altersteilzeitarbeit (Vergleichszeitraum) durchzuführen. Dies wiederum bedeutet, dass für den Monat der Zuordnung der Sonderzuwendung ein Unterschiedsbetrag nur anzusetzen ist, wenn das im Vergleichszeitraum bis zum Vormonat verbeitragte Arbeitsentgelt zusammen mit dem für den Monat der Zuordnung der Sonderzuwendung tatsächlich gezahlten (laufenden und einmaligen) Arbeitsentgelt 90 v. H. der anteiligen Jahresbeitragsbemessungsgrenze des Vergleichszeitraums noch nicht erreicht.

**2. Beispiel** (West):

| | | |
|---|---|---|
| Bisheriges Arbeitsentgelt monatlich | | 7400 DM |
| Bisheriges Weihnachtsgeld | | 7400 DM |
| Altersteilzeitarbeit ab | 1. 7. 2001 | |
| Teilzeitarbeitsentgelt monatlich | | 3700 DM |
| Teilzeit-Weihnachtsgeld im November 2001 | | 3700 DM |
| Unterschiedsbetrag (90% des bisherigen Arbeitsentgelts bzw. der monatlichen BBG/RV ./. Teilzeitarbeitsentgelt) | | 2960 DM |

| Zeile | Beschreibung des Rechenwegs | Berechnung | Arbeits-entgelt |
|---|---|---|---|
| 1 | Berechnung der anteiligen Jahres-BBG/RV für den Zeitraum der Altersteilzeitarbeit (90% der Jahres-BBG/RV : 12 × Monate der Altersteilzeitarbeit bis zum Monat der Zuordnung der Sonderzuwendung) | 90% von 104 400 DM : 12 × 5 | 39 150 DM |
| 2 | Ermittlung des verbeitragten Arbeitsentgelts für den Zeitraum der | | |

II. Gem. Schreiben d. Spitzenverbände    **15 Gemeinsames Schreiben**

| Zeile | Beschreibung des Rechenwegs | Berechnung | Arbeitsentgelt |
|---|---|---|---|
|  | Altersteilzeitarbeit bis zum Vormonat der Zuordnung der Sonderzuwendung:<br>Teilzeitarbeitsentgelt × Monate<br>+ Unterschiedsbetrag × Monate<br>= verbeitragtes Arbeitsentgelt insgesamt | 3700 DM × 4 = 14 800 DM<br>2960 DM × 4 = 11 840 DM<br>26 640 DM |  |
| 3 | tatsächliches Arbeitsentgelt für den Monat der Zuordnung der Sonderzuwendung:<br>Teilzeitarbeitsentgelt<br>+ Teilzeit-Sonderzuwendung<br>= tatsächliches Arbeitsentgelt insgesamt | 3700 DM<br>3700 DM<br>7400 DM |  |
| 4 | verbeitragtes Arbeitsentgelt bis zum Vormonat der Zuordnung der Sonderzuwendung + Arbeitsentgelt für den Monat der Zuordnung der Sonderzuwendung (Summe aus Zeile 2 und Zeile 3) | 26 640 DM + 7400 DM<br>= 34 040 DM | 34 040 DM |
| 5 | beitragspflichtiger Rahmen für einen Unterschiedsbetrag (Differenz Zeile 1 ./. Zeile 4) |  | 5110 DM |

Die Differenz (Zeile 5) bis zur anteiligen Jahres-BBG/RV für die Altersteilzeitarbeit beträgt 5110 DM. Mithin kann im Monat November 2001 für die Berechnung der Rentenversicherungsbeiträge sowohl für das laufende Arbeitsentgelt der volle Unterschiedsbetrag von jeweils 2960 DM und für das Weihnachtsgeld noch ein Unterschiedsbetrag von (5510 DM ./. 2960 DM =) 2150 DM angesetzt werden.

Die Zugrundelegung der auf 90 v. H. reduzierten anteiligen Jahresbeitragsbemessungsgrenze für den Zeitraum der Altersteilzeitarbeit gilt nur in Bezug auf den Unterschiedsbetrag. Der tatsächlich gezahlte Betrag einer Sonderzuwendung ist in jedem Falle unter Berücksichtigung von 100 v. H. der anteiligen Jahresbeitragsbemessungsgrenze der Beitragspflicht zu unterwerfen, wobei die anteilige Jahresbeitragsbemessungsgrenze auch dann vom 1. Januar des Kalenderjahres an zu bilden ist, wenn die Altersteilzeitarbeit erst im Laufe des Kalenderjahres begonnen hat.

### 3. Beispiel (West):

| | |
|---|---|
| Bisheriges Arbeitsentgelt monatlich | 11 800 DM |
| Bisheriges Weihnachtsgeld | 11 800 DM |
| Altersteilzeitarbeit ab      1. 7. 2001 | |
| Teilzeitarbeitsentgelt monatlich | 5 900 DM |
| Teilzeit-Weihnachtsgeld im November 2001 | 5 900 DM |
| Unterschiedsbetrag (90% des bisherigen Arbeitsentgelts bzw. der monatlichen BBG/RV ./. Teilzeitarbeitsentgelt) | 1 930 DM |

**Gemeinsames Schreiben** 15   F. Gem. Schreiben d. Spitzenverbände

| Zeile | Beschreibung des Rechenwegs | Berechnung | Arbeits-entgelt |
|---|---|---|---|
| 1 | Berechnung der anteiligen Jahres-BBG/RV für den Zeitraum der Altersteilzeitarbeit (90% der Jahres-BBG/RV : 12 × Monate der Altersteilzeitarbeit bis zum Monat der Zuordnung der Sonderzuwendung) | 90% von 104 400 DM : 12 × 5 | 39 150 DM |
| 2 | Ermittlung des verbeitragten Arbeitsentgelts für den Zeitraum der Altersteilzeitarbeit bis zum Vormonat der Zuordnung der Sonderzuwendung:<br>  Teilzeitarbeitsentgelt × Monate<br>+ Unterschiedsbetrag × Monate<br>= verbeitragtes Arbeitsentgelt insgesamt | 5900 DM × 4 = 23 600 DM<br>1930 DM × 4 =   7 720 DM<br>                       31 320 DM | |
| 3 | tatsächliches Arbeitsentgelt für den Monat der Zuordnung der Sonderzuwendung:<br>  Teilzeitarbeitsentgelt<br>+ Teilzeit-Sonderzuwendung<br>= tatsächliches Arbeitsentgelt insgesamt | 5 900 DM<br>5 900 DM<br>11 800 DM | |
| 4 | verbeitragtes Arbeitsentgelt bis zum Vormonat der Zuordnung der Sonderzuwendung + Arbeitsentgelt für den Monat der Zuordnung der Sonderzuwendung (Summe aus Zeile 2 und Zeile 3) | 31 320 DM + 11 800 DM = 43 120 DM | 43 120 DM |
| 5 | beitragspflichtiger Rahmen für einen Unterschiedsbetrag (Differenz Zeile 1 ./. Zeile 4) | | 0 DM |

Die Differenz (Zeile 5) bis zur anteiligen Jahres-BBG/RV für die Altersteilzeitarbeit beträgt 0 DM, sodass im Monat November 2001 für die Berechnung der Rentenversicherungsbeiträge weder für das laufende Arbeitsentgelt noch für das Weihnachtsgeld ein Unterschiedsbetrag angesetzt werden kann. Das tatsächlich gezahlte Weihnachtsgeld von 5900 DM unterliegt jedoch – ebenso wie das laufende Arbeitsentgelt für den Monat November 2001 – in voller Höhe der Beitragspflicht zur Rentenversicherung, denn die Differenz zur (100%igen) anteiligen Jahres-BBG/RV beträgt 6280 DM:

| | | |
|---|---|---|
| anteilige Jahres-BBG/RV bis November 2001 | | 95 700 DM |
| ./. verbeitragtes Arbeitsentgelt | | |
|    bis Juni 2001 | (6 × 8700 DM =) 52 200 DM | |
|    von Juli 2001 bis Oktober 2001 | (4 × 7830 DM =) 31 320 DM | |
|    laufendes Arbeitsentgelt für November 2001 | 5 900 DM | |
| | | 89 420 DM |
| | | 6 280 DM |

II. Gem. Schreiben d. Spitzenverbände  15 **Gemeinsames Schreiben**

Ein Unterschiedsbetrag für zusätzliche Rentenversicherungsbeiträge fällt für einmalig gezahltes Arbeitsentgelt nicht an, wenn die Sonderzuwendung während der Altersteilzeitarbeit in vollem Umfang gezahlt wird. Die vorstehenden Berechnungen für die Ermittlung der für den Unterschiedsbetrag aus einmalig gezahltem Arbeitsentgelt gesondert zu bildenden anteiligen Jahresbeitragsbemessungsgrenze entfallen dann. Das hat zur Folge, dass für den Monat der Zahlung der Sonderzuwendung ein Unterschiedsbetrag nur für das laufende Arbeitsentgelt zu ermitteln und die Sonderzuwendung im Anschluss hieran nach § 23a SGB IV zu verbeitragen ist.

Werden in einem Kalenderjahr mehrere Sonderzuwendungen sowohl in 100%iger als auch in anteiliger Höhe geleistet, sind bei der Berechnung des Unterschiedsbetrages für die zusätzlichen Rentenversicherungsbeiträge aus der anteilig gezahlten Sonderzuwendung als bisher bereits verbeitragtes Arbeitsentgelt die in 100%iger Höhe gezahlten Sonderzuwendungen in voller Höhe zu berücksichtigen, soweit hiervon tatsächlich Rentenversicherungsbeiträge berechnet worden sind.

**4. Beispiel** (West)

| | |
|---|---|
| Bisheriges Arbeitsentgelt monatlich | 6000 DM |
| Bisheriges Urlaubsgeld | 6000 DM |
| Bisheriges Weihnachtsgeld | 6000 DM |
| Altersteilzeitarbeit ab | 1. 1. 2001 |
| Teilzeitarbeitsentgelt monatlich | 3000 DM |
| Urlaubsgeld im Juli 2001 (100%) | 6000 DM |
| Teilzeit-Weihnachtsgeld im November 2001 | 3000 DM |
| Unterschiedsbetrag (90% des bisherigen Arbeitsentgelts bzw. der monatlichen BBG/RV ./. Teilzeitarbeitsentgelt) | 2400 DM |

| Zeile | Beschreibung des Rechenwegs | Berechnung | Arbeitsentgelt |
|---|---|---|---|
| 1 | Berechnung der anteiligen 100%-igen Jahres-BBG/RV für den Zeitraum der Altersteilzeitarbeit bis zum Monat der Zuordnung des Urlaubsgeldes | 104 400 DM : 12 × 7 | 60 900 DM |
| 2 | Ermittlung des verbeitragten Arbeitsentgelts bis zum Monat der Zuordnung des Urlaubsgelds | 3000 DM × 7 = 21 000 DM 2400 DM × 7 = 16 800 DM 37 800 DM | 37 800 DM |
| 3 | Beitragspflichtiger Rahmen für das Urlaubsgeld | | 23 100 DM |
| | Das Urlaubsgeld ist in vollem Umfang (6000 DM) beitragspflichtig. Da das Urlaubsgeld während der Altersteilzeitarbeit in 100%iger Höhe gezahlt wird, fällt hierfür kein Unterschiedsbetrag für zusätzliche Rentenversicherungsbeiträge an. | | |
| 4 | Berechnung der anteiligen Jahres-BBG/RV für den Zeitraum der Altersteilzeitarbeit (90% der Jahres-BBG/RV : 12 × Monate der Al- | 90% von 104 400 DM : 12 × 11 | 86 130 DM |

**Gemeinsames Schreiben** 15  F. Gem. Schreiben d. Spitzenverbände

| Zeile | Beschreibung des Rechenwegs | Berechnung | Arbeitsentgelt |
|---|---|---|---|
| | tersteilzeitarbeit bis zum Monat der Zuordnung der Sonderzuwendung) | | |
| 5 | Ermittlung des verbeitragten Arbeitsentgelts für den Zeitraum der Altersteilzeitarbeit bis zum Vormonat der Zuordnung der Sonderzuwendung:<br>Teilzeitarbeitsentgelt × Monate<br>+ Unterschiedsbetrag × Monate<br>+ Urlaubsgeld<br>= verbeitragtes Arbeitsentgelt insgesamt | 3000 DM × 10 = 30 000 DM<br>2400 DM × 10 = 24 000 DM<br>6000 DM<br>60 000 DM | |
| 6 | tatsächliches Arbeitsentgelt für den Monat der Zuordnung der Sonderzuwendung:<br>Teilzeitarbeitsentgelt<br>+ Teilzeit-Sonderzuwendung<br>= tatsächliches Arbeitsentgelt insgesamt | 3000 DM<br>3000 DM<br>6000 DM | |
| 7 | verbeitragtes Arbeitsentgelt bis zum Vormonat der Zuordnung der Sonderzuwendung + Arbeitsentgelt für den Monat der Zuordnung der Sonderzuwendung (Summe aus Zeile 5 und Zeile 6) | 60 000 DM + 6000 DM = 66 000 DM | 66 000 DM |
| 8 | beitragspflichtiger Rahmen für einen Unterschiedsbetrag (Differenz Zeile 4 ./. Zeile 7) | | 20 130 DM |

Die Differenz (Zeile 8) bis zur anteiligen Jahres-BBG/RV für die Altersteilzeitarbeit beträgt 20 130 DM. Mithin kann im Monat November 2001 für die Berechnung der Rentenversicherungsbeiträge sowohl für das laufende Arbeitsentgelt als auch für das Weihnachtsgeld ein Unterschiedsbetrag von jeweils 2400 DM angesetzt werden.

Werden in ein und demselben Entgeltabrechnungszeitraum sowohl eine anteilige als auch eine 100%ige Sonderzuwendung gezahlt, ist zunächst der Unterschiedsbetrag für das laufende Teilzeitarbeitsentgelt und die anteilige Teilzeit-Sonderzuwendung zu ermitteln; die 100%ige Sonderzuwendung bleibt hierbei außer Betracht. Nach der Feststellung des beitragspflichtigen Rahmens für den Unterschiedsbetrag erfolgt mit den festgestellten Werten sodann die Beitragsberechnung nach § 23a SGB IV sowohl für die anteilige als auch für die 100%ige Sonderzuwendung.

**5. Beispiel** (West):

Bisheriges Arbeitsentgelt monatlich          6 000 DM
Bisheriges Weihnachtsgeld                    6 000 DM

II. Gem. Schreiben d. Spitzenverbände  **15 Gemeinsames Schreiben**

Altersteilzeitarbeit ab 1. 7. 2001

| | |
|---|---:|
| Teilzeitarbeitsentgelt monatlich | 3 000 DM |
| Teilzeit-Weihnachtsgeld im November 2001 | 3 000 DM |
| Steuerpflichtiger Teil einer Jubiläumszuwendung (100%-Sonderbezug) im November 2001 | 12 000 DM |
| Unterschiedsbetrag (90% des bisherigen Arbeitsentgelts bzw. der monatlichen BBG/RV ./. Teilzeitarbeitsentgelt) | 2 400 DM |

| Zeile | Beschreibung des Rechenwegs | Berechnung | Arbeitsentgelt |
|---|---|---|---|
| 1 | Berechnung der anteiligen Jahres-BBG/RV für den Zeitraum der Altersteilzeitarbeit (90% der Jahres-BBG/RV : 12 × Monate der Altersteilzeitarbeit bis zum Monat der Zuordnung der Sonderzuwendung) | 90% von 104 400 DM : 12 × 5 | 39 150 DM |
| 2 | Ermittlung des verbeitragten Arbeitsentgelts für den Zeitraum der Altersteilzeitarbeit bis zum Vormonat der Zuordnung der Sonderzuwendung: Teilzeitarbeitsentgelt × Monate + Unterschiedsbetrag × Monate = verbeitragtes Arbeitsentgelt insgesamt | 3000 DM × 4 = 12 000 DM 2400 DM × 4 =  9 600 DM 21 600 DM | |
| 3 | tatsächliches Arbeitsentgelt für den Monat der Zuordnung der Sonderzuwendung (ohne die 100%ige Sonderzuwendung) Teilzeitarbeitsentgelt + Teilzeit-Sonderzuwendung = tatsächliches Arbeitsentgelt insgesamt | 3000 DM 3000 DM 6000 DM | |
| 4 | verbeitragtes Arbeitsentgelt bis zum Vormonat der Zuordnung der Sonderzuwendung + Arbeitsentgelt für den Monat der Zuordnung der Sonderzuwendung (Summe aus Zeile 2 und Zeile 3) | 21 600 DM + 6000 DM = 27 600 DM | 27 600 DM |
| 5 | beitragspflichtiger Rahmen für einen Unterschiedsbetrag (Differenz Zeile 1 ./. Zeile 4) | | 11 550 DM |

Die Differenz (Zeile 5) bis zur anteiligen Jahres-BBG/RV für die Altersteilzeitarbeit beträgt 11 550 DM. Mithin kann im Monat November 2001 für die Berechnung der Rentenversicherungsbeiträge sowohl für das laufende Arbeitsentgelt als auch für das anteilige Weihnachtsgeld ein Unterschiedsbetrag von jeweils 2400 DM angesetzt werden.

**Gemeinsames Schreiben** 16   F. Gem. Schreiben d. Spitzenverbände

Ein Unterschiedsbetrag für zusätzliche Rentenversicherungsbeiträge fällt im Rahmen eines Blockmodells dann nicht an, wenn die Einmalzahlung während der Arbeitsphase in vollem Umfang und während der Freistellungsphase überhaupt nicht gezahlt wird. Während in der Arbeitsphase auf Grund der Zahlung und der damit beitragsrechtlichen Erfassung in vollem Umfang kein Grund für die zusätzliche Zahlung von Rentenversicherungsbeiträgen besteht, liegt in der Freistellungsphase ein neues Arbeitsentgelt (ohne Einmalzahlung) vor, sodass sich insoweit kein Unterschiedsbetrag für zusätzliche Rentenversicherungsbeiträge berechnen lässt.

Einmalzahlungen, die arbeitsrechtlich zulässig in jedem Kalendermonat zu einem Zwölftel ausgezahlt werden, verlieren ihren Charakter als Einmalzahlungen. Die entsprechenden Beträge erhöhen das laufende Arbeitsentgelt für die Altersteilzeitarbeit sowie das bisherige Arbeitsentgelt.

### 3.3 März-Klausel

16   Sofern bei krankenversicherungspflichtigen Arbeitnehmern eine im ersten Quartal eines Kalenderjahres gezahlte Sonderzuwendung die anteilige Jahresbeitragsbemessungsgrenze der Krankenversicherung überschreitet, ist die Sonderzuwendung – auch in Bezug auf die Rentenversicherung – nach § 23a Abs. 4 Satz 1 SGB IV dem letzten Entgeltabrechnungszeitraum des Vorjahres zuzuordnen. Bei krankenversicherungsfreien Arbeitnehmern ist auf die anteilige Beitragsbemessungsgrenze der Rentenversicherung abzustellen.

Ist eine Zuordnung der Sonderzuwendung zum letzten Entgeltabrechnungszeitraum des Vorjahres vorzunehmen, gelten die unter Ziffer 3.2 getroffenen Aussagen zur Ermittlung der Mindestbeitragsbemessungsgrundlage für den Unterschiedsbetrag entsprechend, d. h., dass für das laufende bzw. für das einmalig gezahlte Arbeitsentgelt ein Unterschiedsbetrag nur noch insoweit angesetzt werden kann, als für den Zeitraum der Altersteilzeitarbeit die auf 90 v. H. reduzierte anteilige Jahresbeitragsbemessungsgrenze noch nicht erreicht ist. Ist dieser Betrag bereits ausgeschöpft, unterliegt nur der tatsächlich ausgezahlte Betrag der Sonderzuwendung – unter Berücksichtigung von 100 v. H. der anteiligen Jahresbeitragsbemessungsgrenze des Vorjahres – der Beitragspflicht. Die Sonderzuwendung ist so zu verbeitragen, als wäre sie im letzten Entgeltabrechnungszeitraum des Vorjahres, dem sie zuzuordnen ist, gezahlt worden. Ein für den Unterschiedsbetrag für das laufende Arbeitsentgelt allein vom Arbeitgeber getragener Rentenversicherungsbeitrag ist gegebenenfalls zu verrechnen.

**1. Beispiel** (West):

| | |
|---|---|
| Bisheriges Arbeitsentgelt monatlich | 6000 DM |
| Bisherige Sonderzuwendung | 6000 DM |
| Teilzeitarbeitsentgelt monatlich | 3000 DM |
| Teilzeit-Sonderzuwendung im März 2001 | 3000 DM |
| Unterschiedsbetrag (90% des bisherigen Arbeitsentgelts bzw. der monatlichen BBG/RV ./. Teilzeitarbeitsentgelt) | 2400 DM |

Der Arbeitnehmer erhält im Monat März 2001 ein tatsächliches Arbeitsentgelt von 6000 DM; dieser Betrag überschreitet die monatliche BBG/KV (6525 DM) nicht, sodass die Sonderzuwendung dem Monat März 2001 zuzordnen ist.

II. Gem. Schreiben d. Spitzenverbände       16  **Gemeinsames Schreiben**

**2. Beispiel** (West):

| | |
|---|---:|
| Bisheriges Arbeitsentgelt monatlich | 7000 DM |
| Bisherige Sonderzuwendung | 7000 DM |
| Teilzeitarbeitsentgelt monatlich | 3500 DM |
| Teilzeit-Sonderzuwendung im März 2001 | 3500 DM |
| Unterschiedsbetrag (90% des bisherigen Arbeitsentgelts bzw. der monatlichen BBG/RV ./. Teilzeitarbeitsentgelt) | 2800 DM |

Der Arbeitnehmer erhält im Monat März 2001 ein tatsächliches Arbeitsentgelt von 7000 DM; dieser Betrag überschreitet die monatliche BBG/KV (6525 DM). Das tatsächliche Arbeitsentgelt bis zum Monat März 2001 beträgt (4 × 3500 DM =) 14000 DM und überschreitet die anteilige BBG/KV bis März 2001 (3 × 6525 DM = 19575 DM) nicht, sodass die Sonderzuwendung dem Monat März 2001 zuzuordnen ist. Unter Berücksichtigung des unter Ziffer 3.2 beschriebenen Rechenwegs ergibt sich für den Monat März 2001 für die Rentenversicherung folgende Beitragsberechnung:

| | |
|---|---:|
| 90% der anteiligen Jahres-BBG/RV bis März 2001 | 23490 DM |
| ./. verbeitragtes Arbeitsentgelt bis Februar 2001 | |
| Teilzeitarbeitsentgelt (3500 DM × 2 =) | 7000 DM |
| Unterschiedsbetrag (2800 DM × 2 =) | 5600 DM |
| | 12600 DM |
| ./. tatsächliches Arbeitsentgelt für März 2001 | |
| Teilzeitarbeitsentgelt | 3500 DM |
| Teilzeit-Sonderzuwendung | 3500 DM |
| | 7000 DM |
| Differenz | 3890 DM |

Die Differenz bis zur anteiligen Jahres-BBG/RV für die Altersteilzeitarbeit beträgt 3890 DM. Mithin kann im Monat März 2001 für die Berechnung der Rentenversicherungsbeiträge für das laufende Arbeitsentgelt der volle Unterschiedsbetrag von 2800 DM und für die Sonderzuwendung noch ein Unterschiedsbetrag von (3890 DM – 2800 DM =) 1090 DM angesetzt werden.

**3. Beispiel** (West):

| | |
|---|---:|
| Bisheriges Arbeitsentgelt monatlich | 10000 DM |
| Bisherige Sonderzuwendung | 10000 DM |
| Teilzeitarbeitsentgelt monatlich | 5000 DM |
| Teilzeit-Sonderzuwendung im März 2001 | 5000 DM |
| Unterschiedsbetrag (90% des bisherigen Arbeitsentgelts bzw. der monatlichen BBG/RV ./. Teilzeitarbeitsentgelt) | 2830 DM |

Der Arbeitnehmer erhält im Monat März 2001 ein tatsächliches Arbeitsentgelt von 10000 DM; dieser Betrag überschreitet die monatliche BBG/KV (6525 DM). Das tatsächliche Arbeitsentgelt bis zum Monat März 2001 beträgt (4 × 5000 DM =) 20000 DM und überschreitet die anteilige BBG/KV bis März 2001 (3 × 6525 DM = 19575 DM), sodass die Sonderzuwendung dem Monat Dezember 2000 zuzuordnen ist. Für den Monat März ist für die Ermittlung der zusätzlichen Rentenversicherungsbeiträge ausschließlich das laufende Arbeitsentgelt aus der Altersteilzeitarbeit zu Grunde zu legen. Unter Berücksichtigung des unter Ziffer 3.2 beschriebenen Rechenwegs ergibt sich für den Monat Dezember 2000 für die Rentenversicherung folgende Beitragsberechnung:

**Gemeinsames Schreiben** 16   F. Gem. Schreiben d. Spitzenverbände

| | |
|---|---:|
| 90% der (anteiligen) Jahres-BBG/RV | 92 880 DM |
| ./. verbeitragtes Arbeitsentgelt bis November 2000 | |
| Teilzeitarbeitsentgelt (5000 DM × 11 =) | 55 000 DM |
| Unterschiedsbetrag (2740 DM × 11 =) | 30 140 DM |
| | 85 140 DM |
| ./. tatsächliches Arbeitsentgelt für Dezember 2000 | |
| Teilzeitarbeitsentgelt | 5 000 DM |
| Teilzeit-Sonderzuwendung | 5 000 DM |
| | 10 000 DM |
| Differenz | 0 DM |

Die Differenz bis zur anteiligen Jahres-BBG/RV für die Altersteilzeitarbeit beträgt 0 DM, sodass weder für das laufende Arbeitsentgelt (für den Monat Dezember 2000) noch für die Sonderzuwendung ein Unterschiedsbetrag angesetzt werden kann. Die Sonderzuwendung von 5000 DM unterliegt jedoch in voller Höhe der Beitragspflicht zur Rentenversicherung, denn die Differenz zur (100%igen) Jahres-BBG/RV beträgt 13 060 DM:

| | |
|---|---:|
| (anteilige) Jahres-BBG/RV bis Dezember 2000 | 103 200 DM |
| ./. verbeitragtes Arbeitsentgelt | |
| bis November 2000 (11 × 7740 DM =) | 85 140 DM |
| laufendes Arbeitsentgelt für Dezember 2000 | 5 000 DM |
| | 90 140 DM |
| Differenz | 13 060 DM |

Die für den Unterschiedsbetrag für das laufende Arbeitsentgelt im Dezember 2000 allein vom Arbeitgeber getragenen Rentenversicherungsbeiträge (19,3% von [7740 DM ./. 5000 DM =] 2740 DM = 528,82 DM) sind mit den Arbeitgeberbeitragsanteilen für das tatsächliche Arbeitsentgelt zu verrechnen.

Die Regelung des § 23a Abs. 4 SGB IV findet auch Anwendung, wenn im Vorjahr bei demselben Arbeitgeber noch keine Altersteilzeitarbeit bestanden hat. Dies hat dann zur Folge, dass für die Sonderzuwendung kein Unterschiedsbetrag zu berücksichtigen ist.

Eine Zuordnung zum letzten Entgeltabrechnungszeitraum des Vorjahres ist auch dann vorzunehmen, wenn im ersten Quartal eines Kalenderjahres in einem Entgeltabrechnungszeitraum sowohl eine anteilige als auch eine in vollem Umfang gezahlte Sonderzuwendung anfallen, und ggf. erst bei der Beitragsberechnung nach § 23a SGB IV für die anteilige und die 100%ige Sonderzuwendung wegen der Berücksichtigung des Unterschiedsbetrags für das laufende Arbeitsentgelt und die anteilige Einmalzahlung die anteilige Jahresbeitragsbemessungsgrenze überschritten wird. In diesem Fall sind alle Sonderzuwendungen dieses Entgeltabrechnungszeitraums dem letzten Entgeltabrechnungszeitraum des Vorjahres zuzuordnen. Im laufenden Monat ergibt sich ein Unterschiedsbetrag für den zusätzlichen Rentenversicherungsbeitrag nur für das laufende Arbeitsentgelt.

In den Fällen, in denen in mehreren Entgeltabrechnungszeiträumen des ersten Quartals Sonderzuwendungen anfallen und die erste Sonderzuwendung im laufenden Kalenderjahr beitragsmäßig noch in voller Höhe erfasst werden kann, die zweite Sonderzuwendung dagegen nicht mehr, ist die erste Sonderzuwendung nicht nachträglich dem Vorjahr zuzurechnen. Die für einen Entgeltabrechnungszeitraum getroffene Entscheidung über die beitrags-

II. Gem. Schreiben d. Spitzenverbände     **16 Gemeinsames Schreiben**

rechtliche Zuordnung einer Sonderzuwendung zum laufenden Kalenderjahr soll nicht nachträglich verändert werden.

### 4. Beispiel (West)

| | | |
|---|---|---|
| Bisheriges Arbeitsentgelt monatlich | | 10 000 DM |
| Bisherige Sonderzuwendungen | 1. | 2 000 DM |
| | 2. | 10 000 DM |
| Teilzeitarbeitsentgelt monatlich | | 5 000 DM |
| 1. Teilzeit-Sonderzuwendung im Januar 2001 | | 1 000 DM |
| 2. Teilzeit-Sonderzuwendung im März 2001 | | 5 000 DM |
| Unterschiedsbetrag (90% des bisherigen Arbeitsentgelts bzw. der monatlichen BBG/RV ./. Teilzeitarbeitsentgelt) | | 2 830 DM |

Der Arbeitnehmer erhält im Monat Januar 2001 ein tatsächliches Arbeitsentgelt von 6000 DM; dieser Betrag überschreitet die monatliche BBG/KV (6525 DM) nicht. Im Monat März 2001 erhält der Arbeitnehmer ein tatsächliches Arbeitsentgelt von 10 000 DM; dieser Betrag überschreitet die monatliche BBG/KV (6525 DM). Das tatsächliche Arbeitsentgelt bis zum Monat März 2001 beträgt (4 × 5000 DM + 1000 DM =) 21 000 DM und überschreitet die anteilige BBG/KV bis März 2001 (3 × 6525 DM = 19 575 DM), sodass die Sonderzuwendung im Monat März 2001 dem Monat Dezember 2000 zuzuordnen ist. Für den Monat März ist für die Ermittlung der zusätzlichen Rentenversicherungsbeiträge ausschließlich das laufende Arbeitsentgelt aus der Altersteilzeitarbeit zu Grunde zu legen; die Sonderzuwendung im Monat Januar 2001 wird nicht dem Monat Dezember 2000 zugeordnet. Unter Berücksichtigung des unter Ziffer 3.2 beschriebenen Rechenwegs ergibt sich für den Monat Dezember 2000 für die Rentenversicherung folgende Beitragsberechnung:

| | |
|---|---|
| 90% der (anteiligen) Jahres-BBG/RV | 92 880 DM |
| ./. verbeitragtes Arbeitsentgelt bis November 2000 | |
|     Teilzeitarbeitsentgelt (5000 DM × 11 =) | 55 000 DM |
|     Unterschiedsbetrag (2740 DM × 11 =) | 30 140 DM |
| | 85 140 DM |
| ./. tatsächliches Arbeitsentgelt für Dezember 2000 | |
|     Teilzeitarbeitsentgelt | 5 000 DM |
|     Teilzeit-Sonderzuwendung | 5 000 DM |
| | 10 000 DM |
| Differenz | 0 DM |

Die Differenz bis zur anteiligen Jahres-BBG/RV für die Altersteilzeitarbeit beträgt 0 DM, sodass weder für das laufende Arbeitsentgelt (für den Monat Dezember 2000) noch für die Sonderzuwendung ein Unterschiedsbetrag angesetzt werden kann. Die Sonderzuwendung von 5000 DM unterliegt jedoch in voller Höhe der Beitragspflicht zur Rentenversicherung, denn die Differenz zur (100%igen) Jahres-BBG/RV beträgt 13 060 DM:

| | |
|---|---|
| (anteilige) Jahres-BBG/RV bis Dezember 2000 | 103 200 DM |
| ./. verbeitragtes Arbeitsentgelt | |
|     bis November 2000 (11 × 7740 DM =) | 85 140 DM |
|     laufendes Arbeitsentgelt für Dezember 2000 | 5 000 DM |
| | 90 140 DM |
| Differenz | 13 060 DM |

Die für den Unterschiedsbetrag für das laufende Arbeitsentgelt im Dezember 2000 allein vom Arbeitgeber getragenen Rentenversicherungsbeiträge (19,3% von [7740 DM ./. 5000 DM =] 2740 DM = 528,82 DM) sind mit den Arbeitgeberbeitragsanteilen für das tatsächliche Arbeitsentgelt zu verrechnen.

**Gemeinsames Schreiben** 17  F. Gem. Schreiben d. Spitzenverbände

### 3.4 Bezug von Entgeltersatzleistungen

17  Solange für einen Arbeitnehmer bei Arbeitsunfähigkeit oder Leistungen zur medizinischen Rehabilitation Anspruch auf Fortzahlung des Arbeitsentgelts besteht und demzufolge ein versicherungspflichtiges Beschäftigungsverhältnis nach § 7 Abs. 1 SGB IV vorliegt, hat der Arbeitgeber neben dem nach § 3 EFZG fortzuzahlenden Arbeitsentgelt den Aufstockungsbetrag nach § 3 Abs. 1 Nr. 1 Buchst. a AtG sowie Rentenversicherungsbeiträge für den Unterschiedsbetrag nach § 163 Abs. 5 SGB VI (vgl. Ausführungen zu Ziffer 3.1.3) zu zahlen. Nach Ablauf des Anspruchs auf Entgeltfortzahlung erhält der Arbeitnehmer die entsprechende Entgeltersatzleistung (Krankengeld, Versorgungskrankengeld, Verletztengeld oder Übergangsgeld) oder ein Krankentagegeld von einem privaten Krankenversicherungsunternehmen. Berechnungsbasis für die Entgeltersatzleistung ist das Arbeitsentgelt, das der Arbeitnehmer vor Beginn der Arbeitsunfähigkeit bzw. vor Beginn der medizinischen Rehabilitation erzielt hat. Die bis zum Ablauf der Entgeltfortzahlung vom Arbeitgeber erbrachten Leistungen (Aufstockungsbetrag, Rentenversicherungsbeiträge für den Unterschiedsbetrag) werden nach § 10 Abs. 2 AtG für die Dauer des Bezugs der Entgeltersatzleistung, der ausschließlich die Altersteilzeitarbeit zu Grunde liegt, oder des Krankentagegeldes von einem privaten Krankenversicherungsunternehmen von der Bundesanstalt für Arbeit erbracht, wenn die Bundesanstalt für Arbeit dem Arbeitgeber diese Leistungen nach § 4 AtG erstattet. Im Übrigen (z. B. bei fehlender Wiederbesetzung) kann der Arbeitgeber – ohne hierzu verpflichtet zu sein – diese Leistungen weiterhin erbringen, damit auch in diesen Zeiten der Arbeitsunfähigkeit nach Ablauf der Entgeltfortzahlung Altersteilzeitarbeit im Sinne des Sozialversicherungsrechts vorliegt.

Altersteilzeitarbeit kann nicht beginnen, wenn zu Beginn der vereinbarten Altersteilzeitarbeit eine Entgeltersatzleistung bezogen wird, die noch aus dem bisherigen (vollen) Arbeitsentgelt berechnet ist.

Zusätzliche Beiträge zur Rentenversicherung aus dem Unterschiedsbetrag (vgl. Ausführungen zu Ziffer 3.1.3) können nach § 163 Abs. 5 Satz 3 SGB VI allerdings nur dann rechtmäßig gezahlt werden, wenn und soweit entweder für die Zeit des Bezugs der o. a. Entgeltersatzleistungen kraft Gesetzes (§ 3 Satz 1 Nr. 3 SGB VI) oder für die Zeit des Krankentagegeldbezugs während einer Arbeitsunfähigkeit/Rehabilitation auf Antrag (§ 4 Abs. 3 Satz 1 Nr. 2 SGB VI) Rentenversicherungspflicht besteht.

Die Antragspflichtversicherung beginnt mit Beginn der Arbeitsunfähigkeit/Rehabilitation, wenn der Antrag vom Versicherten innerhalb von drei Monaten danach beim Rentenversicherungsträger gestellt wird, andernfalls mit dem Tag, der dem Eingang des Antrags folgt, frühestens mit Ende der Versicherungspflicht auf Grund der vorherigen Beschäftigung (§ 4 Abs. 4 Satz 1 Nr. 2 SGB VI).

Der Antragspflichtversicherung ist als beitragspflichtige Einnahme 80 v. H. des zuletzt für einen vollen Kalendermonat versicherten tatsächlichen Arbeitsentgelts aus der Altersteilzeitarbeit zu Grunde zu legen (§ 166 Abs. 1 Nr. 5 SGB VI). Die Beiträge sind vom Versicherten selbst zu tragen (§ 170 Abs. 1 Nr. 5 SGB VI).

II. Gem. Schreiben d. Spitzenverbände   **18 Gemeinsames Schreiben**

Besteht in der Freistellungsphase einer Altersteilzeitarbeit im Blockmodell Arbeitsunfähigkeit, ruht der Anspruch auf Krankengeld, soweit und solange für Zeiten einer Freistellung von der Arbeitsleistung eine Arbeitsleistung nicht geschuldet wird (§ 49 Abs. 1 Nr. 6 SGB V). Versicherungspflicht besteht somit auf Grund einer Beschäftigung gegen Arbeitsentgelt nach § 7 Abs. 1a SGB IV auch während dieser Zeit. Reicht das Wertguthaben zur Finanzierung der gesamten Freistellungsphase nicht aus, wird von den Krankenkassen zunächst für die weitere Dauer der Arbeitsunfähigkeit Krankengeld gezahlt. Das Ruhen des Krankengeldanspruchs beginnt erst mit dem Zeitpunkt, von dem an das Wertguthaben ausreichend hoch ist, das vereinbarte Arbeitsentgelt bis zum vereinbarungsgemäßen Ende der Freistellungsphase zahlen zu können.

### 3.5 Kurzarbeitergeld/Winterausfallgeld

Die Regelung des § 163 Abs. 5 SGB VI über die Zugrundelegung eines Unterschiedsbetrags in der Rentenversicherung im Falle von Altersteilzeitarbeit wird nicht dadurch berührt, dass die Arbeit infolge Kurzarbeit oder schlechten Wetters ganz oder teilweise ausfällt. In diesen Fällen gilt nach ausdrücklicher Bestimmung in § 10 Abs. 4 AtG das Entgelt für die vereinbarte Arbeitszeit als Arbeitsentgelt für die Altersteilzeitarbeit.

Anders als bei einem Bezug von Entgeltersatzleistungen oder Krankentagegeld in § 10 Abs. 2 AtG (vgl. Ausführungen zu Ziffer 3.4) sieht § 10 Abs. 4 AtG allerdings nicht vor, dass die Bundesanstalt für Arbeit an Stelle des Arbeitgebers die Leistungen nach § 3 Abs. 1 Nr. 1 AtG übernimmt.

**Beispiel:** Ein Arbeitnehmer in den alten Bundesländern mit einem bisherigen Arbeitsentgelt von monatlich 5600 DM leistet Altersteilzeitarbeit und erhält hierfür ein Arbeitsentgelt von monatlich 2800 DM. Infolge Kurzarbeit fällt die Hälfte der Altersteilzeitarbeit aus, sodass sich sein Arbeitsentgelt für die Altersteilzeit auf 1400 DM reduziert. Der Unterschiedsbetrag zwischen Sollentgelt und Istentgelt beträgt ebenfalls 1400 DM.

| Beitragspflichtiges Arbeitsentgelt | KV/PV | RV | ArblV |
|---|---|---|---|
| Arbeitsentgelt für Altersteilzeitarbeit | 1400 DM | 1400 DM | 1400 DM |
| fiktives Arbeitsentgelt nach § 232a Abs. 2 SGB V und § 163 Abs. 6 SGB VI (80% von 1400 DM =) | 1120 DM | 1120 DM | – |
| Unterschiedsbetrag nach § 163 Abs. 5 Satz 1 SGB VI (90% von 5600 DM = 5040 DM – 2800 DM =) | – | 2240 DM | – |
| | 2520 DM | 4760 DM | 1400 DM |

Da § 10 Abs. 4 AtG nicht zwischen konjunktureller oder struktureller Kurzarbeit unterscheidet, können Arbeitnehmer in Altersteilzeitarbeit auch von struktureller Kurzarbeit (§ 175 Abs. 1 SGB III) betroffen sein. Voraussetzung für das Vorliegen von Altersteilzeitarbeit ist, dass der Altersteilzeitarbeitsvertrag noch mit dem bisherigen Arbeitgeber abgeschlossen wurde und der strukturelle Arbeitsausfall im Zeitpunkt des Vertragsabschlusses nicht vorhersehbar war. Außerdem muss die zulässige Verteilung der Arbeitszeit im Rahmen eines über drei Jahre andauernden Blockmodells (§ 2 Abs. 2

**Gemeinsames Schreiben** 19, 20 F. Gem. Schreiben d. Spitzenverbände

Satz 1 in Verb. mit Abs. 1 Nr. 2 AtG) nicht nur bei Vertragsabschluss, sondern für die Gesamtdauer der Altersteilzeitarbeit vorliegen.

### 3.6 Abfindungen

19 Abfindungen aus Anlass der Beendigung des Altersteilzeitverhältnisses (z. B. zum Ausgleich einer Rentenminderung bei vorzeitiger Inanspruchnahme einer Altersrente) sind als Abfindungen für den Verlust des Arbeitsplatzes im Sinne der Rechtsprechung des Bundessozialgerichts vom 21. Februar 1990, 12 RK 20/88 (USK 9010), anzusehen und gehören damit nicht zum Arbeitsentgelt im Sinne der Sozialversicherung.

### 3.7 Fälligkeit der Beiträge

20 Nach § 23 Abs. 1 Satz 2 SGB IV werden die nach dem Arbeitsentgelt bemessenen Beiträge spätestens am Fünfzehnten des Monats fällig, der dem Monat folgt, in dem die Beschäftigung, mit der das Arbeitsentgelt erzielt wird, ausgeübt worden ist oder als ausgeübt gilt. Abweichend hiervon sind die Beiträge nach § 23 Abs. 1 Satz 3 SGB IV spätestens am Fünfundzwanzigsten des Monats fällig, in dem die Beschäftigung, mit der das Arbeitsentgelt erzielt wird, ausgeübt worden ist oder als ausgeübt gilt, wenn das Arbeitsentgelt bis zum Fünfzehnten dieses Monats fällig ist; fällt der Fünfundzwanzigste eines Monats nicht auf einen Arbeitstag, werden die Beiträge am letzten banküblichen Arbeitstag davor fällig. Nach § 23 b Abs. 1 Satz 1 SGB IV ist bei Vereinbarungen nach § 7 Abs. 1 a SGB IV für Zeiten der tatsächlichen Arbeitsleistung und der Freistellung das in dem jeweiligen Zeitraum fällige Arbeitsentgelt als Arbeitsentgelt im Sinne des § 23 Abs. 1 SGB IV maßgebend. Dies bedeutet, dass die Beiträge jeweils spätestens am Fünfundzwanzigsten des laufenden Monats bzw. am Fünfzehnten des Monats, der dem Monat folgt, für den das Arbeitsentgelt gezahlt wird, fällig werden.

Zusätzliche Rentenversicherungsbeiträge für Zeiten der Arbeitsunfähigkeit, die der Arbeitgeber an Stelle der Bundesanstalt für Arbeit zahlt (vgl. Ausführungen zu Ziffer 3.4), werden grundsätzlich ebenfalls in Anwendung des § 23 Abs. 1 Satz 2 und 3 SGB IV fällig. Sie sind in den Beitragsnachweis des Monats aufzunehmen, für den sie gezahlt werden.

In den Fällen, in denen bei einem Blockmodell eine ursprünglich vorgesehene Wiederbesetzung des Arbeitsplatzes nicht erfolgen kann und der Arbeitgeber – ohne hierzu verpflichtet zu sein – die Zahlung der zusätzlichen Rentenversicherungsbeiträge für Zeiten der Arbeitsunfähigkeit nach der Entgeltfortzahlung übernimmt, sind diese Beiträge von ihm unverzüglich nachzuzahlen, sobald ihm bekannt wird, dass es zu der vorgesehenen Wiederbesetzung nicht kommt; spätestens sind sie zu Beginn der Freistellungsphase fällig. Ggf. ist der Beitragsnachweis bei Zuordnung zu bereits abgelaufenen Kalenderjahren zu korrigieren. Die Zahlung der steuer- und beitragsfreien Aufstockungsbeträge nach § 3 Abs. 1 Nr. 1 Buchst. a AtG während einer Arbeitsphase durch den Arbeitgeber begründet in diesen Fällen keine zeitgleiche Fälligkeit zusätzlicher Rentenversicherungsbeiträge aus dem Unterschiedsbetrag, wenn der Arbeitnehmer im Hinblick auf die ursprünglich vorgesehene Wiederbesetzung des Arbeitsplatzes seinen diesbezüglichen Anspruch gegen die Bundesanstalt für Arbeit an den Arbeitgeber abtritt.

### 3.8 Beitragsverfahren für Störfälle

#### 3.8.1 Gesetzliche Grundlage

Für den Fall, dass es bei Altersteilzeitarbeit im Blockmodell zu einer vorzeitigen Beendigung der Altersteilzeitvereinbarung (sog. Störfall wie z. B. Tod, Auflösung des Arbeitsverhältnisses o. ä.) kommt, sieht § 10 Abs. 5 AtG für den Bereich der Rentenversicherung einerseits sowie für die Bereiche der Kranken-, Pflege- und Arbeitslosenversicherung andererseits eine unterschiedliche beitragsrechtliche Behandlung des Wertguthabens vor. Da in der Phase der Arbeitsleistung bereits Rentenversicherungsbeiträge von mindestens 90 v. H. (auf Grund vertraglicher Vereinbarung eventuell auch höher) des bisherigen Arbeitsentgelts bzw. der Beitragsbemessungsgrenze der Rentenversicherung gezahlt worden sind, gilt nach § 10 Abs. 5 Satz 1 erster Halbsatz AtG im Störfall nur noch die Differenz bis zu 100 v. H. des bis zum Störfall erarbeiteten bisherigen Arbeitsentgelts bzw. bis zur Beitragsbemessungsgrenze als beitragspflichtige Einnahme aus dem Wertguthaben. Für die Berechnung der Beiträge zur Kranken-, Pflege- und Arbeitslosenversicherung gilt hingegen nach § 10 Abs. 5 Satz 1 zweiter Halbsatz AtG § 23b Abs. 2 und 3 SGB IV.

#### 3.8.2 Beitragsverfahren

Für den bereits abgelaufenen Zeitraum der Altersteilzeitbeschäftigung bleibt es bei der bisherigen beitragsrechtlichen Behandlung des Arbeitsentgelts aus der Altersteilzeitarbeit sowie des Aufstockungsbetrages und der zusätzlichen Rentenversicherungsbeiträge aus dem Unterschiedsbetrag. Das gilt selbst dann, wenn die vereinbarte Altersteilzeitarbeit im Blockmodell noch während der Arbeitsphase endet, ohne dass es zu einer Freistellung von der Arbeitsleistung und damit im Durchschnitt gesehen zu einer Reduzierung der bisherigen wöchentlichen Arbeitszeit gekommen ist und arbeitsrechtlich eine Minderung des Wertguthabens vorgenommen wird.

Eine Rückrechnung ist nicht zulässig. Das Wertguthaben ist grundsätzlich auch nicht als Einmalzahlung (§ 23a SGB IV) zu behandeln. Eine Besonderheit kann nach § 23b Abs. 3 SGB IV nur für Wertguthaben gelten, die vor dem 1. Januar 2001 erzielt wurden. Können für diese Wertguthaben nachträglich keine besonderen Bewertungen erfolgen, gilt im Störfall das Wertguthaben beitragsrechtlich als Einmalzahlung. Da die für die Beitragsberechnung aus Wertguthaben erforderliche SV-Luft nur im Rahmen der maschinellen Möglichkeiten des Arbeitgebers – also im Rahmen der Rückrechnungstiefe der Entgeltabrechnungssoftware –, mindestens jedoch seit dem 1. Januar 2000 festzustellen ist, gelten nur die Wertguthaben für die nicht im Rahmen der Rückrechnungstiefe erfassten Zeiten vor dem 1. Januar 2000 beitragsrechtlich als Einmalzahlung.

Für den Fall, dass das Wertguthaben nicht wie vereinbart für eine laufende Freistellung von der Arbeit verwendet wird (Störfall), sieht § 23b Abs. 2

**Gemeinsames Schreiben** 22    F. Gem. Schreiben d. Spitzenverbände

SGB IV für die Kranken-, Pflege- und Arbeitslosenversicherung und § 10 Abs. 5 AtG für die Rentenversicherung für Störfälle, die seit dem 1. Januar 2001 eintreten, ein besonderes Beitragsberechnungsverfahren vor.

Für die Kranken-, Pflege- und Arbeitslosenversicherung gilt in einem Störfall als beitragspflichtiges Arbeitsentgelt das Wertguthaben, höchstens jedoch die Differenz zwischen der für die Dauer der Arbeitsphase seit der ersten Bildung des Wertguthabens maßgebenden Beitragsbemessungsgrenze für den jeweiligen Versicherungszweig und dem in dieser Zeit beitragspflichtigen Arbeitsentgelt (sog. Summenfelder-Modell).

Die sich aus dem Summenfelder-Modell ergebenden Beitragsbemessungsgrundlagen sind bereits während der Arbeitsphase einer diskontinuierlichen Altersteilzeitarbeit (z. B. im Blockmodell) in der Entgeltabrechnung (Entgeltkonto) mindestens kalenderjährlich darzustellen. Dies sind die (Gesamt-)-Differenzen zwischen dem beitragspflichtigen Arbeitsentgelt und der Beitragsbemessungsgrenze des jeweiligen Versicherungszweiges (SV-Luft) für die Dauer der Arbeitsphase seit der erstmaligen Bildung des Wertguthabens. Für die Freistellungsphase ist keine weitere SV-Luft zu bilden. Die SV-Luft ist zu reduzieren, soweit sie den Betrag des (Rest-)Wertguthabens nicht unterschreitet (siehe Abschnitt II Ziffer 3.2.1 des Gemeinsamen Rundschreibens vom 7. Februar 2001).

In der Rentenversicherung ist für eine im Blockmodell ausgeübte Altersteilzeitarbeit für die Dauer der Altersteilzeitarbeit bis zum Eintritt des Störfalls die Differenz zwischen dem bisherigen laufenden Arbeitsentgelt (§ 6 Abs. 1 AtG) und dem laufenden Arbeitsentgelt für die Altersteilzeitarbeit einschließlich des Unterschiedsbetrags (dem Arbeitsentgelt, von dem tatsächlich Beiträge zur Rentenversicherung entrichtet wurden) als SV-Luft auszuweisen. Die Feststellung erfolgt – anders als in den übrigen Sozialversicherungszweigen – für die Zeit vom Beginn der Altersteilzeitarbeit bis zum Eintritt des Störfalls und berücksichtigt auch die Zeiten der Freistellung von der Arbeitsleistung (vgl. Beispiel 1). Einmalzahlungen mindern, soweit sie zur Beitragsberechnung herangezogen werden, die SV-Luft des Jahres, dem sie beitragsrechtlich zugeordnet werden. Gleiches gilt für die auf Einmalzahlungen entfallenden Unterschiedsbeträge für zusätzliche Rentenversicherungsbeiträge (vgl. Beispiel 2). Sollte der beitragspflichtige Teil der Einmalzahlung einschließlich des Unterschiedsbetrags höher sein, als die für dieses Kalenderjahr (ggf. für das Kalenderjahr der Zuordnung der Einmalzahlung) zu bildende SV-Luft, ist die SV-Luft für dieses Kalenderjahr auf 0 zu reduzieren.

Wertguthaben, die auf Grund einer Vereinbarung nach § 7 Abs. 1a SGB IV bereits vor der Altersteilzeitarbeit erzielt wurden, können für die Altersteilzeitarbeit zur Verkürzung der Arbeitsphase verwendet werden (vgl. Ziffer 2.1.3). Mit dem Übergang in die Altersteilzeitarbeit wird die bisher festgestellte SV-Luft in allen Versicherungszweigen übernommen und fortgeführt (vgl. Beispiel 3).

Im Falle der Insolvenz des Arbeitgebers stellt der im Störfall beitragspflichtige Teil des Wertguthabens nur insoweit beitragspflichtiges Arbeitsentgelt dar, als hiervon tatsächlich Beiträge entrichtet werden. Ist das Arbeitsentgelt also für den Fall der Insolvenz nicht oder nicht vollständig gesichert, stellt es kein oder nur teilweise beitragspflichtiges Arbeitsentgelt dar.

II. Gem. Schreiben d. Spitzenverbände  **22 Gemeinsames Schreiben**

Die Berechnung der Beiträge aus laufendem sowie einmalig gezahltem Arbeitsentgelt (§ 23a SGB IV) geht jeweils der Beitragsberechnung nach § 23b Abs. 2 SGB IV und § 10 Abs. 5 AtG vor. Tritt in einem Abrechnungszeitraum, in dem eine Einmalzahlung gezahlt wird, ein Störfall ein, erfolgt zuerst die Berechnung der Beiträge aus dem tatsächlichen Arbeitsentgelt (laufendes und einmalig gezahltes Arbeitsentgelt). Anschließend sind der beitragspflichtige Teil des Wertguthabens sowie die darauf entfallenden Beiträge zu ermitteln.

**Beispiel 1:** Der Arbeitgeber stellt jährlich die SV-Luft für den einzelnen Versicherungszweig fest. Die Bewertung des Wertguthabens erfolgt anlässlich eines Störfalls am 31. 12. 2002.

| | |
|---|---:|
| Beginn der Altersteilzeitarbeit (Bildung des Wertguthabens) | 1. 3. 2001 |
| Arbeitsphase | 1. 3. 2001–28. 2. 2002 |
| Freistellungsphase | 1. 3. 2002–28. 2. 2003 |
| 2001 | |
| Bisheriges Arbeitsentgelt | 6000 DM |
| | 3000 DM |
| Arbeitsentgelt für die Altersteilzeitarbeit | 2400 DM |
| Unterschiedsbetrag | |
| (Differenz zwischen 90 v. H. des bisherigen Arbeitsentgelts | |
| und dem Arbeitsentgelt für die Altersteilzeitarbeit) | |
| Wertguthaben am 31. 12. 2001 | 30000 DM |
| Feststellung der SV-Luft | |
| Berechnung der anteiligen Beitragsbemessungsgrenze (BBG) | |
| für die Zeit vom 1. 3. 2001 bis 31. 12. 2001 | |
| BBG Krankenversicherung/Pflegeversicherung | 65250 DM |
| beitragspflichtiges Arbeitsentgelt 03/2001 bis 12/2001 | 30000 DM |
| SV-Luft | 35250 DM |
| BBG Arbeitslosenversicherung | 87000 DM |
| beitragspflichtiges Arbeitsentgelt 03/2001 bis 12/2001 | 30000 DM |
| SV-Luft | 57000 DM |
| Rentenversicherung | |
| Differenz zwischen bisherigem Arbeitsentgelt (= 6000 DM) | |
| und dem Arbeitsentgelt für die Altersteilzeitarbeit einschließlich | |
| des Unterschiedsbetrags (= 5400 DM) für die Monate 03/2001 | |
| bis 12/2001 (600 DM × 10 Monate) | 6000 DM |
| Die Feststellungen für das Jahr 2001 sind wie folgt darzustellen: | |
| Gesamtwertguthaben (in den Lohnunterlagen) | 30000 DM |
| SV-Luft in der Entgeltabrechnung: | |
| Krankenversicherung | 35250 DM |
| Rentenversicherung | 6000 DM |
| Arbeitslosenversicherung | 57000 DM |
| Pflegeversicherung | 35250 DM |
| 2002 | |
| Bisheriges Arbeitsentgelt | 6000 DM |
| Arbeitsentgelt für die Altersteilzeitarbeit | 3000 DM |
| Unterschiedsbetrag | 2400 DM |
| (Differenz zwischen 90 v. H. des bisherigen Arbeitsentgelts | |
| und dem Arbeitsentgelt für die Altersteilzeitarbeit) | |

# Gemeinsames Schreiben 22  F. Gem. Schreiben d. Spitzenverbände

| | |
|---|---:|
| Wertguthaben am 31. 12. 2001 <br> (30 000 DM + 6000 DM abzgl. 30 000 DM) | 6000 DM |

Feststellung der SV-Luft
Berechnung der anteiligen Beitragsbemessungsgrenze (BBG)
in der Kranken-, Pflege- und Arbeitslosenversicherung für
die Zeit vom 1. 1. 2002 bis 28. 2. 2002 (Ende der Arbeitsphase)
(Es wird im Jahr 2002 eine Steigerung der Beitragsbemessungsgrenze
der Rentenversicherung um mtl. 100 DM* gegenüber 2001 unterstellt)

| | |
|---|---:|
| BBG Krankenversicherung/Pflegeversicherung | 13 200 DM |
| beitragspflichtiges Arbeitsentgelt 01/2002 bis 02/2002 | 6 000 DM |
| SV-Luft | 7 200 DM |
| BBG Arbeitslosenversicherung | 17 600 DM |
| beitragspflichtiges Arbeitsentgelt 01/2002 bis 02/2002 | 6 000 DM |
| SV-Luft | 11 600 DM |
| Rentenversicherung <br> Differenz zwischen bisherigem Arbeitsentgelt (= 6000 DM) und dem Arbeitsentgelt für die Altersteilzeitarbeit einschließlich des Unterschiedsbetrages (= 5400 DM) für die Monate 01/2002 bis 12/2002 (bis Störfall) 600 DM × 12 Monate | 7 200 DM |

Die Feststellungen für das Jahr 2002 sind wie folgt darzustellen:

| | |
|---|---:|
| Gesamtwertguthaben (in den Lohnunterlagen) <br> (Übertrag: 1. 3. 2001 bis 31. 12. 2001 = 30 000 DM <br> Aufbau: 1. 1. 2002 bis 28. 2. 2002 = 6 000 DM <br> Abbau: 1. 3. 2002 bis 31. 12. 2002 = 30 000 DM) | 6 000 DM |

SV-Luft in der Entgeltabrechnung:

| | |
|---|---:|
| Krankenversicherung <br> (35 250 DM + 7200 DM abzgl. 30 000 DM) | 12 450 DM |
| Rentenversicherung <br> (6000 DM + 7200 DM) | 13 200 DM |
| Arbeitslosenversicherung <br> (57 000 DM + 11 600 DM abzgl. 30 000 DM) | 38 600 DM |
| Pflegeversicherung <br> (35 250 DM + 7200 DM abzgl. 30 000 DM) | 12 450 DM |

Feststellung des beitragspflichtigen Wertguthabens zum Störfall am 31. 12. 2002

| | |
|---|---:|
| SV-Luft Krankenversicherung/Pflegeversicherung | 12 450 DM |
| Wertguthaben | 6 000 DM |
| beitragspflichtiges Wertguthaben | 6 000 DM |
| SV-Luft Arbeitslosenversicherung | 38 600 DM |
| Wertguthaben | 6 000 DM |
| beitragspflichtiges Wertguthaben | 6 000 DM |
| SV-Luft Rentenversicherung | 13 200 DM |
| Wertguthaben | 6 000 DM |
| beitragspflichtiges Wertguthaben | 6 000 DM |

---

* Zur besseren Darstellung werden auch die im Jahr 2002 erzielten Arbeitsentgelte in DM angegeben. Die Umrechnung der in DM geführten Wertguthaben sowie der jeweiligen SV-Luft in EUR hat mit Stand 31. Dezember 2001 zum 1. Januar 2002 mit dem Faktor 1,95583 zu erfolgen.

II. Gem. Schreiben d. Spitzenverbände 22 **Gemeinsames Schreiben**

Bei Eintritt des Störfalls am 31. Dezember 2002 ist in allen Zweigen der Sozialversicherung das verbliebene Wertguthaben in Höhe von 6000 DM als beitragspflichtiges Arbeitsentgelt zu berücksichtigen, weil die SV-Luft nicht überschritten wird.

**Beispiel 2:**

| | |
|---|---:|
| Altersteilzeitarbeit im Blockmodell seit | 1. 7. 2001 |
| Bisheriges Arbeitsentgelt | 6 000 DM |
| Arbeitsentgelt für die Altersteilzeitarbeit | 3 000 DM |
| Unterschiedsbetrag | 2 400 DM |
| (90 v. H. von 6000 DM abzgl. 3000 DM) | |
| Bisheriges Weihnachtsgeld | 10 000 DM |
| Weihnachtsgeld für die Altersteilzeitarbeit (November 2001) | 5 000 DM |
| SV-Luft für die Zeit von 07/2001 bis 10/2001 | |
| BBG Krankenversicherung/Pflegeversicherung | 26 100 DM |
| beitragspflichtiges Arbeitsentgelt | 12 000 DM |
| SV-Luft | 14 100 DM |
| BBG Arbeitslosenversicherung | 34 800 DM |
| beitragspflichtiges Arbeitsentgelt | 12 000 DM |
| SV-Luft | 22 800 DM |
| Rentenversicherung | |
| Differenz zwischen bisherigem Arbeitsentgelt (max. BBG Rentenversicherung) und Arbeitsentgelt für die Altersteilzeitarbeit einschl. Unterschiedsbetrag | 2400 DM |
| (6000 DM abzgl. 5400 DM = 600 DM × 4) | |
| Feststellung des beitragspflichtigen Teils der Einmalzahlung | |
| Krankenversicherung/Pflegeversicherung | |
| BBG 01/2001 bis 11/2001 | 71 775 DM |
| abzgl. | |
| beitragspflichtiges Arbeitsentgelt 01/2001 bis 10/2001 | – 48 000 DM |
| (6 × 6000 DM + 4 × 3000 DM) | |
| beitragspflichtiges laufendes Arbeitsentgelt 11/2001 | – 3 000 DM |
| Differenz bis zur anteiligen Beitragsbemessungsgrenze | 20 775 DM |
| Einmalzahlung | 5 000 DM |
| beitragspflichtige Einmalzahlung | 5 000 DM |
| Arbeitslosenversicherung | |
| BBG 01/2001 bis 11/2001 | 95 700 DM |
| abzgl. | |
| beitragspflichtiges Arbeitsentgelt 01/2001 bis 10/2001 | – 48 000 DM |
| (6 × 6000 DM + 4 × 3000 DM) | |
| beitragspflichtiges laufendes Arbeitsentgelt 11/2001 | – 3 000 DM |
| Differenz bis zur anteiligen Beitragsbemessungsgrenze | 44 700 DM |
| Einmalzahlung | 5 000 DM |
| beitragspflichtige Einmalzahlung | 5 000 DM |
| Rentenversicherung | |
| BBG 01/2001 bis 11/2001 | 95 700 DM |
| abzgl. | |
| beitragspflichtiges Arbeitsentgelt 01/2001 bis 10/2001 | – 57 600 DM |
| (6 × 6000 DM + 4 × 5400 DM) | |
| beitragspflichtiges laufendes Arbeitsentgelt 11/2001 | – 3 000 DM |
| beitragspflichtiger Unterschiedsbetrag 11/2001 | |
| – aus laufendem Arbeitsentgelt | – 2 400 DM |
| – aus Einmalzahlungen (vgl. Ziffer 3.2) | – 4 000 DM |

# Gemeinsames Schreiben 22   F. Gem. Schreiben d. Spitzenverbände

| | |
|---|---:|
| Differenz bis zur anteiligen Beitragsbemessungsgrenze | 28 700 DM |
| Einmalzahlung | 5 000 DM |
| beitragspflichtige Einmalzahlung | 5 000 DM |
| Auswirkung der Einmalzahlung auf die SV-Luft | |
| Krankenversicherung/Pflegeversicherung | |
| SV-Luft 07/2001 bis 10/2001 | 14 100 DM |
| SV-Luft 11/2001 (BBG 6525 DM abzgl. 8000 DM Arbeitsentgelt) | − 1 475 DM |
| SV-Luft bis 11/2001 | 12 625 DM |
| Arbeitslosenversicherung | |
| SV-Luft 01/2001 bis 10/2001 | 22 800 DM |
| SV-Luft 11/2001 (BBG 8700 DM abzgl. 8000 DM Arbeitsentgelt) | 700 DM |
| SV-Luft bis 11/2001 | 23 500 DM |
| Rentenversicherung | |
| SV-Luft 07/2001 bis 10/2001 | 2 400 DM |
| SV-Luft 11/2001 (600 DM abzgl. 5000 DM abzgl. 4000 DM) | − 8 400 DM |
| SV-Luft bis 11/2001 | 0 DM |
| (kein negativer (Gesamt-)Wert zulässig, Korrektur auf 0 DM) | |

**Beispiel 3:** Der Arbeitnehmer übernimmt ein vor der Vereinbarung über Altersteilzeitarbeit erzieltes Wertguthaben in die Altersteilzeitarbeit.

| | |
|---|---:|
| Beginn der Altersteilzeitarbeit | 1. 3. 2001 |
| Betrag des „übernommenen" Wertguthabens | 30 000 DM |
| SV-Luft: | |
| Krankenversicherung | 40 000 DM |
| Rentenversicherung | 60 000 DM |
| Arbeitslosenversicherung | 60 000 DM |
| Pflegeversicherung | 40 000 DM |

Lösung
Das Wertguthaben ist zum 1. 3. 2001
(Beginn der Altersteilzeitarbeit) wie folgt darzustellen:

| | |
|---|---:|
| Betrag des Wertguthabens | 30 000 DM |
| SV-Luft: | |
| Krankenversicherung | 40 000 DM |
| Rentenversicherung | 60 000 DM |
| Arbeitslosenversicherung | 60 000 DM |
| Pflegeversicherung | 40 000 DM |

In allen Zweigen der Sozialversicherung wird die bisher festgestellte SV-Luft übernommen und fortgeschrieben. Es besteht aber auch die Möglichkeit, das Wertguthaben zum Zeitpunkt des Übergangs in die Altersteilzeitarbeit zu bewerten und die SV-Luft im Alternativ-/Optionsmodell auf den Wert des Wertguthabens zu begrenzen.

In der Krankenversicherung, Pflegeversicherung und Arbeitslosenversicherung erhöht sie die SV-Luft vom 1. März 2001 an um die Differenz zwischen der Beitragsbemessungsgrenze und dem beitragspflichtigen Arbeitsentgelt für die Altersteilzeitarbeit.

In der Rentenversicherung erhöht sich die SV-Luft wegen der besonderen Regelung des § 10 Abs. 5 AtG vom 1. März 2001 an um die Differenz zwischen dem bisherigen Arbeitsentgelt (§ 6 Abs. 1 AtG) und dem Arbeitsentgelt, von dem Rentenversicherungsbeiträge gezahlt werden.

Mit dem übernommenen Wertguthaben kann der Arbeitnehmer bei einem bisherigen Arbeitsentgelt von 6000 DM fünf Monate Arbeitsphase ersetzen (30 000 DM).

II. Gem. Schreiben d. Spitzenverbände 23, 24 **Gemeinsames Schreiben**

Als Wertguthaben ist der in den Lohnunterlagen ausgewiesene aktuelle Betrag maßgebend. Hieraus folgt, dass Zeitwertguthaben mit dem aktuellen Stundensatz zu berücksichtigen sind. Geldwertguthaben sind der tariflichen Erhöhung anzupassen, wenn Arbeitnehmern auch in der Freistellungsphase der aktuelle Stundensatz zu gewähren ist.

Hierbei können die steuer- und beitragsfrei gezahlten Aufstockungsbeträge – anders als dies zum Teil auf arbeitsrechtlicher und tarifvertraglicher Ebene für die an den Arbeitnehmer oder seine Hinterbliebenen in diesen Fällen vorgesehenen Zahlungen möglich ist (vgl. z.B. § 9 Abs. 3 TV ATZ für den öffentlichen Dienst) – nicht mindernd in Ansatz gebracht werden.

### 3.9 Summenabgleich

Nach § 28k Abs. 2 SGB IV hat die Einzugsstelle die Beiträge zur Rentenversicherung mit den gemeldeten Arbeitsentgelten abzustimmen. Diese Abstimmung ist auch für Zeiten der Altersteilzeitarbeit vorzunehmen. 23

### 3.10 Lohnunterlagen

Nach § 2 Abs. 1 Nr. 4a BÜV hat der Arbeitgeber Angaben zum Beginn und zum Ende der Altersteilzeitarbeit in die Lohnunterlagen aufzunehmen. Darüber hinaus ist nach Nr. 8a a.a.O. der Unterschiedsbetrag nach § 3 Abs. 1 Nr. 1 Buchst. b AtG in den Lohnunterlagen festzuhalten; nach § 3 Abs. 1 Satz 1 Nr. 3a BÜV gilt dies auch für die Beitragsberechnung. Bei einer Altersteilzeitarbeit im Blockmodell hat der Arbeitgeber nach § 2 Abs. 1 Nr. 4b BÜV in der Arbeitsphase die Zugänge auf Grund der Vorarbeit oder freiwilliger besonderer Zahlungen und in der Freistellungsphase die Abgänge des Wertguthabens in den Lohnunterlagen aufzuführen. Zusätzlich sind der Abrechnungsmonat, in dem die erste Gutschrift erfolgt, sowie alle weiteren Abrechnungsmonate, in denen Änderungen des Wertguthabens erfolgen, in den Lohnunterlagen anzugeben. 24

Im Übrigen sind Wertguthaben, die zum Teil aus Arbeitsleistungen im Rechtskreis Ost erzielt wurden, nach § 7 Abs. 1a Satz 6 SGB IV getrennt darzustellen. Für den Fall, dass das Wertguthaben nicht wie vereinbart für eine laufende Freistellung von der Arbeit verwendet wird (Störfall, siehe Ziffer 3.8), sieht § 23b Abs. 2 SGB IV ein besonderes Beitragsberechnungsverfahren vor. Die sich aus dem Summenfelder-Modell ergebenden Beitragsbemessungsgrundlagen sind in der Entgeltabrechnung (Entgeltkonto) mindestens kalenderjährlich darzustellen. Dies sind für die Kranken-, Pflege- und Arbeitslosenversicherung die (Gesamt-)Differenzen zwischen dem beitragspflichtigen Arbeitsentgelt und der Beitragsbemessungsgrenze des jeweiligen Versicherungszweiges (SV-Luft) für die Dauer der Arbeitsphase seit der erstmaligen Bildung des Wertguthabens und für die Rentenversicherung die (Gesamt-)Differenzen zwischen dem bisherigen Arbeitsentgelt und dem Arbeitsentgelt, von dem tatsächlich Beiträge zur Rentenversicherung entrichtet wurden (SV-Luft) bis zum Störfall seit der erstmaligen Bildung des Wertguthabens.

Wurden Wertguthaben zum Teil aus Arbeitsleistungen im Rechtskreis West als auch aus Arbeitsleistungen im Rechtskreis Ost erzielt, ist die sich in

**Gemeinsames Schreiben** 25

den beiden Rechtskreisen ergebende SV-Luft in der Entgeltabrechnung getrennt darzustellen.

In Deutsche Mark (DM) geführte Geldwertguthaben als auch die SV-Luft sind wegen der Währungsumstellung im Jahr 2002 mit dem amtlichen Umrechnungskurs 1,95583 in Euro (EUR) umzurechnen.

**4 Melderecht**

**4.1 Allgemeines**

25   Nach § 28a Abs. 1 Nrn. 16 und 17 SGB IV hat der Arbeitgeber bei Beginn der Altersteilzeitarbeit und bei Ende der Altersteilzeitarbeit eine Meldung zu erstatten. Diese Meldepflicht wird in § 12 DEÜV näher ausgestaltet.

Nach § 12 Abs. 1 DEÜV sind eine Abmeldung und eine Anmeldung zu erstatten, wenn sich der Personengruppenschlüssel ändert. Da für Arbeitnehmer in Altersteilzeitarbeit ein besonderer Personengruppenschlüssel („103") gilt, sind bei einem Übergang in die Altersteilzeitarbeit das Ende der bisherigen Beschäftigung und der Beginn der Altersteilzeitarbeit zu melden. Dabei wird das Ende der bisherigen Beschäftigung durch eine Abmeldung mit Abgabegrund „33" gemeldet; in diese Meldung ist das bis zum Tage vor Beginn der Altersteilzeitarbeit erzielte Arbeitsentgelt aufzunehmen. Der Beginn der Altersteilzeitarbeit wird durch eine Abmeldung mit Abgabegrund „13" gemeldet. Dabei sind die Angaben zur Tätigkeit in den ersten drei Stellen mit der Schlüsselzahl für die ausgeübte Tätigkeit und in der vierten Stelle mit der Stellung im Beruf („8" oder „9") sowie in der fünften Stelle mit der Ausbildung verschlüsselt anzugeben.

Alle Folgemeldungen für Zeiten nach beginn der Altersteilzeitarbeit (Unterbrechungsmeldungen, Jahresmeldungen) sind mit dem Personengruppenschlüssel „103" zu versehen. Als beitragspflichtiges Bruttoarbeitsentgelt ist nicht nur das Arbeitsentgelt für die Altersteilzeitarbeit einzutragen, sondern der Gesamtbetrag, von dem Beiträge zur Rentenversicherung gezahlt worden sind; das Arbeitsentgelt für Altersteilzeitarbeit ist also um den Unterschiedsbetrag im Sinne des § 163 Abs. 5 SGB VI zu erhöhen.

Nach § 12 Abs. 1 DEÜV ist außerdem das Ende der Altersteilzeitarbeit zu melden, da sich wiederum der Personengruppenschlüssel ändert. Das Ende der Altersteilzeitarbeit dürfte aber in aller Regel mit dem Ende des Beschäftigungsverhältnisses zusammenfallen, sodass eine Abmeldung mit Abgabegrund „30" zu erstatten ist.

Für die Meldungen im Rahmen der Altersteilzeitarbeit ist der Vordruck „Meldung zur Sozialversicherung" zu verwenden. Im Übrigen gelten nach § 12 Abs. 4 DEÜV die Fristen des § 6 DEÜV; hieraus folgt, dass das Ende der bisherigen Beschäftigung innerhalb von sechs Wochen und der Beginn der Altersteilzeitarbeit innerhalb von zwei Wochen zu melden sind. Das Ende der Altersteilzeitarbeit ist innerhalb von sechs Wochen zu melden.

Die Meldungen über Altersteilzeitarbeit können auf maschinell verwertbaren Datenträgern oder per Datenübertragung erstattet werden. Dabei gelten die obengenannten Fristen; allerdings kann die Zulassungsstelle nach § 23 Abs. 1 Satz 2 DEÜV auf Antrag des Arbeitgebers im Zulassungsbescheid einen bestimmten monatlichen Termin für die Meldungen festlegen.

II. Gem. Schreiben d. Spitzenverbände     **26 Gemeinsames Schreiben**

Die Meldungen über Beginn und Ende der Altersteilzeitarbeit sind grundsätzlich taggenau zu erstatten. Die Vorschrift des § 12 Abs. 3 in Verb. mit Abs. 2 DEÜV sieht allerdings für den Fall, dass die Altersteilzeitarbeit ausnahmsweise nicht am Ersten eines Monats, sondern im Laufe eines Monats beginnen sollte, vor, dass an Stelle der taggenauen Meldung als Beginn der Altersteilzeitarbeit der Erste des Monats, in dem die Altersteilzeitarbeit begonnen hat, und als Ende der Altersteilzeitarbeit der Letzte des Monats, in dem die Altersteilzeitarbeit endet, gemeldet werden kann.

### 4.2 Meldungen bei Bezug von Entgeltersatzleistungen

Besteht nach Ablauf des Anspruchs auf Entgeltfortzahlung Anspruch auf eine Entgeltersatzleistung, hat der jeweilige Träger der Entgeltersatzleistung Meldungen nach § 38 DEÜV zu erstatten. Erstattet die Bundesanstalt für Arbeit dem Arbeitgeber nach § 4 AtG die Aufwendungen für eine Altersteilzeitarbeit, meldet sie den Unterschiedsbetrag nach § 3 Abs. 1 Nr. 1 Buchst. b AtG mittels Datensatz DSAE und Datenbaustein DBEZ (Leistungsart 28).

Der maßgebliche Unterschiedsbetrag ergibt sich aus einer Bescheinigung des Arbeitgebers gegenüber der Bundesanstalt für Arbeit. Diese Bescheinigung (Vordruck 21 c der Dienstanweisung AtG der Bundesanstalt für Arbeit) ist für jeden Arbeitnehmer am Ende der Arbeitsphase dem Antrag auf Erstattung von Leistungen nach § 4 AtG (Vordruck 21 der Dienstanweisung AtG der Bundesanstalt für Arbeit) beizufügen.

**1. Beispiel:**

| | |
|---|---|
| Bisheriges Arbeitsentgelt | 6000 DM |
| Arbeitsentgelt für Altersteilzeitarbeit | 3000 DM |
| Krankengeldbezug: | 16. 8.–15. 9. 2001 |
| Jahresmeldung: | 1. 1.–31. 12. 2001 |
| RV-Beitrag aufgestockt auf | 90 v. H. |
| Unterschiedsbetrag nach § 163 Abs. 5 Satz 1 SGB VI | |
| (90 v. H. von 6000 DM abzgl. 3000 DM) | 2400 DM |

Meldungen
- durch Arbeitgeber
  Jahresmeldung (per Datenübermittlung oder mittels Meldevordruck)
  1. 1.–31. 12. 2001 =     59 400 DM
  (5400 DM × 11)
- durch Bundesanstalt für Arbeit
  16. 8.–15. 9. 2001 =     2 400 DM
  (2400 DM × 1)

**2. Beispiel:**

| | |
|---|---|
| Bisheriges Arbeitsentgelt | 6000 DM |
| Arbeitsentgelt für Altersteilzeitarbeit | 3000 DM |
| Krankengeldbezug: | 16. 8.–15. 10. 2001 |
| Unterbrechungsmeldung: | 1. 1.–15. 8. 2001 |
| Jahresmeldung: | 16. 10.–31. 12. 2001 |
| RV-Beitrag aufgestockt auf | 90 v. H. |
| Unterschiedsbetrag nach § 163 Abs. 5 Satz 1 SGB VI | |
| (90 v. H. von 6000 DM abzgl. 3000 DM) | 2400 DM |

# Gemeinsames Schreiben  26    F. Gem. Schreiben d. Spitzenverbände

Meldungen
- durch Arbeitgeber
  Unterbrechungsmeldung (per Datenübermittlung oder
  mittels Meldevordruck)
  1. 1.–15. 8. 2001 =
  (5400 DM × 7 + 2700 DM)    40 500 DM
  Jahresmeldung (per Datenübermittlung oder mittels Meldevordruck)
  16. 10.–31. 12. 2001 =
  (5400 DM × 2 + 2700 DM)    13 500 DM
- durch Bundesanstalt für Arbeit
  16. 8.–15. 10. 2001 =
  (2400 DM × 2)    4 800 DM

Ist die Bundesanstalt für Arbeit nicht leistungspflichtig und zahlt der Arbeitgeber Rentenversicherungsbeiträge aus dem Unterschiedsbetrag, kann er diesen mit der nächstfolgenden Entgeltmeldung melden, sofern eine Unterbrechungsmeldung nach § 9 DEÜV nicht erforderlich ist. Der Arbeitgeber hat auch die Möglichkeit, über den Unterschiedsbetrag eine Sondermeldung mit dem Grund der Abgabe „56" zu erstatten. Die Sondermeldung umfasst den Zeitraum, für den Krankengeld gezahlt wurde.

### 3. Beispiel

| | |
|---|---|
| Bisheriges Arbeitsentgelt | 6000 DM |
| Arbeitsentgelt für Altersteilzeitarbeit | 3000 DM |
| Krankengeldbezug: | 16. 8.–15. 9. 2001 |
| Jahresmeldung: | 1. 1.–31. 12. 2001 |
| RV-Beitrag aufgestockt auf | 90 v. H. |
| Unterschiedsbetrag nach § 163 Abs. 5 Satz 1 SGB VI (90 v. H. von 6000 DM abzgl. 3000 DM) | 2400 DM |

Meldungen
- durch Arbeitgeber
  Jahresmeldung (per Datenübermittlung oder mittels Meldevordruck)
  1. 1.–31. 12. 2001 =
  (5400 DM × 11 + 2400 DM)    61 800 DM
  oder
  Jahresmeldung (per Datenübermittlung oder mittels Meldevordruck)
  1. 1.–31. 12. 2001 =    59 400 DM
  Sondermeldung (per Datenübermittlung oder mittels Meldevordruck)
  16. 8.–15. 9. 2001 =    2 400 DM

Ist eine Unterbrechungsmeldung zu erstatten, hat der Arbeitgeber für den Zeitraum der Unterbrechung eine Sondermeldung über den Unterschiedsbetrag mit dem Grund der Abgabe „56" zu erstatten.

### 4. Beispiel:

| | |
|---|---|
| Bisheriges Arbeitsentgelt | 6000 DM |
| Arbeitsentgelt für Altersteilzeitarbeit | 3000 DM |
| Krankengeldbezug: | 16. 8.–15. 10. 2001 |
| Unterbrechungsmeldung | 1. 1.–15. 8. 2001 |
| Jahresmeldung: | 16. 10.–31. 12. 2001 |
| RV-Beitrag aufgestockt auf | 90 v. H. |
| Unterschiedsbetrag nach § 163 Abs. 5 Satz 1 SGB VI (90 v. H. von 6000 DM abzgl. 3000 DM) | 2400 DM |

II. Gem. Schreiben d. Spitzenverbände  27 **Gemeinsames Schreiben**

Meldungen
- durch Arbeitgeber
  Unterbrechungsmeldung (per Datenübermittlung oder
  mittels Meldevordruck)
  1. 1.–15. 8. 2001 =                                           40 500 DM
  (5400 DM × 7 + 2700 DM)
  Sondermeldung (per Datenübermittlung oder mittels Meldevordruck)
  16. 8.–15. 10. 2001 =                                          4800 DM
  (2400 DM × 2)
  Jahresmeldung (per Datenübermittlung oder mittels Meldevordruck)
  16. 10.–31. 12. 2001 =                                        13 500 DM
  (5400 DM × 2 + 2700 DM)

Die vorstehenden Ausführungen gelten auch, wenn der Arbeitgeber zusätzliche Rentenversicherungsbeiträge aus einem höheren Betrag als dem Mindestunterschiedsbetrag nach § 163 Abs. 5 Satz 1 SGB VI zahlt (z. B. 95 v. H.), da die Bundesanstalt für Arbeit nur die zusätzlichen Rentenversicherungsbeiträge aus dem Mindestunterschiedsbetrag (90 v. H.) erstattet und deshalb auch nicht in voller Höhe melden kann.

**5. Beispiel:**

| | |
|---|---:|
| Bisheriges Arbeitsentgelt | 6000 DM |
| Arbeitsentgelt für Altersteilzeitarbeit | 3000 DM |
| Krankengeldbezug: | 16. 8.–15. 10. 2001 |
| Unterbrechungsmeldung | 1. 1.–15. 8. 2001 |
| Jahresmeldung: | 16. 10.–31. 12. 2001 |
| RV-Beitrag aufgestockt auf | 95 v. H. |
| Unterschiedsbetrag nach § 163 Abs. 5 Satz 1 SGB VI | |
| 95 v. H. von 6000 DM abzgl. 3000 DM | 2700 DM |
| 90 v. H. von 6000 DM abzgl. 3000 DM | 2400 DM |
| 5 v. H. von 6000 DM | 300 DM |

Meldungen
- durch Arbeitgeber
  Unterbrechungsmeldung (per Datenübermittlung oder
  mittels Meldevordruck)
  1. 1.–15. 8. 2001 =                                           42 750 DM
  (5700 DM × 7 + 2850 DM)
  Jahresmeldung (per Datenübermittlung oder mittels Meldevordruck)
  16. 10.–31. 12. 2001 =                                        14 250 DM
  (5700 DM × 2 + 2850 DM)
  Sondermeldung (per Datenübermittlung oder mittels Meldevordruck)
  16. 8.–15. 10. 2001 (2 × 300 DM) =                                600 DM
- durch Bundesanstalt für Arbeit
  16. 8.–15. 10. 2001 =                                          4 800 DM
  (2400 DM × 2)

## 4.3 Meldungen im Störfall

### 4.3.1 Allgemeines

Werden Beiträge anlässlich des Eintritts eines Störfalls entrichtet, ist das beitragspflichtige Arbeitsentgelt mit einer besonderen Meldung (Grund der Abgabe 55) zu bescheinigen. Es sind jeweils der Personengruppenschlüssel

# Gemeinsames Schreiben 28   F. Gem. Schreiben d. Spitzenverbände

und der Beitragsgruppenschlüssel anzugeben, die beim Versicherten zum Zeitpunkt des Störfalls zutreffen. Sind Beiträge zu einem Versicherungszweig zu entrichten, zu dem zum Zeitpunkt des Störfalls keine Versicherungspflicht besteht, ist der für den Versicherten zuletzt maßgebende Beitragsgruppenschlüssel anzugeben. Die Meldungen haben das zur Rentenversicherung beitragspflichtige Arbeitsentgelt zu enthalten. Sind im Störfall keine Beiträge zur Rentenversicherung zu entrichten, weil der Arbeitnehmer z. B. im gesamten maßgebenden Zeitraum wegen der Zugehörigkeit zu einer berufsständischen Versorgungseinrichtung versicherungsfrei war, ist das Arbeitsentgelt zu melden, das bei Rentenversicherungspflicht maßgeblich wäre. Wegen der gleich hohen Beitragsbemessungsgrenzen ist in einem solchen Fall das zur Arbeitslosenversicherung beitragspflichtige Arbeitsentgelt zu melden.
Nach § 28a Abs. 1 Nr. 19 in Verbindung mit § 28a Abs. 3 Nr. 2 SGB IV gelten für die verschiedenen Arten des Störfalls unterschiedliche Regelungen:

### 4.3.2 Erwerbsminderung

28 Endet das Beschäftigungsverhältnis im Zusammenhang mit der Zuerkennung einer Rente wegen verminderter Erwerbsfähigkeit gilt Folgendes:
– Wertguthaben, die bis zum Tag vor dem Eintritt der Erwerbsminderung erzielt wurden, sind nach § 28a Abs. 1 Nr. 19 SGB IV in Verbindung mit § 11a Abs. 1 DEÜV mit einer Sondermeldung (Abgabegrund: 55) unverzüglich zu melden. Als Meldezeitraum sind der Monat und das Jahr des Eintritts der Erwerbsminderung anzugeben. Dies gilt auch in den Fällen, in denen die Erwerbsminderung bereits vor dem 1. Januar 2001 eingetreten ist und das Beschäftigungsverhältnis nach dem 31. Dezember 2000 endet.
– Das Wertguthaben, das seit Eintritt der Erwerbsminderung erzielt wurde, ist zusammen mit dem Arbeitsentgelt der erforderlichen Abmeldung wegen Ende der Beschäftigung zu melden. Hierdurch kann es vorkommen, dass die anteilige Beitragsbemessungsgrenze des Meldezeitraumes überschritten wird. Es wird deshalb empfohlen, auch diesen Teil des Wertguthabens mit einer Sondermeldung zu melden. Als Meldezeitraum ist der Monat und das Jahr der nicht zweckentsprechenden Verwendung des Wertguthabens anzugeben. Ist seit dem Eintritt der Erwerbsminderung kein Wertguthaben erzielt worden, ist für diesen Zeitraum keine besondere Meldung abzugeben.

Damit zum Ende des Beschäftigungsverhältnisses nach einer zuvor anerkannten Zeitrente wegen verminderter Erwerbsfähigkeit die Meldedaten für die Zeit bis zum Tag vor dem Eintritt der Erwerbsminderung präsent sind, wird empfohlen, diese Daten bei Zugang des Bescheides über die Zeitrente gesondert festzuhalten.

#### 1. Beispiel:
Altersteilzeitarbeit im Blockmodell vereinbart vom 1. 1. 2000 bis 31. 12. 2004
bisheriges Arbeitsentgelt                                     6000 DM
Arbeitsentgelt für Altersteilzeitarbeit                       3000 DM
Unterschiedsbetrag                                            2400 DM
(90 v. H. von 6000 DM abzgl. 3000 DM)

II. Gem. Schreiben d. Spitzenverbände    28 **Gemeinsames Schreiben**

| | |
|---|---|
| arbeitsunfähig krank | seit 5. 7. 2000 |
| Entgeltfortzahlung | bis 4. 1. 2001 |
| Krankengeld | seit 5. 1. 2001 |
| Eingang des Rentenbescheids bei der Krankenkasse | am 14. 12. 2001 |
| (= Ende der versicherungspflichtigen Beschäftigung) | |
| Rente auf Dauer wegen voller Erwerbsminderung rückwirkend | seit 1. 12. 2000 |
| Eintritt der Erwerbsminderung | 20. 7. 2000 |

Beitragsberechnung im Störfall:
1. Störfall (19. 7. 2000, Tag vor Eintritt der Erwerbsminderung), Beitragsberechnung nach Beitragsgruppenschlüssel 1111, dem am 19. 7. 2000 maßgebenden Beitragsgruppenschlüssel (vgl. Ziffer 4.3.1)

| | |
|---|---|
| Krankenversicherung/Pflegeversicherung | |
| Wertguthaben (1. 1.–19. 7. 2000) | 19 900,00 DM |
| (3000 DM × 199 Tage : 30 Tage) | |
| SV-Luft | 22 885,00 DM |
| (6 Monate × (6450 DM – 3000 DM =) | 3 450,00 DM |
| + 1 Monat × (3450 DM × 19 Tage : 30 Tage =) | 2 185,00 DM) |
| beitragspflichtiges Wertguthaben | 19 900,00 DM |
| | |
| Arbeitslosenversicherung | |
| Wertguthaben (1. 1.–19. 7. 2000) | 19 900,00 DM |
| (3000 DM × 199 Tage : 30 Tage) | |
| SV-Luft | 37 146,67 DM |
| (6 Monate × (8600 DM – 3000 DM =) | 5 600,00 DM |
| + 1 Monat × (5600 DM × 19 Tage : 30 Tage =) | 3 546,67 DM) |
| beitragspflichtiges Wertguthaben | 19 900,00 DM |
| | |
| Rentenversicherung | |
| Wertguthaben (1. 1.–19. 7. 2000) | 19 900,00 DM |
| (3000 DM × 199 Tage : 30 Tage) | |
| SV-Luft | 3 980,00 DM |
| (6 Monate × (6000 DM – 5400 DM =) | 600,00 DM |
| + 1 Monat × (600 DM × 19 Tage : 30 Tage =) | 380,00 DM) |
| beitragspflichtiges Wertguthaben | 3 980,00 DM |

2. Störfall (14. 12. 2001, Ende der versicherungspflichtigen Beschäftigung)
Beitragsberechnung für die Zeit vom 20. 7. 2000 bis 4. 1. 2001 (Ende der Entgeltfortzahlung = Ende der Wertguthabenbildung) nach dem Beitragsgruppenschlüssel 3111 (vgl. Ziffer 4.3.1)

| | |
|---|---|
| Krankenversicherung/Pflegeversicherung | |
| Wertguthaben (20. 7.–4. 1. 2001) | 16 500,00 DM |
| (3000 DM × 165 Tage : 30 Tage) | |
| SV-Luft | 18 985,00 DM |
| (5 Monate × (6450 – 3000 DM =) | 3 450 DM |
| + 1 Monat × (3450 DM × 11 Tage : 30 Tage =) | 1 265 DM |
| + 1 Monat × (3525 DM × 4 Tage : 30 Tage =) | 470 DM) |
| beitragspflichtiges Wertguthaben | 16 500,00 DM |
| | |
| Arbeitslosenversicherung | |
| Wertguthaben (20. 7.–4. 1. 2001) | 16 500,00 DM |
| (3000 DM × 165 Tage : 30 Tage) | |
| SV-Luft (bis 30. 11. 2000 wegen ALV-Freiheit ab 1. 12. 2000) | 24 453,33 DM |
| (4 Monate × (8600 DM – 3000 DM =) | 5 600 DM |
| + 1 Monat × (5600 DM × 11 Tage : 30 Tage =) | 2 053,33 DM) |
| beitragspflichtiges Wertguthaben | 16 500,00 DM |

**Gemeinsames Schreiben** 28  F. Gem. Schreiben d. Spitzenverbände

Rentenversicherung  
Wertguthaben (20. 7.–4. 1. 2001)  16 500,00 DM  
(3000 DM × 165 Tage : 30 Tage)  
SV-Luft  3 300,00 DM  
(5 Monate × (6000 DM – 5400 DM =)  600 DM  
+ 1 Monat × (600 DM × 11 Tage : 30 Tage =)  220 DM  
+ 1 Monat × (600 DM × 4 Tage : 30 Tage =)  80 DM)  
beitragspflichtiges Wertguthaben  3 300,00 DM  

| Folgende Meldungen waren bzw. sind zu erstatten | | | | | |
|---|---|---|---|---|---|
| Zeitraum | Art der Meldung | Arbeitsentgelt | Grund | Personengruppenschlüssel | Beitragsgruppe |
| 1. 1.–31. 12. 1999 | Abmeldung | 72 000 DM | 33 | 101 | 1111 |
| 1. 1. 2000 | Anmeldung | – | 13 | 103 | 1111 |
| 1. 1.–31. 12. 2000 | Jahresmeldung (12 × 5400 DM) | 64 800 DM | 50 | 103 | 1111 |
| 1. 1.–4. 1. 2001 | Unterbrechungsmeldung | 720 DM | 51 | 103 | 1111 |
| 1. 1.–31. 12. 2000 | Stornierung der Jahresmeldung | 64 800 DM | 50 | 103 | 1111 |
| 1. 1.–4. 1. 2001 | Stornierung der Unterbrechungsmeldung | 720 DM | 51 | 103 | 1111 |
| 1. 1.–30. 11. 2000 | Abmeldung (11 × 5400 DM) | 59 400 DM | 32 | 103 | 1111 |
| 1. 12. 2000 | Anmeldung | – | 12 | 103 | 3101 |
| 1. 12.–31. 12. 2000 | Jahresmeldung (1 × 5400 DM) | 5400 DM | 50 | 103 | 3101 |
| 1. 1.–4. 1. 2001 | Unterbrechungsmeldung | 720 DM | 51 | 103 | 3101 |
| 5. 1.–14. 12. 2001 | Abmeldung | 0 DM | 30 | 103 | 3101 |
| 1. 7.–31. 7. 2000 | Sondermeldung (rv-pflichtiges Wertguthaben 1. 1. 2000–19. 7. 2000) | 3980 DM | 55 | 103 | 1111 |
| 1. 12.–31. 12. 2001 | Sondermeldung (rv-pflichtiges Wertguthaben 20. 7. 2000 – 4. 1. 2001) | 3300 DM | 55 | 103 | 3111 |

**Hinweis:** Die Beiträge für beide Störfälle werden spätestens mit den Beiträgen der Entgeltabrechnung für den Monat Januar 2002 fällig, also spätestens am 15. Februar 2002. Erfolgt die Abrechnung noch mit der Entgeltabrechnung für den Monat Dezember 2001, sind für die Beitragsberechnung die Werte der Beitragssätze (Prozentsätze) maßgebend, die im Dezember 2001 gelten. Die Beiträge sind dann dem Beitragsnachweis für den Monat Dezember 2001 zuzuordnen. Erfolgt die Abrechnung

II. Gem. Schreiben d. Spitzenverbände   28   **Gemeinsames Schreiben**

erst mit der Entgeltabrechnung für den Monat Januar 2002, sind die Beitragssätze des Januar 2002 maßgebend. Die Beiträge sind in diesem Fall dem Beitragsnachweis für den Monat Januar 2002 zuzuordnen.

**2. Beispiel**

Altersteilzeitarbeit im Blockmodell vereinbart vom 1. 1. 2001 bis 31. 12. 2005

| | |
|---|---:|
| bisheriges Arbeitsentgelt | 6000 DM |
| Arbeitsentgelt für die Altersteilzeitarbeit | 3000 DM |
| Unterschiedsbetrag | 2400 DM |
| (90 v. H. von 6000 DM abzgl. 3000 DM) | |
| arbeitsunfähig krank | seit 5. 6. 2001 |
| Entgeltfortzahlung | bis 16. 7. 2001 |
| Krankengeld | seit 17. 7. 2001 |
| Eingang des Rentenbescheids bei der Krankenkasse | am 14. 5. 2002 |
| (= Ende der versicherungspflichtigen Beschäftigung) | |
| Rente auf Dauer wegen voller Erwerbsminderung rückwirkend | seit 1. 7. 2001 |
| Eintritt der Erwerbsminderung | 5. 6. 2001 |

Beitragsberechnung im Störfall:

1. Störfall (4. 6. 2001, Tag vor Eintritt der Erwerbsminderung),
Beitragsberechnung nach Beitragsgruppenschlüssel 1111, dem am 4. 6. 2001 maßgebenden Beitragsgruppenschlüssel (vgl. Ziffer 4.3.1)

| | |
|---|---:|
| Krankenversicherung/Pflegeversicherung | |
| Wertguthaben (1. 1.–4. 6. 2001) | 15 400,00 DM |
| (3000 DM × 154 Tage : 30 Tage) | |
| SV Luft | 18 095,00 DM |
| (5 Monate × (6525 DM – 3000 DM =) | 3 525 DM |
| + 1 Monat × (3525 DM × 4 Tage : 30 Tage =) | 470 DM) |
| beitragspflichtiges Wertguthaben | 15 400,00 DM |
| Arbeitslosenversicherung | |
| Wertguthaben (1. 1.–4. 6. 2001) | 15 400,00 DM |
| (3000 DM × 154 Tage : 30 Tage) | |
| SV Luft | 29 260,00 DM |
| (5 Monate × (8700 DM – 3000 DM =) | 5 700 DM |
| + 1 Monat × (5700 DM × 4 Tage : 30 Tage =) | 760 DM) |
| beitragspflichtiges Wertguthaben | 15 400,00 DM |
| Rentenversicherung | |
| Wertguthaben (1. 1.–4. 6. 2001) | 15 400,00 DM |
| (3000 DM × 154 Tage : 30 Tage) | |
| SV Luft | 3 080,00 DM |
| (5 Monate × (6000 DM – 5400 DM =) | 600 DM |
| + 1 Monat × (600 DM × 4 Tage : 30 Tage =) | 80 DM) |
| beitragspflichtiges Wertguthaben | 3 080,00 DM |

2. Störfall (14. 5. 2002, Ende der versicherungspflichtigen Beschäftigung)
Beitragsberechnung für die Zeit vom 5. 6. 2001 bis 16. 7. 2001 (Ende der Entgeltfortzahlung = Ende der Wertguthabenbildung) nach dem Beitragsgruppenschlüssel 3111 (vgl. Ziffer 4.3.1)

| | |
|---|---:|
| Krankenversicherung/Pflegeversicherung | |
| Wertguthaben (5. 6.–16. 7. 2001) | 4200,00 DM |
| (3000 DM × 42 Tage : 30 Tage) | |
| SV-Luft | 4935,00 DM |
| (6525 DM – 3000 DM × 42 Tage : 30 Tage) | |
| beitragspflichtiges Wertguthaben | 4200,00 DM |

**Gemeinsames Schreiben** 28  F. Gem. Schreiben d. Spitzenverbände

Arbeitslosenversicherung
Wertguthaben (5. 6.–16. 7. 2001) 4200,00 DM
(3000 DM × 42 Tage : 30 Tage)
SV-Luft (bis 30. 6. 2001 wegen ALV-Freiheit ab 1. 7. 2001) 4940,00 DM
(8700 DM − 3000 DM × 26 Tage : 30 Tage)
beitragspflichtiges Wertguthaben 4200,00 DM
Rentenversicherung
Wertguthaben (5. 6.–16. 7. 2001) 4200,00 DM
(3000 DM × 42 Tage : 30 Tage)
SV-Luft 840,00 DM
(600 DM × 42 Tage : 30 Tage)
beitragspflichtiges Wertguthaben 840,00 DM

| Folgende Meldungen waren bzw. sind zu erstatten | | | | | |
|---|---|---|---|---|---|
| Zeitraum | Art der Meldung | Arbeits-entgelt | Grund | Personen-gruppen-schlüssel | Beitrags-gruppe |
| 1. 1.–31. 12. 2000 | Abmeldung | 72 000 DM | 33 | 101 | 1111 |
| 1. 1. 2001 | Anmeldung | – | 13 | 103 | 1111 |
| 1. 1.–16. 7. 2001 | Unterbrechungs-meldung (6 × 5 400 DM + 5 400 DM × 16 : 30) | 35 280 DM | 51 | 103 | 1111 |
| 1. 1.–16. 7. 2001 | Stornierung der Unterbrechungs-meldung | 35 280 DM | 51 | 103 | 1111 |
| 1. 1.–30. 6. 2001 | Abmeldung (6 × 5400 DM) | 32 400 DM | 32 | 103 | 1111 |
| 1. 7. 2001 | Anmeldung | – | 12 | 103 | 3101 |
| 1. 7.–16. 7. 2001 | Unterbrechungs-meldung (5 400 DM × 16 : 30) | 2880 DM | 51 | 103 | 3101 |
| 1. 1.–14. 5. 2002 | Abmeldung | 0 DM | 30 | 103 | 3101 |
| 1. 6.–30. 6. 2001 | Sondermeldung (rv-pflichtiges Wertguthaben 1. 1. 2001 – 4. 6. 2001) | 3080 DM | 55 | 103 | 1111 |
| 1. 5.–31. 5. 2002 | Sondermeldung (rv-pflichtiges Wertguthaben 5. 6. 2001 – 16. 7. 2001) | 840 DM | 55 | 103 | 3111 |

II. Gem. Schreiben d. Spitzenverbände 29, 30 **Gemeinsames Schreiben**

**Hinweis:** Die Beiträge für beide Störfälle werden spätestens mit den Beiträgen der Entgeltabrechnung für den Monat Juni 2002 fällig, also spätestens am 15. Juli 2002.

Erfolgt die Abrechnung noch mit der Entgeltabrechnung für den Monat Mai 2002, sind für die Beitragsberechnung die Werte der Beitragssätze (Prozentsätze) maßgebend, die im Mai 2002 gelten. Die Beiträge sind dann dem Beitragsnachweis für den Monat Mai 2002 zuzuordnen.

Erfolgt die Abrechnung erst mit der Entgeltabrechnung für den Monat Juni 2002, sind die Beitragssätze des Juni 2002 maßgebend. Die Beiträge sind in diesem Fall dem Beitragsnachweis für den Monat Juni 2002 zuzuordnen.

### 4.3.3 Insolvenz und insolvenzgesicherte Wertguthaben

Nach § 28a Abs. 3 Nr. 4 Buchstabe a SGB IV in Verbindung mit § 11a 29 Abs. 1 DEÜV ist im Fall der Insolvenz des Arbeitgebers nur das Arbeitsentgelt gesondert zu melden, von dem tatsächlich Beiträge zur Rentenversicherung entrichtet wurden. Als Meldezeitraum sind nach § 28a Abs. 3 Nr. 4 Buchstabe b SGB IV der Kalendermonat und das Jahr der Beitragszahlung anzugeben. Würde aus Vereinfachungsgründen der Beitragssatz des Abrechnungszeitraums angewandt, in dem das Wertguthaben ausgezahlt würde, ist als Meldezeitraum der Monat und das Kalenderjahr des Abrechnungszeitraumes zu melden. Erfolgen mehrere Zahlungen, weil der Anspruch nur schrittweise erfüllt wurde, sind mehrere Meldungen mit den entsprechenden Meldezeiträumen zu erstatten.

### 4.3.4 Sonstige Störfälle

In allen anderen Störfällen ist nach § 28a Abs. 3 Nr. 4 Buchstabe a SGB IV in Verbindung mit § 11a Abs. 1 DEÜV nur das Arbeitsentgelt gesondert zu melden, von dem tatsächlich Beiträge zur Rentenversicherung entrichtet wurden. Als Meldezeitraum sind nach § 28a Abs. 3 Nr. 4 Buchstabe b SGB IV der Kalendermonat und das Jahr der nicht zweckentsprechenden Verwendung des Wertguthabens anzugeben.

## 5 Leistungsrecht der gesetzlichen Rentenversicherung

...

### 5.2 Altersrente nach 24 Kalendermonaten Altersteilzeitarbeit

24 Kalendermonate Altersteilzeitarbeit im Sinne des § 237 Abs. 1 Satz 1 30 Nr. 3 Buchst. b SGB VI liegen vor, wenn für mindestens 24 Kalendermonate (wobei angebrochene Monate als volle Monate zählen) die bisherige Arbeitszeit auf der Grundlage einer Altersteilzeitvereinbarung im Sinne des Altersteilzeitgesetzes auf die Hälfte vermindert worden ist und nach dem Altersteilzeitgesetz Aufstockungsbeträge zum Arbeitsentgelt (§ 3 Abs. 1 Nr. 1 Buchst. a AtG) und Beiträge zur Rentenversicherung aus mindestens 90% des bisherigen Arbeitsentgelts (§ 3 Abs. 1 Nr. 1 Buchst. b AtG) gezahlt worden sind. Dabei ist es unerheblich, ob der Arbeitgeber diese Leistungen vom Arbeitsamt erstattet erhält.

Die Voraussetzungen der Altersteilzeitarbeit sind auch erfüllt, wenn während der Altersteilzeitarbeit die Erstattungsleistungen durch die Bundesanstalt für Arbeit erlöschen, nicht bestehen oder ruhen (vgl. auch Abschnitt 2.1.1).

Solange für einen Versicherten, der Altersteilzeitarbeit leistet, bei Arbeitsunfähigkeit oder medizinischen Rehabilitationsmaßnahmen, Anspruch auf Fortzahlung des Arbeitsentgelts besteht, hat der Arbeitgeber den Aufstockungsbetrag und die Rentenversicherungsbeiträge nach § 3 Abs. 1 Nr. 1 AtG zu zahlen. Während der Entgeltfortzahlung liegt deshalb Altersteilzeitarbeit im Sinne des § 237 Abs. 1 Satz 1 Nr. 3 Buchst. b SGB VI vor (vgl. auch Abschnitt 3.4).

Nach Ablauf der Entgeltfortzahlung erhält der Versicherte entweder eine entsprechende Entgeltersatzleistung (Krankengeld, Versorgungskrankengeld, Verletztengeld, Übergangsgeld), der ausschließlich die Altersteilzeitarbeit zugrunde liegt, oder als privat Versicherter ein Krankentagegeld. Während dieser Zeit werden die bisher vom Arbeitgeber gezahlten Leistungen (Aufstockungsbetrag und Beiträge zur Rentenversicherung für den Unterschiedsbetrag) nach § 10 Abs. 2 AtG von der BA getragen, wenn diese dem Arbeitgeber bisher von der BA erstattet worden sind. Bei Bezug einer versicherungspflichtigen Entgeltersatzleistung werden aus dieser Beiträge zur gesetzlichen Rentenversicherung fällig. Damit bei Bezug von Krankentagegeld von einem privaten Versicherungsunternehmen Altersteilzeitarbeit im Sinne von § 237 Abs. 1 Satz 1 Nr. 3 Buchst. b SGB VI vorliegt, muss sich der Versicherte während dieser Zeit auf Antrag in der gesetzlichen Rentenversicherung pflichtversichern (vgl. auch Abschnitt 3.4).

Wird die Altersteilzeitarbeit im Blockmodell ausgeübt, liegen 24 Kalendermonate Altersteilzeitarbeit vor, wenn 12 Kalendermonate Vollarbeit und 12 Kalendermonate Freistellung zurückgelegt sind. Dies ergibt sich daraus, dass Altersteilzeitarbeit im Sinne des Altersteilzeitgesetzes und im Sinne des § 237 SGB VI nur vorliegt, wenn die Arbeitszeit halbiert worden ist (§ 237 Abs. 1 Nr. 3 Buchst. b SGB VI i.d.F. des Gesetzes zur Fortentwicklung der Altersteilzeit vom 20. Dezember 1999 – BGBl. I S. 2494). Dies bedeutet: Wird die vereinbarte Altersteilzeitarbeit im Blockmodell noch während der Arbeitsphase oder vor Ablauf von 12 Kalendermonaten der Freistellungsphase beendet („Störfall"), ist die Voraussetzung des § 237 Abs. 1 Satz 1 Nr. 3 Buchst. b SGB VI von 24 Kalendermonaten Altersteilzeitarbeit nach dem AtG nicht erfüllt. Dies gilt, obwohl es bei der bisherigen beitragsrechtlichen Behandlung des Arbeitsentgelts bleibt (vgl. Abschnitt 3.8.2).

Wird die Altersteilzeitarbeit im Blockmodell ausgeübt und werden während Zeiten längerer Arbeitsunfähigkeit in der Arbeitsphase keine Aufstockungsbeträge nach § 3 Abs. 1 Nr. 1 Buchst. a AtG oder keine Beiträge zur Rentenversicherung nach § 3 Abs. 1 Nr. 1 Buchst. b AtG erbracht, liegt Altersteilzeitarbeit im Sinne des § 237 Abs. 1 Satz 1 Nr. 3 Buchst. b SGB VI, in der eine Vorarbeit für die Freistellungsphase erbracht werden kann, nicht vor (vgl. Abschnitt 2.1.3). Zur Erfüllung der Voraussetzungen des § 237 Abs. 1 Satz 1 Nr. 3 Buchst. b SGB VI müssen in diesen Fällen 12 Kalendermonate Arbeitszeit und 12 Kalendermonate Freistellungszeit vorliegen. Dies ist gegeben, wenn die volle Zeit der Arbeitsunfähigkeit ohne Aufstockung nachgearbeitet wird. Würde nur die halbe Zeit nachgearbeitet (vgl. Abschnitt

2.1.3), während die erforderlichen 24 Kalendermonate Altersteilzeitarbeit (= 24 Kalendermonate halbierte Arbeitszeit) nicht erreicht.

**1. Beispiel:**
Vereinbarte Altersteilzeitarbeit
| | |
|---|---|
| 1. 10. 1999 bis 30. 9. 2000 | 12 Kalendermonate Arbeitsphase |
| 1. 10. 2000 bis 30. 9. 2001 | 12 Kalendermonate Freistellungsphase |
| | 24 Kalendermonate |

Geleistete Altersteilzeitarbeit
| | |
|---|---|
| 1. 10. 1999 bis 30. 9. 2000 | 10 Kalendermonate Arbeitsphase |
| (2 Kalendermonate Krankengeld ohne Aufstockung) | |
| 1. 10. 2000 bis 30. 11. 2000 | 2 Kalendermonate Nacharbeit mit Aufstockung |
| 1. 12. 2000 bis 30. 11. 2001 | 12 Kalendermonate Freistellungsphase |
| | 24 Kalendermonate |

Wäre nur die Hälfte der Zeit des Krankengeldbezuges nachgearbeitet worden, wäre eine (hälftige) Arbeitszeit nur in 22 Monaten (10 Monate in der Arbeitsphase, 1 Monat Nacharbeit und 11 Monate Freistellung) ausgeübt worden.

Werden während der Arbeitsunfähigkeit „nur" Aufstockungsbeträge nach § 3 Abs. 1 Nr. 1 Buchst. a AtG und Beiträge zur Rentenversicherung nach § 3 Abs. 1 Nr. 1 Buchst. b AtG gezahlt (von der BA nach § 10 Abs. 2 AtG oder freiwillig vom Arbeitgeber) ohne dass der Arbeitgeber das Wertguthaben in der Höhe, in der durch die Arbeitsunfähigkeit Wertguthaben nicht angespart werden konnte (vgl. auch Abschnitt 2.1.3) vermehrt, ist eine Nacharbeit für die Hälfte der Zeit der Arbeitsunfähigkeit erforderlich. Der Versicherte ist in diesen Fällen so gestellt, als hätte er in der Arbeitsphase die Arbeitszeit halbiert, eine Vorarbeit somit nicht geleistet.

**2. Beispiel:**
Vereinbarte Altersteilzeitarbeitszeit
| | |
|---|---|
| 1. 10. 1999 bis 30. 9. 2000 | 12 Kalendermonate Arbeitsphase |
| 1. 10. 2000 bis 30. 9. 2001 | 12 Kalendermonate Freistellungsphase |
| | 24 Kalendermonate |

Geleistete Altersteilzeitarbeit
| | |
|---|---|
| 1. 10. 1999 bis 31. 12. 1999 | 3 Kalendermonate Arbeitsphase einschließlich Entgeltfortzahlung |
| 1. 1. 2000 bis 28. 2. 2000 | 2 Kalendermonate Krankengeldbezug mit Aufstockungsleistungen |
| 1. 3. 2000 bis 30. 9. 2000 | 7 Kalendermonate Arbeitsphase |
| 1. 10. 2000 bis 31. 10. 2000 | 1 Kalendermonat Nacharbeit |
| 1. 11. 2000 bis 30. 9. 2001 | 11 Kalendermonate Freistellungsphase |
| | 24 Kalendermonate |

Während des Krankengeldbezuges mit Aufstockungsleistungen wird der Versicherte so behandelt, als hätte er die „normale" Altersteilzeitarbeit, also die Hälfte der bisherigen Arbeitszeit, geleistet. Damit er in dem Gesamtzeitraum von 24 Kalendermonaten auf eine durchschnittliche halbe Arbeitszeit kommt, muss der Versicherte einen Kalendermonat die volle Arbeitszeit nacharbeiten. Die Freistellungsphase verkürzt sich dadurch entsprechend. Vermehrt der Arbeitgeber spätestens am Ende der vereinbarten Arbeitsphase (30. 9. 2000) das Wertguthaben in der Höhe, in der es durch die Arbeitsunfähigkeit nicht angespart werden konnte, ist eine Nacharbeit nicht erforderlich (vgl. auch Beispiel 3).

**Gemeinsames Schreiben** 30  F. Gem. Schreiben d. Spitzenverbände

Vermehrt der Arbeitgeber das Wertguthaben in der Höhe, in der durch die Arbeitsunfähigkeit Wertguthaben nicht angespart werden konnte (vgl. auch Abschnitt 2.1.3) und werden während der Arbeitsunfähigkeit Aufstockungsbeträge nach § 3 Abs. 1 Nr. 1 Buchst. a AtG und Beiträge zur Rentenversicherung nach § 3 Abs. 1 Nr. 1 Buchst. b AtG gezahlt (von der BA nach § 10 Abs. 2 AtG oder freiwillig vom Arbeitgeber), ist eine Nacharbeit nicht erforderlich. Der Versicherte ist in diesen Fällen so gestellt, als würde er die Arbeitsphase „normal" weiterführen.

**3. Beispiel:**

Vereinbarte Altersteilzeitarbeit
| | |
|---|---|
| 1. 10. 1999 bis 30. 9. 2000 | 12 Kalendermonate Arbeitsphase |
| 1. 10. 2000 bis 30. 9. 2001 | 12 Kalendermonate Freistellungsphase |
| | 24 Kalendermonate |

Geleistete Altersteilzeitarbeit
| | |
|---|---|
| 1. 10. 1999 bis 30. 6. 2000 | 9 Kalendermonate Arbeitsphase |

Ab 1. 7. 2000 besteht Krankengeldbezug mit Aufstockungsleistungen. Die dem Krankengeldbezug zu Grunde liegende Arbeitsunfähigkeit ist am Ende der vereinbarten Arbeitsphase (30. 9. 2000) noch nicht beendet. Damit die Voraussetzung „24 Kalendermonate Altersteilzeitarbeit" erfüllt ist, muss sich der Arbeitgeber am Ende der vereinbarten Arbeitsphase (30. 9. 2000) entscheiden, ob er das Wertguthaben für die Monate des Krankengeldbezugs in der Arbeitsphase freiwillig zahlt oder der Arbeitnehmer nacharbeiten muss. Bei Zahlung von Wertguthaben für den Krankengeldbezug ist eine Nacharbeit nicht erforderlich. In welchem Umfang die Krankengeldzahlung nach § 49 Abs. 1 Nr. 6 SGB V ruht (vgl. Abschnitt 3.4, letzter Absatz) hängt vom Umfang der Zahlungen des Arbeitgebers von Wertguthaben ab. Bei Zahlungen am 30. 9. 2000 für alle bisherigen Monate der Arbeitsunfähigkeit ruht der Krankengeldanspruch ab 1. 10. 2000. Dies führt zu folgendem Ergebnis:

Geleistete Altersteilzeitarbeit
| | |
|---|---|
| 1. 10. 1999 bis 30. 6. 2000 | 9 Kalendermonate Arbeitsphase einschließlich Entgeltfortzahlung |
| 1. 7. 2000 bis 30. 9. 2000 | 3 Kalendermonate Krankengeldbezug mit Aufstockungsleistungen und Zahlung von Wertguthaben |
| 1. 10. 2000 bis 30. 9. 2001 | 12 Kalendermonate Freistellungsphase |
| | 24 Kalendermonate |

Die Zahlung von Wertguthaben am 30. 9. 2000 für lediglich einen Monat der Arbeitsunfähigkeit führt zu folgendem Ergebnis:

Geleistete Altersteilzeitarbeit
| | |
|---|---|
| 1. 10. 1999 bis 30. 6. 2000 | 9 Kalendermonate Arbeitsphase einschließlich Entgeltfortzahlung |
| 1. 7. 2000 bis 31. 7. 2000 | 1 Kalendermonat Krankengeldbezug mit Aufstockungsleistungen und Zahlung von Wertguthaben |
| 1. 8. 2000 bis 30. 11. 2000 | 4 Kalendermonate Krankengeldbezug mit Aufstockungsleistungen |
| 1. 12. 2000 bis 30. 9. 2001 | 10 Kalendermonate Freistellungsphase |
| | 24 Kalendermonate |

Nimmt der Arbeitgeber keine Zahlungen in das Wertguthaben vor, muss der Arbeitnehmer nach dem Ende der Arbeitsunfähigkeit mit Krankengeldbezug erforderlichenfalls „nacharbeiten". Endet die Arbeitsunfähigkeit z. B. tatsächlich am 30. 11.

II. Gem. Schreiben d. Spitzenverbände  **31 Gemeinsames Schreiben**

2000 würde auf Grund der lediglich 9 Kalendermonate Arbeitsphase auch nur eine Freistellung für 9 Kalendermonate (1. 1. 2001 bis 30. 9. 2001) möglich sein. Dem Arbeitnehmer fehlt somit 1 Kalendermonat für die mindestens erforderlichen „24 Kalendermonate Altersteilzeitarbeit". In diesem Fall wäre eine Nacharbeit in der Zeit vom 1. 12. 2000 bis 15. 12. 2000 erforderlich; die Freistellungsphase beginnt dann am 16. 12. 2000.

Dies führt zu folgendem Ergebnis:
Geleistete Altersteilzeitarbeit

| | |
|---|---|
| 1. 10. 1999 bis 30. 6. 2000 | 9 Kalendermonate Arbeitsphase einschließlich Entgeltfortzahlung |
| 1. 7. 2000 bis 30. 11. 2000 | 5 Kalendermonate Krankengeld mit Aufstockungsleistungen |
| 1. 12. 2000 bis 15. 12. 2000 | 0,5 Kalendermonate Nacharbeit |
| 16. 12. 2000 bis 30. 9. 2001 | 9,5 Kalendermonate Freistellungsphase |
| | 24 Kalendermonate |

Besteht die Arbeitsunfähigkeit noch über den 30. 11. 2000 hinaus, wird Krankengeld längstens bis zum 31. 12. 2000 gezahlt, danach beginnt dann die Freistellungsphase (Krankengeld ruht nach § 49 Abs. 1 Nr. 6 SGB V).

Dies führt zu folgendem Ergebnis:
Geleistete Altersteilzeitarbeit

| | |
|---|---|
| 1. 10. 1999 bis 30. 6. 2000 | 9 Kalendermonate Arbeitsphase einschließlich Entgeltfortzahlung |
| 1. 7. 2000 bis 31. 12. 2000 | 6 Kalendermonate Krankengeld mit Aufstockungsleistungen |
| 1. 1. 2001 bis 30. 9. 2001 | 9 Kalendermonate Freistellungsphase |
| | 24 Kalendermonate |

### 5.3 Ausgleich von Abschlägen durch Beitragszahlung

Nach § 187a SGB VI können Rentenminderungen, die sich aus Abschlägen ergeben, durch Zahlung von Beiträgen ausgeglichen werden.

Die Beiträge können bis zu der Höhe gezahlt werden, die sich aus einer Auskunft des zuständigen Rentenversicherungsträgers ergibt. Diese Auskunft erteilt der Rentenversicherungsträger auf Antrag (§ 109 Abs. 1 Satz 3 SGB VI). Die Höhe des Abschlags ergibt sich aus der Differenz zwischen der Rentenhöhe als abschlagsfreier Rente und der Rentenhöhe bei vorzeitigem Rentenbezug.

Der Betrag der Rentenminderung auf Grund der vorzeitigen Inanspruchnahme der Rente wird in Entgeltpunkte umgerechnet. Für jeden Entgeltpunkt ist der zu zahlende Betrag wie folgt zu berechnen:
Der Beitrag für das aktuelle Jahresdurchschnittsentgelt wird geteilt durch den Zugangsfaktor für die vorzeitige Altersrente.
Der Zugangsfaktor für die abschlagsfreie Altersrente ist 1,0. Für jeden Monat, den diese Rente vorzeitig in Anspruch genommen wird, verringert sich der Zugangsfaktor um 0,003. Wird die Rente z. B. drei Jahre früher in Anspruch genommen, beträgt der Zugangsfaktor 0,892. Dies entspricht einem Abschlag von 10,8%.

**Beispiel:** Ein Versicherter beabsichtigt, drei Jahre vor Vollendung des 65. Lebensjahres die Altersrente zu beanspruchen. Er muss dafür einen Abschlag von 10,8% in

Kauf nehmen. Nach Auskunft seines Rentenversicherungsträgers beträgt der Abschlag = 304,22 DM. Dies entspricht (Stand 31. 3. 2001) 6,2622 Entgeltpunkten.

Für einen Entgeltpunkt sind aufzuwenden:
Durchschnittsentgelt 2001 (vorläufig) =       54 684 DM
× 19,1% (Beitragssatz 2001) =       10 444,64 DM
: 0,892 (Zugangsfaktor bei drei Jahren vorzeitiger Inanspruchnahme) =       11 709,24 DM

Zum Ausgleich der gesamten Rentenminderung sind aufzuwenden:
6,2622 × 11 709,24 DM =       73 325,60 DM

Werden die Beitragszahlungen für den Ausgleich der Rentenminderung vom Arbeitgeber übernommen, ist nach § 3 Nr. 28 EStG die Hälfte der Beiträge steuerfrei gestellt. Dies wird damit begründet, dass auch Pflichtbeiträge des Arbeitgebers nur in Höhe des halben Gesamtbeitrags steuerfrei sind.

# Sachverzeichnis

**Anmerkung:** Großbuchstaben bezeichnen den jeweiligen Teil des Buches, römische Ziffern das jeweilige Kapitel, arabische Ziffern die Randnummern

58-er Regelung **A I** 50
§ 10 SGB III **A II** § 3 132
§ 7 d SGB IV **B** 35

Abfindung **C** 36; **D** 75; **E I** § 5 20
Altersgrenze 55 **A II** § 2 15
Altersrente Vorgezogene **A I** 2
Altersteilzeit: Begriff **A II** § 2 2
Altersteilzeit-Vertrag: Mindestinhalt **A II** § 2 30
Altersteilzeit-Vertrag: Muster **C II** 1
Altersteilzeitgesetz 1989 **A II** § 1 33; Änderungsgesetze **A II Vor** § 1 53
Änderungskündigung **A II** § 7 2
Anerkennungsbescheid **A II** § 12 1
Anspruch auf Altersteilzeit **A I** 43; **A II** § 2 24; **C** 6; **D** 15, 27; **E I** § 2 8, 13
Antrag **A II** § 12 1
Antrag: Verfahren **A II** § 12 2
Arbeitnehmerbegriff **A II** § 2 10
Arbeitgeberseitige Voraussetzungen **A II** § 3 1
Arbeitnehmerseitige Voraussetzungen **A II** § 2 1
Arbeitslose **A II** § 3 77
Arbeitslosengeld **A II** § 10 3
Arbeitslosenhilfe **A II** § 10 3
Aufhebung Förderbescheid **A II** § 6 33
Aufklärungspflicht **A II** § 2 65; **C** 43; 64
Aufstockung **A II** § 3 1; **C** 10; **D** 65; **E I** § 5 1
Aufstockung: Entgelt **A II** § 3 4; **A II** § 6 2; **D** 1; **E I** § 5 31
Aufstockung: Rentenbeitrag **A II** § 3 48; **D** 1; **E I** § 5 53
Aufstockung: Steuer- und Abgabenfreiheit **A II** § 3 58
Ausgebildete **A II** § 3 84
Auszubildende **A II** § 3 92
Ausgleich Rentenabschläge **A I** 57; **C** 16, 37
Ausgleichskassen **A II** § 9 1

Auskunftspflicht **A II** § 13 1
Auswahlentscheidung **A II** § 3 137

Beendigungsabrede **A II** § 78 14
Befristete Wiederbesetzung **A II** § 3 125
Beginn der Altersteilzeit **A II** § 2 15
Benachteiligungsverbot **D** 112
Beispielsvereinbarungen **C** 1
Beitragsbemessungsgrenze **A II** § 3 18, 29
Berechnungsbeispiel **A II** § 3 7, 9; **D** 65
Bereitschaftsdienstzuschlag **DV** II 6.1, 6.3
Berufsrückkehrerinnen **A II** § 3 83
Berufs-/Erwerbsunfähige **A I** 42
Beschäftigungssicherung **B** 4
Beschäftigungsverhältnis **B** 22
Betretensrecht **A II** § 13 1
Betriebsrat **A II** § 2 71; **B** 1; **D** 17
Betriebsvereinbarung **A II** § 2 31; **C** 1; **D** 22, 34
Betriebsübergang **C** 34
Bewilligungsbescheid **A II** § 12 1
Bezüge **E I** § 5 3, 11
Blockmodell **A II** § 2 42
Bürgermeister **E I** § 6 4
Bußgeld **A II** § 14 1

Charakter des Altersteilzeitgesetzes **A II** § 1 2
Checkliste Altersteilzeit **C** 65
Checkliste Rentenversicherung **C** 72

Datenschutz **A II** § 13 4
Dienstwagen **A II** § 3 41
Duldungspflicht **A II** § 13 1

Ehegattenarbeitsverhältnisse **A II** § 3 32; **A II** § 6 13
Einarbeitungszeit **A II** § 3 115
Eingliederungszuschuß **A II** § 3 132
Einmalzahlungen **A II** § 3 17, 21; **D** 65; **E I** § 5 6

# Sachverzeichnis

Entgeltbegriff **A II § 3** 31
Elternzeit **A II § 5** 32
Ende der Altersteilzeit **A II § 5** 2; **C** 22; **D** 90; **E I § 9** 1
Entgeltfortzahlung **A II § 10** 6; **D** 94
Entgeltbegriff **A II § 6** 1
Erkrankung s. Krankheit
Erlöschen des Förderanspruchs **A II § 5** 2
Ersatzeinstellung **A II § 3** 92
Erstattung durch BA **A II § 4** 1
Erstattungspflicht des Arbeitnehmers **A II § 11** 8
Erstattungspflicht des Arbeitnehmers **A II § 11** 15
Erziehungsurlaub s. Elternzeit

Faustformeln Rentenhöhe **A I** 46
Flexi-Gesetz **B** 22
Förderdauer **A II § 4** 8; **A II § 16** 1
Förderleistungen **A II § 4** 1
Fördermix **A II § 3** 130
Förderumfang **A II § 4** 4
Förderverfahren **A II § 12** 1, 17
Fördervoraussetzungen auf Arbeitgeberseite **A II § 3** 1
Freie Förderung **A II § 3** 132
Fristversäumung **A II § 12** 3, 6
Frühverrentung **A I** 50; **A II** 4
Funktionsbereich **A II § 3** 98

Geltungsdauer **A II Vor § 1** 1
Geringfügige Beschäftigung **A II § 2** 37
Gratifikation **A II § 3** 17, 21, 34; **A II § 6** 2
Grundentscheidung **A II § 12** 1

Halbierung der Arbeitszeit **A II § 2** 32; **D** 39: **E I § 3** 1
Hätte-Entgelt **A II § 3** 19; **A II § 6** 2
Hinweis- und Aufklärungspflicht **A II § 2** 65
Historische Entwicklung **A II Vor § 1** 7

Insolvenz **B** 34; **C** 30; **D** 102

Kleinbetriebe **A II § 3** 92, 95
Koppelungsverbot **A II § 8** 7
Kraftfahrer **E I § 5** 14
Krankenbezüge **E I § 7** 1
Krankengeld **A II § 10** 7
Krankenversicherungszuschuss § 257 SGB V **E I § 5** 22

Krankheit **A II § 10** 6; s. a. Langzeiterkrankte
Kündigungsschutz **A II § 8** 6, 16
Kurzarbeitergeld **A II § 10** 24; **C** 32

Langjährig Versicherte **A I** 2
Langzeiterkrankte **A II § 10** 6; **C** 26; **E I § 7** 4
Langzeitkonten **D** 87
Laufzeit **A II § 2** 58: **E I § 2** 18
Lohnaufstockung **A II § 3** 5; **§ 4** 4
Lohnerhöhung **A II § 6** 2
Lohnsummenfelder-Modell **B** 24

Mehrarbeit **A II § 2** 62; **A II § 5** 15; **C** 20; **E I § 7** 16
Mehrarbeitsvergütung **A II § 3** 31; **A II § 6** 5
Metallindustrie: Tarifvertrag **D** 1
Mindestnettobetrag **A II § 3** 6, 9
Mindestnettobetragsverordnung **A II § 15** 1
Mitbestimmung **B** 1; **C** 70
Mitteilungspflichten **A II § 5** 37; **C** 39, 60
Mittelbare Diskriminierung von Frauen **A II § 2** 17; **A I** 43; **A II § 5** 7
Mitwirkungspflicht **A II § 11** 1; **C** 39; **E I § 10** 1
Mitwirkungspflichten Arbeitgeber **A II § 11** 3
Mitwirkungspflichten Arbeitnehmer **A II § 11** 11; **C** 60
Modelle **A II Vor § 1** 31; **D** 84; **E I § 3** 10
– Modell 55 **A II Vor § 1** 37
– Modell 59 **A II Vor § 1** 40
– Zentralmodell 57 **A II Vor § 1** 31
Monatsprinzip **A II § 6** 6
Muster **C** 1
Mutterschutz **A II § 5** 32

Nacharbeit **A II § 10** 14; **C** 26
Nahtlosigkeit **A II § 2** 18
Nebenerwerbslandwirt **A II § 5** 18; **A II § 10** 23
Nebenverdienst **A II § 5** 15, 31; **A II § 11** 6
Nebenverdienst: Bestandschutz **A II § 5** 20
Nebentätigkeit **A II § 5** 15; **A II § 11** 6; **C** 38; **D** 109; **E I § 6** 1

# Sachverzeichnis

Öffentlicher Dienst **E I, II, III**
Ordnungswidrigkeit **A II § 14** 1
Organisationseinheit **A II § 3** 105

Pensionssicherungsfonds **B** 38
Personalabbau: Förderung **A II § 3** 126; **C** 1
Personalfluktuation **A II § 7** 4
Privat Krankenversicherte **A II § 3** 42; **A II § 10** 21; **E I § 5** 22; **E II** 1
Personelle Einzelmaßnahme **B** 13
Progressionsvorbehalt **A II § 3** 60; **C** 12, 37

Prüfung des Arbeitsamts **A II § 12** 17
Prüfungsrecht **A II § 13** 1
Pufferzeiten **A II § 3** 117; **A II § 5** 24

Rechtsanspruch auf Förderung **A II § 4** 3
Regelbezüge **E I § 3** 1
Rentenabschlag **A I** 13
Rentenarten **A I** 2
Rente für Berufs-/Erwerbsunfähige **A I** 42
Rente für Frauen **A I** 23
Rente für Langjährig Versicherte **A I** 2
Rente für Schwerbehinderte Menschen **A I** 37
Rente nach Altersteilzeit **A I** 20
Rente nach Arbeitslosigkeit **A I** 12
Rentenabschlag: Ausgleich **A I** 57
Rentenabschlag:Tabellen **A I** 14, 18, 25, 31, 35, 38
Rentenaufstockung **A II § 3** 48; **4** 5; **DV** II 6.4
Rentenbeitrag **A II § 3** 48
Rentenreform **A I** 58
Rentenhöhe Faustformeln **A I** 46
Rittweger-Formeln **A I** 46
Risikoüberwälzung **A II § 8** 7
Rückdatierung **A II § 2** 22
Rückstellungen **A II § 3** 73
Rückzahlung **A II § 5** 33

Sachbezug **A II § 3** 41; **E I § 5** 20
Schichtzuschläge **A II § 3** 37, 19; **A II § 6** 7; **E I § 5** 17
Schwangerschaft **A II § 5** 32
Schwerbehinderte Menschen **A I** 37; **A II § 7** 5
Schwerbehindertenvertretung **A II § 2** 72

Sonderzahlungen **A II § 3** 34; **A II § 6** 2; **D** 42; **E I § 5** 6
Sozialleistungen **A II § 10** 1
Steuerklassenänderung **A II § 3** 33, 71
SV-Luft **B** 24
Steuernachforderung **A II § 3** 60
Störfall **B** 25; **A II § 10** 25; **C** 24; **E I § 9** 11

Tabellen Rentenabschlag **A I** 14, 18, 25, 31, 35, 38
Tariferhöhung **A II § 12**
Tarifvorbehalt **A II § 2** 46
Teilzeitbeschäftigte **A II § 2** 37; **A II § 7** 6; **C** 61
Tod des Altersteilzeit-Arbeitnehmers **B** 43
Trainingsmaßnahme **A II § 3** 132

Überforderungsschutz **A II § 3** 133; **A II § 7** 1; **C** 7; **D** 28
Übergangsgeld **A II § 10** 1
Überstunden s. Mehrarbeit
Umsetzungskette **A II § 3** 94
Unterhaltsgeld **A II § 10** 1
Unterschiedsbetrag **A II § 4** 10
Urlaubsgeld **A II § 6** 2; **C** 42; **D** 43; **E I § 7** 1
Urlaubsvergütung **A II § 6** 2; **D** 52

Variable Entgeltbestandteile **A II § 3** 17; **D** 42, 56
VBL **E III** 1
Verblockte Altersteilzeit **A II § 2** 42
Verfahren **A II § 12** 1
Verfahren: Übersicht **A II § 12** 7
Verletztengeld **A II § 10** 6
Vermögenswirksame Leistungen **A II § 6** 2
Versorgungskrankengeld **A II § 10** 6
Versorgungspunktemodell **E III** 6
Vertragsmuster **C** 50
Vertrauenschutz **A I** 16, 28, 34, 39; **E III** 15
Verwaltungsakt: vorläufiger **A II § 12** 1
Vorabentscheidung **A II § 12** 13
Vorbeschäftigung **A II § 2** 17; **D** 17; **E I § 2** 2
Vorabentscheidung **A II § 12** 1;
Vorbeschäftigungszeit **A II § 2** 17
Vorgezogene Altersrente s. Rente für ...
Vorläufiger Verwaltungsakt **A II § 12** 8
Vorruhestand **A II Vor 1** 8;

# Sachverzeichnis

Vorruhestandsgesetz **A II Vor 1** 8; **A II § 1** 20
Vorzeitiger Rentenbeginn s. Rente für ...

Wahlrecht der Altersteilzeit-Arbeitnehmer **B** 15
Wehrdienst **A II § 3** 112; **A II § 5** 32
Weihnachtsgeld **A II § 3** 22; **D** 52
Wertguthaben **A II § 2** 61; **B** 21; **D** 87
Wiederbesetzer: Anforderungen **A II § 3** 76
Wiederbesetzung **A II § 1** 11, 20; **A II § 3** 75
Wiederbesetzung: befristete **A II § 3** 125
Wiederbesetzung: Fehlschlagen **A II § 3** 128; **A II § 5** 23
Wiederbesetzung: Laufzeit **A II § 3** 108
Wiederbesetzung: Personalabbau **A II § 3** 126
Wiederbesetzung: Pufferzeiten **A II § 3** 117
Wiederbesetzung: Teilzeitkraft **A II § 3** 113
Wiederbesetzung: Zusätzliche Förderung **A II § 3** 130
Winterausfallgeld **A II § 10** 3
Wirtschaftsausschuss **B** 7

Zeitguthaben **A II § 2** 61; s. a. Wertguthaben
Zentrale Bearbeitung **A II § 12** 4
Zivildienst **A II § 3** 112; **A II § 5** 32
Zusatzversorgung **E III** 1
Zusatzversorgung: Abschläge **E III** 32
Zusatzversorgung: Berechnung **E III** 6
Zusatzversorgung: Frauen **E III** 27
Zusatzversorgung: Versicherungsfall **E III** 12
Zusatzversorgung: Übergangsrecht **E III** 15
Zusatzversorgung: Umlagekosten **E III** 22
Zuständiges Arbeitsamt **A II § 12** 4